朱绍侯九十华诞纪念文集

李振宏 主编

河南大学出版社
·郑州·

图书在版编目(CIP)数据

朱绍侯九十华诞纪念文集/李振宏主编. —郑州:河南大学出版社,2015.9
ISBN 978-7-5649-2182-8

Ⅰ.①朱… Ⅱ.①李… Ⅲ.①朱绍侯—纪念文集
Ⅳ.①K825.81-53

中国版本图书馆 CIP 数据核字(2015)第 233281 号

责任编辑　刘小敏
责任校对　何　姣
封面设计　翟淼淼

出　版	河南大学出版社	
	地址:郑州市郑东新区商务外环中华大厦 2401 号　邮编:450046	
	电话:0371—86059735　　　　　网址:www.hupress.com	
排　版	郑州市今日文教印制有限公司	
印　刷	河南省瑞光印务股份有限公司	
版　次	2015 年 10 月第 1 版	印　次　2015 年 10 月第 1 次印刷
开　本	710mm×1000mm　1/16	印　张　48.5
字　数	653 千字	定　价　120.00 元

(本书如有印装质量问题,请与河南大学出版社营销部联系调换)

朱绍侯先生近照

黄今言先生书祝寿横披

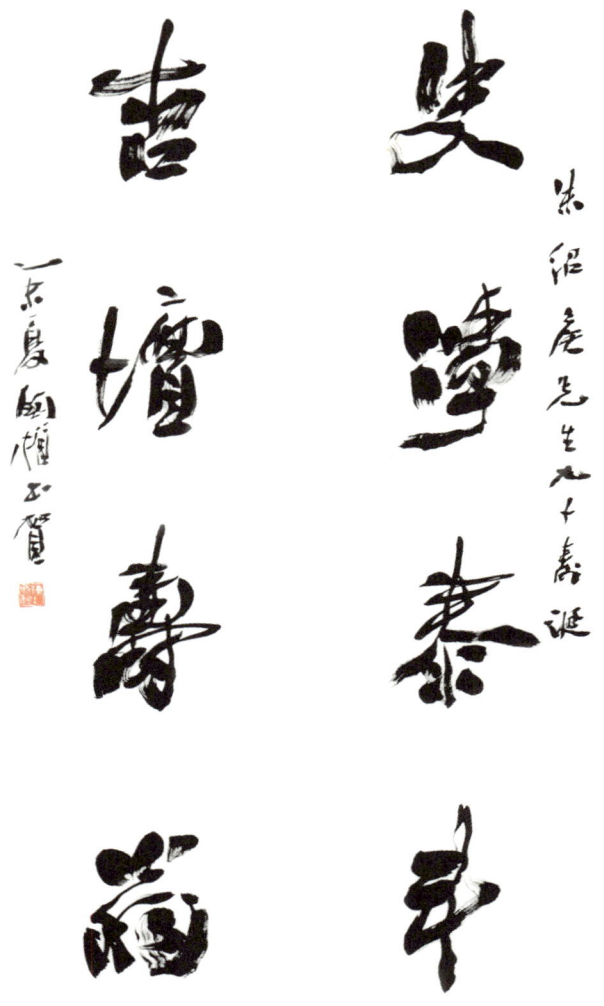

陈国桢先生书祝寿对联

李旺枝先生书杨傑贺寿中堂

李旺枝先生书贺寿对联

史学月刊用笺

邱先生：

　　您对拙稿"关于秦末三十万戍卒北边国防军的下落问题"所提意见基本上是正确的，但也提了一些意见使我奇怪。所以预先要和您商量一下，因为我不愿因为这个小问题及争论下去。

　　承蒙先生那篇短文的用意，在于说明秦朝似乎不顾外患而调动边军镇压国内人民，同时也想说明为什么秦朝迅速灭亡之故，但由于疏忽了史记主要符合关于蒙恬的记载，而犯了错误。根据您现在的意见，可以看出秦末各农民正在发展时，秦帝国是从两方面发起了反攻，即从关中和上郡开始反攻，这两股秦军起了决定作用。目前史学界所发表的关于秦末及京军镇压农民军的经过还没有这种提法，特别没有人提到秦帝国用边防军镇压起义，我想您改署时如果在这方面多考了笔一些是必要的。

　　所见是否正确尚祈指正！

　　此致

　　敬礼

　　　　　　　　　　　朱绍侯 58.7.27.

朱绍侯先生致张传玺先生书信手迹

铁基同志：

　　来函敬悉。在此之前，也接到一封林剑鸣同志的书信。十分感谢您们二位的关照。"丝绸之路"考察，是我早已向往而又不能实现的愿望，这次的事是晚至机会来了，我又不得不放弃。原因有二：一、今年我要参加的会议太多，从今年四月中旬到十月，我几乎月月有会；二、我系学术活动经费只三千元。不去"丝绸之路"，我也要用去十分之一。若去，就要用去近三分之一。我系教师干部共九十九人，我一个人占去这么大的比例，实难开口，而我恰好是掌握这笔经费的负责人，这就更难办。基于上述情况，我只好争取下一次的机会。

　　向剑鸣同志已去过"丝绸之路"，顺告。

敬礼

绍侯
1986.5.12

朱绍侯先生致熊铁基先生书信手迹

目　录

序 …………………………………………………… 李振宏（ 1 ）
复兴儒学是文明的提升吗 …………………………… 刘泽华（ 1 ）
侯外庐对中国历史发展道路的探索及其史学观念 …… 彭　卫（ 7 ）
跳出社会形态思维，从国家政体角度看秦至清社会性质
　………………………………………………… 李振宏（ 20 ）
毛泽东对斯大林严重违反法治教训的反思与应对
　——为恭贺导师朱绍侯教授九秩大寿而作 ……… 郝铁川（ 47 ）
"自由大宪章"还是"权利大宪章"
　——为《大宪章》问世 800 周年而作 …………… 阎照祥（ 79 ）
战后德国历史意识的重建
　——以德国史学界对纳粹大屠杀罪行的反思为视角
　………………………………………………… 张倩红（ 95 ）
虞舜王朝的建立与夏商周三代文明 ………………… 安作璋（105）
炎帝文化探源 ………………………………………… 李玉洁（116）
从文字学的角度推测《周易》经文的写定时间 ……… 杨国勇（125）
春秋战国时期的人性大讨论 ………………………… 张彦修（138）
《韩非子》对《黄帝书》的继承与改造 ………………… 王宏斌（149）
关于"章邯军"与"王离军"的关系问题 ……………… 张传玺（164）
兔子山遗址出土《秦二世元年文告》与《史记》纪事抵牾释解
　………………………………………………… 孙家洲（171）

秦汉之际国家结构的演变
　　——兼谈张家山汉简中汉与诸侯王国的关系 …… 卜宪群（178）
秦汉的"徭戍"体系与"屯戍" ……………………… 王彦辉（216）
游士宾客在秦汉的兴衰演变 ……………………… 姜建设（226）
西汉王朝对匈奴和战问题的争论 ………………… 黄今言（240）
《盐铁论》"掌蹄""革鞮"推考 …………………… 王子今（256）
汉代和亲与"质侍"在外交中的互动关系 ………… 黎　虎（266）
汉县城杂考 ………………………………………… 廖伯源（286）
论刘向的权谋观 …………………………………… 赵国华（294）
汉代伦理政治传统综论 …………………………… 王　健（309）
东汉司空韩棱家世与生平事迹考述 ……………… 程有为（323）
刘孝标与《世说新语注》 ………………………… 仓修良（335）
中国历史上的东西南北中 ………………………… 李　凭（348）
北魏统军考略 ……………………………………… 张鹤泉（354）
历史上的"霾"及其启示 ………………………… 高　凯（374）
略论唐宋时期中枢体制变迁 ……………………… 贾玉英（388）
李煜终局：才位错置的悲剧 ……………………… 孟祥才（419）
试论儒佛的同异及中国化佛教的主要特点和影响 …… 钱宗范（436）
中国犹太人汉化问题略论 ………………………… 陈长琦（446）
读《吾衍年谱》偶识 ……………………………… 陈文豪（465）
两宋"今体画"与"风俗画"嬗变考源 …………… 杨　杰（469）
佛教影响下的几个中国古代节日 ………………… 郭绍林（477）
建国初期唐河县十八里党乡的土地买卖与农民心理
　　——以当时一位县政府干部《工作笔记》为重点的考察
　　……………………………………………… 黄宛峰（493）
陈垣《明季滇黔佛教考》沾溉中山大学明清之际岭南禅宗史
　史料整理与研究 ………………………… 张荣芳 （505）
复刻"熹平石经"的历史价值与现实意义 …… 陈忠海　李　旭（529）
武陟县妙乐寺文化献疑 …………………………… 刘坤太（541）

恭祝朱绍侯教授九十高龄华诞 …………… 朱　寰　赵德贵(552)
忠厚慈祥的朱绍侯先生
　　——我与朱先生的交往 ………………………… 熊铁基(557)
心中的恩师　学习的楷模
　　——记朱绍侯老师与河南文物工作 …………… 张家泰(561)
我心目中的朱绍侯先生 ……………………………… 宋应离(566)
仁者绍侯
　　——谈谈我同绍侯先生的交往 ………………… 瞿林东(570)
难忘的教诲
　　——敬贺朱绍侯先生九十华诞 ………………… 刘韵叶(576)
源头活水　师恩浩荡
　　——记半个多世纪朱绍侯老师对我的关怀培养 … 郭胜强(597)
恩师益友永不忘
　　——敬贺朱绍侯先生九十华诞 ………………… 余鹏飞(602)
恭祝朱绍侯教授九秩华诞 …………………………… 赵世超(609)
忠厚长者　大家风范
　　——写在朱绍侯老师九十华诞前 ……………… 郑永福(621)
朱先生与河洛文化研究
　　——庆贺朱绍侯教授九十华诞 ………………… 徐金星(626)
我学术路上的朱绍侯先生 …………………………… 李玉洁(634)
做人以德　勤谨学问
　　——忆先生教诲二三事 ………………………… 周作明(639)
令人留恋的年代
　　——祝贺朱绍侯先生九秩华诞 ………………… 马小泉(642)
玉壶存冰心
　　——恭祝朱绍侯先生九十华诞 ………………… 刘小敏(645)
浮一大白为朱先生寿 ………………………………… 程民生(653)
朱师绍侯先生二三事
　　——恭贺朱绍侯先生九十大寿 ………………… 晋　文(657)

听朱先生讲秦汉土地制度史 ………………………… 臧知非（661）
史学大家朱绍侯先生访谈录 ………………………… 康香阁（669）
朱绍侯先生与中国古代土地制度研究 ……………… 龚留柱（690）
朱绍侯先生与军功爵制研究 ………………………… 陈长琦（705）
朱绍侯先生与中国古代史教材建设 ………………… 李振宏（717）
朱绍侯先生与中国古代史教材建设 ………………… 臧知非（736）
诗二首　恭贺朱绍侯先生九十华诞 ………………… 王云度（764）
朱绍侯先生九旬寿辞 ………………………………… 郭绍林（765）

序

  时间真快,倏忽之间又是十年过去。朱绍侯先生八十华诞庆典的情景还历历在目,如今又迎来了先生的九十岁诞辰。孔子在《论语·里仁篇》中说:"父母之年不可不知也,一则以喜,一则以惧。"作为先生的弟子,十年间,我们差不多就是以这样的心情,陪伴着先生走过来的。不过,我们心中的欣喜比之孔子所言更为充实,不仅是为先生的寿考而喜,还惊喜于先生年近鲐背仍能焕发不逊于年轻人的创造力!

  先生学术生命力之旺盛,在高年学者中可谓少见的例证。

  这次举办先生九十华诞盛典出版的《朱绍侯文集(续集)》,洋洋六十万言,全是先生这十年的新作。十年间,一个八十多岁的老人,平均每年有四五篇新作发表。

  2008年,商务印书馆出版了先生40万字的大著《军功爵制考论》。军功爵制研究倾注了先生毕生之心血,此前有《军功爵制试探》《军功爵制研究》出版,《考论》是在张家山汉简《二年律令》等简牍材料出土之后,在前作基础上新的探索。

  也是在这十年中,由先生主编、多次修改定稿的六百万字巨著《今注本二十四史·宋书》,最后定稿杀青,即将在巴蜀书社出版面世。先生因此而在中华文化促进会和凤凰卫视联合主办的"2012中华文化人物"颁奖典礼上,被授予"中华文化人物"称号。颁奖典礼会上的评语是:"鉴于朱绍侯先生在历史研究领域,尤其在《今注本二十四史》编纂期间所表现出的令人敬佩的学术精神与史学贡献,经中华文化促进会主席团会议通过,授予'中华文化人物'荣誉称号。"

2015年第5期《史学月刊》刊发先生的新作《两汉对匈奴西域西羌战争战略研究》,宏文七万余言,从战略高度鸟瞰两汉几百年间的重大民族战争问题。此论题之宏大,视野之宽阔,思维之缜密,论证之谨严,很难使人相信它竟是九十岁老人的手笔!

作为先生的弟子,除了学问方面,从先生身上感悟最多的,就是如何做人,感受最深的就是先生宽仁忠厚的仁者品格。《论语·雍也篇》,子曰"智者乐,仁者寿";《礼记·中庸篇》,子曰大德者"必得其寿"。其实,先生就是一个仁者寿的例证。宽仁忠厚,是学界对先生为人的基本评价,先生的许多学术成就也是与此相联系的。

先生主编过许多大书,像享誉学界的十院校本《中国古代史》,是几十年来历史学界公认最成功的高校文科教材。该书出版三十多年来,历经五版数十次印刷,发行百余万册,覆盖了全国高校百分之六七十的历史学专业。而其主持编写的过程,就最好地体现了朱先生宽仁忠厚的品格。上世纪70年代末,开始组织十院校本《中国古代史》时,先生既不年长,也还只有讲师职称,但十个院校的学者们则一致推举他做这个并不轻松的主编。集体编书,把众人的智慧凝聚起来,不是一件容易的事情。参加者每个人都有自己的学术个性,学术思想不统一,学术风格各异,要将其变成一个齐心而和谐的团队谈何容易!先生则凭着虚怀若谷的品格,平等待人的作风,以及善于听取不同意见的学术操守,使得他的组织工作取得了良好的效果,不仅成功地完成了教材的编写任务,而且通过教材编写,还造就了一个在长达30余年的时间里团结合作的学术群体。十院校合作单位之一广西师范大学的钱宗范先生评价说:这部教材历经几十年长盛不衰,创造了"改革开放以来多院校合编教材历史上的一个奇迹……朱绍侯先生作为十院校公认的深孚众望的主编,他不仅以自己的品德和学术,影响和教育了他人;而且他一贯善于听取不同意见,尊重他人,谦虚谨慎,发扬每一位撰稿者的长处,调解编写中的不同矛盾和意见,做出正确的公正的决断,因而取得大家一致的拥护。朱绍侯先生对十院校合编《中国古代史》教材所取得的成功,对十院校友谊的建立和发展,起了核心的作用"(钱宗范:《我所认识的朱绍侯先生》,《史学新论》,河南大学出版社2005年版)。

宽仁忠厚的品格,也贯穿在他六十年的教书生涯中。对待学生,甚至是年轻他几辈的陌生后学,他都倾力相教,热心解惑。他不知给多少人批改过著作文稿,无论他多忙多累,对于学术求助,从不拒绝。有些功力差的年轻人的作品请他指导,他能不厌其烦地在其文稿上划出上百处错误,其耐心,其热诚,使后学汗颜并为之动容。对后学的热心相教,平等、谦和,他教过的所有学生,或者是曾经向其请教过的人,无不留下深刻印象。曾经有毕业生赋诗留念:"润物无声,谢良师,难忘校园多雨露;凌云有志,勉学子,莫愁前路少人梯。"

先生体型富态,没有过多的锻炼项目,其长寿的秘诀是心宽和思考。任何事都不和人计较,甚至以德报怨;不停地思考问题,倾心于学术写作。去年学校让总结先生的做人之道,我写了一篇小文,命题为"视学术如生命,用生命做学术",先生大半生的经历,就是与书相伴,不停笔耕。在八十岁以后,很多人从健康着想劝他不要再这样苦苦于写作了,要静下来养生,殊不知,正是这样的学术信念支撑着他的健康。脑子只要在用,就不容易糊涂,只要有追求,有事做,就不会空虚,就可以延缓衰老。从某种意义上说,先生的养生之道,就是"学术养生"。学术是他的生命,只要还有新的学术课题需要思考,需要探讨,他就可以不老。这是先生的信念,也是他的人生!

就在这样不停地思考和写作中,先生又迎来了他的九十华诞。和八十岁生日一样,先生工作过的河南大学历史文化学院、河南大学出版社、史学月刊编辑部几家单位都积极张罗给先生做九十岁生日庆典,我们几个先生的弟子更是心存感激,并竭尽心力。三家就庆典事宜协商分工,分头筹备,我和龚留柱兄领命编纂两本祝寿文集。留柱兄负责搜罗、编辑先生八十岁之后这十年发表的作品,集为《朱绍侯文集(续集)》一书;我则负责向学界同仁征集纪念文集的大作。不过我所负责的这本文集的命名则颇费思索:是从朱先生的角度来命题,还是从文集作者的恭贺之意来命名,还真是不好定夺。最后,只好就事论事,白话直说,命题为《朱绍侯九十华诞纪念文集》,取了个既省事又直白的书名。

文集"约稿函"一经发出,便得到了学界友人的广泛支持。高年者如年届鲐背的朱寰、赵德贵先生,安作璋先生,张传玺先生;已经进入耄耋之年的刘泽华先生、熊铁基先生、仓修良先生、王云度先生、宋应离先生等等,诸多前辈都纷纷赐稿,使文集的征稿、编纂工作极其顺利。截至六月底,收到赐作六十余篇,近七十万字,是谓学界送给先生寿典的一份丰厚大礼!

文集的编排,分为几个板块:一,理论性论文,按论文关照的宏观性排序;二,实证性研究,按研究对象的时代先后排序;三,先生友人或弟子回忆性的文章,按作者的年齿排序;四,关于先生学术的评论,以发表时间先后排序;五,诗词楹联。

文集并非学术专著,因此编者并没有下工夫对全书做统一文风的处理,除个别非历史学出身的作者,没有严格按学术规范处理引文注释外,所有学术性文章,编者做了统一注释规范的工作。两位青年朋友刁华夏、苏小利帮助核对了部分引文。

在文集正式出版之际,我们对学界友人给予的关心和支持表示由衷的感谢,对河南大学出版社为两本文集出版的慷慨赞助表达深深的敬意,并和广大作者同仁一道向我们所景仰和爱戴的朱绍侯先生,表达最美好的生日祝愿!

祝愿先生健康长寿,幸福快乐!

李振宏
2015年9月21日

复兴儒学是文明的提升吗

刘泽华

近年来,"国学热""儒学热"持续升温,尊孔读经、高歌颂扬一浪胜过一浪,与之相随也开始曲下双膝,顶礼膜拜。是文明的提升,还是倒退、扭曲?值得再思考。

说国学、儒学的有如彩云(因说得天花乱坠)遮日之势,但国学、儒学的范围何所指,至今未见有清晰的界定。常常看到把国学、儒学与中华文明、中华文化、文化复兴、传统文化、传统优秀文化、中华复兴等概念和说法搅和在一起、互相推导、互相包含、互相置换。有人又提出"新国学",又分"大"、"中"、"小"。"大"者到"整个中华民族的共同之学,五十六个民族古今者之学";"中"者"既是一门通学,也是一门专学。""小"者"定义为'国故'或通常理解为四书五经。""用儒家思想表征我们的民族传统与精神应是最佳选择"等等。

这些人常常拉大旗、接话头——某某领导人说"文明特别是思想文化是一个国家、一个民族的灵魂。""弘扬优秀文化",接下来就说是"国学",尤其"儒学"就是这个"灵魂"。概念互换,鱼龙混杂。

国学、儒学与中华文化、优秀文化、中华文明、文化复兴怎么就成了同义语?不讲概念的内涵,任意互换,这不仅违反逻辑,如果把儒学与中华文化、优秀文化、中华文明、文化复兴等同起来,且不说儒家中糟粕被遮掩,现在的国人都需儒家化,这能行吗?下边只说儒学。

作为统治阶级意识形态的儒学

我与无边际颂扬国学、儒学的诸多学人的分歧,最根本的一点是,社会历史进程中有否不同阶段(或形态)? 相应的,思想观念是否也有不同的形态?

对历史进程进行形态区分,中国两千多年前的哲人已有论说,诸子都有相关的说法,儒家把三代乌托邦化以及"大同""小康"之世也是一种区分。五种生产方式论尽可讨论,但认识的前提是历史进程有不同形态。1999 年、2011 年南开大学历史系和山东大学《文史哲》就这个问题先后两次举行过重量级学者出席的研讨会(还有其他的类似讨论会),论著也不少。尽管诸公对形态的命名、社会结构等有诸多分歧,囿于所见,我没有看到一位否定"形态"说的。其实我们翻翻域外的史学著作,凡是论述人类史的,几乎都有这样与那样的"形态"说。

我们这一代人在青壮时期,多数陷入硬邦邦的阶级区分之中,我也是信持"阶级斗争为纲"的一分子。那时我们以特定的阶级关系作为区分社会形态的主要标准。说到思想,无论什么思想都可给它贴上阶级标签。"文革"之后,我逐渐从这种观念中解脱出来,虽然至今我仍认为各种思想有某种程度的阶级性,但在 80 年代初即提出还具有社会性,所以在我当时写的《先秦政治思想史》中无论对哪个思想家都没有带阶级的帽子,但他们的社会利益倾向我绝不回避。从 80 年代到今天我一直用力探讨王权支配社会和王权主义问题,但就社会形态我并不简单说是"王权社会",尽管在我看来,中国从进入文明始,就走上王权支配社会之路,但社会还是有不同的形态。文明早期我用"早期阶级社会"取代"奴隶社会"。其后我还是常常用"封建社会"这一概念,面对诸多新的命名,我总感到难替代它,而常用的"封建社会"也不是"封邦建国"问题,而是表述一种生产方式及相关的种种社会关系,即社会形态。我多次在文章中表达,完全可以用某个新的概念进行表述,这些年学者们提出了种种命名,但我还难做出选择。从 20 世纪 70

年代末开始,我更关注阶层、等级、身份的划分,马克思说过古代的阶级是等级,贾谊就写过一篇《阶级》,说的就是等级。至今我仍不简单地避开阶级分析,但又有所修正,提出了进行"阶级－社会共同体综合分析"。

社会有形态之别,意识也必定有形态之别。思想观念与社会存在无疑有互动作用,某些思想观念对社会存在会有某种超越成分,但它的主体必然是对现实的社会存在的考察和认识,它的超越也必然是以现实的社会存在为起点,无法与现实的社会关系和社会利益纠葛脱钩。孔子及其后的儒学从汉武帝始是帝王认定的意识形态,对此不应该有异议吧?除了它自身传播外,应该说更主要的是由帝王选用各种手段使其实现社会化,对此也不应该有异议吧?儒生大量涌入仕途,依附于王权,升官发财,成为官僚地主中的重要组成部分,对此也不应有异议吧?儒学确实有关怀、同情民众的一面,但从大局说,暂且抛开简单的阶级定性,儒家主流所论所为,对谁更有利,难道不是更有利于帝王体制吗?有些学者试图用"文明""文化""价值"独立把孔子、儒家与帝王制度分割开来,可能吗?"文明""文化""价值"难道没有阶级性?难道没有利益倾向和对那些人更有利的问题?面对汗牛充栋的历史资料,不能环顾左右而言他。作为历史研究者,不能视而不见!

儒家思想是封建帝王的工具

有些尊儒高调真是难于理解,这里只引三句:

"没有孔子,就没有今天的中华民族";

"孔子是中华民族的精神导师";

"儒家文明不是针对中国人而设计的,而是对所有称之为人的人而讲的。"

面对这类高调,真不知如何评说。中华民族这个概念是梁启超提出的,1949年后才逐渐确认有56个民族,难道都是孔子哺育的?都是孔子的私生子?把中华民族当成挂在孔子脖子上的项链行吗?我们不必假设"没有孔子"会如何,但中华民族的形成是极为复杂历史因素和过程的综合,怎么能把历史简化到这个地步?孔子之前就没有华夏共同体?孔子之后又有多少人不信孔子之学,难道他们都排除在中华民族的历史之外?

说到"导师"也是一样,中华民族在历史上的精神是多元的,至今依然如此,说孔子是尊孔人的导师当无疑问,怎么能加在中华民族的头上?

儒家文明是为"人之为人"而设计的,那么多不认同儒家文明的人是否就应开除"人"籍?这种说法已经超出儒家文明的传播,而堕入强行"扩张"和"侵略"之列,令人不寒而栗!"人之为人"有诸多论说,孔子与儒家认为"礼"是根本的标志。只要稍稍关注一下战国诸子,这只是"人之为人"的一种说法。本来孔子的独断性是很强的,这种说法比孔子更甚。真令人惊恐!

诸如此类的说辞几乎都意在把孔子、儒学同帝王体制拉开,表示是独立体系。但作为帝王确认的意识形态怎么可能呢?我不否认儒家对帝王体制具有某种程度的规范性和制约性,而且对在位的帝王常常有很严厉的批评,历朝历代不乏忠谏之臣。像海瑞竟然敢于用"家家皆净"嘲讽嘉靖帝。可也正是他在死牢里听到嘉靖帝驾崩竟然悲痛得泣血。致君尧上与维护君主体制就是我反复论述过的一种"阴阳组合结构",构筑了忠谏之儒主奴综合人格。在实际上儒者更多是从帝王那里求利禄,也算是一种交易吧,"学成文武艺,货与帝王家",帝王也告白儒者:"书中自有黄金屋";反过来,帝王能买无用和反对派?离开帝王体制论儒学,是不符合历史事实的。

儒家思想无法适应现代社会

还有把儒家这种意识形态高扬为中华民族的文化之"根"、"本体"、是中国的"核心价值"等等。如果把这些限在尊奉儒学的范围内,当然合乎其逻辑,但扩大到中华民族我期期以为不可。作为特定历史时期的官方意识形态,随着中国历史渐渐进入现代化社会,儒家作为一种体系必然要瓦解和被新的社会观念排挤到边沿,这是无法抵御的大势。历史走入现代化,中华民族的社会观念也更加多元化。试问,儒家能是自由主义的"根""本体""核心价值"吗?能是社会主义的"根""本体""核心价值"吗?就文化保守主义来说,也不止儒家一说,能是儒家之外的保守主义的"根""本体""核心价值"吗?如果局限在尊奉儒家派内当然是自己的选择,但请不要覆盖中华民族!现在提倡的社会主义核心价值的本质含义,有多少是从儒学平移过来的?

儒家的道德论是它体系的组成部分,也不可能是超时代的。作为具有"普遍思想形式"的概念,如忠孝仁义礼义廉耻等等,无疑都可继续沿用,但都需进行创造性的转化,充实新的内容,俗语说的"旧瓶装新酒"。

"忠"这个概念有复杂的发展过程,大约到战国后期,其主要含义向忠于君主集中,其后两千年,忠主要表达的是一种主仆观念。我们也有过极度的复辟经历,经过反思,还需要倡导吗?

比如"礼",儒学的礼主旨是讲等级贵贱秩序,有人说是礼貌,说礼貌固无不可,但礼貌主要是等级贵贱的外在形式。现在讲礼是以人格平等为内容的互相尊重方式。

我们也大力提倡"孝",孔子说"无违"是孝的最高境界,孝的规范首先是"顺",父辞世后"三年无改于父之道"等等。现在这些还适用吗?

说到孔子的"人之为人",我认为请不要忽视,孔子和儒家倡导的是"等级人学",而不是人人平等。

诸如此类,不胜枚举。鲁迅把旧道德说成"吃人"是文学的语言,但人格不平等则是事实。对历史上的等级贵贱的评价可以多样,有人对"三纲"也进行肯定亦无不可,但请把"三纲"的内容说清楚,不能抛开事实。

现在有些舆论惊呼道德失序,道德沦丧,鼓噪往日的道德如何如何美好,儒家的道德可以救世等等。我大不以为然。进入现代化社会必然相应有个道德的转型期,转型涉及的问题多的不可胜数,起伏跌宕令人眼花缭乱,一波三折,但主流是从臣民观念向公民观念的转变,由崇圣向自主意识的转变。现在尊儒者又在制造新圣人,这是他们的自由;从另一角度说也是自主意识开放的一个证明。总的形势是公民性的道德观念在成长,有这一点就远胜于传统儒家的道德体系。

在创建新道德过程中,传统的种种只能是资源。资源是全方位的,不限于儒家。现今常说的"以人为本",其源头无疑是多元的,但这句经典恰恰是被一些人嗤之以鼻的法家提出的。为健全法制、法治,引用的"奉法者强则国强"就出于韩非。"均贫富"的"均"如何把握其度,是个关乎命运的问题。说起来似乎有点怪,这个词最先也由韩非提出。商鞅以刻薄著称,变法之初,上下反对之声嗷嗷,行之十年却秦民大悦。对历史资源分精华和糟粕是很难的,化腐朽为神奇也是常见不鲜的。如何开发资源,另行讨论。但一定要把思想体系与引述佳句、隽语分开;也不能把当代人的诠释与古人同一化,如"天人合一"不能都约化为人与自然的和谐,古人有很多冥冥的神性。

话说回来,知识在逐渐走向市场化,眼下多种儒学、国学班都是公司办的。作为一种产品有人愿意买,也属正常。不过在我看来多为低级产品。至于严肃从事国学、儒学研究,那完全是正当的,也未尝不可市场化。不过我建议那些掌控资源的人,用纳税人的钱进行投入,连国学的基本对象都没有弄清楚就跟进,希慎重为宜!由于互换概念,国学与儒学搅和在一起,于是儒学研究机构的组建也颇有汹涌之势,如果不用纳税人的钱,是民间自由组合,未尝不是好事,但用纳税人的钱,也希望掌控公共资源的人慎重思考、全面权衡一下为宜!

儒学作为资源,进行开发利用,综合创新等等,努力于斯,是值得尊重的,但我不赞同简化为"复兴儒学"!

侯外庐对中国历史发展道路的
探索及其史学观念

彭 卫

一

1928年侯外庐赴法国留学期间着手翻译《资本论》,由此确立起他对"马克思主义世界观和对历史发展必然规律的信念"。这是侯外庐马克思主义史学研究的起点。对马克思理论经典著作的精读,使得他在着手中国古代史研究之前,具备了扎实深厚的理论根底。他主张进行"实事求是的研究","把中国古代散沙般的资料,和马克思主义历史科学的古代发展规律,作一个统一的研究",将理论与中国历史实际融为一体。他把自己的治学风格概括为"独立自得",即不人云亦云,不盲从权威,而是在主要关键上都做过严密的思考,对每一个基础论点的断案,都提出自己的见解,通过独立思考得出自己的判断。这几个特点使得他在中国马克思主义史学思想发展史上格外引人注目。

社会史论战如火如荼之际,侯外庐已经回国,但没有参加论战。他并不是一个旁观者,他认为:"科学研究应取严肃谨慎态度,在未充分做好理论准备、掌握材料以及作严密思考之前,决不可放言高论。"与一些人对社会史论战存在的"对于材料,毫不审查,见有一种材料,与其先入之见相合者,就无条件采用"、"急于求知识而怠于问材料"不同,他认为,这场论战的最大缺点"是对马克思主义的基本理论没有很好消化,融会贯通","以公式对公式,以教条对教条"。作为反对"公式化"和"教条化"的中国马克思主义史学理论先驱者,在对马克思主义基本原理的理解中,侯外庐表现出强烈的独立思考精神。20世纪30年代以后,《联共(布)党史简明教程》关于社会发展和社会形态的看法,成为公认的马克思主义历史理论的经典表达。在生产方式上,它的表述是:生产方式是包括生产力和生产关系在内及其在物质资料生产过程中的统一。但侯外庐根据对《资本论》的研究,对"生产方式"提出了自己的判断,即(1)它是决定历史上特定社会形态的根本因素,不同社会形态的区别,就是由它的性质决定的;(2)它必须在一定社会形态中占有统治的地位;(3)它的内容可表述为:特殊的(历史上一定的)生产资料和特殊的(历史上一定的)劳动者(力)二者的特殊结合方式。他后来解释自己为何要以"特殊的(历史上一定的)"作为限定词,是因为无论生产资料和劳动者,都是作为社会历史范畴出现的。这是马克思在《资本论》中揭示出的一个真理。因此,马克思研究资本主义社会形态的方法论,"可以看成研究前资本主义各社会形态的指针"。事实上,在对中国古代社会的研究中,侯外庐用以作为指导理论和方法论的正是《资本论》对资本主义社会的研究。

侯外庐对亚细亚生产方式有着自己独立的思考,他的基本看法如下:

(一)在社会发展史中,亚细亚的生产方式所支配的古代东方社会构成,比"古典的古代"早走了若干世纪;

(二)这种前行史不是说它的"构成"是一种特殊的,是在古典的、封建的、近代的三中构成以外,也不是东方专有的"构成";

(三)它是在多种情况下形成的,包括热带、河流、黄土地带等自然因素,以及四周种族林立、宗教信仰等社会因素;

(四)古代文明有多种路径,而亚细亚生产方式只是古代社会发展的一种路径,马克思说的"古典的古代"和"亚细亚的古代"标明的正是古代社会的多种路径;

(五)在马克思的论述中,"古典的"和"亚细亚的"位置序列可以随便前后安置,在研究封建社会的解体时除去注意西欧,还着眼于东欧各国和东方殖民地的路径,都说明要对人类社会不同的历史路径作具体分析;

(六)亚细亚生产方式也不是指特定形态的"过渡期"。过渡期是一切文明社会的共同阶段,不是东方社会所特有的东西。把过渡期当成东方社会的特别路径,或者把它当做全体历史的代表路径,都是没有根据的。

(七)古代东方国家的发生采取的是土地为国家所有的路径,一开始便是大土地所有制,在青铜时代便进入了文明社会,因而是"早熟"的社会;

(八)如果用家族、私有制和国家作为文明路径的三个指标,那么"古典的古代"是从家族到私产再到国家,国家代替了家族;"亚细亚的古代"是由家族到国家,国家混合在家族里,叫做"社稷"。因此,前者是新陈代谢,新的冲破了旧的,这是革命的路线;后者却是新陈纠葛,旧的拖住了新的,这是维新的路线。前者是人惟求新,器亦求新;后者却是"人惟求旧,器惟求新"。

他的结论是:灌溉和热带等自然环境,是亚细亚古代"早熟"的自然条件;氏族公社的保留及转化成为土地所有者氏族王族,是它的"维新"的路径;土地国有而没有私有地域化的所有形态,是它因袭的传习;征服了周围部落的俘获,是它的家族奴隶劳动力的源泉。由于生产方式的本义是特殊的劳动力和特殊的生产资料的结合关系,所以亚细亚生产方式便是:氏族贵族所有的生产资料和家族奴隶的劳动力二者间的结合关系这个关系支配着东方古代的社会构成,它和"古典的古代"是一个历史阶段的两种不同路径。

按照侯外庐的理解,亚细亚生产方式并不是古典的、封建的、近代的三种社会形态之外的一种特殊形态,与"古典的古代"属于同样的阶段。它的生产方式表现为土地氏族国有的生产资料和家族奴隶的劳动力二者间的结合关系。尽管亚细亚生产方式并非东方社会所独有,却在东方有了普遍发展,使得东方成为"早熟"的文明小孩。对亚细亚生产方式的独到理解,成为侯外庐解释中国古代社会历史道路的基本前提。

侯外庐的学术兴趣集中在中国古代社会史和思想史两个方面,这是两个互为表里的组成部分,中国古代思想史是中国古代社会的思想史,只有在中国古代社会的背景下,才能对思想的脉络给予合理和深刻的解释。同样,思想史的进程,也指示并高度浓缩着社会史的进程,只有对思想历程有着准确地把握,才能深入地理解社会的过程。侯外庐选择这两个方面作为研究对象,具有明确的学术目标,这就是中国历史的发展道路。在对中国古代社会史和思想史的研究中,侯外庐提出了许多与众不同的看法。在中国文明起源和发展路径方面,侯外庐形成了4个基本看法:

第一,关于土地占有形态。侯外庐认为,中国进入文明社会的方式与西方不同。古代西方是先经过氏族公社的共耕制,然后转变为"把农地分作各个小块",成为小土地所有者的制度。所以到文明社会时,旧的公社土地所有权已经破坏,以氏族为基础的组织也被打破。但在中国早期文明发生在的殷末和周初,土地由氏族公有转为氏族贵族的土地国有:"在周代是土地国有制,即氏族贵族的所有制。王侯是贵者同时是富者,富贵是不分的。土地所有制形式是以'最高的所有者或唯一的所有者之姿态'出现的,在法律上没有死缠,其所得形态是'贡纳的样式'",财富计算不在于土地的大小,而在于其所得。

第二,关于劳动力。侯外庐认为,文明发生时,胜利者通过战争消化战败的氏族,让其作为俘虏,从事生产。卜辞记载引战争杀戮的人数很多,而俘获的人数却极少,这是它不能通过将战败的氏族转化为劳动力。周金的记载大为不同,俘获的人数大幅度上升,这是历史文献先生的殷难以灭国而周大量灭国的原因所在。周在征服了其他氏族后,让战败者通过族人家室,成规模地参加生产,所以一开始就是"千耕其耘"。对周代奴隶以"家"和"室"计算的说明,被侯外庐认为是发现了中国古代奴隶社会特征的"一个秘密"。在侯外庐看来,土地和劳动力的这种形态,劳动力与生产资料的这种结合方式,即是支配中国古代奴隶社会的生产方式。到了战国时代,虽然土地财富的所有形式下降,劳动力分散,却始终没有产生出彻底的私有制。

第三,关于城市的出现和城乡分裂。在中国古代,"城市国家"是被"蒙在一层厚厚的'封建'外衣里"的一个"秘密形态"。侯外庐后来回忆说,他分了三个步骤研究这个问题,第一个步骤是厘清"邦"和"封"、"城"和"国"的意义,为此他对殷末周初作邑和作邦进行了细致的分析;第二个步骤是着重考察中国城市国家成立和发展的具体过程,为此他从殷末开始一直延伸到春秋时期;第三个步骤是考察城市和农村的关系。侯外庐认为,封树所作的国(城)居住的是氏族贵族,将被征服的氏族转化为集团奴隶,并以疆界分割,使这些奴隶驯服,是古代社会作邦的首要意义。氏族酋长或盟主所以成为国家的统治阶级,也就在于有了城市王国。因此,古代的"城"、"国"二字同义,筑城就是营国,城市＝国家。

侯外庐指出,城市与农村的分裂是阶级社会分工的总表现,在中国历史上,这一分裂开始于殷末或周人东下之时。周公的分国,不是后世所谓的"封建",而是如古代罗马式的殖民,占领被征服的旧部落的土地。他根据周金《宜侯》资料指出,由于氏族制的存在,城市并未形成经济的堡垒,而是造成了"宗子维城"、"公侯干城"一类的政治堡垒。西周至春秋的城市,是"诸侯的营垒",它是对外族贸易的所在地,是宗教的政治所在地,所以在经济意义上没有"古典的"城市发达。战国时代的郡县制,是向地域性转化的城市制,商业城市才大量出现。与城市相对的是乡村,即文献所说的鄙野。城中居住统治者"君子",鄙野居住被统治阶级"小人"。

第四,关于政治法律。侯外庐认为,殷的神器表明,殷人对祖宗一元神有祭享权,但这类神器并不代表政权观念。周代"器"的"求新"的意义在于,彝器表现一种政权的形式,显示出超社会成员的权力逐渐集中在个人身上,象征着神圣的政权。所谓周公作礼就是由宗庙的礼器固定化做氏族专政的宗礼。礼器就是所获物与支配权二者的合一体,由人格的物化转变而为物化了的人格。总之,礼器是周代氏族贵族专政的成文法,后来争夺礼器与争夺政权同等看待,理由正在于此。

中国古代文明的实质是"器惟求新"的专政。礼与法是不同统治阶级的工具。"礼"是旧贵族专政的法权形式,即区别贵贱尊卑上下的法度;"法"是国民阶级(贵族、自由民、手工业者)的统治人民的政权形式。

"人惟求旧"不是指周人因袭殷人的全盘制度,而是说周因袭着殷人的氏族旧制。"旧人"就是被氏族血缘纽带所束缚的人,是氏族的联盟体。周的建立,在"器惟求新"的同时,保留了氏族的残余。这就是说,"中国历史一开始便走了一条曲折的道路,保存了旧人物,使'旧的拖住新的',以致一系列的旧生产方式遗留到后世,形成束缚历史发展的力量","这就叫做古代的'维新'社会以及'亲亲'宗法政治"。

在侯外庐看来,中国古代文明之所以在铁器还未使用的青铜时代便出现了"早熟"的城市＝国家,是因为黄河流域有黄土地区,西周政权四周有繁盛的人口部落从而可获得必要的劳动力源泉,以及因灌溉而产生的公共职能,"所以文明可能在温室似的环境之下长成,而有异于自然生长的希腊文明"。

亚细亚生产方式和中国古代社会道路是侯外庐社会史研究的一个大问题中的两个方面。通过对亚细亚生产方式的解读,侯外庐把中国古代社会放置在人类历史发展的范围中,用家族(氏族)、私有制、国家三个标志来说明形成古代文明的不同路径:"古典的古代'"(如希腊)是由家族而私有财产而国家,国家代替了家族;"亚细亚的古代"(如中国)则是由家族而国家,国家混合于家族而保留着家族。前者是扫除以血缘关系为纽带的氏族制度的革命的路径,后者是保存氏族制度的维新的路径。前者是马克思所说的"正常发育的"文明的"小孩",后者是"早熟"的文明的"小孩"。侯外庐的研究理念和实践表明:文明的起源和国家的形成是多元的,并非一种理论模式所能涵盖。正如有的研究者评论说:侯外庐对中国历史的论述显示出"历史的发展、至少是奴隶社会,没有什么'通例',没有什么'一般',更没有什么'标准',文明的起源与发展是多线的,哪一条线都不是标准、一般、通例。"

侯外庐的中国古代思想史的研究,是在对中国古代社会独到而深刻的认识基础上形成的。他指出研究思想史,不是要"陈列古董",而在于说明思想的生成和发展的所以然。"思想史系以社会史为基础而递变其形态。因此,思想史上的疑难就不能由思想的本身运动里求得解决,而只有从社会的历史发展里来剔抉其秘密"。他将中国古代思想划分为三个阶段,即(1)由殷周之际古代思想的起源,经过西周"学在官府"之学,以至东迁前后的思想;(2)由东迁以后的思想以至搢绅的儒学;(3)由孔、墨显学对儒学的批判,经过百家并鸣之学,以至周秦之际的思想。这三个阶段,与中国古代社会的变化密不可分。例如,西周"学在官府"之学的出现,是因为土地被氏族贵族公有制所支配,国民阶级没有在历史上登场,"思想意识的生产,也当然不是国民式的,而是君子式的";土地国有、宗法制度和学在官府是西周社会三位一体的系统,思想学术被其经济基础所决定;这也就是《庄子·天下篇》所讲的上古以天为宗、以德为本和明于仁义礼乐的"圣人"和"君子"是学术思想创立者的缘由。这些看法在海内外都产生了影响。

关于"先王"观念产生和变迁的论述的论述,更为鲜明地体现了侯外庐通过社会史的研究把握思想史脉络的努力。"先王"思想是中国古代史中的一个特殊问题,也是中国思想史的源头之一。侯外庐的发现是,殷、周两代的称王和尊王有着明显不同。殷代的帝王宗教观是一元的,即先王和帝都统一于对祖先神的崇拜,是殷代氏族成员基本一致,没有分裂,人与人之间一元性的反映。西周的帝王宗教观是二元的,即在先王以外另创出一个上帝,再由上帝授命于先王,这种分裂的根源在于西周的"作邦";同时,由于周代施行维新制度,保存了氏族制得遗绪,又使先王和上帝结合在一起。这种在意识上既分裂又统一的神秘宗教观念,是中国古代思想史的最初发源地,从而又产生了中国古代诸子的先王思想。西周后期,尤其是春秋时代,由于有了中国古代奴隶制下的显族的土地私有要求,有了国民阶级反对贵族阶级,试图推翻"维新"政治,普遍支配人们意识的新网思想受到怀疑,出现宗教先王向理想先王的转化。孔子将先王作为道德理想来拟人托古,墨子则将先王看成是平常人,开启了后世先王观的先河。战国诸子先王观众说纷纭,直至荀子和韩非子反对儒家的先王学说,显示了中国思想史上的一个大变动。荀子拒绝将先王与天道联系在一起,把历史相对地归还于自然的过程;韩非子更进一步地否认周道,不遵循先王,都表现出对氏族政治的批判。对于先王观的认识可以见仁见智,但侯外庐的研究理论昭示出将社会史研究与思想史研究相结合的重要性,正如他晚年所说,他对先王观的研究说明,"研究中国古代思想史,倘不了解中国古代社会史,特别是维新路径的亚细亚的特点,是不可能真正懂得古代思想史的发展规律的"。

二

侯外庐的史学主张和研究实践清晰地显示了他的史学思想的特征。

第一,理论的确立和如何运用理论。毫无疑问,侯外庐将马克思主义基本理论作为研究的基本准则。他在晚年多次提到这一点。在《侯外庐史学论文选集》自序中言及他的学术道路时写道:"依据马克思主义的理论和方法,特别是它的政治经济学理论和方法,说明历史上不同社会经济形态的发生、发展和衰落过程;物质生活的生产方式制约着整个社会生活、政治生活和精神生活的过程;以及经济基础与上层建筑、意识形态之间的辩证关系,是我五十年来研究中国社会史、思想史的基本原则和基本方法。"在回忆录《韧的追求》中他又强调:"运用马克思主义特别是政治经济学理论",是他本人研究历史时"紧紧掌握的原则"。运用马克思主义,解释中国古代社会和古代思想存在的种种"秘密",探索中国古代社会的发展规律,是侯外庐史学思想中的基本要素。但他不是"公式主义者"和"教条主义者"。首先,他主张对马克思主义理论要有全面的理解,而不是用经典著作中的片言只语作为认识历史的依据。他反对从字面上理解马克思的叙述,指出在马克思、恩格斯的经典文献上,"古典的古代"和"亚细亚的古代"的排列序列是不相同的,有时古典列在前面,有时两者平列。是作为不同种类看待的。他批评社会史论战关于亚细亚生产方式的讨论出现的"公式化"倾向,指认为"只要不是孤守《政治经济学批判导言》的一句话,而把它同马克思的《政治经济学批判大纲(草稿)》和恩格斯《家庭、私有制和国家的起源》等著作联系起来,结合中国古代社会的具体实际,加以细心研究,问题是不难理解、也不难解决的"。在对马克思主义基本理论的全面和整体把握上,侯外庐身体力行,成为中国马克思主义史学发展史上的一个典范。

第二,理论和具体研究的关系。侯外庐主张,理论的价值是通过具体研究得到体现。他在20世纪40年代说过这样一段话:"我们不但要遵循马克思主义的普遍原则,而且要在自己所从事的领域内加以发展;研究的成果应当被看成是对这种发展的一种贡献。"这段文字包括两层含义,首先,马克思主义的基本原理不能代替对具体问题的研究;其次,对具体的历史问题的研究,可以发展马克思主义。这是一个具有广泛启发意义乃至指导意义的真知灼见。关于发展马克思主义理论问题,建国以后相当长的一个时期都是禁区,改革开放后,在如何坚持和发展马克思主义问题上也存在着一些争议。侯外庐的主张和他的研究实践中,有助于我们更好地理解这个问题。

从本质上说,历史学是一门实证性的学科,判断来源于史料的支持。侯外庐对史料极为重视。在研究中国古代文明出现和中国历史发展中,他详致分析甲骨卜辞、金文和传世文献。这个学术风格也延续到他对汉代以后历史的分析以及后来的研究工作中。他不拘泥于对史料的字面释读,而是着眼于史料背后隐藏的历史内容,透过字面看其实质,对一些人们熟知的"历史事实"如"封"、"邦"、"国"等给予了新的解释,深化了对中国历史的认识。

对中国历史发展道路的探索,是侯外庐在马克思主义理论大框架下的一个创造性的研究实践。他强调了在遵循马克思提出的人类历史发展的普遍规律时,要考虑不同国家和地区的特殊性。他说:"研究古代,不可把'古典的'和'亚细亚的'看成一件东西,在一般的历史规律上,我们既要遵循着社会发展史的普遍性,但在特殊的历史规律上,我们又要判别具体的社会发展的具体路径。同时在中国古代有若干的自然条件，也不可抹杀。例如国家、财产、奴隶、法律等，马克思、恩格斯所指的传统或传习和自然环境，都要仔细区别，要说明他们和希腊城市国家有哪些不同之点。"正是着眼于这些"不同点"，他阐述了中国文明发生时土地占有形态、劳动力的获得和使用、城市的出现和城乡分裂以及政治和法律方面的种种特征，以及中国古代的"维新"社会和"亲亲"宗法政治的"早熟"形态。侯外庐晚年在《侯外庐史学论文选集》自序中总结说："(要)注意马克思主义历史科学的民族化。所谓'民族化'就是要把中国丰富的历史资料，和马克思历史科学关于人类社会发展的规律，做统一的研究，从中总结出中国社会发展的规律和历史特点。马克思主义历史科学的理论和方法，给我们研究中华民族的历史提供了金钥匙，应该拿它去打开古老中国的历史宝库。"可以说，侯外庐对中国古代社会史和思想史的研究，正是对马克思主义历史理论中国化的一次有意义的尝试和实践。一些学者认为，侯外庐史学思想中的最有价值的部分之一是强调马克思主义历史科学的"民族化"问题。在20世纪40年代马克思主义史学理论中国化的过程中，在"把中国历史特点抓出来"方面，侯外庐最为突出，贡献也更大。

第三，思维特质。侯外庐具有独立思考的学术精神和强烈的问题意识。他说："在学术史研究上重视独立自得的精神，是我治学所一贯秉持的。"这并非虚言。从对亚细亚生产方式探讨，到对中国古代社会史和思想史的分析，侯外庐都一以贯之地秉持了"独立自得"的研究理念。将社会史研究与思想史和哲学史研究结合起来，强调思想史并不是政治思想、经济思想和哲学思想的简单总和，研究思想史要研究"整个社会意识形态的历史特点及其变化规律"；同时也注重思想史本身有其独立性。注重思想的继承性是思想发展自身必不可少的一个链环；指明相互对立的学派在各自批判对方的过程中，往往又或多或少的吸收对方的思想来丰富自己。有的对立学派经过长时期的相互批判和互相吸收，最后趋于融合，是"思想史上带规律性的现象"，将每种思想学说都放置在"横通"即它与社会历史时代的联系，和"纵通"即思想源流的演变的交汇点上进行研究,也是侯外庐独立思考在研究方法和研究实践上的反映。在此之前,虽然也有马克思主义者运用唯物史观研究思想史,如李大钊、郭沫若、吕振羽、何干之分别以经济、阶级和政治因素说明中国古代和近代古代思想、思潮的出现和变化,但明确和系统地将社会的变动与思想的变动联系在一起,说明思想的形成和走向,侯外庐可谓中国马克思主义学派中的第一人。

独立思考必然会引起对历史现象和以往判断的疑问,侯外庐是带着许多疑问进入历史研究领域的。在《中国古代思想学说史》序言中,他以排比递进的方式,一连提出了6个问题:

社会历史的演变与社会思想的发展,关系何在?人类的新旧范畴与思想的具体变革,结合何存?人类思想自身的过程与一时代学说的个别形式,环练何系?学派同化与学派批判相反相成,其间吸收排斥,脉络何分?学术理想与理想术语,表面恒常掩蔽着内容,其间主观客观,背向何定?方法论犹剪尺,世界观犹灯塔,现实的裁定与远景的仰慕恒常相为矛盾,其间何者从属而何者主导,何以为断?

这组被有的学者比作屈原《天问》式的疑问,实际上包括了"社会历史阶段的演进,与思想是阶段的演进,存在着什么关系"、"思想史、哲学史出现的范畴、概念,同它所代表的具体思想,在历史的发展过程中,有着怎样的先后不同"、"范畴往往掩盖着思想实质,如何分清主观思想与客观范畴之间的区别"、"人类思想的发展与某一时代个别思想学说的形成,其间有什么关系"、"各学派之间的相互批判与吸收,如何分析究明其条理"、"世界观与方法论相关联,但是有时也会出现矛盾,如何明确其间的主导与从属的关系"等问题,这既是人类认识也是思想史中不能回避的大问题。他对这些恢宏问题的思考,是其富有深度的思想史研究的重要保证。从其著述看,他更着力于对中国问题的思索。在"特别关心于解决历史的疑难"的《中国古代思想学说史》中,侯外庐对西周学官以及诸子出于王官、老子思想的时代性、孔子的人类认识与墨子的国民自觉性、诸子思想所反映的各自的阶级性等这些"需要解决而又不易解决的学术上的疑难问题",进行了认真研究。

三

中国现代史学进程受到了唯物史观的深刻影响。马克思和恩格斯对东方社会的一些判断既启迪了我们的心智，打破了固有的历史观念的枷锁，同时又在实践中出现了新的问题，产生了新的挑战。成就与教训并存，在相当大的程度上，中国现代史学思想史即是一部浓缩版的中国现代史。

思想史所体现出的进步，是在沉淀与反思中展开的。中国马克思主义历史学也是如此。在20世纪40年代中国古代历史分期的讨论中，我们看到的一个鲜明特征，就是对以往研究不足和欠缺的反省。进过反复斟酌，郭沫若调整了关于殷商社会性质的看法，认为殷商时代不是自己原先主张的氏族社会，而是"青铜时代"的奴隶社会。吕振羽原先曾认为亚细亚生产方式是马克思没有看到摩尔根《古代社会》前的假设，指的是"东方封建主义的特殊性"。到了1936年他改变了看法，将"亚细亚生产方式"定义为"初期国家之奴隶制度的形态"。又经过多年思索，吕振羽反省了自己的研究存在"教条主义的偏向"，认为"亚细亚生产方式"是奴隶制度的变种。对原有观点的改变是学术研究的必要过程，是研究工作应有之义。我们看到，郭沫若等人，对原有看法的修正，不是轻率的，更不是随波逐流，而是经过认真思索后的放弃和更改。吕振羽将研究中的"失误"上升到方法论的高度，更体现了这种自我批判的严肃性。与反省意识相呼应的是历史分期讨论的细致化——这些讨论主要是在马克思主义学者之间进行的，尖刻的语言被较为和缓的学理争辩所取代，较之社会史论战，学术性大为增强，显示了研究的深入。

思想史所体现的进步，是在思辨中延伸的。这个时期的中国马克思主义历史学接续了李大钊等中国马克思主义先驱者对唯物史观的学习和研究，在历史理论上进行了探讨。翦伯赞等人关于马克思主义成为科学的历史观的论述，关于历史认识的客观性和主观性、历史学的价值、历史规律、历史活动中各种因素的关联性、阶级和阶级分析、传统史学的价值、理论与史料的关系，以及历史知识的普及问题的思考，深化了中国马克思主义历史理论。

　　思想史所体现出的进步，也是在具有原创意义的思考和实践中发展的。这个时期的中国马克思主义历史学同样体现出这个特征。侯外庐提出要完整地把握马克思主义理论，提出理论的价值必须通过具体研究得到体现。他在20世纪40年代说过这样一段话："我们不但要遵循马克思主义的普遍原则，而且要在自己所从事的领域内加以发展；研究的成果应当被看成是对这种发展的一种贡献。"这段文字包括两层含义，首先，马克思主义的基本原理不能代替对具体问题的研究；其次，对具体的历史问题的研究，可以发展马克思主义。对中国历史发展道路的探索，是侯外庐在马克思主义理论大框架下的一个创造性的研究实践。他强调了在遵循马克思提出的人类历史发展的普遍规律时，要考虑不同国家和地区的特殊性。侯外庐对中国历史发展道路的探索。这是对社会史论战中呈现的人类历史发展统一性和多样性问题的具有理论和实践价值的积极回答，是马克思主义历史理论初步中国化的一次具有开创性并富有价值的重要实践，为中国的马克思主义历史学注入了鲜活的力量。

　　无论是仆倒还是跃进，中国马克思主义史学前辈学者的实践都应该成为我们的镜鉴和经验。今天中国历史学如何前行，每个人都有各自的体会，但有一点或许会成为我们的共识，这就是从中国历史实际出发，以个人的理论自信，提出自己的判断。

跳出社会形态思维,从国家政体角度看秦至清社会性质

李振宏

> 中国历史的要害在政治,政治的核心是权力,权力的属性是专制,专制主义的幽灵弥漫于几千年文明史的一切领域。从官场到社会,从政治到经济,从制度到文化,从思想到精神,直至人们最隐秘的心灵领域,无一不被专制权力所控制。这就是我所理解的中国。
>
> ——题记

一 问题的提出

自从上世纪90年代五种社会形态问题重新引起学界的普遍关注以来,中国社会形态的特殊性问题就被历史地提了出来。除了中国历史的整体社会形态的阶段性划分,秦至清两千多年中国社会的性质或属性,也渐次成为的一个焦点问题。这一讨论,大概主要是被冯天瑜先生的《封建考论》[1]一书所引爆的。该书要旨在于"封建"概念的辩驳,但看似是一个概念的翻译与澄清,但究其实,则落脚在对秦王朝建立至清代两千多年中国历史的社会属性的认识。所以,该书最后一章则明确判定秦至清的中国社会性质是"宗法地主专制社会"[2]。该书

---

① 冯天瑜:《封建考论》,上海人民出版社2006年版。
② 冯天瑜:《封建考论》,第390—411页。

一出,舆论哗然,论者争锋。

反对者义愤填膺,大张挞伐。2007年11月,中国社会科学院历史研究所、经济研究所和《历史研究》编辑部联合举办"'封建'社会名实问题与马列主义封建观"学术研讨会,批判声讨之声,似乎已经超出了学术讨论的范畴。用会后公开报道的语言说,有人提出"当前有关封建的讨论,其指向实际上是政治而非学术的";有人甚至强调这是"当前捍卫和发展历史唯物主义的重大课题"①。笔者作为会议的亲历者深感震惊,以为会议实际上可以看做是一个科研机构对所谓偏离了马克思主义研究轨道的政治表态。②

但在学术的轨道上,激烈的论辩也相继展开。2008年3月,《史学月刊》编辑部组织"'封建'译名与中国'封建社会'笔谈"专栏,同时发表了吴承明、瞿林东、冯天瑜、李根蟠、郭世佑、黄敏兰等六位学者的论文;2008年12月,武汉大学中国传统文化研究中心、苏州大学社会学院和苏州科技学院人文学院在苏州联合召开"'封建'与'封建社会'问题"学术研讨会;2010年5月,《文史哲》编辑部发起召开"秦至清末:中国社会形态问题"学术研讨会。这次会议抛开中国有没有"封建社会"以及"封建"译名的纠缠,倡导以独立思考之精神对秦至清末这段历史的社会形态进行重新命名。参加这次会议的学者有张金光、冯天瑜、孟祥才、萧功秦、何怀宏、王晖、秦晖、荣剑、俞吾金、李治安、叶文宪、王学典、李振宏、李若晖等20余人。2011年3月,《史学月刊》编辑部又

---

① 朱昌荣:《"'封建'社会名实问题与马列主义封建观"研讨会综述》,《史学理论研究》2008年第2期。

② 刘中玉采写的会议报道《"'封建'名实问题与马列主义封建观"学术研讨会在京举行》中说:"与会学者指出,争论表面上是对封建概念的不同理解,实质是承不承认封建生产方式的普遍性,承不承认马克思主义社会经济形态学说的正确性,因此,否定论者否定的不是封建之名,而是封建之实。与会学者认为,社会经济形态有序演进的学说是对人类历史发展规律性的科学表述,应该坚持;封建社会作为人类历史的重要发展阶段不应否定。"(《中国社会科学院院报》2007年11月13日第002版)

组织了题为"秦至清社会性质研究的方法论问题"笔谈文章,发表了冯天瑜、张金光、李若晖、李振宏、黄敏兰、叶文宪、李治安等七位学者的看法。从 2006 年冯天瑜《封建考论》出版至今,关于中国社会形态问题、尤其是秦至清的社会性质问题讨论,成为当今史学界为数不多的理论研究热点之一。

在这些讨论中,张金光将"国家权力"引入社会形态讨论,提出"国家体制式社会形态"说①。李若晖提出"郡县制社会"说②。何怀宏提出"选举社会"说;孟祥才认为秦至清是"帝制农民社会";李治安教授强调,君主专制和地主经济形态,是秦至清末中国古代社会的基本特征;俞吾金教授则把包括秦至清末在内的中国传统社会定义为"以血缘关系和地缘性的农村公社为基础的宗法等级制社会"③。许苏民主张"皇权官僚专制社会"说④。赵轶峰主张用"帝制农商社会"来概括明清时期的社会形态⑤。笔者在为《文史哲》编辑部的会议提交的论文提纲中,提出秦至清社会可以简单明了的命名为"皇权专制社会",此后又在笔谈小文中提出这一观点⑥。但无论是会议论文提纲,还是笔谈小文,都未能将这一问题作展开性论证,而未经论证的观点,也只

---

① 张金光:《关于中国古代(周至清)社会形态问题的新思维》,《文史哲》2010 年第 5 期;张金光:《中国古代社会形态研究的方法论问题》,《史学月刊》2011 年第 3 期。

② 李若晖:《郡县制时代——由权力建构与社会控制论秦至清的社会性质》,《文史哲》2011 年第 1 期;李若晖:《关于秦至清社会性质方法论的省思》,《史学月刊》2011 年第 3 期。

③ 参见:《〈文史哲〉杂志举办"秦至清末:中国社会形态问题"高端学术论坛》,《文史哲》2010 年第 4 期。

④ 许苏民:《自秦迄清中国社会性质是"宗法地主专制社会"吗?——与冯天瑜教授商榷》,《学术月刊》2007 年第 2 期。

⑤ 赵轶峰:《明代中国历史趋势:帝制农商社会》,《东北师大学报》2007 年第 1 期。

⑥ 李振宏:《从国家政体的角度判断社会属性》,《史学月刊》2011 年第 3 期。

能是一假设而已。

距离相对成熟的研究境况来说,目前的研究还很初步;但对于很久没有热点的中国史学界来说,这场讨论也可谓成果靓丽。但总结以上研究,我们发现,无论是冯天瑜先生的开启端,还是继起争鸣的诸位学人,大多是提出一种看法,而没有去思考自己研究的方法论问题,没有思考虽然自己提出了新的观点,而其思想方法大概还被囿于传统的思维习惯之中;且不说坚持封建社会说的人是坚持传统的社会形态思维,就是诸多开拓新说的学者,也还是在旧有的思维定势中打转。而如果不在思维方式上有一个根本的改变,所提出的观点,就很难在学理性上获得合法性支持,问题的解决也很难取得突破性的进展。有鉴于此,笔者就想从传统的思维方式中挣脱出来,从一个全新的角度去观察秦至清两千多年间中国社会的属性问题,即摆脱传统的社会形态思维,从国家政体的角度研究社会性质问题,对以前提出的秦至清"皇权专制社会"说,给予展开性的历史论证。而本文的主旨,则在于为从国家政体的角度论证秦至清社会性质确立一个理论前提。

二 跳出"社会形态"论的思维泥淖

长期以来,在谈到某一历史阶段的社会性质,或曰需要对某一社会历史阶段进行抽象表述的时候,人们很自然地就使用上了"社会形态"概念,进入了社会形态思维的惯性路径,从经济形态、生产方式的特点,去做出判断。这在中国学者来说已经成为一种思维定式。但是,从经验的历史来说,在资本主义以前的历史时期,社会政治方面的特征,与经济基础的关联度,的确没有人们想象的那么紧密。社会形态思维的合理性,至今仍然是一个需要由经验历史来进行证实、需要历史论证来说明的问题,尚不具备不需质疑的天然属性。

让我们从一些具体例证谈起。

冯天瑜《秦至清中国社会形态刍议》①一文中说,秦汉至明清的两千余年间,社会制度层面虽多有变化,但"宗法制"、"地主制"与"专制帝制"三项要素贯穿始终。而且三者并非独立并列,而是互为表里、彼此补充的,它们相与共生、浑然一体。综论之,秦汉以降两千余年间,在中国长期延续的,不是渐居次要的"封建制度",而是由宗法制、地主制、专制帝制综合而成的社会形态。称之"宗法地主专制社会",似可昭示这两千余年间社会组织、经济结构、政治体制诸层面的基本特征。当然,若能在三要素之上拟一总名,方称全解。参酌"奴隶社会"、"封建社会"(非泛化的)、"资本主义社会"等历史段落的命名,均取该时代社会经济结构最核心的要素作标志,如"奴隶"(该时代生产者的主体为丧失人身自由的奴隶),"封建"(该时代实行"封土建藩""封土封臣"的政治、经济制度),"资本"(该时代社会经济维系于资本的营运与增殖),皆画龙点睛之词。而秦汉至明清间社会经济结构的基本构成是田土私有的地主——自耕农制,简称地主制,此制又是这一时代的社会制度(宗法制)、政治制度(专制帝制)赖以生存的社会经济土壤,故这两千余年中国社会似可简称"地主社会"。此一名目较之"封建社会"更切近秦汉至明清的社会、政治、经济实际;较之"专制社会"的偏于政制,更能昭示此一社会形态的本质。

像冯天瑜先生的论述逻辑,仍然是中国学术语境中最普遍最典型的社会形态思维,而其牵强性也是不言而喻的。用经济基础来说明政治体制,用地主经济来说明帝制或专制,都是套用的结果。地主经济的特点是什么,这种经济为什么必然的要求帝制形式?专制帝制这样的政治制度是如何与地主经济的特点对应起来的?这些其实是很难回答的。

但是,既要坚持这种思维,学界还是有一些学者来力图回答这个问题,以便赋予我们的理论有一个严谨的逻辑证明。安作璋、孟祥才先生在他们合著的《秦始皇帝大传》中写道:

---

① 《湖北社会科学》2006 年第 6 期。

在地主土地所有制下,土地可以自由买卖,或土地兼并,这样就造成了土地所有权的流动性较大,个别地主对土地的占有和经营也比较分散,不能同政治上的统治权力和统治范围紧密地结合在一起。因此,在经济上既不能形成较完整的封建庄园经济体系,在政治上地主和佃农也不能形成像欧洲那样封建领主和农奴之间的牢固的封建隶属关系。秦朝以后,我国的封建地主一般是采取租佃制的形式剥削佃农的,所谓"耕豪民之田,见税什五"。由于地主对土地占有不稳定,对佃农的占有也不稳定,而且地主在他们的土地上也没有行政和司法等权力,特别是游离于地主经济范围以外的大量自耕农,更非个别地主的力量所能控制。在这种情况下,地主阶级为了有效地控制农民,镇压农民的反抗和起义,以保证他们对土地的占有和保护封建剥削,就需要一个凌驾于社会之上,集中代表全国地主阶级利益的政治权力,这种权力就表现为专制主义中央集权的政治制度。可见,从战国的诸侯封建割据到秦朝的专制主义中央集权制封建国家的建立,并不是偶然的,而是由封建土地所有制这一经济基础所决定的。秦始皇三十一年"使黔首自实田"实际上是用法律形式保护封建土地所有制,并进而为巩固专制主义中央集权制度服务的。①

这是迄今为止我们看到的关于专制主义中央集权制政体与地主土地所有制关系的最为逻辑的说明。而这样一种分析,也是有逻辑缺环的。这种分析的出发点是地主阶级为了实现对农民的控制,而租佃制下,地主的土地上没有附加行政和司法等权力,地主不能借此实现对农民的控制,所以提出了专制主义中央集权制度的要求。但是,为什么要控制农民呢?特别是地主,他有什么根据要实现对农民的控制呢?这种控制是地主经济的要求吗?租佃制下,农民和地主是一种契约关系,地租率的确定是出于租佃双方的约定,履行契约是各自的义务,有什么理由再提出以土地为根据的对农民的控制呢?如果说地主

---

① 安作璋、孟祥才:《秦始皇帝大传》,中华书局2005年版,第244—245页。

阶级一定要实现对农民的控制,其理由或根据,也绝不是出于经济的原因。对农民人身本身是否实行控制,并不影响租佃制经济的发展;换句话说,所谓建立专制主义中央集权制的需要,并非出于地主经济的必然要求。这种分析的逻辑缺环,在于没有回答地主阶级对农民实行人身控制的合法性根据,也没有指出地主阶级在政治上控制农民对于租佃制经济的必要性;换句话说,租佃制经济本身并不附加政治方面的人身依附问题。其实,这种分析的天然前提是阶级斗争理论,地主与农民是天生的对立对抗、不可兼容的,地主对农民的控制是阶级斗争的必然要求。仅从逻辑上说,这一理论并不支持将地主对农民的控制归结到经济的必然性上去,因此,地主经济决定专制主义中央集权的命题,并没有得到逻辑的证明。

实际上,中国历史学家已经在自觉不自觉地摆脱社会形态思维,但又没有在理论上反思这一理论所存在的问题。他们一方面在理论上宣称坚持这一理论,而在谈到具体的社会政治观点时,则在事实上摆脱了这一理论,不能坚持自己理论的逻辑一致性。现在我们就来分析一个这样的例证。

刘泽华先生在一篇文章中说:"我仍然相信,基础性的社会关系是由社会生产力的发展状况决定的,进而讲生产方式决定着社会的基本面貌。"但是,一旦回到他的基本学术主张"王权"理论问题上的时候,他所讲的这个基础性的社会关系我们就看不到了。就在同一篇文章中,他写道:

> 王权是基于社会经济又超乎社会经济的一种特殊存在,是社会经济运动中非经济方式吞噬经济的产物。以王权为中心的权力系统有如下几个特点:一、一切权力机构都是王的办事机构或派出机构,不存在一些人所说的"分权"制。二、王的权力是至上的,王的权位是终生的和世袭的,没有任何有效的、有程序的'制衡',更不存在"制衡"制度。三、王的权力是无限的,在时间上是永久的,在空间上是无边的。在社会诸种权力中,王权是最高的权力;在日常的社会运转中,王权起着枢纽作用。四、王是全能

的,统天、地、人为一体,所谓大一统是也。

> 这种以武力为基础形成的王权统治的社会就总体而言,不是经济力量决定着权力分配,而是权力分配决定着社会经济分配,社会经济关系的主体是权力分配与占有的产物。在王权形成的过程中,同时也形成相应的社会结构体系。王权无须经过任何中介,直接凭借强力便可以拥有与支配"天下"。①

从基本理论上说,刘泽华先生声明是坚持社会形态思维的,这一思维的根本点是经济基础决定上层建筑,一定的政权形式无疑是一定的社会经济关系的产物。从这一理论出发,王权所支配的社会结构应该主要的是由社会生产力的发展状况、进而讲是由生产方式所决定的;但是,一旦回到历史本身,回到王权本身,刘先生则说,王权是基于社会经济又超乎社会经济的一种特殊存在,是社会经济运动中非经济方式吞噬经济的产物。这种"王权"——上层建筑的具体形式——则是由武力为基础形成的,这种以武力为基础形成的王权统治的社会就总体而言,不是经济力量决定着权力分配,而是权力分配决定着社会经济分配,社会经济关系的主体是权力分配与占有的产物。刘泽华先生的王权理论与他所坚持的"基础性的社会关系是由社会生产力的发展状况决定的,进而讲生产方式决定着社会的基本面貌"的理论有没有矛盾呢?

自从人类进入文明时代以来,国家政权的组织形式,无非有两种:民主政体或专制政体。这两种政体的根本区别是:民主政体是多数人掌握国家权力的政权组织形式,一般是通过公民大会、议会或人民代表大会的形式,民主选举国家最高权力的执行人,而最高任职也有任期限制,个人没有决断国家重大事务的独断性权力;专制政体是少数人、往往是集中到一个人掌握国家最高权力的国家政权组织形式,国

---

① 刘泽华:《分层研究社会形态兼论阶级——共同体综合分析》,《历史研究》2000年第1期;又见氏著:《洗耳斋文稿》,中华书局2003年版,第672-673页。

家最高权力的继承方式，一般是世袭制或选择制，并实行最高任职的终身制，是国家一切权力集于一身、重大决策一人独断的高度独裁的政治形式。揆之于世界历史，这两种国家政权组织形式，在不同的历史时期和不同的社会经济形态中都有表现，即同样的政体是在不同的历史时期和经济形态中都有过存在的，国家政体和一定的社会经济形态并没有绝对的对应关系，历史上各个民族对国家政体的选择和所谓的经济形态没有关系。实际上，政治体制对经济形态的依存度，原非像人们想象的那么强烈。在整个人类历史上，除了资本主义社会，我们基本上还找不到经济基础决定上层建筑、决定政权组织形式或曰国家政体的例子。

就中国历史来说，无论是夏商周，还是秦汉以后，以至于到近代时期，经济形态的变化可谓巨大，谁也无法把明清时期、近代以来的生产方式、经济关系和夏商周时代相提并论，而其政治上的君主权力的独一无二、至高无上、不可挑战、独裁专断，则始终如一，丝毫没有改变，经济的决定作用跑到哪里去了呢？

从1949年到改革开放之前，我国政治体制的特点，就其实质而非从形式上看，是人治，是个人的高度集权，这几乎是一个无需论证都会有所感受的问题，甚至个人集权的程度，超越了历史上的任何时期。不管我们现在在口头上、政治上是否承认这一点，但其真实性是任何人都无法否认的。然而，在这样的集权体制下边，我们的社会经济制度是什么呢？是公有制，起码是表面的公有制，而不是地主制，这一点是毫无疑问的。按照传统的社会形态思维，二者是对应不起来的。

公元前6世纪到公元前5世纪的雅典和斯巴达，有着大体相同的社会经济基础，而从政治体制上说，斯巴达是君主制，世袭制；而雅典则创造了典型的民主政体。

就雅典而言，我们所知道的古代的雅典是奴隶制，而在这个奴隶制之上，树立着一个极端的民主政体，不存在个人权力对公民社会的支配。

公元前1世纪罗马的政治变革，从城邦共和制一变而为帝国君主制(元首制—君主制),但变革的原因却不能从社会经济关系中得到说明,因为经济本身没有变化。

甚至,西欧封建社会的产生与形成,也难以从经济基础的变化中去寻找原因。就现在我们所能接受或理解的范围说,西欧封建社会的产生,始于一个西罗马帝国灭亡于日耳曼人入侵的标志性事件。公元476年,日耳曼雇佣军首领奥多亚克废黜了西罗马帝国最后一个皇帝罗慕路斯,标志着西罗马帝国的最后灭亡,从此以后,西欧奴隶制社会历史宣告结束,开始进入封建社会的历史阶段。这大概是在世界范围内被认同的历史观念。不仅中国的历史教科书这样描述,法国年鉴学派的创始人马克·布洛赫的名著《封建社会》也持这样的观点。他说:"如果没有日耳曼入侵的大变动,欧洲的封建主义将是不可思议的。日耳曼人的入侵将两个处于不同发展阶段的社会强行结合在一起,打断了它们原有的进程,使许多极为原始的思想模式和社会习惯显现出来。封建主义在最后的蛮族入侵的氛围中最终发展起来。"[①]这样一个社会的重大转折,都无法从经济基础的变革中寻找原因,封建社会的得名,显然不是从奴隶制经济向封建农奴制经济转变的结果。就我们看到的中外学者的论著中,几乎没有人是从经济的变革中去寻找封建主义的起源,像人们所熟知的解释资本主义的起源那样。让我们来看几段相关的论述:

中国学者朱孝远说:

> 日耳曼人没有采用罗马的政治体制,而采用了贵族领主制度,是同他们特定的传统和国土的狭小分不开的。日耳曼人建立各个蛮族国家后,国王和他的随从处理各种随时发生的事情,没有什么行政部门、专业化的官吏和完善的中央地方政府。这样松散的政治在国家尚小的时候还可以对付,但当国家强大后就明显显示出弱点。如果按照罗马的帝国形式来建立国家,蛮族国王对

[①] 马克·布洛赫著,张绪山译:《封建社会》,商务印书馆2004年版,第700页。

此经验不足,也缺乏金钱和受过训练的官吏来辅助他们建立这样的政府。因此,一种不同于罗马帝国的简单的政体建立起来了,这就是把全国分割为若干区域,国王派自己的代表去管理这些地区。这些国王的代表被称为伯爵……伯爵们对地区的统治与国王对全国的统治非常类似,他们具有完整的军事权、司法权和财政大权。他们通过自己的家族和地区上的地主来进行管理。这样行政上的难题就这么解决:把全国分割为许多小的领地,这样可以用原来的办法来管理。只要伯爵忠于国王,国家就不至于分裂。①

朱孝远将封建制度的选择,归结为管理上的需要,而不是用经济的原因来解释。

法国年鉴学派的创始人马克·布洛赫认为,封建主义不是一种社会经济制度,而是一种统治方法,其中最重要的内容是封建君臣关系。封建主义像官僚、专制一样,只是一个高度抽象的概念。于是,布洛赫对封建主义及其起源的研究,并没有去追溯其经济上的原因,没有从中国人所习惯的社会形态思维的角度去认识封建主义。其实,布洛赫的封建主义研究,是很重视为这种制度寻找原因的。他写道:

> 这几代人为时所迫而结成新的关系时,既没有创造新的社会形式的清醒愿望,也没有意识到正在创造新的社会形式。每个人都本能地极力利用现实社会组织提供的资源,如果新事物最终被无意识地创造出来了,那么它也是在适应旧事物的过程中创造出来的。此外,这个从入侵中出现的社会已经继承了一套特别庞杂的制度和习惯。在这个混合体中,日耳曼传统中混杂着罗马遗产,也搀杂着被罗马征服但其民族习惯未被完全泯灭的人民所留下的遗产……这种社会制度本身深深地烙有复杂的历史印记,但

---

① 马克垚主编:《世界文明史》(上),第九章第二节"封建制度"(朱孝远执笔),北京大学出版社 2004 年版,第 353 页。

它首先是当时社会状况的产物。

那么,布洛赫为封建制度从而封建社会的产生,寻找到了什么样的历史印记和社会状况呢?他写道:

> 加洛林人的政策既受到既定习惯的支配,也受到各种原则的支配。……君主政体只有为数不多的官员,但这些人并不是非常可靠,而且除少数教会人员外,他们缺乏职业传统,也缺乏教养。更何况,经济状况不允许建立规模庞大的薪俸官员体系,交通联络迟滞、笨拙且不稳定,所以中央政府面临的主要困难是如何与个体臣民保持联系,以便征索役务,实施必要的惩罚。为达到这一统治目的,便产生了利用根深蒂固的保护关系网的想法。在这个等级社会中,每个等级的领主都要为他的"人"负责,都要敦促他履行义务。这种想法不独加洛林人有,在西哥特人统治的西班牙这种思想早已是立法的主题;阿拉伯人入侵西班牙后,逃亡法兰克宫廷中的许多西班牙难民可能向法兰克人传播了这种原则……在这一政策实施过程中,最需要采取的措施,显然是使附庸制适应这种法律制度,同时使之具有稳定性,只有这种稳定性才能使附庸制成为王权的坚固堡垒。①

在布洛赫的分析中,我们看到的封建主义的依附关系的确是一种统治方法的产物。如果说依附关系即是一种经济关系的话,则布洛赫认为,不是这种经济关系创造了封建主义的政治组织形式,而是政治本身创造了经济关系。

《封建社会》一书的"中文版序言"里,马克垚先生附带介绍了雷诺兹的《封土与封臣》一书,他说:

> 晚近雷诺兹的《封土与封臣》一书,更对封建主义是否可以成立提出了挑战。雷诺兹从原始材料出发,结合19世纪以来史学家的成果,对封土与封臣重新进行了详细的考察。她认为在12

---

① 马克·布洛赫著,张绪山译:《封建社会》,第266—267页。

世纪以前,西欧不存在封君和封臣这样的关系,当时国家和臣民的关系仍然是主要的,也谈不上社会主要由个人之间的关系维持这一原则。臣民向君上宣誓效忠普遍存在,不具有后来所说的封臣对封君的那种意义,也没有形成如布洛赫所说的那种规范。……以封君、封臣为代表的那种封建主义,在西欧主要是在 12 世纪以后才出现的,它的出现并不是王权微弱、无政府状态的结果,相反它是国家机构加强、法律制度发展的产物。

雷诺兹对封建主义产生于何时,封君封臣关系形成于何时的看法,不是我们这里要关心的问题,我们关心的是她把封建主义的形成归结为"国家机构加强、法律制度发展的产物",她也没有去为封建主义这种重要的社会制度寻找经济形态方面的原因。

同布洛赫一样具有重大影响的年鉴派学者费尔南·布罗代尔,认为真正的封建主义是公元 8 世纪以后形成的,是加洛林帝国崩溃以后的事情。但无例外的是,他也认为封建关系的形成,是根源于一种政治行为。他说:

> 封建主义是加洛林帝国分裂所产生的自然而然的结果。……它是一种建立在人与人之间的关系,是一种建立在一种依附链上的社会;它是这么一种经济,其中土地不是惟一的但却是最常见的靠服役得到的酬报。领主从国王(他的封君)那里,或者从一个地位比他本人要高的领主那里得到采邑(feodum)或领地。作为封臣,他反过来要向其领主提供一系列服务……领主反过来要保卫他们,为他们提供保护。这一带有其义务、其规定、其忠诚,动员起经济、政治和军事力量的社会金字塔,使西方能够继续存在下去,并卫护着古老的基督教遗产和罗马遗产。在这上面它还添加了领主统治的思想、价值和意识形态(它自己的文明)。①

---

① 费尔南·布罗代尔著,肖昶、冯棠、张文英、王明毅译:《文明史纲》,广西师范大学出版社 2003 年版,第 295 页。

连奴隶制到封建制的转变这样巨大的历史变迁都不能用经济基础的变更来解释,而我们还为什么要坚持这一理论观念呢?难道世界上还存在可以不接受历史检验和思想批判的特权理论吗?诚然,我们现在讨论的这个理论是马克思的,但我们知道,马克思是真正的思想家、科学家,他从来没有为自己的理论谋求任何特权,他也是希望自己的理论能够接受历史的验证的。

下边,我们来看一下马克思的这个社会形态学说,是不是曾经得到过历史的证明,是不是真的像列宁说的"是经过科学检验的理论"①,它是否真的被历史地论证过。马克思说:

> 我所得到的、并且一经得到就用于指导我的研究工作的总的结果,可以简要地表述如下:人们在自己生活的社会生产中发生一定的、必然的、不以他们的意志为转移的关系,即同他们的物质生产力的一定发展阶段相适合的生产关系。这些生产关系的总和构成社会的经济结构,即有法律的和政治的上层建筑竖立其上并有一定的社会意识形式与之相适应的现实基础。物质生活的生产方式制约着整个社会生活、政治生活和精神生活的过程。不是人们的意识决定人们的存在,相反,是人们的社会存在决定人们的意识。社会的物质生产力发展到一定阶段,便同它们一直在其中活动的现存生产关系或财产关系(这只是生产关系的法律用语)发生矛盾。于是这些关系便由生产力的发展形式变成生产力的桎梏。那时社会革命的时代就到来了。随着经济基础的变更,

---

① 列宁说:"既然运用唯物主义去分析和说明一种社会形态已取得如此辉煌的成果,那末,十分自然,历史唯物主义已不再是什么假设而是经过科学检验的理论了;十分自然,这种方法也必须应用于其余各种社会形态,虽然这些社会形态尚未经过专门的实际研究和详细分析,正像已为充分的事实所证实的种变说思想应用于整个生物学领域一样,虽然对个别的动植物来说其变化的事实还未能确切断定。"《什么是"人民之友"以及他们如何攻击社会民主主义者?》,《列宁选集》第1卷,第13页。

全部庞大的上层建筑也或慢或快地发生变革。①

这是马克思恩格斯在他们的经济学研究中所得到的最为重要的成果,也是培养了我们的社会形态思维的核心经典。马克思说:"在我们当时从这方面或那方面向公众表达我们见解的各种著作中,我只提出我与恩格斯合著的《共产党宣言》和我自己发表的《关于自由贸易的演说》。"然而,在《关于自由贸易的演说》中,我们却看不到关于这一经典思想的直接论述,在《共产党宣言》中,倒是有不少对这一观点的演绎性阐释,而不是历史的论证。比如《宣言》第一章"资产者和无产者"在历数了资产阶级的历史功绩之后,说:

> 资产阶级赖以形成的生产资料和交换手段,是在封建社会里造成的。在这些生产资料和交换手段发展的一定阶段上,封建社会的生产和交换在其中进行的关系,封建的农业和工场手工业组织,一句话,封建的所有制关系,就不再适应已经发展的生产力了。这种关系已经在阻碍生产而不是促进生产了。它变成了束缚生产的桎梏。它必须被炸毁,它已经被炸毁了。

---

① 马克思:《政治经济学批判》序言,(1859年1月),见《马克思恩格斯选集》第2卷,人民出版社1995年版,第82—83页。马克思所做的研究结论,主要是从经济学的角度出发对历史的观察,并主要是对于欧洲历史的理论概括,至于亚洲,特别是中国和印度这样重要的国家的历史,他并没有做过系统研究。如他在《不列颠在印度的统治》中对亚洲古代历史的总结,就显得那么简单。他说:"在亚洲,从很古的时候起一般说来只有三个政府部门:财政部门,或对内进行掠夺的部门;军事部门,或对外进行掠夺的部门;最后是公共工程部门。"这样的概括,无论是对于中国古代的历史,还是对于印度的古代史,都未必符合历史的真实。甚至马克思对于欧洲的历史,在1859年以前,也并没有做过十分深入或全面的研究。对于俄国的历史,他的研究应该是在1870年代之后,因为他学俄文是从70年代初开始的;对欧洲历史的系统研究,从他的"历史学笔记"看,是在七八十年代之交。而在1859年1月他所说"我所得到的"这个结论,是根据什么样的历史做出的呢?显然不是实证的历史,不是人类历史的客观进程,而是他从经济学的观点出发,在其头脑中对大体上属于欧洲历史的理论思辨。

起而代之的是自由竞争以及与自由竞争相适应的社会制度和政治制度、资产阶级的经济统治和政治统治。①

显然,这不是历史论证,而是演绎或推理。而且,它也仅仅是说明了经济的发展推动着政治统治的变革,还并不能说明为什么一定的经济关系所要求的必定是特定的政治统治形式。为什么,在同一种经济关系之上,不能树立起不同的政治统治形式。笔者的感觉,马克思讲的一定的社会经济基础或曰经济形态,要求一定的社会组织形式与之相对应,对于资本主义社会来说,似乎比较明晰;而对于前资本主义时代,则很难得到经验的证实,人们总是在同样的经济关系环境中,看到不同的政治组织形式,或曰不同的国家政体,不同的国家组织结构。这似乎是一个惯常的历史现象。

列宁说马克思的社会形态学说是经过科学检验的理论,其说并不确切,如果说《资本论》的成功对这一学说是个检验的话,那也只是证明它经过了经济科学的检验,而不是经过了历史的检验,实证的检验,更不是经过了整个人类历史不同历史发展阶段的一致性检验。至今为止,我们还没有看到任何一个人对社会形态学说做过历史实证的说明,没有任何一本历史学著作从内在逻辑出发来阐述历史有经济基础而上层建筑的发展史。如果社会经济形态学说具有普遍的真理性,它就应该能够被经验的历史所证明,人们也应该能够写出一本国家政治结构在社会经济发展的推动下发展演变的历史。可惜这样的历史著作,至今还没有书写出来!

其实,我们辩论以上问题,出发点并不在于肯定或否定马克思的社会形态理论,而只在于强调,这个理论就目前而言,仍然是个哲学层面的结论,如果回到历史学的层面上来关照具体的历史进程,则仍是一个需要被证实的东西。究竟历史上不同时期的国家政治、上层建筑与经济形态是一种什么关系,至今仍然是一个需要做出具体历史论证的问题。我们的研究是想强调:

---

① 《马克思恩格斯选集》第1卷,人民出版社1995年版,第277页。

1. 特定时期的国家政治,的确具有很大的独立性。政治体制,或曰国家政体,并不直接地被经济所决定,甚至不能从经济中得到解释和说明。相反,政治却决定着、支配着、选择着经济的发展方式,选择或规定着人们的生活方式。在君主政体下,可以运行奴隶制经济,可以运行农奴制经济,也可以运行小农经济。在民主政体下,可以运行雅典式的公民社会和奴隶制度,可以运转近代以来西方的资本主义社会模式,也可以运行像中国正在创造的社会主义市场经济社会。古代雅典社会、近现代西方社会,近代以来的中国社会,尽管主导这些不同社会的政治体制有明显差异,但就其大的类别上说,却都是民主政体。国家政体,国家组织形式,是一切社会运转的核心机制,创造着千差万别的社会生活形态,正是这个国家政体,一定时期的国家政治,给一定时期的社会打上最鲜明的烙印,最顽强的特征,必须对政体问题给予足够的关注。

2. 不论上层建筑与经济基础在本源意义上是什么关系,在探讨某一时期的社会属性或社会特点问题时,都没有必要一定回溯到社会的本源或基础层面。因为,对于一个社会的发展来说,所谓本源的或基础的东西,只是一个发展的平台或舞台,而在舞台上演出的剧种、剧目或剧情,则不是由舞台来决定的。没有舞台无法演出任何剧目或剧情,而演出什么剧目,演绎什么剧情,或者如何去展开这些剧目或剧情,则是人的能动选择。同一个平台或舞台上,可以上演面貌迥异的各种剧种,可以展示千差万别的丰富剧情,而如果一定要寻找一场戏剧与舞台的关系,则真是幼稚可笑的。① 所以,笔者以为,即使真的社会经济对上层建筑有着最终意义上的决定作用,在考察特定时期的社会属性时,也没有必要一定从经济基础上找特征,社会历史阶段的属性抽象,完全可以跳出社会形态思维的思维模式。

三 以政体而论,秦至清乃皇权专制社会

在跳出社会形态思维的泥淖之后,我们会很自然地发现,某一时期国家政体的属性,将会是判断社会性质的最佳节点;这是因为,政治是社会运转的灵魂,国家政体的属性,将会影响或传导到社会生活的各个方面。可以说,人类的文明史运行了几千年,政治是社会的灵魂这一标志性现象,这一人类历史的铁的规律,从来都没有被打破过,古今中外,概莫能外。我们考虑社会阶段的命名问题,应该主要的依据一定时

---

① 恩格斯晚年在回答对唯物史观的挑战时,曾发展他和马克思共同创造的唯物史观理论,把他们一再强调的经济的决定作用,补充表述为"归根到底"的决定性作用。如他说:"当一种历史因素一旦被其他的、归根到底是经济的原因造成的时候,它也影响周围的环境,甚至能够对产生它的原因发生反作用。""根据唯物史观,历史过程中的决定性因素归根到底是现实生活的生产和再生产……经济状况是基础,但是对历史斗争的进程发生影响并且在许多情况下主要是决定着这一斗争的形式的,还有上层建筑的各种因素。……这里表现出这一切因素间的交互作用,而在这种交互作用中归根到底是经济运动作为必然的东西通过无穷无尽的偶然事件……向前发展。"恩格斯在5封书信(《致约·布洛赫》,1890年9月21—22日;《致康·施米特》,1890年10月27日;《致尼·弗·丹尼尔逊》,1892年6月18日;《致弗·梅林》,1893年7月14日;《致符·博尔吉乌斯》,1894年1月25日,载《马克思恩格斯选集》,第4卷)中,有11处谈到经济因素的决定作用,其中有10处用了"归根到底"一词,另一处用了"最终"二字。"归根到底"就是就其本源意义来讲的,而这一说法本身就意味着,恩格斯认为,从经济到政治,到上层建筑之间,的确存在着非常复杂的不容忽视的中间因素。我们在进行具体的历史考察时,如果省略掉了二者之间的具体因素的分析,经济对于政治或上层建筑来说,就真的变成了舞台与剧目的关系。

期国家政体的情况,来作为基本的观察点。更具体的理由如下:

第一,任何时代的社会运行机制,都是以国家政体为中枢,由政治来控制的。社会的基本政治体制,决定着社会的组织形式和构成方式。譬如秦以后的郡县制,就是服务于专制主义的中央集权制政体需要,并由此派生出来的。整个社会由郡县来控制,郡县的权力由皇权来授予,皇权通过郡县实现对全社会的控制,这就是郡县制的本质。如果沿袭以往的分封制,受封的诸侯同时获得封地上的政治、军事、经济等全部权力,并世袭其权力,这就势必分割了皇权,架空了皇权,郡县制的根本目的就是围着皇权的集中和强化,最终实现皇权对社会的绝对控制。而就郡县制的最初选择说,它也的确不是出于经济方面的考虑,而是社会控制的产物。我们且看当初的那场辩论:

> (秦始皇三十三年)始皇置酒咸阳宫,博士七十人前为寿。仆射周青臣进颂曰:"他时秦地不过千里,赖陛下神灵明圣,平定海内,放逐蛮夷,日月所照,莫不宾服。以诸侯为郡县,人人自安乐,无战争之患,传之万世。自上古不及陛下威德。"始皇悦。博士齐人淳于越进曰:"臣闻殷周之王千余岁,封子弟功臣,自为枝辅。今陛下有海内,而子弟为匹夫,卒有田常、六卿之臣,无辅拂,何以相救哉?事不师古而能长久者,非所闻也。今青臣又面谀以重陛下之过,非忠臣。"①

"无战争之患"是仆射周青臣提出的行郡县制的核心观点,"无辅拂,何以相救"是淳于越坚持实行分封制的根本缘由,双方观点对立,而其出发点都是社会控制、政权稳固的问题。秦统一后选择郡县制这样一种以绝对君权为中心的社会管理模式,是出于政治的需要。政治问题支配社会模式建塑是显而易见的。因此,考察一定时期的社会特点,抓住政治的核心问题"国家政体"去认识,是符合历史本身的特点的。

第二,不同时期有不同的经济问题,也会有不同的经济关系、经济

---

① 《史记·秦始皇本纪》,中华书局1959年版。

状况。比如西周至春秋的井田制,秦汉时期的名田制,魏晋时期的屯田制,隋唐时期的均田制,唐中期以后中国社会普遍的土地个体所有制等等,这些不同的土地所有制关系,都会滋生一定的社会问题,甚至造成一定历史时期特有的社会历史特点,这可被人们拿来作为证明经济基础决定上层建筑理论的根据。但是,任何时期的社会经济问题,都最终反映到政治上,因为政治是社会问题、经济问题、思想观念问题等等所有社会历史问题的集中表现,经济问题的政治表现是一个完全正常的现象。就是经济基础决定上层建筑的传统理论,也认为政治是经济的集中表现。既然经济问题也要反映到社会的政治方面,那我们考察某一历史时期的时代特点或时代属性的时候,抓住政治问题去认识,就当然不失为一个绝佳的认识角度。只要抓住了政治中的核心问题即政体问题,社会的一切问题都迎刃而解了。

第三,人类社会历史生活的另一个重要方面,是人们的社会思想领域。思想领域是一个最为空灵最为自由最无法控制的天地,任何时期人们的思想之花都是丰富多彩的。然而,打开一部人类思想史,所有内容几乎都是对于社会政治问题的思考,无不是关乎社会的治乱兴衰,无不是如何治理社会的设计或思考。而这种对于社会的设计或思考,又都是以现实政治为参照物或标的物的,所以,历史上不同时期的社会思想,也都会集中或聚焦到现实的社会政治层面。观察某一特定社会阶段思想史的特点,政治也是一个特有的或曰最典型的观察角度。

总之,就以上人类社会最基本最重大的社会生活领域看,某一历史时段的特点或属性,都会在政治问题上反映出来,而政治层面上最大最核心的问题就是国家政体;国家政体的属性或形式,在任何历史时代都无例外的是该时代最突出的标志或旗帜。国家政体即是我们进行社会历史时段命名的最佳切入点或观测点,是时代属性判断的重要根据。

如果以国家政体为判断依据,那么,中国秦至清两千余年的中国社会,无疑是高度集权的皇权专制社会。最近一些年来,学术界似乎围绕中国古代是否存在君权专制的问题,还有一场不大不小的论战,如果我们把这段历史叫做皇权专制社会,还真有必要对这个问题有所回应。

认定中国古代存在高度集权的君主专制,在近代以来的学术界似乎是不成问题的共识①,所谓论战起源于几年前侯旭东的《中国古代专制说的知识考古》一文。该文说:"19世纪末以来,秦至清的帝制时代的中国政体为专制政体、皇帝为专制皇帝的论断影响广泛,流行不衰,并成为中国史研究的基本观点之一。""其实,如果我们挖掘一下这一论断的根底,不难发现它并不是什么科学研究的结果,而是亚里斯多德以来的西方人对东方的一种偏见,18世纪时个别西方思想家开始以此来描述中国,19世纪末以后则经由日本广为中国思想界所接受,并未经过充分的事实论证。""现在亟需摘掉这类先入为主的'有色眼镜',把历史上的'国家'重新开放给学者。通过系统、全面地探讨历史上的君臣关系、统治的运作机制,将官场中反复出现的主要现象均纳入分析的视野,逐步提炼和概括出关于中国政体、皇帝与官吏的认识。

---

① 在近代以来的学术界,真正认为中国古代不是专制制度者,实际上只有钱穆一人。钱氏最初在《国史大纲》中说:"谈者好以专制政体为中国政治诟病,不知中国自秦以来,立国规模,广土众民,乃非一姓一家之力所能专制……综观国史,政体演进,约得三级:由封建而跻统一,一也。(此在秦、汉完成之。)由宗室、外戚、军人所组成之政府,渐变而为士人政府,二也。(此自西汉中叶以下,迄于东汉完成之。)由士族门第再变而为科举竞选,三也。(此在隋、唐两代完成之。)"(该书"引论",商务印书馆1994年版)其后在《国史新论》中,钱氏又进一步把汉代皇朝看做是"代表平民的政府",把汉代的察举制到隋唐的科举制,说成是"人民参加政治惟一的正途",从而提出中国古代实现了"直接民主"的论断。他说:"中国传统政治,早不是君主专制。因全国人民参政,都由政府法律规定,皇帝也不能任意修改。"(该书,三联书店2005年版,第317页)钱氏此说,有违政治常识,实在是不值一辩。后有台湾学者甘怀真在1995年应钱穆纪念馆之邀做的一次演讲中,服膺了钱氏的观点。此次演讲形成的文章《皇帝制度是否为专制?》,作为甘氏《皇权、礼仪与经典诠释:中国古代政治史研究》(华东师范大学出版社2008年版)的附录收入。所以作为附录,据甘氏自己说,这是"非严格的学术论文",参见该书第381页的注文。

在缺乏对中国历史上的皇帝制度以及君臣关系全面清理的情况下,贸然以'专制'论作解,可能会如陈寅恪先生所说'其言论愈有条理统系,则去古人学说之真相愈远'。"①像侯氏这样的石破天惊之论,如此关乎中国两千年传统社会本质属性判断的大问题,本应该引起学界高度重视的,但可能是由于过于有违常识,不值一驳,多数学者对之以漠视置之。公开发文进行商榷、驳议者,唯数人而已。② 这些文章中以黄敏兰的《质疑"中国古代专制说"依据何在——与侯旭东先生商榷》和万昌华的《一场偏离了基点的"知识考古"——侯旭东〈中国古代专制说的知识考古〉一文驳议》两篇文章论辩最为系统,可为参考。笔者不再重复他们的观点,仅想指出两点:

其一,侯氏说在中国古代,"专制"一词"其含义几乎都是指大臣或太后、外戚、宦官等掌管应属于君主的职权,具体又分为受命专制与不受命专制两类,前者是合法的,后者属于擅权,并非用来描述君主,更不是指一种政治体制",这种说法并不准确。类似侯氏的说法,王文涛的《"专制"不是表述中国古代"君主专制"的词语》一文也大体确认。王文涛文章的摘要:"'专制'在中国古代不仅没有君主专制的含义,而且也不用于君主,而是用于人臣。表达中国古代君主专制概念的词语不是'专制',而是'独断'、'独揽'等。"但是,我们在浩瀚的古代典籍中,确实也检索到了"专制"用于皇帝、君主的用法,试举几例如下:

> 黄震《古今纪要》卷六载:"(陈大建十四年)隋纳帝女为晋王妃,由是罢江陵总管,帝始得专制其国。"③

---

① 侯旭东:《中国古代专制说的知识考古》,《近代史研究》2008年第4期。
② 与侯旭东商榷的文章主要有黄敏兰:《质疑"中国古代专制说"依据何在——与侯旭东先生商榷》(《近代史研究》2009年第6期)、《近年来学界关于民主!专制及传统文化的讨论——兼及相关理论与研究方法的探讨》(《史学月刊》2012年第1期);万昌华:《一场偏离了基点的"知识考古"——侯旭东〈中国古代专制说的知识考古〉一文驳议》(《史学月刊》2009年第9期);姜鹏:《读〈中国古代专制说的知识考古〉:认识自我不应脱离"他者"》(《文汇报》2009年1月4日)等。
③ 黄震:《古今纪要》,文渊阁四库全书本。

此条又见《资治通鉴》卷一百七十五:"隋主既立,待遇梁主,恩礼弥厚。是岁,纳梁主女为晋王妃,又欲以其子玚尚兰陵公主。由是罢江陵总管,梁主始得专制其国。"①

黄震《黄氏日钞》卷六十八载:"《水心别集》,水心论治之书也。《别集》'后總',又其救世之策也,极论本朝兵以多而弱,财以多而乏,任法而不任人,一事以上,尽出专制,而天下之势,至孱缩而不可为。"②

司马光《传家集》卷第四十九《辞转官第三札子》:"臣伏奉诏书,以臣辞免恩命所请宜不允者,昔英宗皇帝入承大统,宰臣韩琦等实有定策之功,又践阼之初,圣躬违豫慈圣光献皇太后权同听政,琦等尽忠竭力亦不为不至。及英宗皇帝,专制万几,褒赏琦等各迁一官。"③

司马光的《辞转官第三札子》,又见于李焘《续资治通鉴长编》卷三百六十二:

昔英宗皇帝入承大统,宰臣韩琦等实有定策之功,又践阼之初,圣躬违豫,慈圣光献皇太后权同听政,琦尽忠竭力,亦不为不至。及英宗皇帝,专制万几,褒赏琦等各迁一官。④

这些材料说明,专制不仅仅是用于指称大臣僭越、行使帝王职权的情况,帝王的正当权力行使也可用专制称谓。加上侯旭东、王文涛所列举到的大臣的合法专制行为,可以说,专制在中国古代的使用,不是特定身份用语,也没有什么褒义或贬义,仅是对行使权力的属性判断,即指称权力的独断性。不论是帝王,还是大臣,只要是行使独断性权力,就是专制。有时候,专制还是帝王默认和特许的权力。如:

---

① 司马光:《资治通鉴》,中华书局1956年版。
② 文渊阁四库全书本。
③ 司马光:《传家集》,文渊阁四库全书本。
④ 李焘:《续资治通鉴长编》,文渊阁四库全书本。

甲子诏曰:周建侯邦,四国有藩垣之。唐分藩镇,北边无蕃马之虞,永惟凉眇之资,履此艰难之运,远巡南国,久隔中原,盖因豪杰之徒,各奠方隅之守是用,考古之制,权时之宜断,自荆淮接于畿甸,岂独植藩篱于江表。盖将崇屏翰于京都,欲隆镇抚之名,为辍按廉之使,有民有社,得专制于境中,足食足兵,听专征于阃外。①

蔡延庆乞奏朝廷遣近上内臣共经制蛮事,朝廷命押班王中正专制蛮事。②

这两例之中的"专制",都是帝王封许的独断权,是帝王赋予藩臣在其所管辖境内处置一切的最高权力。这种专断权或独断权,是个人绝对权力的含义,并非是国家政体用语,用古代有专制或者有帝王专制术语,来论证中国古代是君主专制政体是没有道理的。但问题是,在近代的政治学或历史学中,有人拿这一点来论证中国古代的君主专制问题吗?当人们认定中国古代是君主专制政体的时候,没有哪个学者是以古代就有帝王"专制"词语为依据的,既然如此,侯旭东作《中国古代专制说的知识考古》所针对的前提何在呢?这是不是堂·吉柯德式的论战呢?判断中国古代的帝王专制,是以帝王权力独断性的实质性内涵为依据,并不以古代有没有专指帝王权力的"专制"术语为依据,无论做什么词语的考古都没有任何意义!

其二,侯旭东论文的最终指向,已经违背了自己初衷。侯文一开始声明:"本文只是对关于中国古代政体及皇帝本性的一种'论断'的传播、发展历史的剖析。具体说属于词汇史、观念史,泛言之,属于思想史的范畴,并不是对帝制时代二千多年中实际运转的中国统治体制本身的研究。"也就是说,作者本文的初衷是关于中国古代"专制"概念的知识考古,主旨在于弄清中国本土历史中"专制"一词的本义及其演

---

① 李心传:《建炎以来系年要録》卷三十三,文渊阁四库全书本。
② 司马光撰,邓广铭、张希清点校:《涑水记闻》卷十三,中华书局1989年版,第254页。

变,并不在于回答"帝制时代二千多年中实际运转的中国统治体制本身"的性质。也就是说侯旭东要讨论的是概念,而不是历史本身。然而,如前文所引,他的文章最后却呼吁"现在亟需摘掉这类先入为主的'有色眼镜',把历史上的'国家'重新开放给学者。通过系统、全面地探讨历史上的君臣关系、统治的运作机制,将官场中反复出现的主要现象均纳入分析的视野,逐步提炼和概括出关于中国政体、皇帝与官吏的认识。"侯旭东为什么这么轻易地就改变了自己的逻辑,从概念研究推导出了一个历史的结论? 其实,他的本意就在于否定中国古代历史的专制主义本质,"知识考古"云云,只是一个说辞而已。他可能感到从历史的本质出发,中国古代历史的专制属性不易否定,于是就打出一个"知识考古"的幌子,考出一个"专制"不用于指称君主的结论,以说明客观的历史就是如此,这样就可以轻而易举地把中国古代历史上的君主专制抹去了。

然而,他可能也是太天真了。中国古代是不是君主专制,难道可以用古人所使用的什么词汇、概念来证明吗? 难道这不是一个制度性的问题,而是一个概念游戏? 即便是中国古代从来就没有"专制"二字,也丝毫不妨碍我们把它叫做专制时代! 君主专制是一种政治体制,是我们今天对古代历史本质的认识。就像中国古代没有意识形态概念,却并不妨碍我们去研究古代的意识形态问题一样,中国古代没有提出政体概念,也并不影响我们去研究古代国家的政治体制,并不影响我们对它作出专制政体的属性判断。判断的依据不是古代有没有什么词汇,而在于古代国家的政治体制究竟是怎么运转的,是不是国君在国家政治中具有至高无上的绝对权力。万昌华在批评侯旭东的文章中说:"晚清以来,在中国政治制度史的研究与言说领域之内,专制主要就是说的君主专制,是专指秦代以来长期在我国实行的由皇帝制度、三公九卿制度(包括秦代以后的三省六部制及单一六部制等)、内外朝制度(包括汉代以后的内阁制与军机处制等)、郡县制度(包括汉代以后的州县制、道县制、路县制与行省制等)与乡里制度等构成的君主掌控整个王朝与国家的政治体制。"①万昌华这段话讲得很到位,君主专制是个政治体制问题,不是一个叫不叫什么名称的概念问题,不是通过所谓"知识考古"可以解决的,大凡在中国生活过几十年的人,都不会犯这样幼稚的错误。

如果从中国的历史实际出发,而不是纠缠于概念的来龙去脉,我们会感到近代以来的学人,对中国古代君主专制的判断不仅没有任何偏差,而且都深深包含着他们自身历史经验的切身之痛,并且直至今日,我们都还承载着由它的历史惰性而造成的种种伤痛。黄敏兰、万昌华文章中历数的梁启超以来近代学人对中国古代专制主义的分析和判断,我们都不再去重复,仅仅来看一看侯旭东所认为的有否定中国古代存在专制主义倾向的徐复观的论述吧:

> 所谓的专制,指的是就朝廷的政权运用上,最后的决定权,乃操在皇帝一个人的手上;皇帝的权力,没有任何立法的根据及具体的制度可加以限制的。人臣可以个别或集体的方式向皇帝提出意见;但接受不接受,依然是决定于皇帝的意志,无任何力量可对皇帝的意志加以强制。这才是我国所谓专制的真实内容。而郡县制的成立,加强了皇帝一人专制的程度,由此而掩盖了它的进步意义。在一人专制之下所建立的中央制度,有丞相总庶政之成,有御史大夫作为丞相的副贰,有太尉主管军事。在丞相之下,有合理的分工;遇有国家大事时,朝廷有大小规模的会议加以讨论;并且作为知识分子的代表者的博士,职位虽低,但能参加会议,并有随时向皇帝提供意见的机会,这都是在他们所建立的政制中所含的合理的成分。甚至可以说,就秦的官制的分工本身而言,可以认为并非完全是专制的。可是这套官制机构的总发动机,不在官制的自身,而实操之于皇帝一人之手。
>
> 两千年来的历史,政治家、思想家,只是在专制这架大机器之

---

① 万昌华:《一场偏离了基点的"知识考古"——侯旭东〈中国古代专制说的知识考古〉一文驳议》,《史学月刊》2009年第9期。

下,作补偏救弊之图。补救到要突破此一专制机器时,便立刻会被此一机器轧死。一切人民,只能围绕着这副机器,作互相纠缠的活动;纠缠到与此一机器直接冲突时,便立刻被这架机器轧死。这架机器,是以法家思想为根源,以绝对化的身份、绝对化的权力为中核,以广大的领土,以广大的领土上的人民,及人民散漫的生活方式为营养,以军事与刑法为工具所构造起来的。一切文化、经济,只能活动于此一机器之内,而不能逸出于此一机器之外,否则只有被毁灭。这是中国社会停滞不前的总根源。研究中国历史,不把握到这一大关键,我觉得很难对中国历史作正确的理解。①

徐复观是学界公认的现代新儒家的代表人物之一,而他对中国古代专制主义的体认却此深刻!

中国古代政治是不是专制主义,似乎与专制主义这个词来自哪里没有多大关系,我们唯一需要重视的是中国历史本身。宁可先生说:"什么是专制主义中央集权制度?它的基本特征是什么?简单地说,它是把国家一切政治权力,诸如行政权、军权、司法权、立法权、财政权、监察权、选拔用人权等,高度集中到中央政府,最后集中到封建国家的最高统治者和代表——皇帝的手里,形成最高的、唯一的、绝对的政治权力即皇权。"②学界大体上都是认同这个判断的。以此为据,面对中国古代的客观历史,我们只能将其判断为皇权专制社会。

---

① 徐复观:《两汉思想史》第一卷,华东师范大学出版社 2001 年版,第 80、92 页。侯旭东的文章中说:"徐复观对此做过考察,他认为'专制政体一名之使用或即始于梁氏;而其取义则系来自西方,殆无可疑',时间是 1899 年,并举此文为证。徐复观对这种轻率地比附中西政体的做法也持批评态度。"而徐复观却没有幼稚到因为"专制政体"术语来自西方,而改变中国确属专制政体的判断。

② 宁可:《中国封建社会的专制主义中央集权制度》,《文史哲》2009 年第 1 期。

毛泽东对斯大林严重违反法治教训的反思与应对

——为恭贺导师朱绍侯教授九秩大寿而作

郝铁川

今年是我的硕士导师朱绍侯教授九秩大寿,振宏兄一如既往地召集大家为朱老师撰文祝寿,探讨朱老师的学术思想。在河南大学,国学功力深厚的老师不少,但朱老师给我们印象最深的是他卓尔不群的理论思辨能力。比如,当年在讨论阶级社会发展的动力时,他细心区分了推动社会发展的"动力"和"因素"两个概念,他指出"动力"是指当社会发展遇到阻力时的推动力,"因素"则是指推动社会发展的正常力量。他这种于他人常见而不觉察的东西中,提出他人所不能提出的见解,深深地影响了我。在这方面,李振宏兄最得深传、悟得最深。为恭贺朱老师九秩大寿,并感谢他对我的栽培之恩,特撰拙文,以报答朱老师于万一。

1956年2月赫鲁晓夫在苏联共产党第二十次代表大会上作了《关于个人崇拜及其后果》的秘密报告[①]。毛泽东认为这是一个"具有世界意义的重大政治事件"[②]。赫鲁晓夫的报告主要是揭露斯大林如何破坏苏联民主法治的问题,这就引起了毛泽东对中国如何避免斯大林教训、加强中国民主法治的思考。然而,检索当下法学界论文目录,我却发现对毛泽东如何思考总结斯大林违反民主法治教训、如何由此及

---

① 赫鲁晓夫:《关于个人崇拜及其后果》,《共识网》2013年11月8日。
② 《建国以来毛泽东文稿》(1956.1—1957.12),中央文献出版社1992年版,第138页。

彼地加强中国民主法治这样一个重要课题,几乎无人系统研究。而不弥补这一空白,将会使当代中国法制史出现断裂,至少是不完整。同时对改革开放后中国特色社会主义民主法治道路、理论和制度的源流,也会模糊不清。过去这方面的资料比较散乱,而最近1—6卷本的《毛泽东年谱》(1949—1976)的出版,也为我们研究这一问题提供了条件。因此,本文不揣浅陋,略作勾勒,以求教于方家。

一 毛泽东对赫鲁晓夫揭露斯大林破坏民主法治一事的态度

赫鲁晓夫在苏共二十大所作《关于个人崇拜及其后果》的报告从以下几个方面揭露了斯大林破坏民主法治的问题:

1. 斯大林在苏联已经不存在剥削阶级的情况下,却对社会结构作出严重误判,虚构了一个庞大的"人民敌人",为违背法治、大开杀戒制造了理论依据。

斯大林在苏联剥削阶级已被整体消灭的情况下,还错误地认为苏联存在一个极其庞大的敌对势力。《关于个人崇拜及其后果》说:"当社会主义已经基本上在我国建成,剥削阶级基本上被消灭,苏维埃社会的社会结构发生了根本的变化,敌对的政党、政治派别和集团的社会基础已大大缩小,党的思想敌人在政治上早已粉碎的情况下,反而对他们开始采取镇压的措施。""斯大林在1937年中央2—3月全会上《论党的工作的缺点和消灭托洛茨基两面派及其它两面派的办法》的报告中,企图给大规模恐怖政策予以理论根据,所用的借口是,随着我们的社会主义的进展,阶级斗争应当愈来愈尖锐。"

2. 斯大林违反党内思想斗争原则和方法,大搞"思想侦查"、"思想犯罪",惩罚所谓"人民敌人",践踏了法律只调整人们行为、而不镇压人们思想的现代法治原则。

斯大林违背处理党内思想斗争的原则和方法,把党内领导人对社会主义的不同看法看成是敌我斗争,抛弃了列宁的说服和教育的方法,从思想斗争走上了大规模肉体消灭的道路。例如对托洛茨基分子、季诺维也夫集团和布哈林集团的斗争都是如此。《关于个人崇拜及其后果》对此指出:"下述这种情况是值得重视的。其至在进行炽烈的残酷的思想斗争的时候,对于托洛茨基分子、季诺维也夫分子和布哈林分子等都没有采取极端的镇压办法。当时的斗争是在思想方面进行的。但是过了几年以后,当社会主义已经基本上在我国建成,剥削阶级基本上被消灭,苏维埃社会的社会结构发生了根本的变化,敌对的政党、政治派别和集团的社会基础已大大缩小,党的思想敌人在政治上早已粉碎的情况下,反而对他们开始采取镇压的措施。"完全背离了马克思主义政党关于同志内部思想分歧应该采取思想斗争方法的原则。

斯大林把正常的思想斗争看成敌我斗争,就必然大搞"思想侦查"、"思想犯罪"。《关于个人崇拜及其后果》指出:"斯大林首创'人民敌人'这个概念。这一名词可以使犯了思想错误或只卷入争论的人毋须证明自己所犯错误的性质,它可以自动给这些人加上这个罪名,可以破坏革命法制的一切准则,对他们实施最残酷的迫害,以对付在某一点上不同意斯大林的人,对付那些只是被怀疑有敌意的人,对付那些受到诬陷的人。'人民敌人'这个概念,实质上已经排除了任何思想斗争和就某些问题哪怕是实际问题表达自己意见的可能性。"不难看出,"人民敌人"完全是从思想上界定的,违背了马克思主义关于阶级是生产关系产物的产物的原理,违背了法律只调整人的行为,而不侦查、惩罚人的思想这一现代法治基本原则。

3. 斯大林粗暴地以言代法,假借党的名义制定违反法治的文件,作为镇压所谓"人民敌人"的依据。《关于个人崇拜及其后果》指出:"1934年12月1日傍晚,根据斯大林的倡议(没有政治局的决议——这仅在两天之后才提出)由中央执行委员会主席团书记叶奴启泽签署了下列决定:'1、侦讯机关——加速审理策划或进行恐怖行为的案件。2、司法机关——不要因该类罪犯提出赦免的申请而推迟执行死刑的判决,因为苏联执行委员会主席团认为不可能受理这类申请。3、内务人民委员会的机关——在法庭作出死刑判决后对上述类别的罪犯立即执行。'这一决议被作为大规模破坏社会主义法制的根据。"

斯大林公然允许刑讯逼供。《关于个人崇拜及其后果》指出:"1939年当大规模的镇压浪潮开始缓和下来时,当地方党组织的领导人开始责备内务人民委员会的工作人员对被逮捕者实行逼供的时候,斯大林在1939年1月10日向州委、边区委、共和国中央、内务人民委员会、内务人民委员会各局局长发出了一份密电,内容如下:'联共(布)中央说明,内务人民委员部使用体罚是从1937年起经联共(布)中央允许的。大家知道,所有资产阶级的侦查机构都对社会主义无产阶级代表使用体罚,而且其方式无奇不有。试问,为什么社会主义侦查机构对资产阶级的顽固特务,对工人阶级和集体农庄的凶恶敌人应该更人道一些呢?联共(布)中央认为,体罚方式今后还必须使用,是对那些显然是人民敌人的而又不肯缴械投降的人作为例外情况而使用的。这是完全正确的和适宜的方式。'因此,最最粗暴的破坏苏维埃法制,对一些无辜的人实行严刑拷打,逼迫他们交代自己和揭发别人的事,是由斯大林以联共(布)中央的名义批准的。"

由于"人民敌人"是从思想而不是行为上界定的,因此定罪的依据就是通过刑讯逼供获取被告的所谓口供。《关于个人崇拜及其后果》说:"定罪的主要依据,实质上唯一的证据就是被告本人的'自供',然而这种'自供'后来经查明,乃是对被告施行肉刑逼出来的,这种做法与现代法学的一切标准是完全违背的。"《关于个人崇拜及其后果》指出:"在调查了某些所谓'特务'和'破坏者案件后,现已查明,这些案件全系伪造。许多被捕者的供词以及从事敌对活动的指控都是用惨无人道的折磨方法取得的。"

4. 冤假错案极其严重。《关于个人崇拜及其后果》列举了两个数据数据:(1)在第十七次党代表大会选出的139名正式和候补委员被逮捕和遭枪决(主要是在1937—1938年)的有98人,即70%。(2)十七次党代表大会有表决权和发言权的1966名代表中,因被控犯有反革命罪行而被捕的占一半以上——1108人。由第十七次代表大会选出并在1937—1938年受逮捕的大多数中央委员和候补委员,都被开除了党籍,这样做是违反违犯党章的,因为关于开除他们的问题从未在中央全会讨论过。《关于个人崇拜及其后果》指出:"十七次代表大会通过的党章是根据第十二次党代会阐述的各项列宁主义原则而制订的。这个党章规定,凡需对中央委员、中央候补委员、党的监察委员会委员采取开除出党的极端措施,必须召开中央全会,并邀请所有候补委员、监察委员会全体委员列席,只有在这种党员负责人会议上有三分之二的票数认为必需这样做,才能将中央委员或候补委员开除出党。"

5. 斯大林严重违反党章,践踏党的集体领导原则。《关于个人崇拜及其后果》指出:"如果说,在列宁逝世后的最初几年内,党代表大会和中央全会多少还正常召开的话,那么,后来当斯大林开始愈加滥用职权的时候,这些原则就被粗暴地破坏了。这在斯大林生前最后十五年表现得尤为明显。在第十八次和第十九次党代表大会之间经过了十三年,在这一时期内我们党和国家经历了不少重大事件。这些事件坚决要求党对在卫国战争时的国防问题以及战后年代和平建设问题作出决议。此外,甚至在战争结束后七年多也未召开代表大会。难道可以认为这是正常的吗?"

6. 斯大林大搞个人崇拜,为其实行人治制造思想基础。《关于个人崇拜及其后果》以《斯大林传略》和《联共(布)党史简明教程》这两本书为例指出,在很多书籍和大量文艺作品中,斯大林被神化了,成了一个"永不犯错误的贤哲,最'伟大的领袖'和'……各族人民的不可超越的统帅'";"是我们光荣的共产党历史中十月革命后的整个时期只成了'斯大林天才'事业的陪衬"。

7. 斯大林个人的不良品质是他大搞个人崇拜的重要原因。《关于个人崇拜及其后果》把斯大林的个人品质归纳为:任性、专横、粗暴、傲慢、滥用职权、病态的猜疑、自我吹嘘和缺乏最基本的谦虚精神。这些不良品质在列宁在世时还只处于萌芽状态。由于列宁的批评,斯大林在列宁逝世后的初期还较为检点,以后就发展得越来越严重,到其晚年已经达到令人无法容忍的地步。

在列举了斯大林个人崇拜对民主法治践踏的种种行为之后,《关于个人崇拜及其后果》提出了今后防止和根除个人崇拜的三项措施：一是用布尔什维克方式谴责和根除个人崇拜,对以某种形式来复活它的一切企图进行无情的斗争；二是坚持列宁的党的集体领导原则；三是恢复苏维埃社会主义民主原则,彻底纠正长期以来的对社会主义法制的破坏。

对赫鲁晓夫《关于个人崇拜及其后果》的问世,毛泽东的态度是"一则以喜,一则以惧"①,亦曰"揭了盖子,捅了娄子"②。"喜"的是：揭了盖子,打破了多年来对斯大林模式的盲目崇拜,各个社会主义国家可以解放思想,把马克思主义的普遍真理与各国的实际情况相结合,走自己特点的社会主义建设道路；"忧"的是：捅了娄子,不仅赫鲁晓夫的这个报告在内容和方法上都有严重错误,而且当人们看到斯大林是那样地践踏社会主义民主法治,造成了那么大规模的、长时期的冤假错案运动之后,很可能使一些人对社会主义前途发生动摇,滑向资本主义的道路。在中国,大体在1957年反主观主义、反官僚主义、反宗派主义的整风运动开始之前,毛泽东主要是受"喜"的心态制约,对斯大林严重违反社会主义民主法治的惨痛教训进行深入思考,提出避免斯大林教训在中国重演的加强民主法治举措,主要体现在他的《论十大关系》和由他修改审定的党的"八大"有关文献、《关于无产阶级专政的历史经验》、《再论关于无产阶级专政的历史经验》,以及他的《关于正确处理人民内部的矛盾》；在1956年下半年波兰、匈牙利局势发生动荡和1957年中国整风运动开始之后,毛泽东主要是受"忧"的心态制约,着力思考社会主义如何防止官僚主义的蔓延和资本主义复辟。

---

① 《毛泽东年谱(1949—1976)》第三卷,中央文献出版社2013年版,第311页。

② 《毛泽东年谱(1949—1976)》第二卷,第545页。

二 毛泽东对斯大林严重违反民主法治原因的分析

对斯大林的专断粗暴、不讲民主法治的行径,毛泽东不像有的人那样震惊。因为在中国革命的长期实践中,毛泽东早就对斯大林及其共产国际不顾中国实际情况而瞎指挥的错误深恶痛绝。1956年党的八大期间,毛泽东在接见前来参加中共八大的一些国家共产党、工人党代表团的谈话中,直言不讳地指出斯大林及共产国际对中国革命犯过如下四个错误:

第一次是王明"左"倾机会主义路线。毛泽东说,王明路线就是斯大林路线。它把当时根据地的力量搞垮了90%,把白区搞垮了100%。过去我们为什么不公开说明王明路线就是斯大林路线呢?这是因为苏联可以批评斯大林,我们批评就不那么有利。我们应该和苏联搞好关系,和赫鲁晓夫携手。也许过一些时候可能公开提出。事实就是事实。那时第三国际做了许多坏事,第三国际前后两段还好,中间有一段不好。列宁在世的时候好,后来季米特洛夫负责的时候也较好。中国第一次王明路线搞了四年,对中国革命损失最大。

第二次是抗战时期王明的右倾机会主义路线。王明是可以直接见皇帝的,他能讲俄文,很会捧斯大林。斯大林派他回来,过去他搞"左"倾,这次他搞右倾。和国民党合作中,他是梳妆打扮送上门去,一切服从国民党。他提出六大纲领,推翻我们中央的十大纲领,反对建立根据地,不要自己有军队,认为有了蒋介石,天下就太平了。我们纠正了这个错误。蒋介石也帮助我们纠正了这个错误。王明是"梳妆打扮送上门去",蒋介石则是"一个耳光赶出大门"。蒋介石是中国的最大的教员,教育了全国人民、全体党员。他用机关枪上课,王明则用嘴讲课。日本投降前,第三国际解散了。我们的事情就好办了,就像生产关系改了,生产力得到了解放一样。我们就开始批评机会主义,展开整风运动,批判王明路线。整风实际上是整苏联的风,是批斯大林和第三国际的错误。但是关于斯大林和第三国际我是一字未提。不久的将来也许要提。不提的原因有二：一是既然中国人听了他们的话，那么中国人自己就应该负责。谁叫我们去听他们的话呢，谁叫我们去犯"左"倾错误呢？有两种中国人：一种是教条主义者，他们就听斯大林的那一套；另一种中国人就不听那一套，并且批评教条主义者。二是我们和苏联的关系中不愿引起不愉快。第三国际自己没有检讨这些错误，苏联也没有提到这些错误，我们提出就会闹翻。

第三次是日本投降以后，斯大林和罗斯福、丘吉尔开会，决定把中国全部给美国、给蒋介石。当时从物质和道义上，尤其是在道义上，斯大林都没有支持共产党，而支持的是蒋介石。决定是在雅尔塔会议上作出的。1945年，当我们正准备推翻蒋介石夺取政权的时候，斯大林用他们中央委员会的名义，打了一个电报给我们，指示我们不要反对蒋介石，不要打内战。说如果打内战，民族就会有毁灭的危险。我们没有执行这个指示。

第四次是说我是"半个铁托"或"准铁托"。不仅苏联，就是其他社会主义国家和非社会主义国家中，都有相当一些人曾怀疑中国是否真正革命。

毛泽东说，上述斯大林的四条错误，中国人民并不知道，就整个党来说也是不知道的。我们党内知道前两个错误（两次王明路线），但人民并不知道这是来自斯大林的错误。至于"不让中国革命"和"半个铁托"的错误只有中央知道。我们从未公开讲过苏联不对，只说王明不对。中国也有责任，谁叫你听他的话？以后我们不听话，革命就成功了。在铁托的自传中也说斯大林曾告诉铁托说，在这个问题上，他错了。①

由于毛泽东对斯大林的专断独行早有"领教"，所以他对斯大林严重破坏社会主义民主法治的教训，作出了一些不同于苏联人的独特的分析判断。

---

① 石仲泉、沈正乐、杨先材、韩钢主编：《中共八大史》，人民出版社1998年版，第281—283页。

1. 斯大林晚年的严重错误不仅仅是个人品质造成，还在于苏联浓厚的封建主义残余作祟。

与赫鲁晓夫的《报告》仅仅把斯大林搞个人崇拜、违反民主法治等归结为斯大林粗暴、狐疑、孤独的个人品质不同，毛泽东认为，一个共产党人犯错误是难免的，共产党和社会主义国家的各种领导人物的责任是要尽量减少错误，尽量避免某些严重的错误，注意从个别的、局部的、暂时的错误不至于变成全国性的、长时期的错误。斯大林晚年的错误之所以能够发展为全国性、长时期的严重错误，除其个人品质以外，还与千百年来小生产者习惯势力落后观念和封建主义遗毒的影响密切相关。

毛泽东审定的《关于无产阶级专政的历史经验》对此说道："个人崇拜是过去人类长时期历史所留下的一种腐朽的遗产。个人崇拜不只在剥削阶级中间有它的基础，也在小生产者中间有它的基础。大家知道，家长制就是小生产经济的产物。在无产阶级专政建立之后，即使剥削阶级消灭了，小生产经济已经由集体经济所代替了，社会主义社会建成了，但是旧社会的腐朽的、带有毒素的某些思想残余，还会在人们的头脑中，在一个很长的时期内保存下来。'千百万人的习惯势力是最可怕的势力'（列宁）。个人崇拜也就是千百万人的一种习惯势力。这种习惯势力既然在社会中还存在着，也就有可能给予许多国家工作人员以影响，甚至像斯大林这样的领导人物也受了这种影响。个人崇拜是社会现象在人们头脑中的反映，而像斯大林这样的党和国家的领导人物也接受这种落后思想的影响的时候，就会反转过来再影响给社会，造成事业的损失，有害于人民群众的主动性和创造性。"①《再论关于无产阶级专政的历史经验》也再次重申了这一看法："党和国家的民主集中制之所以会受到某种破坏，有一定的社会历史的条件。这就是：党在领导国家方面还缺乏经验；新的制度还没有巩固到足以抵

---

① 《建国以来重要文献选编》第八卷，中央文献出版社1994年版，第230—231页。

抗一切旧时代影响的侵袭（新制度的巩固过程和旧影响的消失过程，都不是直线的，它们的某种波浪式的起伏现象，在历史的转变时期是屡见不鲜的）。"①

毛泽东认为批评斯大林的严重错误，就是清除封建主义残余。1956年9月26日，他在接见参加中共八大的南斯拉夫共产主义者联盟代表团时说，批评斯大林有点反封建主义的味道，有父子党过渡到兄弟党，反对了家长制度。② 毛泽东的这一认识显然比苏联人要深刻。

2. 斯大林严重违反民主法治的错误，与其对社会基本矛盾和主要矛盾的严重误判密切相关。

赫鲁晓夫报告指出了斯大林把党内思想斗争当成敌我斗争处理、社会主义制度建立以后阶级敌人却愈来愈多的错误，但对斯大林为何犯下这些错误却没有深入分析。毛泽东指出，斯大林犯下这些错误的根本原因是他没有搞清楚什么是社会主义社会的主要矛盾，没有正确区分两类不同性质的矛盾，用处理敌我矛盾的专政办法代替处理人民内部矛盾的说服教育办法，因而造成滥杀无辜的严重后果，使封建主义遗毒泛滥成灾。

毛泽东说，斯大林犯错误的原因，有历史的、社会的根源。如捉人、杀人、刑讯逼供均是封建主义的。在资本主义社会也有，但较少。同志之间的猜疑也是旧社会的。③ 但斯大林犯错误的原因主要不在这里。毛泽东认为斯大林主要是思想方法上出现了主观主义，对苏联阶级斗争现状作出了错误的估计。1957年2月27日，毛泽东在最高国务会议作了题为《如何处理人民内部的矛盾》的讲话。他说，社会主义社会建立之后是否还存在矛盾，马克思、恩格斯谈得很少。列宁简单地谈到社会主义社会对抗消灭了，矛盾存在着。列宁已经说人民之

---

① 《建国以来重要文献选编》第九卷，第573页。
② 《毛泽东年谱（1949—1976）》第二卷，第634页
③ 石仲泉、沈正乐、杨先材、韩钢主编：《中共八大史》，第279页。

间还有矛盾,但还来不及全面地分析这个问题。至于人民内部的矛盾,有没有可能由非对抗性的矛盾转化成对抗性的矛盾,应该说是有可能的。但列宁那个时候还没有可能来详细观察这个问题。在斯大林时期,他在很长的时期内把这两类矛盾混淆起来了。这两类矛盾本来是容易混淆的,我们也混淆起来过。我们在肃反工作中,也曾经并且常常容易把好人当做坏人去整,把本来不是反革命的怀疑他是反革命。这个问题,从前有,现在还有,但是我们有一条,反革命一个不杀。有了这么一条,就保证在万一错了的情况下,有挽回的余地。① 毛泽东还强调,社会主义社会存在敌我矛盾和人民内部矛盾,这两类问题的性质不同,解决的方法也不同。叫做两个口号:分清敌我,分清是非。敌我矛盾是对抗性矛盾,人民内部矛盾是非对抗性矛盾。专政就是解决敌我之间矛盾的。人民不能自己向自己专政,人民有言论自由、集会自由、结社自由、游行示威自由。这是民主的问题。民主是有领导的民主,不是无政府主义的。②

1957年3月22日,毛泽东在会见捷克斯洛伐克总理西罗基时说,斯大林在很长的一段时间内,不肯承认社会主义社会有矛盾,把人民的某些不满、人民对政府的批评这些人民内部的矛盾看成是阶级矛盾,当做敌人处理,结果打错了很多人。③

1956年9月22日毛泽东在会见意大利共产党代表团和23日会见英国共产党代表团时都讲到,斯大林的错误,有它的历史和社会根源,但主要应从主观认识上找根源。苏联在阶级消灭以后,环境更好了,阶级没有了。社会已经进入没有阶级的社会,反革命更少了。但斯大林的思想仍然停留在旧社会的时代。客观形势已经发展了,社会已经从这一个阶段过渡到另一个阶段,这是阶级斗争已经完结,人民已经用和平的方法来保护生产力,而不是通过阶级斗争来解放生产力

---

① 《毛泽东年谱(1949—1976)》第三卷,第81—82页。
② 《毛泽东年谱(1949—1976)》第三卷,第80页。
③ 《毛泽东年谱(1949—1976)》第三卷,第124页。

的时候,斯大林却在思想上没有认识到这一点,还要继续进行阶级斗争,这就是错误的根源。苏联在阶级消灭后,当国家机构的职能丧失了十分之九时,当阶级斗争已经没有或者已经很少的时候,仍在找对象,大批捉人、杀人,继续行使它的职能。斯大林所讲的与他所做的不一样。他说阶级斗争消灭以后,国家作为阶级斗争的工具,对内就失去了效力,只剩下对外的职能。但他的行动与此相反,在阶级消灭后,仍大捉、大杀。有人说斯大林性格暴躁,什么是性格暴躁?就是任性,不喜欢调查研究,也不会调查研究,不对客观情况加以总结。所以斯大林的错误是由于不符合实际的思想方法所产生的。①

毛泽东从分清社会主义社会主要矛盾和分清两类不同性质的矛盾的角度,思考斯大林违反民主法治的教训,这不仅是苏联人当时没有考虑到的,其他社会主义国家也没想到这一点。当然,毛泽东的这种看法也是有不足的,即:对属于敌我矛盾的人,也不能实行刑讯逼供,毛泽东没有指出或强调这一点。

3. 斯大林严重违反民主法治的错误,与苏联党和国家的领导制度的不完善密切相关。

赫鲁晓夫的秘密报告仅仅对斯大林违反民主集中制等作了揭露,但没有对斯大林何以能够这样轻而易举地违反制度,也即没有从苏联当时的法治缺陷看问题。而毛泽东联系西方的法治,指出斯大林严重违反民主法治与苏联国家制度的不完善密切相关。

1956 年 11 月 30 日毛泽东在会见苏联驻华大使尤金时说:苏联的制度是好的,但其中一部分是不好的,那就是内务部。② 据邓小平《党和国家领导制度的改革》忆述:"斯大林严重破坏社会主义法制,毛泽东同志就说过,这样的事件在英、法、美这样的西方国家不可能发生。"毛泽东还说,苏联把其他党派搞得光光的,只剩下共产党,很少能听到

---

① 《毛泽东年谱(1949—1976)》第二卷,第 631、633 页;石仲泉、沈正乐、杨先材、韩钢主编:《中共八大史》,第 281 页。
② 《毛泽东年谱(1949—1976)》第三卷,第 39 页。

不同意见。① 过去受中国共产党曾采取"一边倒"(完全倒向苏联一边)的外交政策的影响,在中国内部建设问题上也出现了照搬了苏联做法的倾向,因此,人们不敢说借鉴苏联之外的、尤其是西方国家的长处。赫鲁晓夫的秘密报告也未触及这一问题,只是说斯大林违反了苏联的政治体制规定,但对苏联的这一体制本身是否存在缺陷,却没有论及。而毛泽东对苏联的政治体制和西方资本主义国家的政治制度做了比较,指出了苏联政治体制本身存在值得关注的问题。这是比苏联人高明的。

三 毛泽东应对斯大林教训而提出一系列加强民主法治举措

1. 不迷信苏联模式,也不照搬西方模式,建设有中国特点的政治制度。

新中国成立后,由于种种原因,我国采取了向苏联"一边倒"的政策。起初"一边倒"是指外交上的"一边倒",但很快在其他方面上也出现了照搬苏联做法的倾向。毛泽东内心里是不赞成这样做的,但出于维护中苏友好关系,不便公开说出来,特别是在斯大林还活着的时候。苏共二十大主动揭露斯大林违反民主法治的错误,这为打破对斯大林、对苏联的迷信提供了难得机遇。在1956年3月12日专门讨论苏共二十大问题的中央政治局扩大会议上,毛泽东说,现在全世界都在议论赫鲁晓夫的秘密报告。现在看来,至少可以指出两点:一是它揭了盖子,一是它捅了娄子。说揭了盖子,就是讲,他的秘密报告表明,苏联、苏共、斯大林并不是一切都正确的,这就破除了迷信。说捅了娄子,就是讲,他作的这个秘密报告,无论在内容上或方法上,都有严重错误。② 由此开始,毛泽东不断地在公开场所号召同志们要解放思

---

① 石仲泉、沈正乐、杨先材、韩钢主编:《中共八大史》,第100页。
② 《毛泽东年谱(1949—1976)》第二卷,第545页。

想,不要迷信苏联。

毛泽东强调对一切国家、一切民族的长处都要学习,但都不能简单照搬,苏联也不例外。1956年4月25日他在中央政治局扩大会议上所作的《论十大关系》讲话中指出,我们的方针是,一切民族、一切国家的长处都要学,政治、经济、科学、技术、文学、艺术的一切真正好的东西都要学。但是,必须有分析有批判地学,不能盲目地学,不能一切照抄,机械搬用。他们的短处、缺点,当然不要学。对于苏联和其他社会主义国家的经验,也应当采取这样的态度。过去我们一些人不清楚,人家的短处也去学。当学到自以为了不起的时候,人家那里已经不要了,结果栽了个斤斗,像孙悟空一样,翻过来了。比如,过去有人因为苏联是设电影部、文化局,我们是设文化部、电影局,就说我们犯了原则错误。他们没有料到,苏联不久也改设文化部,和我们一样。有些人对任何事物都不加分析,完全以"风"为准。今天刮北风,他是北风派,明天刮西风,他是西风派,后来又刮北风,他又是北风派。自己毫无主见,往往由一个极端走到另一个极端。① 由他审定的《再论无产阶级专政的历史经验》指出:苏联的一切经验,包括基本的经验,都是同一定的民族特点结合在一起的,都是别的国家所不应该原样照抄。如前所说,苏联的经验中还有错误的、失败的部分。所有这些成功的和失败的经验,对于善于学习的人都是无价之宝。因为它们都可以帮助我们少走弯路,少受损失。反之,如果不加分析地原样照抄,那么,在苏联成功了的经验也可以在别的国家造成失败,更不要说失败的经验了。②

与此同时,毛泽东强调不要因为知道了斯大林严重违反民主法治的错误,就对社会主义政治制度动摇,去照搬西方资本主义的政治模式。1956年11月15日在中共八届二中全会上,毛泽东说,有几位司局长一级的知识分子干部,主张要大民主,说小民主不过瘾。他们要

---

① 《建国以来毛泽东文稿》第六册,中央文献出版社1992年版,第102页。
② 《建国以来重要文献选编》第九册,第579—580页。

搞的"大民主",就是采用西方资产阶级的国会制度,学西方的"议会民主"、"新闻自由"、"言论自由"那一套。这是缺乏马克思主义观点,缺乏阶级观点,是错误的。① 1956年12月29日由毛泽东审定发表的《再论无产阶级专政的历史经验》指出,由于斯大林和其他一些社会主义国家过去时期领导者犯了破坏社会主义民主的严重错误,共产主义队伍中的一些不坚定的分子,就借口发展社会主义民主,企图削弱或者否定无产阶级专政,削弱或者否定社会主义国家的民主集中制,削弱或者否定党的领导作用。社会主义民主在任何意义上都不允许同无产阶级专政对立起来,都不允许同资产阶级民主混淆起来。如果有一种民主可以被利用来进行反社会主义的活动,可以被利用来削弱社会主义事业,那么,这种所谓"民主"就绝不是什么社会主义民主。人们如果因为看到了斯大林后期所犯的错误,看到了过去时期匈牙利领导者所犯的错误,就否认马克思列宁主义关于无产阶级专政的基本原理,把这个基本原理污蔑为什么"斯大林主义"和"教条主义",那就会走背叛马克思列宁主义和离开无产阶级革命事业的道路。② 1957年1月18日在省市自治区党委书记会议上,毛泽东说,对苏共二十次代表大会,我们党内绝大多数干部是不满意的,认为整斯大林整得太过了,这是一种正常的反映。但是,也有少数人起了波动。这是党内的动摇分子,一有机会他就要动摇。③ 1957年2月27日,毛泽东在最高国务会议第十一次(扩大)会议上所作的《如何处理人民内部的矛盾》讲话中说道,有些人不懂得世界上的具体情况,以为欧洲的民主自由很好,喜欢议会民主,说人民代表大会跟西方议会民主比要差,主张两党制。还要有两个通讯社,唱对台戏。有人提出早一点取消专政。④

　　既不照搬苏联模式,也不全盘西化,毛泽东明确提出现在要进行

---

① 《毛泽东年谱(1949—1976)》第三卷,第34页。
② 《建国以来重要文献选编》第九册,第584—585页。
③ 《毛泽东年谱(1949—1976)》第三卷,第67页。
④ 《毛泽东年谱(1949—1976)》第三卷,第81页。

马列主义普遍真理与中国实际情况的第二次结合,找出在中国怎样建设社会主义的道路。1956年4月4日,毛泽东召开最后一次讨论修改《关于无产阶级专政的历史经验》会议,他在会上说:发表这篇文章,我们对苏共二十大表示了明确的也是初步的态度。议论以后还会有,问题在于我们自己从中得到什么教益。最重要的是要独立思考,把马列主义的基本原理同中国革命和建设的具体实际相结合。民主革命时期,我们吃了大亏之后才成功地实现了这种结合,取得了新民主主义革命的胜利。现在是社会主义革命和建设时期,我们要进行第二次结合,找出在中国怎样建设社会主义的道路。这个问题,我几年前就开始考虑。现在感谢赫鲁晓夫揭开了盖子,我们应该从各方面考虑如何按照中国的情况办事,不要再想过去那样迷信了。其实,我们过去也不是完全迷信,有自己的独创。现在更要努力找到中国建设社会主义的具体道路。①

毛泽东指出中国社会主义必然是有自己特点的社会主义。1956年8月中旬、下旬期间,在审阅八大政治报告修改稿关于论述社会主义制度在各国的具体发展过程和表现形式,不可能有一个千篇一律的格式时,毛泽东改写了一段话:"所谓特殊的规律,就是各国的差别点,就是说,各国无产阶级取得执政地位的具体道路,无产阶级专政的国家形式,一党制或者是在工人阶级革命政党领导下的多党制,改造旧生产关系的方法,进行社会主义建设的速度,过渡时期所需要的时间,等等,因为各国不同的政治条件和经济条件,都会有所差别。而这样的差别,在任何一个民族中都是存在的,而在有一些民族中就可能有更多的存在。如果以为有了差别性,就可以否认共同性,是错误的;如果以为有了共同性,就可以否认差别性,也是错误的。不可能设想,社会主义制度在各国的具体发展过程和表现形式,只能有一个千篇一律的格式。我国是一个东方国家,又是一个大国。因此……在社会主义

---

① 《毛泽东年谱(1949—1976)》第二卷,第603页;《建国以来毛泽东文稿》第六册,第143页。

改造和社会主义建设的过程中也带有自己的许多特点,而且在将来建成社会主义以后还会继续存在自己的许多特点。"

毛泽东在这里虽然是从整体上探讨中国特点的社会主义制度和道路,但民主和法治明确地包含其中,是不言而喻的事情。

2. 社会主义制度建立之后的社会主要矛盾是先进的生产关系和落后的生产力之间的矛盾,中心任务是发展生产力,而不再是阶级斗争。要围绕发展生产力大力加强社会主义民主法制。

关于"八大"政治报告的决议指出,在我国社会主义制度建立之后,国内的主要矛盾,已经是人民对于建立先进的工业国的要求同落后的农业国之间的矛盾,已经是人民对于经济文化迅速发展的需要同当前经济文化不能满足人民需要的状况之间的矛盾。这一矛盾的实质,在我国社会主义制度已经建立的情况下,也就是先进的社会主义制度同落后的社会生产力之间的矛盾。

斯大林严重破坏民主法治的前提,是他把阶级斗争作为主要矛盾、镇压敌人作为主要任务,以毛泽东为核心的中央领导集体准确地抓住了这一点,提出基本矛盾是人民群众日益增长的经济文化需求与社会生产力之间的矛盾,要把发展生产力作为主要任务,这是避免阶级斗争扩大化、进而避免破坏民主法治的思想基础。当然,"八大"的这一论述,今天看来也有不足之处,即:把主要矛盾说成是"先进的社会主义制度同落后的社会生产力之间的矛盾"似乎社会主义的生产关系可以脱离社会生产力的制约而独自超前进步,是不够严谨的。

毛泽东认为,斯大林在社会主义制度建立、剥削阶级整体被消灭之后,应该加强民主法治建设,但他却反其道而行之。由毛泽东审定发表的《再论无产阶级专政的历史经验》指出,苏联到了剥削阶级已经消灭、反革命力量已经基本上肃清以后,无产阶级专政虽然对于国内的反革命残余(这种残余在帝国主义存在期间不可能完全肃清)仍然是必要的,但是它的主要锋芒就应该转向防御国外的帝国主义侵略势力。在这种条件下,当然应该在国内政治生活中逐步地发展和健全各种民主的程序,健全社会主义法制,加强人民对于国家机关的监督,发展国家管理工作和企业管理工作中的民主方法,密切国家机关和企业管理机关同广大群众的联系。斯大林不是这样,在阶级消灭以后仍然强调阶级斗争的尖锐化,因而妨害了社会主义民主的健全发展。①

　　鉴于斯大林的教训,中国共产党第八次全国代表大会《关于政治报告的决议》明确宣布,第一,在我国进入以发展社会生产力为中心任务的社会主义建设时期以后,要进一步地扩大国家的民主生活,开展反对官僚主义的斗争,有迫切的、重要的意义。必须用加强党对于国家机关的领导和监督的方法,用加强各级人民代表大会对于各级国家机关的监督的方法,用加强各级国家机关的由上而下和由下而上的监督的方法,用加强人民群众和机关中的下级工作人员对于国家机关的批评和监督的方法,来同脱离群众、脱离实际的官僚主义现象作坚持不懈的斗争。第二,由于社会主义革命已经基本上完成,国家的主要任务已经由解放生产力变为保护和发展生产力,我们必须进一步加强人民民主的法制,巩固社会主义建设的秩序。国家必须根据需要,逐步地系统地制定完备的法律。一切国家机关和国家工作人员必须严格遵守国家的法律,使人民的民主权利充分地受到国家的保护。第三,加强党内民主。为了使领导工作能够做到实事求是,就必须发扬党的群众路线的传统,就必须贯彻执行集体领导和党内民主的原则,就必须克服官僚主义和宗派主义。我们党的领导机关必须善于向人民群众学习,善于倾听人民群众的批评和建议,在人民群众的实践中检验我们的领导,修正我们的错误。在党内,必须善于向广大的党员和干部学习,善于听取同级的和下级的不同意见,善于在党的会议上和党的报刊上组织关于政策问题的自由、切实的讨论,在纪律许可的范围内允许少数人保留自己的意见,允许下级向上级提出异议。只有这样,我们才能有生动活泼的党的生活,我们的领导才不致犯了错误而不能及时地改正。那种脱离群众、脱离集体、听不得反对意见、用机

---

① 《建国以来重要文献选编》第九册,第582页。

械的服从来维持领导威信的办法,只能妨害我们的事业的发展。①

加强民主和法治,就必须强调党必须带领人民严格遵守法律。1957年1月27日,毛泽东在省市自治区党委书记会议上的讲话中说道,一定要守法,不要破坏革命的法制。我们的法律,是劳动人民自己制定的。它是维护革命秩序,保护劳动人民利益,保护社会主义经济基础,保护生产力的。我们要求所有的人都要遵守革命法制,并不是只要民主人士守法。② 毛泽东这样的论述虽然在毛泽东的全部著述中属于凤毛麟角,但吉光片羽,弥足珍贵。

上述毛泽东的观点,对改革开放之后的邓小平产生了积极的影响。他提出恢复"八大"对社会主要矛盾的判断,果断结束"阶级斗争为纲",确立以经济建设为中心,与此相应的是,政治上要发展社会主义民主,健全社会主义法制,一手抓建设,一手抓法制,两手都要抓,两手都要硬;他提议公开审判林彪、"四人帮"两个反革命集团,主张"有法可依,有法必依,违法必究,执法必严",前面两句是毛泽东审阅同意的董必武在"八大"所作的发言里的话,后面两句是邓小平加上去的。

3. 要正确区分敌我矛盾和人民内部矛盾,民主要扩大,专政要继续、但要减少。法律是处理敌我矛盾和人民内部矛盾的底线,解决思想认识问题只能用民主、而非强制的办法。

在社会主义制度建立之后,毛泽东认为人民内部矛盾上升为社会的主要矛盾,因而发展民主是主要任务,对敌专政虽然要继续,但因其已不是主要矛盾,因而变为次要任务。由毛泽东审定的《中国共产党第八次全国代表大会关于政治报告的决议》说道,在我国进入社会主义建设时期以后,进一步地扩大国家的民主生活,开展反对官僚主义的斗争,有迫切的、重要的意义。必须用加强党对于国家机关的领导和监督的方法,用加强各级人民代表大会对于各级国家机关的监督的方法,用加强各级国家机关的由上而下和由下而上的监督的方法,用

---

① 《建国以来重要文献选编》第九册,第341、349、350、354页。
② 《毛泽东年谱(1949—1976)》第三卷,第71页。

加强人民群众和机关中的下级工作人员对于国家机关的批评和监督的方法,来同脱离群众、脱离实际的官僚主义现象作坚持不懈的斗争。与此同时,过去几年进行的镇压反革命的群众运动,已经取得了决定性的胜利。今后对于反革命残余势力还必须继续进行坚决的斗争。但是因为反革命力量已经日益缩小和分化,对于反革命分子应当进一步实行宽大政策。除极少数罪大恶极、引起人民公愤的罪犯不能不处死刑以外,其余罪犯应当一律免处死刑,并且给以人道的待遇,尽可能把他们教育成为善良的劳动者。需要处死刑的案件,应当一律归最高人民法院判决或者核准。①

由毛泽东审定的中共中央《关于处理罢工、罢课问题的指示》(修正稿)第二条指出,为了防止罢工罢课一类事件的发生,根本的办法是随时注意调整社会主义社会内部关系中存在的问题,首先克服官僚主义,扩大民主。②

1957年2月27日毛泽东在最高国务会议第11次扩大会议上所作的《关于正确处理人民内部矛盾的问题》中指出,关于反革命分子的情况,可以用这样两句话来说明:还有反革命,但是不多了。首先是还有反革命。有人说,已经没有了,天下太平了,可以把枕头塞得高高地睡觉了。这是不合事实的。如果说全国还有很多反革命分子,这个意见也是错误的。如果接受这种估计,结果也会搞乱。③

1957年3月22日毛泽东在会见捷克斯洛伐克总理西罗基时说,斯大林在很长的一段时期内,不肯承认社会主义社会有矛盾,把人民的某些不满、人民对政府的批评这些人民内部矛盾看成是阶级矛盾,当做敌人处理,结果打错了许多人。鉴于这种教训,我们把矛盾分成两种,第一是阶级矛盾,我们基本上已解决;第二是人民内部矛盾。对人民内部的矛盾则应用民主的方法,但这种民主应该是有领导的民

---

① 《建国以来重要文献选编》第九册,第351页。
② 《建国以来毛泽东文稿》第六册,第372页。
③ 《建国以来毛泽东文稿》第六册,第332页。

主,不是无政府主义。①

毛泽东指出,在社会主义制度建立之后,与人民内部矛盾的数量相比,敌我矛盾愈来愈少,专政职能在整个国家的职能中愈来愈少。1956 年 9 月 23 日毛泽东在会见英国共产党代表团波立特等人时说,在斯大林时期,阶级没有了,社会已经进入了没有阶级的社会,反革命更少了,但斯大林的思想仍停留在旧社会的时代。我们胜利只有 7 年。我们政权专政的职能只剩百分之十了。由于没有这样多的反革命分子,所以专政的范围缩小了。现在我们的任务是解放生产力,保护生产力。生产力首先需要人,要人们不恐慌,要党内不恐慌,要民主党派不要恐慌,要全国人民不要恐慌。②

民主要扩大,专政不能取消、但要减少,坚持这样的指导思想就能防止斯大林阶级斗争扩大化、破坏民主法治教训的发生。

针对斯大林用专政办法解决人们的思想认识问题,1957 年 2 月 27 日毛泽东在最高国务会议第 11 次扩大会议上所作的《关于正确处理人民内部矛盾的问题》中指出,企图用行政命令的方法,用强制的方法解决思想问题,是非问题,不但没有效力,而且是有害的。我们不能用行政命令去消灭宗教,不能强制人们不信教。不能强制人们放弃唯心主义,也不能强制人们相信马克思主义。凡属于思想性质的问题,凡属于人民内部的争论问题,只能用民主的方法去解决,只能用讨论的方法、批评的方法、说服教育的方法去解决,而不能用强制的、压服的方法去解决。马克思主义者从来就认为无产阶级的事业只能依靠人民群众,共产党人在劳动人民中间进行工作的时候必须采取民主的说服教育的方法,决不允许采取命令主义态度和强制手段。中国共产党忠实地遵守马克思列宁主义的这个原则。我们历来就主张,在人民民主专政下面,解决敌我之间的和人民内部的这两类不同性质的矛

---

① 《毛泽东年谱(1949—1976)》第三卷,第 124 页。
② 《毛泽东年谱(1949—1976)》第二卷,第 633 页。

盾,采用专政和民主这样两种不同的方法。① 毛泽东这一观点和法律只调整人们行为、而不强制人们思想的现代法治精神是吻合的。

　　毛泽东还指出,不管是敌我矛盾,还是人民内部矛盾,如果触犯了法律,那就应该依法处置。1957年3月20日毛泽东在江苏、安徽两省及南京军区党员干部会议上的讲话中说道,要分清两类矛盾。对于敌我矛盾,现在存在的两种观点都不妥当。一种是右的观点,认为世界上太平无事了,对于一切应该依法处理的反动分子和坏分子不依法处理;另一种是夸大的观点,"左"的观点,说现在还有很多反革命。对于人民内部矛盾,要采取完全新的方法。对犯了法的人,应该按照法律程序处理。② 1957年2月27日毛泽东在最高国务会议第十一次(扩大)会议上所作的《关于正确处理人民内部矛盾的问题》讲话中指出,在处理闹事的过程中,进行细致的工作,不要用简单的方法去处理,不要"草率收兵"。对于闹事的带头人物,除了那些违犯刑法的分子和现行反革命分子应当法办以外,不应当轻易开除。在我们社会里,也有少数不顾公共利益、蛮不讲理、行凶犯法的人。他们可能利用和歪曲我们的方针,故意提出无理的要求来煽动群众,或者故意造谣生事,破坏社会的正常秩序。对于这种人,我们并不赞成放纵他们。相反,必须给予必要的法律的制裁。惩治这种人是社会广大群众的要求,不予惩治则是违反群众意愿的。③ 1957年3月8日毛泽东在对《中共中央关于处理罢工、罢课问题的指示》(修正稿)的批语和修改中有这样一段话,对于闹事群众中的领导分子,如果行动合理合法,当然不应该加以歧视;即使有严重错误,一般也不应该采取开除办法,而应该将他们留下,在工作和学习中教育他们。对于抱着恶意煽动群众反对人民政府的坏分子,应该加以揭露,使群众彻底认识他们的面目。对这些分子中犯了严重错误的人应该给以适当的处罚,但是不应该开除他们,

---

① 《建国以来毛泽东文稿》第六册,第321、322、324页。
② 《毛泽东年谱(1949—1976)》第三卷,第120页。
③ 《建国以来毛泽东文稿》第六册,第352页。

而应该不怕麻烦地教育他们,帮助他们改正错误。至于确实查明的现行反革命分子和严重违犯刑法的凶犯,则应该分别情况,依法处理。①

毛泽东提出人民内部矛盾通常要采用民主、说服教育的办法来解决,要防止斯大林阶级斗争扩大化教训的发生,这显然对邓小平改革开放之后多次强调要反对右、但主要是防止"左"产生了积极的影响;国家的"专政"职能不能取消是对的,但要依法专政,毛泽东这一思想的提出对改革开放之后邓小平提出要依法开展"严打"斗争也有割不断的影响。

4. 要借鉴西方资本主义国家的法律制度。

随着苏联对斯大林严重违反民主法治错误的揭露,毛泽东开始公开提倡借鉴西方资本主义国家的法制。1956年4月10日他在同丹麦首任驻华大使格瑞杰交谈中说,我们很愿意向你们学习,我们愿意向世界上所有国家学习,如果美国人愿意的话,我们也愿意向他们学习。每个国家都有值得我们学习的长处。② 1956年4月25日他在中央政治局扩大会议上所作的《论十大关系》报告中指出,处理好中央和地方的关系,这对于我们这样的大国大党是一个十分重要的问题。这个问题,有些资本主义国家也是很注意的。它们的制度和我们的制度根本不同,但是它们发展的经验,还是值得我们研究。我们提出向外国学习的口号,我想是提得对的。现在有些国家的领导人就不愿意提,甚至不敢提这个口号。外国资产阶级的一切腐败制度和思想作风,我们要坚决抵制和批判。但是,这并不妨碍我们去学习资本主义国家的先进的科学技术和企业管理方法中合乎科学的方面。工业发达国家的企业,用人少,效率高,会做生意,这些都应当有原则地好好学过来,以利于改进我们的工作。③ 毛泽东还说,美国这个国家很发达,它只有一百多年就发展起来了,这个问题很值得注意。我们恨美国那个帝

---

① 《建国以来毛泽东文稿》第六册,第371页。
② 《毛泽东年谱(1949—1976)》,第559页。
③ 《建国以来毛泽东文稿》第六册,第91、92、101、103页。

国主义,但它搞成这么发展的国家总有一些原因。它的政治制度是可以研究的。①

5. 毛泽东提出要建立一定的制度保证群众路线和集体领导的贯彻实施,防止斯大林违反民主法治的发生。

1956年4月,毛泽东在审阅《关于无产阶级专政的历史经验》一文时加写了要建立一定制度来保证群众路线和集体领导的贯彻实施,防止斯大林个人突出和个人崇拜现象的发生这样一段话:"我们要是不愿意陷到这样的泥坑里去的话,也就更加要充分地注意执行这样一种群众路线的领导方法,而不应当稍为疏忽。为此,我们需要建立一定的制度来保证群众路线和集体领导的贯彻实施,而避免脱离群众的个人突出和个人英雄主义,减少我们工作中的脱离客观实际情况的主观主义和片面性。"②1956年前后毛泽东为此确实建立了一定的制度提出了一些方针政策,例如:

第一,决定党代会实行常任制的全国代表大会。党的第八次全国代表大会通过的党章规定党的全国代表大会每届任期5年,党的省、自治区、直辖市代表大会每届任期3年,党的县、自治县、市代表大会每届任期2年。关于实行党代会常任制的意义,邓小平在"八大"所作的《关于修改党的章程的报告》中作了阐述,他指出:"党的民主集中制的基本要求之一,是党的各级代表大会的定期召集和充分发挥作用。大表大会开得少,是我们党的民主生活中的一个重要缺点。""为了克服这个缺点,把党的民主生活提高到更高的水平,党中央委员会在党章草案中,决定采取一项根本的改革,就是把党的全国、省一级和县一级的代表大会,都改作常任制,多少类似各级人民代表大会那样。""代表大会常任制的最大好处,就是使代表大会可以成为党的充分有效的最高决策机关和最高监督机关,它的效果,十几年开会一次和每年重新选举代表的原有制度所难以达到的。"改革开放之后,党代会常任制

---

① 程波:《中共"八大"决策内幕》,中国档案出版社1999年版,第264页。
② 程波:《中共"八大"决策内幕》,第186页。

试点工作开始进行。1988年12月,经中央组织部同意,浙江省台州市椒江区(县级)、绍兴市(地级)先后开始党代会常任制试点工作。此后,试点单位陆续扩大。

第二,尝试实行中国共产党中央委员会主席和中华人民共和国主席的任期制,废除领导干部任职终身制。1956年9月13日毛泽东在中共七届七中全会第三次会议上说,对于我们这样的大党、这样的大国,为了国家的安全、党的安全,恐怕还多设几个副主席好。这样就不会像苏联那样,斯大林一死就不得下地了。我是准备的了,就是到适当的时候就不当主席了,请求同志们委我一个名誉主席。根据毛泽东的提议,党的八大通过的《中国共产党章程》第37条第5款规定:"中央委员会认为有必要的时候,可以设立中央委员会名誉主席1人。"1961年毛泽东在回答英国元帅蒙哥马利谁是他的接班人问题时说道,我们和苏联不同,比斯大林有远见。"八大"通过新党章,里头有一条:必要时中央委员会设立名誉主席一人。为什么要求这一条呀?必要时谁当主席呢?就是鄙人。鄙人当名誉主席,谁当主席呀?美国总统出缺,副总统当总统。我们的副主席有五个,排头的是刘少奇。我们不叫第一副主席,他实际上就是第一副主席,主持一线工作。毛泽东的这些话,表明他借鉴了美国总统制度的一些做法,也吸取了斯大林不是在实践中培养有威信的接班人教训。当时的社会主义国家共产党主要领导人都是任职终身制,毛泽东的这种想法是难得的。改革开放之后,邓小平设立过渡的中央顾问委员会,废除了领导干部职务终身制,特别是他坚持要在自己各方面都正常的条件下退休,为领导干部退休制度的建立健全作出了杰出贡献。

在1956年北戴河的一次会议上,毛泽东提出了他在二届人大准备提出他不再担任国家主席的提议,并且谈到党的主席一职在适当时候他也将不再担任。1957年5月1日,全国人大常委会副委员长、政协全国委员会副主席陈叔通、黄炎培联名写信给刘少奇和周恩来,不同意毛泽东提出的在二届人大不提名他当国家主席的建议。5月5日,毛泽东在看到这封信时,在信中写了四条批注并在信后写了一段批语。当陈、黄的信中说到"昨毛主席于会议上最后提到下届选举主席不提毛主席的名,并嘱我们透露消息,我们两个人意见:不说拥戴的空话,而要从我们国家的现实着想,我们的国家由民主革命进入社会主义革命,是一个翻天覆地的大变革。就七年来说,发展要算顺利的。但不可以不看出发展超过了巩固,就是不可以说国家已经巩固了,而况台湾尚未解放,国际两大阵营尚在剧烈斗争的时候"时,毛泽东批注了这样一段话:"以上两个理由,因时期太长,连任四年,问题还是存在,故不宜论及。国家的根本巩固,现在已经有了,这个国家已经推不动了。说到国家的完全巩固,依苏联经验,可能要十五至二十年,台湾解放和两个阵营对立时间可能更长。"当陈、黄的信说到"在此期间,最高领导人还是不更动为好。诚然要强调集体领导,但在短期过程中全国人民还认识不清楚,集体领导中突出的个人威信仍是维系全国人民的重要一环"时,毛泽东批注道:"我仍存在,维系人心的个人威信不会因不连任而有所减损。"当陈、黄的信写到"似应再连一任,而与宪法第三十九条第二项'任期四年'下加一句'连选不得过两任',则以后依法办事,可以解除全国人民的种种惶惑"时,毛泽东批注道:"事前在人民中展开讨论,说明理由,可以减少惶惑。那是我将公开声明理由。"毛泽东还就这封信写了一段话:"可以考虑修改宪法,主席、副主席连选时可以再任一期,即在今年人代大会修改宪法,请邓小平同志准备。第一任主席有两个理由说清楚可以不连选:(一)中央人民政府主席加上人民共和国主席任期已满八年,可不连选,留下四年,待将来如有卫国战争一类重大事件需要我出任时,再选一次,而从一九五八年起让我暂时摆脱此任务,以便集中精力研究一些重要问题(例如在最高国务会议上,以中共主席或政治局委员资格,在必要时,我仍可以做主题报告)。这样比做主席对国家利益更大。现在杂事太多,极端妨碍研究问题。现在党内高级领导同志对此事想通了的多起来了,而党外人士因为交换意见太少,想不通的还多,因此,有提出来从容交换意见的必要。"毛泽东将陈、黄的信和他的批注印发全体中央委员、候补委员、党的八届全国代表,各省市区党委及全国人大代表所有代表及政协委员,要求大家展开讨论,他认为这样才能打通思想,形成共识。① 毛泽东的上述做法显然受到了美国总统连任不得超过两届制度的影响。改革开放后,我国1982年宪法明确规定了国家主席、副主席,全国人大常委会委员长、副委员长,国务院总理、副总理、国务委员,最高人民法院院长,最高人民检察院检察长等连续任职不得超过两届。

  第三,在发展民主集中制方面做了一些新的规定。在国家机关中的中央和地方关系问题上,毛泽东在《论十大关系》中提出要扩大地方的权力,"八大"根据他的这一观点,作出了相应的决策。刘少奇在政治报告中指出:"适当地调整中央和地方的行政管理职权","把一部分行政管理权分给地方,这样,既能够发挥中央机关的积极性,也能够发挥地方的积极性,使中央和地方都有必要的机动,又便于实行互相的监督。"改革开放后,我国1982年宪法吸纳了这一思想,第三条第四款规定:"中央和地方的国家机构职权的划分,遵循在中央的统一领导下,充分发挥地方的主动性、积极性的原则。"

  鉴于斯大林所犯破坏民主集中制的教训,经毛泽东审阅修改的邓小平关于修改党章的报告,特意着重论述了坚持党的集体领导的问题。报告强调说,一切重大问题应由党的集体而不是个人作出决定,那种由个人决定重大问题的行为,是同建党原则相违背的,是必然要犯错误的。报告批评一些党组织负责人会前既不通知会议的参加者进行准备,会中又没有造成便于展开讨论的气氛,实际上形成"强迫通过",是一种以集体领导的外衣掩盖个人专断的实质的办法,必须坚决予以反对。为了真正实行集体领导原则,报告提出,一切提到会议上的问题,都必须经过讨论,允许提出异议。如果发生重大意见分歧,而这种分歧不属于需要立即解决的紧急问题,就应当适当延长讨论,并进行个人商谈,以便求得大多数人的真正同意,而不应当仓促表决,或者生硬地作出结论。改革开之后,这段话被党中央继承发展,概括为:"集体领导,民主集中,个别酝酿,会议决定",写进了党章。

---

① 《建国以来毛泽东文稿》第六册,第457—460页。

关于修改党章的报告还提出了反对个人崇拜问题,指出人们对领袖的爱护,本质上是表现对于党的利益、人民利益的爱护"而不是对于个人的神化"。八大通过的新党章根据毛泽东本人的提议没有出现"毛泽东思想"的字样,主旨在于避免对领袖人物的神化,加强党的集体领导。改革开放之后,邓小平把"毛泽东思想"定义为党的集体智慧的结晶,与毛泽东个人的思想有区别,并提出"我们将永远高举毛泽东思想的旗帜前进"。①

八大通过的新党章对于扩大党内民主、保障党员权利增加了一些新内容。一是把在工作中充分发挥创造性作为党员的一项权利;二是规定了在党组织对党员作出处分或者鉴定性的决议时,党员本人有权要求参加会议;三是规定了党员对党的决议有不同意见时,除了无条件地执行以外,有保留自己意见和向党的领导机关提出自己意见的权利。四是规定了党员有在党的会议上或者党的报刊上参加关于党的政策的理论和实际问题的自由的、切实的讨论的权利。改革开放后,党中央提出了"以党内民主带动人民民主"的工作方针。

第四,吸取斯大林违反法治的教训,中央决定对1955年我国肃反工作进行复查,有错必纠。毛泽东对1955年我国开展的肃反斗争认为是必要的,成绩是主要的,否则,"匈牙利事件发生以后,在我国一部分知识分子中有些动荡,但没有引起什么风浪,这是什么原因呢?应该说,原因之一,就是我们相当彻底地肃清了反革命。"②但斯大林严重违反法治的教训,引起了毛泽东的高度警惕。所以,他作出了复查肃反工作的决定:"在肃反工作中,凡是已经发现了的错误,我们都已经采取了或者正在采取纠正的步骤。没有发现的,一经发现,我们就准备纠正。原来在什么范围内弄错的,也应该在什么范围内宣布平反。我提议今年或者明年对于肃反工作全面检查一次,总结经验,发扬正气,打击歪风。中央由人大常委会和政协常委会主持,地方由省

---

① 《邓小平文选》,人民出版社1983年版,第159页。
② 《建国以来毛泽东文稿》第六册,第330页。

市人民委员会和政协委员会主持。在检查工作的时候,我们对广大干部和积极分子不要泼冷水,而要帮助他们……发现了错误,一定要改正。无论公安部门、检察部门、司法部门、监狱、劳动改造的管理机关,都应该采取这个态度。"①粉碎"四人帮"之后,党中央平反新中国建立以来的冤假错案,是对毛泽东实事求是、有错必纠主张的继承和发扬。

第五,提出了共产党和民主党派要实行"长期共存、互相监督",以及文化艺术和科学技术要实行"百花齐放、百家争鸣"的方针。斯大林从开始不承认社会主义社会仍然有矛盾存在,到后来又夸大社会主义社会的矛盾,这引起了毛泽东的思考。他为此提出了百花齐放、百家争鸣和长期共存、互相监督的方针,以解决人民内部的矛盾。他在《关于正确处理人民内部矛盾的问题》讲话中指出,这些方针是根据中国的具体情况提出来的,是在承认社会主义社会仍然存在着各种矛盾的基础上提出来的,是在国家需要迅速发展经济和文化的迫切要求上提出来的。百花齐放、百家争鸣是促进我国社会主义文化繁荣的方针,旨在反对利用行政力量强制推行一种风格、一种学派,禁止另一种风格、另一种学派。艺术和科学中的是非问题,应当通过艺术界科学界的自由讨论去解决。当然,百花齐放、百家争鸣是有前提条件的,那就是:(一)有利于团结全国各族人民,而不是分裂人民;(二)有利于社会主义改造和社会主义建设,而不是不利于社会主义改造和社会主义建设;(三)有利于巩固人民民主专政,而不是破坏或者削弱这个专政;(四)有利于巩固民主集中制,而不是破坏或者削弱这个制度;(五)有利于巩固共产党的领导,而不是摆脱或者削弱这种领导;(六)有利于社会主义的国际团结和全世界爱好和平人民的国际团结,而不是有损于这些团结。这六条标准中,最重要的是社会主义道路和党的领导。

长期共存、互相监督是处理共产党和民主党派关系的方针。毛泽东认为,苏联成立后,把其他党派杀的光光的;斯大林对自己看不惯的进行"大清洗",这不符合社会主义民主,也使得共产党闭目塞听。

---

① 《建国以来毛泽东文稿》第六册,第332页。

1956年4月25日毛泽东在中央政治局扩大会议上所作的《论十大关系》报告中指出,究竟是一个党好,还是几个党好? 现在看来,恐怕是几个党好。不但过去如此,而且将来也可以如此,就是长期共存,互相监督。在这一点上,我们和苏联不同,我们有意识地留下民主党派,让他们有发表意见的机会,对他们采取又团结又斗争的方针。① 1956年8、9月期间,毛泽东在对八大政治报告的批语和修改中有这样一段话:我们要加强党内的自我批评和依靠广大劳动人民的监督来克服缺点和错误,这是主要的一面。但是我们还应当借助于各民主党派和无党派民主人士的批评来克服缺点和错误。不管他们的批评有许多是从右的方面出发的,但是能够引起注意问题的所在,使我们能够及时地解决这方面发生的问题。这也是监督的一个方面。②

实行共产党和民主党派"长期共存,互相监督"的目的,主要就是让民主党派对共产党提出不同意见,这是毛泽东当时多次阐述的想法。改革开放以后,邓小平同志提出四项基本原则是立国之本,继承发展了毛泽东上述辨别香花与毒草的六条标准;他把共产党和民主党派"长期共存,互相监督"增加为"长期共存,互相监督,肝胆相照,荣辱与共",也是对毛泽东思想的发展。

余 论

上述毛泽东对斯大林破坏民主法治教训的思考与应对,在党和国家的民主法治史上值得一书。它对改革开放后邓小平拨乱反正,加强社会主义民主法治产生了积极、直接的影响。

斯大林严重违反民主法治,是因为他误判形势,要么不承认社会主义制度建立后还存在基本矛盾,要么忽然把敌我矛盾当做社会主要矛盾。1979年3月邓小平在中央召开的理论工作务虚会上所作的《坚

---

① 《建国以来毛泽东文稿》第六册,第94—95页。
② 《建国以来毛泽东文稿》第六册,第146—147页。

持四项基本原则》讲话中指出,关于社会主义社会的基本矛盾,我想现在还是按照毛泽东同志在《关于正确处理人民内部矛盾的问题》一文中的提法比较好,即:基本矛盾是生产关系和生产力之间的矛盾,上层建筑和经济基础之间的矛盾。我们的生产力发展水平很低,不能满足人民和国家的需要,这就是我们目前的主要矛盾。阶级斗争是一个客观存在,不应缩小,也不应夸大。缩小或夸大都要犯严重的错误。目前和今后的阶级斗争不同于过去历史上的阶级斗争,这是客观事实,不能否认,否认了也要犯严重的错误。

斯大林严重违反民主法治,说明社会主义民主法治有缺陷,毛泽东意识到了这一点,但没有从制度上来解决。邓小平则对此进行了很大的努力。1980年8月31日他在中央政治局扩大会议上所作的《党和国家领导制度的改革》讲话中说道,斯大林严重破坏社会主义法制,毛泽东同志就说过,这样的事件在英、法、美这样的西方国家不可能发生。他虽然认识到这一点,但是由于没有在实际上解决领导制度问题以及其他一些原因,仍然导致了"文化大革命"的十年浩劫。这个教训是极其深刻的。不是说个人没有责任,而是说领导制度、组织制度问题更带有根本性、全局性、稳定性和长期性。这种制度问题,关系到党和国家是否改变颜色,必须引起全党的高度重视。如果不坚决改革现行制度中的弊端,过去出现过的一些严重问题今后就有可能重新出现。只有对这些弊端进行有计划、有步骤而又坚决彻底的改革,人民才会信任我们的领导,才会信任党和社会主义,我们的事业才有无限的希望。我们今天再不健全社会主义制度,人们就会说,为什么资本主义制度所能解决的一些问题,社会主义制度反而不能解决呢?这种比较方法虽然不全面,但是我们不能因此而不加以重视。为此,邓小平提出了"有法可依,有法必依,违法必究,执法必严"的加强法制的工作方针,提出了要使我们的民主法治做到不因领导人的改变而改变、不因领导人的看法的改变而改变的任务目标。要把立法工作摆到全国人大及其常委会的重要议程上来,法院和检察院要保持应有的独立性,忠实于法律,忠实于人民利益,忠实于事实真相;要保证法律面前人人平等,不允许任何人享有法律之上的特权。

　　斯大林严重违反民主法治的事情揭露以后,毛泽东"一则以喜,一则以惧",既坚持发展社会主义民主法治、又防止以斯大林破坏了民主法治为借口进而试图颠覆社会主义制度的两手应对态度,对邓小平既坚持改革开放、又坚持四项基本原则的立场显然产生了影响。

　　关于毛泽东晚年为何背离了他对斯大林破坏民主法治教训的一些正确思考,给他本人和国家造成了很大的不幸,那也是值得一个深入研究的课题,因篇幅所限,只有俟诸他日,另文阐述了。

"自由大宪章"还是"权利大宪章"

——为《大宪章》问世 800 周年而作

阎照祥

引　言

在中国学界,《大宪章》屡被提及,且常被称为"自由大宪章"。

人们称它为"自由大宪章",是因为该名称源自英文的"Great Charter of Liberties"①。而"liberties"一词的原形是 liberty,乃汉语的"自由"。粗略查点,可发现"liberties"在《大宪章》中共使用了 8 次,另加"freedom"1 次,"free"2 次;总共使用与"自由"含义相同的字眼当有十余次之多。所以,称《大宪章》为"自由大宪章",不是颇有道理吗?

在中国学界,使用"自由大宪章"词组次数最多的,是一部题为《自由大宪章研究》的专著,数十万言,其中屡将"自由"与"大宪章"组合一起多次使用,却始终未对"liberties"一词做出准确解读。这与英国学界的用法和解读形成明显偏差。遗憾的还有,该书还错引国外名著:"在 1217 年,大宪章被定名为"Magna Carta",这一拉丁文术语的含义就是'自由大宪章'"②。其实,拉丁文"Magna Carta"与英语"Great Charter"相同,并无"自由"的含义。而且,该书所引的古德哈特等人的

---

① 《大宪章》原本用拉丁文写就。
② 齐延平:《自由大宪章研究》,中国政法大学出版社 2007 年版,第 187 页。

英文著作的对应页码中并无类似的释义。①

在中国,英格兰《大宪章》被称为"自由大宪章"由来已久,大约可溯至1900年前后。笔者窃思,对其使用之起点的考察即是一个颇具学术性、但又有较大难度的课题。

多年前,笔者就关注到了上述问题,出于谨慎,未公开自己的看法。2010年,应《历史教学》之邀,笔者曾撰写短文《〈大宪章〉的重读和思考》②,提及国内学界多年来有关该文献关键词翻译的失当。可因篇幅限制和着力不足,其中某些解读仍不够准确、深刻、全面。另外,笔者还注意到,近三四年来,"自由大宪章"的名称仍然在中国流传着。打开网上论文目录,可见近时不少已发表的论文依旧使用着"自由大宪章"名谓。2011年以来,国际学术界纪念《大宪章》的活动渐显热点,国内发表的有关论文增多。在史学、法学、政治学、经济学、哲学等领域,继续使用"自由大宪章"称谓的论文依然较多。存在类似问题的研究生毕业论文还在推出。③ 甚至2014年某省的公务员考试所出的"常识判断题"中,依然将之称为"自由大宪章"。最近公布的"国考常识"中,照旧保留了"自由大宪章"的名称。

时间的脚步刚刚跨进2015年,国际上纪念《大宪章》的论文已是连篇累牍。值此之际,中国学界有必要对《大宪章》的有关问题继续探究,厘清某些误解。

---

① 见亚瑟·L. 古德哈特:《英格兰法律》(Arther L. Goodhart, *Law of the Land*),弗吉尼亚大学出版社1966年版,第37页。

② 见《历史教学》2011年第5期。

③ 典型者如:石儒标:《重新解读〈自由大宪章〉的形成与实质——基于历史唯物主义的视角》,见《重庆理工大学学报》2013年4期,第53—59页;郑鹏程:《试论〈自由大宪章〉与正当法律程序原则——以英美宪政史为基点》,《湖南广播电视大学学报》,2013年4期,第44—47页;敖中恒:《妥协的艺术:浅析英国〈自由大宪章〉》,《环球人文地理》,2014年18期,第55—56页;安天祥:《1215年〈自由大宪章〉基本精神研究》,《法制与社会》,2014年13期,第149—151页;雷闪:《税收法定与类推适用之冲突与协调研究》,中南民族大学2012年硕士论文。

本文的问题集中在:《大宪章》被称为"自由大宪章",是否正确?与英国学界的观点有何距离?换言之,《大宪章》的关键词究竟是"自由"还是"权利"?

笔者屡屡研读该文件的英文版本,以为所谓"自由大宪章"的提法,是源于对该文件关键词的望文生义,是一种曲解和误读,是缺乏对《大宪章》内容的正确理解,缘由如下。

一 语汇考辨:"权利"乃《大宪章》的关键词

先要解读的,是英文词组"Great Charter of Liberties"中的"liberties"的本意。它不是"自由"(freedom)①,而是它的另一含义——"权利"(right)。查阅工具书,几乎所有的英文词典,包括最权威的《牛津大辞典》,均载明:当"liberty"用作不可数名词时,因它具有抽象性,其单数形式与 freedom 的是一样的,乃汉语"自由";而当它用做复数形式,即为可数名词"liberties"时,其含义则应与英文名词"right(s)"和"privilege"相近,其汉语的对应词自然就应是"权利"或"特权"了。《大宪章》中"liberties"和"right(s)",在中古时代应该是指英格兰僧俗两界贵族的封建特权。而且,该文件中的"Liberties"前后 8 次均使用了复数形式,单数形式未见一例,所以都可翻译为汉语中的"权利"。另外,该文件还先后 5 次使用了"right(s)"的单复数形式,连同 8 个 Liberties,则前后总共 13 次使用了与汉语"权利"含义相同的词语。它们

---

① 这里指出,英文中的 Liberty 和 freedom 并非与汉语的"自由"具有完全对等的含义。即便在中古时代,英国人所说的 Liberty 和 freedom 含义比较宽泛,包含了"权利"的部分含义。需要谨慎判定的是,所谓自由,在封建主义盛行的欧洲中古时期的各个王国中,"自由"并非流行的政治概念。

分别见于《大宪章》的第 1、13、40、41、52、56、59、60、61、63 款中。①

这还不是有关"权利"的全部。除了 liberties 和 right 之外,《大宪章》中还有其他近义词,同样不容忽略。

一是"franchises",分别见于第 52 款和第 59 款②,用的也是复数形式,意为"特权",与 Liberties 或 privileges 同义。

再是"concessions",见于第 62 款和第 63 款③。也是复数形式,意为"特权"或"特许权",也与 privileges 同义。

以上可见,在英文版《大宪章》中,表达了具有汉语"权利"之涵义的词语起码有四个:Liberties、right(s)、franchises 和 concessions。它们总共使用了 17 次,其中仅 right 具有单数和复数两种形式。另外三个,都作为可数名词使用了复数形式,并因此而具有了与汉语"权利"相关和相近的含义。

行笔至此,另一个相关的问题提出来了,究竟《大宪章》中有多少与"自由"(Liberty)相关的词汇?

答案令人吃惊。它通篇没有使用单数形式的"liberty"。与其含义与"自由"等同的英文词 freedom,仅在第 1 款中出现一次。而"free"一次虽然出现了两次,但都是用作形容词,不具备完整实义。比如第 15 款的"自由租佃农"(free tenants)④,与其中使用甚多的组合词"freeman"近于同义,不具备独立的"自由"(liberty、freedom 或 free)含义。

这还不是与"权利"相关的英文语汇的全部,还有一些单词和词组,主要也是用指"权利"的,如第 3—5 款中,仅"wardship"(监护权)

---

① 哈利·罗斯维尔:《英国历史文件,1189—1327 年》(Harry Rothwell, *English Historical Documents*, 1189—1327),厄瑞和斯博特斯伍德出版社 1975 版,第 317、318、320、322、、323、324 页。另有一次使用 right,是在第 41 款,它与 customs 连用,是作为形容词使用的,故不计算在内。

② 哈利·罗斯维尔:《英国历史文件,1189—1327 年》,第 322—323 页。

③ 哈利·罗斯维尔:《英国历史文件,1189—1327 年》,第 323 页。

④ 哈利·罗斯维尔:《英国历史文件,1189—1327 年》,第 319 页。

就出现了 5 次①。另有一些词组，如"right customs"、"ancient customs"，都是以前宪章中认定过的法定权利或特权。若就全篇而言，此类语汇就更多了。

后世读者很容易想到，上述各类关键性词汇，在当时封建主义时代，实指贵族特权；可为何这份文件始终未见特权"privilege"一词？这是因为所谓特权，乃是他人和后人的政治判断。而两界贵族作为当事人，身居"庐山"，则认为言之有理，受之无愧，何况他们还借用了国王的名义。

故而，《大宪章》理应被称之为"权利大宪章"。

可惜的是，国内多种出版物，在提及《大宪章》时，多把"liberties"译为"自由"，曲解了原意。

庆幸的是，在近现代中国，也有个别学者对《大宪章》中的 Liberties 做了适当的翻译。如著名历史学家戚国淦先生，知识渊博，学贯中西，几十年前，他在其《大宪章》汉译本中，将其中所有复数形式的"liberties"一律译作"自由权"②。这种兼顾形意和法律实意的译法，是基于对该词的深刻领会和正确解读。

《大宪章》被错译为"自由大宪章"由来已久，可以溯至清朝末年。早期中国学者翻译外文历史文件择意不准，则因不同语言中相近语汇的含义非对称性。语言学家经过比对，发现在任何两种语言中，含义完全相同的语汇仅竟然不超过 10%。其次，是受限于早期的客观条件和译者的水平。比如缺少内容精到、含义准确、释义完备的工具书。甚至还有不少经日语转移至汉语的情况。当时，一些外国传教士在向中国传播西方文化和培养翻译人才时，起到了沟通中西文化之桥梁的作用，成绩是应该肯定的。可他们之中精通汉语者仅为少数，故翻译书刊典籍时错译、曲解在所难免。还有某些译者，对包括文字在内的

---

① 哈利·罗斯维尔：《英国历史文件，1189—1327 年》，第 311 页。

② 见 The New Encyclopedia Britannica 中"Magna Carta"条以及《不列颠百科全书（中国大百科全书出版社 2002 年版）Magna Carta 条。

中国社会文化,理解不够全面,在翻译西文著作时出现歧义或误译;甚至还会将错就错地影响到中国学人。当时中国学者,缺少适当介绍西方社会政治的书籍,见解有限,容易使用中国人的传统型习惯性视角,判断和解析西方语汇,中西对比不确切,也难免会有误解,出现错误。

可见,翻译时,若是遇到此类语汇,则须通读上下文,推敲掂量,认清原始文献的语境和本意,做一些补充性的阐释。在课堂上,对一些翻译不够确切的语汇,也须仔细剖析,耐心说明错在何处。

二　内容求证:封建君臣关系和贵族特权

笔者之所以坚持《大宪章》为"权利大宪章",还基于对其内容的全面考量。

《大宪章》包括序言和诸多条款①,内容宽泛,但主要是重申王国贵族的封建权利并防止国王侵夺这些权利。其内容大致可分为几类:

第一类,关于僧俗两界贵族的权利。

首先,是维护宗教贵族的权利。如开宗明义申明:"英吉利教会应该是自由的",不得随意削弱和剥夺其法定的权利和特权。《大宪章》之所以将教会权利置于显著位置,是因为该文件是由坎特伯雷大主教斯蒂芬·郎顿(Stephen Langton,?—1228)主持起草的。他是罗马教廷任命的枢机大主教,地位显赫,精通拉丁语,在当时英格兰两界贵族中无人可出其右。史书记载,在《大宪章》撰写的关键时刻,正是枢机主教斯蒂芬·郎顿成为贵族代表的头号领袖,并作为教皇英那森三世的代表,出面与约翰王激烈争吵,继而又娓娓协商,软硬兼施,晓以利害,于1215年6月15日,在泰晤士河畔的一块草地上,迫使国王接

---

①　应该指出的是,《大宪章》的原始文本系拉丁文,是不分段落,未使用序号,连着写下来的。我们现在见到的63条款乃是后世学者经过对内容的斟酌鉴别,重新划定的。

受并签署了《大宪章》①。他将教会权利安排在宪章开篇和结尾，首尾呼应，格外显著。另外，其他有关世俗贵族的多项条款里，不少内容实际上兼顾到了宗教贵族的权益。如第22款就对教士的"俗产"罚款事宜做了专门说明。自此十余年后，编年史家赞扬了郎顿的斗争策略，说他早在1213年，就机敏地援引亨利一世时期的"旧时权利"（ancient liberties），劝说国君珍视并归还贵族权益。②

郎顿等人力图伸张教会权利事出有因。从诺曼国时代的威廉一世、威廉二世，到安茹王朝的亨利二世和理查德一世，在治理英格兰岛国时，都怀着"天高教廷远"的侥幸心理，对教会和高级神职人员加以刁难。他们不露声色地侵夺教会财产的一个通用手法，是借某主教逝世、职位空缺之际，隐而不报或拖延上报罗马教廷，并连年累月地将这些教区的收入攫为己有，另外还颐指气使，乃至暴力相侵，③一再引发了教皇的怪责和英格兰主教们的怨恨。

其次，是维护世俗贵族的权利。多达二十余款，包括保障贵族和骑士的封地继承权和租用权，保护贵族的幼年继承人和孀妇利益，以及认可世俗贵族在领地上的司法裁判、履行军务等传统的权利。出于防范，文件还特意规定：对于犯罪的世俗大贵族，"只应视其犯罪的程度科以罚金"④。其他有关自由人的权利自然也会将贵族包括在内。这就充分体现了《大宪章》的封建主义"贵族纲领"特色。自然，当时的

---

① 德比·胡弗曼·勒维：《〈大宪章〉的签订》（修正版）（Debbie Hoffman Levy, *The Signing of the Magna Carta*）明尼阿波利斯，2013年版，第79页；H. E. 勒曼：《英国君主列传》（H. E. Lehman, *Lives of England's Monarchs*），勒末尔出版集团2005年版，第83页。

② 彼得·林因保：《大宪章之宣言：公众的权益》（Peter Linebaugh, *The Magna Carta Manifesto: Liberties and Commons for All*），加利福尼亚大学出版社2008年版，第269页。

③ 最典型的事件，是在1170年，坎特伯雷大主教贝克特被4名忠君骑士杀死。

④ 哈利·罗斯维尔：《英国历史文件，1189—1327年》，第319页。

世俗贵族,主要是指那些能成为"大会议"成员的大贵族——伯爵和男爵。他们才是当时封建王国的基础和中坚。

第二类,是对王权的限制。

内容不止一端,如规定国王必须遵守宪章,不可违背,否则贵族会议有权对其宣布战争。其他有关解散外国雇佣军的文字,也是为了防止国王借用外部力量,压制贵族和骑士。再如,该宪章明文限制王室官吏行为,实为对王室特权的约束和限制。

对后世具有久远性影响的是,该宪章还规定了国王不可随意征税的原则:除传统捐税贡赋外,不可加征新税,任何赋税的征收都须得到国民的"一致同意"。《大宪章》中关于不许对商人任意课税的规定,已突破了以往贵族反抗王权的局限性,有助于当时内战状态下,贵族与市民的互相支持。

针对此点,后世学者揭示:《大宪章》通过与国王达成协议的方式,限制国王及其官员的封建税收权力,保护教会、贵族和商人的法定权益。这一做法演变为一种政治原则:统治者的行为必须得到臣民的认可。而这一原则以后成为君主立宪制的基础。①

《大宪章》的内容并非创新而得,而是援引了一些旧宪章的内容,强调了一些传统惯例,使之具有更明显更多的合法性。这是《大宪章》内容的特色之一,也是文件起草人的捍卫自身权利的策略。

《大宪章》中,令人惊心动魄的是第 61 款:若国王及国王宫廷的法官、管家或其他官员,在某方面侵犯某人之权利,或触犯任何和平条款,而为二十五男爵中的四人发觉时,四位贵族可尽快面君申辩;当国王不在英格兰时,则可通过宫廷近臣,指出国王错谬,并要求他限时尽快改正。若因君王的坚持,法官不愿改正错误,可由四名贵族禀报贵族会议;贵族会议的二十五男爵即可共同使用其权力,联合全国民众,

---

① 克雷格·罗卡德:《社团、网络和变化:全球史》(Craig Lockard, *Societies, Networks, and Transitions: A Global History*),第 2 卷,森咖奇·勒宁出版社 2010 年版,第 359 页。

采用多种措施向国王施压,包括夺取王室的城堡、土地与财产,迫使国王改正错误。①

此条非同小可,且具有显著的反抗意向。可问题在于,这一权利还竟然是国王约翰被迫允诺的,即宪章起草人冠冕堂皇地借用了约翰王的名义。可以想象,当时国王约翰的尴尬和无奈自不待言。至此,笔者感慨:在有关英国中古史研究中,有关"法律至上"和"王在法下"的时限问题长期以来争论不休。但有一点是没有疑义的,即从《大宪章》中有关对王权限制的条款中,后人可以明确看到"王在法下"的精神。也正因如此,学界还认为,正是《大宪章》培育了英国有限君主制乃至立宪君主制的幼芽。

《大宪章》之所以能将"反抗权"写进其中,不仅因为它是在内战中产生的,有着暴力斗争的背景,还因其签订暂时结束了一场内战。拥兵自重的贵族能够迫使约翰王签署《大宪章》,是他们在与君主的军事对峙中,掌握了一定军事优势,打破了原有的政治平衡,占据了主动性,并通过谈判和妥协,迫使国王让步。

精明的英格兰贵族们借机扩充战果。他们强调了"被协商权"的必要性,从而把《大宪章》当做国王和贵族之间的政治协议书。它申明:凡有关立法、征税等要事,均需与全国人民普遍协商,以征得"一致同意"。其中第14款特意规定:为得到贵族们的认可,国王应依照特定的时间,召集僧俗大贵族和有关人员协商。同时在招集令上写明理由,及时送出。如此规定,比起早年的宪章来,多了新意,它既限制英格兰君主制,使贵族们有可能获得一种有着法律依据的依托性机构,又为以后议会的产生以及国王受议会的制约,提供了法律前提。

言及贵族权利,应看到英国封建制的变化,以及这种变化对贵族与国王之关系的影响。我们知道,诺曼征服之后的一段时期里,英格兰封建制最基本的特征是"分封"。即国王根据军功大小和关系亲疏,将土地划为条田,分赐属下,酬劳他们多年追随自己南征北战的辛劳,

---

① 哈利·罗斯维尔:《英国历史文件,1189—1327年》,第323—324页。

以此表明自己有情有义。这种酬谢是他们在未来继续对君主保持忠诚的催发剂。这不仅意味着,王权是贵族财富、荣誉和地位的源泉,还意味着,若某贵族及其后裔违背君命,恣意而为时,国王即可收回封地封号,终结其特权。就这样,土地分封成为诺曼王朝建立以来确立封君封臣制的经济基础。而且,在该王朝早期,尤其是威廉一世和威廉二世在位时,此种分封关系意味着"可予可夺"。即国王保持着绝对的主导性,他既然可以根据军功、忠诚程度或亲情关系赐予某贵族土地,也可以随时根据情况变化,包括根据某封臣的效忠与否,改变意念,增赐或褫夺封地。然而,随着岁月的流逝,这种土地分封关系潜移默化地发生了变异。尤其是到了 13 世纪,当亨利二世允许贵族和骑士通过缴纳代役捐摆脱了军务,并致力于庄园管理时,因他们军务意识的淡化,贵族封地屡经传宗接代,再加上地租形式、面积、地块分布和投资改造等多方面的变化,以及某些转赠赐授,本来具有某种临时性质的条田领地使用权,已在不知不觉间演变成了一种近似土地所有权的东西。于是,封建土地领有制就在某种程度上逐步演化为血缘继承制。从国王那里分封的土地逐渐要变为私有土地。国王和贵族之间的封君封臣关系已经弱化,前者已经不能像先王那样从封臣手里轻易收回领地了。在如此情势之下,贵族们也极想通过缔结双方认可的书面协议,固化地产私有性质,认可和确定新型的君臣关系。英国两界贵族迫使国王约翰签署《大宪章》的重要目的即在于此。只是他们的这种想法隐藏于心,未曾直抒胸臆,还可以说是一种渐生性心态,却又不够明晰。所以在制订《大宪章》时,在行文上还需借用国王的名义。

于此,我们可以说,《大宪章》的关键词不仅是英国贵族们的权利和特权,而且主要是以地产为主的财产权。其内容集中证实,13 世纪的英国贵族已经意识到:为了防止国王随意褫夺贵族封地和其他财产,有必要通过签署宪章这一传统方式,与国王约翰达成正规协议,使他们的既得利益不受侵犯。

认定权利或特权为《大宪章》的关键词,不只是笔者对文本的探究结果,还受了英国学者的启发。尽管,迄今为止,尚未见到任何精通汉语的英国学者,能窥见中国学界将"liberties"译为"自由"的谬误,可英国学者对《大宪章》的以"权利"为核心内容的明确认定,也总是毫无疑义并富有启发性的。

此类例子不胜枚举。1886年,法学权威威廉·雷奈尔·安森爵士在其代表作《法律和宪法惯例》中宣称:"《大宪章》部分上是一份权利宣言,部分是君主和民众之间的一分协议。"①

一个世纪之前,当英国学界纪念《大宪章》签署700周年时,学者威廉·S夏普·麦克奇尼一面在其专著《大宪章评介》中,称国王约翰在1215年"赐予英国自由人及其继承人予某些特定的权利和特权",又在纪念性论文中赞扬它代表着"宪政的核心,还是英国人权利的壁垒"②。

半个多世纪之前,海伦·卡姆明确断言:"《大宪章》不是一部自由宪章,而是权利宪章"③。1961年,W. L. 在《英王约翰》中写道:"实质上,大宪章乃是权利宪章而非自由宪章。"④20多年前,英国当代学

---

① 威廉·雷奈尔·安森爵士:《法律和宪法惯例》(Sir William Reynell Anson, *The Law and Custom of Constitution*),第一卷,伦敦,1886年版,第14页。

② 威廉·夏普·麦克奇尼:《大宪章评介》(William Sharp Mckechnie, *Magna Carta, A Commentary on the Great Charter of King John*),被遗忘典籍出版社1914版,第107页。夏普·麦克奇尼:"《大宪章》七百年纪念"见亨利·埃利奥特·马尔登主编:《英国皇家历史学会纪念〈大宪章〉论文集》(S. McKechnil, "Magna Carta(1215-1915), An Address Delivered on Its Seventh Century, too the Royal Historical Society and the Magna Carta Cellebration Committee", See Henry Elliot Malden, Magna Carta *Commemoration Essays, Royal Historical Society*),伦敦,1917年版,第9页。

③ 海伦·莫德·卡姆:《中古英国的权利和群体》(*Helen Maud Cam, Liberties & Communities in Medieval England*),剑桥大学出版社1963年版,第183页。

④ W. L. 沃伦:《约翰王》(W. L. Warren, *King John*),加利福尼亚大学出版社1961年版,第236页。

者J. C. 霍尔特认为:《大宪章》"是一部权利声明书,而非主张自由"①。还有,睿智的戈特菲尔德·迪耶考虑到《大宪章》最初是用拉丁文起草的,他专门说明:拉丁文题目"'Magna Carta Libertorum'的标题意为'权利大宪章'"②。

大略算来,笔者见到的有关论断起码有十五六种。篇幅所限,这里就不一一列举了。

三 权利兼顾:"长效"的秘密

斯蒂芬·郎顿等贵族起草人在制定《大宪章》时,唯恐它昙花一现,便于1216年、1217年和1225年,再三将之重新颁布。但内容分别做了不同程度的删减、更新或合并,分别减为42款、47款和33款,即大约减少了1/4—1/2。正文中有关权利和特权的语汇也做了大幅度的删减。因在前言中增添了一个"liberties",其含义概括性地辐射到全文,各宪章的"权利"特色依然未变。

渐渐地,《大宪章》的地位和效能得到人们认可,13世纪30年代,其条款已被用做反对君主专权的依据。③ 而后,亨利三世于1237年、爱德华一世在1297年,乃至1399—1413年在位的亨利四世,都郑重认可了《大宪章》的效能。司法审判中,其诸多条目屡被法官和律师们援引。15、16世纪,《大宪章》的影响一度式微,可到了17世纪,随着反对斯图亚特专制王权斗争的深入,它重新显露生机,成为清教徒反对君主专制的利器。1628年,下院上诉法庭大法官、著名法学家爱德华·科克称《大宪章》为"王国所有基本法的源泉",评价之高前所未有。

---

① J. C. 霍尔特:《大宪章》(J. C. Holt, *Magna Carta*),剑桥大学出版社1999年版,第5页。

② 格特菲尔德·迪耶泽:《维护财产》(Gottfried Dietze, *In Defense of Property*),阿莫里加大学出版社1995年版,第54页。

③ 尼古拉斯·文森特:《〈大宪章〉述要》(Nicholas Vincent, *Magna Carta: A Very Short Introduction*),牛津大学出版社2012年版,第4页。

19世纪后期,英国中古政治体制史权威、钦定讲座教授威廉·斯塔布斯盛赞它是"国家首部重大的公议案……英格兰的全部的宪政史仅仅是对《大宪章》的一种诠释"①。近代以来,1225年《大宪章》还被列为英国成文制定法(statute laws)的首篇,后人则公认《大宪章》为英国成文制定法的发端。② 1948年12月,联合国在撰写《世界人权宣言》时,将《大宪章》列为重要参考文本。自此以后,越来越多的人将它视为英国有限君主制的重要发端和宪政的源头。③ 还有许多人推而广之,将《大宪章》视为西方宪政之源头。

  一件岛国法律能够彪炳史册,不是凭借偶然的机遇,而是因其内容具有生命要素。无疑,诞生于中古盛期的英国《大宪章》,在它所言及的多种权利中,最多的是封建主的权益。若用一个比较恰当的英文词来概括:它们大多是封建贵族特权(privileges),而非后世的所说的民权或公民权。可耐人寻味的是,随着时间的流逝,《大宪章》的某些条款还可以做出新的解释,进而使新生中产阶级,包括乡绅、自耕农、城市市民和社会其他阶层的权益,得到维护。这个中原因,不是后人的曲解和牵强附会,而是因它不只是一份仅仅顾及起草人私利的文件,不单单维护教会和世俗贵族的特权,而是它还使用比较明确的文句,兼顾了当时城镇工商业者的利益。这即是说,《大宪章》虽有封建主义的本质,但其部分条款是维护其他自由人的权利的。其中最突出的是第13款,它明确维护工商都市伦敦和其他城市与港口的权益:

    伦敦城,无论水上或陆上,俱应享有其旧有之权利与自由习

---

① 弗兰克·萨克雷和约翰·芬德令主编:《1066—1714年间改变了英国的事件》(Frank W. Thackeray, John E. Findling, ed., *Events that Changed Great Britain, from 1066 to 1714*),格林伍德出版社2004年版,第33页。

② F. W. 梅特兰:《英国宪政史》(Frederic William Maitland, *The Constitutional History of England*),剑桥,1908年版,第15—16页。

③ 乔治·巴顿·亚当斯:《英国宪制的起源》(George Burton Adams, *The Origin of the English Constitution*),彼尔德出版社1912年版,第168页。

惯。其他城市、郡县、市镇、港口，余亦承认或赐予彼等以保有权利与自由习惯。①

《大宪章》在维护本国市镇和港口的权益时，特别将伦敦单列出来，是因为它作为英国最大城市，不仅居民多达数万，且市内富商巨贾最多，是当时羊毛、葡萄酒等商品进出口的最重要码头，其纳税能力遥遥领先于全国任何郡县。另外。在当时逼迫国王约翰签署《大宪章》的内战中，伦敦居民提供了最多的人力、财力和物力，他们对反抗贵族的支持成为震慑国王的要素，所以，以君主名义颁布的《大宪章》专门顾及伦敦的权益，是不言而喻的。

维护城镇商人利益的的内容还有第35款："全国应有统一的度量衡。酒类烈性麦酒与谷物的量器，以伦敦夸尔为标准。"②其他如第33、41和44款，均是声明在各种条件下，包括在对外战争时，维护水陆商道贸易，消除苛捐杂税，营造宽松和谐的工商业贸易环境，并一再声称维护工商业者的经济权益。这些条款，与东方重农抑商的狭隘政策形成鲜明对照，并一再引起后世人们慨叹。

《大宪章》内容略显宽泛，就兼顾了其他社会群体。如第15、16款规定，"任何贵族不得向自由民征收任何贡金"；"对于因提供骑士服务而领有采邑者或其他自由土地持有人，不得强迫其服额外的役务"。其中提到的"自由民"和"自有土地持有人"，似显笼统，但起码不是封建统治阶级行列的世俗贵族或骑士。第28—31款规定：郡守等官吏不得强取任何人的谷物或其他动产，不得肆意征调任何人的马匹车辆用以运输，不得夺取他人的木材以修建城堡或做其他私用，等等，连同上述的关于保障城镇自由经营和统一度量衡的规定，足以显示：《大宪章》的受益人明显超出了上层贵族的特权范围，使包括市民和商人的中产阶级受惠，这有助于避免社会发生大的分裂，有助于维持一个相对稳定的社会政治和经济秩序。

---

① 哈利·罗斯维尔：《英国历史文件，1189—1327年》，第318页。
② 哈利·罗斯维尔：《英国历史文件，1189—1327年》，第320页。

以上可见,《大宪章》之所以能够流传到近现代,就因它同时维护了当时社会中层阶级的权利,能使后人对之做出有利于新生资产阶级利益的解释。换言之,对多个阶层权利的兼顾,恰恰是其宪政价值和生命力所在。

《大宪章》因兼顾某些"次要阶层"的权利而具有政治长效性,发人深省。它提醒人们:人类社会,形态各异,类型多多,却绝少纯粹的"单一阶级属性"的范例。譬如,不少国家或地区的奴隶社会中,会有自由职业者的存在;而一些典型的封建社会,也会有城镇中产阶级的萌生和崛起。社会阶级和等级的多样性,是许多国家共同特点,中古时期的不列颠亦是如此。当时英国君主面对多方矛盾,在尽力维护封君封臣制的同时,还设法增加财源和扩大社会基础,并一再通过出售市场和城市特许状的方式,缔造了一个相对独立于郡县政权和地方贵族的城市平民等级,并由此缔造了一个代表未来社会的有生力量。英国这一新生阶级,随着自身力量的不断壮大,还在维护自身利益的斗争中,或借助王权支持,抵制贵族群体的侵权行为;或利用贵族的分化和贵族之间的矛盾,与部分贵族结盟,抵制君主专制,使英国最终选择了君主立宪的政府体制。而英国的"王在议会"的立法机构,君主和上下两院的三位一体模式,体现了不同等级的阶级分权与合作,并通过国家立法兼顾着社会不同阶级的利益,从而弱化了社会矛盾和阶级对立。

说到权利问题,还应关注《大宪章》中有关司法的条款。其中第39款规定:若不经"合法裁决和本国法律的审判,不得将任何人逮捕监禁、不得剥夺其财产、不得宣布其不受法律保护、不得处死、不得施加任何折磨,也不得命我等群起而攻之和肆行讨伐"①。该条款使用了一连串的"不得",其规定如此严格的意义在于:国王无权随意决定臣民的权利和命运。而且,对于侵权诉讼,国王必须依照"正当法律程序而非强力做出裁决"——此乃约束国王和贵族行为的经典表述,于当时虽然不能骤然生效,可因它具有强制力的法律规范,具有创新性,则

---

① 哈利·罗斯维尔:《英国历史文件,1189—1327年》,第320页。

为当时和后世人们做广泛的解释,提供了文字依据;为1628年的《权利请愿书》和1679年的《人身保护法》、1689年的《权利法案》的制定,提供了蓝本。《大宪章》其他有关司法审判的条款,见于第17、34、36、38、40、44、45、54款。这些条款,以后有助于促成建立以国王为名义首脑的隶属于普通法系的中央司法体制,摒弃了陈腐荒谬的神判法,催生别具一格的英格兰司法体系。《大宪章》第18款允许各郡选派2名法官和4名骑士,每年4次出席郡法庭,由此为各地治安法官的出现提供了法律根据。

诸多有关城镇商业立法的条款和一系列的司法规定,使《大宪章》在某种程度上摆脱了极端性和阶级狭隘性,使之有可能得到后人的认可。换言之,正是权利的兼顾,使1215年的《大宪章》拥有了长效性和"宪章"特色。

在世界历史上,至今屡被多国人们援引的古老法律文件屈指可数,英国《大宪章》则是其中的一部。2007年,《大宪章》原始存件在大英博物馆的图书馆展览时,吸引世界多家媒体。同年12月,它的一份存放710年的羊皮纸抄件,在纽约拍卖会上被竞拍为21 300 000美元,创下了单页历史文献竞价的最高纪录。大约同时,不列颠独立电视台选出了12部"影响世界"的英文作品,其中有詹姆士一世的钦定版《圣经》、达尔文的《物种起源》、莎士比亚戏剧全集(第一版)、牛顿的《自然哲学的数学原理》、亚当·斯密《国富论》、法拉第的《电学的实验研究》等。可与这些皇皇巨著并驾齐驱的,竟有篇幅短小而又最古老的《大宪章》。英国《大宪章》拥有如此价值、地位和影响,是值得人们认真纪念的。

战后德国历史意识的重建

——以德国史学界对纳粹大屠杀罪行的反思为视角

张倩红

以客观性为圭臬的专业化历史学科形成于19世纪的德国,随后遍及欧、美及整个世界,德国因此被誉为"现代历史学的摇篮"。进入20世纪以来,接踵而至的两次世界大战对德国历史学产生了巨大冲击,围绕着如何看待近代以来尤其是当代的德国历史、应该树立怎样的历史意识等问题,史学界内部产生了严重分化。但有所不同的是,一战后的德国史学界普遍沉溺于因战败所带来的民族愤懑情绪之中,而二战后的大多数历史学家则保持了较为清醒的头脑,汲取惨痛教训,主动解剖"刚刚发生的民族之过去"。尽管在二战中多数德国历史学家并未沦为种族主义的帮凶,但在战后成长起来的许多历史学家们看来,纳粹德国的史学史就是民族主义史观被政治与权力所扭曲的历史,一个没有深度纳粹化的德国史学同样无法逃避战争的罪责,奥斯威辛是历史学家必须背负的"十字架"。[①]纳粹大屠杀在战后成了德国战争罪行的代表符号,也成了全体德意志民族的精神羁绊。基于此种认识,德国(尤其是西德)的历史学家深刻反思大屠杀、直面战争罪责的讨论,建构了健康的、负责任的历史意识,从而推动了"正常化"、"民主化"诉求在德国的回归,历史学家在重建战后德国历史意识的进程中表现出了浓厚的社会情怀与焦灼的时代关切。

[①] 关于德国史学与纳粹主义之间的关系,参见景德祥:《纳粹时期的德国史学》,《山东社会科学》2008年第8期。

一 "沉默文化"下小心谨慎的大屠杀叙述

纳粹上台后,大批具有民主共和理想的历史学家怀着失望与恐慌的情绪离开了德国,由兰克奠基、长期影响西方史学的历史主义学派在德国史坛占据着主导地位。战争结束后,这些传统的史学家分成了两大阵营,其中多数学者代表"沉默文化",主张以禁忌的方式来保全德意志应有的荣誉,对纳粹暴行采取了"心照不宣的沉默"。另一些史学家则开始用"浩劫"、"悲剧"等字眼来解释纳粹时代,认为"罪责问题"已成为"德国人灵魂存亡的问题",最早发出这一声音的是历史主义学派泰斗——弗里德里希·梅尼克(Fridrich Meineche)。1946 年,83 岁高龄的梅尼克撰写了《德国的浩劫》一书,针对国家理性、权力与道德、纳粹主义的出现以及德国历史文化传统等问题进行了初步的剖析与反思。梅尼克认为祸害国家与民族的根源并不在于德国的古典文化,而在于民族主义与社会主义两大运动的结合以及邪恶的普鲁士主义和军国主义,"群众性的马基雅维利主义所导致的不道德因素",使自由传统及人道主义陷入了黑暗的深渊。① 希特勒的种族主义是在奥地利排犹文化背景下形成的"一种根本的激情","他对犹太人的仇恨既是真诚的和偏执狂的,又是兽性的。"② 几乎与《德国的浩劫》同时出版的是著名思想家雅斯贝尔斯的《德国人的罪责问题》,该书聚焦于纳粹德国的战争罪责问题,但认为只有少数人参与了纳粹的犯罪行为,作为罪魁祸首的希特勒及其同谋仅仅是德国庞大人数中的微弱群体。③

---

① 参见弗里德里希·梅尼克:《德国的浩劫》,何兆武译,商务印书馆 2013 年版,第七章。
② 弗里德里希·梅尼克:《德国的浩劫》,第 78 页。
③ 雅斯贝尔斯:《德国人的罪责问题》(Karl Jaspers, *The Question of German Guilt*),纽约,2000 年版,第 57 页。

两年后,时任德国历史学家学会主席的格哈德·里特尔(Gerhard Ritter)出版了《欧洲与德国问题》,强调普通德国人是纳粹主义的受害者,十二年的纳粹时代是德国历史的断裂。他将德国"集权专制"归结于法国大革命中出现的"乌合之众",认为纳粹主义并非德意志历史传统的产物而是法国大革命以来群氓政治病变的结果,呼吁重塑德国的"历史形象"。① 显然,无论是梅尼克还是里特尔都极力把纳粹主义解释为一种欧洲现象而非特有的德国现象。总体而言,战后初期传统历史学家对于大屠杀的表述十分谨慎。研究纳粹德国时期的历史学著作谈起犹太人问题时,要么语焉不详,要么竭力回避。这是因为,在整个 50 年代,无论是欧美社会还是犹太世界,出于种种不同的原因,"大屠杀的内疚与沉默"成了普遍的现象。执政的阿登纳政府虽然同意赔偿犹太人,但对大屠杀的态度同样较为消极推诿。在这种"沉默文化"的社会语境下,许多传统派历史学家都把大屠杀归结为纳粹官僚机器的恶行,"坚持认为德国民众当年对犹太人大屠杀并不知情,认为它是由希特勒及一小撮政治帮凶煽动起来的。……人们纷纷附和这种历史观……这一政策在民众中广受欢迎,它用一种'荣誉'的语言把自己包装起来……"②

然而从 20 世纪 50 年代末开始,一些自由派思想家开始批判这种冷酷的沉默。1959 年,法兰克福学派的代表人物、社会批判理论的奠基者西奥多·阿多诺(Theodor Adorno)发出了"德国人压制了过去,就是在背叛未来"的呼吁;③同时,德国社会中依然存在的反犹情绪④

---

① 格哈德·里特尔:《欧洲与德国问题》(Gerhard Ritter, *Europa und die deutsche Frage*),慕尼黑,1948 年版,第 194—195 页。
② 扬-维尔纳·米勒:《另一个国度:德国知识分子、两德统一及民族认同》,马俊、谢青译,新星出版社 2008 年版,第 41—42 页。
③ 在 1955 年出版的文集《棱镜》中西奥多·阿多诺写出了这样的名言:"奥斯威辛之后写诗是野蛮的。"
④ 战后初期到 50 年代德国新纳粹主义盛行,不时发生反犹事件,特别是 1959 年圣诞节的亵渎科隆犹太会堂事件使许多知识精英深感忧虑。

也极大地唤醒了年轻一代的史学家。他们改变传统历史认知，挑战历史主义学派以民族、国家为主线的叙事模式，批评其过度的政治化倾向与民族价值观将"反民主传统合法化"，主张把欧洲社会科学及行为科学的理念用于历史研究。这些社会史学家与其他领域的知识分子被冠为"怀疑的一代"、"意见精英"，在他们取得大学教席并主导史学界之后，大屠杀叙述得到了更多的表达空间。

二 批判史学与大屠杀真相的揭开

从20世纪60年代开始，一批年轻的历史学家开始重新定位史学的功能，不是肯定民族的过去，而是对历史过程中的政治结构、民族传统以及社会背景进行批判性分析。其代表人物有汉斯·罗森堡（Hans Rosenberg）、汉斯－乌尔里希·维勒（Hans-Ulrich Wehler）、尤尔根·科卡（Jürgen Kocka）等，因他们主要来自比勒菲尔德大学而被称为"比勒菲尔德学派"（Die Bielefelder Schule）。与老一代相比，年轻史学家没有沉重的历史包袱，更容易与纳粹主义划清界限。整个六七十年代德国历史学呈现出冲突、分化与组合的局面，激烈的争论过后，传统的历史主义学派渐失阵地，新一代历史学家更多地成为了历史学界的中坚。他们所倡导的新史学主要体现在两个方面的转向：第一，历史已成为世界历史，"对世界历史的关切使得史学家脱离了对个别文化和国家的关切"①，这强化了历史学的当下意识与批判性功能；第二，以历史的、更开阔的视野来看待德国民族国家及其过去，让传统的政治史、民族史、思想史等史学传统转向社会史、经济史、文化史，抛弃经验史学家的唯心主义传统，建立"历史社会科学"（Historical Social Science）。他们反对"断裂历史"，认为德国必须改变对过去的认识，而大屠杀正是"过去之认识"的核心，铁血政策与奥斯威辛同样是德国的遗

---

① 格奥尔格·G.伊格尔斯：《德国的历史观》，彭刚、顾杭译，译林出版社2006年版，第341页。

产。

德国新一代历史学家的转向得益于国内政治环境的改变。1963—1965年的奥斯威辛审判以及其他针对纳粹战犯的审判活动使大屠杀的事实越来越公开;1968年,曾经的反法西斯战士勃兰特出任联邦总理,两年后他做出感动世界的"勃兰特谢罪",德国政府以其实际行动赢得了国际社会的尊重。正是在这种环境中,"沉默文化"逐渐被打破,历史学家开始把纳粹主义置于史学研究的中心地位,而大屠杀也成为无法回避的话题。到70年代,"建立在马克思主义、现代化理论和实证科学基础之上的对德国历史的解读,成为学术主流"①。

新一代历史学家们坦承,"一个分崩离析的国家背负着国家所犯下的人们无法想象的罪孽"②。他们提出的历史命题是:"为什么罪行偏偏发生在德国?""为什么无法阻止希特勒?""德国人应该树立怎样的历史意识?""如何避免另一个奥斯威辛?"

新历史学家采取社会史的研究路径,从德国的特殊性出发来思考大屠杀发生的背景,但赋予其新的思想内涵。所谓的"德意志特殊道路",是指近代德国一直沿着一条不同于欧洲以及北美工业民族的特殊发展道路,而地缘环境、军国主义、民族性格、政治制度,尤其是民族主义导致了民主性与现代化的缺失。新派历史学家认为这种特殊道路并非民族主义学派所标榜的"德意志的特殊成就",而是悲剧性的民族遗产。这条畸形的"特殊道路",是"奥斯威辛的种子"、"大屠杀的前史"。至此,德国史学界最终冲破了关于大屠杀话题的种种禁忌,深入地去还原大屠杀的原貌,并探究灾难发生的内在根源。1979年,联邦德国与以色列召开联合教科书会议,大屠杀问题被重点提出。③同年,

---

① 扬-维尔纳·米勒:《另一个国度:德国知识分子、两德统一及民族认同》,第65页。
② 格奥尔格·G. 伊格尔斯:《德国的历史观》,第357页。
③ 转引自孟钟捷:《如何培养健康的历史意识——试论德国历史教科书中的二战历史叙述》,《世界历史》2013年第3期。

西德各州电视台转播了美国电视系列片《大屠杀》,据统计西德的六千万人口中有两千万人收看了该节目,大屠杀由此逐步进入德国公众的视野。

三 "历史学家之争"与大屠杀历史的全民认知

在二战结束 40 年之后,大屠杀的阴影仍在德国民众的心头挥之不去。正如历史学家海因里希·奥古斯特·温迈勒所言:"20 世纪 80 年代中期,我们已经步入世纪末。在波恩内阁的圆桌会议上,在《法兰克福汇报》的编辑室,在众多德国历史学家的书桌前,一位冷酷的客人徘徊不去,这位客人就是纠缠不休的'过去'。人们想赶走他,他却毫不屈服,并不断质问:'为什么你们德国人会犯下 20 世纪的滔天大罪——欧洲犹太人大屠杀?'"[①]当时,新纳粹主义照旧活跃,犹太人话题无论是在知识界还是民众层面,依然并不轻松。一种希望消解罪责感的呼声在德国幡然兴起:难道我们的记忆要永远定格在奥斯威辛吗?德国青年一代难道不能卸下第三帝国的包袱轻盈地步入新的千年吗?德国社会如何才能走出情绪低落的历史建构新的民族集体认同?在此背景下,一场悄然发生的史学争论在德国社会激起了轩然大波。

1986 年 6 月 6 日,历史学家恩斯特·诺尔特在《法兰克福汇报》发表题为《过去将不会远去》的文章,认为发生在纳粹集中营里的"种族杀戮"是对斯大林"阶级杀戮"的防卫性反应:"布尔什维克的'阶级杀戮'在逻辑层面和事实层面岂不是都要高于民族社会主义的'阶级杀戮'吗?"[②]这种试图消解罪责、实质上为纳粹灭绝行径翻案的行为随即遭到著名社会学家——法兰克福学派第二代学者哈贝马斯的抨击。

[①] 海因里希·奥古斯特·温克勒:《永远活在希特勒的阴影下吗?》,丁君君译,三联书店 2011 年版,第 151 页。

[②] 扬-维尔纳·米勒:《另一个国度:德国知识分子、两德统一及民族认同》,第 75 页。

他在《时代周报》发表《某种损失的清算》一文,批评诺尔特"替大屠杀勾销罪行","让联邦德国在精神上背离西方",从而引发了左派与右派的大辩论,史称"历史学家之争"(Historikerstreit)。德国史学界的"新保守派"、社会史学派、后现代史学等各种派别都参与其中。双方的阵地分别为《时代周报》与《法兰克福汇报》,争论的焦点包括大屠杀的独一性或相对性、历史学的公共用途、学术与政治的关系、罪责意识的承载或消融、大屠杀记忆与德意志民族记忆等,众多学者与主要媒体的卷入使其成为二战后联邦德国最为重要的思想论战。①

异常激烈的"历史学家之争"一直延续到 1989 年,最终以诺尔特为首的"新保守派"的失败而告终。"历史学家之争是这个民族关于历史责任和 1979、1980 年代民族意识的一场主要的自我审判。它比那个时期任何一场知识分子论战都具有更大的公共反响……"②。经过这场规模空前的思想争论,"大屠杀研究"作为一个专门领域进入了德国历史学的主流,随后出版的一些著述从不同角度深化了大屠杀研究;更重要的是,越来越多的德国人也不再回避历史问题,从而有力地推动了健康的历史意识在战后德国的重建。

1989 年 11 月 9 日,存在了近半个世纪的柏林墙轰然倒塌,两德实现统一。在"我们是一个民族"的号召下,原东德地区经历了一个接纳大屠杀罪责和战后西德新历史意识的过程,大屠杀问题也成为弥合两德冷战裂痕的重要黏合剂。然而在统一后的新德国,大屠杀的阴影并没有随着柏林墙的消失而成为过去,"奥斯威辛作为大屠杀的道德灾难和德国罪行的双重代表,依然是一个中心象征、一个隐喻,也是一个

---

① 有关此次论争的文献,参见恩斯特·皮佩编:《永远活在希特勒的阴影下? 历史学家之争原始文献》(Ernst Piper, ed., *Forever in the Shadow of Hitler? Original Documents of the Historikerstreit, the Controversy Concerning the Singularity of the Holocaust*),人文出版社 1993 年版。

② 扬-维尔纳·米勒:《另一个国度:德国知识分子、两德统一及民族认同》,第 77—78 页。

知识战场要论证的东西"①。1995年发生在德国的关于"国防军罪责"的论争、1996年的"戈德哈根争论"(Goldhagen Controversy)无不围绕着纳粹德国的战争罪行而展开,尤其是戈德哈根对"普通民众"作为谋杀者的认定,直接拷问着德国民众的人性,从而在德国历史学界引发了众多的讨论。② 对于老一代历史学家来说,戈德哈根过分强调全民罪责并将德意志民族特性罪化,从而回到"从路德到希特勒"的论调(即认为纳粹的祸根在路德时代即已种下);而新一代历史学者则认为戈德哈根打破了"有罪的纳粹"(criminal Nazi)与"普通德国人"(normal German)之间的禁忌,无疑是重大的突破。③

也许有关纳粹的话题还会在德国史学界继续引发争议,但经过半个多世纪的历程,人们已不再回避大屠杀的罪行,都把承认过去作为新的历史认知的基本前提。2013年9月4日,德国总统高克与法国总统奥朗德在奥拉杜尔与大屠杀幸存者埃布拉拥抱在一起,令世人再次感动。高克说:"我今年73岁,出生在战争年代,我沉浸在对我们(德国)罪行的讨论中……我想告诉那些幸存者和他们的家人:我们知道(德国过去)做了些什么。"④

至此,人们可以看出,作为两次世界大战的挑起者与法西斯主义

---

① 扬一维尔纳·米勒:《另一个国度:德国知识分子、两德统一及民族认同》,第353页。

② 关于"戈德哈根争论"参见丹尼尔·乔纳·戈德哈根:《希特勒的志愿行刑者》,贾宗谊译,新华出版社1998年版;罗伯特·桑德雷编:《不情愿的德国人?戈德哈根争论》(Robert R. Shandley, ed., *Unwilling Germans? The Goldhagen Debate*),明尼苏达大学出版社1998年版;格弗·埃雷编:《戈德哈根效应:历史、记忆与纳粹主义》(Geoff Eley, ed., *The Goldhagen Effect: History, Memory, Nazism — Facing the German Past*),密歇根大学出版社2000年版。

③ 卡塔戈:《含糊的记忆:纳粹的过去与德国民族认同》(Siobhan Kattago, *Ambiguous Memory: The Nazi Past and German National Identity*),伦敦,2001年版,第152页。

④ http://world.people.com.cn/n/2013/0906/c157278-22829798.html。

的策源地,德国在战后对战争罪责进行了较为彻底的反省,并赢得外部世界的积极肯定,这很大程度上与德国历史学界的努力密不可分。在历史学家看来,纳粹大屠杀的悲剧性过去始终未远去,而是时刻以不同形式活在当下,它在战后德国社会成为一种"过去的政治"①。战后德国历史学家为什么能够比较深入地反思以大屠杀为标志的纳粹罪行,进而成功地培养了健康的、负责任的历史意识,有着深刻的社会文化背景。

首先,德国史学界对大屠杀的反思是整个德国知识阶层乃至全社会积极反思战争罪责的一个缩影。德国是一个具有知识分子传统的国家②,二战结束以后,德国站在了何去何从的十字路口上,知识分子作为"社会的良心"、"公众的眼睛"、"现实的批判者",表现出强烈的济世情怀,立志要在废墟之上营造理想主义的"精神共同体",他们相信"在一个没有历史的国家里,谁注入了记忆、定义了概念、解释了过去,谁就赢得了未来"③。德国历史学家一直是知识分子阵营中非常活跃的群体,自历史学科产生以来,无论是洪堡、兰克还是魏玛以来的史学家,都在不同的语境中对历史使命、历史意识进行不同的阐释,不断弘扬史学的批判性传统,强化历史学家的社会责任与时代担当。④

其次,史学反思是后纳粹时代在德国占据主导地位的政治文化语境的体现。在战后德国,尽管纳粹余孽依旧活跃,各种反动意识形态长期留存,但如何回归民主世界、回归正常化、建构新的国民认同成为

---

① 马瑞·富尔布鲁克:《大屠杀之后的德国民族认同》(Mary Fulbrook, *German National Identity after the Holocaust*),剑桥,1999 年版,第 115 页。

② 也有学者认为德国知识分子存在的过分自负的救世意识,会给社会带来极大的负面影响,纳粹时代德国知识界对种族主义的推波助澜给人类留下了惨痛的教训。

③ 扬-维尔纳·米勒:《另一个国度:德国知识分子、两德统一及民族认同》,第 266 页。

④ 参见德里克·摩西:《德国知识分子与纳粹的过去》(A. Dirk Moses, *German Intellectuals and the Nazi Past*),剑桥大学出版社 2007 年版,第一章。

最大的国家诉求,也是民众最根本的期盼。而承载民族文化传统的德国历史学家作为这一社会语境的受益者和推动者,通过对纳粹罪行的深刻反思,促使德国社会承认了悲剧的历史,并积极主动地去修复灾难记忆。可以说,对纳粹历史的认识,成为检视德国战争反省的试金石,也是国际社会评判德国的度量尺。正是在历史学家以及众多社会精英的努力下,德国社会意识到对纳粹侵略历史的批判检讨与罪责担当,是德国人及其后代与纳粹受害群体实现真正和解的前提条件。

第三,对大屠杀的反思也是德国史学传统的延续。战后德国在国民关注的主要问题上几乎都充满了分歧与纠结,而历史学由于其特殊的使命与责任一直处于争议漩涡的核心。自19世纪以来,德国历史学就一直存在着民族主义历史观与启蒙理性之间的冲突。二战后对大屠杀的反思是德国历史传统的延续,反思的实质性与理念性问题无外乎两个方面:一是德国的传统史学与来源于欧美的新的历史观念与史学思潮的争执、较量和更替;二是德国民族史学传统中过度的民族主义与意识形态化倾向与史学的客观性、科学性之间的矛盾。尽管传统的历史学家与新历史学家们都没能摆脱"有悖于学科科学化"的指责,后者还往往被传统派指责"滥用大屠杀"、把"灾难记忆工具化"等,但正是在这种批评与争议之中德国历史学走向多元化发展,不同历史学派超越了自身的一个又一个盲点与误区,朝着更科学、更理性的方向发展。

回顾战后德国历史学家反思大屠杀罪行的曲折历程,带给我们最重要的启迪是:尊重事实、理性包容的民族心态与健康的历史意识相辅相成;正确的历史态度不仅仅是出于对受害者的关切、对国际社会的责任担当,更是德意志国家实现自我救赎、重建民族认同的必由之路。德国人以自己的行动和智慧告知世人:在华沙犹太隔都起义纪念碑前跪下的是一个人,而站起来的却是整个民族;在一次次思想论争中卸下的是沉重的历史包袱,得到的却是仇恨的化解与德意志民族的光明未来。

虞舜王朝的建立与夏商周三代文明

安作璋

一 大舜其人

四千多年前有关虞舜的古史传说以及与之同时期的龙山黑陶文化的发现,引出了中国远古史上若干谜一样的疑难问题:舜,何许人也?何方人士?舜与龙山文化、中华文明起源有何关系?舜与夏、商、周三代王朝有何关系?等等。关于舜,我在1997年为济南市舜耕山庄大舜铜像所撰的铭文中曾简要地记述了舜的生平和业绩,其文曰:

> 舜,姚姓,又曰妫姓,有虞氏,名重华,史称虞舜,生于诸冯,东夷之人也。耕历山,渔雷泽,陶河滨,作什器于寿丘。父顽母嚚,曲尽孝道,所至民多归之。唐尧任以政事,举八元八恺,除四凶,天下大治。摄政三十年,受尧禅即帝位。命禹治水,后稷种百谷,契施五教,皋陶作刑。于是四海之内,咸戴帝舜之功。后南巡,卒于苍梧之野,葬于零陵。

这篇铭文乃根据司马迁《史记·五帝本纪》及其他有关舜的历史文献综合而成。据最早的一些历史文献记载:

> 舜生于诸冯,迁于负夏,卒于鸣条,东夷之人也。①

---

① 《孟子·离娄下》,金良平:《孟子译注》,上海古籍出版社2004年版。

古者舜耕历山,陶河滨,渔雷泽。尧得之服泽之阳,举以为天子,与接天下之政,治天下之民。①

　　历山之农者侵畔,舜往耕焉,期年,甽亩正。河滨之渔者争坻,舜往渔焉,期年,而让长。东夷之陶者器苦窳,舜往陶焉,期年,而器牢。②

　　故舜一徙成邑,二徙成都,三徙成国。舜非严刑罚,重禁令,而民归之矣。③

　　凡所谓能以所不利利人者,舜是也。舜耕历山,陶河滨,渔雷泽,不取其利,以教百姓,百姓举利之。④

　　舜一徙成邑,再徙成都,三徙成国,而尧授之禅位,因人之心也。⑤

　　舜耕于历山,陶于河滨,钓于雷泽。天下悦之,秀士从之,人也。⑥

　　西汉司马迁作《史记·五帝本纪》,关于舜的生平业绩,除根据古史传说及实地调查所得资料外,即大体参考了上述诸说,而大同小异。详见篇末"太史公曰",不备引。

　　从以上引文,可得以下几点认识:第一,舜,历史上确有其人,既是著名孝子,又是圣王明君。第二,舜生于诸冯,东夷之人。北宋时任密州(治所今山东诸城)知州的大文学家苏轼即认为舜是诸城人。此后明《职方地图》、清乾隆《诸城县志》以及著名史学家郭沫若、范文澜等也都认为古之诸冯即今山东诸城,而东夷人则主要居住在今山东境内。虽然目前学术界对诸冯今地还有争议,我们认为在没有更确切可

---

① 《墨子·尚贤中》,吴毓江:《墨子校注》,中华书局1993年版。
② 《韩非子·难一》,陈奇猷:《韩非子集释》,上海人民出版社1974年版。
③ 《管子·治国》,黎翔凤:《管子校注》,中华书局2004年版。
④ 《管子·版法解》。
⑤ 《吕氏春秋·贵因》,许维遹:《吕氏春秋集释》,中华书局2009年版。
⑥ 《吕氏春秋·慎人》。

靠资料证明舜的出生地之前,可以论定舜是山东诸城人。第三,舜的时代,农业、渔业、手工业都很发达,尤其是制陶手工业,更是远近闻名,这可由龙山文化考古材料得到证实。第四,舜的时代已有城邑,并出现了早期国家。

二 舜与虞朝的建立

舜是东夷人最杰出的首领。舜,又称虞舜,虞是东夷有虞氏建立的一个方国,舜原是虞国国君,故又称虞舜。

虞国何时建立？书缺有间,今已不可确考,但虞国的世系却可以从《史记·五帝本纪》中有一个大体的了解,这就是黄帝→昌意→颛顼→穷蝉→敬康→句望→桥牛→瞽叟→舜。司马迁把有虞氏纳入黄帝族一系,可能是受春秋时鲁国大夫展禽所说"有虞氏禘黄帝而祖颛顼"①的影响。这并不奇怪,春秋战国以至秦汉时期,以黄帝为代表的华夏族已居于统治地位,属于黄帝一系的尧又嫁二女娥皇、女英于舜,舜则"禘黄帝而祖颛顼",因此时人整理古史时,往往把夷夏两族合并为黄帝一系,是很自然的事。其实早在西周末年周太史伯的一段话已涉及这个问题,他说:

> 夫成天地之大功者,其子孙未尝不章,虞、夏、商、周是也。虞幕能听协风,以成乐物生者也。夏禹能单平水土,以品处庶类者也。商契能和五教,以保于百姓者也。周弃能播殖谷蔬,以衣食民人者也。其后皆为王公侯伯。②

其中提到一个人名虞幕,前引《史记》有虞氏世系中没有这个人物,但他却是有虞氏历史上的重要人物。请看,史伯把他与夏禹、商契、周弃等夏、商、周始祖并列,他不仅是有虞氏先祖,而且还是虞国开

---

① 《国语·鲁语》,徐元诰:《国语集解》,中华书局2002年版。
② 《国语·郑语》。

国之君。对此,宋人罗泌作《路史》已注意到这一点,他在《馀论七·吕梁碑》中指出:"碑中叙纪虞帝之世云:舜祖幕,幕生穷蝉,穷蝉生敬康,敬康生乔牛,乔牛生瞽叟,瞽叟产舜,命禹行水道,《吕梁》特此节完备为可考,质之于传,惟无句望,且不言出自黄帝,谅得其正。"

吕梁碑为汉碑,其叙述有虞氏世系,与《史记》相比,有三点不同:一是将幕排在穷蝉之前,确认幕为舜的祖先;二是不言虞舜出自黄帝;三是敬康之后缺句望一世。句望在《大戴礼记·帝系》中作句芒。吕梁碑不将虞舜世系纳入黄帝一系,应该说是可信的。如清代经学家、考据学家阎若璩认为他"辨舜出于虞幕……不祖黄帝之说颇悉。"[①]另一位经学家、考据学家崔述也说:"谓幕有功德传于世,可信也。""谓舜与古帝王之皆出于黄帝,则不可。"[②]

综合以上资料和考证,我们可以确认有虞氏一个大致可信的世系:虞幕→穷蝉→敬康→句望→桥牛→瞽叟→舜。[③]

虞国在舜之前,只是方国林立中的一个方国,其内部情况,今天已不可详考。到夷夏联合治水时期,首先是唐国的国君尧出来主持治水事宜,尧根据治水需要,联合夷夏两族建立了一个临时的方国联盟。在治水过程中,舜脱颖而出,继尧之后主持夷夏方国联盟。值得注意的是尧舜先后主持夷夏方国联盟,但情况已大不相同,尧时夷夏联盟只是一个相对松散的组织,尧以其个人的才能与声望在联盟中发挥其"共主"的作用,而尧所属的唐国并未在其中占有十分突出的地位。到舜时,舜加强了夷夏方国联盟权力机关的建设,并趁机大力扩张虞国势力,使虞国政权与夷夏方国联盟政权合而为一。至舜时虞已不再是一个普通方国了,而是一个高踞于万邦之上,能够"协和万邦",号令万邦的大国了。这样一个大国,由于是第一次出现,给予世人以深刻的印象,以至于将其与后来继续出现的夏、商、周相提并论,成为夏、商、

---

① 王应麟:《困学纪闻》卷6春秋"史赵曰"条若璩按语。
② 《崔东壁遗书·唐虞考信录》。
③ 参见罗琨:《"有虞氏"谱系探析》,《中原文物》2006年第1期。

周之前中国历史上第一个王朝。①

三　虞舜朝与龙山文化

反映虞朝与大舜时代的考古资料即是举世闻名的龙山文化。龙山文化因其首先发现于山东济南章丘龙山镇而得名,出土的陶器以黑陶为特征,所以又称黑陶文化,它与山东的大汶口文化一脉相承,这已是公认的考古事实。大汶口文化中晚期,已十分具体而生动地显示了文明时代即将到来的情景,那么,在发展序列上属于大汶口文化之后的龙山文化更是无疑地已进入了文明时代。龙山文化的年代,约相当于公元前2500年至公元前2000年,大约有100多年的时间已进入了夏朝的纪年范围。史学界一般认为夏朝是中国历史上的奴隶制王朝,因此紧接夏禹之前的大舜和龙山文化时代理应早已出现了文明的曙光。

龙山时代,山东地区的社会经济有了很大发展。农业生产工具出现了前所未有的石镢和木耒。粮食作物除了粟、黍以外,还开始种植水稻。目前已发掘的龙山文化遗址,差不多都有比较规整的贮藏物品的窖穴。手工业生产工具则出现了用黄铜制作的锥形器。制陶业的发展和进步最为显著。整套的磨光黑陶器物群,构成龙山文化区别于其他同期考古文化的突出特征,达到了当时中国制陶业唯一能够达到的最高水平。

社会经济的发展,为文明的产生创造了条件。龙山文化,文明的诸要素已经出现了。一是金属冶炼业和金属工具的出现,表明山东地区已进入金石并用的时代。二是规模空前的贵族大墓的发现,说明体现早期奴隶制社会的等级名分制度的礼制已经形成,而礼制的形成是文明时代已经到来的标志。

最值得注意的是城市的出现。早期的城市往往是一个地区的权

---

① 参见王克奇、王钧林主编:《山东通史·先秦卷》,人民出版社2009年版,第64—66页。

力统治中心,兼有政治的、军事的、宗教的、经济的乃至文化的多种功能。它的出现意味着城市与乡村的对立已经形成,这是文明社会所特有的现象,目前在我国发现的最早的城址已有多处,其中城子崖龙山城址面积达 20 多万平方米,它显然已超出城堡的范畴,是目前已发现的我国历史上最早的城市。它给予我们一个强烈的暗示:黄河下游的山东地区有可能先于黄河中游的中原地区而进入文明时代。在金石并用时代,修筑规模如此宏大的城市,不知要动用多少人力和物力,没有一个强大统一的权力中心是不可想象的。因此,龙山时代的城子崖很可能就是大舜时代某一邦国的国都。

近年又在山东邹平丁公村龙山文化中晚期遗址中发现了陶文,说明这一时期已有了文字。

冶铜业和黄铜工具,贵族与平民的对立具有阶级社会的特点,礼器和礼制的形成,最后特别重要的是城市和文字的出现,凡此种种,都使我们完全有理由得出这样的结论:龙山时代山东地区已跨入文明社会的门槛,龙山时代就是中华文明的黎明时期。

山东龙山文化遗址的普遍发现和研究,证明了山东地区早在四五千年前就已进入了人类的文明时代,证实了历史文献记载的虞朝与大舜的真实性和可靠性,对我们研究虞舜王朝的历史有重要的参考意义。

四　虞舜朝国家政权建设

如前所述,虞作为一个独立的朝代,与唐国显然不同。唐的国君尧虽然是夷夏方国联盟的"共主",但尧并没有进一步加强方国联盟的政权建设。据《史记·五帝本纪》记载,尧时联盟的一些上层人物,虽然都得到重用,但"未有分职",即职责不明,也没有将其所在的唐国政权与夷夏方国联盟的政权合而为一。舜继尧担任夷夏方国联盟的"共主"之后,采取了一系列措施,在政治、经济、文化、社会等方面,加强了建设。

(一)加强对夷夏方国联盟的管理,赏罚分明而能服众。当时联盟内有高阳氏一系的"八恺","世得其利";高辛氏一系的"八元","世济其美",而尧不能举用。舜却不同,"舜举八恺,使主后土,以揆百事,莫不时序;举八元,使布五教于四方,父义、母慈、兄友、弟恭、子孝,内平外成"①。同时联盟内有帝鸿氏一系的浑沌、少昊氏一系的穷奇、颛顼氏一系的梼杌、缙云氏一系的饕餮,"天下恶之",而尧不能去。至于舜,则将此"四凶"流放于四周边远之地。

(二)加强夷夏方国联盟政权的建设,设官分职,并将其与虞国政权合而为一。后世将此时期的虞与夏、商、周并列,实际上就是虞或有虞氏为舜所建立政权的代称。如前所述,尧在位时,各方国才俊、领袖等上层人物如禹、皋陶、契、后稷、伯夷、夔、龙、倕、益等人虽然都得到重用,但"未有分职",即职责不明,不能很好地发挥作用。这说明尧时政权尚处于初创阶段。舜继尧当政以后,充分发挥军事民主制传统,与"四岳"、"十二牧"等充分沟通、咨询、论证,任命以上诸人分别担任以下官职:

禹为司空,总领百官政事,兼平水土。

契为司徒,掌管教化、民政。

弃为后稷,掌管农事,播莳五谷。

皋陶为士,掌管刑狱。

益为虞,掌管山林川泽畜牧。

倕为工,掌管百工。

伯夷为秩宗,掌管礼教。

夔为典乐,掌管乐舞。

龙为纳言,负责出纳王命。

从尧时,"未有分职",到舜时设官分职,是国家政权建设的一大进步。舜不仅要求百官各司其职,而且还制定了考核办法,"三岁一考功,三考黜陟"②。

---

① 《史记·五帝本纪》,中华书局 1959 年版。
② 《史记·五帝本纪》。

(三) 加强虞朝的制度建设

1. 祭祀制度

舜时的祭祀制度,见于《史记·五帝本纪》:主要有祖祭(主尧之祭祀)、上帝之祭、四时日月星水旱之祭、山川之祭,以及其他群神之祭。"国之大事,在祀与戎"①。舜继承完善了祭祀制度,是其在社会制度建设上的一项重要内容。

2. 礼乐制度

历史上虽然没有舜制礼作乐的记载,但舜任命伯夷为"秩宗",专掌礼教;又任命夔为"典乐",专掌乐舞,说明舜对礼乐教化的重视。相传舜制"韶乐",令孔子闻之三月不知肉味。

3. 刑法制度

舜所设立的士,专掌刑狱。担任这个职务的皋陶,是我国历史上第一位大法官。舜时有各种各样的"典刑",如五刑、官刑、教刑、赎刑等,说明舜时已有了比较完备的刑法制度。

4. 政区划分。

据《尚书·舜典》记载,舜在位时,将全国划分为十二州,设十二牧。为了加强对十二州的统治,舜还制定了巡守制度,定期巡视各个地方。舜制定的十二州,是我国历史上第一个行政区划,后来禹据此加以调整,将全国划分为九州。

史称舜设官分职之后,"咸成厥功,皋陶为大理,平,民各伏得其实;伯夷主礼,上下咸让;垂主工师,百工致功;益主虞,山泽辟;弃主稷,百谷时茂;契主司徒,百姓亲和;龙主宾客,远人至;十二牧行而九州莫敢辟违;唯禹之功为大,披九山,通九泽,决九河,定九州,各以其职来贡,不失厥宜"②。

总之,舜的历史创造性事业,远远大于尧,因为舜开辟了一个新的时代,将虞从一个小小的方国扩充为"方五千里,至于荒服"的泱泱大

---

① 《左传·成公十三年》,李梦生:《左传译注》,上海古籍出版社 2004 年版。
② 《史记·五帝本纪》。

国。"四海之内,咸戴帝舜之功"。这样一个大国,自然可以和以后的夏、商、周并列,成为中国历史上第一个独立的朝代。①

五　虞朝为夏商周三代文明奠定了基础

夏朝的始祖禹、商朝的始祖契、周朝的始祖弃(后稷),皆在虞舜朝为官,并受到重用。禹为司空,总领百官,兼管水利,"居外十三年,过家门不敢入,薄衣食,致孝于鬼神。卑宫室,致费于沟洫"②,终于治理了水患,于是天下太平。禹子启承其父业,建立夏朝。

契佐禹治水有功,舜命他为司徒,施行五教(即父义、母慈、兄友、弟恭、子孝五常之教),封于商。史称"契兴于唐、虞、大禹之际,功业著于百姓,百姓以平"③。

弃幼时即学种麻菽,长大后遂好耕农,相土地之宜,种植五谷,民皆以为法则,帝舜曰:"弃,黎民始饥,尔后稷播时五谷。"封于邰,号曰"后稷"。"后稷之兴,在陶唐、虞、夏之际,皆有令德。"④

由上述可见,夏、商、周三代与虞朝的前后继承关系。已故杨向奎先生早已指出,虞作为一个时代,已经产生了私有制和阶级等文明社会的要素,"应当给有虞氏一个应有的历史地位"⑤。后来徐鸿修教授进一步发挥了杨先生的观点,发表了《"虞"为独立朝代说——兼论中国阶级社会的开端》一文⑥。此后,王树民先生也主张"夏商周之前还

---

① 参见王克奇、王钧林主编:《山东通史·先秦卷》,第68—70页。
② 《史记·夏本纪》。
③ 《史记·殷本纪》。
④ 《史记·周本纪》。
⑤ 杨向奎:《应当给"有虞氏"一个应有的历史地位》,《文史哲》1956年第7期。
⑥ 徐鸿修:《"虞"为独立朝代说——兼论中国阶级社会的开端》,《宝鸡师院学报》(哲学社会科学版)1990年第2期。

有一个虞朝"①。其实早在秦汉之前,有许多古籍已将虞、夏、商、周并称,并提出其间的继承与发展的关系。如前引《国语·郑语》记载西周末年周太史伯的一段话:"夫成天地之大功者,其子孙未尝不章,虞、夏、商、周是也。"《左传》庄公三十二年载周内史过曰:"国之将兴,明神降之,监其德也;将亡,神又降之,观其恶也。故有得神以兴,亦有以亡,虞、夏、商、周皆有之。"《左传》成公十三年载:"虞、夏、商、周之胤,而朝诸秦。"后来汉人整理的《礼记·祭义》也说:"虞、夏、殷、周,天下之盛王也。"《礼记·文王世子》:"虞、夏、商、周有师、保"。诸如此类的文句,不胜列举,都说明虞朝是夏、商、周之前中国历史上第一个朝代。

不仅如此,《礼记·明堂位》中又从虞、夏、商、周四代的舆服、祭祀、学校教育制度以及官制等方面,说明了四代前后继承和发展的关系:

"鸾车,有虞氏之路也;钩车,夏后氏之路也;大路,殷路也;乘路,周路也。"

路即辂,是国君所乘之车。以上列举的是虞、夏、商、周四朝国君所乘之车。

"有虞氏之旂,夏后氏之绥,殷之大白,周之大赤。"

旗是用为国君的标帜和号令,以上列举的是虞、夏、商、周四朝国君所用的旗。

"米廪,有虞氏之庠也;序,夏后氏之序也;瞽宗,殷学也;頖宫,周学也。"

庠、序、学都是指的学校名称。以上列举的是虞、夏、商、周四朝的学校。

"有虞氏祭首,夏后氏祭心,殷祭肝,周祭肺。"

以上列举的是虞、夏、商、周四朝祭祀时用的祭品。

"有虞氏服韨,夏后氏山,殷火,周龙章。"

以上列举的是虞、夏、商、周的服制。

---

① 王树民:《夏商周之前还有一个虞朝》,《河北学刊》2002 年第 1 期。

"有虞氏官五十,夏后氏官百,殷二百,周三百。"

以上列举的是虞、夏、商、周四朝的职官数。前述虞舜"设官分职",其所设置之官,在后代职官中基本上都有反映。列宁在《论国家》中说:"官吏是国家的代表。"由此可见,虞、夏、商、周四朝的国家权力机构的形成和发展过程。虞朝的建立,是国家形成的标志,是中华文明的开端,并为夏朝的建立奠定了基础,为夏、商、周三代文明开了先河。

附言:

朱绍侯教授是我国著名的历史学家,著述等身,享誉中外。我和绍侯兄相知相交已有三十余年,深知无论是道德文章,还是人品学问,他都是我学习的榜样。多年交往,使我受益匪浅。今适值绍侯兄 90 华诞,谨献此小文,以表仰止之忱。敬祝绍侯老兄健康长寿,永葆学术青春。

炎帝文化探源

李玉洁

中华民族自称为"炎黄子孙",炎帝是中华民族认可的祖先。然而炎帝的史迹在我国古代的典籍中没有系统完整的记载。司马迁写的《史记·五帝本纪》中,关于炎帝事迹的记载并不是很多,只说炎帝被黄帝打败,而对炎帝族的起源、发展及其对中华民族的贡献都没有详细的记述。因此有关炎帝的史迹还需要从古代比较零乱的史料中去研究、分析。本文对炎帝文化进行探讨,以正于学术界的同仁。

一 炎帝族的起源与世系

1. 炎帝族的起源及其对我国早期文明的贡献

关于炎帝起源何处?我国古代主要有两种说法:

(一)认为炎帝起源于江夏地区。如(宋)罗泌《路史·后纪三》云"炎帝神农氏,姓伊耆,名轨,一曰石年,是为后帝皇君,炎精之君也。母安登感神于常羊,生神农于列山之石室。"注曰:列山,"即烈山,厉山也。见《荆州记》水经赖山,今江夏隋县北界厉乡村南重山也。"

(二)认为炎帝起源于陕西地区的一个部族。《国语·晋语四》云:"昔少典取于有蟜氏,生黄帝、炎帝。黄帝以姬水成,炎帝以姜水成。成而异德,故黄帝为姬,炎帝为姜。"姬水、姜水是陕西的两条小河,即黄帝、炎帝是在一个地区生活。黄帝是发祥于陕西的部族,那么炎帝当然也是发祥于陕西的部族。

《国语》是成熟在战国时期,而《路史》是宋人罗泌写成,当以《国语·晋语四》为是。

炎帝族是古代重要的部族,据说炎帝有天下七十世,后被黄帝族打败。

在我国的古代史籍中炎帝是一个发明农耕的部族,如《周易·系辞下》:"包牺氏没,神农氏作,斲木为耜,揉木为耒。耒耨之利,以教天下盖取诸《益》。炎帝为耒耜耕耨,以教民粒食,故号神农。"所谓神农,就是炎帝,故炎帝又称为炎帝神农氏。

炎帝神农氏对我国的农业的起源、医药的发明皆有很大的贡献,在我国的古籍中多有记载。(宋)郑樵《通志·三皇纪第一》记载:"炎帝神农氏起于烈山,亦曰烈山氏,亦曰连山氏,亦曰伊耆氏,亦曰大庭氏,亦曰魁隗氏,亦曰人皇少典之元子。其母曰女登,有蟜氏之女也,女登有神龙之感,而生神农焉。长于姜水,故为姜姓,以火德王天下,故为炎帝。民不粒食,未知耕稼,于是因天时相地宜,始作耒耜,教民蓺五谷,故谓之神农。民有疾病,未知药石,乃味草木之滋,察寒温之性,而知君臣佐使之义,皆口尝而身试之,一日之间而遇七十毒。或云神农尝百药之时,一日百死百生,其所得三百六十物,以应周天之数。后世承传为书,谓之《神农本草》。"神农氏不仅发明农业、还亲尝百草,对植物进行分辨,辨认那些是可以食用的、那些是有毒的植物。有关神农氏的记载,表现了我国古代人民与大自然斗争的艰辛。我们的祖先在通向文明的道路上所付出的努力,表现出来的百折不挠的精神。

(元)王祯《农书》卷一《农桑通诀》一"农事起本"云:"神农氏,姜姓。母曰女登,有娲氏之女,为少典妃,感神龙而生神农,人身牛首,长于姜水,因以为姓;火德王,故曰炎帝。以火名官,斲木为耜,揉木为耒,耒耨之用,以教万人。始教耕,故号神农氏。《周书》曰:神农之时,天雨粟,神农遂耕而种之。《白虎通》云:古之人民皆食禽兽肉。至于神农,因天之时分地之利,制耒耜教民农作,神而化之,使民宜之,故谓之神农。《典语》云:神农尝草别谷,烝民粒食,后世至今赖之。凡人以食为天者,其可不知所本耶。"

（明）徐光启《农政全书》在其首篇中亦有与王祯《农书》相同的记载,说明炎帝神农氏在我国古代的农业中有多么重要的意义。

2. 炎帝族的世系

［宋］罗泌《路史》卷十三《后纪四》记载了炎帝的世系。

神农氏部族的第一世炎帝就是炎帝神农氏。

二世炎帝柱,神农之子也,他曾辅助神农氏使用耒耜以耕作,并也曾尝百草。《路史》卷十三《后纪四》记载:炎帝柱"七岁有圣德,佐神农氏,历裕原,铭百药……以从事于畴,殖百疏,区百谷,别其疏遨,深耕圣作,以兴岁。天均时而地均财,于是神农之功广,而天下殷赈矣。任公而不物,任法而不数,守其余以制其啬,故其人不佻不病,民凵垹事,审时而权宜,是以老幼安里,而无谢生之心。潹西荡河,源东澹海,潹南耀丹,垠北汔幽虚,莫不来享、来咨、来茹,亦曰烈山氏。"

三世炎帝庆甲,帝柱之伯也。自帝庆甲至帝临,书传蔑记,不得其考。

自炎帝临之后,又经数代,下接炎帝承。

自此时,神农氏部族开始征收赋税。《神农书》云:"承为民赋二十而一,按《管子》言,共工氏之霸,取民有法。而神农亦有终岁献贡之事,赋贡之来久矣。特神农教民稼而后有谷米之赋,帝承为之制尔。"

炎帝魁时期,"质沙氏始叛。"

炎帝䢵,帝魁之子之也。明生直。

炎帝直,直生厘,是为帝值。

炎帝厘,厘生居,是为帝来。

炎帝居,母曰听訞,承桑氏之子也。炎居生节茎。

炎帝节茎,节茎生克及戯。

炎帝克,炎居生节茎。节茎生戯。戯生器。

炎帝戯,戯生器及小帝,自庆甲以来疑年。

炎帝器,"器生巨及伯陵、祝庸,巨为黄帝师,胙土命氏而为封巨。

夏有封父,封文侯,至周失国。有封氏、巨氏。巨氏、封父氏、富父氏、伯陵为黄帝臣,封逢实始于齐,同吴权之妻何女缘,妇孕三年,生三子:曰殳、曰鼓、曰延。……生垂及信,信生夸父,夸父以驶臣、丹朱有句氏、句龙氏。垂臣高辛为尧,共工不贵独功,□葬不距之山。……有逢氏、蠭氏、殳氏、延氏、氐氏、齐氏,祝庸为黄帝司徒,居于江水。"

炎帝参卢是曰榆冈,居空桑。自炎帝参卢以后,黄帝族取而代之炎帝族,而成为统辖中原的正统君王。

炎帝族据说有天下七十世,但今天我们所见到的有十五世,在古代没有文字的情况下,是不可能有系统的记载的。

二　炎帝族的后代分支

《路史》卷二十四《国名纪》记载了炎帝族的后代分支建立诸侯国的情况:

姜,扶风姜阳有姜氏城,南有姜水。姜姓国是炎帝的后裔子孙之国。《诗·大雅·生民之什》云:"厥初生民,时维姜嫄。"(汉)郑氏笺云:"厥其初始时是也,言周之始祖,其生之者是姜嫄也。姜姓者,炎帝之后有女名嫄。当尧之时为高辛氏之世妃,本后稷之初生,故谓之生民。"周人的女性祖先姜嫄就是炎帝之后、姜姓部族的女儿。而周族就是姬姓部族。在西周、春秋、战国等整个先秦时期,周王室与姬姓诸侯国也是保持一种通婚的习俗。姬、姜通婚的情况贯穿在整个先秦时期。

许慎《说文》曰:"邰,炎帝之后,姜姓所封,后稷外家所生之国。今扶风邰县是也。"邰,在陕西武功县一带。炎帝活动在邰,那么炎帝族是起源于陕西的一个部族。

伊,今洛之伊阳县有伊水,尧之母家伊侯国。

耆,爰曰伊耆,一曰仇黎也。故大传作西伯戡耆。

厉,一曰列,是曰列山。亦曰丽山,即厉山。今随县之北厉乡,即赖乡也。有厉山在随县北百里。神农是生春秋之厉国,通为赖,然厉、赖异。据说这里是神农出生的地方。《九域志》记载:"厉乡村有神农庙。"《郡国志》云:"厉山,神农所生。"《荆州图经》云:"永阳县西北有厉山神农所生处"但是这些记载多是晚出。

封,巨国。黄帝封之是为封。《通典》云:封丘,古封国也。今隶开封有封父亭。封丘台即封父国。

逄,伯爵,伯陵之国,黄帝所封。夏有逄蒙。地今开封蓬池,一曰逄泽。

北齐,齐之先有逄伯陵,盖伯陵前封逄后改于齐故。

殳,伯陵之子,尧代有殳戕,即齐地。

江水,祝庸之封地,今朱提。

吕,侯爵,伯夷之封,杜预谓在南阳宛西。南阳,今隶邓。

申,伯爵,姜国。楚灵王将其迁之今信阳军之方城。

齐,侯爵,伯陵氏之故国,以天齐渊名。吕尚复封都营丘,今山东之临淄。

许,男爵,太叔之封,郑灭之。今河南许昌一带。

焦,许灵公徙叶,至悼公迁城父,今安徽亳县(古谯郡)。

纪,侯爵,姜姓。纪侯故城在山东寿光县。

另外,还有葛(故葛城在今河南宁陵县北十五)、蛮人(今湖南北桂林等处皆是,辰沣沅湘之间尤盛。)、采(地今中山之北)、小颢(参卢命蚩尤宇此,今安邑有蚩尤城)等皆是炎帝裔孙所建立的诸侯国。

我国还有许多姓氏大族是炎帝的后代裔孙。《路史》卷二十四《国名纪》记载:

黄帝时期:"有封氏、巨氏、巨氏、封父氏、富父氏","有逄氏、蠡氏、殳氏、延氏、氐氏、齐氏","丹朱有句氏、句龙氏"。

帝尧时期,"尧代有许繇","玄氏、玄氏、乞姓"。

殷商时期,"汤革夏伐氏,氏人来朝。其别为青、白、胸之三氏,后有羌氏、羌戎氏、杨氏、符氏、氐羌数十、白马。"

周代炎帝后裔的姓氏又有所增加。《路史·后纪四·禅通纪》记载:"周初复太岳后于申,申伯入乡而楚蚀其壤。宣王开元,舅申伯于谢,后有宇氏、申氏、申叔氏、申鲜氏、谢氏、射氏、宇文氏、大野氏。""有吕氏、旅氏、吕相氏、甫氏、共氏、龚氏、药罗氏"。

齐建国以后,"其以采者,丙氏、邴氏、艾氏、隰氏、高氏、剧氏、棠氏、高堂氏、檀氏、灌檀氏、禚氏、甗氏、崔氏、移氏、若氏、丁若氏、陆氏、大陆氏、井氏、百里氏、西乞氏、白乙氏、余氏、余丘氏、虵丘氏、若闾丘、鉏丘、籍丘、咸丘、梁丘、廪丘、蒲卢、卢蒲之氏、宣氏;子之孙封汲为汲氏,傒封于卢为卢氏、傒氏、柴氏;其支于章者为章氏、鄣氏、章仇氏、申章氏、赤章氏、赤张氏。""有许氏、萩氏、叔氏、函氏、礼氏、容成氏、锡我氏、买氏、止氏、焦氏、谯氏、岳氏、文氏、苴氏、苴人氏"。

"商周别为赤白之狄,狄歷廥咎、皋落九州之戎,有陨氏、狄氏、落氏、皋落氏、戎氏、戎子氏、袁纥氏、斛律氏、鲜批氏、乌护氏、纥骨氏、壹利吐氏、异其斥氏。高车十二族其衍也,潞子婴儿甲氏、吁姜路之余。晋灭之,后有潞氏、路氏、路中氏、露氏、甲氏、榆氏","有竹氏、竺氏、孤竹氏、孤氏、墨氏、墨台氏、默怡氏、怡氏、台氏"。

炎帝后裔 有以国为氏者"各以国令氏,姜之派又有列氏、厉氏、丽氏、巫氏、神氏、灵氏、农氏、夸氏、节氏、烈氏、药氏、山氏、邹屠氏。""则又为宇文氏、宇氏、普氏、俟豆氏。""库莫奚氏、费乜头氏、阿会氏、莫贺弗氏、李氏。"

由此可见,炎帝后裔在我国支庶众多,繁衍旺盛。炎帝不愧是中华民族的祖先。

三 炎帝的陵墓

炎帝与黄帝本是生活在同一地域的两个部族。黄帝活动在姬水流域,故以姬为姓。炎帝族活动在姜水流域,故姜姓。这两个部族不是同姓部族,但他们是相互通婚的部族。《国语·晋语四》云:"二帝用师以相济也,异德之故也。异姓则异德,异德则异类。异类虽近,男女相及,以生民也。同姓则同德,同德则同心。同心则同志,同志虽远,男女不相及,畏黩敬也。黩则生怨,怨乱毓灾,灾毓灭姓,是故取妻避其同姓,畏乱灾也。故异德合姓,同德合义,义以道利,利以阜姓,姓利相更成而不迁,乃能摄固保其土房。"(吴)韦昭注:引贾侍中云:"少典,黄帝、炎帝之先,有蟜,诸侯也。炎帝,神农也。"

然而,以后黄帝和炎帝为了争夺生存空间和在诸侯国中的领导权,发生了冲突和斗争。在战争中,炎帝族失败,被赶到他方。

如前所述,炎帝族王天下者七十世,史书上有名可记的炎帝十五世。那么炎帝族何时而被黄帝族所败,炎帝的陵墓又在何处呢?

《史记·五帝本纪》记载了炎帝与黄帝战争的情况,曰:"轩辕之时,神农氏世衰。诸侯相侵伐,暴虐百姓,而神农氏弗能征。于是轩辕乃习用干戈,以征不享。诸侯咸来宾从,而蚩尤最为暴,莫能伐。炎帝欲侵陵诸侯。诸侯咸归轩辕,轩辕乃修德振兵,治五气,蓺五种,抚万民,度四方,教熊罴貔貅䝙虎,以与炎帝战于阪泉之野。三战然后得其志。蚩尤作乱不用帝命,于是黄帝乃征师诸侯与蚩尤战于涿鹿之野,遂禽杀蚩尤。而诸侯咸尊轩辕为天子,代神农氏,是为黄帝。"

也就是说,黄帝在打败了炎帝以后,才成为天子,被尊为黄帝的。炎帝族王天下者七十世,哪一世炎帝被黄帝打败的呢?笔者认为,炎帝族十五世炎帝参卢,被黄帝族打败的。《路史》卷十三《后纪四》记载了炎帝参卢的情况,云:"炎帝参卢,是曰榆冈,居空桑。政束急务,乘人而齚其捷,于是诸侯携贰,乃分正二卿。命蚩尤宇于小颢,以临西方,司百工,德不能御。蚩尤产乱,逐帝而居于涿鹿;顿戟一怒,并吞亡亲。黄帝时为有熊氏,实懋圣德,诸侯利宾之。参卢大惧,设禋于熊,黄帝乃暨力牧、神皇、风后、邓伯温之徒及蚩尤氏转战,执蚩尤而诛之。于是四方之侯争办者,宾祭于熊,爰代炎辉,是为黄帝。乃封参卢于路,而崇炎帝之祀于陈。"

把《路史》卷十三《后纪四》的记载与《史记·五帝本纪》的记载相对照,可以看出,炎帝神农氏与黄帝相差了许多世纪。炎帝族是在十五世炎帝参卢,被黄帝族打败的,并迁徙到南方的。《路史》卷十三《后纪四》云:黄帝"乃封参卢于路"。

关于"路"在何处?今有两种说法:

1.《路史》卷十三《后纪四》云:"路,亦作露。潞是后繁于河之北东,商周别为赤白之狄。狄,歷廧咎、皋落、九州之戎。……潞子婴儿甲氏留吁,姜路之余,晋灭之。后有潞氏、路氏、路中氏、露氏、甲氏、榆氏。"

[晋]杜预云:"潞,赤狄潞氏。二名在上党。又云潞城县东有古城,赤狄潞氏国也。"注云:"案《汉书·地理志》:'潞县属上党郡。'"那么,上党郡,仅属于山西长治地区。山西长治地区当是炎帝之后裔繁衍之地,并没有戎狄之地。

2.《路史》卷十三《后纪四》还有一条注云:路,"今茶陵军露水乡有露水山,高与衡山等,初封盖在此。《元和姓纂》云:'黄帝封榆冈支子于路,黄帝所崇宜在陈。'"

[清]徐乾学《读礼通考》卷八十八《葬考》七云:"炎帝神农氏,《帝王世纪》葬长沙。《郡国志》:神农氏葬长沙。长沙之尾东至江夏谓之沙羡,今郡有万里沙祠。《路史》炎帝崩,葬长沙茶乡之尾,是曰茶陵,所谓天子墓者,有唐尝奉祠焉。"

《文献通考》记载:(南宋)孝宗淳熙十四年,衡州守臣刘清之奏史载:"炎帝陵在长沙,茶陵今衡洲茶陵县是也。陵庙皆在康乐乡白鹿原,距县百里而祠宇废。祖宗时给近陵七户守,视禁其樵牧,宜复建庙给陵户,礼官请如故事,命守臣行之。《名胜志史》记:炎帝葬于茶山之野。茶山即景阳山也。以陵谷间多生茶茗故名。在茶陵州治东高一千五百丈,周回百四十里,茶水发源山北,流泷下十里,合白鹿泉水以入于洣水;经洣水出茶陵县上乡西,北过其县西。《地理志》谓之泥水也。白鹿原去洲南一百里,炎帝墓在焉。炎帝陵在酃县常乐乡,旧传宋太祖尝梦一大人执火、顶笠,既觉问之。群臣曰:'此炎帝也。'遣使往南问之至桥梁岭,遇一老人指示陵所,遂勅有司立庙祀焉。额曰:'福济陵'。前有古杉一株,今只存半,长一丈余,尚作凌空之势;又有樟木横亘水中,枯空若洞,所谓空樟洞也。有河涧源自珠山分流绕陵庙而过,中有游鱼,人莫能取,岸侧多生白杨,每遇花时,纷开如雪然。"

笔者认为,炎帝族王天下者七十世,那么陵墓当是很多的。炎帝族是在十五世炎帝参卢,也就是榆冈时期被黄帝族打败的,而且《元和姓纂》又云:"黄帝封榆冈支子于路。"今山西有炎帝之传说,而湖南"茶陵军露水乡有露水山,高与衡山等",当是炎帝参卢,也就是榆冈支子的陵墓。

目前,陕西宝鸡、山西高平、湖北随州、湖南炎陵(原酃县,1994年改名),皆认为本地是炎帝族的起源地和炎帝陵墓所在。其实,也没有太多的必要去争执,因传说炎帝有七十世,这些地方都有可能是炎帝生活和活动过的地方,或是炎帝陵墓所在之处。缅怀祖先、继承炎黄二帝开创文明的一往无前的精神,继承中国传统文化的精华,是每个华夏子孙的义务。

从文字学的角度推测《周易》经文的写定时间

杨国勇

对于通行本《十三经注疏》中的《周易正义》的卦名、卦辞、爻辞等经文何时出现和写定,从古至今都有不同的说法和看法,迄无定论。本文亦拟从文字学的角度对此问题作一些探讨。

一

关于这一问题最早也最"权威"的、因而影响也最为深远的说法,大概莫过于与《周易》经文配套而行的《十翼》(包括:《彖》上下、《象》上下、《系辞》上下、《文言》、《序卦》、《说卦》、《杂卦》)中的《系辞》下篇的说法了:

"古者包牺氏之王天下也,仰则观象于天,俯则观法于地,观鸟兽之文,与地之宜,近取诸身,远取诸物,于是始作八卦,以通神明之德,以类万物之情。作结绳而为罔罟,以佃以渔,盖取诸《离》。"①这段话是说,包牺氏这位天下之王,在观天、观地、观人、观万物之后激发了灵感,于是发明了"八卦",并举出其中的一个卦名《离》,而且把八卦赋予了"神"性,因为它可以"通神明之德"。但包牺氏发明的八卦,并非全是如后人所分类的八"经卦",这从后面的说法即可知道。这可说是

---

① 《周易·系辞》,见黄寿祺、张善文撰:《周易译著》,上海古籍出版社2004年版。

"易经"发生的第一阶段或初始阶段。《系辞》又接着说:"包牺氏没,神农氏作,斲木为耜,揉木为耒,耒耜之利,以教天下,盖取诸《益》。日中为市,致天下之民,聚天下之货,交易而退,各得其所,盖取诸《噬嗑》。"①神农氏因农耕、商业活动而发明了《益》和《噬嗑》二卦,这当是"易"经发生的第二阶段。接着就是第三阶段了。《系辞》这样说:"神农氏没,黄帝、尧、舜氏作,通其变,使民不倦,神而化之,使民宜之。《易》穷则变,变则通,通则久,是以自天祐之,吉无不利。黄帝、尧、舜垂衣裳而天下治,盖取诸《乾》、《坤》。"②接着它又举出黄帝、尧、舜时代许多新发明、新问题,例如:舟楫之利、防暴客、臼杵之利、服牛乘马、弧矢之利,发明宫室、棺椁、书契等等,并把这些事物分别取了卦名:《涣》、《随》、《豫》、《小过》、《睽》、《大壮》、《大过》、《夬》等。这样,从伏羲、神农,到黄帝、尧、舜时代,三个阶段共已出现了十个卦名了。但这时只有卦象、卦名,还没有卦辞、爻辞。

那么,《周易》又是什么时候出现,什么原因出现的呢?《系辞》的答案是:时在"中古",由于"忧患"。"《易》之兴也,其于中古乎?作《易》者,其有忧患乎?"③对于这段话,唐初大学者、作《五经正义》的国子祭酒孔颖达(公元574—648年)是这样解说的:"'其于中古乎'者,谓《易》之爻卦之辞起于中古。若《易》之爻卦之象则在上古伏羲之时,但其时理尚质素,圣道凝寂,直观其象是以垂教矣。但中古之时,事渐浇浮,非象可以为教,又须繁以文辞,示其变动吉凶,故爻卦之辞起于中古。则《连山》起于神农,《归藏》起于黄帝,《周易》起于文王及周公也。此之所论谓《周易》也。'作易者其有忧患乎'者,若无忧患,何思何虑?不须营作。今既作《易》,故知有忧患也。身既患忧,故须垂法以示于后,明其失得与吉凶也。"④到了南宋,朱熹(公元1130—1200

---

① 《周易·系辞》。
② 《周易·系辞》。
③ 《周易·系辞》。
④ 《五经正义》,文渊阁四库全书本。

年)的《周易本义》则更明确说,文王作《彖辞》,周公作《爻辞》,孔子作《十翼》。这些"标准"说法,在科举时代,大多数读书人都是信以为真的。所以一直到清朝道光年间(公元1820—1850年)的大学者、大学士阮元(公元1764—1849年)主持校勘出版《十三经注疏》时,孔颖达的《周易正义》仍是不二之选,朱熹的《周易本义》仍是士子必读、科举必考的圣典。足见其影响之大。

虽然在中国古代一些头脑清醒的学者不乏对这些说法质疑的声音,例如被尊为"唐宋八大家"之一的北宋欧阳修在其《易童子问》里就驳斥《系辞》,指出它前面说"河出图,洛出书,圣人则之",表示是神马负河图即八卦图由黄河里上岸授给伏羲的;后面却又说是伏羲自己直接观象于天、观法于地,近取诸身,远取诸物,而"始作八卦"的,这是明显的前后矛盾,欧阳修斥此为"繁衍丛脞之言与夫自相乖戾之说",但这又能起到什么作用呢? 在僵化的科举考试洪流中,它连一点"死水微澜"的影响都没有。

这种局面直到20世纪初才逐渐改变。清朝于光绪三十一年(公元1905年)废除了科举,儒家《六经》特别是《周易》的社会根基发生了动摇,其神圣不可触犯的权威地位突然倒塌,人们才能对它进行深入有效的清理,对它身上所存在的种种问题和谜团一一进行探究和解析,尤其对它的起源、卦爻辞和《十翼》的作者以及它的版本演变的脉络等等,着力得更多。而随着科学考古资料的不断发现,距离问题的解决看来是越来越近、越来越有希望了。

许多学者首先从《周易》卦爻辞所牵涉的历史事件着手。

著名历史学家顾颉刚先生在其《周易卦爻辞中的故事》一文中说:"它的著作时代当在西周的初叶,著作人无考,当出于那些掌卜筮的官(原注:即《巽》爻辞所谓"用史巫纷若"的史巫)。著作地点当在西周的都邑中。一来是卜筮之官所在,二来因其言'岐山'言'缶',都是西方色彩。……这一部分原来只供卜筮之用,所以在《国语》(原注:包《左传》)所记占卜的事中引用了好多次;但那时的筮法和筮辞不止《周易》一种,故《国语》所记亦多不同。此书初不为儒家及他家所注意,故战国时人的书中不见称引。到战国末年,终见于荀子书,比了《春秋》的初见于孟子书还要后。《春秋》与《易》之所以加入《诗书礼乐》的组合而成为'六经'的缘故,当由于儒者的要求经典范围的扩大。"①同书中刊载的余永梁的《易卦爻辞的时代及其作者》一文称《周易》卦爻辞作于成王时;同书所收李镜池的《周易筮辞考》亦说卦爻辞作于"西周初期"。此三文分别发表于1925年、1926年、1930年。而陆侃如先生则推测卦爻辞出现于周初,但"到东周中年方写定"②。

以上这几位文史大家关于卦爻辞产生及写定的年代的说法,言之有物,均很有启发意义。但此后几十年的考古新发现和相关研究成果,却使我们有了新的想法。

二

从1949年新中国建立之后,中国科学考古事业有了突飞猛进的发展,大批遗址、墓葬中甲骨、铜器、简帛、玺印、武器等上的文字及传世文献的发现,以及由此而出现的大量研究成果和古文字工具书的不断撰著出版,使我们有可能对《周易》卦爻辞的情况作更深入更广泛的了解和认识。

根据我的统计,《十三经注疏》中的《周易正义》所提供的六十四卦卦名和它们的卦辞、爻辞共计字数为4917个,去除重复者,得单字786个,再用这些字与几部重要的古文字字典上的字比照,尤其重点与徐中舒先生主编的《汉语古文字字形表》(四川辞书出版社,1985年第3次印刷)进行比照,比照的结果是:

相同者538个,占786个字的68.59%。这538个字中属殷商时期的320个,占59.29%,占总数786个的40.71%;属西周时期的110

---

① 顾颉刚:《周易卦爻辞中的故事》,《古史辨》第三册上编,上海古籍出版社1982年版。

② 陆侃如:《论卦爻辞的年代》,《清华周刊》,1932年37卷9期。

个,分别占 20.45%,14%;属春秋时期的 108 个,分别占 20.07%,13.74%。

六十四卦的卦名,去除重复的字,共有 75 个字。538 个字中属殷商时期而与卦名相同的字有:比、剥、复、蛊、观、恒、困、人、屯、同、习、小、畜、有、大、中、鼎、丰、既、夬、家、解、井、晋、离、旅、师、升、咸、益、未、孚、兑,共 33 个,涉及 30 个卦名,占 75 个卦名字的 45%;属西周时期的 110 个字中,含睽、临、讼、妄、过、革、巽等 7 个卦名字,占 9.33%;属春秋时期的 108 个字中,含蒙、需、壮、萃、节、济、豫、乾、泰、渐、震、颐等共 12 个字,占 16%。三个时期合共有 49 个卦名字,占 75 个卦名字的 70.33%。

于此可见,直到春秋时期,六十四卦卦名的字还有 29.67% 尚无着落,这种情况的发生可能有三种原因:一是已经有了,但恰恰未被发现;二是还没被认识出来;三是确实还未造出来。这样,就大大削弱了文王、周公发明六十四卦及卦辞、爻卦说法的可信性。

这些卦名、卦辞、爻辞字中,最值得注意的是"乾"、"坤"两个卦名出现之晚。不但在《系辞》中它们是晚到黄帝、尧、舜时才出现,就是在考古发现中,它们也是出现得很晚的,一直到战国才见到。

"乾"字在今天我们所见到的较新出的权威古文字字典中,例如张亚初的《殷周金文集成引得》(中华书局 2001 年版)、何琳仪的《战国古文字典——战国文字声系》(中华书局 1998 年版)均无此字,而是在晚于战国二三百年后的东汉初年许慎(公元 30—124 年)编的《说文》"乙部"中发现的。《说文》说明它是"籀文"。这种"籀文"在《说文》中有 225 个。"籀文"又是什么? 西汉刘向(公元前 77—前 6 年)、刘歆(?—公元 23 年)父子说是周宣王(公元前 827—前 782 年在位)时太史籀所发明,又称"大篆",班固(公元 32—92 年)、许慎皆沿其说。但王国维(公元 1877—1927 年)在《史籀篇疏证序》中考证,说明"史籀"不是人名,它的原意是"大史读书",作为书名,它又称"史篇",王国维誉其为"字书之祖"。它是"春秋战国之间,秦人作之以教学童……独行于秦。"①王氏这番考证提示我们两点:一是"籀文"出现的时间最早不早于春秋时代(公元前841—前477年),或者竟是战国时期(公元前476—前249年),因王氏《史籀篇疏证序》又说:"《史籀》十五篇,古之遗书,战国以前未见称述。爰逮秦世,李(斯)、赵(高)、胡母(敬),本之以作《苍颉》诸篇,刘向校书,始著于录。"②这大概也是徐中舒先生在《汉语古文字字形表》中将"乾"字列于春秋时代的字的原因。二是,"乾"字既出于秦地的字书《史(籀)篇》,则其为秦人造作当无疑问。

"坤"字又何时出现呢?《尔雅》无此字,《说文》"土部"有"坤"字,释义:"地也,易之卦也。从土申,土位在申也。"段玉裁(公元1735—1815年)对"坤"的来源变迁作了一番说明:"或问伏羲画八卦,即有乾、坤、震、巽等名与不?曰:有之。伏羲三奇谓之'乾',三耦谓之'坤',而未有'乾'字、'坤'字。传至于仓颉,乃后有其字。坤𤉩特造之。乾、震、坎、离、艮、兑以音义相同之字为之。故文字之始作也,有义而后有音,有音而后有形,音必先乎形。名之曰'乾坤'者,伏羲也;字之者,仓颉也。画卦者,造字之先声也。"③段氏这段话说得似乎头头是道,但缺乏证据,与《系辞》的说法也不符合,当是他一己之言。

何琳仪的《战国古文字典》中将"𡿦"字定为"坤"字。这样定,只可备一说,而未必可做定论。因为"坤"字左偏之"土"与"立"在古文字中是否可通假,至今似尚无共识,何况与《说文》的说法也不相符。

三

一直以来,在人们的印象中,似乎《周易》六十四卦及其卦、爻辞向来如此,亘古不变,但考古发现却否定了这种习惯思维,使人们认识到

---

① 王国维:《史籀篇疏证序》,《观堂集林》卷五,中华书局1959年版。
② 王国维:《史籀篇疏证序》。
③ 许慎撰、段玉裁注:《说文解字注》,上海古籍出版社1981年版。

在人类历史的长河中，什么事情都可能发生过。

1973年长沙马王堆汉墓中发现了极其丰富的文物，其中的帛书上写着不少今天有或没有的文献资料。其中，帛书《周易》残存4900余字，不但包含了相当于传世经文全部的"六十四卦"，还有卷后所附的《系辞》和其他几篇前所未见的《易》传。令人最感惊奇的是，虽然同为六十四卦，但它与今本《周易》卦名不同的竟达33个！排列相同的只有4卦。例如：《贲》卦写作《蘩》，《否》卦写作《妇》，《遯》卦写作《掾》，《姤》卦写作《狗》等。特别值得注意的是：被后人看作八卦或六十四卦之首，《十翼》专为之写了《文言》的"乾"、"坤"二卦，却在马王堆帛书《周易》中不见踪影，代此二卦的字是"键"和"川"，难道到西汉初还没有乾天、金，坤地、土的概念吗？卦序排列是以八宫顺序。《系辞》也不同，与今本少1114字，尤其重要的是，少了"大衍之数五十……可与侑神矣"这189字说明筮法的一大段。这些情况都显示，直到西汉（公元前206—公元23年，包括王莽新朝）初年，人们给这些易卦符号所定的称谓还没有统一，流传的版本有多种（参见余斯大《古老智慧的源泉——〈周易〉》，云南人民出版社1998年版），而《系辞》少去那189字又说明，那种复杂的筮法不是原始的，是后来演变而成，再补入《系辞》的，用来增加《周易》的神秘性和古老感。而所用的"蓍草"，也并非如后人神乎其神说的只长在周文王墓上的神草，而是到处可见的"因陈蒿"。

其实，《周易》是一直处于变动不居的状况中的。东汉（公元25—220年）初，班固在《汉书·艺文志》的《易》赞中就这样说："故曰《易》道深矣！人更三圣（韦昭（公元204—273年）曰：'伏羲、文王、孔子。'），世历三古（孟康曰：'伏羲为上古，文王为中古，孔子为下古。'）。及秦焚书，而《易》为筮卜之事，传者不绝。汉兴，田何传之。讫于宣（帝）、元（帝），有施（雠）孟（喜）、梁丘（贺）、京（房）氏列于学官，而民间有费（直）、高（相）二家之说。刘向以《古文易经》校施、孟、梁丘经，或脱去

'无咎'、'悔亡',唯费氏经与古文同。""凡《易》十三家,二百九十四篇。"①清皮锡瑞(公元 1850－1908 年)说,汉儒说经注重"师法"、"家法",师法重传授,明本源;家法重立说,争派别。"前汉重师法,后汉重家法。先有师法,而后能成一家之言。师法者,溯其源;家法者,衍其流"②。这种师法、家法,除了传授方式、方法、重点不同而外,还应该包括各家所据经文本身的差异而言。例如《后汉书》卷七八《宦者列传·蔡伦传》就说:"帝(安帝刘祜)以经传之文多不正定,乃选通儒谒者刘珍及博士良史诣东观,各雠校家法,令伦监典其事。"③

及至到了东汉灵帝刘宏(公元 156－189 年,168－189 年在位)时,这位年青皇帝虽然政治上昏庸腐败,卖官鬻爵,大搞党锢之祸,朝政大坏,终致黄巾起义,被诸葛亮(公元 181－234 年)在《前出师表》中所"叹息痛恨",但他在文化教育上却干了一些正事。熹平四年(公元 175年),大学者、议郎蔡邕(公元 132－192 年)"以经籍去圣久远,文字多谬,俗儒穿凿,疑误后学"④为由,联络文武高官和太史令等多人"奏求正定六经文字"⑤。立即得到灵帝批准,当年"春三月,诏诸儒正五经文字,刻石立于太学门外"⑥。由蔡邕、李巡等订正诸经文字,蔡邕亲自书丹刻于石上。这就是有名的"熹平石经"。熹平石经包括《鲁诗》、《尚书》、《周易》、《仪礼》、《春秋》、《公羊传》、《论语》等七种经文,"于是后儒晚学,咸取正焉"⑦。据后人研究"熹平石经"中的《易》用的是京氏《易》。"熹平石经"开了儒经刻石风气之先,一直到清乾隆(公元 1736－1795 年)时,这 1600 多年间又有六次大规模石经之刻,如三国魏时邵陵厉公曹芳(公元 240－253 年在位)的"正始石经"(又称"三体石经")、唐朝文宗李昂(公元 827－840 年在位)时的"开成石经"、五代

---

① 《涌上书·艺文志》,中华书局 1962 年版。
② 皮锡瑞著,周矛同注释:《经学历史·经学极盛时代》,中华书局 1959 年版,第 136 页。
③ 《后汉书·宦者列传》,中华书局 1965 年版。
④⑤⑦ 《后汉书·蔡邕列传》。
⑥ 《后汉书·孝灵帝纪》。

后蜀孟昶(公元935－965年在位)时的"广政石经"、北宋仁宗赵祯(公元1023－1063年在位)时的"嘉祐石经"、南宋高宗赵构(公元1127－1162年在位)时的"御书石经"、清朝高宗弘历乾隆(公元1736－1795年在位)时的"十三经石经"。这些石经的质量参差不齐，不少石经既纠正传承下来的某些经典的错误缺失，或增加一些经典，同时它自己的一些错误纰缪也为他人所诟病。例如《开成石经》，作《旧唐书》的五代后晋(公元936－946年)宰相刘昫(昫一作煦，公元887－946年)就讥之为"名儒不窥，以为芜累"，顾炎武(公元1613－1682年)在其《金石文字记》中亦说它："经中之芜累非一。"

我近读阮元主持校勘刻印的《十三经注疏》中的《周易正义》，也发现此类情况。不仅有误字，更有将卦象刻错者。例如，将卦象☱☶错刻成☱☴，也就是把《咸》卦(《泽山咸》)错刻成了《大过》卦(《泽风大过》)；再如，把《系辞》上篇中的"乾坤毁，则无以见易；易不可见，则乾坤或几乎息矣"中的"无"字错刻成"元"字，这一个字的错可就把整句话全"毁"了。又如，把《丰》卦(《雷火丰》)王弼注的一句话刻成"宜处中天以偏照者也"，其中的"偏"字显然是"徧"(遍)字之误。因为南宋状元、著名爱国诗人、词人张孝祥(公元1132－1170年)的《詠雪》诗的最后两句："功成了不居，杲日天中央"，明显是化用王弼这句话的。这样的情况，不一而足。

这种手民之误，毕竟是少者小者，明眼人可一望而知。但如果大片大片文字都多出或少掉，或者面目全非，或许多关键字眼如卦名一再相异，则就非手民之误或一时粗疏大意所可解释了，而当是有其根本性差别而致。

因而，从1973年马王堆汉墓帛书《周易》出土，1977年安徽阜阳双古堆汉简《周易》出土，2003年上海古籍出版社出版的《上海博物馆藏战国楚竹书(三)》的《周易》，2013年上海中西书局出版的李学勤主编的《清华大学藏战国竹简(四)》中的《易》书，它们的内容都表明《周易》的卦名、卦辞、爻辞差别之大之多。很确切地显示出今天通行的《周易》决非如前人所说的那样由周文王或周公一手写就而万世不变地传承到今天的。

前面我们用徐中舒先生主编的《汉语古文字字形表》与 786 个《周易》卦名、卦辞、爻辞字比照出 320 个与殷商文字相同的字,占 786 个的 40.71%,不足一半。即使我们放宽尺度,用刘兴隆先生《新编甲骨文字典》(国际文化出版公司,1993 年版)所隶定的字与 786 个字相比照,得出有 405 个相同,也仅占 51.53%,其中有卦名字 34 个,占 75 个卦名字的 45.3%。这样,我们就可以想象得出,殷墟甲骨文不完全等同于商代所有的全部文字。但可以相信,《周易》中确实有殷商时代所不曾造出来的字。所以,周文王作为殷商的臣民,他要写作《周易》的卦名、卦辞、爻辞,殷商文字中没有,他能临时现造出来应用吗?既然殷商文字没有,则他又怎能写出全部《周易》的卦名、卦辞和爻辞呢?不过,可以期待的是,濮书中透露,2000 年有香港商人给上海博物馆送了一批竹书,里面有战国楚字书,有相当分量,十分重要,是迄今为止所发现的最早的字书,但愿这部字书能早日破解整理完毕,公之于世,以解决先秦文献典籍中的许多问题。

再从《周易》中所提到的历史事件来看,有些是周文王之前发生过的,他当然可以随手拈来,写进他的卦爻辞中,如"高宗伐鬼方,三年克之,小人勿用"[1];"震用伐鬼方,三年有赏于大国"[2];"王用享于岐山"[3];"帝乙归妹"[4]等。不过,这里面只有"王用享于岐山"一个爻辞,才被王弼、孔颖达承认或认可为是周文王岐山之会的故事,其他数事他们都不认为是特指发生在什么时间的事,而这些事确实也是后世学者考证出来的,王、孔未必知道。

我们再用近年出版的重要考古发现的竹简、帛书中的易学资料与通行本《周易》作比照,无论战国的还是西汉的,都与现行本有那么大

---

[1] 《周易·既济》九三爻辞。
[2] 《周易·未济》九四爻辞。
[3] 《周易·升》六四爻辞。
[4] 《周易·归妹》六五爻辞。

差别。例如濮茅左先生在其大作《楚竹书〈周易〉研究》(上海古籍出版社,2006年版)中,举出《包山楚简》(湖北荆门)、《新蔡葛陵楚墓竹简》(河南新蔡)、《天星观楚简》(湖北江陵)、《郭店楚墓竹简》(湖北荆门市沙洋区)、《阜阳汉简》(安徽)等简中与"易"有关的内容,再与现行本《周易》相比较,发现不仅用字颇多不同,就是卦序、一些特殊符号的使用,也使后人长了不少见识。例如,《清华简》中,八经卦卦名隶定的字形是:𣄔、𠨍、𩇕、巽、𣢆、羅、艮、兑。其中的巽、艮、兑三卦名与今本《周易》一致,但𣄔(乾)、𠨍(坤),此字形《说文》中没有,但《康熙字典》中有,谓其为"古文")、𩇕(震)、𣢆(坎)、羅(离)等五字则大异。由于其文字多异,筮法又特殊,故著名易学家刘大钧先生将其定性为:"《筮法》中的八卦取象与《说卦》传及汉易有同有异,且由其筮占之独特性来看,当属于今传本《周易》之外的筮占术"①。再如,西汉初的马王堆帛书《周易》,本来是最接近于今本《周易》的,但它却许多卦名、卦字相异,又来个"卦序按八卦相重的原则排列"(濮书第549页),又在一些卦的第一爻与末一爻加上红色或黑色的实心方块形■或三边⊏形。尤可骇怪的就是:已经到了西汉,"乾""坤"这两个最尊贵、最重要的领军卦名字还未正式登场!还隐藏在其他"古文"或异文之后。这是为什么?

由此,就可想见,直到西汉初年,《周易》还没有一个权威的本子出现。因为那时候黄老思想当道,承秦焚书坑儒影响,儒家还被边缘化,汉高祖刘邦等人对儒生还相当轻视。《周易》虽然因为是"技术"书籍,逃过秦火浩劫,但也只算是"苟全性命",处在"潜龙勿用"的境遇和状态。甚至到六七十年后的董仲舒在与汉武帝的"贤良对策"中,提出"罢黜百家,独尊儒术"的主张,并被汉武帝采纳推行,建立太学,在太学中设立了儒家"五经博士",但课堂上所讲的五经,仍然是"百花齐放"!单是"易经",就有施、孟、梁丘、京四家。这大概就是有东汉"熹平石经"之刻的一个重要原因——把学校课本统一了,把儒家经典"定于一"!于是后来就形成这样一个"故事":每隔几十、几百年,就由皇

---

① 刘大钧:《读清华简〈筮法〉》,《周易研究》2015年第2期。

帝出面，来一次大规模的石经重刻，用以统一儒家课本，并增添一些新的经典。

因此，根据以上种种情况的分析，我对《周易》形成定本的时间，设定在"熹平石经"刻成之后到唐朝孔颖达作《五经正义》成这四五百年之间。这几百年间，儒家经典逐渐趋同，思想意识逐渐趋同，儒家经典渐渐消弭了今文、古文派的壁垒，"易经"中的其他种类如"连山"、"归藏"之类慢慢淘汰出局，占卜方法也由汉朝京房发明的"金钱课"逐渐取代历来沿用的龟卜筮占。虽然对它的疏解方面，两汉时期出现过谶纬化，魏晋时期又出现玄学化，但它的卦名、卦辞、爻辞逐渐统一。同时也不能忽视一个文字演变、书体大同的因素——到了唐朝"楷书"成为汉字最主要的书体！这有利于字形的统一，书写的方便和识认的容易。楷书很难在字上添枝加叶搞装饰、玩变形，一个字也就不会越写越离谱，以至面目全非了。中国的东西南北中全部汉字都统一在一个标准字体——楷书之下，再无地方字形流通，甲骨文、金文、汉隶、章草、魏碑、草书仅出现在讲究书法艺术的作品中，楷书成为国家文件、教学课本的标准用字。唐朝是一个强大、稳定、富裕、文明、开放的国家，在这样的环境里，既有利于守成，更有利于创新，总结过去，开拓未来。儒家经典在科举制度急需完整、准确、稳定、统一的学校教材以培养出高等级高质量的应举人材的压力下，由政府出面组织有关专家学者，对儒经进行大清理、大甄别，去伪存真，留精汰劣，消除歧异，然后再进行认真的注疏。孔颖达（公元574－648年）在隋大业初已举明经高第，入唐后，受唐太宗（公元627－649年在位）之命，与颜师古撰定《五经正义》。他对《周易》的注疏采用的是曹魏时期（公元220－265年）的青年才俊王弼（公元226－249年）和其弟子韩康伯的注，孔对王、康的注多有补充和发挥，他们没有注到的也予以疏解，对读者颇有助益，从中可以看出孔颖达态度的认真和学识的渊博。由于孔颖达注疏的《周易》、《尚书》、《诗经》、《礼记》、《左传》五经和与其同时的贾公彦对《周礼》、《礼记》的注疏均甚核博，所以为后世所重，被收入《十三经注疏》中。十三经中他们二人的注疏占了七经，其影响之大，于此可见。

《周易》的内涵博大精深，内蕴无尽宝藏。《四库全书总目》提要说："圣人觉世牖民，大抵因事以寓教。……而易则寓于卜筮，故易之为书，推天道以明人事者也。……易道广大，无所不包，旁及天文、地理、乐律、兵法、韵学、算术，以逮方外之炉火，皆可援易以为说。"这可能就是它终于成为"六经之首"的根本原因。它早已成为一门世界注目的中国学问了，值得我们加倍珍惜。我们应该对它进行多方面的探讨、研究，加深对它的认识、理解。而正本清源，廓清它的身世之谜则是重要任务之一，本文正是想在这方面作点基础的工作。

补白：此文打印成，又在《古史辨》第三册上看到收录的钱玄同先生的《论观象制器的故事出京氏易书》、《读汉石经〈周易〉残字而论及今文〈易〉的篇数问题》和马衡先生的《汉熹平石经周易残字跋》三文，益发坚定了我推测今本《周易》直到唐初才成定本的看法。其最主要证据，就是这三篇文章中举出的《熹平石经》的《周易》残字中，许多卦名、卦辞、爻辞以及易传的字形与今本《周易正义》的颇多差异，兹举若干以作作证：

𹟠(今本作寒)、𠁁(今本作吝)、利用攸往(今本作利有攸往)、剭劍(今本作虩虩)、虎辩(今本作虎变)、止(今本作趾)、肴(今本作爻)、ω(今本作坤)、劳、欿(今本作坎)等。

春秋战国时期的人性大讨论

张彦修

春秋战国时期特殊的历史环境,那些活跃在社会大舞台人物,表现出了不同的智慧才能、道德品质和"人性",因此,人性成为春秋战国各学派关注的问题之一。

一 春秋时期有关人性的初步思考

春秋时期,人们已经注意到了人性问题,孔子、老子、墨子,以及孔子的弟子都曾对人性问题进行过思考。

孔子似乎没有正面讨论人性其问题,但在其论仁、讲礼和为学的陈述中,不乏对人性的认识。孔子认为,人类有着共同的或相近的人性,但是人性的表现却不尽相同,亦即"性相近也,习相远也"①。在人性的具体思考中,孔子承认人的自然属性,"吾未见好德如好色者也"②。并认为这种自然属性会延伸到政治经济领域,表现为对富贵的追求和对贫贱的厌恶,但是孔子坚信,具有"仁"之美德的人是完全能够战胜它们的,他说:"富与贵,是人之所欲也;不以其道得之,不处也;贫与贱,是人之所恶也。不以其道得之,不去也。君子去仁,恶乎

---

① 《论语·阳货》,《十三经注疏》,中华书局1980年版。
② 《论语·子罕》。

成名？君子无终食之间违仁，造次必于是，颠沛必于是。"①孔子的等级观念特别强烈，他根据不同的标准把人分为君子与小人、上智与下愚、中人与中人以下。关于君子与小人，孔子说："君子周而不比，小人比而不周。"②"君子怀德，小人怀土；君子怀刑，小人怀惠。"③"君子喻于义，小人喻于利。"④"君子坦荡荡，小人长戚戚。"⑤"君子成人之美，不成人之恶，小人反是。"⑥关于上知与下愚，孔子说："唯上知与下愚不移。"⑦关于中人，孔子说："中人以上，可以语上也；中人以下，不可以语上也。"⑧《汉书·古今人物表》解释说："譬如尧舜，禹、稷、卨与之为善则行，鲧、讙兜欲与为恶则诛。可与为善，不可与为恶，是谓上智。桀纣，龙逢、比干欲与之为善则诛，于莘、崇侯与之为恶则行。可与为恶，不可与为善，是谓下愚。"⑨孔子对人的划分，隐含着对人性的界定，君子、上知者、中人以上者本性善，有高度的道德自觉性，小人、下愚者、中人以下之人本性不善且不可教化。这也就是说，孔子认为，人性有善有恶，善恶相对稳固。

老子认为，"道"生万物，人作为万物之灵与其他事物一样，其基本属性和基本法则均渊源万物之本的"道"。从衍生过程看是"道生一，一生二，二生三，三生万物。"⑩从属性与规则来看则是"人法地，地法天，天法道，道法自然"⑪。根源于"道"的人，应该具有与"道"相近的属性与规则。"道"的基本特征之一是清静无欲，自然无为，那么从

---

① ③ ④ 《论语·里仁》。
② 《论语·为政》。
⑤ 《论语·述而》。
⑥ 《论语·颜渊》。
⑦ 《论语·阳货》。
⑧ 《论语·雍也》。
⑨ 《汉书·古今人物表》，中华书局1962年版。
⑩ 《老子·四十二章》，《诸子集成》(三)《老子道德经》，上海书店1986年版。
⑪ 《老子·二十五章》。

"道"而来的人性也应该是清静无为,"复归于婴儿"①。人人都是"含德之厚,比如赤子"②。在老子认定人性清净,纯朴如婴儿的同时,他还看到了现实对人性的干扰,"五色令人目盲;五音令人耳聋;五味令人口爽;驰骋田猎,令人心发狂;难得之货,令人行妨"③。"民多利器,国家滋昏;人多技巧,奇物滋起"④。为了保持人性的纯朴,首先需要断绝与外界的交往,摈弃所有先进技术,"小国寡民,使民有什百之器而不用,使民重死而不远徙。虽有舟舆,无所乘之;虽有甲兵,无所陈之。使民复结绳而用之。甘其食,美其服,安其居,乐其俗。邻国相望,鸡犬之声相闻,民至老死不相往来"⑤。其次是奉行愚民政策,"不尚贤,使民不争;不贵难得之货,使民不为盗;不见可欲,使民心不乱。是以圣人之治,虚其心,实其腹;弱其志,强其骨。常使民无知无欲,使夫智者不敢为也。为无为则无不治"⑥。

  墨子主张兼爱,但他的兼爱是以人们亏人自利为前提的,他认真分析了父子、兄弟、君臣、盗贼、大夫、诸侯的亏人自利行为:"子自爱,不爱父,故亏父而自利;弟自爱,不爱兄,故亏兄而自利;臣自爱,不爱君,故亏君而自利,此所谓乱也。虽父之不慈子,兄之不慈弟,君之不慈臣,此亦天下之所谓乱也。父自爱也,不爱子,故亏子而自利;兄自爱也,不爱弟,故亏弟而自利;君自爱也,不爱臣,故亏臣而自利。是何也?皆起不相爱。虽至天下之为盗贼,亦然。盗爱其室,不爱异室,故窃异室以利其室。贼爱其身,不爱人,故贼人身以利其身。此何也?皆起不相爱。虽至大夫之相乱家,诸侯之相攻国者亦然。大夫各爱其家,不爱异家,故乱异家以利其家;诸侯各爱其国,不爱异国,故攻异国

---

① 《老子·二十八章》。
② 《老子·五十五章》。
③ 《老子·十二章》。
④ 《老子·五十七章》。
⑤ 《老子·八十章》。
⑥ 《老子·三章》。

以利其国。天下之乱物,具此而已矣。察此何自起?皆起不相爱。"①墨子所倡导的兼爱非常美好,令人羡慕,遗憾的是兼爱的提出是以现实的人性不善为前提的,其情形正如老子所说:"天下皆知美之为美,斯恶已;皆知善之为善,斯不善已。"②"大道废,有仁义;慧智出,有大伪。六亲不和,有孝慈;国家昏乱,有忠臣。"③

孔子、老子、墨子对人性的认识,都是在研究其他问题时的间接涉及,均没有把人性问题作为一个专题进行正面的系统研究。也正是因为人性研究的缺位,限制了他们学说的全面展开。孔子的"仁"血缘情结浓郁,但因没有对人性问题展开系统研究,致使"仁"的人性依据不足;老子主张人性清净纯朴,但因低估了人类自然需求的力度而采取消极的应对方式;墨子看到了人性的不足而倡导兼爱,可他因对人性脆弱估计不够而疏忽了实现兼爱所需的机制建设。尽管如此,他们的思考对战国人性讨论的意义启迪意义和奠基价值仍是不能否认的。

孔子之后,其后学弟子世硕、宓子贱、漆雕开等人曾经对人性问题展开讨论。"周人世硕,以为人性有善有恶。举人之善性,养而致之则善长;恶性,养而致之则恶长。如此则性各有阴阳,善恶在所养焉。故世子作《养书》一篇。宓子贱、漆雕开、公孙尼子之徒亦论性情,与世子相出入,皆言性有善有恶"④。公都子综述其人性论说,断定性善或性不善是天生固有的,后天环境的意义不容忽视:"告子曰:'性无善无不善。'或曰:'性可以为善,可以为不善;是故文,武兴则民好善,幽,厉兴则民好暴。'或曰:'有性善,有性不善,是故以尧为君而有象,以瞽瞍为父而有舜,以纣为兄之子,且以为君,而有微子启、王子比干。'"⑤

---

① 《墨子·兼爱》,《诸子集成》(四)《墨子闲诂》,中华书局1954年版。
② 《老子·二章》。
③ 《老子·十八章》。
④ 《论衡·本性》,《诸子集成》(七)《论衡》,中华书局1954年版。
⑤ 《孟子·告子上》,《十三经注疏》,中华书局1980年版。

二 战国时期的人性讨论

战国时期,人性问题已经成为各个学派直接研究的重要课题。

孟子在构建其仁政王道学说的时候,意识到人性在其学说中的基石作用,他以人的自然情感"怵惕恻隐之心"和先天的"良知"、"良能"为依据,系统地提出了性善论,认为每一个人都具有先天的善端,他说:"无恻隐之心非人也;无羞恶之心非人也;无辞让之心非人也;无是非之心非人也。恻隐之心,仁之端也;羞恶之心,义之端也;辞让之心,礼之端也;是非之心,智之端也。人之有是四端也,犹其有四体也。有是四端而自谓不能者,自贼者也;谓其君不能者,贼其君者也。凡有四端於我者,知皆扩而充之矣。若火之始然,泉之始达。苟能充之,足以保四海;苟不充之,不足以事父母。"①由于现实环境和个人的价值选择,虽然每个人身上都有先天的善端,但不善之人与不善之事是无法回避的事实。例如,"富岁,子弟多赖;凶岁,子弟多暴"②。所以,孟子特意提出了寡欲、求放心等扩充善端,实践性善的方法。孟子人性论的突出特点是把性善论与仁政结合了起来,把性善论作为整个仁政学说的基础。他认为,仁政王天下的关键是性善与仁政,它说:"人皆有不忍人之心。先王有不忍人之心,斯有不忍人之政矣。以不忍人之心,行不忍人之政,治天下可运之掌上。"③孟子的性善论深化了对人本质的认识,奠定了中国古代政治制度的人性基础,成为对中国古代影响最大的人性论。

荀子与孟子截然相反,以人的自然生理和自然心理为基点提出了性恶论。他认为:"饥而欲食,寒而欲煖,劳而欲息,好利而恶害,是人之所生而有也。"④"目好色,耳好听,口好味,心好利,骨体肤理好愉

---

① ③ 《孟子·公孙丑上》。
② 《孟子·告子上》。
④ 《荀子·荣辱》,王先谦撰:《荀子集解》,中华书局1988年版。

佚,是皆生于人之情性者也。"①荀子进一步认为,对于这些自然生理和自然心理需求应该加以引导、约束,限制其恶性膨胀,"今人之性,生而有好利焉,顺是,故争夺生而辞让亡焉;生而有疾恶焉,顺是,故残贼生而忠信亡焉;生而有耳目之欲,有好声色焉,顺是,故淫乱生而礼义文理亡焉。然则从人之性,顺人之情,必出于争夺,合于犯分乱理,而归于暴。故必将有师法之化,礼义之道。然后出于辞让,合于文理,而归于治"②。荀子性恶论的突出特色是"化性起伪",主张通过礼义限制、引导人的自然生理与自然心理,使性恶转化为性善,"人之性恶,其善者伪也"③。所谓的"伪",亦即人为地改造人性。尽管人性是恶的,但荀子坚信,经过学习、思考、反复实践、礼法制度的约束,人性可以由恶转化为善。荀子说:"不可学不可事而在人者,谓之性。可学而能可事而成之在人者,谓之伪。"④"心虑而能为之动谓之伪。虑积焉,能习焉,而后成谓之伪"⑤。"故圣人化性而起伪,伪起而生礼义,礼义生而制法度"⑥。荀子把人自然属性,以及自然属性所引起的需求作为人性的基点,并肯定了人性的可变性和人性转化所需要的客观条件,这预示着战国时期的人性研究正在逐渐接近正确的方向。

韩非子以人的私欲为基点,提出了以人性自利为核心的性恶论。他认为,所有的人都是从自己所处环境、地位出发,希望能够谋取最大的利益,"故舆人成舆则欲人之富贵;匠人成棺则欲人之夭死也。非舆人仁而匠人贼也,人不贵则舆不售;人不死则棺不卖。情非憎人也,利在人之死也。故后妃、夫人、太子之党成而欲君之死也。君不死则势不重。情非憎君也,利在君之死也"⑦。即使那些努力为他人做事情的人,最终还是为了自己获取更多的利益,例如,"夫卖庸而播耕者,主人费家而美食。调布而求易钱者,非爱庸客也。曰:如是,耕者且深耨

---

① ② ③ ④ ⑥ 《荀子·性恶》。
⑤ 《荀子·正名》。
⑦ 《韩非子·备内》,陈奇猷校注:《韩非子集释》,上海人民出版社1974年版。

者熟耘也。庸客致力而疾耘耕者，尽巧功而正畦陌畦畤者，非爱主人也，曰：如是，羹且美钱布且易云也"①。基于这样的认识，韩非子断定人与人之间的永远是一种利害关系，"且臣尽死力以与君市，君垂爵禄以与臣市。君臣之际，非父子之亲也，计数之所出也"②。"人为婴儿也，父母养之简，子长而怨；子盛壮成人，其供养薄，父母怒而诮之。子、父至亲也，而或谯、或怨者，皆挟相为而不周于为己也"③。"且父母之于子也，产男则相贺，产女则杀之。此俱出父母之怀衽，然男子受贺，女子杀者，虑其后便，计之长利也。故父母之于子也，犹用计算之心以相待也，而况无父子之泽乎"④！在判定人性自私、性恶的前提下，韩非子主张治理国家不能依赖于以自律为特征的道德，必须实行以他律为特征的严刑峻法，他说："夫严家无悍虏，而慈母有败子。吾以此知威势之可以禁暴，而德厚之不足以止乱也。夫圣人之治国，不恃人之为吾善也，而用其不得为非也。恃人之为吾善也，境内不什数；用人不得为非，一国可使齐。为治者用众而舍寡，故不务德而务法。"⑤韩非子看到了人性丑陋的一面，这不能不说韩非子眼光犀利敏锐，但其主张以威势禁暴，忽视"厚德"，放弃"务德"则是其人性论的最大缺陷。

在战国人性的讨论中，纵横家在其教科书《战国策》里有多方面的思考。《战国策》没有直接谈人性的善恶，而是立足于趋利避害，好利恶难，强调人性在财富方面的贪婪。

齐人谭拾子认为，人追求富贵，贪婪财富，远离贫穷是"理之固然"。谭拾子谓孟尝君曰："事之必至者，死也；理之固然者，富贵则就之，贫贱则去之。此事之必至，理之固然者。"⑥人对财富的贪婪必然

---

① ③ 《韩非子·外储说左上》。
② 《韩非子·难一》。
④ 《韩非子·六反》。
⑤ 《韩非子·显学》。
⑥ 《战国策·齐策》，上海古籍出版社1986年版。

驱使着人们围绕着财富展开争夺、争斗。公元前270年,秦、赵战于阏与,赵胜,"天下之士,合从相聚于赵,而欲攻秦"①。秦相国应侯范雎认为:"秦于天下之士非有怨也,相聚而攻秦者,以己欲富贵耳。王见大王之狗,卧者卧,起者起,行者行,止者止,毋相与鬭者;投之一骨,轻起相牙者,何则? 有争意也。"②

战国著名人物的发展经历强化了《战国策》对人性贪婪与财富特殊价值的认识。苏秦,这个洛阳乘轩里的平民,初次出山到秦国游说,"说秦王书十上而说不行。黑貂之裘弊,黄金百斤尽,资用乏绝,去秦而归。羸縢履蹻,负书担囊,形容枯槁,面目犁黑,状有归色。归至家,妻不下纴,嫂不为炊,父母不与言"③。游说失败带来的贫穷、尴尬使苏秦痛苦万分,他头悬梁,锥刺股,发愤练就短长纵横之术。经过数年不懈努力,苏秦受到燕、赵、齐、韩、魏等国君的敬重,担负起了合纵抗秦的重任。苏秦南下游说楚王,路过洛阳时出尽了风头,深切地体会到了财富的特殊价值。苏秦的"父母闻之,清宫除道,张乐设饮,郊迎三十里。妻侧目而视,倾耳而听;嫂虵行匍伏,四拜自跪而谢。苏秦曰:'嫂,何前倨而后卑也?'嫂曰:'以季子之位尊而多金。'"④苏秦感慨地说:"嗟乎!贫穷则父母不子,富贵则亲戚畏惧。人生世上,势位富贵,盖可忽乎哉!"⑤魏人江乙与苏秦有相同的感慨:"以财交者,财尽而交绝;以色交者,华落而爱渝。"⑥

战国时期,农民处于社会的底层,劳作艰辛,收获微薄,他们"解冻而耕,暴背而耨,无积粟之实"⑦。商贾虽然"无把铫推耨之势,而有积粟之实"⑧,濮阳商人吕不韦不仅贪婪,而且还精于计算,善于投机取巧,当他发现从赵国送秦质子异人归还秦国,然后有可能立异人为秦王这个巨大的商机之后,与其父亲认真算计了赢利得失"濮阳人吕不韦贾于邯郸,见秦质子异人,归而谓父曰:'耕田之利几倍?'曰:'十倍。''珠玉之赢几倍?'曰:'百倍。''立国家之主赢几倍?'曰:'无数。'

---

①②③④⑤⑦⑧ 《战国策·秦策》。
⑥ 《战国策·楚策》。

曰：'今力田疾作，不得煖衣余食；今建国立君，泽可以遗世。愿往事之。'"①吕不韦在比较了农耕、经营珠玉和政治投机的赢利之后，认定"立国家之主"可赢利"无数"，是一条致富的捷径，于是对财富的贪婪就自然地延伸为对职官权力的追逐。在吕不韦的策划斡旋下，异人最终被立为秦庄襄王，自己也因此而成为秦的相国，封为文信侯，食蓝田十二县。

由于《战国策》对人性贪婪的深刻认识，所以许许多多的政治、军事、外交活动都充分利用了人性的贪婪，以土地、城邑、金、钟鼎彝器等为内容的贿赂收买成为战国各种活动中的常用手段。例如：张仪为了破坏楚、齐的邦交关系，许诺"臣请使秦王献商於之地，方六百里"②。当楚怀王发觉受骗上当之后，一怒之下要兴兵伐秦。陈轸认为，事已至此，伐秦不如联秦伐齐，建议楚怀王"赂之一名都，与之伐齐"③。秦国为了拉拢西戎之国的义渠君，"因以文绣千匹，好女百人，遗义渠君"④。赵国夺取东周之祭地，东周君非常不安，为仕于东周的郑朝以三十金贿赂赵国太卜，赵国太卜借赵君患病之际占卜曰："周之祭地为祟。"⑤赵乃归还东周之祭地。

《战国策》的人性贪婪说，一方面肯定了自然属性是人性贪婪的生理基础，另一方面认为人类自然属性的满足必须通过社会的方式，承认人性的贪婪。因此，《战国策》的人性贪婪说不仅承认人的自然属性，而且还彰显了人的社会属性。尽管《战国策》没有断然对人性做出"善"或"恶"判定，但人性的贪婪决然不会属于性善论，倒是与荀子、韩非子的性恶论比较接近。

人性，是人的本质属性，是人所独有的性质和特点。人的生理结构以及生理结构生存与运行所有的直接需求属于人的自然属性。人的自然属性是人类存在的生理基础，它主要表现为食欲、性欲、自我保存等。人之所以为人，人之所以区别于其他动物，不仅因为人类特殊

---

①②③④ 《战国策·秦策》。
⑤ 《战国策·东周策》。

的生理结构,更重要的是人类在其活动中形成的社会属性。这也就是说,人性是自然属性、社会属性的综合,自然属性是人的生理基础,社会属性是人的本质属性。劳动创造了人,形成了人类的特殊生理结构,同时也决定了满足人类自然属性需求的方式已经不再是简单地从自然界攫取现成的物品,而只能是生活资料的生产与消费。正是因为生活资料的生产与消费,人类也因此而有了社会属性,属于人类自然属性的食欲、性欲、自我保护等的满足方式需要通过生产、交换、消费等具有明确的社会属性的方式来实现。另一方面,生活资料生产与消费的发展,不断地刺激着人类物资欲望的膨胀和精神文化需求的增长,同时也改变着人类的自然属性,以及基于自然属性的需求。

毋庸置疑,性善是人类的期望与追求,遗憾的是在历史上,在现实社会中,人性恶的体现随处可见,层出不穷。这不仅是因为在文明诞生以来一直存在着产生恶的社会条件,而且还因为在财富方面的贪婪有着人类无法摆脱生理基础与社会条件。人在财富方面的贪婪有其存在的必然性,这种必然性决定了贪婪在人类历史发展过程中的特殊的价值。恩格斯说:"最卑下的利益——无耻的贪欲、狂暴的享受、卑劣的名利欲、对公共财产的自私自利的掠夺——揭开了新的、文明的阶级社会;最卑鄙的手段——偷盗、强制、欺诈、背信——毁坏了古老的没有阶级的氏族社会,把它引向崩溃。"[①]"鄙俗的贪欲是文明时代从它存在的第一日起直至今日的起推动作用的灵魂;财富,财富,第三还是财富,——不是社会的财富,而是这个微不足道的单个的个人的财富,这就是文明时代唯一的、具有决定意义的目的。"[②]

人的自然属性是人类存在的生理基础,人在财富方面的贪婪也暂时难以根除,人性的善、美则又是人类永远的追求。面对这种矛盾的

---

① 恩格斯:《家庭、私有制和国家的起源》,《马克思恩格斯选集》第 4 卷,人民出版社 1995 年版,第 97 页。
② 恩格斯:《家庭、私有制和国家的起源》,《马克思恩格斯选集》第 4 卷,第 177 页。

命题,春秋战国的人性讨论所提出的思考,虽然没有科学解决人性问题,但却成为中国古代思想家长期探讨的一个命题。

《韩非子》对《黄帝书》的继承与改造

王宏斌

考古学的成果经常会改写古代的历史,古代文献的发现有时也会影响思想史的改写。1973年山东临沂银雀山出土的竹简《孙子兵法》、《孙膑兵法》是这样,同年在湖南长沙马王堆三号墓出土的帛书《老子》乙本卷前四篇古佚书《黄帝书》(又称《黄帝四经》)更是这样。《黄帝书》出土之后,学术界围绕着该书进行了一系列探讨,不仅探讨了《黄帝书》的成书年代,而且探讨了该书与诸子学之间的关系,同时还探讨了黄老之学的历史影响①。大家一致认为,《黄帝书》与战国中后期的学术流派之间有着不可分割的关系。它不仅与《管子》、《慎子》、《文子》和《鹖冠子》有着密切联系,而且与《易经》的发展脉络一致。韩非子生活在战国晚期,他是法、术、势集其大成的著名思想家。笔者认

---

① 关于《黄帝四经》的研究状况,可以参考刘翔:《马王堆汉墓帛书〈黄帝四经〉研究述评》,载深圳大学国学研究所编《中国文化与中国哲学》,北京:东方出版社1986年版,第591—607页;张增田:《〈黄老帛书〉研究综述》,《安徽大学学报》2001年第4期;荆雨:《帛书〈黄帝四经〉研究综述》,载荆雨编《自然与政治之间——帛书〈黄帝四经〉政治哲学研究》,东北师范大学出版社2007年版,第324—342页。重要论文有:程武:《汉初黄老思想和法家路线》,《文物》1974年第10期;汤新:《法家对黄老之学的吸收和改造——读马王堆帛书〈经法〉等篇》,《文物》1975年第8期;高亨、董治安:《历史研究》1975年第1期;康立:《〈十大经〉的思想和时代》,《历史研究》1975年第3期;钟肇鹏:《论黄老之学》,《世界宗教研究》1981年第2期;钟肇鹏:《黄老帛书的哲学思想》,《文物》1978年第2期;葛荣晋:《试论〈黄老帛书〉的"道"和"无为"思想》,《中国哲学史研究》1981年第3期;冯有生:《黄老思想简论》,《安徽师范大学学报》1982年第4期;金春锋:《论〈黄老帛书〉的主要思想》,《求索》1986年第2期;胡家聪:《帛书〈道原〉和〈老子〉论道的比较》,载陈鼓应编:《道家文化研究》(第三辑),上海古籍出版社1993年版,第260—264页;李学勤:《帛书〈道原〉研究》,载湖南省博物馆编《马王堆汉墓研究》,湖南出版社1994年版,第1—5页。李学勤:《楚帛书与道家思想》,载陈鼓应编:《道家文化研究》(第五辑),上海古籍出版社1991年版,第225—232页;郑杰文:《帛书〈黄帝四经〉对〈老子〉学术的继承和发展》,《管子学刊》1996年第3期;艾畦:《〈黄帝四经〉对老子思想的吸收和继承》,《中国哲学史》1997年第1期;陈鼓应:《先秦道家研究的新方向——从马王堆汉墓帛书〈黄帝四经〉说起》,《管子学刊》1995年第1期;臧知非:《道家黄老秦汉政治实践与学术发展——重读熊铁基〈秦汉新道家〉》,《史学月刊》2004年7期。比较重要的著作有:吴光:《黄老之学通论》,杭州:浙江人民出版社1985年版;任继愈:《老子新译》,上海古籍出版社1985年版;丁原明:《黄老学论纲》,山东大学出版社1997年版;熊铁基:《秦汉新道家》,上海人民出版社2001年;张增田:《黄老治道及其实践》,中山大学出版社2005年版;陈鼓应注译:《黄帝四经今注今译——马王堆汉墓出土帛书》,商务印书馆2007年版。

为,《韩非子》与《黄帝书》之间尽管存在着较大的派别区别,但不无思想继承和改造利用关系。本文着重讨论《韩非子》对《黄帝书》君主论的继承与改造。

一

《黄帝书》的第一篇是《经法》,共分九节,分别讨论自然界与人类社会所存在的法则。首先讨论"道生法"的意义,接着论述征战的条件和治国的环境,阐述"六逆"、"六顺"的标准,强调君主的决策作用,说明国家兴亡的道理。

《黄帝书》曰:"道生法。法者,引得失以绳,而明曲直者殹(也)。故执道者,生法而弗敢犯殹(也),法立而弗敢废(也)……故同出冥冥,或以死,或以生,或以败,或以成,祸福同道,莫知其所从生。见知之道,唯虚无有。虚无有,秋稿(毫)成之,必有刑(形)名。刑(形)名立,则黑白之分已。故执道者之观于天下殹(也),无执殹(也),无处也,无为殹(也),无私殹(也)。是故天下有事,无不自为刑(形)名声号矣。刑(形)名已立,声号已建,则无所逃迹匿正矣。"①这是说宇宙本原之道产生了人类社会的法度,法度就像绳墨一样可以明辨曲直,决定着事物的成功与失败。因此,圣人制订的各项法度是不可以违犯的。法度一旦设立,就要遵守,不可废弛。所以说世间万物都生于道,其生死成败都由它来决定。祸福同出一门,人们却不知道它们产生的原因。要想了解生死成败的道理,只有依靠"道",才能把握事物的形和名。形和名的观念一旦确定,黑与白的分界也就随之形成。圣人垂示天下的训诫,乃是变通而不固执,功成而不居,顺时而不妄为,处理事物公

---

① 《黄帝四经·经法》,见郑开等注译:《黄帝四经今译》,中国社会科学出版社1996年版,第45页。

正不以私意。因此,刑名确立,名实相副,天下可以得到治理①。

韩非子也说:"道者,万物之所然也,万理之所稽也。理者,成物之文也;道者,万物之所以成也……其物冥冥,而功成天地,和化雷霆,宇内之物,恃之以成……万物得之以死,得之以生;万事得之以败,得之以成。"②"人主将欲禁奸,则审合形名者,言与事也。"③由此,韩非子提出"循名责实"的问题,即君主对于臣子要考察其言行是否一致④。他说:"有言者自为名,有事者自为形,形名参同,君乃无事焉,归之其情。"⑤又说:"故圣人执一以静,使名自命,令事自定……因而任之,使自事之;因而予之,彼将自举之;正与处之,使皆自定。"⑥由此可见,韩非子不仅接受了《黄帝书》"道生法"的理论、"审合形名"的概念,而且采取了非常相近的表达方式。司马迁明确指出:"申子之学本于黄老而主刑名。"又说韩非,"喜刑名法术之学,而其归本于黄老"⑦。这一观点应当是可以成立的。

二

《黄帝书》把国家衰败的原因归结为三个方面,具体概括为三个字:即"逆"、"乱"和"暴"。那么,什么是"逆"?什么是"乱"?什么是

---

① 本文译文参考了余明光的《黄帝四经今注今译》,岳麓书社1993年版;佚名的《黄帝四经注译》,中国社会科学出版社2004年版;陈鼓应的《黄帝四经今注今译》,商务印书馆2007年版。在此一并表示致谢。

② 《韩非子·解老》。

③ 《韩非子·二柄》。

④ 有关《韩非子》的注解有很多,本文主要参考了清人王先慎所撰《韩非子集解》,中华书局1998年版。由于《韩非子》的语言在专业人士看来,并不难懂。因此,本文不再翻译为白话文,以免游离本意。

⑤ 《韩非子·主道》。

⑥ 《韩非子·扬权》。

⑦ 《史记·老子韩非列传》。

"暴"?《黄帝书》回答说:"君臣易立(位)胃(谓)之逆,贤不宵(肖)并立胃(谓)之乱,动静不时胃(谓)之逆。生杀不当胃(谓)之暴。"①这是说,君臣改变了相互位次称为"逆",贤人与不肖者杂处在一起称为"乱";违背了自然规律谓之"逆",滥杀无辜被称为"暴"。

接着,《黄帝书》进一步探讨说:"观国者观主,观家观父。能为国则能为主,能为家则能为父。凡观国,有六逆:其子父,其臣主,虽强大不王;其□谋臣在外立(位)者,其国不安,其主不吾(悟),则社稷残;其主失立(位),则国无本,臣不失处,则下有根,(国)忧而存;主失立(位)则国芒(荒),臣失处则令不行,此之胃(谓)颍(颓)国;主两则失其明,男女挣(争)威,国有乱兵,此胃(谓)亡国。适(嫡)子父,命曰上媵,群臣离志。大臣主,命曰壅塞,在强国削,在中国破,在小国亡。谋臣(在)外立(位)者,命曰逆成,国将不宁;在强国危,在中国削,在小国破。主失立(位),臣不失处,命曰外根,将與祸邻,在强国忧,在中国危,在小国削;主失立(位),臣失处,命曰无本,上下无根,国将大损,在强国破,在中国亡,在小国威(灭)。主暴臣乱,命曰大芒(荒),外戎内戎,天将降央(殃),国无大小,又(有)者灭亡。主两,男女分威,命曰大麋,国中有师;在强国破,在中国亡,在小国威(灭)。"②上面这两段话是说,观察一个国家的兴亡,关键在于国君;观察一个家庭的兴衰,关键在于父亲。有能力治理国家的叫做君主,有能力主持一家事务的为父亲。在考察一个国家的时候,有六种悖逆的现象需要特别关注。一,做太子的具有了君父的权威;二,做大臣的拥有了君主生杀予夺的权力,这样的国家虽然暂时强大,但不能称王天下。三,谋臣有贰心,不能忠于国君,这个国家就不会安定。君主不明白这一点,国家就会受到损害。四,君主失位,不能行使权力,国家便失去了依靠,而大臣此时若能尽职尽责,国家还有存在的基础。虽有忧患,尚可保全。如果君主失位,大臣不能尽忠职守,政事荒废,政令不能贯彻,这样的国

---

① 《黄帝书·四度》。
② 《黄帝书·大分》。

家叫做颓国。五,君主暴戾无道,刑罚失去准则,臣下职位贵贱混淆,贤与不肖在一起,不能加以区别,这样的国家叫做危国。六,君主和后妃同时掌权,政令分歧,使人无所适从,势必导致国家内战,这样的国家叫做亡国。太子具有了君父的权威,这叫做逆上,导致群臣不能一心一意忠于君主。大臣拥有了君主的大权,就会遮蔽君主的威望。这两种现象如果发生在大国,大国的国力会受到削弱;发生在中等国家,中等国家就会走向破败;发生在小国,小国就会灭亡。谋臣如果有贰心,一旦为他国服务,这个国家将不会安宁。这种情况一旦出现在大国,大国就会面临危机;发生在中等国家,则中等国家就会被削弱;发生在小国,就会导致小国的败亡。君主失去了权威,掌握大权的大臣如果能够尽心国事,国家尚有依靠,然而,距离危机已经不远了。这种情况如果发生在大国,大国的前途令人担忧;发生在中等国家,中等国家将危机四伏;发生在小国,小国的国力就会受到削弱。如果君主失位,并且大臣又不尽忠职守,这样的国家就失去了存在的根基,国家就会受到严重损害。这种情形发生在大国,将导致大国的衰落;发生在中等国家,则导致中等国家的破败;发生在小国,将导致小国的覆灭。君主行为暴戾,群臣位次混淆,这样的国家简直不可救药,外患内乱必定接踵而至。违背天理,天必降灾,予以惩罚。这种情形无论发生在大、中、小国家,都会导致灭亡的。君主与后妃争夺权力,导致国家出现两个国君,政治必定分歧,群臣无所适从,内乱势必爆发。这种情形发生在强国,强国破败;发生在中等国家,中等国家会衰亡;发生在小国,小国会灭亡。

  韩非子对于亡国的征兆进行了更加深入地探讨,在《亡征》中他一口气罗列了46个"可亡也"。其中指出"凡人主之国小而家大,权轻而臣重者,可亡也";"饕贪而无厌,近利而好得者,可亡也";"喜淫刑而不周于法,好辩说而不求其用,可亡也";"很刚而不和,愎谏而好胜,不顾社稷而轻为自信者,可亡也";"太子已置,而娶于强敌以为后妻,则太子危。如是,则群臣易虑者,群臣易虑者,可亡也";"出君在外而国更置,质太子未反而易君子,可亡也";"挫辱大臣而狎其身,刑戮小民而逆其使，怀怒思耻而专习则贼生，贼生者，可亡也"；"大臣两重，父兄众强，内党外援以争事势者，可亡也"；"简侮大臣，无礼父兄，劳苦百姓，杀戮不辜者，可亡也"；"婴儿为君，大臣专制，树羁旅以为党，数割地以待交者，可亡也"；"太子尊显，徒属众强，多大国之交，而威势早具者，可亡也"；"变偏而心急，轻疾而易动发，心悁忿而不訾前后者，可亡也"；"主多怒而好用兵，简本教而轻战攻者，可亡也"；"贵臣相妒，大臣隆盛，外藉强敌，内困百姓，以攻怨仇，而人主弗诛者，可亡也"；"后妻淫乱，主母畜秽，外内混通，男女无别，是谓两主，两主者，可亡也"；"后妻贱而婢妾贵，太子卑而庶子尊，相室轻而典谒重，如此则内外乖，内外乖者，可亡也"；"大臣甚贵，偏党众强，壅塞主断而重擅国者，可亡也"；"父兄大臣禄秩过功，章服侵等，宫室供养太侈，而人主弗禁，则臣心无穷，臣心无穷者，可亡也"①；如此等等。上述这些说法不正是《黄帝书》所说的"六逆"的翻版吗？

韩非子还特别指出："黄帝有言曰：'上下一日百战'"②。他说："人主之患在于信人，信人则制于人。人臣之于其君，非有骨肉之亲也，缚于势而不得不事也。故为人臣者，窥觇其君心也，无须臾之休，而人主怠傲处其上，此世所以有劫君弑主也。为人主而大信其子，则奸臣得乘于子以成其私……为人主而大信其妻，则奸臣得乘于妻以成其私……夫以妻之近与子之亲而犹不可信，则其余无可信者矣。且万乘之主，千乘之君，后妃、夫人、嫡子为太子者、或有欲其君之早死者。何以知其然？夫妻者，非有骨肉之恩也，爱则亲，不爱则疏。语曰：'其母好者其子抱。'然则其为之反也，其母恶者其子释。丈夫年五十而好色未解也，妇人年三十而美色衰矣。以衰美之妇人事好色之丈夫，则身死见疏贱。而子疑不为后，此后妃夫人之所以冀其君之死者也。唯母为后而子为主，则令无不行，禁无不止，男女之乐不减于先君，而擅万乘不疑，此鸩毒扼昧之所以用也……人主弗知则乱多资。故曰：利

---

① 《韩非子·亡征第》。
② 《韩非子·扬权》。

君死者众则人主危……故后妃、夫人、太子之党成而欲君之死也。君不死则势不重,情非憎君也,利在君之死也。故人主不可以不加心于利己死者。"①又说:"人主无威,而重在左右也……人臣有大臣之尊,外操国要以资群臣,使外内之事非己不得行。虽有贤良,逆者必有祸,而顺者必有福。然则群臣莫敢忠主忧国以争社稷之利害。人主虽贤,不能独计,而人臣不敢忠主,则国为亡国矣。此谓国无臣。国无臣者,岂郎中虚而朝臣少哉!群臣持禄养交,行私道而不效公忠,此谓明劫。鬻宠擅权,矫外以胜内,险言祸福得失之形,以阿主之好恶。人主听之,卑身轻国以资之,事败与主分其祸,而功成则臣独专之。诸用事之人,一心同辞,以语其美,则主言恶者必不信矣。此谓事劫。至于守司囹圄,禁制刑罚,人臣擅之,此谓刑劫。"②

比较《黄帝书》关于"六逆"的观点,可以看出,韩非子的君主论与其思想原则和内容完全一致。二者的差异在于仅仅表述的方法,一个简单而粗糙,一个复杂而缜密。《黄帝书》所说的大国、中国和小国,韩非子表述为"万乘之国"、"千乘之国"。《黄帝书》所说的"在强国忧,在中国危,在小国削"、"在强国破,在中国亡,在小国灭",在韩非子的著作里,统统替换为"可亡也"。韩非子对此解释说,"亡征者,非曰必亡,言其可亡也。"这里说的"可亡也",强调的是导致国家衰败的因素,而不是必然灭亡的大势。明智的君主采取合适的补救方法,完全可以避免前述亡国的命运。"木之折也必通蠹,墙之坏也必通隙。然木虽蠹,无疾风不折;墙虽隙,无大雨不坏。万乘之主,有能服术行法以为亡征之君风雨者,其兼天下不难矣。"③仔细对照《黄帝书·大分》和《韩非子·亡征》,后者对于前者的思想继承和改造利用清晰可见。

---

① 《韩非子·备内第》。
② 《韩非子·三守》。
③ 《韩非子·亡征》。

三

《黄帝书》曰:"凡观国,有大〈六〉顺:主不失其立(位)则国【有本。臣】失其处则下无根,国忧而存。主惠臣忠者,其国安。主主臣臣,上下不赿(斥)者,其国强。主执度,臣循理者,其国朝(霸)昌。主得(位),臣楅(辐)属者,王。六顺六逆□存亡【兴坏】之分也。主上执六分以生杀,以赏□,以必伐。天下(太)平,正以明德,参之于天地,而兼复(覆)载而无私也,故王天。"①这是说,观察一个国家,可以看到有六种顺利的现象。一,君主不失其位,国家便具备了存在的根本;二,即使大臣不尽职,君主失去了依托,但国家还可以在忧患中继续生存;三,君主仁慈,惠及臣下,大臣忠心耿耿,则国家必然安定;四,君主有君主的权威,大臣有大臣职责,各当其位,不相僭越,君臣同心同德,则国家走向强盛;五,君主依靠法度治理国家,大臣按照事理办事,则国家昌盛;六,君主牢牢掌握政权,大臣团结在君主周围,如此可以王天下。"六顺"与"六逆"是决定国家兴衰和存亡的分界。君主掌握了"六顺"和"六逆"的判断标准,而后实施生杀、予夺的权力。国家安宁在于君主公正公平掌握法度,这样,君主可以称王天下。"六逆"讲的是君权的动摇和虚空,"六顺"说的是君主牢牢控制了政权。前者强调的是政治动荡与君主的权力丧失有密切关系,后者强调的是社会稳定是由于君主牢牢控制了权力,二者都是论证君权的重要性和根本性。

韩非子说:"人主有三守。三守完则国安身荣;三守不完则国危身殆。"那么,何谓三守?"人臣有议当途之失、用事之过、举臣之情,人主不心藏而漏之近习能人,使人臣之欲有言者,不敢不下适近习能人之心,而乃上以闻人主,然则端言直道之人不得见,而忠直日疏。爱人不独利焉,待誉而后利之;憎人不独害焉,待非而后害之;然则人主无威,

---

① 《黄帝书·大分》。

而重在左右矣"①。这无非是说,臣子应当尽职尽责,君主的思想不能让人窥见和掌握,君主必须拥有至高无上的权威。这些主张与《黄帝书》所谓"六顺"、"六逆"主张并无二致,都是强调君权对于国家稳定的重要性和根本性。

四

《黄帝书》曰:"天地有恒常,万民有恒事,贵贱有恒立(位),畜臣有恒道,使民有恒度。天地之恒常,四时、晦明、生杀、輮(柔)刚。万民之恒事,男农,女工。贵贱之恒立(位),贤不宵(肖)不相放(妨)。畜臣之恒道,任能毋过其所长。使民之恒度,去私而立公。变恒过度,以奇相御。正奇有立(位),而名□弗去。凡事无小大,物自为舍。逆顺死生,物自为名。名刑(形)已定,物自为正。"②这是说天地之间存在着永恒的规律,社会各界都有固定的事情,贵贱之间都有固定的位置,使用臣子应有固定的方法,统治老百姓要有既定的法则。四季更替,昼夜变化,荣枯交替,刚柔转化,乃是天地间固定的规律。男耕女织这些惯常的工作,乃是老百姓的事务。富贵者和卑贱者永远不会搅和在一起,这是人们的身份自然决定的。按照个人的特长委任决定其职位,则是君主选拔官员通常的做法。统治百姓的基本法则是杜私门而行公道。一旦出现了超越常规的事情,就要采取非常规的手段来纠正。按照不同情况,采用常规和非常规的手段治理国家。明白这些道理,在判定事物的概念时就不会发生错误,事物无论大小,都有各自存在的空间。逆也好,顺也好,生也罢,死也罢,都是事物的本质决定的。事物的性质决定了事物的名称和概念。事物的性质和概念一经确定,事物事情必然得到正确的处理。这是强调君主有君主的位置,臣子有臣子的位置,富贵者有富贵者的地位,贫贱者有贫贱者的地位,世间万事万物都

---

① 《韩非子·三守》。
② 《黄帝书·经法》。

有固定的位置,老百姓要辛勤劳作,统治者要管理百姓,各种各样的劳作都是自然决定的。

韩非子也说:"群臣守职,百官有常,因能而使之,是谓习常……明君无为于上,群臣竦惧乎下。明君之道,使智者尽其虑,而君因以断事,故君不穷于智。贤者敕其材,君因而任之,故君不穷于能。"①"是以明君守始以知万物之源,治纪以知善败之端。故虚静以待令,令名自命也,令事自定也。"②这也是说,君主有君主的职责,百官有百官的职能。君主的职责在于根据臣子的才能而授官,依据臣子的施政效果而赏罚。这乃是治理人类社会恒久的自然规定。事物的名称都是由本身的属性决定的。事物的名称得到了正确的分辨,处理事物的办法就会简单而明了。

《黄帝书》说:"动静不时,种树失地之宜,【则天】地之道逆矣。臣不亲其主,下不亲其上,百族不亲其事,则内理逆矣。逆之所在,胃(谓)之死国,伐之,反此之胃(谓)顺,顺之所在,胃(谓)之生国,生国养之。逆顺有理,则请(情)伪密矣……名实相应则定,名实不相应则静(情)。勿(物)自正也,名自命也,事自定也。三名察则知请(情)伪而(不)惑矣。有国将昌,当罪先亡。"③这是说,不按时令和地宜种植树木是违犯自然规律的,这叫做逆天地。臣子不亲近君主,下属不听从长上,各行各业的人不专心自己本业,这是违背社会规律。违背自然规律和社会规律的国家,难以避免衰败的命运,这样的国家应该被讨伐。与此相反,顺应自然规律和社会规律的国家势必充满生机,这样的国家应该被扶植。名与实相符的国家就会安定,名实不相符的国家就会出现纷争。所谓名称,是根据万物得性质而确定的。万事万物在名称的规范下,自然各安其位。弄懂了三名的属性,即"勿(物)自正也,名自命也,事自定也。"就可以理解事理,如此,本国就会繁荣昌盛,敌国就会趋于灭亡。这是从自然现象入手,论证君臣、上下各安其位,

---

① ② 《韩非子·主道》。
③ 《黄帝书·论》。

各司其职,彼此界限不可逾越,彼此性质不可混淆。即"主上者执大分以生杀,以赏□,以必伐。""臣肃敬,不敢敝(蔽)其主;下比顺,不敢敝(蔽)其上。"①只有这样,才能稳固君主的统治。

韩非子也认为英明的君主应当"无为而不为",不要玩弄聪明,不要显露智慧,不要喜形于色,去智去巧。君主的职责在于牢牢控制用人大权,循名责实,考核臣子是否尽职尽责,是否言行一致。"谨修所事,待命于天。毋失其要,乃为圣人。"而做臣子的应当对君主忠心耿耿,言行一致,各司其职,各尽其责,各安其位,任何时候不得僭越职权。他在《扬权》中这样说:"夫物者有所宜,材者有所施。各处其宜,故上下无为。使鸡司夜,令狸执鼠,皆用其能,上乃无事。上有所长,事乃不方。矜而好能,下之所欺。辩惠好生,下因其材。上下易用,国故不治。用一之道,以名为首。名正物定,名倚物徙。故圣人执一以静,使名自命,令事自定……因而任之,使自事之;因而予之,彼将自举之;正与处之,使皆自定之。上以名举之,不知其名,复修其形;形名参同,用其所生。二者诚信,下乃贡情。谨修所事,待命于天。毋失其要,乃为圣人。圣人之道,去智与巧;智巧不去,难以为常。民人用之,其身多殃;主上用之,其国危亡。"②

他在《主道》中又说:"道者,万物之始,是非之纪也。是以明君守始以知万物之源,治纪以知善败之端。故虚静以待令,令名自命也,令事自定也。虚则知实之情,静则知动者正。有言者自为名,有事者自为形,形名参同,君乃无事焉,归之其情。故曰:君无见其所欲,君见其所欲,臣自将雕琢。君无见其意,君见其意,臣将自表异。故曰:去好去恶,臣乃见素;去旧去智,臣乃自备。故有智而不以虑,使万物知其处;有行而不以贤,观臣下之所因;有勇而不以怒,使群臣尽其武。是故去智而有明,去贤而有功,去勇而有强。"③

---

① 《黄帝书·论》。
② 《韩非子·扬权》。
③ 《韩非子·主道》。

从上述几段文字可以看出,韩非子不仅完全继承了《黄帝书》关于君臣各司其职、各当其位的思想,而且进行了淋漓尽致的改造和发挥。

五

《黄帝书》:"规之内曰员(圆),柜(矩)之内曰【方,悬】之下曰正,水之曰平,尺寸之度曰小大短长,权衡之称曰轻重不爽。斗石之量曰小(少)多有数。八度者,用之稽也。日月星辰之期,四时之度,【动静】之立(位)。外内之处,天之稽也。高【下】不敝(蔽)其刑(形),美亚(恶)不匿其请(情),地之稽也。君臣不失其立【位】,士不失其处,任能毋过其所长,去私而立公,人之稽也。美恶有名,逆顺有刑(形),请(情)伪有实,王公执□以为天下正。"①这是说,圆规是用来画圆的,矩尺是用来画方的,悬垂是用来测量端正的,水平是用来测平的。用尺子测量长和短,用斗石测量粮食的多少,用绳子测量木头的曲直。八种度量器材乃是人们日常生活的准则。日月星辰循着轨道运行,四季按照时序更替。地势高低各有定位,无法隐蔽;土地肥瘠各有不同,不难区分;君臣各居其位,士人各得其所,按照人的贤能来授官,治理社会秉持公法,这是人道应当遵循的规则。是非善恶各有名分,违背道理或者符合道理均有客观依据,真假与虚实由事实来判别。君主掌握了上述准则,就可以成为治理天下的楷模。

韩非子也说:"古之全大体者,望天地,观江海,因山谷。日月所照,四时所行,云布风动;不以智累心,不以私累己;寄治乱于法术,托是非于刑罚,属轻重于权衡;不逆天理,不伤情性;不吹毛而求小疵,不洗垢而察难知;不引绳之外,不推绳之内,不急法之外,不缓法之内;守成理,因自然;祸福生于道法而不出乎爱恶,荣辱之责在乎己而不在乎人。"②这是从自然法则着手论证国家法治问题,不仅强调推行法治要

---

① 《黄帝书·四度》。
② 《韩非子·大体》。

"守成理,因自然",而且重视法治实施的公正性、公平性和稳定性,即"不逆天理","不伤情性","不吹毛而求小疵","不急法之外,不缓法之内"。

总之,我们从上述文献中看到了韩非子对于《黄帝书》的继承和改造。第一,《黄帝书》认为"道"是事物的根本,"道"派生了"法",而"法"则是人类社会必须遵守的准则。"道生法。法者,引得失以绳,而明曲直者殹(也)。"韩非子也同样认为"道"既是万事万物的根本,又是一种必须顺从的规律。人们应当遵守自然和社会规律。"道者,万物之所然也,万理之所稽也。理者,成物之文也;道者,万物之所以成也。"

第二,《黄帝书》从"六逆"、"六顺"探索国家衰败的原因,韩非子则罗列了46条国家"可亡也"的因素,两者的思维方式和内容完全一致。《黄帝书》强调"主上者执大分以生杀,以赏□,以必伐……为人主,南面而立;臣肃敬,不敢敝(蔽)其主。"韩非子也认为君主应当大权独揽。"使鸡司夜,令狸执鼠,皆用其能,上乃无事。""群臣守职,百官有常,因能而使之,是谓习常。"《黄帝书》认为,"名实相应则定,名实不相应则静"。强调界说,"名自命也,物自正也,事之定也。"韩非子接受了这一名实界说,谓"虚静以待令,令名自命也,令事自定也。"由此发展为"因任而授官,循名而责实,操生杀之柄,课群臣之能者也",极力提倡以刑名法度治理国家。《黄帝书》提出"无为"治国的理念,韩非子明确赞成"明君无为于上,群臣悚懼乎下。"《黄帝书》与《韩非子》都把"无为"看成是一种统治手段,都把"无不为"看成是最终的目的。

第三,《黄帝书》认为人们生活中离不开规矩,离不开绳墨,离不开悬垂和水平尺,离不开尺子和升斗,社会生活中自然离不开法度。韩非子也从自然法则着手论证国家推行法度的必要性和重要性,同时还强调推行法度必须公正和公平,既有继承又有发挥,改造和利用的痕迹明显可见。

既往学术界在研究先秦思想史时,大家一致认为韩非子是法家集大成的人物,他的思想主要来自商鞅的"法"、申不害的"术"和慎到的"势",现在看来,《黄帝书》也是韩非子思想的重要来源之一。因为,无论是关于"道生法"的观点,还是法是人类社会不可或缺的法则的看法;无论是"审合形名","因任而授官,循名而责实"的主张,还是君臣"各当其位"的见解;无论是提倡君主大权独揽,"操生杀之柄,课群臣之能者也","去智与巧","无为而无不为",还是再三告诫君主必须时时刻刻提防形形色色的君位觊觎者,无一不是韩非子思想中的重要内容。而这些思想均与《黄帝书》存在密切的传承联系。

关于"章邯军"与"王离军"的关系问题

张传玺

在书报杂志上谈到秦末农民大起义的文章中,几乎千篇一律的都把镇压起义农民的主力说成只有章邯一支;并把王离、涉间、苏角等秦将归入章邯麾下。在谈到这支军队的成分时,又往往简单化的说是由"骊山徒,人奴产子"组成的。显然这些说法或是含糊不清,或是根本错误。

朱绍侯先生在《关于秦末三十万戍守北边国防军的下落问题》①一文中提出了两个很重要的论点:一是说:秦之镇压农民起义,主要的不是依靠刑徒奴产子,而是不顾外患入侵全盘调回了戍守长城的边防军;另一个则是:刑徒奴产子并不可靠,大量逃亡,章邯军在秦政权一再发兵补充之下,成分迅速改变,在他与项梁、项羽作战时,他的军队已不是刑徒奴产子了,而是训练有素的秦兵。

我认为这两个论点都是很有益的,它不仅仅把几乎被人遗忘了的秦的"三十万边防军"的下落问题重新提出,并试图作出交代(当然这个交代是不正确的)。更重要的是该文对于秦政权不顾一切的集中军力镇压和屠杀人民问题,作了比较接触实质的评述。这比过去在这一问题上的含糊不清的简单处理的情况前进了一步。

不过,朱先生的看法也有缺陷和错误。他同样认为秦的主力只出动了章邯一支,把秦政权一再补充的章邯的兵士说成就是内调的全部

---

① 见《史学月刊》1958 年 4 月号。

王离军。这样就没法探求出秦的反动军事部署的全貌,因而也就使朱先生原先提出的两个论点得不到正确的论证。

我认为秦政权在关东人民大起义之初,即组织了两支主力军东向,王离与章邯分别受命为这两军的主将。这两支军队本来就是平行的,互无隶属关系。他们在不同的地点奉命东向,章邯从骊山一带出发,他们主要活动地区在韩、楚、齐黄河以南之地,所以叫做"河南之军";王离军自上郡一带出发东渡,主要活动地区在河东、太原、上党一带,所以叫做"河北之军"①。这两支军队从组成到巨鹿之战的前夕,虽然有南北呼应的关系,但其基本特点是各自直接听命于中央,互不隶属。巨鹿之战,章、王二人在军事上仅仅是南北会师后的联合行动,司马迁虽然有"章邯令王离、涉间围巨鹿"②一语,但我认为此话不足以说明"王离军即章邯军"。在我看来,王离率军击赵,是直接受命于秦中央的,章邯北渡,是为了策应王离。

为了进一步说明我的这个看法,我愿从以下三点谈起:

一、陈胜起义之后,"山东郡县少年苦秦吏,皆杀其守卫尉令丞反,以应陈涉,相立为侯王,合从西乡,名为伐秦,不可胜数也"③。王离原驻上郡,为什么不直接从那里渡河东向,镇压魏、赵、燕之起义者,而偏偏舍近逐远,由西北而调向东南呢?这不是为河北起义军之西进开方便之门吗?

朱先生认为楚齐一带比其他各地紧急得多,"关中没有军队",不得不如此。我认为楚、齐更紧急是事实,但如此而忽视了黄河以北的农民斗争,乃至认为秦政权不会向这一带出兵镇压,这是不正确的。

《史记·张耳陈余列传》说:

---

① 《史记·高祖本纪》说:"秦将王离围之巨鹿城,此所谓河北之军也。"我认为这一称呼是与"河南之军"——章邯部对待而言的。同书《史记·项羽本纪》说:"陈余为将,将卒数万人,而军巨鹿之北,此所谓河北之军也。"我认为陈余军无称"河北之军"的理由,可能是司马迁搞错了。

② 《史记·高祖本纪》,中华书局1959年版。

③ 《史记·秦始皇本纪》。

> （二世元年八月，赵王武臣）使韩广略燕，李良略常山，张黡略上党。①

又说：

> 李良已定常山，还报，赵王复使良略太原。②

当地农民及赵、燕等国的旧贵族起事的当然更多，他们的矛头也都指向关中。在这种情况下，上郡秦兵是没有可能调向东南战场的。

至于说"关中没有军队"可发，也不是事实。

《史记·秦始皇本纪》说：

> （二世元年）尽征其材士，五万人为屯卫咸阳，令教射，狗马禽兽。③

同书又说：

> 少府章邯曰："盗已至，众强，今发近县不及矣！骊山徒多，请赦之，授兵以击之。"④

可见关中还是有兵可发的，其所以先发"刑徒、人奴产子"迎敌，是仓促应变之策。后来在东方作战，秦一再补给章邯的，都是"关中卒"及新征"秦人"；并不是王离军。史书记载第一批前来补给的是由长史司马欣、都尉董翳率领的秦军。他们二人此后一直是章邯的主要部属，在章邯的整个军事和政治活动中，也常常看到他们的名字。王离的地位和名望比他们二人高得多，军事实权更远非他们可比，果真他率三十万大军前来补充章邯军，他本人并成为章邯的部将，史书上不会在记载章邯部的一些主要活动中漏掉王离的名字。从史书上看去，王离及王离军这样的称呼，只有在赵地及东郡等地区才会看到。从上下文看去，他们是不属于章邯军的独立的一支。

二、王离进军的路线还是有迹可寻的。《史记·张耳陈余列传》

---

① ② 《史记·张耳陈余列传》。
③ ④ 《史记·秦始皇本纪》。

说：

> 赵王复使(李)良略太原，至石邑，秦兵塞井陉，未能前。……乃还之邯郸，益请兵。①

这里所说的"秦兵"，我认为就是王离军。

同书《史记·白起王翦列传》说：

> 陈胜之反秦，秦使王翦之孙王离击赵，围赵王及张耳钜鹿城。当时有人为赵担心说："王离，秦之名将也。今将疆秦之兵，攻新造之赵，举之必矣。"②

从这些线索看去，我认为王离的进军路线是由上郡直接东渡，基本上沿着秦皇帝曾经走过的大道——自太原至井陉③前进的。他先稳定了一下太原的局面，又东向控制了太行山以及其以西之地。在井陉击退了李良之赵军后，又趁赵内讧而南下攻赵。

从时间上看，王离于二世二年(前 208 年)后九月先章邯而至巨鹿城下，渡河北上的章邯军于下一月(三年十月)才到邯郸。④ 后来章邯亦不曾到过巨鹿附近。在"筑甬道属河，饷王离"⑤时，他最北仅仅到过巨鹿以南的棘原，不久甬道为楚兵切断，他即向南撤退。所以参加巨鹿之战的秦军，主要是王离军，涉间、苏角都是王离属下的部将。

三、王离军到底有多少人呢？因为史书上毫无交代，估计是非常困难的。这里所以要谈一谈，就是为了修正一下朱先生认为这三十万人全部内调的意见。《史记·匈奴列传》说："诸秦所徙适边者皆复去。"我们完全可以相信这三十万人一定不全了。根据巨鹿之战时双方军事力量的对比情况，战争激烈程度及其结果推测，王离军大约有

---

① 《史记·张耳陈余列传》。
② 《史记·白起王翦列传》。
③ 《史记·秦始皇本纪》。
④ 《史记·秦楚之际月表》。
⑤ 《史记·张耳陈余列传》，文中的着重点是笔者所加。

十几万人。当然这仅仅是一个估计。这支军队随着王离、苏角、涉间的被掳被杀而崩溃了。

章邯未正面参加巨鹿之战,他自棘原退却,直到王离军彻底溃败之后,才在漳水南北与项羽有较大的军事接触,而且也是处于被动地位,并一直向南溃退。章邯殷墟投降以后,他的二十万军队又被项羽坑杀于新安城南。

至此,秦政权赖以苟存的两支主力军彻底消灭。

以上仅仅是我的一个不成熟的看法,所谈三点彼此并不是孤立的,综合起来,才能形成这一看法。如果这个看法对的话,我们可以看出来秦政权是如何的反动,为了继续他的罪恶统治,不惜全盘调回了北防匈奴的边防大军,有计划的、疯狂的倾全力屠杀与镇压起义人民。当然不管反动统治者如何疯狂,历史已判定了他们的命运,失败永远是属于他们的。

附录书信三封

《史学月刊》编辑部的朋友们:

顷接来函,得知贵刊编辑部正在为朱绍侯教授90华诞而奔忙。向友人征集祝寿文章一事,特别令我高兴,很愿应命。奈我大病刚刚出院,正在康复,头脑迟滞,不能握管。万般无奈,心生奇想。

我与朱教授之友谊,始自1958年春向贵刊投稿。该稿是对朱教授一篇大作提了一点小小的意见。没想到贵刊对我的小稿欣然接受,并提了修改建议。贵刊和朱教授各有一函寄来北大,可是我当时已往云南参加少数民族的社会历史调查。这年8月,我正在昆明学习民族政策时,北大将两信转来。我匆忙将文章修改一下寄回贵刊,从此进入德宏傣族景颇族地区进行民族调查,与贵刊及朱教授断了联系。第二年春天,我又调到金沙江边大黑山的彝族地区进行调查。此时忽接青岛家中来信,说《史学月刊》寄去我的稿费。我对贵刊的关照与深入细致的工作非常感谢。美中不足的是发表我的小稿的那期《史学月刊》没有见到。但我与贵刊、与朱教授的友谊从此建立。直至1981年秋,我与朱教授在西安第一次见面,彼此都感兴奋,可这已是23年之后的事了。此后,我们之间的友谊又有新的发展。在三十多年间我们共同连任中国秦汉史研究会的理事、副会长。直到今天,犹双双忝为该研究会的顾问。

我的奇想是这样的:

请将我的这封给贵刊编辑部的建议书、连同当年的那两封推动我与朱教授建立友谊的原始信件,再加上我的那篇具有友谊因素而至今我尚未见到它的铅字真面的小短文,来一个四合一,一同收入祝寿文集中,权充我的祝寿愿文。

这是我的真诚心愿。"同心共饮,众志成城。"我相信我的这个心愿一定会得到贵刊和朱教授的欢迎。

附上两信复印稿,以表示我恳切之情。

北大历史系张传玺拜上
2015年羊年元旦

张传玺同志:

大作《章邯军不是王离军》已经拜读过了,文中所提章邯军是河南军,王离军是河北军很有道理。但是有一点也值得商讨,即您根据王离的政治地位和军中职位来论证王离不会受章邯统率也难成立,因为政治地位不是永远不变的,事实上您自己也承认"王章二军联合后,秦以章邯为统帅",可见章邯统率王离不是不可能的,既然如此您这种论断也可以删去,您如同意请改写一下,然后寄来。

《史学月刊》编辑部
1958—7—27

张先生:

您对拙稿《关于秦末三十万戍守北边国防军的下落问题》所提意

见基本上是正确的,但也提了一点意见供您参酌。所以预先要和您商量一下,因为我不想因为这个小问题再争论下去。

我原先写那篇短文的用意,在于说明秦统治者不顾外患而调动边军镇压国内人民,同时也想说明为什么秦能迅速发动反攻,但由于疏忽了《史记·王翦传》有关王离的记载,而犯了错误。根据您现在的意见,可以看出秦末当农民军正在发展时,秦帝国是从从两方面发起了反攻,即从关中和上郡开始反攻,这两路秦军起了配合作用。目前史学界所发表的关于秦末政府军镇压农民军的经过还没有这种提法,特别是没有人提到秦曾动用边防军镇压起义,我想您改写时如果在这方面多发挥一些是必要的。

所见是否正确尚祈指正!

此致

敬礼

朱绍侯

1958—7—27

兔子山遗址出土《秦二世元年文告》与《史记》纪事抵牾释解

孙家洲

秦王朝的暴亡及其原因,自汉代以来就是一个引人关注的历史话题。其中,秦始皇在东巡途中病死沙丘之后,胡亥在赵高的主导之下通过篡改秦始皇的遗诏而得以登基成为秦二世皇帝,是导致秦朝"二世而亡"的重要因素之一——这样的说法,在《史记》的《秦始皇本纪》《李斯列传》中,有翔实的记载,并且构成了一个完整的"证据链"。秦二世皇帝的即位是政治阴谋的产物,不具备"合法性",是读史者耳熟能详的历史定论。在传世文献中,确实不见与之不同的记载,自然也就无从出现不同的观点。

但是,2013年全国十大考古发现之一的"湖南益阳兔子山遗址",在9号古井出土的简牍中,有一枚秦二世元年的文告(J9③:1)。这无疑是一项重要的考古发现——《秦二世元年文告》把秦二世即位是否具备"正当性"的问题,提了出来。我们不得不重新审视与讨论这个问题。

这次重大考古发现的主持人、湖南省文物考古研究所研究员张春龙先生认为:简文内容是秦二世继位后第一年的第一个月颁布,文中强调继位的合法性。其部分内容可与北京大学藏西汉简牍中的《赵正书》互相印证。这份诏书,甚至可以称之为《秦二世登基诏书》,其中所刻意强调的"朕奉遗诏"之说,确实提供了与《史记》的记载不同的史料来源。在2013年年末的集中报道中,张春龙先生的这段话,被多家媒体做过取舍不一的多次引用。

在见到相关报道之后,我曾经与张春龙先生通过邮件讨教过有关问题,受益匪浅。2014年8月在成都市参加中国秦汉史研究会的年会时,我提交的会议论文——《〈史记·秦始皇本纪〉研读新知》中,就涉及了对这份《秦二世元年文告》的历史学背景解读。最近一个阶段,我有意修订年会论文以图投寄发表。才注意到武汉大学简帛研究中心主办的《简帛网》上已经刊发了吴方基、吴昊两位先生的文章《释秦二世胡亥"奉召登基"的官府文告》,而且作者的基本结论"可见胡亥诈立一事,民间多有耳闻"。"综上所述,胡亥是通过赵高、李斯矫诏得以继位一事以及继承皇位的不合法性是毋庸置疑的"①,与我的基本观点是一致的。我2014年在撰写年会论文时确实未曾注意到该文的存在,在学术史的梳理上出现了欠缺,实在是惭愧。考虑到两位吴先生的论文发表在一年之前,我曾经想过,本文不写也罢。后来想到,即便是结论相同的研究文章,倘若在论证的思路上有所不同,内容上有所补充,应该还有继续讨论的价值。故将有关思考重新整理,草成本文,请方家指教。

一 《秦二世元年文告》释读的重点所在

为了便于讨论问题,先把这份《秦二世元年文告》,录出如下:

> 天下失始皇帝,皆遽恐悲哀甚,朕奉遗诏,今宗庙吏及箸以明至治大功德者具矣,律令当除定者毕矣。元年与黔首更始,尽为解除流罪,今皆已下矣。朕将自抚天下,吏、黔首,其具行事已,分县赋援黔首,毋以细物苛劾县吏。亟布。

---

① 吴方基、吴昊:《释秦二世胡亥"奉召登基"的官府文告》,《简帛网》,发布时间:2014—05—27。

以元年十月甲午下,十一月戊午到守府。(背)①

仔细研读文告的内容,按照我的理解,其在政治方面的重点是两个:

1. 强调秦二世的登基是按照始皇帝的遗诏进行的,要害的文句是"朕奉遗诏"四字。此前的"天下失始皇帝,皆遽恐悲哀甚"一句,只不过是铺垫式的官场文字而已,似乎不必深求其解。

"朕奉遗诏"的政治用意,确实如同张春龙先生分析的那样,是为了证明二世皇帝登基的合法性。如果这份文告所言属实,那么,秦二世胡亥就是秦始皇在生前所选定的继承人。自汉代之下,读史者所熟知的赵高主谋发起的"沙丘之变",就是一个历史"假案"了。也正是因为如此,当《秦二世元年文告》被报道之后,一些并非专业研究历史的社会人士,就如获至宝,以为可以凭借这份地下发掘的最新考古发现来改写秦朝末年的政治史了。其实,现在出土所见的《秦二世元年文告》的内容与《史记》的记载不一致,只是一个"记事抵牾"的现象;如何解释这种抵牾,才是历史研究者应该做的工作。我们一直尊重地下出土文献的价值,是因为它们深埋地下,所以避开了后世人们出于各种动机的修改甚至是篡改。但是,绝不意味着只要出土文献与传世文献之间有不同,研究者就要一律按照地下文献的记载而质疑甚或改写传世文献。地下文献在其形成的过程中,"制造者"也会出于某种动机而歪曲历史甚或伪造历史。从这个意义上说来,地下出土文献也要首先

---

① 这份"文告"的正式公布,是在 2013 年 11 月 23 日在湖南长沙举行的"湘鄂豫皖楚文化研究会第十三次年会"上。公布的用语是《湖南益阳兔子山遗址出土秦二世胡亥"奉召登基"的官府文告简牍》(此处的文字,依据网络上公布的为据,但是,有两个逗号,我参以己意,调整为句号,说明见下)。随后,包括主流网站在内的多家媒体先后报道了这一重要发现。可以参见:A/《湖南出土简牍发现秦二世奉诏登基文告》,京华网 www.jinghua.cn,时间:2013-11-24 08:59　来源:京华时报;　B/光明网:http://life.gmw.cn/2013-11/24/content_9584484.htm;　C/新华网:http://news.xinhuanet.com/shuhua/2013-11/25/c_125754857.htm;　D/docin.com 豆丁网

经过"可信性"的严格鉴定。研究者既不能被传世文献的虚假信息所蛊惑,也不可以对出土文献无条件地相信,而被其"愚弄"。对于《秦二世元年文告》与《史记·秦始皇本纪》纪事的抵牾,我们正应该秉持这样的思路,去做出比较、分析、判断。我的"释解",详见本文下述。

2. 公布了秦二世的"元年新政"的主要措施,意在显示新君执政治国的基本思路,特别突出其"惠民爱吏"的仁惠之政,意在笼络人心、稳定政局。关键词是"元年与黔首更始"。更始,是习见于秦汉文献的常用语,大致上与"变革""更改"相当。① 后世有所谓的"改元新政"之说,是指新君嗣位之后,借着"改元"的布新之时,推出有别于旧君的新政。就这种类似于政治宣言的"套路"而言,这份出自于秦二世名义的诏书"元年与黔首更始"之说,应该是后世"改元新政"的直接源头。

秦二世诏书"元年与黔首更始"的主要内容则是:

(1) 今宗庙吏及箸以明至治大功德者具矣,律令当除定者毕矣。

(2) 元年与黔首更始,尽为解除流罪,今皆已下矣。(此处的句号,在原文中是逗号)

(3) 朕将自抚天下。吏、黔首,其具行事已,分县赋援黔首,毋以细物苛劾县吏。(此处的句号,在原文中是逗号)

其中的(1)句,有两点要做出解释:A. 从文献的位置而言,置于"元年与黔首更始"之前,故也可以理解为"过渡性"文字,而不一定是"更始"之政的有机组成部分;但是,至少"律令当除定者毕矣"应该是"更始"之政的内在要素。尚可存疑。B. 其中的"今宗庙吏及箸以明至治大功德者具矣"一句的确切含义,尚不明晰。尽管其中的对言之文"具矣"可以与下句的"律令当除定者毕矣"做出联想型思考,但是,前半句的真实内涵并不明了。或者说,我自己还不能做出通解。

其中的(2)(3)两句,是秦二世公开宣布的"元年与黔首更始"的主

---

① 在《史记》与《汉书》中,"与天下更始"之句,就出现在《史记·齐太公世家》、《汉书·平帝纪》、《汉书·食货志下》、《汉书·翼奉传》、《汉书·杜邺传》等文献中。两汉之交,还有"更始将军"、"更始"年号与皇帝的称号。

要内容,涉及缓刑、惠民、宽待县吏等三个方面。如果仅从这些宣示的内容来看,说秦二世有志于做个明君,也未尝不可。当然,其后不久的历史证明,他的"更始"新政仅仅停留在诏书上,完全不见付诸实行的蛛丝马迹。秦二世是亡国之君、愚蠢昏暴之君。

二 北大竹简《赵政书》是否可以证成《秦二世元年文告》臆说

如上所述,张春龙先生已经敏锐地发现了《秦二世元年文告》与北大竹简《赵政书》在内容上的关联性。这两篇出土文献,从不同的方面,对秦二世即位的背景,都给出了与《史记·秦始皇本纪》不同的记载。

关于北大竹简《赵政书》,现在公布的标准化介绍文字是:

《赵政书》,存竹简50余枚,近1500字。书中围绕秦始皇之死和秦朝灭亡,记述了秦始皇【简文称之为"秦王赵正(政)"】、李斯、胡亥、子婴等人物的言论活动,其成书年代应在西汉早期。书中的部分段落见于《史记》的《蒙恬列传》、《李斯列传》,但又不尽相同,有可能是司马迁撰写《史记》时参考的资料之一,具有史料价值。

《赵政书》中与秦二世诏书可以对比的文字是三支竹简,具体文字是:

昔者秦王赵正(政)出游天下,至白人(柏人)而病,病笃,喟然流涕长太息,谓左右曰:"吾忠臣也,其议所立。"丞相臣斯、御史臣去疾昧死顿首言曰:"今道远而诏期(巫),群臣恐大臣之有谋,请立子胡亥为代后。"王曰:"可。"王死而胡亥立,即杀其……①

《赵政书》与《秦二世元年文告》的文字关联性,似乎构成了一个可以互证的关系:秦二世的即位是秉承秦始皇的遗诏行事,而不是如同

---

① 赵化成:《北大藏西汉竹书〈赵正书〉简说》,《文物》2011年第6期。

《史记》的记载伪造诏书而夺得帝位。在某种程度上说来,似乎可以对《史记》纪事的可信性,提出"交叉支撑"式的质疑了。

北大西汉竹简的《赵政书》,现在还未曾公布,其书的性质是史书还是子书乃至于小说家言,还要等到文书公开之后,再做讨论而后定。到目前为止,根据学者私下交流得到的基本看法,似乎归属于"小说家言"的可能性更高。所以我们不宜于把《赵政书》的史料价值估计太高。如此,直到现在,我们还不能断言:《赵政书》与《秦二世元年文告》已经构成了共同质疑《史记》纪事真实性的"证据链"。

三 我对《秦二世元年文告》的解读

对湖南益阳兔子山遗址出土的《秦二世元年文告》中"朕奉遗诏"即位的内容,应该如何解读?本来就有不同的思路可以遵循。

根据《史记·秦始皇本纪》与《李斯列传》的记载,秦二世的继位,是"沙丘政变"的结果。即:秦始皇病死于沙丘之后,赵高充当主谋,游说了同行的皇子胡亥、丞相李斯,篡改了秦始皇的遗诏,逼死秦始皇所属意的长子扶苏,而假借始皇遗诏的名义,拥立胡亥继位,是为秦二世皇帝。

如此说来,秦二世的继位,是矫诏的结果,其统治权力的来源"合法性"是大成问题的。——几乎所有的传世文献,都在支持这个结论。[①] 汉代前期的政论代表作贾谊的《过秦论》,也以部分笔墨,重点批判了秦二世的昏聩残暴是导致秦朝速亡的直接责任者,未见对秦二世有任何的"理解"与"宽容"的痕迹。司马迁与贾谊对秦二世的贬抑立场是完全一致的。这是否也可以解读为贾谊所知道的秦二世即位的政治背景与司马迁的记载,没有歧义?

司马迁在《史记》中记载的"沙丘之变",不仅有《纪》《传》可以互

[①] 有关"沙丘之变"的文献记载,集中见于《史记》的《秦始皇本纪》和《李斯列传》,是研治秦汉史的学者耳熟能详的,为节约版面起见,原文一律从略。

证,而且,秦朝统治的最后阶段所出现的残酷的内部残杀,也只有一个最合乎常规的解释——秦二世、赵高因为担忧政变内幕外泄而故意杀人灭口。请看以下记载:"二世乃遵用赵高,申法令。乃阴与赵高谋曰:'大臣不服,官吏尚强,及诸公子必与我争,为之奈何?'"赵高回答秦二世之问时,居然说出"臣请言之,不敢避斧钺之诛,愿陛下少留意焉。夫沙丘之谋,诸公子及大臣皆疑焉,而诸公子尽帝兄,大臣又先帝之所置也。今陛下初立,此其属意怏怏皆不服,恐为变。"①这样的君臣密语式的对话,如果没有"沙丘之变"为其背景,是根本无从出现的。

按照我的理解,在多事之秋的政治性文告的解读,尤其要注意解析文告发布的时代背景与发布者的用意。这份诏书,在刻意强调秦二世"朕奉遗诏"而即位,面对这样的"宣示",研究者是相信秦二世的文字表述属实?还是深究他刻意强调的用心所在?

质言之,在充满了政治斗争的时代氛围之内,政治家越在公开宣示的东西,有可能就是出于需要而编造或者是曲说的东西。假如秦二世即位之后,社会上没有出现其权力来源是否"合法"的不同议论,秦二世何必以诏书的名义来向社会加以强调?——在政治"铁幕"的时代,统治者的官方文告中越是刻意强调的,大多要从其反面加以思考和诠释。

所以,我以为,尽管现在出现了《秦二世元年文告》与《赵政书》的异说,但是,如何解读其中与传世文献的抵牾之处,是我们今后要继续做的工作。至少在目前,《史记》中所记载的秦始皇——秦二世之际的基本历史叙事框架,还不能轻言改写。

---

① 《史记·李斯列传》,中华书局1959年版。

秦汉之际国家结构的演变

——兼谈张家山汉简中汉与诸侯王国的关系

卜宪群

国家结构是指"国家的整体与部分,中央政权机关与地方政权机关组成关系的性质和方式"①,简言之即"国家整体与组成部分之间的相互关系"②。在国家形态研究中,国家结构占有十分重要的地位。首先,特定时期的国家结构是由特定时期的历史特点决定的而不是统治者随意选择的结果。其次,国家结构的合理选择与否与该时期的社会政治、经济等各方面能否稳定发展密切相关。最后,国家结构形式是发展、变化的,因为决定国家结构的根本原因,即社会经济形态是一个不断演进的过程。中国古代国家结构至秦汉时已经经历了漫长的发展过程,大体上说,周代是等级分封制的国家结构,周代等级分封制国家结构瓦解后,在周代所分封诸侯国基础上发展起来的春秋国家,

---

① 王松、王邦佐主编:《政治学》,高等教育出版社2002年版,第46页。
② 吴家麟主编:《宪法学》,群众出版社1988年版,第241页。

是战国国家的前身,但是战国国家形态与春秋国家形态已经很不相同。① 春秋国家作为周制整体中的一部分,无论是国家的外部形态还是国家的内部结构都不具有独立主权国家的特点,而且城邦性质明显。战国列国则完全摆脱了周制的影响,各自成为具有独立主权、领土和实施完整、直接行政统治的国家。战国列国的国家结构与秦汉相比较,从很大程度上而言,只有规模大小,集权程度的不同,而无本质的差异。秦统一后,建立了专制主义中央集权的郡县单一制国家结构,但是这种单一制的国家结构形式只存在了十五年。秦亡后,历史又经历了战国列国的复国运动、以楚为中心的分封制和汉初的分封制。这些变化使汉初的国家结构表现出不同于秦的典型特征。特别是张家山汉墓竹简公布后,其中《二年律令》、《奏谳书》等材料中,有不

---

① 关于春秋至战国的国家形态演变,许倬云在《东周到秦汉:国家形态的发展》(载《中国史研究》1986 年第 4 期)一文中有不少精辟的论述,如他认为:"春秋时代的列国,并不是国家的初型,而是西周国家瓦解后的残余。"春秋列国间的战争和内部冲突,使"……西周瓦解后列国不完整的国家功能及结构,转变为完整的主权国家。"战国时代则"循着同一方向发展……转变为充分具体的国家。"但也有不同看法,谢维扬在《中国早期国家》(浙江人民出版社 1995 年版,第 460 页)一书中认为:"就中国战国时期国家形态而言,它已经同典型的周朝国家制度有了巨大的不同。但是战国时期也还没有产生真正成熟类型的国家制度,这种制度还在形成中。"

少牵涉到汉初国家结构的问题,并且已经引起了学界的关注。① 但是如何看待汉初的国家结构恐怕还不能将问题简单化,这其中有理论问题,如国家和政权有无区别,也有对史料如何分析看待的问题,所以对秦汉之际的国家结构还应当从多方面来考察和把握。本文并非探讨秦汉之际国家结构中的全部问题,而仅以秦亡汉兴为线索,来探讨秦汉之际国家结构演变历程中的若干问题。

一 从"皆为郡县"到"六国复自立"

公元前221年,秦灭六国,建立了中国历史上第一个统一的专制主义中央集权的封建国家,秦帝国否认了先秦至春秋以来国家权力被宗法血缘贵族所分割的历史传统,否认了战国列国国家分立统治的历史传统,断然建立了单一制的郡县制统治。统一后,秦统治者从各个方面论证了这种统一的合法性及其意义。如《史记·秦始皇本纪》所云"海内为郡县,法令由一统","初并天下,罔不宾服","六合之内,皇帝之土","皇帝并宇,兼听万事,远近毕清","禽灭六王,阐并天下,甾害绝息,永偃戎兵","殄息暴悖,乱贼灭亡"等等语言,都是秦帝国对统

---

① 例如,臧知非在《张家山汉简所见汉初中央与诸侯王国关系论略》一文中指出:"自20世纪以来所有的秦汉史论著在论及西汉行政体制变革时,都谓刘邦的分封是把秦朝的郡县单轨制变为郡县和分封双轨制,把分封制下的王国和侯国与郡、县并立,封国和郡县同是中央集权政体下的行政单位。……现在是修正以往认识的时候了。"(《陕西历史博物馆馆刊》第10辑,第314页。)按:对汉初国家行政体制的认识并非如臧先生所云自20世纪以来完全一致,如李开元在《汉帝国的建立与刘邦集团》一书中就提出:"西汉初年,其时代特征,乃是类似战国后期的后战国时代,其郡国制之王国,并非一级政区,而是和汉并立的独立王国。"(三联书店2000年版,第251页。)此外,陈苏镇对汉初国家行政体制也从侧面提出过质疑,如他说:"文帝之前可能没有要求内诸侯用汉法的明确规定,即使有也必定形同虚设。"(《汉代政治与〈春秋〉学》,中国广播电视出版社2001年版,第88页。)不用汉法,当然也意味着王国与郡县和中央集权关系的不同。

一国家观念的宣扬。但是实际上,战国列国相互并立的国家观念以及更为古老的分封制传统并没有完全被统一的、郡县制国家观念所取代。首先,统治阶级内部对新帝国建立怎样的国家结构本身即存在着不同的意见。如丞相王绾建议:"诸侯初破,燕、齐、荆地远,不为置王,毋以填之。请立诸子,唯上幸许。……群臣皆以为便。""群臣皆以为便",说明在秦廷高级官吏中,赞同分封的人也很多。来自齐地的博士淳于越以"事不师古而能长久者,非所闻也"为依据,从侧面力劝秦始皇"封子弟功臣"①,也反映了当时部分知识分子的国家结构理想。当然,战国列国本身已经是摆脱了周代分封制影响的独立主权国家,战国秦初人们所言的"诸侯"与西周的"诸侯"已非同一概念,因而秦帝国产生的社会基础与周代分封制的社会基础已大相径庭,秦灭六国与周代分封制的兴衰也没有内在联系。虽然古老的分封制,以及战国列国由周制演变而来的事实仍然会从理想上影响到秦统一后人们对国家结构的看法,但毕竟不能将王绾、淳于越等人关于新建立的秦帝国国家结构的观点理解为"企图恢复西周时期奴隶制性质的裂土分封制"②,而应当理解为带有战国分封的特点③。其次,六国的政治势力、社会势力仍存,恢复列国并立统治的愿望依然十分强烈。再次,统一的社会基础还不牢固,文化的地域性差异仍然十分突出。④ 最后,秦统一后的统治政策造成"天下苦秦"的客观形势。上述因素的综合发展导致了秦的统一局面十分短暂,历史出现了向战国时代回归的典型

---

① 《史记·秦始皇本纪》,中华书局1959年版。
② 柳春藩:《秦汉封国食邑赐爵制》,辽宁人民出版社1984年版,第26页。
③ 我们注意到,李斯和秦始皇反驳王绾和淳于越等人观点时所引用的论证材料虽牵涉到周制,但不实行分封的真正理由仍是战国纷争给天下造成痛苦的历史事实。
④ 关于这一点,陈苏镇在《汉代政治与〈春秋〉学》一书第一章中有系统的论述。胡宝国在《汉唐间史学的发展》一书中说:"政治上结束战国是在秦代,而从文化上看,战国还远未结束。"商务印书馆2003年版,第215页。

特征,①统一的国家结构也被"六国复自立"的局面所取代。

《史记·秦始皇本纪》载:"(二世被杀后赵高曰)'秦故王国,始皇君天下,故称帝。今六国复自立,秦地益小,乃以空名为帝,不可。宜为王如故,便。'立二世之兄子公子婴为秦王。……受王玺。""六国复自立"和公子婴为秦王"受王玺",表明自公元前 207 年始,统一帝国的国家结构已经不复存在。有学者称"此乃战国复活之正式宣告"②,甚确。但细译历史,战国复国的历史实起自于陈涉起兵后,我们试析之如下:

1. 楚的复国

史实证明,秦灭楚后,楚地社会的反秦势力潜滋暗涨,十分汹涌。所谓"楚虽三户,亡秦必楚","夫秦灭六国,楚最无罪"的说法,及项梁"阴以兵法部勒宾客及子弟"③,表明楚地之人在舆论和行动上早有复国的准备。我们可以看到秦末至少有五支起兵队伍是以复兴楚国为号召的:

陈涉、吴广。《史记·陈涉世家》载陈涉起兵后徒属:"袒右,称大楚。"又云"陈涉乃立为王,号为张楚。"陈地三老豪杰亦云陈涉:"伐无道,诛暴秦,复立楚国之社稷,功宜为王。"陈涉虽未立楚后,但他自立

---

① 关于秦汉之际呈现出战国历史的特征古今史家都有论述,如《史记·吕太后本纪》太史公曰:"孝惠皇帝、高后之时,黎民得离战国之苦。"这是把秦汉之际的历史径称为"战国"。贾谊在《过秦论》中说:"秦离战国而王天下,其道不易,其政不改,是其所以取之也。"这也表示秦的历史是战国历史的延续。今人田余庆在《说张楚》一文中再次强调了这个特点,他认为秦楚汉间的国际关系,在很大程度上是战国时代国际关系的重演与发展(参见《秦汉魏晋史探微》,中华书局 1993 年版)。此外,李开元和陈苏镇分别在《汉帝国的建立与刘邦集团》和《汉代政治与〈春秋〉学》二书中对这一问题有深刻的阐述。

② 李开元:《汉帝国的建立与刘邦集团》,三联书店 2000 年版,第 75 页。

③ 《史记·项羽本纪》。

为王后，其政制建设基本沿袭楚制，①说明陈涉是以昔日楚国的影响力来号令天下的。

秦嘉。在陈涉影响下起兵的秦嘉"立景驹为楚王"②。景氏亦楚旧贵族。

葛婴。《史记·陈涉世家》云："葛婴至东城，立襄疆为楚王。"

项氏。项氏"世世将家"③，"有名于楚"④。起兵后项梁求楚怀王之孙心"立以为楚怀王，从民望也"⑤。项氏在爵制、官制和地方行政制度上以战国楚制为蓝本，史载十分清楚。

刘邦。刘邦起兵之地本属西楚，起兵后初投楚王景驹，后投项梁。秦二世元年楚怀王"以沛公为砀郡长，封为武安侯"⑥，说明刘邦起兵后不久即成为楚王领导下反秦队伍中的一支。刘邦初期的建制亦循楚制。

《史记·高祖本纪》《正义》引臣瓒曰："时立楚之后，故置官司皆如楚旧也。""如楚旧"主要是指以上数支起兵队伍而言的，并非包括秦汉之际全部起兵队伍。这几支起兵者与昔日楚地、楚人、楚国皆有密切关系，以楚的国家观念来号令天下，抗击暴秦，目的是复兴楚国。

2. 赵的复国

秦王政十九年，秦兵入邯郸，赵亡。赵公子嘉率宗族奔代称代王。秦王政二十五年，王贲攻代，代亡。秦二世元年，即代亡后十二年，陈涉"令陈人武臣、张耳、陈余徇赵地"⑦。按秦灭赵后设邯郸郡，此不云秦郡而云"赵地"，显然是以战国政治地图来划分天下的。武臣至邯郸

---

① 关于秦汉之际楚制的复兴与影响请参阅田余庆：《说张楚》，《历史研究》1989年第2期。卜宪群：《秦制、楚制与汉制》，《中国史研究》1995年第1期。
②③⑤ 《汉书·项籍传》，中华书局1962年版。
④ 《史记·项羽本纪》。
⑥ 《史记·高祖本纪》。
⑦ 《史记·陈涉世家》。

后,"自立为赵王,陈余为大将军,张耳、召骚为左右丞相"①。武臣所建制度虽不与战国赵制完全相同,但不同与陈涉楚制是明显的。后武臣被杀,张耳、陈余求得六国赵王之后赵歇为赵王,因赵地、赵后而复赵国的政治格局基本形成。

3. 燕的复国

秦王政二十一年,王翦破燕,燕王北迁辽东,秦王政二十五年,王贲攻辽东,燕亡。② 燕亡后十二年,赵王武臣为扩大地盘,遣故上谷卒史韩广将兵"北徇燕地","燕故贵人豪杰谓韩广曰:'楚已立王,赵又已立王。燕虽小,亦万乘之国也,愿将军立为燕王。'"在燕人的劝说下,韩广"乃自立为燕王"③。《史记·张耳陈余列传》云:"韩广至燕,燕人因立广为燕王。"可见韩广在燕地自立为王与燕地旧势力的复国愿望相吻合。后项羽分封,徙韩广为辽东王,立燕将臧荼为燕王。④

4. 齐的复兴

秦王政二十六年,秦将王贲攻齐,得齐王建,齐灭。齐亡后十一年,在陈涉大军逼近齐地的情况下,狄人田儋杀狄令,自立为齐王。《史记·田儋列传》云:"田儋者,狄人也,故齐王田氏族也。"同传载儋击杀狄令后云:"诸侯皆反秦自立,齐,古之建国,儋,田氏,当王。"但田儋非旧王族。临济之战中,田儋战死,齐人闻田儋死,"乃立故齐王建之弟田假为齐王,田角为相,田间为将,以距诸侯"⑤。以上"诸侯",显然包括战国国家的观念,田儋是以战国齐国家的观念,并因齐国旧宗族势力复兴齐国的。但最终齐人还是因战国齐王之后立新齐王,足见齐的国家观念在齐人心中远未消亡。

---

① ③ 《史记·陈涉世家》。
② 《史记·秦始皇本纪》。
④ 《史记·项羽本纪》。
⑤ 《史记·田儋列传》。

5. 魏的复国

陈涉起兵后,"令魏人周市北徇魏地","(市)欲立魏后故宁陵君咎为魏王。时咎在陈王所,不得之魏。魏地已定,欲相与立周市为魏王,周市不肯。使者五反,陈王乃立宁陵君咎为魏王,遣之国。周市卒为相。"①《史记·魏豹彭越列传》云:"魏豹者,故魏诸公子也。其兄魏咎,故魏时封为宁陵君。秦灭魏,迁咎为家人。陈胜之起王也,咎往从之。陈王使魏人周市徇魏地,魏地已下,欲相与立周市为魏王。周市曰:'天下昏乱,忠臣乃见。今天下共畔秦,其义必立魏王后乃可。'齐、赵使车各五十乘,立周市为魏王。市辞不受,迎魏咎于陈。五反,陈王乃遣立咎为魏王。"秦灭六国,迁其后,目的是防止他们在本土的复辟活动。陈涉起兵后,咎往从之,乃是企图借陈涉力量复国,意图甚明。但陈涉本非六国后,他自立而不立楚后,以及他不欲立魏国后为魏王,皆说明六国后的复国与张楚政权没有必然联系,而是当时社会的客观情形所驱使。

6. 韩的复国

秦灭韩,韩地复仇之风未灭。《史记·留侯世家》载张良云:"家世相韩,及韩灭,不爱万金之资,为韩报仇强秦,天下振动。"《史记·韩信卢绾列传》云:"韩王信者,故韩襄王孽孙也,长八尺五寸。及项梁之立楚后怀王也,燕、齐、赵、魏皆已前王,唯韩无有后,故立韩诸公子横阳君成为韩王,欲以抚定韩故地。"后项羽分封,以韩王成"不从无功,不遣就国,更以为列侯",但汉王刘邦复立信为韩王,将兵略韩地,项羽乃另立郑昌为韩王以距汉,信击败昌,"汉王乃立韩信为韩王,常将韩兵从。"②韩之复国是项梁、刘邦欲因韩之旧王族平定韩地,以昔日韩国之影响团结韩地之人成就自己的事业。韩在六国中复国最晚。

---

① 《史记·陈涉世家》。
② 《史记·韩信卢绾列传》。

从陈涉起兵至六国复国,前后不过一年时间。如果算上秦帝降为秦王,则战国七国皆得以因故地、故族而复故国。七国之复国,使秦所宣扬和建立的统一的国家观念及结构迅速瓦解,各国均从主权国家的意义上建立了政权并且处理相互间的关系,也使秦统一后所建立的国家秩序和社会秩序复向战国回归。这深刻反映了战国社会巨大的历史惯性及其在秦末特殊历史条件下的影响。从"皆为郡县"到"六国复自立",使国家结构发生了巨大变化,这个变化的本质特点是由统一的专制主义中央集权国家结构向分裂的专制主义中央集权国家结构转化,但不意味着向周制或宗法血缘贵族政治的复归。因为战国列国本身已经建立起区域性的专制主义中央集权,我们不能证明,也没有证据能够证明,这些旧贵族在复国的疆域里实行的是早已被他们祖先所抛弃的旧制度。

二 "霸天下":楚的国家结构及其性质

秦末虽然出现七国复国的政治格局,出现了向战国历史复归的倾向,但在当时国际关系中占主导地位的是楚①,楚人的政治观念也支配着当时国家结构的新走向。这是因为秦末起兵反秦的首发地在楚,楚地之人的反秦浪潮不仅声势浩大,而且力量最强,政治建制完整,具有鲜明的地域性特征。"且楚首事,当令于天下"②的政治理念,也使楚人认为拥有了支配天下的权力。楚既不承认六国后复国的合法性,又必须面对分裂割据的客观现实,因此楚选择了"霸天下"的国家结构。试述之如下。

1. 楚国家地位的演变

秦汉之际的"楚",从大的方面来看包括陈涉所建的"张楚"和怀

---

① 参见《说张楚》。
② 《史记·陈涉世家》。

王、项氏所建的楚两个阶段。陈涉所建"张楚",严格来说只是一个政权,而不具备国家的特征。其政制建设也不甚明了。但有如下特点:其一,陈涉起兵至陈后立为王,取国号"张楚",政制建设基本沿袭战国楚旧制,复兴楚国意图甚明。① 其二,陈涉建立"张楚"政权后,所立有赵王、魏王,如前所述,皆非张楚政权的本意,而是客观形势使然。② 其三,张耳、陈余在陈涉自立为王之前力劝陈涉"遣人立六国后",并"据咸阳以令诸侯。诸侯亡而得立,以德服之,如此则帝业成矣"③,均遭陈涉拒绝,可见成就秦式的"帝业"和恢复昔日六国后的权益,似皆非陈涉的理想。但是从客观上看,张楚政权以"令于天下"的姿态"贺赵(王)",立宁陵君为魏王,并以部下周市为相,④实已开秦汉之际分封制之先河,对项氏的"霸天下"国家结构的形成产生重要影响。从本质上看,陈涉所建立的张楚政权仍只是区域政治势力的代表,与其他诸侯国没有国家内部结构意义上的政治联系。

陈涉死后,项氏成为楚势力的代表。《史记·黥布列传》云:"项梁至薛,闻陈王定死,乃立楚怀王。"项梁立楚怀王孙心以为楚怀王,表明项氏之楚与其他六国后一样,只是地域性政治势力的代表,进一步明确了项氏之楚是战国之楚在特殊历史条件下的复活。钜鹿之战后,这种情况出现变化,史云"楚兵冠诸侯","项羽由是始为诸侯上将军,诸

---

① 据《史记·陈涉世家》,陈涉密谋起兵的号召之一是"诈称公子扶苏",但陈涉后来并未坚持这一号召。

② 李开元在将胡亥、襄强、韩广皆归入"陈涉复国建王期",其实都与陈涉政权无关。又秦去帝号称王者并非胡亥,而是子婴。(参见前面该著第78页,三联书店2000年版。)

③ 《史记·张耳陈余列传》。

④ 《史记·陈涉世家》。

侯皆属焉"①。"诸侯皆属焉"固然不能理解为楚对其他诸侯及其领地完全的政治上的控制,但军事上的结盟及军事上的制约是肯定存在的。项羽的"上将军"非楚的"上将军"而是诸侯联军的"上将军"即是证明。项羽依靠这支军队西击秦而获全胜。迹象表明,项羽是在获得这种军事上的支配权后来思考秦亡后楚的国家结构建设的。楚国家的地位也因此而得以改变。《史记·项羽本纪》云后:

> 项羽西屠咸阳项王使人致命怀王。怀王曰:"如约。"乃尊怀王为义帝。项王欲自王,先王诸将相。谓曰:"天下初发难时,假立诸侯后以伐秦。然身被坚执锐首事,暴露于野三年,灭秦定天下者,皆将相诸君与籍之力也。义帝虽无功,故当分其地而王之。"诸将皆曰:"善。"乃分天下,立诸将为侯王。

这段文字往往被人忽视,其实这是一篇堪与高帝五年诏相比拟的重要文字。它是楚灭秦取得天下支配权后的政治宣言,其中传达了这样一些信息:第一,我们知道,称"帝"在战国至秦的历史发展过程中有着特殊的含义,项羽"乃尊怀王为义帝"②,表明项羽认为楚已不再是地域政治势力的代表,而是取代秦成为天下新的统治者,故称楚帝而非楚王。而自钜鹿之战后项羽与各路诸侯结成军事联盟,受楚统一节

---

① 《史记·项羽本纪》。同书《高祖本纪》云:"及项羽杀宋义,代为上将军,诸将黥布皆属,破秦将王离军,降章邯,诸侯皆附。"又同书《黥布列传》云:"楚兵常胜,功冠诸侯。诸侯兵皆以服属楚者,以布数以少败众也。"均是证明钜鹿之战后楚对其他诸侯的军事支配权。

② 按:秦末由于六国后的复国,"帝制"出现危机,但恢复帝制的企图仍然未绝,如张耳、陈余劝陈涉称帝,项羽尊怀王为帝,又《史记·黥布列传》云布曰:"欲为帝耳。"这些都是刘邦恢复帝制的基础。究其根本,乃是战国以来,建立统一的专制主义中央集权的帝制是历史发展的客观要求。

制,故尊怀王为帝应当是当时各路诸侯的共同行为,①况且这个联盟中的部分诸侯原本就是陈涉领导的"张楚"政权的部下或派生物。在这种政治形势下我们判断,楚义帝有号令天下的权力,项羽也是在这个正统名分下才能顺理成章地进行分封的。② 第二,"天下初发难时,假立诸侯后以伐秦",表明项羽否定了此前所立或自立六国后为诸侯王的合法性,认为立六国后不过是"初发难"时的权宜之计,如今已"定天下",楚已称帝,是天下正统的象征,必然要进行帝制下的重新分封,而只有这种分封才具有新的合法性,才能表明楚所拥有的政治地位。第三,"义帝虽无功,故当分其地而王之",是说明项羽代表义帝实施分封的合法性。也就是说楚帝不能实行秦帝式的专制集权统治,只能实行分封式的国家管理,原因在于楚帝在灭秦的过程中"无功",有功的是"将相诸君与籍"。第四,"乃分天下,立诸将为侯王",表明新立侯王是出自楚领导下军事联盟中的"诸将",是楚帝领导下的"侯王"而非其他,正如《史记·田儋列传》所云:"项羽既存赵,降章邯等,西屠咸阳,灭秦而立侯王也。"如果我们以上的分析能够成立,足以说明项羽绝非我们想象的一介武夫。既尊楚帝而又抑其权,说明项羽对灭秦后的楚帝国实施何种国家结构有着深思熟虑的构想。

---

① 吴非在《秦楚之际月表》中立《楚义帝本纪》,亦云:"楚义帝者,以诸侯推尊为共主,而奉命由王称帝,故义之。"孙德谦等在读《秦楚之际月表》后《跋》中,对怀王(义帝)为天下共主之事实多有论证,可参看。(文载梁玉绳等撰《史记汉书诸表订补十种》上册,中华书局1982年版。)

② 田余庆在《说张楚》一文中云:"项羽不会自安于称楚王而长久地与诸侯王并立,不会眼看着业已空出的帝位而毫不动心。所以他除了在分封诸侯王中隐伏心机以外,还有其他一些动作。第一步,他把楚怀王升格为楚义帝,以楚帝代替秦帝的法统地位,并就此承认帝业的合法性。……"(《秦汉魏晋史探微》,中华书局2004年版,第27页。)按:田先生对项羽的心态以及秦、楚帝法统的交替分析都十分精辟。但项羽是尊怀王为义帝在前,分封诸侯王在后,不是相反。

2. "霸天下而臣诸侯"国家结构的建立

由于项氏的专权,楚不能形成中央集权君主专制。其国家形式是一种松散的联盟。但是如果认为楚与其所分封的诸侯国之间是一种没有任何联系、纯粹的国与国之间的关系,是与历史实际不相符合的。迹象表明,楚虽实行分封制,但楚是在怀王称帝以后,以"帝"的名义实行分封的。因此,楚对所立诸侯国拥有一定的主权。《史记·淮阴侯列传》云项羽:"霸天下而臣诸侯",《史记·郦生陆贾列传》载陆贾云项羽:"自立为西楚霸王,诸侯皆属",《汉书·高祖本纪》云:"天下共立义帝,北面事之",都是说由楚分封的王国与楚之间存在某种臣属关系,尽管这种臣属关系与专制主义中央集权下的郡县制关系性质有别。①我们权把这种关系称作"霸天下"的国家结构关系,这个概念可以追溯到春秋时期的列国争霸。楚"霸天下"的国家结构主要有如下特色:

(1)楚依据新的标准重新划分诸侯王国统属的领地。据史料记载这次分封楚义帝并不在场,主持分封的是项羽,史云:"西楚主伯,项籍始,为天下主命,立十八王"②,"项羽王诸将之有功者"③,范增参与了分封的谋划。表面上看,这次分封是"计功割地,分土而王之"④,是

---

① 《史记·黥布列传》载汉三年刘邦败于彭城,欲劝说九江王英布"发兵倍楚",随何至淮南曰:"汉王使臣敬进书大王御者,窃怪大王与楚何亲也。淮南王曰:寡人北乡而臣事之。随何曰:大王与项王俱列为诸侯,北乡而臣事之,必以楚为强,可以托国也。"淮南王说"臣事之",是指他的王国是由楚分封而来的,故应当臣属于楚。随何认为,英布与项羽俱列为诸侯,地位是平等的,英布之所以对楚称臣并不是因为他们之间有君臣关系,而是因为实力上的强弱关系。其实随何是故意混淆了楚义帝生前死后楚帝国的国家概念的变化。项羽杀义帝、虚帝位,而自己又没有取而代之,历史又恢复到列国并列,以强凌弱,以众暴寡的局面。但实际上,项羽之所以能够"霸天下而臣诸侯"既有楚帝在法统上处于诸侯王之上的因素,又有项羽军事实力上的因素。

② 《史记·秦楚之际月表》。
③ 《史记·高祖本纪》。
④ 《史记·淮阴侯列传》。

以军功作为分封基本原则的,但实际上项羽是依据诸将与楚政治关系的远近,特别是与项羽集团关系的远近制定分封原则的,①如封先入关者刘邦为汉王,"王巴、蜀、汉中,都南郑",明显违背了义帝与诸侯的"约",是为了防止刘邦与项羽争夺天下;封秦故将为三秦王,是因为刘邦也是楚人,与秦有相互灭国之仇,以三秦王来切断刘邦出汉中之路,项羽最放心。所谓"王秦降将以距汉王"②就是这个含意。刘邦虽属于楚集团,但由于与项羽军事力量上的巨大差异,故只能处在楚政治核心的外围,听从分配。对于六国后,项羽基本采取的是分化、削弱其势力的措施。如徙魏王豹为西魏王,自己占有梁地,又在魏地另立殷王。将赵地分为代和常山二国。齐分为胶东、济北、齐三国。燕王韩广被徙为辽东王,燕将臧荼被立为燕王。韩王成在初封时"因故都,都阳翟",但后因其"无军功,项王不使之国,与俱至彭城,废以为侯,已又杀之"③。

(2) 楚对所分封诸侯国拥有一定的主权。戏下分封确立了在楚义帝的名义下,项羽所实际拥有的"霸天下而臣诸侯"的楚国家结构形式,这个结构是有实际内容的。细检史籍可以看出如下特征:第一,楚拥有对其他诸侯国的征兵权。《史记·黥布列传》云:"汉二年,齐王田荣畔楚,项王往击齐,征兵九江,九江王布称病不往,遣将将数千人行。汉之败楚彭城,布又称病不佐楚。项王由此怨布,数使使者诮让召布,布愈恐,不敢往。"第二,对所立诸侯国有废立予夺之权。如韩王成以

---

① 李开元认为:"项羽封王之原则是军功封王","他是否定血缘世袭之贵族王政原则而采用了平民王政的军功原则的。"(参见前面该著第86页。)其实,军功绝非项羽分封的唯一原则,典型者如刘邦被封为汉王就不是按照军功原则来分封的。又司马欣是"尝有德于项梁"而被封为塞王的。史书关于项羽不能因功分封而失天下的记载甚多,无需列举,且都是当时人的看法,也证明李氏"军功封王"的观点不完全符合史实。关于"平民王政"的提法也有欠妥之处,有关评述详见卜宪群《评〈汉帝国的建立与刘邦集团〉》(载《中国史研究》,2001年第2期)。
② 《汉书·萧何传》。
③ 《史记·项羽本纪》。

不从无功,"不遣就国,更以为列侯。乃闻汉遣韩信略韩地,乃令故项籍游吴时吴令郑昌为韩王以距汉"①,就是将韩王成的王权剥夺,而重新授予出身县令的郑昌。第三,在保持西楚霸主地位的同时,任何人不能轻易地打破这种由楚分封并称霸的格局。如刘邦出汉中东进时,项羽派武涉说齐王信曰:"天下共苦秦久矣,相与勠力击秦。秦已破,计功割地,分土而王之,以休士卒。今汉王复兴兵而东,侵人之分,夺人之地,已破三秦,引兵出关,收诸侯之兵以东击楚,其意非尽吞天下者不休,其不知厌足如是甚也。"②项羽对刘邦的指责,正是说他打破了这种格局。③

3. 楚"霸天下"的国家内部结构是郡县制

专制主义中央集权的缺乏决定了楚"霸天下"国家结构的形式是一种松散的分封制,但这种分封毕竟与周制的分封有本质的区别。从史料上来看,分封的各诸侯王,包括西楚在内的各诸侯国,其国家的内部结构实行的是郡县制行政管理,而非世卿世禄的贵族分封。《史记》《汉书》记载了楚汉之际汉将领的功劳,其中之一就是他们所灭郡县的多少。《史记·靳歙列传》云歙:"从攻下邯郸。别下平阳,身斩守相,所将卒斩兵守、郡守各一人,降邺。从攻朝歌、邯郸,及别击破赵军,降邯郸郡六县。"《史记·灌婴列传》云婴:"凡别破军三,降定郡六,县七十三,得丞相、守相、大将各一人,小将二人,二千石已下至六百石十九人。"《汉书·夏侯婴传》云婴:"凡所得二千石二人,别破军十六,降城四十六,定国一,郡二,县五十二,得将军二人,柱国、相各一人,二千石十人。"《汉书·樊哙传》云哙:"定燕县十八,乡邑五十一。……定郡六,县五十二,得丞相一人,将军十三人,二千石以下至三百石十

---

① 《史记·韩信卢绾列传》。
② 《史记·淮阴侯列传》。
③ 史书记载刘邦东进是争天下,如《汉书·韩信传》云:"必欲争天下","今东乡争权天下"云云,都是指与楚争天下。

人。"这些郡县乡邑当然包括昔日秦的建制,但相当多的仍是楚分封国内的行政建制。这证明自战国、秦以来的郡县乡里制仍然是楚"霸天下"国家内部的行政建制。楚国家内部还有封君制,如陈婴"为楚上柱国,封五县,与怀王都盱台。项梁自号为武信君"①,刘邦"封为武安侯",秦宛守"为殷侯"②等,但这些封君与战国秦的封君制度一样,只是衣食租税,而无治民权。

楚虽称帝,楚没有采取秦专制集权大一统的统治方式而采取"霸天下"的分封制也有内在原因。首先,如前所述,陈涉已开楚式分封制之先河,随后六国后纷纷自立,形成了十分复杂的局面。分土称王,不仅是六国后的企望,也是众多起兵者的希望。因此,楚如果要建立秦式的国家结构就必须彻底消灭各诸侯王业已形成的割据形势,并改变战国分裂的历史影响在秦汉之际的发展惯性,这远非短时间可以完成的。其次,"霸天下而臣诸侯"国家结构体现的是项羽的思想。项氏虽立怀王,并尊为义帝,作为楚法统的代表,但项氏,特别是项羽与怀王之间是强臣与弱主的关系,项羽并不想让怀王凌驾于自己之上,③而他自己暂时又不具备替代楚义帝的政治环境,因此,对项羽来说,要保证自己的军事实力、政治地位不被义帝所夺,实行分封制,架空义帝,以自身的实力称霸诸侯,远比建立统一的高度集权的专制体制更为适合。再次,这种"霸天下"的国家结构决定了取代秦的楚帝国是一种松散的封国联盟,封国之间,中央和地方之间缺乏必要的政治联系。④但是也要看到,"霸天下"的国家结构的形成,毕竟把秦汉之际分裂的

---

① 《史记·项羽本纪》。
② 《史记·高祖本纪》。
③ 史书曲折反映了怀王与项氏之间不和谐的关系,《史记·项羽本纪》云怀王立后,以陈婴为楚上柱国,后以共敖为柱国。楚徙彭城后,怀王"并项羽、吕臣军自将之。以吕臣为司徒,以其父吕青为令尹。以沛公为砀郡长,封武安侯,将砀郡兵",置宋义"为上将军",似乎没有给项氏在中央留下任何重要职位,项梁为武信君史云"自立",均说明非怀王所立,怀王对项氏有所防范。
④ 李开元对项羽分封的特点也有较透彻的分析,参见前面其著第107页。

国家形态向统一专制主义中央集权的国家形态推进了一步。

楚虽然是一个松散的国家联盟,处于亚国家的形态,但不能完全否认楚替代秦及六国后所建立的楚帝国的国家性质,楚及其分封的诸国与六国后的"自立"在国家形式上不能完全相提并论。汉初出现从制度上重楚的倾向,如司马迁立《秦楚之际月表》,明确表示楚是替代秦而立的,张家山汉简《奏谳书》云:"媚曰:故点婢,楚时去亡,降为汉,不数名数",以及"皆故楚爵,属汉以比士。非诸侯子"等记载①,都是把楚视为一个时代,把由楚入汉的人与其他诸侯国人区别开来。② 学者论汉初重楚多从法统的角度,认为刘邦集团本由楚人、楚地而来,故汉初重楚,这当然是不错的。但应当还有更深刻的原因,因为从制度层面来看,秦、楚、汉也是三个国家政权形式的前后演变,汉初否认其他诸侯国的合法性而独重楚,是因为楚以国家的形式替代秦,而其他诸侯则只是属于楚国家内部结构的一部分。

三 汉国家结构的起源与特征

探讨这个问题之前首先需要辨清的一个概念是国家与政权有无区别?国家是阶级统治和阶级压迫的工具,这是从国家的本质特点来

---

① 《张家山汉墓竹简(247号墓)》,文物出版社2001年版,第214、220页。

② 史籍,如《史记·高祖功臣侯者年表》在记载汉初功臣时许多都有一个"入汉"时间与入汉前后职务变化的问题,如蔡寅"以魏太仆三年初从",卢卿"以齐将汉王四年从淮阴侯起无盐",陈平"以故楚都尉,汉王二年初从修武",丁复"以赵将从起邺,至霸上,为楼烦将,入汉",冯解"以代太尉汉王三年降,为雁门守"。但《史记》不立"秦齐"、"秦赵"、"秦魏"之际月表而独立《秦楚之际月表》,显然是把他们包括在楚的时代范围内。所谓"楚时"、"故楚"都是以楚作为这个时代的标志。班固云"楚汉之际,豪杰相王"(《汉书·魏豹田儋韩王信传》赞)也是以楚作为汉建立前国家地位的象征。

说的。但是构成国家还需要有具体的要素。如人口、领土、主权等①。而政权是政治统治的工具,是权力的构成形式,是向国家转化的前提。有国家必然有政权,但政权的建立又不意味着国家的建立。国家与政权既有联系又有差别。我们知道,汉初采取的是郡国并行制的国家结构形式,问题是汉与这些王国是一种什么样的关系?既往学者大都认为汉初国家已经具有统一的专制主义中央集权的性质,汉初王国是汉国家地方行政结构中的一种,尽管这些王国表现出与中央集权的高度离心力。近年来又出现了一些新的看法,如认为汉初国家是"联合帝国",汉与诸侯王国是并立关系说等②,特别是张家山汉简材料中所反映的汉与诸侯王国的关系比以往文献材料的记载更为形象、具体,这都促使我们有必要对汉初国家结构的起源及其性质问题作进一步的思考。我们试从以下诸方面加以分析。

1. 汉国家结构的产生

汉国家结构的起源可以追溯到刘邦被封为汉王,王巴、蜀、汉中时始,尽管此时的汉还只是楚地方行政机构中的一部分③。但此年入汉中后刘邦"以何为丞相"④,说明汉国家结构的建设已经开始。同年,

---

① 参见奚广庆主编:《政治学概论》(修订本),中国人民大学出版社1998年版,第43页。

② 参见前注李开元、臧知非文。

③ 李开元认为刘邦集团"脱离楚国政权,接受分封,建立汉王国,由楚国的地方政权发展成为独立的国家政权"(参见前面其著第247页)。作者从法统的角度将汉国家的起源划分为四个阶段:即群盗集团阶段,楚的沛县和砀郡政权阶段,汉王国独立国家政权建立的阶段,汉帝国政权建立阶段。但他认为"刘邦集团根据怀王之约接受了秦王国的法统",并建立独立国家政权的观点我们并不同意。接受分封的汉王国是楚帝国"霸天下"国家中的一部分,并不是完全独立的国家政权。至于刘邦接受"秦王国的法统"更没有事实的依据,"怀王之约"并没有实现,即便实现,战国以来楚秦关系的对立,也决定怀王不可能恢复秦的法统。刘邦依据秦之故地与楚争夺天下,改承秦制是事实,但与秦法统没有关系。

④ 《汉书·萧何传》。

汉出击三秦王,表示汉已不再臣属于楚,也不再是楚"霸天下"国家结构中的一部分。汉地方行政机构的建立正式开始。《汉书·萧何传》云汉二年:"何守关中,侍太子,治栎阳。为令约束,立宗庙、社稷、宫室、县邑,辄奏,上可许以从事。"《汉书·高祖本纪》汉二年:"于是置陇西、北地、上郡、渭南、河上、中地郡;关外置河南郡。更立韩太尉信为韩王。诸将以万人若以一郡降者,封万户。"置郡、县邑和分封王、侯并行,表示汉采取了与楚在国家结构建设上不同的策略。首先,汉在所能够控制的范围内并不实行分封而采取郡县制。如上述诸郡即是如此。又《汉书·任敖传》:"高祖立为汉王,东击项羽,敖迁为上党守。"《史记·高祖功臣侯者年表》云冯解:"以代太尉汉王三年降,为雁门守。"张苍"至霸上,为常山守。"唐厉"为东郡都尉。"张相如"以河间守击陈豨力战功。"这样的材料还有很多。① 其次,汉对不能直接控制的地区或者采取分封的方式统治,如韩王信为韩王,或者因项羽所立诸侯王,使之归属于汉,不能归属者,则改之为郡,如刘邦还定三秦后,"魏王豹以国属焉",后豹叛汉,汉"以豹国为郡"②。在汉五年称帝前后,刘邦共分封了八个异姓诸侯王。柳春藩先生对刘邦异姓王分封的原因有较细致的分析,是符合事实的。③ 汉初的国家结构就是在郡县制和分封制并行的环境中演化完成的。这是秦汉之际特殊的历史背景所决定的。

灭楚后,刘邦完成了由汉王国向汉帝国的转化。《史记·秦楚之际月表》云:"杀项籍,天下平,诸侯臣属汉。"《史记·季布列传》云:"今上始得天下。"《史记·叔孙通列传》云:"汉五年,已并天下,诸侯共尊汉王为皇帝于定陶。"《史记·高祖本纪》云:"正月,诸侯及将相相与共

---

① 《汉书·地理志》中有关于刘邦所置郡的记载。同《志》云:"汉兴,以其郡(太)大……故自高祖增二十六。"

② 《史记·魏豹彭越列传》。集解引高祖本纪曰:"置三郡,河东、太原、上党。"

③ 参见《秦汉封国食邑赐爵制》,辽宁人民出版社1984年版,第37页。

请尊汉王为皇帝。"又云:"天下大定。高祖都洛阳,诸侯皆臣属。"史籍的这些记载说明此时的汉国家并不仅限于汉王国,而是包括各诸侯王国,刘邦是当时"天下"的皇帝,而非汉王国的皇帝。刘邦称帝是建立在诸侯王国"臣属"汉帝国,并作为汉国家结构一部分基础上的。与楚的中央集权被项氏所分割不同,建立汉帝国的刘邦或者说刘邦集团高层内部是统一的、完整的,皇权没有被分割。汉比楚不仅有着更为明确的专制主义中央集权的国家意识,而且在具体国家结构的设计上也是朝着专制主义中央集权式的方向逐步前进的。郡县乡邑制度、官僚制度的建设自不待言,在与诸侯王国的关系上也和楚不相同。

2. 异姓诸侯王国在汉初国家结构中的地位

在汉国家结构的建设中,刘邦首先选择的是郡县制。郡县制所控制的地区是汉的经济来源,政治基础,①但在与楚争夺天下的过程中,对汉力量所不能直接控制的地区,则采取了分封制,这是汉藉以建立军事联盟抗击楚的一种手段,也是一种政治上的妥协。从史实上看,从汉获得合法性统治的各异姓诸侯王分封政权,与汉有着较为紧密的政治联系,也比楚"霸天下"的国家结构前进了一步。这主要表现在如下几个方面:

(1) 汉对诸侯王有废立权。《史记·张耳陈余列传》:"汉三年,……汉立张耳为赵王。"《史记·黥布列传》:"(汉)四年七月,立布为淮南王,与击项籍。"同传:"布遂剖符为淮南王。"《史记·淮阴侯列传》:"乃遣使报汉,因请立张耳为赵王,以镇抚其国。汉王许之,乃立张耳为赵王。"《史记·韩信卢绾列传》:"汉王乃立韩信韩王。"同传云:"五年春,遂与剖符为韩王。"《史记·季布栾布列传》:"天下已定,彭王剖符受封。"《史记·高祖本纪》:"更立韩太尉信为韩王。"《史记·高祖本

---

① 如《汉书·萧何传》载何为丞相"留收巴蜀,填抚谕告,使给军食。汉二年,汉王与诸侯击楚,何守关中,侍太子,治栎阳。为令约束,立宗庙、社稷、宫室、县邑,辄奏……计户转漕给军。"这些地区都是汉设郡县管理的地区。

纪》:"(五年)十月,燕王臧荼反,攻下代地。高祖自将击之,得燕王臧荼。即立太尉卢绾为燕王。"史载卢绾之立还是经过汉中央上上下下讨论决定的,《史记·韩信卢绾列传》云:"乃虏臧荼,乃下诏诸将相列侯,择群臣有功者以为燕王。……汉五年八月,乃立卢绾为燕王。"史书在分封王国的记载上大都使用"立"、"剖符"等字眼,是表示诸侯王国的政治权力来源于汉,他们与汉的关系不是并立、联盟的关系。①

(2)汉在诸侯国有置吏权。《史记·魏豹彭越列传》:"汉王二年春……乃拜彭越为魏相国,擅将其兵,略定梁地。"《史记·淮阴侯列传》:"即令张耳备守赵地,拜韩信为相国,收赵兵未发者击齐。"又同传云:"陈豨拜为钜鹿守。"《集解》引徐广曰:"表云为赵相国,将兵守代也。"《史记·韩信卢绾列传》:"及高祖七年冬,韩王信反,入匈奴,上至平城还,乃封豨为列侯,以赵相国将监赵、代边兵,边兵皆属焉。"上述相国,是汉在诸侯国所置。② 当然诸侯国也有自己的置吏权。

(3)汉对诸侯王有诛杀权。《汉书·韩王信传》:"信恐诛。"后柴奇给韩王信之书信中云:"陛下宽仁,诸侯虽有畔亡,而复归,辄复故位号,不诛也。"③

(4)汉对诸侯王有迁徙权。《史记·淮阴侯列传》:"汉五年正月,徙齐王信为楚王,都下邳。"《汉书·高祖本纪》云:"皇帝曰义帝无后。齐王韩信习楚风俗,徙为楚王,都下邳。"又《史记·韩信卢绾列传》:"上以韩信材武,所王北近巩、洛,南迫宛、叶,东有淮阳,皆天下劲兵

---

① 《史记·魏豹彭越列传》载魏豹云:"今汉王慢而侮人,骂詈诸侯群臣如骂奴耳,非有上下礼节也。"这是指"魏王豹以国属焉(汉)"后的汉魏关系是上下之间的关系。其他诸侯也应如此。

② 李开元云:"汉之异姓诸侯王国相,同项羽时一样,也是由各王自置的。"(参见前面其著第111页。)但是细检史籍,这个原则并不是普遍的。如彭越、韩信、陈豨都是由汉在异姓诸侯王国所设的相国。又《史记·曹相国世家》云:"韩信为齐王,引兵诣陈,与汉王共破项羽,而参留平齐未服者。……韩信徙为楚王,齐为郡。参归汉相印。"此证明曹参也是汉在异姓诸侯国所置的相。

③ 《史记·韩信卢绾列传》。

处,乃诏徙韩王信王太原以北,备御胡,都晋阳。信上书曰:'国被边,匈奴数入,晋阳去塞远,请治马邑。'上许之。"徙齐王韩信为楚王,以及徙韩王信都是因为汉国家利益的需要。诸侯王必须服从。

(5)汉对诸侯王国有征兵权。如前述,黥布被立为淮南王,"与击项籍",显然是率其国兵跟随刘邦的。《史记·淮阴侯列传》:"乃遣张良往立信为齐王,征其兵击楚。"《史记·魏豹彭越列传》云汉高祖:"至邯郸,征兵梁王。梁王称病,使将将兵诣邯郸。高帝怒,使人让梁王。"

(6)诸侯王要接受,或者至少要部分接受汉的法令、汉的监督。《史记·韩信卢绾列传》云:"燕王卢绾疑张胜与胡反,上书请族张胜。胜还,具道所以为者。燕王寤,乃诈论它人,脱胜家属。"卢绾在处理张胜问题上的"上书"当然是上至汉廷,至少证明诸侯王在处理王国内谋反、"族"刑等重大案件时是要上报中央的。又《史记·黥布列传》云其中大夫贲赫"言变事(指黥布谋反),乘传诣长安","汉使又来,颇有所验",同样说明诸侯王的政治行为是受汉监督的。《史记·淮阴侯列传》云高祖:"乃诏齐捕蒯通",说明汉的诏书在诸侯国内具有法律效力。上述关系不是相反的。我们以为张家山汉简《奏谳书》中没有来自王国的奏谳,还不能证明王国的所有案件都不需上报中央。

(7)诸侯王要定期朝觐中央,并参与中央决策。《史记·魏豹彭越列传》:"六年,朝陈。九年、十年,皆来朝长安。"《史记·叔孙通列传》:"汉七年,长乐宫成,诸侯群臣皆朝十月。"《史记·黥布列传》:"(淮南王)七年朝陈。八年,朝洛阳。九年,朝长安。"《汉书·高帝纪》:"上还洛阳。诏曰:'……王、相国、通侯、吏二千石择可立为代王者。'燕王绾、相国何等三十三人皆曰"云云。

上述分析表明,汉初异姓诸侯王国与汉王朝不应是"并立"、"联合"的国与国的关系,而具有中央与地方关系的性质。① 近年来有史家根据汉高祖十二年诏中"与天下之豪士贤士大夫共定天下"之语判断汉初皇权与诸侯王是"共天下"的关系,②不确。"共定天下"与"共天下"不是一个概念。"共天下"(《史记·项羽本纪》作"共分天下")一语出自张良对刘邦的建议,而非刘邦自己承认的现实。实际上,刘邦承认的只是诸侯王在协助他平定天下过程中的功劳,汉国家对这种功劳的认可是给予他们相应的身份,而并不是承认他们享有分割皇权的权利。《史记·汉兴以来诸侯王年表》云:"汉兴,序二等。"《集解》引韦昭曰:"汉封功臣,大者王,小者侯也。"把诸侯王视为皇权所授予的一级爵位,把诸侯王的权力来源归结为国家赋予的等级地位,应是诸侯王国和汉之间政治关系的准确反映。

史书对汉初诸侯王国地位之高有许多尽人皆知的描述,这当然也包括异姓诸侯王在内,异姓诸侯王与同姓诸侯王不仅分封的原因不同,而且与中央的关系也不同。异姓诸侯王拥有更大的独立性。但是异姓诸侯王的这种独立性只是一种割据政权的独立性,与中国历史上其他时期的地方割据势力性质相同,而不具备国家的性质。我们习惯上所讲的诸侯国之"国"与汉国家,并不是同一个政治概念。异姓诸侯王国割据状况的形成有其历史原因。其一是秦亡后,由于战国社会的巨大历史惯性,使统一的专制主义中央集权国家结构迅速瓦解,历史再现了列国并立的局面,从而为分裂割据政权的存在奠定了客观基础;其二是楚没有能够建立起中央集权,原因已见前述。然而最根本

---

① 汉初与汉具有国与国并立关系特点的有南越。史称南越王赵佗"乃乘黄屋左纛,称制,与中国侔",但陆贾出使南越后,赵佗"去帝制黄屋左纛"(《史记·南越列传》),并且"称臣奉汉约"(《史记·郦生陆贾列传》)后,南越与汉变成地方与中央的关系。所谓国与国的并立关系是两个地位相等的中央政权之间的关系,在古代中国,其表现之一是称帝,建立帝制。如淮南王谋反时,刘邦"遥谓布曰:'何苦而反?'布曰:'欲为帝耳。'"(《史记·黥布列传》)黥布欲称帝,即打破了汉与淮南王国之间的政治统属关系,变成国与国之间的关系,这是汉所不能容忍的。

② 参见前面李开元书第四章第三节。

的原因还在于汉击败楚是以弱胜强,因此,在战争的过程中,汉不得不借助分封王侯的手段获得广泛的军事支持。① 这些原因使得通过战争而获得王位的诸侯国在政治上拥有了比直辖郡更多的自主权,拥有了与中央集权相对抗的政治、军事、经济资本。刘邦在生前已经充分认识到这个问题,他在称帝后即以各种名目消灭了除长沙王吴芮以外的其他七个异姓诸侯王。异姓诸侯王的消灭,使自秦末以来乘势而起,并因各种原因获得割据地位的政治势力被扫除干净。

3. 同姓诸侯王国在汉初国家结构中的地位

在消灭异姓诸侯的过程中刘邦又"尊王子弟大启九国"②,先后分封了九个同姓诸侯王③。因此从国家结构形式看,汉帝国仍然实行的是郡国并行,而非单一的郡县制。那么在费尽心血剿灭与专制主义中央集权相对抗的异姓诸侯王国之后,刘邦为什么还要采取建立诸侯王国这种方式实施国家统治呢? 史籍对此有诸多解释:

《汉书·荆燕吴传》云:"荆王王也,由汉初定,天下未集,故虽疏属,以策为王,镇江淮之间。"

《汉书·高五王传》赞云:"悼惠之王齐,最为大国。以海内初定,子弟少,激秦孤立亡藩辅,故大封同姓,以填天下。"

《汉书·武五子传》云:"高皇帝览踪迹,观得失,见秦建本非是,故改其路,规土连城,布王子孙,是以支叶扶疏,异姓不得间也。"又同传云:"昔高皇帝王天下,建立子弟以藩屏社稷。"

《史记·汉兴以来诸侯王年表》云:"汉兴,序二等。高祖末年,非刘氏而王者,若无功上所不置而侯者,天下共诛之。高祖子弟同姓为王者九国,唯独长沙异姓,而功臣侯者百有余人。……

---

① 关于异姓诸侯王的分封原因,前面陈苏镇著第一章《西汉再建帝业的道路》中有十分细致的分析,值得一读。

② 《汉书·诸侯王表》序。

③ 九个诸侯王是将荆、吴合而为一,如果将其分开则为十国。

何者？天下初定，骨肉同姓少，故广强庶孽，以镇抚四海，用承卫天子也。"

《续汉书·百官五》注引臣昭曰："观夫高祖之创业也……至于谋深虑远，封建子弟，蕃维盘固，规谋弘远。"

透过上述史料我们大体可以看到，同姓诸侯王的分封似乎主要出自刘邦的主观愿望，即用具有宗法血缘关系的诸侯王替代没有宗法血缘关系的诸侯王。其目的是为汉帝国建立牢固的政治与社会基础。关于同姓王的分封，李开元云："汉之同姓诸侯王之封，其思想渊源可以说是受到周之分封同姓的影响，从近在身边的历史现实而言，则是接近于怀王之王政复兴的原则。"① 柳春藩云："刘邦错误地总结了秦朝短促灭亡的经验教训，以为秦代二世而亡是由于没有分封子弟为王，'孤立无藩辅'。因此，他大封同姓为王。"② 实际上，我们分析刘邦同姓诸侯王之分封，既不能将其与西周的分封等同，也不能简单地认为是对秦速亡历史的错误总结。首先，自春秋战国以来政治与社会形势的变化使西周"授民授疆土"的国家形式失去存在的基础，专制主义中央集权政治制度历经数百年的时间和空间的演化并发展到秦的大一统，已是历史的大趋势。所以，无论是六国的复国，还是陈胜、项氏、怀王、刘邦的分封，都与世卿世禄的宗法血缘贵族等级分封制的国家结构没有关系，更不能以主持分封者的出身来判断分封的性质。③ 我们以为，汉初同姓王的分封，不过是皇权私有化的延伸。皇权与先秦的王权从传统权力的专制与私有角度看除了程度的不同外，并没有其他本质的不同，二者始终都将政治权力与宗法血缘相互融合在一起。因此，体现宗法血缘关系下权力财产再分配的同姓诸侯王分封制，只是皇权家天下的一种表现，与周制没有关系。

---

① 见前面李开元著，第 91 页。
② 见前面柳春藩著，第 43 页。
③ 参见卜宪群：《评〈汉帝国的建立与刘邦集团〉》，《中国史研究》2001 年第 2 期。

其次，汉初同姓诸侯王的分封又有其特殊的时代背景，并不完全是对秦速亡历史的错误总结。前已论及，秦的统一十分短暂，战国历史所呈现出来的政治文化和社会习俗的地域性差异还有强大的生命力，尽管统一是历史的潮流，但统一的观念远没有深入人心。因此，无论是楚帝国还是汉帝国，在建立统一的专制主义中央集权的道路上都必须面对战国历史仍具有强大生命力这个客观事实。这个事实决定：必须由类似于战国地域化的政治势力实施地域化的行政管理，建立完全统一的、完全由中央集权控制的郡县制的时机还不成熟。我们知道楚几乎完全放弃了中央集权制而采取彻底的分封制，个中除了内部怀王与项氏的矛盾因素外，客观环境的制约也是重要原因。楚帝国没有能够使秦亡后分裂的局面得到彻底改观，而汉初面对的同样也是这个局面。与秦王朝完全依靠自身力量平定天下不同，汉帝国是在与各种势力妥协、联合的情况下"共定天下"的，汉帝国不得不承认自秦末以来社会政治分裂的事实，承认战国以来社会文化的地域性差异与政治统一关系上巨大矛盾的客观存在，所以，在采取郡县制的同时，也采取分封的策略稳定各种地域政治势力，稳定社会秩序。因此，应当看到，尽管消灭异姓诸侯王后实行的同姓诸侯王分封体现的是皇权宗法血缘关系下的权力财产再分配，但还是当时客观形势使然。

以齐国为例，刘邦在徙韩信为楚王后，齐地即被改为郡县，但如同韩信当年请立齐王所列举"齐伪诈多变，反覆之国也，南边楚，不为假王以镇之，其势不定"①的理由一样，改设郡县后的齐地显然没有得到很好的治理，故汉高祖六年田肯上书时再次以战国的政治地理划分为依据力劝在齐地封王，《汉书·高帝纪》载其说云："夫齐，东有琅邪、即墨之饶，南有泰山之固，西有浊河之限，北有渤海之利，地方二千里，持戟百万，县隔千里之外，齐得十二焉。此东西秦也。非亲子弟，莫可使

---

① 《史记·淮阴侯列传》。

王齐者。"随后刘邦下诏云:"齐,古之建国也,今为郡县,其复以为诸侯。"①史云刘肥被立为齐王后,"食七十余城。诸民能齐言者皆与齐"②,改郡县为诸侯国显然是刘邦认识到了因齐故民、故俗、故地治理齐国的重要性。因故地、故人、故俗治理秦亡后出现的六国地域不独齐国,如韩信被迁楚地的原因之一是"楚地已定,义帝亡后,欲存恤楚众,以定其主。齐王信习楚风俗,更立为楚王。"又如"魏相国建城侯彭越勤劳魏民,卑下士卒……其以魏故地王之,号曰梁王。"③所谓"勤劳魏民"当是指彭越对魏地情况十分了解,有稳定魏地的特殊作用。总之,战国列国风俗文化、制度文化的地域性差异在汉初的客观存在,秦亡后分裂局面的一再出现,以及皇权的宗法血缘特点,是汉初同姓诸侯王分封制度形成的历史渊源。

汉初同姓诸侯王国并非只是分裂割据势力的象征,他们在汉帝国专制主义中央集权的发展道路上也曾起过一定的历史作用。《汉书·曹参传》云:"参以齐相国击陈豨将张春,破之。黥布反,参从悼惠王将车骑十二万,与高祖会击黥布军,大破之。南至蕲,还定竹邑、相、萧、留。"他相齐九年,用齐兵协助镇压叛乱势力,用黄老术治理齐国,"齐国安集,大称贤相",如果把此时的齐国完全说成是中央集权的对立物,是解释不通的。赵相周昌,极忠心于汉高祖,如陈豨反时,"上令周昌选赵壮士可令将者"④,很难说他任相国时会把赵国演变为与汉相抗衡的地区⑤。诸吕之乱时,吕禄、吕产"内惮绛侯、朱虚等,外畏齐、楚兵……犹豫未绝"⑥,而以齐为首的王国对平定这场叛乱,稳定汉室

---

① 据《史记·田儋列传》记载,刘邦还企图召田横从海岛归来立为王,虽未明确以其为齐王,但极可能也是出于安定齐地、重立齐王的考虑。由于田横的自杀使我们没有能够看清刘邦的全部用意。参见前面陈苏镇著第78—79页。
② 《汉书·高五王传》。注引孟康曰:"此时流移,故使齐言者还齐也。"师古曰:"欲其国大,故多封之。"
③④ 《汉书·高帝纪》。
⑤ 参见《汉书·周昌传》。
⑥ 《史记·吕太后本纪》。

更是起了十分重要的作用。①《汉书·文帝纪》载代中尉宋昌云:"高帝王子弟,地犬牙相制,所谓磐石之宗也。"《汉书·诸侯王表》云:"而海内晏如,亡狂狡之忧,卒折诸吕之难,成太宗之业者,亦赖之于诸侯也。"这都部分反映了汉初同姓诸侯王所起积极作用的历史事实。② 诸侯王国还是汉中央政府的经济来源之一,《汉书·高帝纪》云:"吏或多赋以为献,而诸侯王尤多,民疾之。令诸侯王、通侯常以十月朝献,及郡各以其口数率,人岁六十三钱,以给献费。"关于"献费"的性质,史家有不同的看法,但诸侯王要将这部分收入如数上交中央是肯定的。汉轻地租而重人口税,这部分的收入必定可观。诸侯王国还是汉徭役的承担者,《汉书·惠帝纪》云:"发诸侯王、列侯徒隶二万人城长安。"

史书还反映了汉与诸侯王国的其他许多政治、行政、礼仪上的关系。例如诸侯王国要奉行汉朝中央统一的政策法令。③ 中央的政策法令必须要颁发到诸侯国④。诸侯王要参与、执行中央重大事务的决

---

① 《汉书·高后纪》云:"上将军禄、相国产专兵秉政,自知背高皇帝约,恐为大臣诸侯王所诛,因谋作乱。时悼惠王子朱虚侯章在京师,以禄女为妇,知其谋,乃使人告兄齐王,令发兵西。……以诛诸吕。"

② 王云度先生在《秦汉时期的中央集权与地方分权》(《秦汉史论丛》第四辑,西北大学出版社,1984年版)一文中认为:"汉初的分封不是历史出现了局部的倒退,而是促进了历史发展。"

③ 参见前面柳春藩著第 49—50 页。又蔡万进《张家山汉简〈奏谳书〉研究》(未刊稿)一文也认为,诸侯王国"其审判断狱依据的法律还是统一的,是要奉行汉中央政府颁布的法令的"。

④ 《汉书·高帝纪》十一年诏中的有关规定就是由"御史大夫昌下相国,相国酂侯下诸侯王"的。这表明诸侯王国是汉国家行政序列中的一个等级。

策①。诸侯王要定期朝觐中央等等②。这些内容反映了诸侯王国是汉国家结构中的一部分,汉中央政府对其有一定的政治、经济、社会地位上的支配权。

我们对汉初诸侯王国地位之高的记载不能作机械的、片面的和孤立的理解。以中央职官而言,只能说是大体相似而不是绝对相同。如汉中央的核心体制是丞相、太尉、御史大夫,而诸侯国是丞相和内史。诸侯国的傅与汉的太傅作用也大不相同③。而太尉一职除设于韩外④,其他诸侯国似未见设立此职。尽管诸侯王国与汉在职官上"尊无异等",但周昌由御史大夫迁为赵相,连刘邦也认为是"左迁"⑤,贾谊以太中大夫为长沙王太傅,被认为是"适去,意不自得"⑥,说明二者在社会地位上并不相等。

汉初中央政府既深刻认识到分封诸侯王对加强国家统治的必要性,也深刻认识到"宫室百官,同制京师"、"尊无异等"等问题存在的巨大危害性。因此,在铲除异姓诸侯王国势力,六国后、豪强势力的同时,汉政府就已经着手调整这种不平衡的国家结构关系。从张家山汉简看,高祖至吕后时期,从法律上严格防范人口及重要物资流往诸侯

---

① 如高帝五年"诏诸侯王视有功者立以为燕王"。六年"韩王信等奏请……立刘贾为荆王,……交为楚王"。十年"令诸侯王皆立太上皇庙于国都"。十二年"诏诸侯王议可立为燕王者"。(《汉书·高帝纪》)惠帝元年"令郡诸侯王立高庙"。三年"发诸侯王、列侯徒隶二万人城长安"。(《汉书·惠帝纪》)文帝前十五年春"诏诸侯王公卿郡守举贤良能直言极谏者,上亲策之"(《汉书·文帝纪》)。

② 参见《汉书》本纪及《吴王刘濞传》。

③ 吴荣曾先生在《西汉王国官制考实》(《先秦两汉史研究》,中华书局1995年版)一文中,通过对王国傅、相、内史、御史大夫等职官职能、地位详细论证后指出,中央职官与王国不仅"绝非完全一致",甚至还有很大的不同。这个看法应当引起我们的重视。

④ 参见《汉书·韩王信传》。

⑤ 《汉书·周昌传》。注引师古曰:"是时尊右而卑左,故谓贬秩位为左迁。"据此,王国相不仅与汉丞相秩不同,而且与御史大夫秩亦不同。

⑥ 《汉书·贾谊传》。

国,加强对诸侯国政治上的防备,是国家的主要措施。从文献记载相比较来看,这些措施有着连续性的特点。如孝惠帝元年还颁布了"除诸侯相国法。"①文帝时,二千石官开始由中央任命②。景帝中二年"更郡守为太守,郡尉为都尉"③,中三年"罢诸侯御史中丞"④,"罢诸侯御史大夫官"⑤,中五年"更命诸侯丞相曰相",中六年以后,又将汉中央职官名称作了大幅度的修改,对诸侯王国官吏进行了大幅度削减,这都是出自于中央与地方尊卑等级关系法制化的需要⑥,出自于统一的专制主义中央集权国家行政管理更加整齐划一的需要。应当注意的是,在抑制诸侯王国的过程中,汉政府采取的是削弱王国实力而扩大王国总数的政策,与西汉初期相比,西汉晚期的诸侯王国不仅没有减少而且有所增加。这个状况也恰恰说明诸侯王国之"国"与我们所理解的国家含义并不一样。

四 张家山汉简中所反映的汉与诸侯王国关系辨析

张家山汉简《二年律令》、《奏谳书》中记载了汉初国家对诸侯王国防范的有关具体措施。《二年律令》系吕后时期的法律文书,而《奏谳书》案件则大都有明确的时间,均可以作为我们分析的依据。前面臧知非文对简文中所反映的汉对诸侯王国防范措施的具体实施状况做了详细论证,此不赘述。结合臧文,我们可以对汉初国家与诸侯王国的关系形成如下认识:

第一,在与诸侯国的边界地区设置军事防御系统,防止诸侯国的侵扰。对防守不力,乃至谋反、投降者,施以严厉的法律惩处。第二,

---

① 《史记·曹相国世家》。
② 参见杨鸿年《汉魏制度丛考》"王国官吏"条。武汉大学出版社 1985 年版。
③⑤ 《汉书·景帝纪》。
④ 《史记·孝景本纪》。
⑥ 《汉书·景帝纪》,《汉书·百官公卿表》。

禁止诸侯国在汉直接控制的地区诱人口,以及从事间谍活动,违者处以酷刑。第三,严格关防,制定详细的法律制度禁止随意出入关、津、塞(包括官吏),以各种方式防止汉民流入诸侯国,各级官吏管理不善者将受法律严惩。第四,禁止汉民与诸侯国人、诸侯国人之间相互婚姻。第五,禁止重要物资,如马、黄金、铜等流入诸侯国。第六,这些法律的制定大都以"制诏"的形式颁布,以及具体案件发生后需要奏谳方能裁定,说明汉对如何处理与诸侯国的关系高度重视,但政策还在发展变化之中。

张家山汉简提供了比以往更为细致的汉与诸侯王国关系的实例,也引起了学者们对汉初国家结构问题的重新思考。① 因此,辨析清楚张家山汉简中汉与诸侯王国关系的性质,对于我们理解汉初的国家结构有着十分重要的意义。

首先需要看到的是,张家山汉简所反映的汉与王国关系紧张、对立问题在既往文献材料中也有若干线索。例如,在与诸侯国接壤的边境地区设立关防等防御系统,据贾谊的记载可能秦代即如此。《新书·过秦下》云:"秦并兼诸侯山东三十余郡,循津关,据险塞,善甲兵而守之。"②汉继续了这个政策。《新书·壹通》云:"所谓建武关、函

---

① 汉初诸侯王国是汉国家结构中的一部分,还是独立于汉国家结构之外的主权国家,学者们见仁见智。大体说来,20世纪的史学家虽然从各个侧面强调了汉初诸侯王势力之强,但基本都认为王国是汉地方行政制度中的一部分,汉代实行的是郡国并行制,这方面的论证很多,无需列举。但亦有新的看法,如前面臧知非文认为:"在七国之乱以前,无论在主观认识上,还是在制度上,诸侯王国与朝廷都是国与国的关系,或者说是特殊的国与国的关系,而不是中央和地方的关系。"又前面李开元著作中虽然承认汉朝对于诸侯王国有"政治主导权","汉帝国之立法权和外交权在于汉朝",诸侯王要奉行汉法,但他仍然强调汉王朝是一个"联合帝国",是"一个握有政治主导权的国家支配复数国家的政治状态",因而诸侯王国是"具有行政、国防、司法等自主权的独立国家"。既然是"独立国家","国与国的关系",那么他们就不是汉国家结构中的一部分了。

② 《新书》,阎振益、钟夏校注:《新书校注》,中华书局2000年版。

谷、临晋关者,大抵为备山东诸侯也。天下之制在陛下,今大诸侯多其力,因建关而备之。"司马迁还记载了汉初不少人提出的应对战国时期东方诸侯所控制地区应当有所防备的思想,这种防备东方诸侯的思想甚至是刘邦迁都关中的根本原因之一①。《史记·留侯世家》载张良云:"夫关中左殽函,右陇蜀,沃野千里,南有巴蜀之饶,北有胡苑之利,阻三面而守,独以一面东制诸侯。"《史记·刘敬列传》云:"且夫秦地被山带河,四塞以为固,卒然有急,百万之众可具也。因秦之固,资甚美膏腴之地,此所谓天府者也。陛下入关而都之,山东虽乱,秦之故地可全而有也。夫与人斗,不搤其亢,拊其背,未能全其胜也。今陛下入关而都,案秦之故地,此亦搤天下之亢而拊其背也。"又同传云:"今陛下虽都关中,实少人。北近胡寇,东有六国之族,宗强,一日有变,陛下亦未得高枕而卧也。"文献不仅反映出汉对昔日东方诸侯国所在地区社会异动势力的忧虑,也反映出新立王国在边界上对汉郡加强军事提防的事例。《史记·黥布列传》云高帝十一年:"夏,汉诛梁王彭越,醢之,……淮南王方猎,见醢,因大恐,阴令人部聚兵,候伺旁郡警急。""旁郡",应是指在汉直接控制郡的边界警备。这种相互提防,当然牵涉到军事防御系统的建设。简文中关于汉限制诸侯王国从外部获得人力、物力资源的记载,文献中也可寻见踪影。如《新书·壹通》云:"所谓禁游宦诸侯及无得出马关者,岂不曰诸侯得众则权益重,其国众车骑则力益多。故明为之法,无资诸侯。……岂若一定地制,令诸侯之民人骑二马不足以为患,益以万夫不足以为害。今不定大理,数起禁,不服人心。""数起禁",即指汉不断制定限制人口、重要物资等流往诸侯国所采取的法律措施,贾谊指出这种禁令"不服人心",耐人寻味。又《史记·吴王濞列传》载:"他郡国吏欲来捕亡人者,讼共禁弗予",同传晁错列举刘濞的罪状之一是"诱天下亡人,谋作乱",文帝时令薄昭责让淮南厉王长书中云:"亡之诸侯,游宦事人,及舍匿者,论皆有法。"②景

---

① 参见前面陈苏镇著第73页。
② 《汉书·淮南厉王长传》。

帝制诏列吴国之罪"诱受天下亡命罪人"①等等,都是汉国家从法律上禁止汉民、禁止重要物资流往诸侯国这一政策具有连续性的明证。简文中将汉直接统治区域的人民称为"汉民",从而与诸侯国人相区别,在文献中也有间接反映。如《汉书·荆燕吴传》中有"汉兵"、"吴兵"、"楚兵"、"齐人"等称呼,正是诸侯王国人与汉直辖地人在称呼上有身份区别的表现。尽管文献和汉简大体可以互证,但相较文献来说,张家山汉简的内容无疑更加具体。

我们认为,张家山汉简中有关汉与诸侯王国关系的法律是汉帝国建立后为加强专制主义中央集权而控制分裂割据势力所采取的一系列措施中的一部分。它所包含的实质内容,不仅针对同姓诸侯王,而且也是针对异姓诸侯王、昔日六国旧贵族、豪强的。因此,正确判断张家山汉简中所反映的汉与诸侯王国关系的性质,必须对汉初中央与地方矛盾关系的特点认真加以分析。

细检简帛与史籍,汉初中央与地方的矛盾是围绕着三个层次展开的。第一个层次是汉与诸侯国所在地域旧势力的矛盾,这种矛盾虽然与诸侯国有关,但并不能将其与诸侯王国的矛盾等同。我们知道,汉初无论是异姓王的分封还是同姓王的分封,乃至自身所直接控制的地区,大体是按照战国政治地理、自然地理来划分的。汉国家分封诸侯王的重要原因之一,是为了控制这些地区自战国以来的社会异动势力。如刘邦以"齐王韩信习楚风俗,徙为楚王",彭越"勤劳魏民"而为梁王②,韩信"因请立张耳为赵王,以镇抚其国。汉王许之,乃立张耳为赵王"③,以及刘邦将已建立郡县制的齐地又复为国,无疑都是对这些地区旧势力力量强大的担忧。前述刘敬等所云"东有六国之族,宗强,一日有变,陛下亦未得高枕而卧也",就是实际情况反映。刘邦在政权相对稳定后,对诸侯国所采取的重要措施之一,就是迁徙其土地

---

① 《汉书·荆燕吴传》。
② 《汉书·高祖本纪》。
③ 《史记·淮阴侯列传》。

上的强宗、贵族至关中。《汉书·高帝纪》高祖九年十一月:"徙齐楚大族昭氏、屈氏、景氏、怀氏、田氏五姓关中,与利田宅。"《史记·刘敬列传》载刘敬云:"臣愿陛下徙齐诸田,楚昭、屈、景,燕、赵、韩、魏后,及豪杰名家居关中。无事,可以备胡;诸侯有变,亦足率以东伐。此强本弱末之术也。上曰:善。乃使刘敬徙所言关中十余万口。"《汉书·地理志》:"汉兴,立都长安,徙齐诸田,楚昭、屈、景及诸功臣家于长陵。……盖亦以强干弱枝,非独以奉山园也。"张家山汉简《奏谳书》中临菑狱史阑案,就具体反映了汉初在迁徙齐国大族田氏女子南的过程中所引发的一桩难以判决的案子。史书还记载了不少汉初由六国地区徙往关中者的实例:《汉书·冯唐传》:"(唐)祖父赵人也,父徙代。汉兴徙安陵。"《车千秋传》:"其先齐诸田徙长陵。"师古曰:"刘敬所言徙关东大族者。"《萧望之传》:"(望之)东海兰陵人也,徙杜陵。"《田延年传》:"先齐诸田也,徙阳陵。"《魏相传》云魏相之先人自济阴定陶徙平陵。《黄霸传》云霸之先人:"以豪杰役使徙云陵。"《后汉书·廉范传》云范:"赵将廉颇之后也。汉兴,以廉氏豪宗,自苦陉徙焉。"这些均说明与秦一样,旧的战国列国政治势力以及所谓"豪猾之民"①,是汉帝国建立后所要防范的重要对象,是汉初中央集权控制地方分裂势力首先要考虑的因素。汉与他们的矛盾与诸侯国无关。

  第二个层次是汉初中央政府与异姓诸侯王国在政治、军事上控制与被控制的矛盾。异姓诸侯王是汉初特殊历史条件下的产物,与宗法血缘关系下的同姓诸侯王性质有别。史云异姓诸侯王"见疑强大,怀不自安,事穷势迫,卒谋叛逆"②,说明汉中央政府在分封他们伊始彼此就存在着高度的戒备心理,从而注定了汉与异姓诸侯王国的关系是一种十分紧张、对立的关系。史籍中亦反映一二。如《汉书·韩信传》云:"信初之国,行县邑,陈兵出入。"《汉书·黥布传》:"(黥布)阴令人部聚兵,候伺旁郡警急。"在剿灭异姓诸侯王这一接近战争状态的过

---

① 《后汉书·酷吏列传》,中华书局1965年版。
② 《汉书·韩彭英卢吴传》赞。

程中,以法令的形式明确中央政府的态度更是十分必要的。《汉书·高帝纪》载陈豨反时,高祖令"诸县坚守不降反寇者,复租赋三岁。"因此,张家山汉简《二年律令·贼律》中:"以城邑亭障反,降诸侯,及守乘城亭障,诸侯人来攻盗,不坚守而弃去之若降之,及谋反者,皆腰斩。其父母、妻子、同产,无少长皆弃市","□来诱及为间者,磔",以及《二年律令·捕律》中"捕从诸侯来为间者一人,拜爵一级,有(又)购二万钱。不当拜爵者,级赐钱万,有(又)行其购"等明显具有敌对状况的法律规定,应当是异姓诸侯王与中央关系紧张、对立情况的延续,甚至这些法律可能就是在那个时期制定而延续至吕后时期的。

第三个层次是汉初中央政府与同姓诸侯王国的矛盾。在消灭异姓诸侯王过程中产生的同姓诸侯王虽然出自于刘邦的主动分封,并且被分封者与刘邦有着宗法血缘关系,但王国毕竟不同于郡县,掌握一方军政大权的诸侯王国,终究要与中央集权产生离心力,这是体制本身所决定的。不过,我们并不能认为汉在分封同姓诸侯王伊始就存在着十分尖锐、对立的矛盾,而应当看到其中的发展变化过程。① 汉与诸侯王国存在着的矛盾首先表现在尊卑等级上。贾谊在《新书·等齐》、《阶级》、《服疑》等篇以及《史记》、《汉书》等史书中,对诸侯王国"宫室百官,同制京师"、"尊无异等"等状况表示出的深深忧虑,就是典型反映。但这种尊卑等级上的矛盾还不能影响中央政府对他们的实际控制,也就是说,虽然官制形式上二者尊等,但汉对诸侯王国仍有政治上的支配权。其次,从高祖晚年至文帝时,汉与诸侯王国的矛盾又有新的发展,主要表现在中央政府如何控制王国势力逐步强大的问题上。王国势力的强大既表现在政治上,也表现在经济上。从政治上

---

① 《汉书·高帝纪》汉高祖在五年诏中云:"诸侯子在关中者,复之十二岁,其归者半之。"《汉书·高五王传》云高祖六年立齐王刘肥时"诸民能齐言者皆与齐",注引孟康曰:"此时流移,故使齐言者还齐也。"师古曰:"欲其国大,故多封之。"这两则材料至少说明汉高祖五六年时对诸侯国的人口限制政策并不严密,与《奏谳书》十年案中反映的中央与地方情况有别。

看,高祖以后能够控制诸侯王国局面的傅、相逐步减少,中央官僚出于种种担忧而不愿在王国任职,从而使诸侯王在政治上有了充分的发展机会。① 史云文帝时吴"岁时存问茂材,赏赐闾里。它郡国吏欲来捕亡人者,颂共禁不与。如此者三十余年,以故能使其众。"② 齐国在这一时期政治上亦有企图,如诸吕之乱时,"朱虚侯、东牟侯欲从中与大臣为内应,以诛诸吕,因立齐王为帝"③,《新书·宗首》云:"今或亲弟谋为东帝。"同书《亲疏危乱》云,"诸侯王虽名为人臣,实皆有布衣昆弟之心,虑无不帝制而天子自为者。擅爵人,赦死罪,甚者或戴黄屋,汉法非立,汉令非行也",更是诸侯王普遍真实心态的写照。从经济上看,王国所在地区大都是经济发达地区,诸侯王又几乎拥有王国土地上的一切经济收入。合法与非法的经济建设使诸侯王国力量迅速增长。如惠帝、高后时刘濞在吴"即招致天下亡命者盗铸钱,东煮海水为盐,以故无赋"④。为了控制因经济上的发展而与中央产生的对立,汉采取各种措施限制王国经济的发展。张家山汉简中对诸侯国的高度提防,对流亡人口的限制,对津关塞出入的严格控制,也有深刻的经济原因在其中。最后,文帝末年至景帝时,由于中央政府对其抑制力度的迅速加大,使汉与诸侯王国的矛盾最终演化为军事冲突。⑤ 景帝采

---

① 《新书·宗首》云:"今或亲弟谋为东帝,亲兄之子西向而击,今吴又见告矣。天子春秋鼎盛,行义未过,德泽有加焉。……然而天下少安者,何也? 大国之王幼在怀衽,汉所置傅相方握其事。数年之后,诸侯王大抵皆冠,血气方刚,汉之所置傅归休而不肯住,汉所置相称病而赐罢。彼自丞尉以上遍置其私人。"

②④ 《汉书·荆燕吴传》。

③ 《汉书·高五王传》。

⑤ 文帝以诸侯王入承大统,他的王国政策值得注意。《汉书·文帝纪》云文帝将"吕氏所夺齐楚地皆归之"。在群臣议立太子时,文帝推让"诸侯王宗室昆弟有功臣"者,并"令郡国无来献","令诸侯无入贡"。甚至"除关无用传",对此《汉书·景帝纪》云:"孝文皇帝临天下,通关梁,不异远方。"注引张晏曰:"孝文十二年,除关不用传,令远近若一。"孝文十二年至景帝四年,是汉代唯一不使用关传的时期。这些政策应当反映文帝对诸侯王国态度有所变化。

· 213 ·

取果断措施,于前三年平定七国之乱,基本解决了同姓诸侯王国割据一方的问题。

上述三种矛盾中,与六国旧贵族、宗法豪强的矛盾属于国家与社会异动势力之间的矛盾,这个矛盾不仅存在于汉初,也存在于其他历史时期,它反映的是国家与社会之间的关系。与异姓诸侯王和同姓诸侯王的矛盾是中央政府和地方割据势力之间的矛盾。汉政府对异姓诸侯王国的设立与消灭,对同姓诸侯王国的设立、限制和逐步削弱,都是统一国家内部不断调整政治、行政结构的产物。诸侯王国的设立是对秦亡以后社会复杂化局面正确处理的结果,诸侯王国的消灭与削弱又顺应了战国以来社会趋向统一的大趋势。它与中国历史上其他时期中央集权与地方分裂割据势力矛盾关系的基本特点是一致的。因而不能将其视为超越中央与地方关系之上的所谓国与国的关系。

五 结 论

国家结构不是统治阶级任意选择的结果,它是特定时期的历史、地理、政治、经济、文化、民族等多方面因素综合影响的产物,是一种合力的结果。① 春秋战国之际,不同于宗法血缘贵族等级分封制的新的郡县制国家结构形式产生,战国后期的列国大体都是建立在这种新的国家结构之上的独立的主权国家。在战国列国纷争和社会经济文化日益交流频繁的基础上,建立统一的专制主义中央集权国家的要求愈益强烈。秦的统一就是这种客观潮流的产物。但是,秦所建立的这种高度单一的国家结构忽视了战国以来各地区社会经济文化仍存在巨大差异的客观现实,加上其统治政策的偏差,使国家与社会之间的矛盾迅速激化。秦的统一只存在短短的十五年,统一国家的观念远未深入人心。在秦亡之后极短时间内战国列国的复活,使统一的国家观念

---

① 参见杨小云:《新中国国家结构形式研究》第二章,中国社会科学出版社2004年版。

崩溃,统一的国家结构迅速瓦解,历史出现了向战国复归的局面。

刘邦及其集团自入关中后,在国家结构的建设上就已明确了承秦制。但是,承秦制而再建统一帝国的道路又是一个复杂的历史过程。在国家结构建设上,汉不得不面对秦亡以来六国后的复国以及陈涉、项羽的分封,面对强大的"霸天下"的楚国家结构的存在,面对战国历史发展的巨大惯性影响。因此,汉采取了变通的郡国并行的国家结构形式,这种国家结构形式符合了汉初历史与现实的客观状况。汉初社会经济残破,地方割据势力强大,中央集权有限,因此,统治阶级在与分裂势力作顽强斗争的同时,也要求"郡国自拊循其民",推行黄老无为而治的国家意识形态,给予包括郡国在内的地方政府较大的自主权,为缓和汉初国家与社会的矛盾奠定了政治基础。事实证明汉初国家结构形式的选择是正确的,对于汉初国家与社会的发展都具有重要意义。①

国家结构是动态的、变化的。自战国以来,建立统一的专制主义中央集权国家是历史发展的客观要求,而郡国并行的国家结构毕竟不能长久地满足汉帝国国家政治与行政管理的需要,不能满足社会经济发展的客观要求。于是,在调整、限制、打击王国势力的过程中,郡县制逐步成为汉国家结构的主体。也正是在这个基础上,汉武帝从政治、经济、文化上采取了一系列措施,使专制主义中央集权大为加强。可以说,国家结构的调整与完善,是武帝时代汉帝国强盛的政治基础。

---

① 史家对这个时代颇多赞美之词,《史记·吕太后本纪》太史公曰:"孝惠皇帝、高后之时,黎民得离战国之苦,君臣俱欲休息乎无为,故惠帝垂拱,高后女主称制,政不出房户,天下晏然。刑罚罕用,罪人是希。民务稼穑,衣食滋殖。"《汉书·文帝纪》赞云:"专务以德化民,是以海内殷富,兴于礼义,断狱数百,几致刑措。"《景帝纪》赞云:"汉兴,扫除烦苛,与民休息。至于孝文,加之以恭俭,孝景尊业,五六十载之间,至于移风易俗,黎民醇厚。周云成康,汉言文景,美矣。"

秦汉的"徭戍"体系与"屯戍"

王彦辉

一

秦与西汉时期的徭役兵役制度是从封国时代的秦制发展而来。秦国虽受封为诸侯,也从"夷狄之国"被中原列国接受,但在国家体制上并没有完全接受西周的封建制度,而是形成了适应战争形势需要的集权制度。根据考古调查,秦自陇东进入岐丰之地以后,在秦国的上层集团中军事贵族就占据了相当重要的地位。商鞅变法奖励耕战,实质上在秦国形成了战时国家体制,梁云比较了春秋战国墓葬等级序列的东西差别,指出战国中期以后贵族墓中的铜五鼎改为铜二鼎规制,反映出秦国的国君权力高度集中,而客卿的出将入相进一步削弱了秦系的宗族势力,①在秦国形成了以秦君为首的官僚集团与大多数社会下层庶民的两级对立局面。专制集权政治的特征表现为君权缺少体制内的制约机制,也缺少体制外的制衡力量,公权力过渡膨胀,各种兵役徭役负担通过君主立法成为庶民百姓的普遍义务。

---

① 据黄留珠先生统计,"自秦惠王十年到始皇时代的一个世纪多一点的时间里,先后担任秦相要职者共有 22 人。其中 80% 以上(18 人)都是外来的各种人才,他们或由客直接拜相,或由客拜客卿再拜相"。见氏著:《秦汉历史文化论稿》,三秦出版社 2002 年版,第 48 页。

秦的战时体制和功利性极强的舆论导向驱民于战,故谓"强国之民,父遗其子,兄遗其弟,妻遗其夫,皆曰：'不得,无返'。"①封国时代的疆域面积不过"邦畿千里",这又为制度规定的兵役徭役"三十倍于古"提供了可能,制度外的军兴与派徭在专制暴力的淫威之下更是畅行无阻。这种传统即使到秦统一以后似乎也没有改变,从而造成濱口重国所论"汉代可称为力役和兵役不完全分离的时代"②的局面。正因为如此,秦汉文献对兵役徭役的记录在概念的使用上缺少严格的形式逻辑要求,也使今人对这些概念与制度的对应关系歧见纷呈。以往,学界一般用兵役对应当时的"一岁屯戍"和"一岁为材官骑士";用徭役对应"月为更卒"、委输传送、修宫筑城以及其他杂役。近年来,随着秦汉法律文献的陆续公布,学者认为"徭戍"是当时的法律用语,"徭"对应的是"力役","戍"对应的是兵役,进而认为"戍边"非兵役,而是徭役。比如孙言诚就认为"戍卒是服戍边徭役的人",根据是：骑士须经过挑选,而戍卒人人都要充当；骑士属军队编制,由军事将领统帅,戍卒属地方编制,由地方官吏管理,是边境地区的地方行政管理系统；骑士的基本任务是战斗,戍卒是服劳役者,基本任务是候望和劳作。③ 高恒先生也认为,"史籍每每徭、戍并提,将戍役作为力役的一种,看来不是没有原因的"④。可见,论者之所以对"戍边"的性质产生异议,主要是对"徭"、"力役"、"戍"这些概念缺少必要的辨析所致。

二

戍边属于兵役还是"徭"或力役,直接涉及对秦汉时期徭役兵役体

---

① 高亨注译：《商君书注译·画策》,中华书局出版社1974年版,第138页。
② 濱口重国：《践更和过更》,刘俊文主编：《日本学者研究中国史论著选译》(第3卷),中华书局1993年版,第391页。
③ 孙言诚：《秦汉的戍卒》,《文史哲》1988年第5期。
④ 高恒：《秦汉简牍中法制文书辑考》,社会科学文献出版社2008年版,第126页。

系的认识。董仲舒在《限民名田疏》中说过:"又加月为更卒,已复为正,一岁屯戍,一岁力役,三十倍于古。"①其中的更役、力役可以解释为宽泛的"徭","力役"在这段语境中是指"更"之外的徭役,但不能涵盖"更",因为"月为更卒"在适龄男子一生的服役期内远远超出了"一年"。总之,如果用习惯上的兵役、徭役概念来概括当时适龄男子的义务,董仲舒提到的"更"与"力役"是可以归类为"徭役"的。而在"更"与"力役"之外,只有"屯戍"可以解释为兵役。"屯戍"即到京师戍卫称卫士,或到边境戍守称戍卒。东汉以后罢材官骑士,代之以"营屯",戍边的戍卒逐渐由刑徒奴隶充之,所以卫宏在《汉旧仪》中改"屯戍"为"卫士",但曰"民年二十三为正,一岁而以为卫士"②,"卫士"也称"卫卒",在京师防御系统中归卫尉统领,故当番"为卫士"属于兵役无疑。借此释解董仲舒所谈"屯戍",其中包括"卫士"和"戍卒",则所含戍卒之役亦当属于兵役。

　　进一步说,论者释戍边为徭役或力役,就概念本身来说在史籍中也能找到根据。如《汉书》中多次提到"减外徭"、"著外徭"、"赐外徭"等,三国时人苏林、孟康都认为"外徭"指的是"戍边",如苏林曰:"外徭,谓戍边也。"③;孟康曰:"外徭,戍边也。"④据此,是可以将"戍边"解释为"徭"的,但以"徭"指称戍边需要加上限定词,且文献中"徭"的内涵极为宽泛,汉元帝时复置盐铁官的理由就是"以用度不足,民多复除,无以给中外徭役"⑤,这个"中外徭役"显然是包括一般意义上的徭役和兵役的。因此,要解决戍边是否属于兵役,首先要对"徭"的含义加以解析。

---

　　① 《汉书·食货志上》,中华书局1962年版。
　　② 孙星衍等辑、周天游点校:《汉官六种》,中华书局1990年版,第81页。按:颜师古注《汉书·高帝纪》注引卫宏《汉仪注》(孙星衍考即《汉旧仪》)作"云民年二十三为正一岁为卫士一岁"。
　　③ 《汉书·卜式传》。
　　④ 《汉书·沟洫志》。
　　⑤ 《汉书·元帝纪》。

"徭"在汉代的行文中是一个比较宽泛的概念,就文献记载来说,"徭"或单独使用,指向包括修建宫殿①、修筑堤坝②、戍边③、军屯及给事县官④、河湖摆渡⑤等。或与"更"连用称"更徭"⑥,或与"赋"连用称"徭赋"⑦,或与"戍"连用称"徭戍"⑧、戍徭⑨,或与"役"连用称"徭役"⑩。由此可见,举凡当时无偿役使用民力的举措都可以称之为"徭"。既然"徭"可以指称戍边,若以"徭戍"概括徭役和兵役,就需要对"徭"的内涵作出减项,使之在论者的著述中仅仅限于"戍边"。而这样做,不仅不符合文献中"徭"的用法,"徭"为戍边,"戍"亦戍边,属于同义反复,何况,更与通常理解的徭役相去甚远。

那么,法律文献中的"徭戍"在用法上又有哪些特点呢?从秦汉法律文献来看,举凡当时各种力役性质的"役",一般单称"徭",诸如:

或盗采人桑叶,臧(赃)不盈一钱,可(何)论?赀■(徭)三

---

① 如赵高对李斯曰:"今上急益发徭治阿房宫。"《史记·李斯列传》,中华书局1959年版。
② 汉武帝制诏御史曰:"间者河溢皋陆,堤徭不息。"《史记·孝武本纪》。
③ 霍去病击破西域浑邪王,于是"减陇西、北地、上郡戍卒之半,以宽天下之繇"。《史记·卫将军骠骑列传》。
④ 陈忠上书曰:"孝宣皇帝旧令,人从军屯及给事县官者,大父母死未满三月,皆勿徭,令得葬送。"《后汉书·陈忠传》,中华书局1983年版。
⑤ 建武初,桂阳含洭、浈阳、曲江三县一度吏事扰民,"每一吏出,徭及数家,百姓苦之"。《后汉书·循吏传·卫飒》。
⑥ 司马迁评论景武之际商品利润说:"庶民农工商贾,率亦岁万息二千,百万之家则二十万,而更徭租赋出其中。"《史记·货殖列传》。
⑦ 祚阳侯仁,"初元五年,坐擅兴徭赋,削爵一级"。《汉书·王子侯表》。
⑧ 呼韩邪单于与汉结和亲,上书愿"请罢边备塞吏卒",侯应谏止,理由之一是"臣恐议者不深虑其终始,欲以一切省徭戍"。《汉书·匈奴传》。
⑨ 司马迁批判秦二世"赋敛愈重,戍徭无已"。《史记·李斯列传》。
⑩ 刘秀褒奖王丹,"诏复其子孙邑中徭役。"《后汉书·王良传》。

旬。①

  乏■（繇）及牛车当■（繇）而乏之，皆赀日廿二钱，有（又）赏（偿）乏■（繇）。

  日，车□。②

与此相对应，"屯戍"意义的"戍边"，单称"戍"或"戍边"，诸如：

  不当禀军中而禀者……非吏殹（也），戍二岁。

  军人买（卖）禀禀所及过县，赀戍二岁；同车食、敦（屯）长、仆射弗告，戍一岁。③

  博戏相夺钱财，若为平者，夺爵各一级，戍二岁。

  有任人以为吏，其所任不廉、不胜任以免，亦免任者。其非吏及宦也，罚金四两，戍边二岁。④

  这说明，"繇戍"不能读为一个整词，而当读为"繇、戍"。据此，法律用语的"繇戍"之"繇"可以概括繇役，但"戍"仅指戍边，不能用来概括所有兵役。何况，由于现在所能看到的法律文献仅仅是秦汉律的一部分，"戍"在用法上还见不到卫戍京师的内容，则"戍"也不能包括戍卫京师的卫士。另外，卫宏追叙西汉兵役、兵种和军队编制时重点记录的"一岁为材官骑士"的地方兵役，更无法容纳到"戍"之中。由此看来，以"繇戍"统摄当时的繇役兵役体系并不合适。

  那么，"戍"可否归类为"力役"的一种呢？"力役"这个概念目前不

---

  ① 睡虎地秦墓竹简整理小组：《睡虎地秦墓竹简》，文物出版社1978年版，第154页。

  ② 张家山汉墓竹简整理小组：《张家山汉墓竹简》（释文修订本），文物出版社2006年版，第244页。

  ③ 睡虎地秦墓竹简整理小组：《睡虎地秦墓竹简》，第134页。

  ④ 张家山汉墓竹简整理小组：《张家山汉墓竹简》（释文修订本），第33、36页。

见于简牍资料,从文献记载来说,"力役"在汉人的应用和后代的注疏中含义并不统一,或概指徭役和兵役,如《盐铁论·未通》载御史曰:"古者,十五入大学,与小役;二十冠而成人,与戍……今陛下哀怜百姓,宽力役之政,二十三始傅,五十六而免,所以辅耆壮而息老艾也。"①很明显,昭帝"宽力役之政"的"力役"是总"役"与"戍"即徭役与兵役的;或指称兵役②,或指称徭役③;或指称具体的役名,如筑堤、漕运之役④等。由此可见,高亨先生把"戍"解释为"力役"的一种,如果从"力役"的广义上理解是可以说通的。但"力役"还可以指称兵役和具体的"徭",如果在叙说徭役兵役问题时,释"戍"为"力役",则在所谓"徭戍"这一法律用语中,"徭"和"戍"都属于"力役",亦即通常意义上的徭役,同样犯了同义反复的修辞错误,而且在"徭戍"体系中无从安顿兵役。

综上说明,就汉人使用概念的习惯来说,"徭"是可以区分为广义和狭义的。广义的徭或徭役可以指称所有役使民力的举措,当然包括屯戍在内。如师古注"高祖常䌛咸阳"引应劭曰:"徭者,役也。"⑤曹魏时人苏林、孟康注"外徭"曰:"戍边也。"⑥从这个意义上说,"力役"的用法与"徭"是大体相同的。就概念的种属关系论,"徭"或"力役"是母

---

① 桓宽撰,王利器校注:《盐铁论校注》,中华书局1992年版,第192页。

② 汉和帝即位,诏曰:"自中兴以来,匈奴未宾,永平末年,复修征伐。先帝即位,务休力役。"《后汉书·和帝纪》。

③ 《盐铁论·未通》载文学曰:"五十已上曰艾老,杖于家,不从力役……今五十已上至六十,与子孙服挽输,并给徭役。""力役"与"䌛役"互文,此"力役"所指即徭役。

④ 《汉书·沟洫志》载师古注儿宽上书所谓"平遥行水"曰:"平䌛者,均齐渠堰之力役。"《汉书·昭帝纪》载师古注"朕闵百姓未赡,前年减漕三百万石"曰:"减省转漕,所以休力役也。"

⑤ 《汉书·高帝纪》,中华书局1959年版;《史记》注引应劭曰的断句为:"徭役也。"按:当断句为"徭,役也。"

⑥ 分见《汉书·沟洫志》;《汉书·卜式传》。

221

概念,"戍"或"戍边"是子概念,此即荀子阐释的"共名"与"别名"的关系。但汉人以徭役指称屯戍时往往要在"徭"的前后缀上限定词,如"徭戍"、"外徭"、"戍徭"等①;或根据前后语境以"徭"指代戍边,比如霍去病击破西域浑邪王,史称因此而"减陇西、北地、上郡戍卒之半,以宽天下之徭"。② 狭义的"徭"或"力役"一般指称具体的役名,如赵高对李斯曰:"今上急益发徭治阿房宫"③;武帝时制诏御史曰:"间者河溢皋陆,隄徭不息。"④师古注汉昭帝减省漕运曰:"减省转漕,所以休力役也。"如果没有限定词,脱离具体的语境,目前还见不到以徭或"力役"指代"戍边"的事例。要之,既然要把适龄男子的义务区别为兵役和徭役,把"戍边"解释为徭役而非兵役似乎并不恰当。

三

笔者不赞同以"徭戍"概括秦汉时期的徭役兵役体系,释"戍边"为徭役或"力役",当然不能停留在概念解析的层面,而是应当从具体的语境中分析戍边与兵役的对应关系,结合当时的防御体系以及戍卒与材官骑士的隶属关系予以说明。

第一,在历代皇诏及臣僚的议事语境中"戍边"即兵役。

汉文帝二年冬十一月诏:朕既不能远德,故憪然念外人之有非,是以设备未息。今纵不能罢边屯戍,又饬兵厚卫,其罢卫将军军。⑤

汉宣帝地节三年冬十月诏:朕既不德,不能附远,是以边境屯戍未息。今复饬兵重屯,久劳百姓,非所以绥天下也。其罢车骑将军、右将

---

① 司马迁批评秦二世举措太暴,即称:"赋敛愈重,戍徭无已。"《史记·李斯列传》。
② 《史记·卫将军骠骑列传》。
③ 《史记·李斯列传》。
④ 《史记·孝武本纪》。
⑤ 《汉书·文帝纪》。

军屯兵。①

在文帝、宣帝的诏文中,"饬兵厚卫"、"饬兵重屯"指的是卫将军、车骑将军所率"屯兵",而非"屯戍"之戍卒,但显然是将"屯戍"视为"设备"之举的。"设备"即边防守备,从行文来说应由戍卒承担,性质自当与内地的"徭"或"力役"有别,而属于军事防务范畴。如果这样解释还显得牵强,以下引证则直接将"屯戍"看做是兵役。如宦者中行说诘难汉使曰:"而汉俗屯戍从军当发者,其老亲岂有不自脱温厚肥美以赍送饮食行戍乎?"②文中以"屯戍"为"从军",从军即"行戍",是戍卒之役属兵役无疑。

第二,边郡骑士与戍卒日常直接隶属于郡太守和郡都尉。

汉代的边防根据其职能划分为两大系统:防御作战系统和候望系统。③ 防御作战系统担任驻守作战任务,由选自北部边郡的骑士构成,按部、曲、队进行编制;候望系统担负警戒任务,由来自内郡国的戍卒构成,按候、部、隧进行编制。骑士与戍卒和平时期均隶属于郡都尉,而由郡将统制。故卫宏曰:"边郡太守各将万骑,行障塞烽火追虏"④。卫宏生活于东汉初年,此时都尉已经并职于太守,但谓"边郡太守各将万骑"。论者指出骑士与戍卒编制不同是对的,却明显混淆了骑士战时与平时的统属关系。秦汉时期,边郡的地方兵由骑士组成,平时隶属于郡都尉,在隶属关系上与内地并无区别。而在战时,边郡太守要将兵听候朝廷指派的各种名号的将军统一指挥,如宣帝神爵元年西羌反,汉遣后将军赵充国、强弩将军许延寿击西羌,统领的军队就包括"武威、张掖、酒泉太守各屯其郡"⑤的骑兵。骑士虽然是军事编制,主要承担守备追虏等任务,但也要定期行塞乘燧。

---

① 《汉书·宣帝纪》。
② 《史记·匈奴列传》。
③ 黄今言:《秦汉军制史论》,江西人民出版社 1993 年版,第 183 页。
④ 孙星衍等辑、周天游点校:《汉官六种》,中华书局 1990 年版,第 81 页。
⑤ 《汉书·赵充国传》。

戍卒的编制尽管与骑士不同,但也不是地方行政系统,候、部、隧的职能是候望举燔,并不治民,戍卒守望的烽燧属于边界线上的前沿哨所,性质属于军事设施,戍卒中虽然包括刑徒和奴隶,但其职守属于军事防务。由于烽燧设置的地点一般都人迹罕至,戍卒在本职以外需要从事一些修城建塞、伐薪种菜等劳务,这也是论者做出戍役非兵役判断的主要根据之一。但正如高恒先生指出的那样,"戍卒平时主要是从事与防务有关的劳役",不得"令为它事"①,伐薪种菜之类不过是为了解决生活所需,并不能改变其守戍边防的性质。

第三,戍卒在特殊条件下也承担作战任务。

戍卒以候望为职,不承担大规模的作战任务,可也要随时准备与小股来犯之敌格斗,因此隧长、戍卒一般都配有弓弩等兵器。比如各部编制的簿籍中就有专门的"戍卒被兵名籍",简 EPT58:33 即称为"甲渠候长赏部元康二年四月戍卒被兵名籍"②,具体如:

简 EPT59:48:戍卒魏郡元城临河里郝更生　五石具弩一、槀矢铜鍭五十、弩幡一、兰一。③

简 73EJT22:24:戍卒巨鹿郡曲周东渠里杨庇年廿九,长七尺四寸黑色,三石具弩一槀矢五十。④

根据"功令第卅五"的规定,候官每年都要组织"秋射"比武,所署功劳簿记录了候长、士吏、隧长的发弩成绩。在已公布的西北汉简中,即可以见到某隧被胡骑攻陷的记录,如简 57.29 载:"本始元年九月庚子,虏可九十骑入甲渠止北燧,略得卒一人,盗取官三石弩一,槀矢十

---

① 高恒:《秦汉简牍中法制文书辑考》,第 126 页。
② 甘肃省文物考古研究所等编:《居延新简》,文物出版社 1990 年版,第 351 页。
③ 甘肃省文物考古研究所等编:《居延新简》,第 362 页。
④ 甘肃简牍保护研究中心等编:《肩水金关汉简(二)》(下),中西书局 2012 年版,第 47 页。

二,牛一,衣物去,城司马宜昌将骑百八十二人从都尉追"①,也能看到守隧吏卒抵御来敌进犯的记载,如简 EPT65:37 就称"第十隧虏矢百五,正月十三日吏卒五人格射胡虏,尽十六日积三日□"②。就简牍资料记载,每隧设隧长 1 人,候史 1 人,戍卒 2 至 4 人,隧与隧间隔 3 至 5 里,自然不能要求戍卒担负作战任务,故陈梦家先生才概括烽燧吏卒的职责有三,其一为"惊戒便兵,即对入寇及盗贼作防御和应付"③。以此论之,还没有充足的理由否定屯戍的兵役性质。

总之,"徭戍"不能用来概括秦汉时期的徭役兵役体系,这一概念无论是在法律文献还是在传世文献中,都应当读为"徭、戍",其中的"徭"属于广义的徭役,"戍"单指戍边,不能涵盖其他兵役形式。因此,继续沿用徭役、兵役的习惯用法来概括当时适龄男子的义务还是比较符合实际的。适龄男子所服"戍边"之役,性质与"为卫士"、"为材官骑士"相同,属于兵役的一种形式,而不是"力役"的一种类型。

---

① 谢桂华、李均明、朱国炤:《居延汉简释文合校》(上),文物出版社 1987 年版,第 102 页。
② 甘肃省文物考古研究所等编:《居延新简》,第 423 页。
③ 陈梦家:《汉简缀述》,中华书局 1980 年版,第 176 页。

游士宾客在秦汉的兴衰演变

姜建设

春秋时期,新的士人阶层产生,养士之风也随之而起。战国则为"布衣驰骛之时",游说和从师,成了当时士子跻身仕途的两大门径①。这个时期是士人的黄金时代,学者们对此论述颇多。而在秦汉时期,宾客游士的活动和演变情况如何,则罕有论及者。本文拟就此问题略作探讨,以就正于读者。

一 秦汉游士宾客活动的兴衰

春秋战国时期,秦用客卿最成功。当时一些有才智的士人,多入秦以求得施展抱负的机会。如由余、百里奚、蹇叔、商鞅、张仪、范睢、李斯等,皆其显例。秦统治者对客卿的重用,对于秦的社会改革,对于秦否定世卿世禄制、建立新的官僚政体和集权制度,都起过重要的作用。在当时诸侯争雄割据的形势下,游士的归向,对于一国军事和外交上的胜负,常常起着举足轻重的作用,正如《论衡·效力篇》所说:"六国之时,贤才之臣,入楚楚重,出齐齐轻,为赵赵完,畔魏魏伤。"当时的秦统治者对于这一点是看得很清楚的。李斯在《谏逐客令》中就向秦王朝明确指出:如果"使天下之士退而不敢西向,裹足不入秦,此

---

① 杨宽先生说,"游说和从师确是士进入仕途的两个主要门径,因而游说和从师也就成为一时风尚。"《战国史》,上海人民出版社1980年第2版,第403页。

所谓'籍寇兵而赍盗粮'者也。……今逐客以资敌国,损民以益仇,内自虚而外树怨于诸侯,求国无危,不可得也"①。因此,这决"非所以跨海内制诸侯之术也"。李斯的上书,正道出了当时秦统治者的政治心理。

当然,游士入秦求仕,也不是一帆风顺的。秦在对待游士宾客的政策上就存在着矛盾,既有重用游士宾客的一面,又有限制、打击游士宾客的一面。如秦昭王时魏冉专政,厌天下辩士,"恶内诸侯客",认为纳之"无益,徒乱人国耳"②。《睡虎地秦墓竹简·秦律杂抄》中有"游士律",它规定:"游士在,亡符,居县赀一甲;卒岁,责之。"③即规定游士在秦居留必须有凭证,否则收留他的当地政府就要受到责罚。秦律还规定:"邦客与主人斗,以兵刃、投梃、拳指伤人,挚以布。"④这就是说,"邦客"伤了秦人,要罚以布币来抚慰。这种种打击、限制游士宾客的政策,是旧贵族保守势力在对待游士宾客态度上的反映。因为秦统治者重用游士宾客,就直接威胁着旧贵族势力赖以存在的世卿世禄制。旧贵族保守势力所发动的对游士宾客最大的一次攻击,就是秦王政十年,他们利用韩国水工郑国来秦作间谍被揭发一事的机会,所掀起的一场轩然大波。当时,"秦宗室大臣皆言秦王曰:'诸侯人来事秦者,大抵为其主游间于秦耳,就一切逐客。'"⑤秦王政一时间迫于压力,下了《逐客令》。但这毕竟不符合秦欲一统天下的根本利益,所以当秦王政一旦看到在被逐途中的李斯的《谏逐客书》,便立即取消了《逐客令》,而且比以前更加重用客卿李斯等人。

但是秦统一中国后,形势发生了一个根本性的变化:由于分封制的废除和郡县制的设立,由于中央集权统治的建立,作为春秋战国分

---

①⑤ 《史记·李斯列传》,中华书局1959年版。
② 《史记·范雎列传》。
③ 睡虎地秦墓竹简整理小组:《睡虎地秦墓竹简》,文物出版社1978年版,第129页。
④ 睡虎地秦墓竹简整理小组:《睡虎地秦墓竹简·法律答问》,文物出版社1978年版,第129页。

裂割据和社会变革时代产物的游士宾客，就失去了他们赖以产生和存在的政治、经济基础，而随着新的官僚政体的建立，游说和从师，也就不再成为士人入仕的主要途径。因此，秦统一后，原来意义上的游士宾客已经不复存在。他们开始向两个方面分化：一是投靠秦王朝，为新政权的各级政府服务；一是利用自己所掌握的知识为武器，加入六国贵族的复国势力中，公开地或隐蔽地与秦的中央集权统治进行斗争，这种斗争的结果，终于导致了秦始皇"焚书坑儒"事件。总之，随着秦王朝统一局面的出现，游士宾客在政治舞台上的活动逐渐消失，出现了一个最低潮。通考秦统一后的史事，没有发现某人拥有众多宾客的记载。

西汉前期的社会条件，使游士宾客再度活跃起来。诸侯王、朝臣、郡守、大侠等贵势之家，都能招致宾客。高祖时，陈豨以赵相国将监赵、代边，"豨少时，常称慕魏公子，及将守边，招致宾客。常告过赵，宾客随之者千余乘，邯郸客舍皆满"①。文帝时，"魏尚为云中守，其军市租尽以飨士卒，出私养钱，五日一椎牛，飨宾客军吏舍人"②。景帝时，窦婴封魏其侯，"游士宾客争归之"。武帝时，灌夫"家累数千万，食客日数十百人"③。此外，其他名臣如汲黯、郑当时、翟公、张汤等，贵盛之时，也都是宾客盈门。就连"结发游学四十余年"的主父偃，"方贵幸时"，也是"宾客以千数"④。

诸侯王中，赵王张敖的宾客以对主人忠诚驰名，"于是上贤张王诸客，皆以为诸侯相、郡守"⑤。同姓王中，河间献王刘德好学，"由是四方道术之人不远千里……山东诸儒多从而游"⑥。梁孝王刘武"招延

---

① 《汉书·卢绾传》，中华书局1962年版。
② 《史记·冯唐列传》。
③ 《汉书·窦灌传》。
④ 《史记·主父偃列传》。
⑤ 《汉书·张耳传》。
⑥ 《汉书·景十三王传》。

四方豪杰,自山东游士莫不至"①。淮南王刘安"招致宾客方术之士数千人"。刘安后欲反,衡山王刘赐"亦心结宾客以应之"②。江都易王刘非也"治宫馆,招四方豪杰,骄奢甚"③。

游侠中的上层,即所谓的"大侠",如朱家、剧孟、郭解等,虽然家财并不见得富有,但也多招宾客。不过,他们的宾客多由那些游手好闲的"恶少年"充任罢了。

厚招宾客,客观上就会危及中央集权,所以汉王朝建立之初,对此也是着意防范的。赵相周昌"具言(陈)豨宾客盛",刘邦即"令人覆案豨客居代者诸为不法事,多连引豨",豨恐,高祖十年九月遂反④。文帝时,从法律上限制宾客的游宦活动:"亡之诸侯,游宦事人,及舍匿者,论皆有法。其在王所,吏主者坐。"⑤这使人想起了《九章律》。《汉书·刑法志》说,高祖称帝后,"三章之法不足以御奸,于是相国萧何捃摭秦法,取其宜于时者,作律九章"。《九章律》已亡佚,今不可见,其中有无限制打击游士宾客的条文呢?既"捃摭秦法",而秦法中有《游士律》,由此推想,《九章律》中可能也有限制或打击宾客游士的内容。不过由于汉初"无为而治","法网疏阔漏吞舟之鱼",禁者自禁,行者亦自为之罢了。

武帝即位后,着力加强中央集权,对养士储宾客之事,颇多忌恨。丞相田蚡就专投这个机。他与窦婴、灌夫相互倾轧到白热化时,武帝不能决,交付廷议。在朝堂上,窦婴历数田蚡之短,田蚡立即反唇相讥道:现在天下安乐,我不过爱好音乐狗马罢了,"不如魏其、灌夫日夜招聚天下豪杰壮士与论议,腹诽而心谤,卬视天,俛画地,辟睨两宫间,幸天下有变,而欲有大功。臣乃不如魏其等所为"⑥。田蚡的话激起了

---

① 《汉书·文三王传》.
② 《汉书·淮南衡山王传》。
③ 《汉书·景十三王传》。
④ 《汉书·卢绾传》。
⑤ 《汉书·淮南衡山王传》。
⑥ 《汉书·灌夫传》。

武帝的猜忌之心,元兴四年冬,窦婴终于被论罪弃市。当然,这中间田蚡之姊王太后的横加干预也加重了对窦婴的处分,但窦婴失败与他"厚招天下豪杰"引起猜忌不无关系。武帝对人猜忌是一贯的。郑庄善于交结,"山东士诸公以此翕然称郑庄"。武帝让他视察决河,他"自请治行五日"。武帝就揶揄道:"吾闻'郑庄行,千里不赍粮',请治行者何也?"①这说明武帝对招揽宾客者忌恨之深。所以,元狩元年十一月为淮南、衡山王谋反事,广兴大狱,坐死者竟达数万人。

大体上以淮南、衡山大狱的时间为界,自此之后,诸侯王以及其他人都无力、也不敢再招致宾客了。武帝后期,敢于招致宾客的,只有戾太子一人。即使在此之前,那些嗅觉特别灵敏的人就已开始改节而行了。与张汤厚招宾客的同时,少府赵禹"为人廉裾,为吏以来,舍无食客,公卿相造请,禹终不行报谢,务在绝知友宾客之请,孤立行一意而已"②。人臣之中,卫青、霍去病备受宠爱,但也拒绝招延宾客。卫青说:"自魏其、武安之厚宾客,天子常切齿。彼亲附士大夫,招贤绌不肖者,人主之柄也。人臣奉法尊职而已,何与招士!"骠骑将军霍去病"亦放此意"③。这个变化从《汉书·公孙弘传》看得最清楚:元朔五年,弘由御史大夫迁丞相,"于是起客馆,开东阁以延贤人,与参谋议。弘身食一肉,脱粟饭,故人宾客仰衣食,奉禄皆以给之,家无所余。"元狩二年弘卒,"其后李蔡、严青翟、赵周、石庆、公孙贺、刘屈氂继踵为丞相,自蔡至庆,丞相府客馆丘虚而已,至贺、屈氂时坏以为马厩、车库、奴婢室矣"。

武帝中期以后,能够招致宾客的人为数寥寥。成帝时,王氏五侯都招致宾客,这些人大都权倾人主,法律无可奈何于他们。成帝本人也"崇聚剽轻无义小人以为私客"④。

---

① 《史记·汲郑列传》。
② 《汉书·酷吏传》。
③ 《史记·卫将军骠骑列传》。
④ 《汉书·谷永传》。

东汉初期政局不稳,西汉前期的历史好像重演了。"建武中,禁网尚阔,诸王既长,各招引宾客"①。明帝时,马防兄弟以姊为皇后故,"宾客奔凑,四方毕至,京兆杜笃之徒数百人,常为食客,居门下"②。以后外戚宦官交替专政。梁冀擅权达外戚专政的最高峰,连他的看门人跟着也发了大财:"客到其门不得通,皆请谢门者,门者累千金。"③宦官专政,门前宾客也络绎不绝。常被灵帝尊呼为"公"的张让权势熏天,"时宾客求谒让者,车恒数百千两"④。不过,这个时期的"宾客",与武帝中期以前、特别是春秋战国时的宾客相比,意义上已是大相径庭了。

二 宾客的内涵及其变化

西汉前期史籍中关于宾客的记载很多,有的系亲朋往来上的意义,但更多的特指一种有固定身份的人。《史记·张丞相列传》载:周苛、周昌兄弟为泗水卒史,刘邦破泗水,"于是周昌、周苛自卒史从沛公,沛公以周昌为职志,周苛为客"。《集解》释"客"时引张晏曰:"为帐下宾客,不掌官。"实际是一班储备待用的帐下幕僚。这种人投身于权贵之门,为主人出谋划策,治办家事,得到主人青睐后,一有机会就可以入仕。他们的出身都是些什么人呢?

灌夫"诸所与交通,无非豪桀大猾"⑤。董偃私侍窦太主,武帝呼为"主人翁"而不罪之,"于是董君贵宠,天下莫不闻。郡国狗马蹴鞠剑客辐凑董氏"⑥。吴王濞所招,"皆无赖子弟,亡命铸钱奸人"⑦。亡命,

---

① 《后汉书·樊宏传》,中华书局 1965 年版。
② 《后汉书·马援传》。
③ 《后汉书·梁统传》。
④ 《后汉书·宦者传》。
⑤ 《汉书·灌夫传》。
⑥ 《汉书·东方朔传》。
⑦ 《史记·吴王濞列传》。

《史记·张耳陈余列传·索隐》引崔浩曰:"亡,无也。命,名也。逃匿则削除名籍,故以逃为亡命。"战国时宾客的流品已经驳杂,鸡鸣狗盗之徒混迹其间,此时豪杰大猾、逃亡罪犯、斗鸡走狗的无赖子弟聚集在一起,对社会的正常秩序必将构成一种威胁,国家对他们限制打击也势属必然。

但这时宾客的主流仍是士人。《汉书·枚乘传》称梁孝王的宾客"皆善属辞赋"。河间献王刘德"修礼乐,被服儒术,造次必于儒者。山东诸儒多从而游"①。上引淮南王安"招致宾客方术之士数千人",而在《盐铁论·晁错》中,大夫则说:"日者,淮南、衡山修文学,招四方游士,山东儒、墨咸聚于江、淮之间。"②同书《毁学》篇中,大夫借司马迁"天下攘攘,皆为利往"的话,讽刺文学道:"士不在亲,事君不避其难,皆为利禄也。儒、墨内贪外矜,往来游说,栖栖然亦未为得也。"士人才是宾客的主流。"学以居位曰士",他们在通过正常途径达不到目的时,会四出云游,成为游士。战国时,他们中的一部分人直接游说国君,"言合则用",很快就可以显达,成为"布衣卿相";大部分人则缺少这种登天之梯,只有先投身权贵充当宾客。《说文》释"宾,所敬也";"客,寄也";"寄,托也"。他们多系只身出游,因寄食于主人之家,故又可称为主人的食客。战国末期的四大公子、吕不韦等都有数千食客。西汉前期士人入仕仍然走着这两条路:公家和私门。上书言事的"能言极谏之士"可以"匡朕之不逮",为皇帝所褒扬,这是一条捷径,可是一般士人不易走通;投奔贵势之家伺机而动,这是一条曲径,却是切实可行的。汉初动乱,"公家"和私门都在招揽士人。武帝中期以后,由于公家的胜利,宾客的基本成分发生了变化。王莽在其发迹之初,"爵位益尊,节操愈谦。散舆马衣裘,振施宾客,家无所余。收赡名士,交结将相卿大夫甚众"③。王莽的座上客无非是那些将相卿大夫而已。

---

① 《汉书·景十三王传》。
② 《盐铁记·晁错》,王利器校注:《盐铁论校注》,中华书局1992年版。
③ 《汉书·王莽传》。

梁冀、张让的"宾客",虽不能排除一部分儒生浪迹其间,但主要成份是那些投机取巧的富家浪荡子。《后汉书·宦者传·张让》载:"让有监奴典任家事,交通货赂,威形喧赫。扶风人孟佗,资产饶赡,与奴朋结,倾竭馈问,无所遗爱。奴咸德之,问佗曰:'君何所欲?力能办也。'曰:'吾望汝曹为我一拜耳。'时宾客求谒让者,车恒数百千两,佗时诣让,后至,不得进,监奴乃率诸仓头迎拜于路,遂共舆车入门。宾客咸惊,谓佗善于让,皆争以珍玩赂之。佗分以遗让,让大喜,遂以佗为凉州刺史。"这种宾客游士实际上都是一群投机分子,宾主关系也就更加松散,士人不再像春秋战国时期那样长久地被养于家,宾客逐渐由谋士贤人演变为亲朋好友之伦。求为某人宾客,无非是为了狐假虎威,并不一定要"从而游",他们实质上互为朋党。刘向指责王氏五侯"管执枢机,朋党比周,称誉者登进,忤恨者诛伤;游谈者助之说,执政者为之言"①。招致宾客成了结党营私的同义词,封建国家对此势必给予打击。

  战国至西汉前期,名士受到隆遇。但一般来讲,宾客的名节如何倒不太重要。孟尝君招纳鸡鸣狗盗之徒,反自诩以为知人。"圣王底节修德,则游谈之士归义思名"②。纳士与招贤相联系,和"乐善好施"意义相埒。为了招致宾客,主人应该修饰名节,显示自己高雅有德,否则宾客就要离去。西汉中期以前招致宾客者如窦婴、汲黯、郑庄等大都是一代名臣,刘安"为人好书",刘德"修学好古",当然也有无名节仅靠贵势致使宾客盈门者。西汉中期以后,特别是吏治败坏时,私人请托之风盛行,若要登上权贵的"龙门",必须花钱行贿,而廉价的办法就是虚饰名节,名士一般会受到殊遇的。对于主人,只要他有权势,即可招来狐群狗党。靠佞幸贵盛的外戚,以及为士子们所不齿的"刀锯刑余"的宦者门前宾客填集,究其原因,乃在势重。

  士人出游为了求宦,而权贵们则往往能满足他们的要求。吴王濞

---

① 《汉书·楚元王传》。
② 《汉书·邹阳传》。

反叛后,"专并将其兵,未渡淮,诸宾客皆得为将、校尉、侯、司马"①。梁孝王所招来的游士公孙诡,"多奇邪计,初见日,王赐千金,官至中尉,号曰公孙将军"②。而权贵招致宾客,则是为自己寻找帮手。这些人或鼓起如簧之舌为主人激扬名声,或为主人奔走治办家事,这是一种相互利用的关系。所以,宾客的多寡一般与权势的盛衰成正比。这种情形战国时已经明显。廉颇在长平战前被免职,"失势之时,故客尽去"。长平惨败后,廉颇被赵国重新起用,"客又复至。廉颇曰:'客退矣'。客曰:'吁!君何见之晚也?夫天下以市道交,君有势,我则从君,君无势则去,此固其理也,有何怨乎?'"③战国时期诸侯并立,政治局势不稳,个人废兴无常,那些厚招宾客的贵势之家,由于交游广,名气大,一般不会长久被废弃,跟从这样的主人也就不会潦倒终生,只要主人得势,他们很快就有出头之日,这就决定了宾主关系的相对稳定性。那时主人出门,宾客前呼后拥,美其名曰"以义相从",根本原因却在这里。西汉前期宾主之间的"市道"关系有了进一步发展。主父偃贵幸时宾客以千数;及其族死,无一人看视。"始翟公为廷尉,宾客填门;及废,门外可设雀罗。翟公复为廷尉,宾客欲往,翟公乃大署其门曰:'一死一生,乃知交情。一贫一富,乃知交态。一贵一贱,交情乃见。'"汲黯、郑庄失势,宾客云散。司马迁叹道:"夫以汲、郑之贤,有势则宾客十倍,无势则否,况众人乎!"④武帝中期以后,为人宾客和招致宾客的目的完全明朗化了。为了一睹权贵的"尊容",梁冀门前的宾客不惜重金贿赂门者;孟佗求张让,"错爱"及其家奴,交换乃至行贿受贿的关系赤裸裸地表现出来。

另外,战国时期有"宾萌",西汉中期以后豪强势家招致破产农民为其"宾客"、"奴客",实质上是他们的依附农。这个依附农阶层随豪

---

① 《史记·吴王濞列传》。
② 《汉书·文三王传》。
③ 《史记·廉颇蔺相如列传》。
④ 《史记·汲郑列传》。

强地主经济的发展而壮大,直到西晋"客注家籍",封建国家正式承认了豪强地主对他们的占有。但这种宾客与本文所讨论的宾客同名而质异,自当别论。

三 汉代宾客活动兴衰的原因

春秋战国宾客求宦成风。秦汉承战国余烈,此风未能顿泯。究其原因在于:

汉初,诸侯王势力强大,其"藩国大者夸州兼郡,连城数十"①。"高祖时诸侯皆赋,得自除内史以下,汉独为置丞相,黄金印。诸侯自除御史、廷尉正、博士,拟于天子"②。诸侯王势力强大,真正的大一统不能实现,而士人出游的基本条件就具备了。王侯可以自置属吏,对于求宦无门的中小地主阶层的知识分子具有强大的吸引力。武帝初期,"山东儒墨咸聚于江淮之间"的原因就在这里。随着社会经济的发展,汉中央的力量逐渐加强,文帝时开始解决诸侯王势力过重问题。吴楚七国乱后,汉中央夺诸侯王治民之权,减其属员。武帝时,接受主父偃的建议颁布《推恩令》,从而使"藩国自析",不能再构成与中央抗衡的强大势力。淮南衡山大狱之后,又"作左官之律,设附益之法",规定王国官员的地位低于朝廷的同秩官员,且永远不得进入中央为官,不得阿附诸侯王。从此,"诸侯王惟得衣食租税,不与政事",无力也不敢再招致宾客了。元鼎五年颁《酎金律》,一次夺爵一百零六家,经过这次扫荡,旧贵族和同姓侯者势力得以解决。哀平之际,诸侯王"皆继体苗裔,亲属疏远,生于帷墙之中,不为士民所尊,势与富室亡异"③,有的甚至"形同编户",在这种情况下,谁还投到他的门下呢?

西汉武帝以前,选官的主要途径有征辟、任子、纳赀等。察举制从高祖时就开始萌芽但很不完备。跟随刘邦打天下的功臣们,被宠之以

---

①③ 《汉书·诸侯王表·序》。
② 《史记·五宗世家》

高官厚禄,盘踞着从中央到地方的各级官位。文帝时,汉兴已二十余年,尚且"公卿皆军吏"。这些人厚有财产,通过任子或纳赀,子孙可递补为官。世代相及,盘根错节,"迄于孝武,宰辅五世,莫非公侯。遂使缙绅道塞,贤能蔽壅,朝有世及之私,下多抱关之怨"①。一般士人入仕之途受阻。且景帝后元二年以前,"赀算十以上乃得宦",赀算十即十万,也就是中等家庭的一家之产,贫下小家子就沾不上边了。难怪中小地主阶层知识分子要投奔权门自寻出路了。

武帝即位时,经过六十多年的恢复发展,"海内艾安,府库充实,而四夷未宾,制度多阙"②。随着中小地主阶层力量的壮大和文化事业的复兴,中小地主阶层要求对选官制度进行改革。董仲舒在其《贤良对策》中提醒朝廷应该养士:"不素养士而欲求贤,譬犹不琢玉而求文采也。故养士之大者,莫大乎太学;太学者,贤士之所关也,教化之本原也。"在打击诸侯王的同时,汉中央开始从制度上"补阙"。元朔五年六月,为了"崇聚乡党之化以厉贤才",特为博士置弟子员五十,以后逐渐增多。博士弟子通过考试依其优劣可递补高低不同的官职。自此以后,"公卿大夫士吏多彬彬文学之士矣"。元朔元年,察举制以法的形式固定下来:"不举孝,不奉诏,当以不敬论。不察廉,不胜任也,当免。"察举分孝廉、茂才、贤良方正、文学(即经学)、明经等科,各科多与经学有关。察举的四件标准中第二条为"学通行修,经中博士"。从此以后,察举制成为两汉选官的基本制度,它以经学为指导思想,读经入仕成为正途、坦途,吏治清明时大可不必舍正道而冒险求为他人宾客,一般的儒士大都侧身于考究经术的行列。由于釜底抽薪,私人养士之风便逐渐泯灭了。

我们说,察举制是武帝中期以后乃至东汉一朝选官的基本途径,但没有排除公府与州郡辟除、私人荐举和皇帝征召及任子、纳赀等途径。公府与州郡辟除掾属时,"为了发展个人势力,皆争以此笼络士

---

① 《后汉书·朱佑等传》。
② 《汉书·公孙弘传》。

人,士人为了做官,也不得不依托权门……这样便发展成为了一种私恩的结合。西汉时,辟除者犹为国家官吏,到东汉,故吏实际上成了主官的私属"①。私恩关系赤裸裸地表现出来,使察举制受到破坏,为请托权门从制度上打开缺口。明帝即位就指责"今选举不实,邪佞未去,权门请托,残吏放手"。像发表施政纲领一样,以后每位新皇帝即位,差不多都要先把选举不实责骂一通,决心改弦更张,但都没有付诸实施。顺帝时,每当选举,"公府门巷,宾客填集,送去迎来,财货无已。其当迁者,竞相荐谒,各遣子弟,充塞道路,开长奸门,兴致浮伪"②。吏治败坏、选举不实是西汉后期和东汉后期"宾客"络绎不绝的主要原因。社会上虚饰成风,半公开或公开地卖官鬻爵。经学日趋玄学化、谶纬化,使它的前景每况愈下。那些"瑕衅禁锢之人,尤少守约安贫之节"者,终于看清了现实,跳出了"迷津",不再埋头故纸堆中"是正文字",而挤入贿赂权门的队伍中去寻找入仕的捷径。这就使东汉的政治更加昏暗,加速了它的灭亡。

附记:说说朱绍侯先生对我论文的修改

硕士研究生阶段师从朱绍侯先生,在学业上先生给予了许多指导,对点点滴滴,回味无穷。这里记下的,则是先生对我本科毕业论文的批改。

1984年的上学期,是本科四年的最后一个学期。开学后不久,开始写毕业论文。论文的范围一年前就选定了——秦汉时期的游士宾客问题研究。因为从一年级下学期自己就偏了科,开始读《史记》,三年级时已经把前四史粗略地读了一遍,读书过程中发现了这个问题。回过头来把读过的书再翻一遍,凡涉及游士宾客的材料基本上全部给抄了出来,集了厚厚的几大本材料。到了毕业论文写作时,范围自然是明确的。题目汇总上报后,系里指派蔡行发老师作为我的指导老

---

① 安作璋:《汉代选官制度考述》,《山东师院学报》1981年第1期。
② 《后汉书·郎𫖮传》。

师。蔡老师和蔼可亲,认真负责。记得指导老师分配会一结束,蔡老师就在教研室等着我,与我谈了一个多小时,对论文的写作提出了许多指导意见。回来后按照蔡老师的意见,反复研究收集到的资料,构思论文的结构框架,补充收集其他材料,忙乎了两个多月,论文初稿写出来了,大约有两万字。中间几次找蔡老师请教。为了一条材料,蔡老师还专程到寝室找我一次,走得满头大汗。蔡老师批改后,我把论文重新誊录一遍。

距离上交还有两周时间。想到朱绍侯先生是秦汉史大家,此前多次登门讨教,这次根本没有多想,就再次来到先生家,呈上论文初稿,请先生批改。先生依旧是一脸的和蔼,笑呵呵地把论文放下,三天后让我来取。过了三天,在书房里朱先生把稿子交给了我。看着先生密密麻麻的批改,自己头上冒出了大汗。先生对论文给予充分肯定,同时也提出了许多指导意见,回来按照先生的意见修改后交了上去。朱先生的批改稿子,我珍藏了好多年。记得1988年在华东师大读博士时,还向同窗好友展示过,可惜后来在几次搬家中给丢失了。

1984年7月毕业留校,1985年读研究生,朱先生是四位导师之一,直接向先生讨教的机会更多了。在郑慧生老师的鼓励下,我把论文压缩到九千字,以《游士宾客在秦汉的兴衰演变》为题,交给了《史学月刊》编辑部。杨天宇老师当时是"先秦秦汉史"栏目的责任编辑。经过杨老师的进一步修改,《史学月刊》1986年第5期把这篇文章发了出来。接着,人民大学报刊复印资料《先秦秦汉史》卷当年第11期全文复印了这篇文章。这是自己正式发表的第一篇文章,这样的反响出乎意料。手写的稿子变成了铅字,心里自然是高兴的。高兴之余,对朱先生、杨老师、蔡老师、郑老师等各位老师的感念,则是一直萦绕在心的。

现在回想起来,80年代的师生关系就是这么简单:在学生,向老师求教理直气壮;在老师,教育学生天经地义,双方都没有更多的想法。自己没想过朱先生有多忙,也没有想过朱先生不是指导老师,论文让他再改合不合适;先生也没有任何推辞就给改了起来。那时候老师们的教风啊,真是令人肃然起敬的。反观时下一些老师对本科、硕士、博士论文的指导;学生常年不能一睹一些硕导、博导的尊容,不禁平添了许多感慨!在自己的求学生涯中,如果没有遇到像朱先生、杨老师、蔡老师,以及河南大学的郭人民、陈昌远、郑慧生、范振国、赵世超、李振宏诸位老师,以及后来的吴泽先生等一批真诚关爱学生的好老师,资份不敏之如我,是绝对不会有后来的些许进步的。

朱先生八十寿辰的时候,我写了一篇《从军功爵制研究看朱绍侯先生的学术风格》的文章,忆起老师多年的教诲,禁不住思绪万千。叹时光之飞逝,祈先生之眉寿。后来朱先生在商务印书馆出版《军功爵制研究》时,把这篇文章作为附录收了进去。家有一老,如有一宝,现在喜逢先生九十华诞,师门再次迎来了大喜事。看到先生精神矍铄,依然在笔耕不辍,弟子们个个欢欣鼓舞。《中庸》说:"大德必得其位,必得其禄,必得其名,必得其寿。"这话放在朱先生身上是恰如其分的。

现在把先生对我本科毕业论文批改的经过写出来,并把当年发表的这篇小文附在下边,以示祝贺。遵照李振宏老师的要求,原来的行文注移到了页下,其他一仍其旧。给多少学生批改过多少论文,先生肯定不记得了;批改我这篇小文,先生也早已忘记,但在学生则是感念终生的。

西汉王朝对匈奴和战问题的争论

黄今言

自秦代以后,北方的匈奴贵族对中原的西汉王朝经常犯边,或进行军事侵扰。对此,西汉统治集团内部在研究对策时政见不一,有的主张"和亲";有的主张"抗战",两种观点尖锐对立。如今重新审视当时各个历史阶段的这种争论,对我们深入认识其争论的背景、内容及军事战略思想的发展演变,不无启迪意义。

一

西汉建国之初,由于经过长期战乱,全国"满目疮痍",社会经济遭到了极大的破坏。史称:"汉兴,接秦之敝,诸侯并起,民失作业,而大饥馑,凡米石五千,人相食,死者过半。"①"大城名都散亡,户口可得而数者十二三。"②不仅经济凋敝,人口锐减,国库空虚,"民亡藏盖";而且当时的政治形势也相当严峻,诸侯王各自拥有大片封地,手握重兵,实力日趋强大,甚至"自为法令,拟于天子"③,与中央形成尖锐的矛盾。西汉王朝的边境也受到异族威胁,南方各族,在秦亡之后,赵佗乘中原战乱之机,割地自立;北方的匈奴雄踞一方,拥有"控弦之士三十

---

① 《汉书·食货志》,中华书局1962年版。
② 《史记·高祖功臣侯者年表》,中华书局1959年版。
③ 《史记·淮南衡山列传》。

余万"①,冒顿单于率领强悍的骑兵,大破灭东胡王,西击月支,南并楼烦、白羊、河南王,"悉复收秦所使蒙恬所夺匈奴地"②。当刘邦建国时,匈奴又"北服浑庾、屈射、丁零、鬲昆、薪犁之国",西定"楼兰、乌孙、呼揭及其旁二十六国"③,并虎视汉廷边境,入侵燕、代等地。

为防备匈奴南下,汉高祖七年(前200年)十月,亲率大军北上对之反击。在进军途中,正值寒冬大雪,汉军士卒多被冻伤,"堕指者十二三",行军迟缓。汉高祖率领的少数骑兵首先到达平城,驻扎在平城东南30里的白登山。冒顿单于得知汉军到达平城的只是少量的骑兵,20万汉军步兵尚在楼烦、马邑一带,于是统领精兵30余万骑,由东向西袭来,紧紧包围了汉军扎营的白登山,被围七天七夜,"中外不得相救饷",粮尽援绝,情况十分危急,后来因用陈平之计,汉军才乘机突围而脱。④

自平城白登之围后,汉高祖亲眼看到了匈奴的雄厚军事实力,认识到刚刚建立的汉王朝暂时无力与之较量。第二年(前199年),汉高祖与刘敬商讨对策。刘敬说:

> 天下初定,士卒罢于兵,未可以武服也。冒顿杀父代立,妻群母,以力为威,未可以仁义说也。独可以计久远子孙为臣耳,然恐陛下不能为,……陛下诚能以适长公主妻之,厚奉遗之,彼知汉适女送厚,蛮夷必慕以为阏氏,生子必为太子,代单于。何者?贪汉重币。陛下以岁时所余彼所鲜数问遗,因使辩士风谕以礼节。冒顿在,固为子婿;死,则外孙为单于。岂尝闻外孙敢与大父抗礼者哉?兵可无战以渐臣也。若陛下不能遣长公主,而令宗室及后宫诈称公主,彼亦知,不肯贵近,无益也。⑤

刘敬首先分析了"天下初定"形势与冒顿的性格特征,接着便提出

---

①②③ 《史记·匈奴列传》。
④ 《汉书·匈奴传》。
⑤ 《史记·刘敬叔孙通列传》。

"和亲"之策。鉴于汉初急需"与民休息",恢复经济,打击分封势力,稳定政局,故汉高祖在无奈的情况下,采纳了刘敬的"和亲"建议。于高祖九年(前198年),"乃使刘敬奉宗室女公主为单于阏氏,岁奉匈奴絮缯酒米食物各有数,约为昆弟以和亲"①,以换取边境的安宁。

匈奴的"冒顿寝骄",他和汉高祖签订"和亲"之约后,孝惠、高后时,竟派人送来羞辱高后的文书,妄言:"孤偾之君,生于沮泽之中,长于平野牛马之域,数至边境,愿游中国。陛下独立,孤偾独居,两主不乐,无以自娱,愿以所有,易其所无。"②冒顿单于以无理言词,侮辱、嘲弄汉王朝。对此,"高后欲击之,诸将曰:'以高帝贤武,然尚困于平城。'于是高后乃止,复与匈奴和亲"③。

西汉前期,汉匈之间虽然"和亲",但匈奴"背约"之事常有,它经常派兵南下侵扰中原的汉王朝。例如:汉文帝前元三年(前177年)五月,派兵侵袭上郡,"掠夺财物,杀戮人民";汉文帝前元十四年(前166年)冬,老上单于亲率14万骑南渡黄河,突入朝那、萧关,攻占北地郡,斩杀都尉孙卬,大肆掠夺人口和牲畜,兵锋直指京师;汉文帝后元六年(前158年)冬,军臣单于出动6万骑兵分成两路,大举进攻汉之上郡、云中等郡,"所杀略甚众"④。

面对匈奴贵族的不断侵扰,汉廷无力反击匈奴,汉文帝曾经致书老上单于,书曰:"先帝制,长城以北引弓之国受令单于,长城以内冠带之室朕亦制之……使两国之民若一家子。"认为"二国和亲,两主欢说"⑤。但无济于事,匈奴继续犯边。在这种情况下,究竟应该"和亲",还是"抗战"? 当时汉王朝内部有两种不同意见:

汉廷公卿们认为,"单于新破月支,乘胜,不可击也。且得匈奴地,泽卤非可居也,和亲甚便"⑥。他们反对"抗战",主张继续"和亲"。

但贾谊、晁错等人则反对和亲,主张抗战。贾谊在对汉文帝对策

---

① ② ③ 《史记·匈奴列传》。
④ ⑤ 《汉书·匈奴传》。
⑥ 《汉书·匈奴传》。

时说:

> 今匈奴嫚娒侵掠,至不敬也,为天下患,至亡已也,而汉岁致金絮彩缯以奉之。夷狄征令,是主上之操也;天子共贡,是臣下之礼也。足反居上,首顾居下,倒县如此,莫之能解,犹为国有人乎?……臣窃料匈奴之众,不过汉一大县,以天下之大困于一县之众,甚为执事者羞之。陛下何不试以臣为属国之官以主匈奴?行臣之计,请必系单于之颈而制其命,伏中行说而笞其背,举匈奴之众唯上之令。①

他认为匈奴"嫚娒侵掠",是个"大患",汉廷反而"岁致金絮彩缯以奉之","倒悬如此","甚为执事者羞之"。当今之务是要对匈奴进行反击,使他绝对服从天子命令。他还说:"夫积贮者,天下之大命也。"国有积贮,"以攻则取,以守则固,以战则胜。怀敌附远,何招而不至?"若无积贮,"卒然边境有急,数十百万之众,国胡以馈?"为了反击匈奴,他强调"积粟输边"的重要性。号称"智囊"的晁错,面对匈奴的频繁寇边,也主张抗战。他在对文帝"言兵事"时说:

> 臣闻汉兴以来,胡虏数入边地,小入则小利,大入则大利;高后时再入陇西,攻城屠邑,驱略畜产;其后复入陇西,杀吏卒,大寇盗窃。……今兹陇西之吏,赖社稷之神灵,奉陛下之明诏,和辑士卒,底厉其节,起破伤之民以当乘胜之匈奴,用少击众,杀一王,败其众而法曰大有利。②

晁错首先总结了汉兴以来抗击匈奴入侵的经验教训,分析了敌我双方的军事实力。接着提出了反击匈奴的具体措施,主要是四点:(1)要选将练兵。他说:"安边境,立功名,在于良将,不可不择也。""临战合刃之急者三:一曰得地形,二曰卒服习,三曰器用利。""士不选练,卒不服习"是不行的。强调选将、练兵的重要性。(2)要在战术上发挥汉

---

① 《汉书·贾谊传》。
② 《汉书·晁错传》。

军之长技。他说：匈奴有"上下山阪"之马，"且驰且射"之骑和"饥渴不困"之人的三个特长；而汉军有步兵迅猛，武装精良，善使弩戟、善驾战车和平原作战五个特长。只发挥汉军长处，攻击匈奴的短处，再加上"陛下又兴数十万之众，以诛数万之匈奴"，便能取得反击匈奴的胜利。(3)要"以蛮夷攻蛮夷"。他说："今降胡义渠蛮夷之属来归谊者，其众数千，饮食长技与匈奴同，可赐之坚甲絮衣，劲弓利矢，益以边郡之良骑。令明将能知其习俗和辑其心者，以陛下之明约将之"，"此万全之术也"。(4)要"徙民实边"。他认为，使"实边"之民，兵农合一，发挥"备敌"作用，加强边地建设，可"使远方无屯戍之事，塞下之民父子相保，亡俘虏之患，利绝后世"①。由此可见，晁错不仅主张抗击匈奴，而且还提出了许多有益的建议。

这里要指出的是，西汉前期的文景时期，由于种种原因，对匈奴的侵扰仍以被动防御为主。贾谊、晁错等人的主战思想和相关建议，尚未及时得到很好的采用，但他们提出的"积粟输边"、选将练兵、徙民实边、以夷制夷等，为尔后反击匈奴做了积极的舆论和物质准备。

二

经过汉初几十年的努力，社会经济得到了迅速的恢复和发展，至汉武帝即位时，"非遇水旱，则民人给家足，都鄙廪庾尽满，而府库余财。京师之钱累百巨万，贯朽而不可校。太仓之粟陈陈相因，充溢露积于外，腐败不可食。众庶街巷有马，仟伯之间成群，乘牸牝者摈而不得会聚。守闾阎者食粱肉，为吏者长子孙；居官者以为姓号"②。当时生产力有所提高，国家粮仓满，府库有余财，经济实力增强，人民生活较前有改善。再是，地方上的诸侯王势力相继削弱，割据一方的叛乱得到平定，中央集权政治进一步健全和加强。与此同时，汉王朝的军

---

① 《汉书·晁错传》。
② 《汉书·食货志》。

事实力也有所提升。所有这些,都为汉廷边防上的被动防御转入主动反攻创造了有利条件。

汉武帝当政之初,面对"夷狄"侵扰不断,尤其是匈奴"入盗于边,不可胜数"①。他曾多次召集群臣商讨对付匈奴的方略,在这个过程中,汉王朝内部的群臣之间,"主战"与"和亲"问题,经常成为争论的核心内容。

建元六年(前135年),匈奴军臣单于遣使来汉申说"和亲"事宜。对此,汉武帝召令大行王恢、御史大夫韩安国等臣僚商议可否?"数为边吏,习胡事"的王恢说:"汉与匈奴和亲,率不过数岁即背约,不如勿许,举兵击之。"但韩安国则说:"千里而战,即兵不获利。今匈奴负戎马足,怀鸟兽心,迁徙鸟集,难得而制。得其地不足为广,有其众不足为强,自上古弗属。汉数千里争利,则人马疲,虏以全制其敝,势必危殆。臣故以为不如和亲。""群臣议多附安国,于是上许和亲。"②汉武帝遂从众议,允许了与匈奴"和亲"的商议。

再一次和、战争论,是在元光二年(前133年)。当时雁门郡马邑豪帅聂壹,通过大行王恢向汉武帝进献伏击匈奴的计策。他说:"匈奴初和亲,亲信边,可诱以利致之,伏兵袭击,必破之道也。"汉武帝乃召问公卿曰:"朕饰子女以配单于,币帛文锦,赂之甚厚。单于待命加嫚,侵盗无已,边竟数惊,朕甚闵之。今欲举兵攻之,何如?"③这时,大行王恢与御史大夫韩安国两人,在对匈奴的"和战"问题上,又出现了严重的分歧与对立。这在《汉书·韩安国传》中有详尽记载,兹择录如下:

> 王恢说:"臣闻全代之时,北有强胡之敌,内连中国之兵……匈奴不轻侵也。今以陛下之威,海内为一,天下同任,又遣子弟乘边守塞,转粟挽输,以为之备,然匈奴侵盗不已者,无它,以不恐之故耳。臣窃以为击之便。"

---

① 《史记·匈奴列传》。
②③ 《汉书·韩安国传》。

韩安国说："不然。臣闻高皇帝尝围于平城,匈奴至者投鞍高如城者数所。平城之饥,七日不食……孝文皇帝又尝壹拥天下之精兵聚之广武常谿,然终无尺寸之功,而天下黔首无不忧者。孝文寤于兵之不可宿,故复合和亲之约。此二圣之迹,足以为效矣。臣窃以为勿击便。"

王恢说："不然。臣闻五帝不相袭礼,三王不相复乐,非故相反也,各因世宜也。且高帝身被坚执锐,蒙雾露,沐霜雪,行几十年,所以不报平城之怨者,非力不能,所以休天下之心也。今边竟数惊,士卒伤死,中国槥车相望,此仁人之所隐也。臣故曰击之便。"

韩安国说："不然。臣闻利不十者不易业,功不百者不变常,是以古之人君谋事必就祖,发政占古语,重作事也。且自三代之盛,夷狄不与正朔服色,非威不能制,强弗能服也,以为远方绝地不牧之民,不足烦中国也。且匈奴,轻疾悍亟之兵也,至如猋风,去如收电……难得而制。今使边郡久废耕织,以支胡之常事,其势不相权也。臣故曰勿击便。"

王恢说："不然。臣闻凤鸟乘於风,圣人因於时。昔秦缪公都雍,地方三百里,知时宜之变,攻取西戎……夫匈奴独可以威服,不可以仁畜也。今以中国之盛,万倍之资,遣百分之一以攻匈奴,譬犹以强弩射且溃之痈也,必不留行矣。若是,则北发月氏可得而臣也。臣故曰击之便。"

韩安国说："不然。……臣闻之,冲风之衰,不能起毛羽;强弩之末,力不能入鲁缟。……今将卷甲轻举,深入长驱,难以为功;从行则迫胁,衡行则中绝,疾则粮乏,徐则后利,不至千里,人马乏食。……臣故曰勿击便。"

从这段记载中,不仅可以了解当时对和、战问题争论的全过程,而且可以看出王、韩二人各自呈述的理由和着眼点。他们各呈己说:王恢,反对和亲,力主作战。他认为,匈奴"侵盗不已",是由于"不以恐之故耳",是汉廷对它示威震慑不够导致的结果;应"各因世宜",审时度势,现在和汉初的情况已发生了变化,"今边竟数惊,士卒伤死","中国槥车相望,此仁人之所隐也",不能再忍让下去了;对"匈奴独可以威服,不可以仁畜",对其只能用武力征服,不可讲仁慈,汉廷已具备了雄厚的经济实力,完全有能力将匈奴打败。与之相反,韩安国则反对抗战,力主和亲。他认为,高皇帝、孝文之时,反击匈奴"无尺寸之功","故复合和亲之约",当效法"二圣之迹";匈奴乃"远方绝地之民,不足烦中国也",而且匈奴强悍,"难得而制";汉廷若"卷甲轻举,深入长驱,难以为功",很难取胜。汉武帝听完了王、韩双方的意见之后,"乃从恢议",采纳了王恢的建议,最终确定了反击匈奴的重大决策。

汉武帝时,为保证反击匈奴的胜利,在军事上先后采取了一系列的举措。例如:加强边防建设,修缮、利用秦时的长城,在边地广筑亭障、坞壁和烽燧;注重马政建设,发展官、私养马,组织大规模的骑兵集团,包括轻骑、重骑、突骑等,改善武器装备;大力扩充兵源,除继续实行征兵制外,还以"刑徒"、"七科谪"、"恶少年"为兵,并采用"以夷制夷"策略,发挥"属国兵"在战争中的作用;设武功爵,重赏军功,对反击匈奴有功者,按不同情况授爵,并赐金钱和食邑,以激发官兵杀敌立功的积极性,同时还破格提拔有作为的青年将领;在边地实行驻军屯田,且耕且战;还实行"盐铁官营","以赀征赋",广开财源,用以解决庞大的军事费用,将国家财政纳入战时轨道,保障军队的后勤补给等。

在汉武帝的军事战略部署下,汉王朝对匈奴组织了多次反击战。当时,作战的正面战场,东起辽东右北平,沿万里长城,西至天山车师;纵深从河套地区越过阴山,直达大漠以北。战争历时长,从元光二年至征和三年(前133年－前90年),前后延续40余年之久。先后投入的兵力达100万之多。大规模的重大反击战有11次以上,其中决定性的大战有3次:元朔二年(前127年),派将军卫青率兵出击云中以西,打败匈奴的白羊、楼烦王,收复了河套以南地区;元狩二年(前121年),派将军霍去病等从陇西出击,打败右贤王主力,横扫匈奴在河西的势力,开辟通往西域的交通,把胜利的旗帜插上了祁连山;元狩四年(前119年),由将军卫青、霍去病各率五万骑兵,分道深入漠北,歼灭了匈奴的有生力量。通过这些战争,汉廷赢得了反击匈奴的重大胜利。从此,"匈奴远遁,而漠南无王庭"①。

三

西汉王朝在汉武帝执政期间,对匈奴所进行的战争,有它的积极意义。通过这一战争,基本上实现了"夷狄宾服"。从此,汉廷的边境较前安宁。"断匈奴之右臂",为促进汉廷与西亚各国的友好往来开辟了道路。同时,将早已同中原王朝存在广泛联系的许多地区,重新置于汉廷的管辖之下,在那里筑边城,设郡县,开创大一统局面,为现代中国的疆域奠定了基础。实行移民殖边,首创西北大开发,在西北边郡兴修水利,传播汉族先进的农业、手工业技术,促进经济发展,有力地推动了边境少数民族与汉族之间融合。所有这些都对后世产生了深远的影响。但是,旷日持久的战争也给社会带来了不容忽视的负面影响。连年用兵,耗损了大量的财力和物力,导致"海内虚耗"②,"天下户口减半"③,农民为反抗沉重的赋税和兵徭,暴动不断,"大群至数千人","小群以百数"④,阶级矛盾异常尖锐。汉武帝晚年,对战争带来的这些后果,已有觉察和认识。故于征和四年(前89年),下了"轮台罪己诏",明确提出:"当今务在禁苛暴,止擅赋,力本农","由是不复出军,而封丞相车千秋为富民侯,以明休息,思富养民也"⑤。这是政策上的一个重大转折,表明从此汉廷由大规模的战争,转入到"轻徭薄赋",关注民生,发展经济,以稳定政治统治。

汉昭帝即位后,霍光辅政,车千秋任丞相。新的领导层,为明确当时的形势和任务,贯彻"轮台诏"令精神,于始元六年(前81年),召开

---

① 《汉书·匈奴传》。
②⑤ 《汉书·西域传》。
③ 《汉书·五行志》。
④ 《史记·酷吏传》。

了一次讨论国策的重要会议,即"盐铁会议"。该会由车千秋主持,参加会议者,既有桑弘羊、丞相史、御史等在朝官员,也有唐生、鲁万生之类的60余名贤良文学。会议内容集中在盐铁官营政策,对匈奴的和战问题,德治与法治的关系,儒法理论评价等四个方面。在讨论过程中,围绕着这些问题,与会双方,各执一端,针锋相对,出现了严重的观点对立。

对匈奴的和战问题,自汉初以来,一直有不同的主张。在这次盐铁会议上,再次成为争论主要内容之一。桑弘羊等人主张继续沿袭汉武帝打击匈奴的政策,坚持继续对匈奴用兵。大夫说:

> 汉兴以来,修好结和亲,所聘遗单于者甚厚;然不纪重质厚赂之故改节,而暴害滋甚。先帝睹其可以武折,而不可以德怀,故广将帅,招奋击,以诛厥罪。①

他们还说:"匈奴桀黠,擅恣入塞,犯厉中国,杀伐郡、县朔方都尉,甚悖逆不轨,宜诛讨之日久矣。"②"匈奴数和亲,而常先犯约,贪侵盗驱,长诈之国也。反复无信,百约百叛……而欲信其用兵之备,亲之以德,亦难矣。"③现在,"匈奴壤界兽圈,孤弱无与,此困亡之时也"④,不能让它有"喘息"之机,应该对其进行继续打击,不然,势必有内侵之"长患"。

贤良文学则与桑弘羊等人的观点相反,主张与匈奴"和亲"。文学说:

> 往者,匈奴结和亲,诸夷纳贡,即君臣外内相信,无胡、越之患。当此之时,上求寡而易赡,民安乐而无事……自是之后,退文任武,苦师劳众,以略无用之地,立郡沙石之间,民不能自守,发屯乘城,挽辇而赡之。愚窃见其亡,不睹其成。⑤

---

① 《盐铁论·结和》,王利器校注:《盐铁论校注》,中华书局1992年版。
② 《盐铁论·本议》。
③ 《盐铁论·和亲》。
④ 《盐铁论·击之》。
⑤ 《盐铁论·结和》。

他们还说:"王者行仁政,无敌于天下"①,"武力不如文德"②,"文犹可长用,而武难久行也"③,"苦师劳众,以略无用之地"不合算。主张"偃兵休士,厚币结和亲"④,反对"废道德而任兵革,兴兵而战之"。强调以德化代替用兵,以和亲代替战争。

再者,有关反击匈奴需要的边防建设,桑弘羊等人主张继续加强,不能放松。大夫说:

> 有备则制人,无备则制于人。故仲山甫补衮职之阙,蒙公筑长城之固,所以备寇难,而折冲万里之外也。今不固其外,欲安其内,犹家人不坚垣墙,狗吠夜惊,而暗昧妄行也。⑤

> 先帝哀边人之久患,苦为虏所系获也,故修障塞,饬烽燧,屯戍以备之。⑥

他们还说:中原地区与边境的关系,"犹支体与腹心也。夫肤寒于外,腹心疾于内","唇亡则齿寒","无边境则内国害"⑦,边境不安宁,中原就会遭到灾祸。"自古明王不能无征伐而服不义,不能无城垒而御强暴也","饬四境所以安中国也"⑧。"兵革者国之用,城垒者国之固也"⑨,"边境强,则中国安"⑩。在边境"修障塞,饬烽燧","据河险,守要害"⑪,是为了"御寇固国"⑫,保境安民。

贤良文学则与桑弘羊等人看法不同,反对边防建设,主张"罢关梁,除障塞"。文学说:

> 秦左殽、函,右陇、阺,前蜀、汉,后山、河,四塞以为固,金城千

---

①⑥ 《盐铁论·本议》。
②⑤⑫ 《盐铁论·险固》。
③ 《盐铁论·徭役》。
④ 《盐铁论·击之》。
⑦ 《盐铁论·诛秦》。
⑧ 《盐铁论·徭役》。
⑨ 《盐铁论·和亲》。
⑩⑪ 《盐铁论·地广》。

里……然戍卒陈胜无将帅之任,师旅之众,奋空拳而破百万之师,无墙篱之难。故在德不在固。诚以仁义为阻,道德为塞,贤人为兵,圣人为守,则莫能入。如此则中国无狗吠之警,而边境无鹿骇狼顾之忧矣。①

去武行文,废力尚德,罢关梁,除障塞,以仁义导之,则北垂无寇虏之忧,中国无干戈之事矣。②

他们还说:边地与中原相距数千里,是"不毛寒苦之地"、"沙石凝积,地势无所宜"③。若"务在边境……费力而无功"④。主张边境"罢关梁,除障塞","仁义为阻,道德为塞",认为"善攻不待坚甲而克,善守不待渠梁而固"⑤,建设边防的关键是"在德不在固",立"德"便可"固"也。

此外,有关反击匈奴时所实行的战时财经政策,桑弘羊等人极力申辩其必要性。大夫说:

匈奴背叛不臣,数为寇暴于边鄙,备之则劳中国之士,不备则侵盗不止。先帝哀边人之久患……屯戍以备之。边用度不足,故兴盐、铁,设酒榷,置均输,蓄货长财,以佐助边费。今议者欲罢之,内空府库之藏,外乏执备之用,使备塞乘城之士饥寒于边,将何以赡之?罢之,不便也。⑥

他们还指出:"当此之时,四方征暴乱,车甲之费,克获之赏,以亿万计",这样庞大的军费开支,皆仰赖"盐铁之福也"⑦。"笼天下盐铁诸利",实行均输平准、买官赎罪、以资征赋、算缗告缗等战时财经政策,既可"排富商大贾","损有余,补不足,以齐黎民";又可"赋敛不增

---

① 《盐铁论·险固》。
② 《盐铁论·世务》。
③⑦ 《盐铁论·轻重》。
④ 《盐铁论·地广》。
⑤ 《盐铁论·徭役》。
⑥ 《盐铁论·本议》。

而足用"①。若"罢盐铁、均输"等,则"扰边用,损武略"②,对反击匈奴的战争不利。

贤良文学对桑弘羊等人所坚持的战时财经政策,乃持否定态度。文学说:

> 异时,县官修轻赋,公用饶,人富给。其后,保胡、越,通四夷,费用不足。于是兴利害,算车舡,以訾助边,赎罪告缗,与人以患矣。③

他们认为,政府为解决军费不足,"兴利官"、盐铁官营、征收车船税、财产税、买官赎罪及告缗等,是"与人以患",增加了百姓负担;又"以资征赋","常取给见民,田家又被其劳,故不齐出于南亩也",导致"田地日荒,城郭空虚"④;盐铁官营的弊病很多,其所生产的铁器,"民用钝弊,割草不痛"、"多苦恶,用费不省",质量差,而价格贵,⑤应"罢之为便"。

还有一个争论的基点,就是有关汉武帝对外战争的评价问题。对此,桑弘羊等人对其给予了充分肯定和高度评价。大夫说:

> 先帝兴义兵以征厥罪,遂破祁连、天山,散其聚党,北略至龙城,大围匈奴,单于失魂,仅以身免,乘奔逐北,斩首捕虏十余万。……浑耶率其众以降,置五属国以距胡,则长城之内,河、山之外,罕被寇灾。⑥

他们认为,汉武帝反击匈奴的战争,是"以义伐不义",并列举大量事实说明汉武帝在军事上的卓著建功。明确指出汉武帝反击匈奴的

---

① 《盐铁论·轻重》。
② 《盐铁论·本议》。
③ 《盐铁论·击之》。
④ 《盐铁论·未通》。
⑤ 《盐铁论·水旱》。
⑥ 《盐铁论·诛秦》。

战争,取得了伟大成就,使"长城之内,河山之外,罕被寇灾"。盛赞汉武帝反击匈奴,是"功勋粲然,著于海内,藏于记府"①,同时,还充分肯定了汉武帝对其他周边地区的战争所取得的业绩,指出:"先帝兴义兵以诛强暴,东灭朝鲜,西定冉、駹,南擒百越,北挫强胡"②,战绩斐然。汉武帝进行这些战争的目的,是"匡难避害,以为黎民远虑"③,"当世之务,后世之利"④。

贤良文学对汉武帝的对外战争,在评价上与桑弘羊的观点不同。文学说:

> 往者,兵革亟动,师旅数起,长城之北,旋车遗镞相望。及李广利等轻计——计还马足,莫不寒心;虽得浑耶,不能更所亡。此非社稷之至计也。⑤

他们认为,汉武帝时期,"师旅数起",连年用兵,加重了人们的兵傜负担,士卒戍边,"绝殊辽远,身在胡、越,心怀老母。老母垂泣,室妇悲恨"⑥。"一人行而乡曲恨,一人死而万人悲"⑦。战争对人民带来了极大的灾难,"边民有刎颈之祸,而中国有死亡之患"⑧,造成"黎人困苦,奸伪萌生"⑨。强调战争的残酷性和破坏性。认为"大军之后,累世不复"。"用军于外,政败于内"⑩。俨然指责"此非社稷之计也",要求"公卿宜思百姓之急……定平安之业"⑪。

在盐铁会议上,有关和战问题,桑弘羊等人与贤良文学们,围绕着上述几个关注点进行了激烈的论战。这实际上是对汉武帝征伐匈奴的战略方针及其得失的大辩论。在这场辩论中,无论桑弘羊等人抑或贤良文学们,他们对和战问题的认识,"既有合理的因素,又有偏颇的

---

① ② ③ ④ 《盐铁论·结和》。
⑤ 《盐铁论·诛秦》。
⑥ ⑪ 《盐铁论·备胡》。
⑦ 《盐铁论·执务》。
⑧ 《盐铁论·地广》。
⑨ ⑩ 《盐铁论·西域传》。

一面"①。桑弘羊等人充分肯定汉武帝反击匈奴的正当性及其历史功绩,主张加强边防建设、筹措必要的军费,以实现边境安宁之目的,这对维护国家统一具有重要的历史作用。但其讳言战争带来的某些不良后果,不顾人民的赋役负担,无视武帝后期的国情变化,尤其是"轮台诏"后,仍主张继续打击匈奴,强调单纯的军事手段,不注意"与民休息",这确乎与时势不合。而贤良文学们,提倡仁义,崇尚道德,反对穷兵黩武,关注民间疾苦,这与当时的"轮台诏令"比较合拍,有其正面意义。但其偏执儒学教条,只看到战争的消极面和副作用,进而一概否定战争,无视反击匈奴的正当性,否认边防建设,只谈"义"而不顾"利",抹煞汉武帝的历史功绩,这也是不足为据的。

值得重视的是,在这场盐铁会议辩论的过程中,"知时务之要"的霍光和主持人车千秋,当时并没有表现出偏袒哪一方,对双方的意见都没有做出明显的表态。但在其尔后的执事行政中,却择善而从,采取了双方的"合理"成分,结合当时的形势要求,制定了新的基本国策。这就是对匈奴的小股侵犯,除作必要的反击外,不再主动大规模的出兵;一般采取与匈奴修好"和亲"。同时,更为关注民生,"轻徭薄赋,与民休息","力本农",发展经济,缓和社会矛盾。从而出现了此后的"昭宣中兴"局面。汉元帝时,由于昭君出塞,汉廷与匈奴之间的关系,渐趋密切。

四

自战国以来,儒、法、道各家的军事思想和战争观,各不相同,它对西汉有直接而深远的影响。西汉前期,在高、惠、文、景之时,其治国的理念,基本上采用黄老道家学说,在对匈奴问题上,以防守为主,实行"和亲"策略。西汉中期,随着国力强盛,综合实力提高,汉武帝抛弃了

---

① 黄朴民:《西汉中叶有关战争问题的一场论战——读〈盐铁论〉札记》,见《兵家史苑》第三辑,军事科学出版社1991年版,第54页。

黄老道家学说,奉行尊儒重法,王道与霸道兼施的指导思想。此时由于儒法交错,故统治集团内部对匈奴的和战问题,出现了激烈的思想交锋,争论双方对战争的不同认识和态度,实质上是反映了儒法两家的不同战争观。雄才大略的汉武帝,对匈奴积极用兵,主力反击,说明当时法家思想在一定程度上占有上风。昭帝之时的"盐铁会议",既是对汉武帝以来的战略方针的争论,也是儒法两家不同思想路线争论的继续。它映现了汉廷内部的所谓"民主"。通过这场辩论,"两刃相割,利钝乃知;二论相订,是非乃见"①,双方争辩了不少是非、利害问题,故终于制定了如前所述的符合当时实际的基本国策。自汉宣帝至元帝时期,这一政策一直得到沿袭,循而不革。

2010 年 5 月 30 日初稿

---

① 《论衡·案书篇》,黄晖撰:《论衡校释》,中华书局 1990 年版。

《盐铁论》"掌蹄""革鞮"推考

王子今

《盐铁论》所见"掌蹄""革鞮"字样,有学者以为与保护马蹄的技术有关,或可看作蹄铁一类马蹄保护方式的早期形态。这种认识现在看来尚无确证。而众所周知,秦汉社会对马的普遍重视和国家主持的马政的兴起,是中国畜牧史、中国交通史和中国军事史进程中值得充分重视的显著变化。当时人们对于马蹄的爱护,使我们相信相应技术可能已经萌芽的推想应当可以成立。当然,这一见解得到实证支持,尚有待于考古工作的新收获。

一 《盐铁论·散不足》所见"掌蹄"

《盐铁论》记录了"贤良"与"大夫"有关经济制度与经济生活的辩论,其中《散不足》篇有反映当时社会民生的信息。例如,我们看到关于车马等级的文字:

古者诸侯不秣马,天子有命,以车就牧。庶人之乘者,足以代其劳而已。故行则服枙,止则就犁。今富者连车列骑,骖贰辎軿。中者微舆短毂,烦尾掌蹄。夫一马伏枥,当中家六口之食,亡丁男一人之事。

对于"烦尾掌蹄",马非百作了这样的解释:"掌蹄,用铁在马蹄上打掌。烦尾掌蹄,指有尾饰有铁掌的马。"①

如果其说属实,则《盐铁论》所谓"掌蹄"可能是最早的关于"用铁在马蹄上打掌"的文字记录。

二 "□蹄"说

王利器引孙人和曰:"'掌'读为'□',《说文》:'□,距也。'□蹄,以物遮饰其蹄也。"王利器说:"'□蹄',今犹有此语,就是拿铁□钉在马蹄上来保护它。走马之□蹄,正如斗鸡之距爪一样。"②

《说文·止部》:"□,距也。从止,尚声。"段玉裁注:"今音丑庚切,古音堂。今俗语亦如堂。《考工记》:'维角□之。'大郑曰:'□读如牚距之牚。'牚距,即□距字之变体。车□,《急就篇》、《释名》作车棠。《说文·金部》作车樘。《木部》曰:'樘,衺柱也。'今俗字□作撑。"

无论是写作"掌"还是写作"□",均被理解为钉在马蹄上的铁掌。

三 对于"革鞮"的理解

《盐铁论·散不足》中还有一段批评社会奢侈风习的话,说到有关"骑"的装备:

> 古者庶人贱骑绳控,革鞮皮荐而已。及其后,革鞍牦成,铁镳不饰。今富者鞮耳银镊□,黄金琅勒,罽绣弇汗,华䩞胡鲜。中者漆纬绍系,采画暴干。

对于其中所谓"革鞮",有学者认为"就是革制的马鞋"。"照西方就蹄铁的起源而论,据说是公元以后始于塞尔丁人从东方传去的,但

---

① 基金项目:中国人民大学科学研究基金(中央高校基本科研业务费专项资金资助)项目"中国古代交通史研究"成果(项目编号:10XNL001);马非百注释:《盐铁论简注》,中华书局1984年版,第224页。

② 王利器校注:《盐铁论校注》(定本),中华书局1992年版,第368页。

最初还只是用革制的马鞋,很显然那是指二千多年前的情况。""《盐铁论》是公元前 81 年(汉昭帝始元六年)朝廷召集当时民间知识分子议论国事的会议记录,它反映平民的马匹只能用革鞮,那么当时的统治阶级可能已不是用革鞮了;虽然他们并没有指出用铁去制马鞋。照推论,铁在汉代虽已广为利用于生产,但究竟还是相当贵重的,把它用来装蹄的可能性就很小。到目前为止,我国考古学界还没有发现一千多年前的蹄铁,因为这里姑且认为蹄铁的应用恐怕是唐以后的事,但这也不能说是晚了"①。

关于"革鞮",还可以关注《说文·走部》的"趡"字:"趡,趡娄,四夷之舞各自曲。从走,是声。"段玉裁注:"趡娄,今《周礼》作鞮鞻氏。注云:'鞻读为屦。鞮屦,四夷舞者屝也。今时倡蹋□沓行者自有屝。'按今《说文·革部》:'鞮,革履也。'无鞻字。《释文》引《说文》:'鞮,屦也。'《字林》:'鞮,革屦也。鞻者,鞈屦。'是则《字林》乃有鞻字。许、郑、《周礼》所无。郑注当本作'娄读为屦'。《革部》之鞮是常用之屦。《走部》之趡娄乃四夷舞者之屦。曲当做屦,声之误也。'四夷之舞各自有屦',正与郑注说同。许意当亦娄读为屦。""屦也。故从走。"所谓"趡娄",也就是"鞮鞻",也是革制的鞋履。在畜牧业先进的地区,皮革加工技术较早成熟。皮革制作的保护足部的"鞮鞻"在中原以外的"四夷"地方出现,是很自然的事。

如果确有与"骑"这一交通行为相关的被理解为"革制的马鞋"的"革鞮"的真实存在,也应当是草原民族的发明。

四 "蹄铁"源起

有学者考察"骑兵马具的成熟"时,讨论了"马蹄铁"的出现和普及。论者指出:"关于马蹄铁的起源,材料极为匮乏,故争论也较大。或以为马蹄钉铁掌是中国人发明的,蹄铁在中国'至少已有二千多年

---

① 谢成侠:《中国养马史》(修订版),农业出版社 1991 年版,第 34 页。

的历史','今日欧洲的蹄铁术,是受到我国蹄铁术的影响加以改良而成的'①。还有人说公元480年左右匈奴人(Ephthalite Hune)将马鞍、马镫和马蹄铁带入了印度。② 或以为中国'蹄铁的应用恐怕是唐以后的事'③。或以为蹄铁是从西方传来的,南宋时'我国对装蹄铁的作法还比较生疏,我国普遍采用此物的时间,大约不早于元代'④。"

论者写道:"对这个问题,现在还无法确论,有必要深入挖掘资料。"并提示《盐铁论·散不足》"烦尾掌蹄"是"一条相关的资料"。认为:"古人很早就注意对马蹄的保护,在马蹄上缠裹皮套是早期较流行的方法。""汉代人所说的'掌蹄'是什么意思?是否是比'古者革鞮而已'更先进的方法?目前恐怕还只能提出问题,确切的解答则有待于将来。"⑤

谢成侠关于"蹄铁这一名称的由来"的说明值得注意。他说:"按英语国家叫 horse shoe,硬译成中文,则必叫马鞋",与《盐铁论》出现的"革鞮"古称"好似符合"。但是他又指出,"其实,蹄铁一词原是德文的Hufeisen,该字即由蹄和铁二字缀合而成,由日本在十九世纪译成,我国从而先在军事兽医教育中沿用,而在民间向来称它为'马掌',称蹄铁工匠为'掌工'……"⑥注意到英文 horse shoe 可硬译成"马鞋",与《盐铁论》"革鞮"古称"好似符合",是很有意思的事。

---

① 原注:"张仲葛:《中国古代畜牧兽医方面的成就》,载自然科学史研究所主编《中国古代科技成就》,中国青年出版社1978年版。""第413页。"
② 原注:"Joseph Needham, *Science and Civilization in China*, Vol. Part II, Mechanical Engineering, Cambridge University Press, Cambridge, 1965.""第317页注引奥德里库尔(Haudrecourt)之说。"
③ 原注:"谢成侠:《中国养马史》(修订版),农业出版社1991年版。""第34~35页。"
④ 原注:"孙机:《唐代的马具和马饰》,《文物》1981年第10期。"
⑤ 钟少异:《中国古代军事工程技术史(上古至五代)》,山西教育出版社2008年版,第500—501页。
⑥ 谢成侠:《中国养马史》(修订版),第35页。

我们还看到,《盐铁论》所谓"掌蹄",有人即理解为"马蹄钉铁掌"。如《汉语大词典》就是这样对"掌蹄"进行说明的:"【掌蹄】钉铁掌于马蹄。汉桓宽《盐铁论·散不足》:'今富者连车列骑,骖贰辎骈。中者微舆短毂,烦尾掌蹄。夫一马伏枥,当中家六口之食,亡丁男一人之事。'"①这样的认识,显然缺乏有说服力的证明。

五 "数马曰若干蹄":蹄铁萌芽的观念背景与技术条件之一

《史记》卷一二九《货殖列传》说富者地位"与千户侯等"者,言畜牧产业,以"蹄角"计"牛",以"足"计"羊""彘",而"马"的计数单位则是"蹄":

> 庶民农工商贾,率亦岁万息二千,百万之家则二十万,而更徭租赋出其中。衣食之欲,恣所好美矣。故曰陆地牧马二百蹄,牛蹄角千②,千足羊,泽中千足彘③,水居千石鱼陂,山居千章之材。安邑千树枣;燕、秦千树栗;蜀、汉、江陵千树橘;淮北、常山已南,河济之闲千树萩;陈、夏千亩漆;齐、鲁千亩桑麻;渭川千亩竹;及名国万家之城,带郭千亩亩钟之田,若千亩卮茜,千畦姜韭:此其人皆与千户侯等。

对于所谓"牧马二百蹄",裴骃《集解》:"《汉书音义》曰:'五十匹。'"司马贞《索隐》:"案:马有四足,二百蹄有五十匹也。《汉书》则云

---

① 汉语大词典编纂委员会、汉语大词典编纂处:《汉语大词典》,汉语大词典出版社 1990 年版,第 6 卷第 633 页。

② 裴骃《集解》:"《汉书音义》曰:'百六十七头也。马贵而牛贱,以此为率。'"司马贞《索隐》:"牛足角千。案:马贵而牛贱,以此为率,则牛有百六十六头有奇也。"

③ 裴骃《集解》:"韦昭曰:'二百五十头。'"司马贞《索隐》:"韦昭云:'二百五十头。'"

'马蹄噭千',所记各异。"①

《史记》卷一二九《货殖列传》论说富足的水准,言及"千乘之家"的资产等级,又说到"马蹄蹸千":

> 通邑大都,酤一岁千酿,醯酱千瓨,浆千甔,屠牛羊彘千皮,贩谷粜千钟,薪稿千车,船长千丈,木千章,竹竿万个,其轺车百乘,牛车千两,木器髤者千枚,铜器千钧,素木铁器若卮茜千石,马蹄蹸千,牛千足,羊彘千双,僮手指千,筋角丹沙千斤,其帛絮细布千钧,文采千匹,榻布皮革千石,漆千斗,糵曲盐豉千荅,鲐鮆千斤,鲰千石,鲍千钧,枣栗千石者三之,狐鼦裘千皮,羔羊裘千石,旃席千具,佗果菜千钟,子贷金钱千贯,节驵会,贪贾三之,廉贾五之,此亦比千乘之家,其大率也。

对于"马蹄蹸千",裴骃《集解》:

> 徐广曰:"蹸音苦吊反,马八髎也,音料。"

司马贞《索隐》:

> 徐广音苦吊反,马八髎也,音料。《埤仓》云:"尻骨谓八髎,一曰夜蹄。"小颜云:"噭,口也。蹄与口共千,则为二百匹。"若顾胤则云:"上文马二百蹄,比千乘之家,不容亦二百。则蹸谓九窍,通四蹄为十三而成一马,所谓'生之徒十有三'是也。凡七十六匹马。"案:亦多于千户侯比,则不知其所。

看来理解并不一致。大概以"口"和"窍"与"蹄"即所谓"蹄与口"及"九窍通四蹄"合并计数的推想不大合理。参考裴骃《集解》引《汉书音义》对"僮手指千"的解释:"僮,奴婢也。古者无空手游日,皆有作

---

① 《太平御览》卷八九八引《史记》曰:"马蹄噭千,牛千足,此亦比千乘之家。"文渊阁《四库全书》本。中华书局用上海涵芬楼影印宋本 1985 年 10 月复制重印版作"马蹄蹸千",第 3986 页。

务,作务须手指,故曰手指,以别马牛蹄角也。"①"马"的计数,也应当考虑对于其"作务"最重要的身体部位,即"蹄"。

明代学者任广《书叙指南》卷一六"会计支费"条说到古时财务文书中通行用语,量词则有:"数牛羊曰若干皮(《货殖》),数牛曰蹄角若干(《货殖》,六为一),数鱼曰若干石(《货殖》),数猪羊曰若干双(上),数马曰若干蹄(上,四为一)……"②

"数马曰若干蹄",体现出在当时社会爱好马的普遍意识背景下人们对马蹄的特别看重。

六 "蹄欲得厚":蹄铁萌芽的观念背景与技术条件之二

《庄子·马蹄》写道:"马,蹄可以践霜雪,毛可以御风寒。"③马的生存能力和社会作用,首先表现在"蹄可以践霜雪"。

马能够"驰驱千里"④,"追奔电,逐遗风"⑤,"至如猋风,去如收电"⑥,人们观察的直接感觉是蹄的轻捷。《淮南子·原道》说到"策蹄马",又言"而欲教之,虽伊尹、造父弗能化。"⑦《淮南子·主术》也说:"君德不下流于民,而欲用之,如鞭蹄马矣。""蹄马"是体现出马的野性和生命力的称谓。而《淮南子·修务》又写道:"夫马之为草驹之时,跳

---

① 《史记·货殖列传》,中华书局1959年版。
② 文渊阁《四库全书》本。
③ 《庄子》,王孝鱼点校:《庄子集释》,中华书局1961年版。
④ 《太平御览》卷八九六引《穆天子传》,中华书局用上海涵芬楼影印宋本1985年10月复制重印版,第3976页。
⑤ 《汉书·王褒传》,颜师古注:"《吕氏春秋》云'遗风之乘',言马行尤疾,每在风前,故遗风于后。今此言逐遗风,则是风之遗逸在后者,马能逐及也。"中华书局1962年版。
⑥ 《汉书·韩安国传》。
⑦ 《淮南子》,冯逸、乔华点校:《淮南鸿烈集解》,中华书局1989年版。

跃扬蹄,翘尾而走,人不能制,龁咋足以噆肌碎骨,蹶蹄足以破卢陷匈。"①也强调"蹄"的强劲力量。古来相马技术重视"蹄"的形态特征。《太平御览》卷八九六引《伯乐相马经》:"蹄欲得厚。"同卷引《马援铜马相法》:"蹄欲厚三寸,坚如石。"②《齐民要术》卷六"养牛马驴骡":"相马视其四蹄","四蹄欲厚且大。"此说与《伯乐相马经》"蹄欲得厚"意思是接近的。又《齐民要术》卷六"养牛马驴骡":"蹄欲厚三寸,硬如石,下欲深而明,其后开如鹞翼,能久走。"其说可以看作《马援铜马相法》所提供知识的扩展。缪启愉解释:"蹄要厚而坚硬。'深而明',则蹄底有适度的穹窿,不呈不良的'平蹄',而且蹄叉也显明。蹄的后方或蹄踵部要岔开如鹞翼状(鹞的翼不张开时,侧看与尾成一岔角),表示该部富于弹性,这当然有益于运动。符合于这些主要标准的蹄,能够持久。"③

七　蹄部病症治疗:蹄铁萌芽的观念背景与技术条件之三

河西汉简可见记录"马病"的简文。例如甲渠候官出土简:"马病至戊辰旦遣卒之廿三仓取廪彭诚闭亭户持马□陷陈辟左子务舍治马其日日中"(E.P.T43:2),"□并马病治马□□"(E.P.T50:67)。又有专门记录"马病"致死情形的文书:"始建国四年正月驿马病死爰书"(96.1)。敦煌汉简可见关于"马病"症状的具体描述,如:"将军令召当应时驰诣莫府获马病伤水不饮食借尹史侯昌马杨鸿装未辨惶恐"(177)。"马病"的具体症状是"伤水不饮食"。悬泉置遗址出土汉简又有研究者以为"报告病马死亡验证结果的文书":"建昭元年八月丙寅朔戊辰,县(悬)泉厩佐欣敢言之.爰书:传马一匹骊驳(驳),牡,左剽,

---

① 《淮南子》,冯逸、乔华点校:《淮南鸿烈集解》,第 638 页。
② 《太平御览》,第 3978 页。
③ 缪启愉校释:《齐民要术校释》,农业出版社 1982 年版,第 280 页,第 305 页。

齿九岁,高五尺九寸,名曰骐鸿。病中肺,欬涕出睾,饮食不尽度。即与啬夫遂成、建杂诊:马病中肺,欬涕出睾,审证之。它如爰书。敢言之。"〔Ⅱ 0314(2):301〕

病状是"马病中肺,欬涕出睾"。

出土于悬泉置遗址的一则简例则说到专门的"马医":"出绿纬书一封,西域都护上,诣行在所公交车司马以闻,绿纬孤与缇检皆完,纬长丈一尺。元始五年三月丁卯日入时,遮要马医王竟、奴铁柱付县(悬)泉佐马赏。"〔Ⅱ 0114(2):206〕

据《齐民要术》卷六"养牛马驴骡","马病"有表现于蹄部者。例如:"久步则生筋劳;筋劳则'发蹄',痛凌气。"载录的"诸病方法",有的专门治疗蹄部疾病。例如"治马瘑蹄方",据研究者提示,"'瘑蹄'即指蹄部发炎红肿,甚至化脓。""治马瘑蹄方"内容如下:

(1) 治马瘑蹄方:以刀刺马踠丛毛中,使血出,愈。

(2) 又方:融羊脂涂疮上,以布裹之。

(3) 又方:以汤净洗,燥拭之。嚼麻子涂之,以布帛裹。三度愈。若不断,用谷涂,五六度即愈。

(4) 又方:以锯子割所患蹄头前正当中,斜割之,今上狭下阔,如锯齿形;去之,如剪箭括。向深一寸许,刀子摘令血出,色必黑,出五升许,解放,即差。

(5) 又方:取炊釜底汤净洗,以布拭令水尽。取黍米一升作稠粥,以故布广三四寸,长七八寸,以粥糊布上,厚裹蹄上疮处,以散麻缠之。三日,去之,即当差也。

(6) 又方:煮酸枣根,取汁净洗,讫。水和酒糟,毛袋盛,渍蹄没疮处。数度即愈也。①

"治马瘑蹄方"共 12 方,有消毒防止感染的措说,这里择取其中 6 方讨论。(1)"以刀刺马踠丛毛中,使血出",(4)"以锯子割",带有手术

---

① 《齐民要术》,缪启愉校释:《齐民要术校释》,第 284、310 页、287－288 页。

性质。(6)的治疗方式"水和酒糟,毛袋盛,渍蹄没疮处",已采用类同酒精消毒方式的兽医技术,特别值得注意的,是使用了"毛袋"这种医疗器械。缪启愉注释:"'毛袋',指黑羊毛织成的用以压榨黄酒的酒袋。"①"毛袋"的使用,或许受到(2)"以布裹之",(3)"以布帛裹",(5)"以故布广三四寸,长七八寸,以粥糊布上,厚裹蹄上疮处,以散麻缠之"等方式的启示。这种以"布""布帛""裹""厚裹",再"以散麻缠之"的技术,可以维持"三日"以上,当已较为成熟。通过这种方式的使用,可以理解前引关于"革鞯"之所谓"古人很早就注意对马蹄的保护,在马蹄上缠裹皮套是早期较流行的方法"的认识,是有一定合理性的。

还应当注意到,"以锯子割所患蹄头前正当中,斜割之"的方式,与现今"钉铁掌于马蹄"时的准备清理过程中用刀削修蹄底的动作应当有一定的技术关联。

看来,自《盐铁论》到《齐民要术》的时代,"蹄铁"的出现已经具备了必要的基础。

前引或以为中国"蹄铁的应用恐怕是唐以后的事",或以为"蹄铁"是从西方传来的,南宋时"我国对装蹄铁的作法还比较生疏,我国普遍采用此物的时间,大约不早于元代"等意见,或许因年代判定偏晚而应当修正。当然,"蹄铁"发明要得到确凿的实证支持,还要期待考古工作的新的发现。但是这一发明的前期基础的认识,是必要的。

---

① 《齐民要术》,缪启愉校释:《齐民要术校释》,第 310 页。

汉代和亲与"质侍"在外交中的互动关系

黎 虎

汉代外交有着诸多不同的方式,它们虽然各有其特定的功能和性质,具有相对的独立性,但是它们又相互关联,密切配合,从而形成一个有机的整体,共同为汉代外交目的任务的实现做出了贡献①。和亲与"质侍"②就是汉代两种重要的外交方式,本文拟就两者在汉代外交中的关联性及其互动关系加以论述,以期有助于进一步认识外交诸方式之既有区别又有联系的有机的整体性。此为学术界所尚未触及的问题,兹不揣谫陋,试略述之,以就正于诸贤。

和亲与"质侍"是国君之间子女的授受,以之改善和巩固双方邦谊的一种政治行为,是为古代重要的两种外交方式,不仅为发展汉代的

---

① 笔者所提出的汉代外交方式,主要有:朝、贡、赐、封、质侍、和亲、互市等,详参拙著《汉代外交体制研究·绪论》,商务印书馆 2014 年版,第 8 页。

② "质侍"为笔者所创词语,为质子与侍子的合称。西汉前期承先秦绪余,一般仍然使用"质子"为称,西汉中期开始"质子"与"侍子"并用,到了东汉则基本上以"侍子"为称,故我们将两汉时期的纳质称之为"质侍"。"质侍"并非两字简单相加,而是蕴含汉代质子制度及相关时代的变化,其义有三:A. 称谓上的由"质"而"侍"的变化;B. 纳质制度性质的变化。质子制度中双向的、对等的关系变为单向的、不对等的关系;C. 相关时代变化的反映。统一的汉王朝的建立打破了先秦以来诸侯、列国长期并存、并峙的格局,以强势地位将四方国、族纳质视若内部侯王、臣属之"入侍"。详参拙著《汉代外交体制研究》第四章(下)第五节(二)《汉代之由"质"而"侍"》,第 489—491 页。

外交而且对于当时的社会历史和文化发挥了重要的、积极的作用。骤看起来这两者是没有关联性的各自独立的外交方式,但是实际上它们是有关联性的,根据外交对象和外交目的任务的区别与变化在发挥各自独特功能的同时又相互配合,交相为用,存在着密切的互动关系。在拙著《汉代外交体制研究》中已经涉及了它们之间的互动关系,一方面从两者所构成的"来往"关系观之,"质侍"为"来",和亲为"往",两者"一'来'一'往',构成和体现了外交关系中的礼尚往来及其动态平衡。"①另一方面从两者在外交关系中的作用观之,从汉王朝的角度而论,和亲女为己方派驻对方之"常驻使节","质侍"则为对方派驻己方之"常驻使节"。虽然无论"质侍"还是和亲女均没有被派遣方正式授予常驻使节的职衔,但是他们"在实际上往往起到了这样的作用"②。

本文拟在上述基础上,进一步探讨和亲与"质侍"在汉王朝外交运作中的关联性及其互动关系。兹从如下两个方面论之,一方面是就某一外交对象国而言,国强时用和亲,国弱时用"质侍";另一方面是就整体外交关系国而言,和亲用于强国,"质侍"用于弱国。

一　国强时用和亲,国弱时用"质侍"

和亲与"质侍"根据外交对象国的强弱变化以及与此相联系的有求于对方与否而变换用之,这方面以对匈奴的外交中最为典型。对匈奴关系是汉代外交的重中之重,可谓贯穿于两汉历史的全过程。当匈奴强盛时,汉王朝主要运用和亲这一方式,当匈奴衰弱时,则主要运用"质侍"这一方式,根据不同的情况交替运用这两种方式,遂成为汉代对匈奴外交中的一个特点。大略而言,两汉时期对匈奴外交从和亲到"质侍"的发展变化经历了三个阶段:汉初至武帝元光二年(前133年)为和亲为主阶段,元光二年至成帝建始二年(前31年)为和亲向"质

---

① 《汉代外交体制研究》《绪论》,第8页。
② 《汉代外交体制研究》,第602—603页。

侍"转变的过渡阶段,成帝建始二年起的西汉晚期直至东汉时期进入以"质侍"为主的阶段。

第一阶段的特点是汉方主动要求和亲,匈奴坐待和亲。产生这种现象的主要原因在于匈强汉弱,双方力量对比不平衡,故汉方有求于匈奴。秦汉之际匈奴崛起于北方草原地区,是当时东亚地区唯一足以与汉抗衡的大国,"当是时,冒顿为单于,兵强,控弦三十万,数苦北边"①。西汉前期正是匈奴国力最为强盛,处于巅峰状态的阶段,而西汉王朝所继承的却是国力被极度消耗了的秦王朝,加以秦汉之际的战乱和破坏,故西汉建国之后,社会经济处于极其凋敝的状态,"民失作业,而大饥馑",呈现一幅"民亡盖臧"②的萧条景象。恰恰在这时"匈奴最强大,尽服从北夷,而南与中国为敌国"③。成为汉王朝北部边疆最为严重的威胁,彼强我弱的态势十分突出。虽然经过汉初的恢复,社会经济取得长足的发展,但是双方的军事力量对比仍然是不平衡的,匈奴依然保持对汉王朝的优势地位,这是因为匈奴在游牧经济基础上建立起来的骑兵是当时世界上最先进、最富有战斗力的武装,"匈奴,轻疾悍亟之兵也,至如猋风,去如收电,畜牧为业,弧弓射猎,逐兽随草,居处无常,难得而制"④。其运动速度、机动性和远程奔袭能力,为在农业经济基础上建立起来的以步、车兵种为主的汉兵所不敌。匈奴这种武装力量与广阔的北方草原这种自然条件相结合,又将其优越性发挥到了极致。汉七年(前200年)平城之战时"汉悉兵,多步兵,三十二万,北逐之","冒顿纵精兵三十余万骑围高帝于白登"⑤。双方以大抵相当的兵力对阵,但是一方以步兵为主,一方以"精骑"为主,其胜负结局自属不言而喻,由此可见汉兵之败不在数量而在质量——缺少

---

① 《史记·刘敬叔孙通列传》,中华书1959年版。
② 《汉书·食货志上》,中华书局1962年版。
③ 《史记·匈奴列传》。
④ 《汉书·韩安国传》。
⑤ 《汉书·匈奴传上》。

先进的骑兵。汉方骑兵不仅就数量而言远在匈奴之下,即使经过几代人的努力,大力发展养马业和骑兵,到武帝时达于巅峰,骑兵的数量仍然不及匈奴,倾全力所能调发的马匹最多不过十四万至十八万匹左右①。而且其质量亦在匈奴之下,汉方在农业区所培养的马匹不敌匈奴马,晁错指出:"上下山阪,出入溪涧,中国之马弗与也;险道倾仄,且驰且射,中国之骑弗与也。"②汉匈兵力相较之强弱优劣态势十分显然,于是匈奴处于军事上的优势和主动地位,"小入则小利,大入则大利。"③面对强邻,西汉前期不得不采取妥协退让方针,"和亲"就是在这种不利形势下不得已的选择,要求匈奴向汉方派遣"质侍"的问题尚未而且还不可能提上议程。

第二阶段的特点是匈奴方不断请求和亲,汉方则要求匈奴派遣"质侍",双方就此展开长期的外交博弈。其主要原因在于虽然双方力量对比逐渐逆转,日益向着汉强匈弱的方向发展,但这是一个缓慢的过程,军事上亦随之进入拉锯状态的相持阶段,最后才以匈奴的分裂和衰弱而完成这一转化过程,从而在外交上实现了从和亲为主到"质侍"为主的变换过程。

汉初以来在实行和亲为主的外交方针政策及相关军事措施的保障下,争得了六七十年和平发展的历史机遇,大力休养生息,发展经济,到了汉武帝时期,汉方的综合国力和军事力量都得到了很大发展和提高,于是有了在外交上实施这一转变的有利条件。武帝元光二年(前133年)是这一历史性转变阶段的起始时间。是年春,武帝诏问公卿曰:"朕饰子女以配单于,金币文绣赂之甚厚,单于待命加嫚,侵盗亡已。边境被害,朕甚闵之。今欲举兵攻之,何如?"④收回和亲政策而

---

① 武帝元狩四年(前119年)卫青、霍去病"两军之出塞,塞阅官及私马凡十四万匹,而后入塞者不满三万匹。"(《汉书·卫青霍去病传》);武帝元封元年(前110年)天子巡边"勒兵十八万骑,旌旗径千余里,威震匈奴。"(《汉书·武帝纪》)
②③ 《汉书·晁错传》。
④ 《汉书·武帝纪》。

改用战争手段解决匈奴问题首次正式提上了汉王朝的议事日程。于是有了马邑事件的发生,"自是之后,匈奴绝和亲"①。汉方开始了对匈奴以军事打击为主的进程,经过 14 年的努力,到元狩四年(前 119 年)军事打击终于见了成效,"是后匈奴远遁,而幕南无王庭",扭转了汉初以来军事上匈强汉弱的态势。但是,"匈奴虽病,远去,而汉马亦少,无以复往",匈奴方面亦"终不肯为寇于汉边",双方处于拉锯状态,进入战略相持阶段。在这种军事态势下,和亲问题的主动与被动关系亦随之而逆转,进入匈奴方面不断主动请求和亲的新时期,这年"单于用赵信计,遣使好辞请和亲",第一次由匈奴方面主动提出和亲的请求,此后则"数使使好辞甘言求和亲"。汉方则"或言和亲,或言遂臣之"②,坐待匈奴方面的和亲请求了。经过十余年的方针政策酝酿过程,终于于元封四年(前 107 年)迈出了将和亲转变为"质侍"的第一步,是年夏"汉使王乌等窥匈奴",经过汉使的"风喻",匈奴"详许甘言,为遣其太子入汉为质,以求和亲"。同年秋又派遣杨信出使匈奴,汉使"既见单于,说曰:'即欲和亲,以单于太子为质于汉。'"双方第一次就匈奴纳质问题进行交涉,匈奴方面则以纳质为诱饵,以求汉方许诺和亲,汉方则以纳质为条件始能答应和亲。匈奴方面以汉方的要求违反双方"故约"为由而断然加以拒绝,实际上是"殊无意入汉及遣太子来质"③。

面对汉方外交和军事两个方面的压力,匈奴方面始终以"故约"所订和亲为筹码,坚持和亲而反对纳质。处于外交上风的汉方,手握和亲筹码以图迫使匈奴就范,匈奴方面则与汉方相反,愈贫弱而愈希望和亲,"兵数困,国益贫","欲和亲而恐汉不听,故不肯先言,常使左右风汉使者。然其侵盗益希,遇汉使愈厚,欲以渐致和亲,汉亦羁縻之"④。

从元封四年(前 107 年)开始的纳质与和亲的博弈,经过五十余年

---

①③ 《史记·匈奴列传》。
②④ 《汉书·匈奴传上》。

的较量,到了五凤四年(前54年)终于有了结果,是年"匈奴单于称臣,遣弟谷蠡王入侍。"这是匈奴第一次接受汉方纳质要求,汉匈关系由和亲向纳质转变迈出了实质性一步,标志着汉方实现了"臣服"匈奴的目的。次年,即甘露元年(前53年)又有"匈奴呼韩邪单于遣子右贤王铢娄渠堂入侍"①。这一转变的具体原因在于匈奴内部分裂,导致其国势日蹙,"诸王并自立,分为五单于,更相攻击……因大乖乱",于是"单于称臣"②,入朝于汉。纳质与入朝一起构成其臣服于汉的两个具体表现。这时汉王朝处于极其有利的外交地位,"宣帝时匈奴乖乱,五单于争立,呼韩邪单于与郅支单于俱遣子入侍,汉两受之"③。出现了分裂下的匈奴单于争相纳质的情形。但是这个阶段的纳质关系还并不稳定,元帝初元四年(前44年)"郅支单于自以道远,又怨汉拥护呼韩邪,遣使上书求侍子。汉遣谷吉送之,郅支杀吉。汉不知吉音问,而匈奴降者言闻瓯脱皆杀之。呼韩邪单于使来,汉辄薄责之甚急。明年,汉遣车骑都尉韩昌、光禄大夫张猛送呼韩邪单于侍子,求问吉等,因赦其罪,勿令自疑"④。"质侍"关系并不巩固,更尚未形成制度化。

在过渡阶段的末期发生了一次和亲,即元帝竟宁元年(前33年)王昭君之出嫁呼韩邪单于。这次和亲与西汉前中期的和亲有着诸多不同的特点和性质。首先这是匈奴在"臣服"汉王朝的前提之下的和亲,与以前双方为"敌国"关系的和亲不同;其次双方授受关系也完全发生了逆转,与以前汉方主动、匈奴坐待的情况不同,这次是匈奴方面乞求,而汉方"赏赐"之;第三,和亲女为汉方宫女而非"公主",两者地位差异甚大;第四,这是在匈奴纳质和入朝的前提之下进行的和亲。由此可见这次和亲与西汉前中期的和亲是完全不同意义上的和亲,是汉匈和亲关系史中的一个特例,从两汉与匈奴和亲历史的大格局来看,这是西汉前中期对匈奴和亲的一次回光返照。

①② 《汉书·宣帝纪》。
③ 《汉书·陈汤传》。
④ 《汉书·匈奴传》。

尽管在这个过渡阶段有过一次具有特殊性的和亲,但是这并不能改变汉匈关系之从和亲向"质侍"转变的历史趋势,这是因为双方关系中的汉强匈弱状态已成定局,不可逆转。

第三阶段的特点是和亲从汉匈关系中基本上隐去,"质侍"成为汉匈关系中的常态,这个阶段的"质侍"较第二阶段的"质侍"亦上了一个台阶,具有了常态化、长期化、制度化的特点。其根本原因在于匈奴分裂导致汉强匈弱的态势不可逆转,匈奴的地位亦发生重大变化,两汉四百年间匈奴对汉关系地位呈逐步下降态势,经历了从"敌国"关系而为臣属国、附属国、卫星国乃至部分纳入汉王朝统治的过程。

从成帝建始二年(前 31 年)起,汉匈关系中的纳质关系开始进入常态化、长期化的历史阶段。其具体表现是:建始二年呼韩邪单于去世,其子继位为复株累若鞮单于,新单于即位后即"遣子右致卢儿王醢谐屠奴侯入侍"①。此后,新单于继位后即遣子入侍成为常态,而且如果有的侍子返国,则立即派遣新的侍子接替,无有间断。此两者遂成为第三阶段"质侍"制度的基本特点。成帝鸿嘉元年(前 20 年)复株累若鞮单于去世,搜谐单于继位,随即"遣子左祝都韩王朐留斯侯入侍"。成帝元延元年(前 12 年)搜谐单于去世,车牙单于立,随即"遣子右于涂仇掸王乌夷当入侍"。成帝绥和元年(前 8 年)车牙单于去世,乌珠留单于即位后,随即"遣子右股奴王乌鞮牙斯入侍"。侍子右股奴王乌鞮牙斯入汉之次年去世,"归葬"之后,随即"复遣子左于駼仇掸王稽留昆入侍"②,以另一侍子补上。元寿二年(前 1 年),乌珠留单于来朝,侍子稽留昆随单于同时返国,哀帝"遣稽留昆随单于去,到国,复遣稽留昆同母兄右大且方与妇入侍。还归,复遣且方同母兄左日逐王都与妇入侍"③。稽留昆回到匈奴后,匈方随即派遣其兄大且方夫妇一同入侍;大且方夫妇回国后,又派遣大且方之兄左日逐王都夫妇入侍。侍子夫妇同来入侍,正是"质侍"长期化的反映。由此可见这个时期匈奴

---

①② 《汉书·匈奴传下》。
③ 《汉书·匈奴传》。

对汉方的纳质从不间断,随时有侍子在汉廷,匈奴纳质已经完全常态化和长期化了。

到了东汉时期匈奴分裂为南北匈奴,两者与汉王朝的关系有所不同,其中南匈奴依附于汉,成为汉王朝与北匈奴之间的缓冲,处于汉王朝卫星国的地位,乃至最后被并入汉王朝,于是南匈奴向汉王朝纳质较之西汉晚期更上了一个台阶,在常态化、长期化的基础上进而制度化。光武帝建武二十五(49年)"南单于复遣使诣阙,奉藩称臣,献国珍宝,求使者监护,遣侍子,修旧约。"南匈奴主动提出按照"旧约"遣子入侍问题,这里的"旧约"当指西汉晚期成帝以降的纳质条约。次年秋,"南单于遣子入侍,奉奏诣阙",开始履行纳质条约。但是从是年开始的纳质并不是完全重复西汉晚期的条约规定,而有了新的发展,其具体表现是:"单于岁尽辄遣奉奏,送侍子入朝,中郎将从事一人将领诣阙。汉遣谒者送前侍子还单于庭,交会道路。"①一方面是"质侍"与入朝两者结合进行,每年年终即遣子入侍,侍子兼负朝贡之责;另一方面是新旧侍子每年进行轮换,新侍子之来与前侍子之去同时进行。由于匈奴侍子常驻于汉庭,经久不辍,因而匈奴侍子之在汉庭的政治活动亦随之常态化,从而被载入汉王朝的典章制度之中,成为定制,东汉时期的"九宾"制度已将"匈奴侍子"纳入其中,形成了"九宾谓王、侯、公、卿、二千石、六百石下及郎、吏、匈奴侍子,凡九等"②这样一种包含"匈奴侍子"在内的新的礼仪制度。从而实现了匈奴"质侍"之制度化历史进程。

东汉时期的北匈奴虽然基本上保持着其独立性,并经常对于汉王朝构成不同程度的威胁,甚至有的时段还构成严重威胁,但是总体而言毕竟与西汉前中期的匈奴不可同日而语了,他们对于汉王朝没有达到致命性威胁的程度,总体而言属于骚扰性的威胁,因此汉王朝对于北匈奴并没有外交上的急迫需求,基本上是坐待其外交上的有求于

---

① 《后汉书·南匈奴传》,中华书局1965年版。
② 《后汉书·礼仪志》。

己。这个时期汉王朝与北匈奴外交上的博弈,主要体现于北匈奴不断要求与汉和亲,而汉方则加以拒绝,"不答其使,但加赐而已"①。成为常态。唯明帝永平六年(63年)胡邪尸逐侯鞮单于长立,"时北匈奴犹盛,数寇边,朝廷以为忧"。次年"会北单于欲合市,遣使求和亲,显宗冀其交通,不复为寇,乃许之"②。这里的"和亲"似非指联姻,而主要是包括互市在内的通使关系。即使此"和亲"包含联姻之意,在当时也没有事实证明其已经履行。从汉方来说,对于北匈奴主要是要求其纳质,但是北匈奴始终不肯纳质,直至东汉和帝永元元年(89年)窦宪大破北匈奴,随后"遣军司马吴汜、梁讽,奉金帛遗北单于,宣明国威",北单于喜悦,"乃遣弟右温禺鞮王奉贡入侍,随讽诣阙。(窦)宪以单于不自身到,奏还其侍弟"③。在大军压境之下北单于方才派出侍子,但是仍然没有表现出纳质的诚意。及至元兴元年(105年)北匈奴"遣使诣敦煌贡献……愿请大使,当遣子入侍"。李贤注曰:"天子降大使至国,即遣子随大使入侍。"④北匈奴提出汉王朝派遣大使,作为其遣子入侍之条件。表明北匈奴只要还有一些实力和独立性则不愿意遣子入侍。东汉王朝与北匈奴关于和亲与纳质的博弈,某种意义上似乎又回到西汉中期从和亲到纳质转变阶段的情形。但是直至北匈奴西迁,也没有向汉王朝派遣质子。

二 强国用和亲,弱国用"质侍"

两汉时期和亲与"质侍"这两种外交方式之关联性及其互动关系,另一方面的体现是对于强国、大国使用和亲,对于弱国、小国则使用"质侍",以及往往与此相联系的有求于对方与否的变化而交替运用,相互配合。

古代世界的外交基本上是一种区域性外交,亦即近邻外交,这是

---

① ② ④ 《后汉书·南匈奴传》。
③ 《后汉书·窦宪传》。

由于当时的交通、通讯条件制约下所决定的。两汉四百年间东亚外交圈中的强国、大国为汉帝国和匈奴帝国,西域外交圈中与汉帝国并峙称雄者先后有罗马帝国、安息帝国、贵霜帝国等为代表的诸多强国、大国,但是在西汉中期通西域之前,两个外交圈之间的利益交集和外交关系并不明显,即使在汉通西域之后仍然有一个发展过程,汉王朝与两个外交圈诸国的外交关系密切度与相互之间距离的远近往往成反比例关系。前者中以汉王朝与匈奴两强最为近邻,双方外交利益交集最为频密,故有汉一代外交的主要对象就是匈奴,是为汉代自始至终首屈一指的重点。汉王朝自建国伊始即与匈奴进行和亲,上文已经作了论述,兹不赘述。在东亚外交圈除了汉与匈奴之外,其他众多国家均在此两国之下,而属于中小国家之列,所以我们可以看到他们之中没有一个能够与汉王朝建立和亲关系,如果发生外交关系,"质侍"即为与这些中小国家的主要方式。

但是有汉一代与汉王朝和亲的国家,除了匈奴之外,还有一个重要对象就是西域外交圈中的乌孙。那么汉王朝与乌孙的和亲是否仍然符合我们上面提出的见解和结论呢?答案是肯定的。

首先,汉王朝与乌孙和亲是因为匈奴问题而引发和导致的,是对匈奴外交战略中的组成部分,从和亲问题的角度而言,对乌孙的和亲是对匈奴和亲的延伸。

西汉王朝为了解决匈奴这一重中之重的问题,在西汉前中期经历了由内而外再到内外兼修的发展转变过程。西汉前期主要在于"内修",其时汉王朝专注于休养生息以发展社会经济,同时加强以骑兵为中心的军备发展,以从综合国力上和军事上培育与匈奴抗衡的力量。在"外修"方面,则经历了从近邻外交到远邻外交的两个阶段。汉初基本上专注于对匈外交,首先是运用和亲这一方式以缓和与匈奴的敌对关系,弱化、遏制其对汉边的进犯。围绕对匈奴外交这一核心课题,汉王朝逐步改善、发展了周边关系,其动作之先后顺序大体上是:册封东南地区的闽越和东瓯,向岭南的南越施加强大的政治、军事压力,迫使其从独立而转变为半独立,试图稳定后方,以便集中注意力于北方的匈奴。到了汉武帝时期,将"外修"战略战术推上了一个新的台阶,把重点从内政为主转移到对外的军事和外交为主的方针政策上来,这体现于一举将南越并入汉王朝,并顺势将与其成掎角之势的西南夷亦一举纳入版图,通过这些步骤,进一步稳定了后院,解除了后顾之忧,取得了全力面对匈奴的有利条件。在武力反击匈奴,将其驱逐于漠北,从而取得决定性胜利的基础上,又进一步从匈奴的左右两侧发动军事的外交的攻势,于是"东伐朝鲜,起玄菟、乐浪,以断匈奴之左臂;西伐大宛,并三十六国,结乌孙,起敦煌、酒泉、张掖,以鬲婼羌,裂匈奴之右肩"。从东西两个方面牵制、削弱匈奴,断其左臂、右肩,置匈奴于孤立无援境地,于是"单于孤特,远遁于幕北"①。从而将匈奴问题的解决推进到了一个崭新的、决定性的发展阶段。其中"裂匈奴之右肩"中的一个中心环节就是"结乌孙","结乌孙"的主要方式就是和亲,这是汉通西域时,汉王朝君臣事先就已经明确的外交方略:西向联结原先"羁属"匈奴的乌孙,"汉遣公主为夫人,结昆弟,其势宜听,则是断匈奴右臂也"②。于是有了张骞出使西域之举:"西通月氏、大夏,又以公主妻乌孙王,以分匈奴西方之援国。"③将近邻外交推向远邻外交。故和亲乌孙是汉王朝对匈奴整体战略中的一环,实际上是和亲匈奴之延伸和重要组成部分。

其次,和亲乌孙也与乌孙在西域诸国中的"强国"、"大国"地位以及与汉的距离相对较近有关。

汉王朝从西部实施"断匈奴右臂"的战略计划并非仅仅指向乌孙一国,而是包括乌孙在内的西域地区诸多国家,何以只与乌孙和亲而不与西域其他国家和亲呢?乌孙之被汉王朝采择为西域地区的和亲国,主要有两个方面的原因,一是其在西域地区的"强国"、"大国"地位以及与汉的距离相对较近,二是与此相联系的其在整个西域地区所处

---

① 《汉书·韦贤传》。
② 《史记·张骞传》。
③ 《史记·匈奴列传》。

重要战略地位有关。

先看看乌孙在西域地区的"强国"、"大国"地位以及与汉的距离相对较近的情形。

西域地区众多小国林立,不相统一,"各有君长,兵众分弱,无所统一"①。但是其中也有若干相对强大的国家,乌孙即是其中的突出者,它在西域中"最为强国","故服匈奴,及盛,取其羁属,不肯往朝会焉"②。这就是汉王朝之所以在西域诸国中唯与乌孙和亲的重要原因,史称"乌孙大国,控弦十万,故武帝妻以公主"③。那么,乌孙是否称得上"强国"、"大国"呢?兹制作汉王朝周边大国排序表以见其情形。

汉王朝周边大国排序表

国名	与汉距离	国力状况	序号
匈奴	与汉关故河南塞(《史记》卷110《匈奴列传》)。	冒顿得自强,控弦之士三十余万(《汉书》卷九十四上《匈奴传》)。冒顿单于兵强,控弦四十万骑(《汉书》卷四十三《刘敬传》)。总人口150—200万之间④。	1
乌孙	大昆弥治赤谷城,去长安八千九百里。东至都护治所千七百二十一里(《汉书》卷九十六下《西域传》)。	户十二万,口六十三万,胜兵十八万八千八百人(《汉书》卷九十六下《西域传》)。	2

---

① 《汉书·西域传下》。
② 《史记·大宛列传》。
③ 《后汉书·班超传》。
④ 据田继周《秦汉民族史》估计,四川民族出版社1996年版。

康居	王冬治乐越匿地。到卑闐城。去长安万二千三百里。不属都护。东至都护治所五千五百五十里(《汉书》卷九十六上《西域传》)。	户十二万,口六十万,胜兵十二万人(《汉书》卷九十六上《西域传》)。	3
大月氏	治监氏城,去长安万一千六百里。不属都护。东至都护治所四千七百四十里(《汉书》卷九十六上《西域传》)。	户十万,口四十万,胜兵十万人(《汉书》卷九十六上《西域传》)。 阎膏珍为王,月氏自此之后,最为富盛,诸国称之皆曰贵霜王。汉本其故号,言大月氏云(《后汉》书卷八十八《西域传》)。	4
大宛	王治贵山城,去长安万二千五百五十里。东至都护治所四千三十一里。(《汉书》卷九十六上《西域传》第六十六上)	户六万,口三十万,胜兵六万人。(《汉书》卷九十六上《西域传》第六十六上)	5
安息	王治番兜城,去长安万一千六百里。不属都护(《汉书》卷九十六上《西域传》第六十六上)。 居和椟城,去洛阳二万五千里。(《后汉》书卷八十八《西域传》)	其属小大数百城,地方数千里,最为大国(《史记》卷一百二十三《大宛列传》)。 地方数千里,小城数百,户口胜兵最为殷盛(《后汉》书卷八十八《西域传》)。	
大秦国	在海西(《后汉》书卷八十八《西域传》)。	地方数千里,有四百余城。小国役属者数十(《后汉》书卷八十八《西域传》)。	

由上表可见：①从人口与兵力两要素观之，第一大国匈奴之下的第二大国即为乌孙，无论人口数量还是军队数量均如此，而康居、大月氏（贵霜）、大宛等西域大国均在乌孙之下。其余西域小国虽多，但他们的实力与乌孙不可同日而语，以武力为例，其胜兵数量多为数千人乃至百余人，甚至如狐胡国，仅有"户五十五，口二百六十四，胜兵四十五人"①。故哀帝元寿二年（公元1年），乌孙"大昆弥伊秩靡与单于并入朝，汉以为荣"②。乌孙与匈奴两个大国同来朝贡，汉王朝认为这是它在外交上的重大胜利，故引以为荣。②乌孙与汉的距离也是排在匈奴之后的第二位，康居、大月氏（贵霜）、大宛等西域大国均较乌孙为远，故它们对于汉王朝的战略方面、外交方面的需求程度均低于乌孙。以其中的月氏为例观之，东汉时"月氏尝助汉击车师有功，是岁贡奉珍宝、符拔、师子，因求汉公主。（班）超拒还其使，由是怨恨"。其主动向汉要求和亲却遭到拒绝，于是永元二年（90年），"月氏遣其副王谢将兵七万攻（班）超。超众少，皆大恐。超譬军士曰：'月氏兵虽多，然数千里踰葱岭来，非有运输，何足忧邪？但当收谷坚守，彼饥穷自降，不过数十日决矣。'谢遂前攻超，不下，又钞掠无所得。超度其粮将尽，必从龟兹求救，乃遣兵数百于东界要之。谢果遣骑赍金银珠玉以赂龟兹。超伏兵遮击，尽杀之，持其使首以示谢。谢大惊，即遣使请罪，愿得生归。超纵遣之。月氏由是大震，岁奉贡献"③。月氏虽属大国，但是其和亲要求被拒，原因有二，一是月氏与汉王朝距离遥远，对汉王朝没有直接的威胁，由此而决定的第二个原因是其战略上的意义和迫切性与前汉时期的乌孙不能比拟。上表中还有两个重要的大国安息与大秦没有统计数字，我们没有进行排序，但是他们与汉的距离均较上述诸国更为遥远。可以说当时乌孙是在汉王朝的外交视野中仅次于匈奴的最大的强国，也是仅次于匈奴而与汉王朝距离最近、外交上需求程度最高的大国。

---

①② 《汉书·西域传》。
③ 《后汉书·班超传》。

二是乌孙所处重要战略地位。

在上述诸大国中,乌孙所处的战略地位也十分重要,它"东与匈奴、西北与康居、西与大宛、南与城郭诸国相接"①。它的东界与汉王朝北方的劲敌匈奴相邻,因此是从西翼牵制匈奴的最佳战略抓手,这在上文已经述及。乌孙的西面是康居、大宛乃至安息等西域诸国,乌孙之亲汉,不仅可以有效牵制匈奴,而且将有助于其西部诸国之向汉,如果乌孙亲匈奴,则匈奴可以继续有效控制西域,而增加对汉王朝的压力。西汉元帝时,"会康居王数为乌孙所困,与诸翕侯计,以为匈奴大国,乌孙素服属之,今郅支单于困陈在外,可迎置东边,使合兵取乌孙以立之,长无匈奴忧矣。即使使至坚昆通语郅支"②。从康居企图联合匈奴以制乌孙,可知乌孙的战略地位对于其东西两方来说都是重要的。乌孙的南面邻接城郭诸国,有助于汉王朝控制南部的西域诸国。东汉班超在经营城郭诸国时,"既破(疏勒都尉)番辰,欲进攻龟兹。以乌孙兵强,宜因其力,乃上言:'乌孙大国,控弦十万,故武帝妻以公主,至孝宣皇帝,卒得其用。今可遣使招慰,与共合力。'帝纳之。八年,拜超为将兵长史,假鼓吹幢麾。以徐干为军司马,别遣卫候李邑护送乌孙使者,赐大小昆弥以下锦帛"③。表明乌孙在控制城郭诸国方面具有重要意义。故乌孙成为汉王朝与匈奴在西域相互争夺的重要对象和关键。

有汉一代,与汉王朝和亲者只有匈奴和乌孙两个强国、大国,其他国家如果与汉王朝发生外交关系,则所用方式主要为"质侍"。

汉代的外交可以张骞两次通西域为分界,此前汉王朝处于外交的保守阶段,此后转入外交的积极进取阶段。而在后一阶段的外交中恰恰逐步进入了以"质侍"为主、和亲为辅的阶段,这是汉王朝鹤立鸡群于东亚地区在外交上处于强势地位的一种体现。这一转变在东亚外

---

① 《汉书·西域传》。
② 《汉书·匈奴传》。
③ 《后汉书·班超传》。

交圈中是从与南越建立"质侍"关系为突破口而开始的。汉武帝建元六年(前135年)闽越王郢兴兵击南越,南越王胡使人上书求援,于是汉王朝派遣两将军往讨闽越,闽越王弟余善杀郢以降。汉方趁势派遣"庄助往谕意南越王,南越王胡顿首曰:'天子乃为臣兴兵讨闽越,死无以报德!'遣太子婴齐入宿卫"。南越是在兵威之下被迫纳质的。后十余年南越王胡病逝,婴齐继位后,"汉数使使者风谕婴齐,婴齐尚乐擅杀生自恣,惧入见要用汉法,比内诸侯,固称病,遂不入见。遣子次公入宿卫"①。南越第二次遣子入侍也是在汉王朝威逼之下不得已而为之的。

"质侍"与和亲在西域外交圈的实施情况与东亚外交圈有所差异,是从"质侍"开始的。元封三年(前108年)从票侯赵破奴将属国骑及郡兵数万击姑师,虏楼兰王,楼兰降服贡献。匈奴闻之,次年发兵击之,"于是楼兰遣一子质匈奴,一子质汉"②。首开西域小国向汉纳质之先河。汉王朝何以首先拿楼兰作为西域诸国纳质的突破口?这是因为楼兰不仅是西域小国,而且它是距离汉王朝最为接近的西域国家,是汉使进入西域首先必经的东部小国,它对于汉通西域具有重要价值,但它却经常依违于汉和匈奴之间。"楼兰国最在东垂,近汉,当白龙堆,乏水草,常主发导,负水儋粮,送迎汉使,又数为吏卒所寇,惩艾不便与汉通"。楼兰一直保持与匈奴的关系,经常"为匈奴反间,数遮杀汉使"③。于是汉匈之间展开了对于楼兰的争夺战,"质侍"是双方博弈的重要手段。征和元年(前92年),楼兰王死,国人来请质子在汉者,欲立之。质子常坐汉法,下蚕室宫刑,故不遣。报曰:"侍子,天子爱之,不能遣。其更立其次当立者。"楼兰更立王,"汉复责其质子,亦遣一子质匈奴。"后王又死,"匈奴先闻之,遣质子归,得立为王"。汉王朝与匈奴在对楼兰的"质侍"博弈中输了一着,于是汉"遣使诏新王,令入朝,天子将加厚赏"。楼兰王后妻谓楼兰王曰:"先王遣两子质汉

---

① 《史记·南越列传》。
②③ 《汉书·西域传》。

皆不还,奈何欲往朝乎?"王用其计,谢汉使曰:"新立,国未定,愿待后年入见天子。"①汉王朝与匈奴在楼兰的"质侍"博弈中何以稍逊一筹?这主要是匈奴早在汉通西域之前就已经长期控制着西域,它与西域诸多国家也早已建立纳质关系,这方面他的经验要比汉王朝老到纯熟得多。元凤四年(前77年),大将军霍光遣平乐监傅介子刺杀了楼兰王,告谕以"王负汉罪,天子遣我来诛王,当更立前太子质在汉者"②。汉王朝乃立楼兰质子"尉屠耆为王,更名其国为鄯善,为刻印章,赐以宫女为夫人,备车骑辎重,丞相将军率百官送至横门外,祖而遣之"③。最终还是以汉王朝得分而结束了这场"质侍"博弈。

在汉王朝逼迫楼兰首开纳质之后,以征服大宛为契机,又进一步将西域的"质侍"畛域向西推进。太初四年(前101年)李广利征服了大宛,"贰师将军之东,诸所过小国闻宛破,皆使其子弟从军入献,见天子,因以为质焉"④。大宛东部小国纷纷纳质。大宛亦然,汉在破大宛之后,"立昧蔡为宛王而去。岁余,宛贵人以为昧蔡善谀,使我国遇屠,乃相与杀昧蔡,立毋寡昆弟曰蝉封为宛王,而遣其子入质于汉"⑤。原来相对来说还算强大的大宛本来在汉王朝眼中就是一个"小国"⑥,在被汉王朝征服之后更属弱小之国,其向汉纳质实属顺理成章。

在西域地区以楼兰纳质为突破口的同时,汉王朝进而在东方又与其长期的劲敌匈奴开展了纳质与和亲的外交博弈,这场博弈的特点是:汉方要求匈奴纳质,匈奴则要求和亲,形成长期的外交攻防战。元封四年(前107年)汉使王乌出使匈奴,要求匈奴纳质是这场博弈开始的标志。当时匈奴诈称遣其太子入汉为质,以求和亲。但是实际上匈奴方面"诸所言者,单于特空给王乌,殊无意入汉及遣太子来质"⑦。这时的匈奴虽然在军事上遭到重创,但是仍然有很大实力,汉匈力量

---

① ③ 《汉书·西域传》。
② 《汉书·傅介子传》。
④ ⑤ ⑥ 《史记·大宛列传》。
⑦ 《史记·匈奴列传》。

对比还没有发展到完全逆转的地步,故匈奴还有力量来抗拒汉王朝提出的"质侍"要求。这场博弈历时半个世纪,到了汉宣帝五凤四年(前54年)终于有了结果,最后以匈奴向汉王朝纳质而宣告汉匈关系中"质侍"取代和亲历史阶段的到来。这一转变的关键是匈奴进入了空前的衰弱期,由东亚地区仅次于汉王朝的第一强国而沦落为弱国——汉王朝的依附国,是年匈奴单于称臣,遣弟谷蠡王入侍①。最后形成了以呼韩邪单于和郅支单于为主的两个匈奴政权对峙的局面,于是甘露元年(前53年)呼韩邪引众南近塞,遣子右贤王铢娄渠堂入侍。郅支单于亦遣子右大将驹于利受入侍,汉两受之。② 两单于争相向汉王朝纳质。

　　这里值得注意的是,在匈奴正式进入对汉王朝纳质阶段的同时,西域的乌孙也已经向汉王朝纳质了。乌孙具体于何年向汉纳质没有明确的记载,但是我们却可以看到,当五凤四年(前54年)匈奴开始向汉纳质的同时,也出现了有关乌孙纳质的记载,是年汉王朝"使卫司马魏和意、副候任昌送侍子"③的记载,表明这时乌孙也已经向汉王朝纳质了,而且乌孙的纳质很可能还在匈奴纳质之稍前,因为这个记载所述是乌孙的侍子被汉使护送回国的事情,那么这个乌孙侍子应当是在五凤四年之前入汉的。乌孙作为一个西域大国、强国,何以这个时候也向汉纳质了呢?这时乌孙的国势亦走在下坡路上,宣帝神爵二年(前60年)乌孙向汉王朝请求和亲一事透露了这方面的信息,乌孙昆弥翁归靡事前通过长罗侯常惠向汉宣帝上书,表示"愿以汉外孙元贵靡为嗣,得复尚少主,结婚内附,畔去匈奴"④。乌孙方面为了得到汉方允许继续和亲,主动提出了三个条件,一是以具有汉人血统的解忧公主之子元贵靡继位为昆弥,二是"内附",三是"畔去匈奴"。从乌孙

---

① 《汉书·宣帝纪》。
② 《汉书·匈奴传》;《汉书·陈汤传》。
③ 《汉书·西域传》。
④ 《汉书·萧望之传》。

所提这三个条件,可以看到乌孙对于汉王朝的依附性已经日益发展,纳质当为其"内附"的具体行动之一。到了甘露元年(前53年)呼韩邪单于召集匈奴贵族决策是否降汉的问题时,其左伊秩訾曰:"强弱有时,今汉方盛,乌孙城郭诸国皆为臣妾。"①指出乌孙已经与西域城郭诸国一起成为汉王朝的"臣妾"了。这些情况表明乌孙已经从独立自主的强国、大国转变为对于汉王朝依附性很强的弱国、小国了,在这样的历史条件下,乌孙向汉王朝遣子入侍,汉乌关系也开始发生从和亲逐步向"质侍"的转变,实属势所必然。后"自乌孙分立两昆弥后,汉用忧劳,且无宁岁"②。国势江河日下,"汉遂不复与结婚"③,而只有纳质关系了。

到了西汉后期,与汉王朝和亲的两个强国、大国匈奴和乌孙都先后完成了从和亲到"质侍"的转变。到了汉元帝、成帝时,另一西域大国康居也遣子入侍,也就是说,从这个时期开始汉王朝外交网络中原来的大国、强国均与汉王朝确立了纳质关系。根本原因在于这些相对强大的国家,对于汉王朝来说都在不同程度上处于弱势地位了。在这种形势下,西域地区的其他弱小国家遣子入侍自不必说。这种势头到了东汉时期更为发展,西部方面,包括乌孙在内的西域诸国纷纷遣子入侍;北部方面,南匈奴遣子入侍已经成为制度化、长年化;东部方面则乌桓、鲜卑亦先后向汉王朝纳质,建武二十五年(49年)"乌桓或愿留宿卫,于是封其渠帅为侯王君长者八十一人,皆居塞内,布于缘边诸郡,令招来种人,给其衣食,遂为汉侦候,助击匈奴、鲜卑"。同时复置乌桓校尉于上谷宁城,"开营府,并领鲜卑,赏赐质子,岁时互市焉"④。永初元年(107年)鲜卑大人燕荔阳"诣阙朝贺,邓太后赐燕荔阳王印绶,赤车参驾,令止乌桓校尉所居宁城下,通胡市,因筑南北两部质馆。

---

① 《汉书·匈奴传》。
② 《汉书·西域传》。
③ 《汉书·萧望之传》。
④ 《后汉书·乌桓鲜卑传》。

鲜卑邑落百二十部,各遣入质"①。可以说,到了东汉时期,汉王朝与四面八方的大小国家均用"质侍"而不用和亲了,进入了一个以"质侍"为主的时期。这种情况的出现,是由于这个时期汉王朝已经独步天下,在整个东亚地区乃至西域的邻近地区均无出其右者所决定的。总之,和亲与"质侍"的交相为用,大体上是随着双方力量之强弱大小以及与此相联系的外交上有求于对方与否的变化而转移的。

附言:

拙著《汉代外交体制研究》于去年11月由商务印书馆出版之后,感到其中仍有一些意犹未尽之处,汉代和亲与"质侍"两种重要外交方式之间的关联性及其互动关系即属此类问题,故续撰《汉代和亲与"质侍"在外交中的互动关系》一文以事补苴。今年适逢中国史学界耆宿朱绍侯先生九秩华诞,谨以此拙文敬献,以襄盛典云尔。

2015年4月27日
于北京师范大学历史学院

---

① 《后汉书·乌桓鲜卑列传》。

汉县城杂考

廖伯源

一

《汉书·地理志》①之体例,于各郡、国之下,述户口之数目后,书"县若干",然后陈列所辖县之县名。例如:

陇西郡:②户五万三千九百六十四,口二十三万六千八百二十四。县十一:狄道,上邽,安故,氐道,首阳,予道,大夏,羌道,襄武,临洮,西。

《后汉书·续郡国志》之体例稍异,于各郡、国之下,先述"若干城",次书户口数,然后陈列所辖县之县名。例如:

陇西郡:十一城,户五千六百二十八,口二万九千六百三十七。狄道,安故,氐道,首阳,大夏,襄武,临洮,枹罕,白石,鄣,河关。

---

① 本文所引正史,除特别注明者外,皆为中华书局之点校本。
② 《汉书·地理志》述诸郡,于郡名之下用逗号【,】。《后汉书·续郡国志》述诸郡,于郡下用句号【。】。今皆改易为冒号【:】。又《汉书·地理志》陈列诸县名,二县之间,皆用逗号为间隔。《后汉书·续郡国志》陈列诸县名,则用空格为间隔,今引文改空格为逗号。

所辖诸县之数目与所述"若干城"之数目相同,则若干城即若干县。疑其时一县仅有县治所一城者,占绝大多数,故《续郡国志》用城代县。盖筑城工程甚大,劳民伤财,一县之地,仅县廷所在筑城,县治之外,即使有其他市镇,以非县官所居,例不筑城。其事当始于郡县初立之时,即春秋时代。其先,封建制度下,人民附着土地,除封邑主之城堡外,无所谓城。及人口渐多,耕地不足,初税亩后,乃有部分人口脱离农业,聚居于市场所在。其地居民渐多,经济活动日盛,封邑主(国君)乃于其地筑城,若其地不复封建,乃置县以治之,城乃成为新立县之县治。春秋时期人口少,一县当仅有一城。战国之世,经济较为发展之地区人口增长,一县之中,除县城之外,或有其他市镇形成。然国君为有效统治,必自旧县中分割新形成之市镇及其周围,别立一县,仍维持一县一城之格局。秦汉沿袭其制。

再者,筑城为大工程,耗费人力资财。县官治所所在,为军事防卫之目的,不得不修筑城墙。《汉书·高帝纪》曰:

> 六年冬十月,令天下县邑城。注引张晏曰"皇后、公主所食曰邑。令各自筑其城也。"师古曰"县之与邑,皆令筑城。"

> 按县、邑、侯国、道,皆县级之行政区划,可统称为县。邑亦县也,以其地为皇太后、皇后、公主之食邑,故称邑。邑之长吏亦称"令"、"长",与县同。①

若同一县内有县官治所以外之市镇,以官府不在其地,国家必不欲耗费,筑城于其地。一县仍是一城。故其时之文献常以城作县。

---

① 邑亦县也,以其地为皇太后、皇后、公主之食邑,故称邑。邑之长吏亦称"令"、"长",与县同,因其地之租税为邑主(皇太后、皇后、公主)之收入,故其上计手续与一般县稍有不同。参见廖伯源:《简牍与制度——尹湾汉墓简牍官文书考证(增订版)》,广西师范大学出版社,2005年版,第198—200页。

二

以城为县,汉初已然。汉初高祖所封诸王,皆曰封若干城。请见下例:

《史记·荆燕世家》曰:立刘贾为荆王,王淮东五十二城。高祖弟交为楚王,王淮西三十六城。

《汉书·高五王传》:齐悼惠王肥…高祖六年立,食七十余城。内史士说王:……今王有七十余城,而公主乃食数城……。

《汉书·吴王濞传》:(封濞)为吴王,王三郡五十三城。(晁错说景帝)曰:高帝……大封同姓,故孽子悼惠王王齐七十二城,庶弟元王王楚四十城,兄子王吴五十余城。

上引文之诸"城"字,皆可以"县"字代之,盖谓县也。如谓"王三郡五十三城",郡下曰城,城是县甚明。

又上引《史记·荆燕世家》谓"高祖弟交为楚王,王淮西三十六城。"《汉书·楚元王传》曰:"交为楚王,王薛郡、东海、彭城三十六县。"一曰三十六城,一曰三十六县。城即是县。

三

边郡有障候,又称塞候或障塞候。候不治民,《后汉书·续百官志》注引《汉官仪》谓边郡"置部尉、千人、司马、候、农都尉,皆不治民"[①]。然候官所在,又有置县为县治所,故有以候官之名为县名者。盖其地前属他县,有障塞,置候以领守卫候望。附近百姓为安全计,依附障塞聚居,及户口增多,因分割置县,其县城即候官之障塞所在,仍其旧名,以某某候官名县。如《后汉书·续郡国志》上郡十城,所列最

---

① 《后汉书·续百官志》。

后一城为候官。《续郡国志》之体例,郡辖若干县,书作若干城;候官为上郡之一县。而会稽郡之一县名为东部候官①。又张掖属国所领县,有一县名候官。是皆候官置县之遗迹。

《续郡国志》谓"凉州刺史部,郡、国②十二,县、道、候官九十八"以"县、道、候官"并列,盖有候官置县。此"县、道、候官九十八",包含县、道、及置县之候官。今据《续郡国志》统计,凉州刺史部诸郡国领县数如下:陇西郡11城,汉阳郡13城,武都郡7城,金城郡10城,安定郡8城,北地郡6城,武威郡14城,张掖郡8城,酒泉郡9城,张掖属国5城,张掖居延属国1城。凡12郡、国(10郡、2属国),97城,其数目少1城。

然候官数目甚多,仅少数候官置县。如陈梦家考证居延汉简所载,张掖郡之居延都尉与肩水都尉各领辖五候官,凡十候官。③ 候官负责候望之边塞长约百里,凉州十二郡、国之候官数目至少数十,大多数候官不置县,《续郡国志》不载,仅少数置县之候官见录。

上引文谓"县、道、候官九十八",盖简单谓县级之行政区划凡九十八。边郡之县级行政区划有县,有道,其县名有称候官,亦有称"左骑千人官"、"千人官"、"司马官"。《续郡国志》曰:

　　武威郡:十四城……左骑千人官。
　　张掖属国:〔本注曰:……安帝时,别领五城。〕……候官　左

---

① 《后汉书集解·续郡国志》:会稽郡一县名"东部",本注曰:"侯国"。陈梦家考证谓"东部侯国"为"东部候官"之误。参见陈梦家,《汉简所见居延边塞与防御组织》,《汉简缀述》,中华书局1980年版,第42页。

② 点校本以括号加于国字,盖谓国字为衍文。案凉州十二郡国,为陇西等十郡及张掖属国、张掖居延属国,国字指属国,非衍文。

③ 前引陈梦家:《汉简所见居延边塞与防御组织》,《汉简缀述》,第71—74页。

骑千人　司马官　千人官。①

　　上郡：十城…龟兹属国　候官。

候、千人、左骑千人、司马皆军吏,领兵驻扎于边,筑鄣塞以固守候望,其障塞分别称候官、千人官、左骑千人官、司马官。及其地为百姓所依附,户口增多,乃置为县,而仍以候官、千人官、左骑千人官、司马官为称。② 上引文"县、道、候官九十八",仅言候官,略千人官、左骑千人官、司马官,盖四者类似,乃仅言候官以概括之。

上引文"上郡：十城…龟兹属国　候官。"上郡所领十县,其中一县名"龟兹属国"。按《后汉书·续郡国志》所载东汉凡105郡、国,其结语曰：

　　（西汉）至于孝平,凡郡、国百三……世祖中兴……省郡、国十……至明帝置郡一,章帝置郡、国二,和帝置三,安帝又命属国别

---

① 《后汉书·续郡国志》张掖属国辖四县："候官、左骑千人、司马官、千人官。"点校本分"左骑千人"为"左骑"、"千人"盖本注谓张掖属国于"安帝时别领五城,"乃据《集解》钱大昕之说分左骑千人为二,以凑足五城之数。见校勘记。钱大昕说见《集解》。陈梦家释曰："'候官、左骑千人〔官〕、司马官、千人官',则第五城应为都尉府所在。"(《汉简缀述》第42页)案：以左骑千人为一官,是。左骑千人后加官字,盖谓左骑千人之官署所在,以其地置县。唯谓"第五城应为都尉府所在",则泥于本注"安帝时别领五城"之说。案：都尉治所若为县城,其县名自在郡所领辖诸县名中,若都尉府所在非县城,则其地自不得列入《地志》之诸县。如《汉书·地理志》敦煌郡敦煌县,本注曰"中部都尉治步广候官。"步广候官虽中部都尉府所在,然步广候官不别置县,故步广候官不列入敦煌郡所辖之六县。再者,安帝时张掖属国别领五城,不碍《续郡国志》作者所据顺帝永和五年图版仅有四城。然《续郡国志》后文谓"凉州刺史部,郡、国十二,县、道、候官九十八。"今统计十二郡、国之领县,仅有九十七,少一县,不知是否张掖属国漏书一县？

② 严耕望,《秦汉地方行政制度》曰："而候官、司马、千人等官,位次皆比县道令长。边郡民少政简,而兵多事繁,故时或即废省县道长吏,而以军官兼理民务,并即官名为县道之名者。"见严耕望：《中国地方行政制度史》上编卷上《秦汉地方行政制度》,第175页,中央研究院历史语言研究所专刊之四十五,民国六十三年十二月再版。

290

领比郡者六……至于孝顺,凡郡、国百五。

是《后汉书·续郡国志》记载东汉之 105 郡、国,有郡、王国及属国三类,其中属国有六,是为广汉属国、蜀郡属国、犍为属国、张掖属国、张掖居延属国、辽东属国。① 此六属国为郡级行政区划,各领辖若干县,与上引文"上郡:十城……龟兹属国　候官"之龟兹属国为县级行政区划不同。属国始置于武帝元狩三年,以属国都尉为长吏,领兵卫护安抚蛮夷降者。② 属国都尉初不治民,其后渐领民政,安帝命六属国别领县比郡者,盖承认已成之事实。《汉书·地理志》上郡有龟兹县(本注曰:"属国都尉治。")注"师古曰:'龟兹国人来降附者,处之于此,故以名云。'"是西汉末上郡有龟兹县,又有龟兹属国,龟兹属国都尉之治所在龟兹县。《后汉书·续郡国志》载东汉顺帝时上郡领十县,其中一县名龟兹属国,当是龟兹属国都尉渐领民政,侵夺龟兹县令之职权,朝廷乃废龟兹县,以龟兹属国代之。然龟兹属国维持县级之行政区划。"盖都尉降格,不得领城比郡耳"③。

边塞约百里置一候官,则边郡缘边诸县,一县少者或仅一候官,多者当有数侯官。候官领兵驻扎障塞,故边县除县廷所在之县城外,亦可能有若干障塞,障塞虽小,亦可视作城,边县可有数城,此为缘边诸县之特制。《汉书·地理志》敦煌郡效谷县,师古注曰:"本渔泽障也。桑钦说孝武元封六年济南崔不意为鱼泽尉,教力田,以勤效得谷,因立

---

① 安帝命六属国别领比郡者,是为广汉属国、蜀郡属国、犍为属国(以上三属国在益州刺史部),《后汉书·续郡国志》张掖属国、张掖居延属国(此二属国在凉州刺史部),《后汉书·续郡国志》辽东属国(在幽州刺史部)。

② 《汉书·百官公卿表》曰:"武帝元狩三年昆邪王降,复增属国,置都尉、丞、候、千人。"然属国都尉领兵护卫安抚蛮夷降者,又以夷制夷,得用蛮夷为兵,为边疆地区之强大军事力量。窦融于更始时求为张掖属国都尉,盖以张掖属国有"精兵万骑",地处边塞,于乱世中得以自保待时。(《后汉书·窦融列传》;参见上引严耕望:《秦汉地方行政制度》,第 157—160 页。

③ 上引严耕望:《秦汉地方行政制度》,第 164 页。

为县名。"①《汉书·孙宝传》：哀帝时，"尚书仆射唐林……左迁敦煌鱼泽障候。"是鱼泽障有候，又有尉。鱼泽障尉盖鱼泽障候之佐官。武帝时，鱼泽障尉崔不意教力田勤效得谷，故置县，县名为效谷。唯效谷县之辖境应不止鱼泽障之障塞，尚有其周围之地，甚至尚包含其他候官之障塞。《地理志》敦煌郡有效谷县，是西汉末平帝元始时尚见在。而哀帝时尚有鱼泽障候。是自武帝置效谷县至哀帝时，效谷县与鱼泽障候官同时见在，其地置县固不碍其地同时置候官。盖其地原为鱼泽障候官署所在，武帝于其地置县，赐予佳名，名效谷县，而候官不废，仍称鱼泽障候官。

四

"自安帝永初五年(111年)始至顺帝永和五年(140年)止，汉廷筑坞壁以防御南匈奴与诸种羌等入居塞内之边疆民族对内郡之入侵。坞堡之建筑，北起中山国，向南经常山国、赵郡，至魏郡凡六百一十所，形成一条南北走向之防御线，保卫冀州及东方之郡国。此防御线到河内郡转为自东北向西南筑三十三所坞堡，往西接筑左冯翊'北界候坞五百所'，再西接筑于右扶风、汉阳郡之'陇道坞三百所'。此一坞候防御线，并州、凉州位于线外，盖此二州匈奴、羌、氐等民族之人口多于汉人，汉廷难于防守，乃向东向南后退，再建筑一条新防御线。"②此一新防御线之坞堡凡千余所，其所在之县，或一县有数所乃至十余所坞堡。《后汉书·马援传》注引《字林》曰："坞，小障也，一曰小城。"坞堡虽小，然筑有城墙，用以屯兵。是此防御在线诸县，各有一县城及若干坞堡，亦可谓是县有数城。此亦特定地区之一时特制。

---

① 《汉书·地理志》，又参见《王氏合校水经注》附录上，"四部备要"本，台湾中华书局民国五十九年台二版，第12页。

② 引自廖伯源：《论汉代徙置边疆民族于塞内之政策》，《中国中古史研究》2007年第7期。

尚有一例外情形：某县罢，其地并入他县，则并后之县应有二城。如《汉书·地理志》：右扶风渭城县，本注曰：

> 故咸阳，高帝元年更名新城，七年罢，属长安。武帝元鼎三年更名渭城。

是秦咸阳县，汉高祖元年更名新城县。七年，罢新城县，其地属长安县。武帝元鼎三年，分长安县之旧咸阳地，别置渭城县。则高祖七年至武帝元鼎三年，长安县有长安及新城（咸阳）二城。

东汉初，光武省废四百余县。《后汉书·续郡国志》曰：

> 《汉书·地理志》……至于孝平，凡……县、邑、道、侯国千五百八十七。世祖中兴，惟官多役烦，乃命并合，省……县、邑、道、侯国四百余所……至于孝顺，凡……县、邑、道、侯国千一百八十。

至顺帝时，天下县、邑、道、侯国之数量比西汉平帝时尚少407。罢废之县并入他县，则东汉时当有数百县之辖地有二城。唯两汉之际，战乱十余年，人口大量减少。百年之后，东汉顺帝永和年间之户口数仍仅约为西汉末户口数之五分之四①，则东汉初户口数恐不及西汉末户口数之一半。且战乱地区，人口死亡流窜殆尽，城邑空虚，一县之地虽有二城或多于二城，除其中一城为县治所在外，其余城多于战时毁坏不堪，战后百姓不复聚居，此所以其县废，并于他县。故县之城墙亦不复修缮，渐成为废墟。仍是一县一城之格局。

2007年6月16日初稿，
2015年6月6日二稿，以贺
长者 朱绍侯教授寿

---

① 西汉元始二年（2年），全国总户数12,233,062户，总口数59,594,978口（《汉书·地理志》）。东汉永和五年（140年），全国总户数9,698,630户，总口数49,150,220口（《后汉书·续郡国志》）。东汉全国总户数是西汉全国总户数之79.28%。东汉全国总口数是西汉全国总口数之82.47%。

论刘向的权谋观

赵国华

翻检汉代学术典籍,除司马迁注重从权谋的角度叙述历史之外,刘向特别强调从历史的角度诠释权谋。这在《新序·善谋》、《说苑·权谋》有较集中的反映。本文拟从思想史的角度,考察刘向对权谋的理论阐释和历史注解,进而揭示刘向的权谋观。

一

"权谋"一词,最早见于《荀子》,由"权"、"谋"二字合成。权,本来是指秤锤,系于秤杆来回滑动,用以确定物品的重量,故引申为权衡、权变。谋,《说文》解释说:"虑难曰谋。"意谓考虑事情的难处,找出应对的方法。"权"与"谋"合成一词,是指随机应变的计谋。在古代汉语中,有些词语与权谋之义相近,如权术、权数和权略。权术和权谋又最常用,只不过前者带有贬义,而后者无所谓褒贬。人们常说的谋略则有两层含义:谋为权宜之计,略为长远之策,因为忽略这种层次区分,总是把权谋和谋略混为一谈。

在中国思想史上,先秦儒家对待权谋,大抵持漠视的态度。孔子较少谈权谋,但认为"谋"很重要。他在答弟子问时,说到"权"和"谋"。如说"可与共学,未可与适道;可与适道,未可与立;可与立,未可与权"①,这所谓"道"是一般的行为准则,"权"则是这一准则的灵活运用。又说"不在其位,不谋其政"②;"小不忍则乱大谋","君子谋道不谋食","道不同,不相为谋。"③这几个"谋"字是指谋划、图谋。他在被问及"子行三军,则谁与"时,明确地回答说:"暴虎冯河,死而无悔者,吾不与也。必也临事而惧,好谋而成者也。"④这表明他并未否认权谋,承认权谋的实用价值。

孟子作为先秦大儒,盛赞孔子为"圣之时者"⑤,非常关注现实政治,但与人说事论理,从不愿谈及权谋。他在讨论治国的方略时,总是说"以力假仁者霸,霸必有大国;以德行仁者王,王不待大"⑥;讨论战争胜败的决定因素,则说"天时不如地利,地利不如人和"⑦。他在评论历史人物时,认为公孙衍、张仪纵使"一怒而诸侯惧,安居而天下熄",也不配称大丈夫,真正的大丈夫应该"居天下之广居,立天下之正位,行天下之大道"⑧。他在被问及小国处于大国之间的图存之道时,就只能说"是谋非吾所能及也"⑨。这表明孟子不屑跟人谈权谋,否认权谋的必要性。

与孟子相比较,荀子以孔子之学为基础兼容诸子思想,但仍不赞同权谋,因而明确地指出:"人君者,隆礼尊贤而王,重法爱民而霸,好利多诈而危,权谋、倾覆、幽险而亡。"⑩"故用国者,义立而王,信立而

---

① 《论语·子罕》,程树德撰:《论语集释》,中华书局1990年版。
② 《论语·泰伯》,又见《宪问》。
③ 《论语·卫灵公》。
④ 《论语·述而》。
⑤ 《孟子·万章下》,金良年撰:《孟子译注》,上海古籍出版社2004年版。
⑥ 《孟子·公孙丑上》。
⑦ 《孟子·公孙丑下》。
⑧ 《孟子·滕文公下》。
⑨ 《孟子·梁惠王下》。
⑩ 《荀子·强国》,又见《天论》,王先谦撰:《荀子集解》,中华书局1988年版。

霸，权谋立而亡。"①他认为商汤王、周武王起自"百里之地"，而能成为天下共主，是因为昭义于天下；齐桓公、晋文公本是一方诸侯，而能成为天下霸主，是因为取信于天下；齐湣王拥有万乘之国，而落得"身死国亡"，是因为"不由礼义而由权谋"。这分明是把权谋置于道义、诚信的对立面，加以彻底的否定。他还说："上好权谋，则臣下百吏诞诈之人乘是而后欺。"②"权谋倾覆之人退，则贤良知圣之士案自进矣。"③这说明荀子恪守儒家的立场，对待权谋仍持排拒的态度。

　　从战国后期到西汉中期，传承先秦儒家的思想并糅合诸子百家的观点，在学术领域有所创新者，主要有董仲舒和司马迁。董仲舒作为汉代儒宗，以《公羊春秋》为依据，吸纳阴阳五行学说，阐释"天人感应"和灾异符瑞理论，认为上天与人间相感互动，人间的治乱兴衰影响上天的运行，上天以灾异祥瑞评判人间的现况。这使得统治者在参与政治活动和处理各种问题时，总要把问题与上天联系在一起。在仁义与权谋的关系上，他一方面说"《春秋》有经礼，有变礼"，"明乎经变之事，然后知轻重之分，可与适权矣"④；一方面称"仁人者，正其谊不谋其利，明其道不计其功。是以仲尼之门，五尺之童羞称五伯，为其先诈力而后仁谊也"⑤。这就从"经"与"权"的角度，既强调前者的神圣性，又未忽略后者的必要性，把对权谋的认识提上理论高度。

　　司马迁编修《史记》，尽管未曾使用"权谋"一词，却非常重视历史上权谋所起的作用，认为春秋时"名士迭兴，晋用咎犯，而齐用王子，吴用孙武，申明军约，赏罚必信，卒伯诸侯，兼列邦土，虽不及三代之诰誓，然身宠君尊，当世显扬，可不谓荣焉？岂与世儒闇于大较，不权轻重，猥云德化，不当用兵，大至君辱失守，小乃侵犯削弱，遂执不移等

---

① 《荀子·王霸》。
② 《荀子·君道》。
③ 《荀子·王制》。
④ 《春秋繁露·玉英》，苏舆撰：《春秋繁露义证》，中华书局1992年版。
⑤ 《汉书·董仲舒传》，中华书局1962年版。

哉!"①而在论及权谋的实用价值时,则特别地强调说:"战国之权变亦有可颇采者,何必上古"②。他从权谋的角度评论历史人物,大都给予较高的评价,如评论陈平"常出奇计,救纷纠之难,振国家之患。及吕后时,事多故矣,然平竟自脱,定宗庙,以荣名终,称贤相,岂不善始善终哉!非知谋孰能当此者乎?"③他评论主父偃建言"推恩令","诸侯以弱,卒以安。安危之机,岂不以谋哉!"④所以从一定意义上说,司马迁能够"成一家之言",与其重视谋略密切相关。

正是依托于儒家思想,刘向广泛蒐集历史文献资料,分类编撰成《新序》、《说苑》两部著作,经过观点提炼和理论升华,构筑起以仁为本的思想体系。在这个思想体系中,刘向突破先秦儒家漠视权谋的态度,运用大量的历史事实,论证了自己对权谋的认识,形成了较明确的权谋观。班固为刘向作传时,郑重地评论说:"自孔子后,缀文之士众矣,唯孟轲、孙况、董仲舒、司马迁、刘向、杨雄。此数公者,皆博物洽闻,通达古今,其言有补于世。"⑤这是从思想史的角度揭示儒学的发展脉络,把刘向视为孔子、孟子、荀子、董仲舒、司马迁之后儒家思想的重要传承人,应该是较中肯的学术论断。

二

刘向编撰的《新序》、《说苑》,都是先秦至西汉历史文献资料类编。这两部著作流传至今,已经散失了一些篇章⑥。仅按通行本统计,《新

---

① 《史记·律书》,中华书局1959年版。
② 《史记·六国年表序》。
③ 《史记·陈丞相世家》。
④ 《史记·孝景本纪》。
⑤ 《汉书·楚元王传》。
⑥ 按:《汉书·楚元王传》称刘向"采传记行事,著《新序》、《说苑》凡五十篇奏之"。《说苑》二十卷,流传至今;《新序》三十卷,北宋已残缺不全,经过曾巩整理,仅存十卷传世。

序》183则,其中《善谋》24则,占全书13.1%。《说苑》718则,其中《权谋》47则,占全书6.6%。总计两部著作901则,而《善谋》、《权谋》71则,占两部著作7.9%。这样用较大的篇幅叙述历史上的权谋故事,表明刘向对权谋的高度重视。

  《新序·善谋》、《说苑·权谋》收录的历史片段,主要是一些精彩的权谋故事。这些权谋故事上起商汤王,下迄汉宣帝,跨越1500多年时间,展现出各个历史时期的重大问题。在每一个历史片段中,都有各自的权谋人物,也都有不同的权谋结局。刘向在一些权谋故事之后,总是加上一段评议,简要地说明自己的看法。

  首先,从权谋的主体看,刘向选取的历史人物主要是一些精英人物,如春秋时期的齐桓公和管仲、晋文公和狐偃、楚庄王、齐景公和晏婴、伍子胥,战国时期的白圭、司马错、虞卿、黄歇和秦汉时期的陈恢、张良、韩信、郦食其、韩安国、主父偃等。在71则权谋故事中,最早的权谋人物是夏商之际的伊尹。伊尹辅佐商汤伐夏,"请阻乏贡职,以观其动"①,创造最有利的进攻时机,因而受到刘向的瞩目。故事最多的权谋人物是张良。张良在楚汉之际"运筹策帷帐之中,决胜于千里之外"②,为汉王朝的建立做出了重大的贡献,《新序·善谋》收录其建言分封、定都关中、谏易太子等权谋故事5则,超过该篇总数20%,可以说是刘向最推崇的谋略家。最晚的权谋人物是汉宣帝时的徐福。徐福预料霍氏外戚过度奢靡,必定灭亡,连续三次上书宣帝,"宜以时抑制。无使至于亡"③,而在宣帝诛灭霍氏外戚之后,被拜为郎官。这是《说苑·权谋》所载唯一的汉代权谋故事,体现着刘向反对奢靡的特别用意。

  其次,从权谋的领域看,刘向选取的历史片段既有政治和军事活动,也有游说献谋活动,还有人际交往活动。特别是通过游说活动,化解敌对双方的矛盾和冲突,实现和平诉求的历史事件,更是备受刘向

---

  ①③ 《说苑·权谋》,百子全书本,岳麓书社1993年版。
  ② 《史记·高祖本纪》。

的关注。

> 晋文公、秦穆公共围郑,以其无礼而附于楚。郑大夫佚之狐言于郑君曰:"若使烛之武见秦君,围必解。"郑君从之,召烛之武使之,辞曰:"臣之壮也,犹不如人;今老矣,无能为也。"郑君曰:"吾不能蚤用子,今急而求子,是寡人之过也。然郑亡,子亦有不利焉。"烛之武许诺,夜出见秦君,曰:"秦、晋围郑,郑知亡矣。若亡而有益于君,敢以烦执事?郑在晋之东,秦在晋之西,越晋而取郑,君知其难也。焉用亡郑以陪晋?晋,秦之邻也。邻之强,君之忧也。若舍郑以为东道主,行李之往来,共其资粮,亦无所害。且君立晋君,晋君许君焦、瑕,朝得入而夕设版而画界焉,君之所知也。夫晋,何厌之有?既东取郑,又欲广其西境,不阙秦,将焉取之?阙秦而利晋,愿君图之!"秦君悦,引兵而还。晋咎犯请击之,文公曰:"不可。微夫人之力不能弊郑,因人之力以弊之,不仁;失其所与,不知;以乱易整,不武。吾其还矣。"亦去郑,围遂解。①

这是利用外交途径解决战争问题的成功范例。烛之武说退秦军,关键在于抓住秦晋两国利益上的根本矛盾,从关心秦国的前途拉开话题,把晋国的盟友拉到郑国一边。在当时的情况下,烛之武倘若讨饶于秦军,只能显示出郑国软弱无力,不堪一击;倘若对秦国严加谴责,也无疑会激怒秦穆公,使秦军加快攻打郑国的步伐。看来烛之武的所作所为,确是唯一可行的出路。从权谋的角度看,没有烛之武分析形势,秦穆公就不会回心转意,单方面地撤兵回国。所以,刘向很有感慨地说:"烛之武可谓善谋矣,一言存郑而安秦。郑君不早用善谋,所以削国也。困而觉焉,所以得存。"②在刘向的眼中,用不用烛之武的善谋,是关乎郑国存亡的重要因素。

复次,从权谋的结局看,刘向选取的历史片段既有成功的经验,也有失败的教训。特别是在一些权谋故事中,成功的设想被否定,而造

---

①② 《新序·善谋》,百子全书本,岳麓书社1993年版。

成失败的结局,这最能引起刘向的关注。

> 齐桓公时,江国、黄国小国也,在江、淮之间。近楚,楚,大国也,数侵伐,欲灭取之。江人、黄人患楚。齐桓公方存亡继绝,救危扶倾;尊周室?攘夷狄,为阳谷之会,贯泽之盟,与诸侯方伐楚。江人、黄人慕桓公之义,来会盟于贯泽。管仲曰:"江、黄远齐而近楚,楚为利之国也,若伐而不能救,无以宗诸侯,不可受也。"桓公不听,遂与之盟。管仲死,楚人伐江灭黄,桓公不能救,君子悯之。是后桓公信坏德衰,诸侯不附,遂陵迟不能复兴。①

按,江、黄两国地处江淮之间,接近楚国,遭受楚国的军事威胁。在齐桓公准备伐楚时,这两国君主敬慕齐桓公,前来参与会盟。但依管仲的观点,齐桓公作为诸侯盟主,要对诸侯盟国负起保护的责任。倘若没有能力保护别国的安全,就不应该接受人家的盟约,轻易做出保护别国的承诺。这分明是把诚信视为外交活动的基本准则。刘向就此评论说:"夫仁智之谋,即事有渐,力所不能救,未可以受其质,桓公受之,过也,管仲可谓善谋矣。《诗》云:'曾是莫听,大命以倾。'此之谓也。"②这两句诗出自《诗·大雅·荡》,系周文王感叹殷纣王不听忠告,难逃败亡的厄运。刘向引用这两句诗,是要加重对齐桓公的批评,表彰管仲讲究诚信的善谋。

再者,从权谋的本质看,任何权谋的发端和运用都是针对现实的问题,都是解决问题的一种方法。权谋主体对所面临的问题须有较清楚的认识,在此基础做出正确的判断,进而找到解决问题的方法。刘向选取的权谋故事,在特定的历史条件下,都是一些关键的问题。这些问题能否妥善地解决,直接影响到历史的进程。

> 汉六年正月封功臣,张子房未尝有战斗之功,高皇帝曰:"运筹策帷幄之中,决胜千里之外,子房功也,子房自择齐三万户。"良曰:"始臣起下邳,与上会留,此天以臣授陛下。陛下用臣计,幸而

---

①② 《新序·善谋》。

时中,臣愿封留足矣,不敢当齐三万户。"乃封良为留侯。及萧何等,其余功臣皆未封。群臣自疑,恐不得封,咸不自安,有摇动之心。于是高皇帝在雒阳南宫上台,见群臣往往相与坐沙中语。上曰:"此何语?"留侯曰:"陛下不知乎?谋反耳。"上曰:"天下属安,何故而反?"留侯曰:"陛下起布衣,与此属定天下,陛下已为天子,而所封皆萧、曹故人,所诛皆平生怨仇。今军吏计功,以天下不足以遍封,此属畏陛下不能尽封,又见疑平生过失及诛,故即聚谋反耳。"上乃忧曰:"为将奈何?"留侯曰:"上平生所憎,群臣所共知,谁最甚者?"上曰:"雍齿与我有故,数窘辱我,欲杀之,为其功多,故不忍。"留侯曰:"今急,先封雍齿以示群臣,群臣见雍齿得封,即人人自坚矣。"于是上置酒封雍齿为什方侯,而急诏趣丞相御史定功行封,群臣罢酒,皆喜曰:"雍齿且侯,我属无患矣。"①

在这个历史片段中,张良所要解决的问题,是刘邦集团内部的潜在矛盾。这种矛盾若得不到解决,有可能引发刘邦集团的内讧。所以,张良提出的权谋所要达到的目的,是消弭这种内讧的可能性。从权谋的观点来看,张良建议刘邦分封雍齿,完全是出自权宜之计。雍齿原来是刘邦的仇人,刘邦总想置他于死地,而今为形势所迫,却要故作声势地给他封侯,这在刘邦心里可是一个大转变。再看那些将领,本以为刘邦论功行赏不公正,现在看到连他的仇人都封侯,自然觉得受封有望,也就不必再吵嚷了。由此可见,刘邦和诸将在心理上的转变,是由分封雍齿而同步展开的。这一转变的结果,使刘邦与诸将之间的隔阂得以化解,有可能发生的内讧随之被消弭。有鉴于此,刘向不无感慨地说:"还倍畔之心,销邪道之谋,使国家安宁,累世无患者,张子房之谋也。"②

通观《新序·善谋》、《说苑·权谋》,刘向选取历史片段的唯一标准,即在这一历史片段中权谋是否起着关键性的作用。因此,这些历史片段都具有权谋的基本特质,都可以说是典型的权谋故事。刘向叙

---

①② 《新序·善谋》。

述每个权谋的基本要素,说明实施权谋的原因和结果,特别是运用评点的形式,揭示每一个权谋的要害所在。这就为人们认识权谋及其实用价值,开辟了一条新的学术路径。

三

基于上述史证,刘向在构筑其思想体系时,对权谋的内涵、性质和作用,做了概括性的阐释。

依照传统的政治观点,所谓"五帝"统驭天下是靠帝道,"三王"治理天下是靠王道,春秋"五霸"称霸天下是靠霸道,战国"七雄"兼并天下则靠诡道。从帝道、王道、霸道到诡道,反映出先秦政治的历史演进。同样透过对先秦历史的审视,刘向认为权谋受到统治者的关注,成为治国用兵的关键因素,主要发生在春秋战国之际。

> 仲尼既没之后,田氏取齐,六卿分晋,道德大废,上下失序。至秦孝公,捐礼让而贵战争,弃仁义而用诈谲,苟以取强而已矣。夫篡盗之人,列为侯王;诈谲之国,兴立为强。是以传相仿效,后生师之,遂相吞灭,并大兼小,暴师经岁,流血满野;父子不相亲,兄弟不相安,夫妇离散,莫保其命,湣然道德绝矣。晚世益甚,万乘之国七,千乘之国五,敌侔争权,盖为战国。贪饕无耻,竞进无厌;国异政教,各自制断;上无天子,下无方伯;力功争强,胜者为右;兵革不休,诈伪并起。当此之时,虽有道德,不得施谋;有设之强,负阻而恃固;连与交质,重约结誓,以守其国。故孟子、孙卿儒术之士弃捐于世,而游说权谋之徒见贵于俗。是以苏秦、张仪、公孙衍、陈轸、代、厉之属生,纵横短长之说左右倾侧。①

这是说自孔子以后,因为社会秩序崩溃,战争替代礼让,权谋替代仁义,诡诈替代道德,整个社会陷入混乱。像孟子、荀子之类的大儒,

---

① 《战国策·叙录》,四部备要本。

在政治舞台上被边缘化,而像苏秦、张仪之类的策士,却驰骋于权力核心区。与此相近,司马迁论及春秋战国之际,也无不感慨地说:"是后陪臣执政,大夫世禄,六卿擅晋权,征伐会盟,威重于诸侯。及田常杀简公而相齐国,诸侯晏然弗讨,海内争于战功矣。三国终之卒分晋,田和亦灭齐而有之,六国之盛自此始。务在强兵并敌,谋诈用而从衡短长之说起。矫称蜂出,誓盟不信,虽置质剖符犹不能约束也。"①这与刘向的说法有一个共识,即从权谋的角度来看,春秋战国之际是一个重要的转折时代。

刘向认为,圣明君主做事情,必先周密地谋虑,而后验证于卜筮;还要集众人之智,而后独自做决断。正如前人所说,"众人之智,可以测天。兼听独断,惟在一人"②。这样做任何事情,都能够万无一失。那什么是权谋呢?刘向进而解释说:

> 谋有二端:上谋知命,其次知事。知命者预见存亡祸福之原,早知盛衰废兴之始,防事之未萌,避难于无形。若此人者,居乱世则不害于其身;在乎太平之世,则必得天下之权。彼知事者亦尚矣,见事而知得失成败之分,而究其所终极,故无败业废功。③

这是说权谋有两类:一是知命之谋,一是知事之谋。刘向认为懂得命运,就能预见存亡祸福的根由和盛衰兴废的源头;懂得事理,就能预知事情的发展变化及成败得失的区别。就权谋主体而言,懂得命运的人即使处于乱世,也不会损害自身,处于太平盛世,就能掌握天下的权柄;懂得事理的人会追求最好的结果,也就不会荒废功业。所以相比较而言,知命之谋高于知事之谋。至于权谋的性质,刘向明确地指出:

> 夫权谋有正有邪,君子之权谋正,小人之权谋邪。夫正者,其权谋公,故其为百姓尽心诚。彼邪者,好私尚利,故其为百姓也

---

① 《史记·六国年表序》。
②③ 《说苑·权谋》。

诈。①

这是把权谋分为两种：正谋和邪谋。正谋作为君子的权谋，是为公众谋求利益，因而对百姓讲诚信；邪谋作为小人的权谋，是为私人谋求利益，因而就会欺诈百姓。这两种性质的权谋，运用于具体的社会活动，就会有不同的结果。

> 夫诈则乱，诚则平。是故尧之九臣诚而能兴与朝，其四臣诈而诛于野。诚者隆至后世，诈者当身而灭。知命知事而能于权谋者，必察诚诈之原，而以处身焉，则是亦权谋之术也。夫知者举事也，满则虑谦，平则虑险，安则虑危，曲则虑直。由重其预，唯恐不及，是以百举而不陷也。②

这是说权谋的作用，正谋讲求诚信，能够造就太平；邪谋耍弄欺诈，必定导致祸乱。仅就个体而言，诚信的人兴隆延及后代，欺诈的人本身就会灭亡。无论是知命之谋，还是知事之谋，都必须认清诚信和欺诈的根源，这是权谋的前提条件。在刘向看来，明智的人做事情，水满会想到漫出，路平会想到险阻，安定会想到危急，曲折会想到捷径。因为注重防患于未然，唯恐谋虑不周到，所以做任何事情，都不会遭遇挫折。

值得注意的是，刘向的权谋观有着鲜明的思想特征，即以仁义为本。在刘向看来，所有的权谋都应该以仁义为本，或者说"仁恩"是权谋的基础；只有恪守仁义的行为准则，权谋才能起到积极作用。

> 秦孝公欲用卫鞅之言，更为严刑峻法，易古三代之制度，恐大臣不从，于是召卫鞅、甘龙、杜挚三大夫御于君，虑世事之变，计正法之本、使民之道。君曰："代位不亡社稷，君之道也；错法务明主长，臣之行也。今吾欲更法以教民，吾恐天下之议我也。"公孙鞅曰："臣闻疑行无名，疑事无功，君亟定变法之虑，行之无疑，殆无顾天下之议。且夫有高人之行者，固负非于世；有独知之虑者，必

---

①② 《说苑·权谋》。

见誉于民。语曰:'愚者暗成事,知者见未萌。'民不可与虑始,可与乐成功。郭偃之法曰:'论至德者不和于俗,成大功者不谋于众。'法者,所以爱民也;礼者,所以便事也。是以圣人苟可以治国,不法其故;苟可以利民,不循其礼。"孝公曰:"善。"甘龙曰:"不然。臣闻圣人不易民而教,知者不变法而治。因民而教者,不劳而成功;据法而治者,吏习而民安之。今君变法不循故,更礼以教民,臣恐天下之议君,愿君熟虑之。"公孙鞅曰:"子之所言者,世俗之所知也。常人安于所习,学者溺于所闻,此两者所以居官而守法也,非所与论于典法之外也。三代不同道而王,五霸不同法而霸。知者作法,而愚者制焉;贤者更礼,不肖得拘焉。拘礼之人不足与言事,制法之人不足与论治。君无疑矣。"杜挚曰:"利不百不变法,功不什不易器。臣闻之,法古无过,循礼无邪,君其图之。"公孙鞅曰:"前世不同教,何古之法?帝王者不相复,何礼之循?伏羲神农教而不诛,黄帝尧舜诛而不怒。及至文、武,各当其时而立法,因事而制礼,礼法两定,制令各宜,甲兵器备,各便其用。臣故曰治世不一道,便国不必古。故汤武之王也不循古,殷夏之灭也不易礼。然则反古者未可非也,循礼者未足多也,君无疑矣。"孝公曰:"善。吾闻穷乡多怪,曲学多辩。愚者之笑,知者哀焉;狂夫之乐,贤者忧焉。拘世之议,人心不疑矣。"于是,孝公违龙挚之善谋,遂从卫鞅之过言,法严而酷,刑深而必,守之以公,当时取强,遂封鞅为商君。①

这里,刘向大段地摘录《商君书·更法》,可谓不厌其烦。从政治观点来看,刘向把商鞅的政治观点视为"过言",把甘龙、杜挚的政治见解当做"善谋",明显地不赞成商鞅变法。因此,刘向从商鞅变法看到的不啻是商鞅个人的悲剧,更有秦国和秦朝的厄运。"及孝公死,国人怨商君,至于车裂之,其患渐流。至始皇赤衣塞路,群盗满山,卒以乱

---

① 《新序·善谋》。

亡,削刻无恩之所致也。"①再从历史的角度来看,刘向认为"三代积德而王,齐桓继绝而霸,秦夏严暴而亡,汉王垂仁而帝",由此得出一个结论:"仁恩,谋之本也。"②这一明确的权谋观,既来源于先秦儒家的政治思想,是对儒家"仁义"观念的继承和发展,同时以商鞅变法为例,抨击先秦法家的政治主张,是对法家"削刻无恩"行为的彻底否定。

既然是以仁义为本,权谋就有正邪之分,也就有善恶之别。从运用权谋的动机来看,正谋就是善谋,邪谋就是恶谋,这两者似乎容易辨别。依照刘向的区分,凡是讲求仁恩、信义的权谋,都是正谋和善谋;凡是背弃仁恩、信义的权谋,都是邪谋和恶谋。还有一些历史片段,当事双方各有权谋,并且处于对立状态,经过刘向的审视,仍然有正邪、善恶的区别。

> 虞、虢皆小国也。虞有夏阳之阻塞,虞、虢共守之,晋不能禽也。故晋献公欲伐虞、虢,荀息曰:"君胡不以屈产之乘,与垂棘之璧,假道于虞?"公曰:"此晋国之宝也,彼受吾璧,不借吾道,则如之何?"荀息曰:"此小之所以事大国也,彼不借吾道,必不敢受吾币。受吾币而借吾道,则是我取之中府,置之外府;取之中厩,置之外厩。"公曰:"宫之奇存焉,必不使爱也。"荀息曰:"宫之奇知固知矣。虽然,其为人也,通心而懦,又少长于君。通心则其言之略,懦则不能强谏,少长于君则君轻之。且夫玩好在耳目之前,而患在一国之后。中知以上,乃能虑之,臣料虞君中知以下也。"公遂借道伐虢。宫之奇谏曰:"晋之使者,其币重,其辞卑,必不便于虞。语曰:'唇亡则齿寒矣。'故虞、虢之相救,非相为赐也。今日亡虢,而明日亡虞矣。"公不听,遂受其币而借之道,旋归。四年,反取虞。荀息牵马抱璧而前曰:"臣之谋如何?"献公曰:"璧则犹是,而吾马之齿加长矣。"③

这是"假道伐虢"的故事,详见于《左传》鲁僖公二年和五年,本意

---

①②③ 《新序·善谋》。

指一个国家在征服别国时,先取信于夹缝中的小国,对这个国家加以控制,进而发动突然袭击,一举吞并这个国家。晋献公以伐虢为理由借道于虞,继而吞并两国;虞公贪利而受欺,最终被晋国灭亡。作为这一权谋的主体,晋国君臣向虞国借道,包含明显的政治企图,而在虞国方面,宫之奇基于"辅车相依,唇亡齿寒"的谏言,也揭穿了晋国借道的真实用心。在这个历史片段中,"晋献公用荀息之谋而禽虞,虞不用宫之奇谋而亡",不同的权谋造就不同的结果。刘向不啻看权谋的结果,还看权谋主体的动机,进而明确地指出:"荀息非霸王之佐,战国并兼之臣也;若宫之奇,则可谓忠臣之谋也。"①这所谓"忠臣之谋",就是刘向赞许的正谋,而把荀息看做"并兼之臣",那他提出的"假道灭虢"之谋,不过是为了兼并别国,就只能归为邪谋。

四

综览刘向的权谋观,是一个以仁义为本,以权谋为辅的政治观。我们既要认识它的思想价值,又要澄清它在理论上的局限性,进而给予恰当的评价。

在先秦诸子中间,与儒家、道家相比较,兵家、法家和纵横家最重视权谋。这三家因为各自所持的政治理念和主张不同,对权谋的理论探讨各有侧重。兵家侧重于军事,法家侧重于政治,纵横家侧重于外交,因而对权谋理论的阐发和运用就形成三个主要流派:兵家权谋以孙武为鼻祖,以《孙子兵法》为代表作;法家权谋由韩非集大成,以《韩非子》为代表作;纵横家权谋由苏秦、张仪所高扬,以《鬼谷子》为代表作②。这三个流派的产生和发展,构成中国传统权谋理论的主要脉络。与此不同的是,儒家、道家漠视或鄙视权谋,他们或是大声疾呼

---

① 《新序·善谋》。
② 详见拙作:《关于谋略与传统文化的思考》,《赵国华史学论文初编》,湖北人民出版社 2002 年版。

"善战者服上刑,连诸侯者次之,辟草莱、任土地者次之"①;或是明确宣称"用国者,义立而王,信立而霸,权谋立而亡";或是反复强调"绝圣弃智","绝仁弃义","绝巧弃利"②。这两种截然对立的权谋观直接影响着汉代学术的演进。刘向谙熟先秦诸子学说,在构筑自己的权谋观时,一方面注重权谋的实用价值,把权谋看做人们解决现实问题的一把锁钥;另一方面强调权谋的道德属性,特别是把权谋区分为正谋和邪谋,使这一权谋观较以往得到明显的改进。

然而,权谋作为人们参与社会活动的一种能力和方法,本不受传统的政治和道德标准的评判。人们习惯于用政治或道德标准评判权谋,其实是把权谋的主体与权谋的本质不加区别地混为一谈,把人们参与社会活动的能力和方法同运用这种能力和方法的动机不加区别地混为一谈,把各种社会活动所必需的手段同利用这些手段要达到的目的不加区别地混为一谈。从这个意义上说,刘向对权谋的阐释,尤其是权谋有正邪、善恶的区分,只是对历史经验的概括总结,还不是对谋略理论的系统建构。因此,刘向的权谋观仍有一定的局限性。

尽管如此,从思想史的角度看,刘向的权谋观来源于先秦儒学,散发着浓厚的历史气息,蕴含着丰富的思想内容。仅就汉代学术而言,刘向提出明确的权谋观,是对儒家思想的一次理论突破,具有重大的学术价值。

---

① 《孟子·离娄上》。
② 《老子道德经》,诸子集成本,上海书店1986年版。

汉代伦理政治传统综论

王 健

秦汉时期是中国历史上封建国家政治奠基和初步发展时期,作为中古政治内在形态的伦理政治形成于该时期,对历史进程发挥了极为重要的作用。新时期以来学人对秦汉政治的研究,专注于以儒、法为代表的统治思想、以皇权为主体的专制主义政治体制、以文人官僚为主体的士大夫政治等领域,涌现出一批卓越的学术成果,推进了中古政治史的认知。① 但对于同样形成于这个时期、构成秦汉政治内在形态的伦理政治却重视不足,所见成果有限。有鉴于此,本文拟在既往研讨的基础上,对秦汉时期伦理政治的思想传统、伦理政治的基本机制、历史作用及其影响做综合性探讨。

---

① 这方面代表性成果,有侯外庐著《中国思想通史》(人民出版社1957年版),侯氏对儒道法三家政治思想进程,提出了富有影响的卓见。刘泽华著《士人与社会》(天津人民出版社2004年版)、《中国的王权主义》(上海人民出版社2000年版),对秦汉以来专制主义政治的基本形态有深入评析和批判。阎步克著《士大夫政治演生史稿》(北京大学出版社1996年版),对秦汉时代士大夫政治的渊源、形态等作透辟的考察。上述成果,开辟了对秦汉政治的深度研究,无疑具有导夫先路之功,是新世纪以来开拓秦汉政治反思的学术起点。

兴替与变奏:三大政治伦理思潮与秦汉政治的互动融通

秦汉是传统伦理思潮与封建政治初步结合的关键时期。这种思想传统,渊源于西周早期伦理政治实践。从西周取代商朝开始,周公扬弃夏、商两朝的神权政治传统,创立新的统治理念,推崇德治路线,为中古探索伦理政治模式留下了丰富的历史遗产。到了东周百家争鸣时代,诸子百家对伦理政治的思想奠基各有建树:儒家学派倡导德治主义的治道原则,阐发以伦理制衡君主权力、控制臣民的精义,系统地构建了伦理政治的理想模式论。道家倡导无为而治的政道价值观,提出身国治同的君道见解和因循为用、以术为德的二重道德论,建构了朴治主义的政治伦理传统。法家以尊君强国为事功目标,既强调非道德主义的理论倾向,又诉诸专制伦理观念,由此建构了极权主义的政治伦理传统。上述传统,对该时期政治进程和政治形态都发挥了不同程度的作用,展现了思想与政治互动的巨大魅力。

到了两汉时期,主导政坛的政治思潮继承并整合了先秦儒、道、法三大政治伦理传统,先后出现以陆贾、贾谊为代表的汉初黄老伦理思潮、以董仲舒为代表的西汉中叶新儒家伦理思潮和以《白虎通义》为代表的东汉儒家伦理体系,这些与时俱进的时代思潮,基本上涵盖了秦汉政治的主要伦理资源。[①] 汉代思想家对周秦政治传统中的两大资源给予高度关注,即原始民主性伦理与战国兴起的专制伦理,尤其纠结于君臣伦理这个中古政治体制下的焦点问题。众所周知,东周原始儒家和法家代表了不同的两极,前者的"君臣师友论"和"征诛论"是包含原始民主遗存的进步伦理意识,这是开放的一极;法家主张君臣即父子和君尊臣卑观,代表保守的一极。从先秦实践看,前者限制专制,

---

① 参见拙文:《黄老政治伦理衍进的理论向度与学术趋势》,《中国文化研究》2008 年第 1 期。

赋予臣子一方较多的权利和互动责任,但在实践中却又往往会滋生权臣、篡臣,导致君权的转移和政治不稳定;后者树立了君主绝对权威,抑制臣子的权力,君主臣奴固然有利于防范君权旁落,但又促成君主独断的专制弊端。两汉政治的客观运行机制,大体上融通了儒、法两家的不同倾向,在尊君卑臣同时又兼容了伦理制衡方式,以防止独裁权力逾越常轨及其带来的社会震荡;在强化以伦理控制社会的同时,又诉诸强力的法律手段来宰制臣民,保证统治阶级对社会利益的攫取和独占。

对汉代伦理政治发挥长久指导作用的是董仲舒的伦理思想。他创造性阐释春秋公羊学的微言大义和治国理念,来构建中古政治伦理原则,对儒家理想型的伦理政治作出新阐发。董学的伦理建构带有很强的现实主义特质,既有认同、维护专制政治的一面,也有力图抑制专制政治的一面。如"灾异谴告论"、"阴阳五行论"和公羊学君臣伦理的阐发等,皆成为规范专制政体运行的典范理论和主流观念。董学的纲常伦理与当时整个社会深层结构和文化特质是相匹配的,切合当时的制度文明水准和生产技术水平,具有中古"普遍伦理"的性质,对实现社会政治的认同,维系社会秩序的稳定和协调社会发展提供了意识形态的担保,发挥了积极的作用。在规范君权与控驭臣民的伦理体系建设上,他都有所发明。[①] 儒家政治伦理与专制政治之间的紧张性、冲突性与两者间的亲缘性、同构性,在董学中都体现得相当典型。但是必须指出,汉代儒家精英对臣民纲常伦理规范的设计,更多的是从统治集团的立场出发,将这种单向度义务观的专制伦理强加给臣民,带来道德异化的久远危害。

从秦汉历史进程看,三大伦理传统在衍化过程中密切地互动、融汇与整合,这便是儒法合流与儒道融合问题。西汉前期的伦理政治,就是在儒道兼容过程中实现的。董仲舒的新儒学,也不同程度地吸纳

---

① 参见拙文:《伦理政治的新阐发及其内在悖论》,载《汉唐文学与文化研究》学林出版社 2004 年版。

了法家"三顺"和尊君卑臣等专制伦理及其事功精神,以及道家关于君道无为的谋略术数等思想成分。东汉《白虎通义》的伦理体系中,进一步融入法家专制伦理的思想因素。所以,从历史表象上,法家思想流程到了汉代似乎中断了,但其真正服务于中古政治的思想要素,无不融入到新儒家体系之中,从而获得了永续的生命力,这便是史家所习称的"王霸道杂之"——汉代政治文化的真实生态。道家政治伦理在西汉中叶之后不绝如缕,它的许多思想精华也同样为儒家主流所吸收、整合。总之,两汉时期以儒家伦理为主流,融摄道、法等多元传统,构建了中古政治伦理的理论体系,这成为中古政治的意识形态和时代灵魂。

双轨伦理制衡:汉代政治文明的内在张力与意义

从政治演进的历时性角度考察,秦汉政治先后经历了秦代事功政治、汉初儒道兼容的伦理政治,再到西汉中后期新儒家伦理政治格局形成三大阶段。在内在结构看,伦理政治运行中存在着伦理制衡和伦理控制两大机制:一方面是伦理制衡对君主政治起到有限的规范、约束作用;另一方面是皇权运用伦理手段来控制臣民,维系统治。循此线索探究,足以展现伦理与秦汉政治之间的复杂互动模式,揭示汉代伦理政治的隐性规则和内在矛盾。

在汉代伦理政治构造之下,伦理制衡的道义依据和话语形式,凝聚了儒家思想的民主性伦理精华。它透过无形的道德力量和舆论力量来制约皇权政治,虽未能实现制度化,但毕竟借助和形成一些制度性依托,伦理价值由此获得干预、引导政治的现实机制,这是建立在丰富文献记载之上不容忽视的事实。①

两汉时期伦理制衡功能所发挥的积极作用可以概括为三点:

---

① 参见拙文:《试论汉代伦理制衡的制度依托和话语形式》,《徐州师范大学学报》2008年第6期。

首先,儒家治道的伦理规范亦即德治原则,与汉代治国方略及政策措施的广泛结合,在一定程度上实现了"广义制衡"功能,体现了儒家伦理对现实中皇权运作的范导和约束,促进治国方针、政策的道德化。朝廷采取德治原则,重视农本经济,实行较为宽松的工商政策,采取关切民生的荒政、赈济等措施,减轻民众赋税、徭役负担,开放言路,加强对吏治的监督治理,为社会经济发展创造了条件。

其次,以"君道"的角色伦理约束君主政德和权力运作。一方面,是运用德性力量从内部制衡君主行为,诉诸统治主体在道义上的自律和素质上自我完善;另一方面,通过儒臣的伦理规谏和抗争,从外部实施伦理他律,来调节专制政治、独裁意志的固有弊端。通观汉代君主的政治行迹,其中伦理制衡因素所起到的作用是相当明显的。固然汉代君主中也有个别为政酷烈和具有肆虐滥杀倾向者,但就汉代君主群体的政德素质而言,若放在中古历史长河中与后世君主加以比较的话,便可显示出汉代政治文化的独特价值和典范意义。笔者注意到,在南北朝以及五代等分裂动荡阶段,滋生了一些缺乏起码的政治理性、乃至灭绝人性的帝王屠夫,暴虐、嗜血、荒淫的劣迹比比皆是,滥杀无辜大臣和反人类的酷刑主义现象令人不忍卒读。究其原因固然很多,比如周边游牧民族野蛮习俗对中原文明的负面影响和侵蚀等,但不可否认的是,这与多元民族文化冲突的特定历史条件下,儒家伦理力量难以对君主政治发挥制衡作用是有直接关系的。由此联想到赵翼,他稔知历代帝王昏明行迹,具备瞰俯二十四史的通史眼光,才得出"两汉之衰,但有庸主而无暴君"[①]的结论。

三是完善了德主刑辅的施治目标。法律和道德伦理之间的互动,使儒家伦理精神渗透到法律文本和法制过程之中。皇朝经常出台改革严刑峻法的措施,化解易于激化的社会矛盾———主要是国家与农民、官吏与民众、地主与农民之间矛盾,改善了民众的生存状况。对统治阶级来说,也具有消解民众反抗、保持长治久安的意义。

---

① 赵翼:《廿二史札记·汉诏多惧词》,中华书局1982年版。

历史研究的任务在于呈现意义。不难看出,汉代伦理制衡的事实,展示了儒家民主性政治伦理作为中古政治文化精华所具有的历史魅力和潜在意义,这集中表现为政治伦理化的追求上。儒家致力于用道德来改造和纾解君主政治弊端,努力建立一种富有压力感的批评制衡机制,其德治的治国理念也得到了一定程度的实践和贯彻。上述伦理诉求及其实践,不啻是对汉代君主专制主义的一种有效的调节剂和解毒剂,凸显了儒家民主性伦理作为传统政治文化的思想资源所具有的历史价值。

秦汉伦理政治下的伦理控制功能,对于促进社会良性发展的积极效应主要有三点:

一是西汉开创的伦理控制方式和效应,维系了中古政治建构和社会秩序。在汉代,伦理政治与中古自然经济下的社会结构是相匹配的,乃属于一种"祈求稳定、诉诸德性、适用于农业社会、培养朴素臣民"的政治文化类型。① 汉朝标榜"以孝治天下"的政治伦理控制,运用社会赏罚机制,树立典范,推行教化,将大传统的儒家纲常渗透到社会基层小传统层面,孝道和忠君作为普泛的道德规范广泛下渗,并采取了伦理法律化的制度化办法,借助法律强制力量将忠君、孝道加以推广;又运用道德舆论,配合强力的法律手段,将臣民的个人意志、人生追求和政治践履统统限制在皇朝根本利益所需要的价值目标范围内,将践行纲常伦理作为臣民必尽的义务和自觉追求的道义境界,从而形成了君、臣、民各等级之间尊卑有常的政治秩序,保证凌驾于社会之上的君主及其国家机器的无上权威,强化了皇朝统治,维护了中央集权体制下的社会良性运行。

二是体现了社会文明的发展水准。汉代政治在"君道"和"臣道"的伦理践行中均塑造出成功的人格典范,贤明君主的典范有汉文帝和汉章帝;士大夫的臣道典范起码有三种类型:爱国忠君型如苏武、赵苞

---

① 参见任剑涛:《类型·背景·解释方式——早期儒家思想研究三题》,《哲学研究》1997年第9期。

等;循吏型如黄霸、杜诗、召信臣等;高风亮节的仁人志士型如李膺、范滂等。从社会风俗层面看,汉代士大夫和芸芸大众均自觉认同儒家伦理,道德素质比秦朝有明显的改观,形成敦厚朴实、崇尚道义的良风美俗。伦理价值凝聚为汉代小传统的内在精神,留下了教化的成功经验。

三是促进社会稳定发展和经济繁荣,增强了社会的凝聚力。具有普遍伦理性质的道德观念,通过教育、舆论和奖惩的倡导,逐渐成为民众的心理定势。这种泛伦理的社会控制,将民众的日用常行笼罩在纲常道德的约束之下,适应了家族主义的农业社会和谐协调的人际关系和文化氛围,为皇朝的阶级统治蒙上了温情脉脉的面纱,缓和了阶级矛盾,维系了小农经济的再生产能力,促进了社会经济的发展需要,成为造就两汉盛世的精神文化基础。①

另一方面,汉代伦理政治也存在着严重的局限和种种弊端。从伦理制衡政治和伦理控制臣民的双轨制衡看,两者之间并不平衡,制衡落空得多,控制多见其效而被滥用。前者是弱作用,后者是强势控制,这种失衡带来众多社会问题,也反映了中古政治的痼疾。正如杜维明所指出,儒家学说在实践中"极少触及到统治者的内在生活,它经常被当做控制社会的意识形态武器而滥用"②。说到底,伦理政治的实质是通过伦理机制来调节皇权制度和阶级统治,而君权对它的制衡权威只是非常有限的认可而已。林毓生指出,"儒家传统并没有发展出来一套系统化运用制度对于最高政治权力加以制衡的观念,殆为不争的事实"③。单纯的伦理制衡是一种软约束,制度建构不足,从"格君心之非"到承认臣民的"反叛权",两者之间的中间地带是儒家设计的空白处,要是一旦君主不接受"格君心之非",则几乎全无对策。伦理制

---

① 参见拙文:《西汉社会的伦理控制初探》,《社会科学战线》2009年第2期。
② 杜维明:《道学政——论儒家知识分子》,上海人民出版社2000年版,第27页。
③ 林毓生:《两种关于如何构成政治秩序的观念》,《知识分子》1985年第4期。

衡要发挥作用是有条件的,比如君主道德人格,君主对伦理自律的程度,是否存在对君权的某些权力制衡等。在汉史上,孝文帝的伦理践行是特出的,但除了他个人道德人格的魅力外,还要注意到皇朝前期功臣集团对皇权的权力制衡这个隐性因素。① 一旦外部制衡的其他因素不复存在,则单纯的伦理制衡难免会遭遇到重重危机和风险,儒臣们为此付出了沉重代价。不仅对于专制如汉武帝的极权君主类型来说,伦理制衡是难奏其效的,即便是元、成、哀诸帝所谓尊儒、用儒的君主,其专制统治真正被伦理制衡机制所约束、调节的程度,也是相当有限的。

在汉代伦理政治格局下,伦理与政治之间的激烈冲突是伴随伦理制衡过程的一个持续存在的现象。究其根源,反映了传统社会中"道统"与"治统"之间在实践上的紧张状态。早在孟子时,他讲到古之贤王"好善而忘势",古之贤士"乐其道而忘人之势",正式提出了"道"与"势"的问题,并且将"道"置于"势"之上。② 后来王夫之概括说:"天子之位也,是谓治统;圣人之教也,是谓道统。"③根据"道"的伦理标准来批评政治,从此成为士人的分内之事。由于"道统"在义理上能够独立于现实的政权,使它对专制权力起到制衡作用,明末吕坤说:"故天地间,惟理与势为最尊;虽然,理又尊之尊也。庙堂之上言理,则天子不得以势相夺,即相夺焉,而理则常伸于天下万世。故势者,帝王之权也;理者,圣人之权也。"④可见这是中古时期文化与政治两股力量之间的较量。

在"道统"与"治统"冲突的表象之下,潜含着民主性伦理诉求与专制主义独裁原则之间的矛盾和对立。汉史表明,儒家主导的政治伦理

---

① 参见拙文:《黄老治道下的伦理政治典范》,《史学新论——纪念朱绍侯先生八十华诞》,河南大学出版社 2005 年版。
② 《孟子·尽心上》,金良年撰:《孟子译注》,上海古籍出版社 2004 年版。
③ 王夫之:《读通鉴论》卷十三,中华书局 1975 年版。
④ 吕坤:《呻吟语·谈道》,凤凰出版社 2002 年版。

观念力图"缓和专制","在专制中注入若干开明因素",在专制下"如何多保持一些民族生机"①;然而,专制君主所青睐的是权利与义务分离、倡导愚忠、愚孝德性的专制伦理,而对全方位制衡君权滥用的儒家治道、诉诸激烈谏诤的自主性臣道是难以真正接纳的。相反,我们看到,在秦汉专制权威重压下,儒家人物却形成某种特殊的政治适应性,他们甚至背离了早期儒家的理想主义,转而逢迎专制权威。

同时,这也是理想主义诉求与务实事功取向之间的冲突,带有伦理与历史之间的"二律背反"性质。伦理固然是历史延续所不可或缺的要素,但历史从来不是单纯由伦理来绘制的图景,政治道德化在很大程度上是儒家一厢情愿的理想主义设计。林毓生指出,儒家对思想力量和对政治的优先性深信不疑,认为道德与思想的意图(intentions)可以直接有效地导致政治秩序的建立,由此形成"借思想道德解决问题的方法"(the cultural-intellectualistic approach),他把儒家这方面态度概括为"道德与思想意图的谬误"②。汤一介曾就圣人是否宜于当帝王有过一番议论,批评儒家弱点颇中肯綮,他认为也许"圣人"应是最不宜于作帝王的,"圣人如要做帝王,或者他就要失去作为圣人,因为具有理想人格的人总是很难了解现实的,他们往往是那种'知其不可为而为之'的幻想家"③;他如当帝王,"就要面对现实,就不能用他那套空想的理想主义来行事,只能是去作时代所允许的事功"。宗教学者尼布尔曾比较了政治与道德两大范畴之间的关系,他深刻地指出:政治"是良知与权力交战的领域,是人类生活中伦理与强制因素相互渗透与暂时调和的领域",只有利益驱动和冲突才是历史发展中更具深刻内涵的决定因素。所以,"用道德自我限制的力量去对治社会

---

① 徐复观:《良知的迷惘——钱穆先生的史学》,《儒家政治思想与民主自由人权》,80年代出版社1979年版。

② 林毓生:《两种关于如何构成政治秩序的观念》,《知识分子》1985年第4期。

③ 汤一介:《中国传统文化中的儒道释》,中国和平出版社1988年版,第53页。

尚不能完全控制的权力",各种方法都有其明确的局限性;"要想确保道德解毒剂能够充分有效地化解权力毒素对权力占有者的效力,是绝对不可能的"①。这些精到的议论,用来观察汉代政治可谓若合符契,也应该是儒家伦理政治常常难以奏效的根本原因。

在汉代,伦理控制领域存在的历史弊端,是道德异化和道德蒙昧主义现象,也就是所谓道德政治化现象,体现了伦理纲常为专制主义服务的问题。在伦理控制臣民方面,一是伦理的内容趋于法家化,"三纲五常"的单向伦理对臣民控制加剧,可以称之为"专制伦理"②;伦理控制多渠道施行,不仅仅是借助于道德观念,更通过伦理的制度化包括法律化等渠道来全面推行。统治者信奉的"阳儒阴法"的治策,在借助儒家伦理装潢政治的表象背后,采用繁琐严密的法律条文和强大的暴力机器来实施阶级压迫和统治,这是一种历史的真实。二是伦理异化和非人性化问题。由于专制伦理的推行,对臣民人格和人性造成了摧残、扭曲,在"三纲五常"道德推行之初就已暴露这种弊端,两汉历史上已出现背离人性的道德蒙昧主义实践,③到了后世更是变本加厉。

由此看来,中古政治史上的政治伦理传统,是一种双刃剑,既为民主性伦理因素对现实政治的渗透创造了机遇,限制了皇权恣肆的滥用;又为专制伦理借助伦理工具推行异化道德来控制臣民、遏制社会进取机制创造条件。因此,它是一种兼有进步和保守性的政治文化传统。

---

① 莱因霍尔德·尼布尔:《道德的人与不道德的社会》,蒋庆译,贵州人民出版社1998年版。
② "专制伦理"提法,可参见陈少峰:《中国伦理学史》(上册),北京大学出版社1996年版。
③ 如汉代的"郭巨埋儿"(见《太平御览》卷四一一引刘向《孝子图》)、"赵宣行服"(见《后汉书·陈蕃传》)等事例,无不反映在汉代泛道德主义情境下的道德蒙昧问题。

衍进与型塑：后世影响及其历史意义

历代史家谈德治与风俗之美，言必称两汉。汉代开创的伦理政治传统，凝聚了中古政治文化的精华和内在气质，建构了东方专制政体的政治文化模式，不啻为秦汉政治文明中一份重要的历史遗产。以儒家主导吸收诸子所形成的政治伦理传统，既服务于中古政治，又调节中古政治，这种复杂关系贯穿了中古时期。

从伦理制衡方面讲，历代皇朝的有为统治者大都认识到了伦理原则对维系皇朝长治久安的重要性，或多或少地接受儒家德治主义伦理传统的约束和引导，将伦理与事功、专制伦理与民主性伦理的张力保持在一个相对合理的程度上，为政治清明创造了基本条件。比较典型的如唐太宗躬行君道，从谏如流，体恤民情；一部《贞观政要》，体现了太宗君臣对伦理政治思考所达到的深度。再如宋代为皇帝开设御前讲席的经筵制度，成为对君主施加伦理约束的重要途径。宋儒提出，"天下重任，唯宰相与经筵，天下之乱系宰相，君德成就责经筵"①。宋代皇帝能够容忍士大夫的激烈批评，甚至出现士大夫公开抵制皇帝的不当旨令，从而制衡皇权的滥用，宋代同样没有出现暴君。清代皇帝也非常重视经筵讲读。② 传统的谏议制度和廷议制度基本贯穿了中古时代。这些制度设施，都体现了伦理制衡的内在精神。

从伦理控制方面看，后世君主抓住了政治这个根本，在训导臣民伦理意识上做文章。仅以历代皇帝御注《孝经》活动为例，晋元帝撰有《孝经传》，晋孝武帝有总明馆《孝经讲义》，梁武帝有《孝经义疏》。北魏孝文帝拓跋元宏下令将《孝经》译成拓跋语，命名为《国语孝经》；唐玄宗两次注释《孝经》，亲自作序，御书勒石，颁行天下。玄宗诏令称：

---

① 《二程文集·论经筵札子第三》，丛书集成初编，商务印书馆1937年版。
② 如康熙时日日进讲，每旦未明，未启奏前即要讲官进讲，日暮理事稍暇，复讲论琢磨。参见章梫：《康熙政要》卷七，中共中央党校出版社1994年版。

"天下家藏《孝经》,精勤教习,学校之中倍加传授,州县官长,申劝课焉。"①南宋高宗颁布御书《孝经》于天下州学。元武宗时命中书右丞孛罗帖木儿以蒙古文译《孝经》,"命中书省刻板模印,诸王而下皆赐之"②。清世祖作《御注孝经》,清世宗作《御纂孝经集注》,上述事实反映了历代君主对伦理控制的高度重视。③再如明成祖倡导性理之学缘饰文治,修《四书五经大全》,多采宋元儒成说,以为科考定本,后又修《性理大全》,与经书大全互为表里。④清代皇帝也有许多御注经学著述。特别是清代雍正不惜以帝王之尊,与草民曾静进行辩论,制作了《大义觉迷录》,要求对民众作基层宣教,将伦理控制推到登峰造极的程度。同时,历代君主还利用各种渠道和方法贯彻伦理教化,将儒家忠孝节义价值广泛推广到郡县乡里,做到"人识君臣父子之纲,家知违邪归正之路"的惊人程度。尤其到了宋代,在将儒学改造为理学的基础上,把法家的忠臣概念纳入儒家的"气节"范畴之中,从此"忠臣不事二主"成为士大夫的大节。自从宋以后,直至清末皇帝制度废止,再未见到权臣篡位。⑤

秦汉时代仁人志士的政治道德实践,对后世产生了久远的影响。例如,苏武成为后世忠君爱国的典范,文天祥在《正气歌》中写道:"时穷节乃见,一一垂丹青,在齐太史简,在晋董狐笔,在秦张良椎,在汉苏武节"⑥,这种引导他置生死于度外的精神力量,升华为崇高的爱国主义。⑦ 东汉党人的抗议精神和担当意识也凝聚为知识阶层的优秀传

---

① 王溥《唐会要·选部下》,中华书局 1955 年版。
② 《元史·武宗纪》,中华书局 1976 年版。
③ 纪昀等:《四库全书总目提要》,卷三十二,中华书局 1997 年版。
④ 《明史·选举志二》,中华书局 1994 年版。
⑤ 魏良弢:《忠节的历史考察:秦汉至五代时期》,《南京大学学报》1995 年第 2 期。
⑥ 文天祥:《吟啸集·正气歌》,《文山先生集》,丛书集成初编,商务印书馆 1936 年版。
⑦ 参见刘修明:《儒生与国运》,浙江人民出版社 1997 年版,第 491 页。

统,明季杀身成仁的东林精英缪昌期,以追随汉末党锢之祸的首义之士而骄傲:"与李膺范滂同游地下,亦复何憾!"①清初顾炎武称赞道:"三代以下风俗之美,无尚于东京者。"②直到近代,维新志士谭嗣同在狱中还写下"望门投止思张俭,忍死须臾待杜根"③之句,以东汉党人名节自我砥砺。

  伦理意识对政治生活的干预,要借助于历史主体来完成,因此,秦汉伦理政治的逻辑侧面之一,也就触及到儒家士大夫阶层与皇权政治的关系。考察秦汉伦理政治进程,可以启发人们重新认识作为制衡君主政治的主体和臣道实践主体的儒家士大夫阶层,及其在政治进程中扮演的角色,认识儒法冲突的真实内容。秦汉历史也充分证明,中古政治受到了传统伦理思想的能动整合与型塑;对于君主专制政治与政治伦理观的复杂互动,也需要我们作更系统的探讨和反思,由此将中古政治文化的认知不断推向深入。

  作为传统文明的馈赠,汉代伦理政治和德治传统这份重要历史遗产,尚有待于当代学人站在时代的高度,作观念史和政治史的双重清理、批判和继承。就德治传统而论,其超越性的实质在于追求政治的合道德性,这是古今政治的共通之处。换言之,国家政治治理(political gobenance),应当是一种同时体现其政治合法性与道德正当性的治理,这也是现代民主的政治伦理内涵;④理想的社会治理模式,是政治与道德两者相互配应、相互支持的良性互动局面。汉代伦理政治的发展轨迹,在上述意义上展现其历史借鉴价值。

  就人类历史长河中的权力制衡而论,可以归纳为以权力制衡权力、以道德制衡权力等形式。现代政治建立在民主和法制基础上,在

---

① 缪昌期:《从野堂存稿·与高景逸》,《乾坤正气集》第88册。
② 顾炎武:《日知录》,陈垣校注,卷十三,安徽大学出版社2013年版。
③ 黎洪:《历代诗词选注》,安徽人民出版社1982年版,第351页。
④ 参见万俊人:《德治的政治伦理视角》,《学术研究》2001年第4期。

制度建构上采取了以法治为前提的权力制衡为主体方式。① 尽管伦理制衡权力之机制的重要性显然已经退居于权力制衡的机制之后,但政治伦理建设的成败仍旧是关系社会稳定和进步的大事。伦理约束与权力制衡相比较,它具有道德内化与自律的实践优势,是通过制约灵魂来制约行动,以柔性的力量去驯化刚性的力量,有着不可替代的重要作用。同时,伦理控制也是任何社会都概莫能外的社会控制方式之一,社会成员美德的培养和规范,也是现代社会治理的基本目标和德治的实现条件。汉代这方面的"治化"实践,应该能对当代提供可贵的政治借鉴,而其历史缺失和传统伦理政治自身的痼疾,今人更应有所警觉。

---

① 诉诸权力来制衡权力,其机制的核心是分权,并使不同权力机构之间形成一种监督与被监督或相互监督的关系。这是一种侧重于外部的制衡途径。

东汉司空韩棱家世与生平事迹考述①

程有为

韩棱(一作"稜")②,字伯师,西汉韩王韩信和弓高侯韩颓当之后,东汉颍川郡舞阳县(今河南舞钢市)人。其家族在汉代多立军功,一门数人封侯,官职显赫,"世为乡里著姓"。韩棱起家于郡功曹,被征辟至京师洛阳,五迁为尚书令,掌朝中机要,后官至司空,居"三公"高位。卒后归葬家乡,坟墓在今河南舞钢市庙街乡大韩庄西北老金山下。韩棱为人刚正不阿,不畏权贵,敢于与外戚窦宪斗争,是东汉前期的一位颇有影响的政治人物。范晔《后汉书》将他与袁安、张酺列为同一传记,其事迹亦见载于《东观汉纪》和《后汉纪》等书。本文依据文献资料,就韩棱的家世、生平事迹和为人处世三个方面加以考述,以期对韩棱其人有较为全面系统的认识。

---

① 2008年5月,我和恩师朱绍侯先生应邀参加"鹰城十大历史名人——韩棱文化研讨会",先生提交论文《不畏权贵的韩棱》,我亦提交小文《论韩棱》。拜读先生论文,颇受启迪。时值恩师九十华诞,特将原稿补充修订,供敬贺文集选载,以谢先生教诲之恩德,明师生浓厚之情谊。
② "棱"、"稜"二字形稍异,而意同。查《东观汉纪》、《后汉纪》、《后汉书·和帝纪》及《资治通鉴》均作"韩棱",惟《后汉书》本传作"韩稜",故本文采用前者。

韩稜的家世

　　韩稜是"战国七雄"中的韩国王族后裔,其先祖韩信是韩襄王的庶孙。秦末农民起义中韩信投依沛公刘邦为将,率军随刘邦入关。楚汉战争中略定韩国故地,被汉王刘邦封为韩王。汉高祖"五年春,遂与剖符为韩王,王颍川。明年春,上以韩信材武,所王北近巩、洛,南迫宛、叶,东有淮阳,皆天下劲兵处,乃诏徙韩王信王太原以北,备御胡"①,都马邑(今山西朔州东北)。此韩信史称"韩王信",以与曾先后任齐王和楚王的淮阴人韩信相区别。后来韩王信受汉高祖刘邦猜疑,心不自安,被迫投降匈奴。汉高祖七年(前200年)韩信参与匈奴军队攻汉,围汉高祖于白登(今山西大同东北)。汉高祖十一年(前196年)又带兵众与胡骑侵扰参合(今山西阳高南),为汉朝的柴将军所杀。

　　起初,韩信"之入匈奴,与太子俱;及至穨当城,生子,因名曰穨当。韩太子亦生子,命曰婴。"②及韩穨当长大成人,任匈奴相国,与其侄韩婴率众归汉。汉文帝十六年(前164年)六月丙子,穨当被封为弓高(今河北阜城县南)侯,食邑1237户。汉景帝前元三年(前154年)发生吴楚七国之乱,穨当率骑兵断绝吴楚军粮道,致使叛军因断粮而败,功冠诸将。穨当死,谥曰壮。其子(名字不详)嗣侯爵,子死,其长孙韩则嗣。史称:武帝"前元年(前140年),侯则元年,元朔五年(前124年),侯则薨,无后,国除。"③可见弓高侯自汉文帝十六年穨当始封,至孙韩则死而国除,前后延续约40年。

　　韩穨当除有长孙韩则外,还有庶孙韩嫣、韩说,俱贵盛。

　　韩嫣字王孙,为人聪慧勇武,深为汉武帝刘彻亲宠。"武帝为胶东王时,嫣与上学书相爱。及上为太子,愈益亲嫣",常与共卧起。"嫣善骑射,聪慧。上即位,欲事伐胡,而嫣先习兵,以故益尊贵,官至上大

---

①② 《史记·韩信卢绾列传》,中华书局1959年版。
③ 《史记·惠景间侯者年表》。

夫,赏赐拟邓通"①,名显当世。后因得罪太后,以奸罪死。

韩嫣之弟韩说是西汉一位名将。《史记》记载:汉武帝元朔五年(前124年)春,戎奴都尉韩说领兵随车骑将军卫青击匈奴,大获全胜,"得右贤裨王十余人,众男女万五千人,畜数千百万"。汉武帝论功行赏,诏御史曰:"都尉韩说从大将军出窳浑,至匈奴右贤王庭,为麾下搏战获王,以千三百户封说为龙额侯"②。《汉书》亦载:韩说"以校尉击匈奴,封龙额(今山东齐河西南)侯。后坐酎金失侯。复以待诏为横海将军,击破东越,封案道侯"③。然《汉书》史表又言:"龙额:元朔五年(前124年)四月丁未,侯譊以都尉击匈奴得王,侯十二年,元鼎五年(前110年)五月,坐酎金免。按道:元封元年(前110年)五月己卯,愍侯说以横海将军击东越,侯。"④说封龙额者名"譊",封按道侯者为韩说。披览史籍,《史记》卷九十三《韩信传》与卷二十《建元以来侯者年表》及《汉书》卷三十三《韩王信传》均言封龙额侯者为韩说。《韩王信传》颜师古注曰:"《史记年表》并《卫青传》载韩说初封龙雒侯,后为按道侯,皆与此传同。而《汉书·功臣侯表》乃云龙雒侯名譊,按道侯名说,列为二人,与此不同,疑表误。"⑤"譊"与"说"字形相近,《汉书·功臣侯表》出现笔误,封龙额侯者应为韩说。

韩说在北击匈奴、南击东越的战争中先后立下军功,两次封侯,可谓荣耀。太初年间,韩说"为游击将军屯五原外列城,还为光禄勋,掘蛊太子宫,为太子所杀。"⑥光禄勋为九卿高官。掘蛊事发生在征和二年(前91年)。是年秋七月,韩说与使者江充等掘蛊太子宫,为卫太子所杀,其子韩兴嗣爵。史称:"延和三年(前90年),侯兴嗣,四年,坐祝诅上,要斩。"⑦此年号"延和"即"征和"。《史记》记此事云:"征和二年

---

① 《汉书·佞幸传》,中华书局1962年版。
② 《史记·卫将军骠骑传》。
③⑤⑥ 《汉书·魏豹田儋韩王信传》。
④⑦ 《汉书·高惠高后文功臣侯者年表》。

（前91年），子长代，有罪，绝。"①二者所记嗣侯时间相差一年。《史记》卷九十三《韩信传》集解引徐广说：韩说之子"名长君"。于是韩说之子出现"兴"、"长"、"长君"三名，不知孰是。笔者以为可能韩说之子名"兴"，"长君"为其字，而"长"为"长君"之脱误。总之，汉武帝元封元年（前110年）五月韩说始封按道侯，传其子韩兴，有罪，国除。

韩兴有弟韩增（一作"曾"），字季君，少为郎诸曹、侍中、光禄大夫，昭帝时至前将军，与大将军霍光定策立汉宣帝，益封千户。本始二年（前112年），五将征匈奴，韩增率三万骑兵出云中，斩首百余级，至期而还。神爵元年（前101年）代张安世为大司马、车骑将军，领尚书事。韩增为人宽和自守，以温颜逊辞承上接下，无所失意，保身同宠，不能有所建明。韩增奕世显贵，幼为忠臣，连事三主，重于朝廷。

韩说封龙頟侯12年，元鼎五年（112年）以酎金免。及韩说长子韩兴被杀，汉武帝以为韩说以掘蛊为太子所杀，死于国事，忠诚可悯，复封韩兴弟韩增为龙頟侯。史称："后元元年（前88年），侯曾以兴弟绍封龙頟，三十一年薨。五凤元年（前57年），思侯宝嗣，鸿嘉元年（前20年）薨，亡后。"②又称韩增于汉宣帝"五凤二年（前56年）薨，谥曰安侯。子宝嗣，亡子，国除。"③二者所记韩增卒年与韩宝嗣侯之年相差一年，其中当有一误。荀悦《汉纪》云大司马车骑将军韩增薨于五凤二年夏四月，可能比较准确。从武帝后元元年（前88年）韩增绍封龙頟侯至汉成帝鸿嘉元年（前20年）思侯韩宝卒，前后延续66年。

汉成帝时，龙頟侯又得以绍封。史称："成帝时，继功臣后，封增兄子岑为龙頟侯。薨，子持弓嗣。王莽败，乃绝。"④又称："元封元年，节侯共以宝从父昆弟绍封。""侯畅弓嗣，王莽败，绝。"⑤此处有误，'元封'为汉武帝年号，韩共绍封应为元延元年（前12年）。继韩宝为侯者是"韩岑"还是"韩共"，六世侯是"持弓"还是"畅弓"，《汉书》传表所记

---

① 《史记·建元以来侯者年表》。
②⑤ 《汉书·高惠高后文功臣侯者年表》。
③④ 《汉书·魏豹田儋韩王信传》。

不同,只能存疑。

此外,韩太子之子韩婴与其叔韩䅣当同时率众归汉,被封为襄城(今属河南)侯,传至其孙韩世之,"坐诈疾不从,耐为隶臣而失侯"①。

总之,韩稜家族在西汉时为颍川郡著姓,其祖辈韩信、韩䅣当、韩嫣、韩说、韩增等,或军功卓著,或得皇帝宠信在朝廷任高官要职,可谓显赫。其一门有弓高、龙额、按道、襄城四侯,极为荣耀。韩稜之父韩寻,东汉初为陇西太守,亦为二千石官员,而且家富于财。然韩稜之祖、韩寻之父为何人,史书不详。韩稜之子韩辅,安帝时官至赵相,孙韩演,字伯南,顺帝时为丹阳太守,政有能名。桓帝时在朝中任司徒,位居"三公"高官。

韩稜的生平履历

韩稜其人《后汉书》中有传,但较为简略;《东观汉纪》和《后汉纪》等文献中也有记载,但多有遗漏或讹误,使人们对其生平履历不甚了了。现爬梳能够见到的相关文献,对其生平履历予以考述。

韩稜出身于颍川郡的贵族家族,其父韩寻东汉初为二千石官员,已如上述。韩稜的生年《后汉书》本传失载,新方志《舞钢市志》说他"生于建武十七年(41年)"②,当以旧志所载为据,似可备一说。

韩稜幼年即遭人生一大不幸。他刚四岁,父亲即撒手人寰,留下他和母亲、弟弟相依为命,不久母亲也去世。史称他"幼失父母,与孤弟居。"③

及至韩稜壮年,因德行为乡里所崇敬,被本郡太守葛兴署为功曹史。《后汉书》本传说:韩稜"初为郡功曹,太守葛兴中风,病不能听政,稜阴代兴视事,出入二年,令无违者。兴子尝发教欲署吏,稜拒执不

---

① 《汉书·高惠高后文功臣侯者年表》。
② 《舞钢市志》,中州古籍出版社1963年版。
③ 《后汉纪·孝和皇帝纪》,《两汉纪》,中华书局2002年版。

从,因令怨者章之。事下案验,吏以棱掩蔽兴病,专典郡职,遂致禁锢。"①应劭《风俗通义》亦述其事:"司空颍川韩棱,少时为郡主簿,太守兴被风病,恍忽误乱,棱阴扶辅其政,出入二年,署置教令无愆失。兴子尝出教,欲转徙吏,棱执不听,由是发露被考,兴免官,棱坐禁固。章帝即位,一切原除也。"②

前者说韩棱为颍川郡功曹,后者说为颍川郡主簿,未知孰是。不过功曹、主簿均为郡中的主事吏,地位高于一般郡吏。郡功曹史是郡官府所属功曹之长,执掌人事,并参与一郡政务。郡主簿在郡中典领文书簿籍,经办事务。韩棱任郡功曹(或主簿)后,葛兴中风不能听政。依据当时典制,吏病百日当免。韩棱没有上报朝廷,而代其视事二年,终以"掩蔽兴病,专典郡职"获罪,遭到禁锢。

韩棱为郡主吏及因专典郡职而被禁锢是在汉明帝时。既久,朝廷原其罪,解除禁锢。"显宗知其忠,后诏特原之。由是征辟,五迁为尚书令"③。显宗即汉明帝。然前揭应劭《风俗通义》说原除其罪者是汉章帝。韩棱从解除禁锢被朝廷征辟到担任尚书令,其间官职有五次迁徙,但迁任何职,何时迁徙,史书记载不全。袁宏《后汉纪》言:韩棱"后解禁锢,辟司空府。"④辟司空府即担任司空府掾属,为其一;《东观汉纪》说:韩棱"为下邳令,视事未期(一作'周'),吏民爱慕。"⑤任下邳县令,为其二,其余则无考。韩棱官职的五迁,主要在汉章帝时。

韩棱何年任尚书令,《后汉书》本传无载。清人万斯同《东汉九卿年表》云:"章和元年〔尚书令〕韩棱……永元四年〔尚书令〕韩棱迁太守。"⑥

可见他任尚书令是在章帝章和元年(87年)至和帝永元四年(92

---

① ③ 《后汉书·袁张韩周列传》,中华书局1965年版。
② 《风俗通义·过誉》,应劭撰、王利器校注:《风俗通义校注》,中华书局1981年版。
④ 《后汉纪·孝和皇帝纪》。
⑤ 《东观汉纪·韩棱传》,中州古籍出版社1987年版。
⑥ 《后汉书三国志补表三十种·东汉九卿年表》,中华书局1984年版。

年)间。尚书令为九卿之一,与其副贰尚书仆射总领台事,参议朝政,权力很大。朝会时与御史中丞、司隶校尉皆专席坐,时号"三独坐"。其职总领朝政,无所不统。韩稜在尚书台以才能著称,得到汉章帝褒奖,赐予龙渊宝剑。

后来,韩稜出任南阳太守。《后汉书》本传说:韩稜"迁南阳太守,特听稜得过家上冢,乡里以为荣。"①他何时任南阳太守,本传失载,清人万斯同以为在和帝永元四年,已如前述。练恕《后汉公卿表》云:"永元七年乙未,〔太仆〕韩稜,南阳太守韩稜为太仆。"②由此可知,韩稜任南阳太守在永元四年(92年)至永元七年(95年)间。南阳是汉代的一个大郡,是光武帝刘秀的家乡,多皇亲国戚、功臣和豪强,号称难治。将此郡交给韩稜治理,说明朝廷对他的信任。

韩稜任南阳太守数岁,被征入朝廷任太仆。练恕《后汉公卿表》云:"永元七年乙未,〔太仆〕韩稜,南阳太守韩稜为太仆。"③可见韩稜任太仆在永元七年(95年)。太仆是"九卿"之一,官秩中二千石,属官有车府、未央令丞及考功令,掌皇帝专用的车马,兼掌兵器制作、织绶等。

韩稜担任太仆二年后,又升任司空。《后汉书》记载:永元九年(97年)"十二月丙寅,司空张奋罢。壬申,太仆韩稜为司空。"④司空与司徒、太尉并为"三公"高官,分掌宰相功能,秩万石。司空有长史、诸曹掾属、令史等属官。本职掌土木工程,名义上分部宗正、少府、大司农三卿,并参议大政,实际不过行文、受成而已。

关于韩稜的卒年有两说,一是和帝永元十年(98年),见载于《后汉书》。《韩稜传》说:韩稜永元"九年冬,代张奋为司空。明年薨。"⑤《孝和帝纪》说得更详细:永元十年"秋七月己巳,司空韩稜薨。八月丙子,太常太山巢堪为司空。"⑥永元十四年十月"丁酉,司空巢堪罢。十一

---

①④⑤⑥ 《后汉书·袁张韩周列传》。
②③ 《后汉书三国志补表三十种·后汉公卿表》。

月癸卯,大司农徐防为司空。"①二是永元十四年(102年)。袁宏《后汉纪》说:永元十四年"冬十月丁酉,司空韩棱薨,大司农徐防为司空。"②《后汉书》言韩棱卒于永元十年,《后汉纪》言韩棱卒于永元十四年,二者相差四年。二书所记的不同,主要是韩棱死后,何人继任司空的问题。《后汉书》记载,永元十年七月韩棱卒,八月太常太山人巢堪继任司空。永元十四年十月韩棱罢,十一月大司农徐防继任司空。而《后汉纪》则记载,永元十四年十月韩棱卒,徐防继任司空。

那么,究竟韩棱卒后,继任司空者为何人?必须分辨明白。考《东观汉纪》云:"巢堪为司空,十四年,自乞上印绶,赐千石俸终其身。"③言巢堪于永元十四年罢司空。而《后汉书》记载:徐防于永元"十四年,拜司空。"④二者吻合,且与《后汉书》同。司马光等所著《资治通鉴》说:永元十年"秋,七月,己巳,司空韩棱薨。八月,丙子,以太常太山巢堪为司空。"永元十四年十月"丁酉,司空巢堪罢。十一月,癸卯,以大司农沛国徐防为司空。"⑤亦采用《后汉书》之说。清人万斯同《东汉将相大臣年表》云:永元"十年〔司空〕棱七月卒,巢堪八月太常拜。""十四年〔司空〕堪十月免,徐防十一月司农拜。"⑥练恕《后汉公卿表》亦云:"永元十年戊戌〔司空〕韩棱,七月己巳司空韩棱薨,八月丙子,以太常巢堪为司空。"⑦总之,《东观汉纪》、《后汉书》与宋人著《资治通鉴》、清人补后汉年表等文献,均言永元十年七月己巳韩棱薨;八月丙子以太常泰山巢堪为司空。而《后汉纪》独言永元十四年十月丁酉,韩棱薨,徐防接任司空。显然,《后汉纪》漏记巢堪任司空一事,而误将司空韩棱卒与徐防接任司空对接,以致韩棱卒年被推迟四年。由此可知,韩

---

① 《后汉书·袁张韩周列传》。
② 《后汉纪·孝和皇帝纪》。
③ 《东观汉纪·巢堪传》。
④ 《后汉书·徐防传》。
⑤ 《资治通鉴》,中华书局1956年版。
⑥ 《后汉书三国志补表三十种·东汉将相大臣年表》。
⑦ 《后汉书三国志补表三十种·后汉公卿表》。

稜卒于永元十年(98年)七月,谥号渊德,①享年58岁。

韩稜去世后,"葬于故里。今大韩庄西北老金山有韩稜墓。"②此地原属汉颍川郡舞阳县,今属河南舞钢市。

总之,韩稜出身于东汉颍川郡的贵族家庭。他可能出生于建武十七年(41年),幼年丧父,与母弟相依为命,以孝友睦族著称。汉明帝永平年间,被本郡太守葛兴署为功曹(或主簿)。葛兴中风,不能理政,韩稜遂专典郡职,政令无违。后事情泄露,韩稜获罪遭到禁锢。既久,明帝知其忠,诏原其罪,解除禁锢。章帝时征辟为司空府掾属,又出任下邳县令。前后凡五迁,章帝章和元年(87年)任尚书令,成为九卿之一。和帝永元四年(92年)出任南阳太守。永元七年(95年)入朝任太仆,再居九卿。永元九年(97年)升任司空,位居三公。永元十年(98年)病卒,归葬故乡。

韩稜的为人处世

由史书所载韩稜一生的主要事迹,可考察韩稜之为人处世。概括而言,有以下几点:

1. 居家孝悌,敦睦宗族

史称韩稜四岁而孤,养母弟以孝友称。及壮,"推先父余财数百万与从昆弟,乡里益高之"③。由此可见,韩稜孝事其母,友于兄弟,能疏散钱财,以敦睦宗族,其德行为乡里赞誉。

2. 渊深有谋,富于才能

韩稜的才能在担任颍川郡功曹时已显露出来。但是对于韩稜的

---

① 《舞阳县志·艺文》,清道光十三年刊。
② 《舞阳市志·人物》。
③ 《后汉书·袁张韩周列传》。

专典郡职,历来有不同认识。应劭评论说:"稜统机括,知其虚实,当听上病,以礼选引,何有上欺天子,中诬方伯,下诳吏民,扶辅氅乱,政自己出,虽幸无阙,罪已不容于诛矣。"①应劭将韩稜不上报太守病情而擅自专典郡职视为隐瞒僭越行为,在道理上是对的。但是皇帝下诏原其罪,是因为"知其忠",即认为韩稜的行为体现着对上司的"忠",可以原谅。而且东汉时期,颍川、南阳、汝南诸郡地方豪强势力很大,出身于当地豪强家族的郡功曹、主簿掌握郡中实权是较普遍的现象。例如东汉后期弘农郡陕县(今河南三门峡)人成瑨任南阳太守,辟除棘阳(今河南南阳市南)人岑晊(字公孝)为功曹,委以政事。当时南阳有歌谣道:"南阳太守岑公孝,弘农成瑨但坐啸。"南阳郡人宗资任汝南太守,辟当地人范滂(字孟博)为功曹。汝南郡也有歌谣说:"汝南太守范孟博,南阳宗资主画诺。"②功曹、主簿掌握郡中实权,朝廷派来的郡守只不过坐堂啸吒和签字画行而已。在这种社会背景下,韩稜专典郡职并不足怪。郡太守葛兴中风"不能听政,稜阴代兴视事,出入二年,令无违者。"③代理郡务而政令无缺,说明他处理政务的能力很强。后来迁任尚书令,"与仆射郅寿、尚书陈宠,同时俱以才能称"。因此章帝赐予韩稜、郅寿、陈宠三人宝剑,"手署其名曰:'韩稜楚龙渊,郅寿蜀汉文,陈宠济南锥成'"。时人以为韩稜"渊深有谋,故得龙渊"④。赏赐龙渊宝剑是对其谋略才能和政绩的肯定和褒扬。

3. 刚正不阿,忧国忘家

韩稜以功曹史代郡守葛兴料理政务时,葛兴之子"尝发教欲署吏,稜拒执不从"⑤。功曹史主管人事,韩稜此举表现出他的忠于职守。他后来担任朝官。袁宏《后汉纪》载韩稜"在机密,数有忠言,进用良吏。章帝以稜忧国忘家,夙夜非懈,数赏赐之"⑥。和帝十岁即位,其

---

① 《风俗通义·过誉》。
②③④⑤ 《后汉书·袁张韩周列传》。
⑥ 《两汉纪·孝和皇帝纪下》。

母窦太后临朝听政,太后兄弟窦宪、窦笃、窦景并居机要,形成了外戚专政的局面。窦氏兄弟中以窦宪最为跋扈,"睚眦之怨莫不报复"①。为了防止宗室都乡侯刘畅分夺权势,"窦宪使人刺杀齐殇王子都乡侯畅于上东门,有司畏宪,咸委疑于畅兄弟。诏遣侍御史之齐案其实事。棱上疏以为贼在京师,不宜舍近问远,恐为奸臣所笑。窦太后怒,以切责棱,棱固执其议。及事发,果如所言。"后来窦宪率军北击匈奴有功,"还为大将军,威震天下,复出屯武威。会帝西祠园陵,诏宪与车驾会长安。及宪至,尚书以下议欲拜之,伏称万岁。棱正色曰:'夫上交不诌,下交不黩,礼无人臣称万岁之制。'议者皆惭而止。"韩棱任尚书令时,"尚书左丞王龙私奏记上牛酒于窦宪,棱举奏龙,论为城旦。""及窦氏败,棱典案其事,深竟党与,数月不休沐。帝以为忧国忘家,赐布三百匹。"②由此可见,韩棱不畏外戚权势、刚正不阿、忧国忘家的精神。

4. 执法公允,为政严平

《东观汉纪》说:韩棱"为下邳令,视事未期(一作'周'),吏民爱慕,时邻县皆雹伤稼,惟下邳界独无。"③天降冰雹是一种自然现象,与人的德行善恶无关。但古人受天人感应思想影响,以为官员有美德善政,上天予以褒奖,使当地灾害不生。无名氏《后汉书》也说:韩棱"为下邳令,甚有仁敏,政无偏颇。"④韩棱在朝廷数荐举良吏应顺、吕章、周纡等,皆有名当时。后任南阳太守,"下车表行义,拔幽滞,权豪慑伏"⑤,"发摘奸盗,郡中震栗,政号严平"⑥。

总之,韩棱出身于颍川豪族,一生从政。他从郡功曹起家,历任朝官和地方官,五迁为尚书令,掌朝廷机要,后任太仆,两登九卿。终至

---

① 《后汉书·窦融列传》。
②⑥ 《后汉书·袁张韩周列传》。
③ 《东观汉纪·韩棱》。
④ 周天游:《八家后汉书辑注》,上海古籍出版社,第725页。
⑤ 《东观汉纪·韩棱》。

司空,位居"三公"高位,显赫一时。他为人孝母友弟,敦睦宗族;渊深有谋,富于才能;居官刚正不阿,忧国忘家执法公允,政令严平,政绩卓著,是东汉时期一位德才兼备的政治人物。

刘孝标与《世说新语注》

仓修良

《世说新语》是南朝宋刘义庆所写的记述汉末、三国、两晋士族阶层遗闻轶事的一部笔记小说,反映那个时代特殊的社会现象和风俗,由于它的记述形式非常特殊,完全是片段的讲故事的方式,前后内容并不连贯。因此,涉及的人和事就非常之多,头绪自然也就很繁,这就给读者带来一定麻烦。为了帮助后人阅读这部著作,刘孝标就为之逐一作注,而采用的书籍达数百种之多,而所引之书如今亦已大多失传,吉光片羽,靠此而传,为后人研究之些著作的流传情况提供一些信息和线索,特别是家谱和地记,在很大程度上就是要靠这些注文来研究,其功劳同样是应当肯定的。

刘孝标(463—522),南朝齐、梁间学者,本名法武,后更名刘峻,字孝标,平原(今山东平原西南)人。八岁时陷于魏,家贫好学,寄人庑下,自课读书,常自夕达旦,齐永明中奔江南,博求异书读之,闻有异书,必前往祈阅,崔慰视谓之"书淫",虽有才而不得重用,梁天监初,方任典校秘书。安成王萧秀引为户曹参军,给其书籍,使抄录事类,名曰《类苑》。曾讲学于东阳紫岩山,从学者甚众,普通中去世,门人谥玄靖。文章甚美,平生最大贡献就是为《世说新语》作注,因为他一生博览群书,学问渊博,因此征引史书、地记、家传、家谱、文采等数百种,其中大多数书籍都早已散佚,由于他的征引,使得这些书籍的片言只语保存了下来。这为后人了解这些著作的概况提供了帮助,研究当时家谱的发展,靠的就是这些注文;而研究魏晋南北朝时期的地记发展,同样是要靠这些注文。地记是方志发展史上一个重要阶段,因此笔者在三十年前撰写《方志学通论》中的地记内容时,就曾大大得益于《世说新语注》的相关注文,对于刘孝标的功劳自然不会忘记。

我们先谈对于研究家谱的贡献。众所周知,魏晋南北朝是我国历史上谱牒学发展的鼎盛时期,而私家之谱的编写,更是非常普遍,笔者已发表了专篇文章作过论述。那么,刘孝标在《世说新语注》中征引了多少部私家之谱呢?根据我们的研究,还是潘光旦先生早年提出的39种比较靠谱,我曾先后查阅了多次,大体如此。读者也许要问,为什么统计数字会有不同呢?我可以肯定回答,那就是所采用的标准不同。到目前为止,统计数字最多的要推台湾学者盛清沂在《试就〈世说新语〉管窥魏晋南北朝之谱学》①一文中提出为有54种之多,由于该文作者将家传亦作为家谱统计,有《谢东骑家传》、《荀氏家传》、《袁氏家传》、《裴氏家传》、《李氏家传》、《褚氏家传》、《顾恺之家传》,这么一来,自然就多出7种;又将世家亦列入家谱,计有《王氏世家》、《王祥世家》两种。还有《挚氏世本》、《袁氏世纪》、《陶氏叙》和《太原郭氏录》各1种,于是便凑成54种。

我们要告诉广大读者的是,研究分析该书保留下来的家谱残存零星记载,是想探索当时家谱编修的概况,包括体例、内容等,至于留下多少部并不关键。可以肯定,当时编修的家谱很多,我们在许多文中都已讲了,由于当时的社会因素,使得谱学已经成为社会的"显学",家家要藏有家谱,人人要懂得谱学。因此,在当时来说,家谱是非常普遍的,当时许多谱学家都集有《百家谱》,由于时过境迁,几乎所有家谱都因各种原因而未能流传下来,因此,我们现在查证出数字多少,都无重要意义。所以,不必为多少种的进行争论。问题在于,究竟什么是家谱还是得说个清楚。很显然,当年潘光旦、杨殿珣两位先生都不承认家传就是家谱,这完全是正确的,而不是盛文所说"乃疏於谱学之流变

---

① 联合报文化基金会同学文献馆编印:《第四届亚洲族谱学术研讨会会议记录》,台湾联合出版事业公司1989年版。

者也"。众所周知,著名学者章学诚,既是杰出的史学评论家,又是方志学的创始人,同时还是谱牒学家,他还多次为人修过家谱,自然知道什么是家谱,我们不妨看看他的方法,他在《和州志氏族表序例上》一文中就曾明确指出:

> 自魏晋以降,迄乎六朝,族望渐崇,学士大夫辄推太史公世家遗意,自为家传。其命之别,若王肃《家传》、虞览《家记》、范汪《世传》、明粲《世录》、陆煦《家史》之属,并于谱牒之外,勒为专书,以俟采录者也。①

这里讲得非常清楚,《家传》、《世录》等这些著作,"并于谱牒之外,勒为专书",而不是和谱牒放在一道。而他所编的《史籍考总目》中,则将家传、别传之类都放入传记部,而不是谱牒部,可见章学诚非常明确地将家传等著作,会都列在谱牒之外。如果读者已经读过《试就〈世说新语〉管窥魏晋南北朝之谱学》一文,可以发现,该文作者实际上已经阅读过章学诚这篇文章,只不过为了证实自己的观点,仅仅摘引了文章的前面几句:"自魏晋以降,迄乎六朝,族望渐崇,学士大夫辄推太史公世家遗意,因(章氏原文是'自'学)为家传。"以此来证实"盖世家亦家传之流"。需要指出的是,章氏后面重要内容全都丢了,这样断章取义的引文,实际上是在曲解章氏的本义。这种做法是非常不可取的,因为这样做法表面上是证明了自己的说法,其结果却欺骗了广大读者,为了坚持学术研究的道义与诚信,笔者不得不如实指出。我们还可以告诉读者,章学诚在《刘忠介公年谱序》中还曾讲过:"魏晋以还,家谱图牒,与状述传志,相为经纬,盖亦史部支流,备用一家之书而已在。而前代文人,若韩、柳、李、杜诸家,一时皆为之谱,于是即人为谱,而儒杂二家之言,往往见之谱牒矣。"②这里讲得就更加明确,"家谱图牒"与"状述传志",并不同属一类,而是并列关系,两者"相为经纬",而

---

① 《文史通义新编新注》外篇四,浙江古籍出版社2005年版。
② 《文史通义新编新注》外篇二。

于年谱,则归之谱牒,可见泾渭分明,毫不含混。为了批评学术界在家谱研究中眉毛胡子不分的乱象,1996年上半年海峡两岸学者在扬州举行谱牒研讨会上,笔者提交了一篇《关于谱学研究的几点意见》①,该文的第三个问题就是《家谱、族谱是否也该有个谱》,主旨是希望大家在研究家谱时,是否应当尽量做到靠些谱,千万不要过于离谱,因为大家毕竟都是在做学问。写到这里,我想对盛先生文章还要提点意见,该文所考证出的第52种《太原郭氏录》,据笔者所用中华书局1984年出版的《世说新语校笺》491页,在《太原郭氏录》下注曰:李详曰,此何法盛《中兴书》也,传写遗其书名,法盛《中兴书》於诸姓各为一录,如《会稽贺录》、《琅玡王录》、《陈郡谢录》、《丹阳薛录》、《浔阳陶录》,凡数十家,此《郭氏录》当衍"氏"字。我们知道,李详(审言)是民国时期知名学者,著有《世说新语笺释》一书,按理讲,该文作者曾广泛查阅了相关著作,应当可以见到此书,即使没有见到,徐震堮先生的《世说新语校笺》也应当可以看到。如果都没有见到过,这里我又不得不向广大读者介绍一下何法盛的《中兴书》。何法盛是南朝宋历史学家,著有《晋中兴书》七十八卷(一说八十卷),记述东晋一代史事,是一部纪传体史书,刘知几称其为东晋史书中最佳者。虽然已经散佚,但有清汤球辑本,收入《广雅书局丛书》;还有清黄奭辑五百二十余则,收入《汉学堂丛书》;再有近人陶栋辑二卷,收入《辑佚丛刊》。特别是汤球所辑,共有七卷,卷一为《帝纪》、卷二为《悬象说》、卷三为《徵详说》、卷四为《后妃传》、卷五为《百官公卿表注》、卷六为《盛番录》、卷七分郡记录大族姓氏,如《琅玡王录》、《陈留阮录》、《范阳祖录》、《浔阳陶录》、《关郡顾录》、《丹阳纪录》、《陈郡谢录》等共三十多个大族都有记述。根据笔者研究,实际上相当于《史记》中的世家一样,因此,无论你有多少论据,也无法将其当做家谱来统计,关于这点,清人章宗源的《隋书经籍志考证》中亦有详细论述。可见,做学问,写文章,还是细心一些比较好,千万不要主观臆断,强词夺理,硬凑数字,有何意义!还要指出的

---

① 仓修良:《关于谱学研究的几点意见》,《历史研究》,1997年第5期。

是,何法盛《晋中兴书》在当时影响是比较大的,因此,凡是研究魏晋南北朝历史和学术思想的人都应当知道的。

总之,我们上文已经讲了,我们现在研究魏晋南北朝家谱流传下来一些片断,主要是想从中探索一些当时所修家谱的内容、编写体例等情况。这个目的应当说是达到了,这些注所保留下来的资料是相当丰富的,从中可以看出当日所修家谱内容还是比较详细的,无论男女,每位家庭成员都有记载,特别妇女都有不同形式记载,相比与宋以后私家之谱对妇女的记载那是有着很大的区别,我们以下举例来说明:

《王氏谱》曰:"导娶彭城曹绍女,名淑。"

《谢氏谱》曰:"安娶沛国刘耽女。"

《王氏谱》曰:"献之娶高郗昙女,名道茂,后离婚。"

《吴氏谱》曰:"坦之字处靖,濮阳人,仕至西中郎将功曹。父坚娶东苑童侩女,名秦姬。"

《谢氏谱》曰:"朗父据,娶太康王韬女,名绥。"

《羊氏谱》曰:"辅字幼仁,泰山人,祖楷,尚书郎。父绥,中书郎,辅仕至卫军功曹,娶琅玡王讷之女,字僧首。"

《庾氏谱》曰:"庾亮子会,娶恢女,名文彪。"

《羊氏谱》曰:"羊楷字道茂。祖繇,车骑。父忱,侍中。楷仕至尚书郎,娶诸葛恢次女。"

《诸葛氏谱》曰:"恢子衡,字峻文,仕至荥阳太守,娶河南邓攸女。"

《王氏谱》曰:"坦之不恺,娶桓温第二女,字伯子。"

《王氏谱》曰:"王坦之娶顺阳郡范汪女,名蓋,即宁妹也,生忱。"

《王氏谱》曰:"逸少,羲之小字,羲之妻太傅郗鉴女,名璿,字子房。"

《庾氏谱》曰:"友字弘之,长子宜,娶宣武弟桓豁之女,字女幼。"

《袁氏谱》曰:"虨大妹名女皇,适殷浩。小妹名女正,适谢尚。"

《谢氏谱》曰:"尚长女僧要适庾和。次女僧韶适殷歆。"

《温氏谱》曰:"峤初娶高平李暅女,次娶琅玡王诩女,后娶庐江何邃女。"

《桓氏谱》曰:"桓冲后娶颍川庾蒇女,字姚。"

从以上所列十七部家谱来看,在魏晋南北朝时期所修私家之谱,对于妇女的许多方面都作了详细记载,当然,每条所记详略不等,大多数还是以男子为主体,并且都是以娶的角度出发。亦有不少以女子为主体,嫁到某方。从这些字里行间中,人们还可发现,当时的妇女,不单有名字,而且也有字,同时也要排行辈。可见当时的妇女在家谱中还是有一定地位的,虽然还不可能与男子同等地位,但与宋代兴起的私家之谱相比,已经有着天地之别了。特别要指出的是,在当时,离婚、再娶都照样写进家谱,并不看做是不光彩的事。

《世说新语》注所征引的当时私家家谱的材料中,有的是在说明自己姓氏的来源情况,这就说明,当时的家谱编修中,姓氏来源是其重要组成部分。最典型的则是温姓。《温氏家谱序》曰:"晋大夫郤至封於温,子孙因氏,居太原祁县,为郡著姓。"①

特别要指出的是,在这些零星的资料中,有些资料还反映了当时家谱编修中,是善恶皆书的,像这样的家谱资料其史料价值自然就很高了。《桓氏谱》曰:"道恭字祖猷,彝同堂弟也。父赤赤,太学博士。道恭历淮南太守,伪楚江夏相,义熙初伏诛。"②又《袁氏谱》曰:"悦字元礼,陈郡阳夏人,父朗,给事中,仕至骠骑咨议。太元中,悦有宠於会稽王,每劝专览朝权,王颇纳其言,王恭闻其说,言於孝武,乃托以它罪,杀悦於市中,既而朋党同异之声播於朝野矣。"③诸如此类,在当日的私家之谱中,竟然都能如实的加以记载,不作任何回避,究其原因,

---

① 《世说新语·品藻》注,徐震堮著:《世说新语笺》,中华书局1984年版。
② 《世说新语·规箴》。
③ 《世说新语·谗险》。

是否与家谱修成后,要上交政府有关部门有关,因为,"有司选举,必稽谱籍,而考其真伪,"对此,笔者在魏晋南北朝谱学发展等文章中已经讲过。现在看到这些征引的各种资料,就可以进一步说明,当时的私家家谱所记内容可信程度是相当高的。这与后世所修家谱,无论在体例上还是内容的可信程度上都是无法相比的。因此,我们说通过查阅这些残存的零星资料,其目的是完全达到的。

我们在上文中已经讲了,潘光旦先生的统计数字是较为靠谱的,他在文中还列表说明。潘先生在表格之后,文章接着说:"他若《陶氏叙》、《袁氏世纪》、《太原郭氏录》等,疑其不为严格之家谱,故未列入。《王氏谱》与《王氏家谱》疑不为一书,今分列为二,前者为琅邪临沂王,以王祥、王览为宗;后者为太原晋阳王,以魏司空王昶为宗。章宗源《隋志考证》并为一谈,於太原谱不另著录,殆出误解,章氏并提及《文选·王文宪集序》注中所引之《王氏家谱》,此确为琅邪谱,盖至唐时,"家谱"二字流行已久,而《文选》之注者(李善)不复为名词上推敲也。""这个分别是非常需要的,因为当日的王姓是分为好多宗派的,比较有名的则为琅邪王和太原王。另外,我们曾经在文章中讲到过门第比较低的晋陵王,以王敬则为代表,此人南朝齐、梁两朝均任大官,入齐后为司空,但是这一支由于郡望低,尽管官位很高,但在社会上还是得不到认可,因此在家谱中也很少提及。还要指出的是,上表《王氏谱》共出现25次,按潘先生分法,这些应当都是琅邪王谱,但在笔者阅读中发现恐怕并非都是如此,如《规箴》第十《王氏谱》曰:"绪字仲业,太原人,祖延,父乂,抚军。"①又如《容业》第十四《王氏谱》曰:"纳字文开,太原人。祖默,尚书,父祐,散骑常侍,纳始过江,仕至新淦令。"可见,这25种《王氏谱》,看来并非全是琅邪王人所修,从其内容看,明显还有太原王家谱,当然,是否会有晋陵王氏家谱呢?也未可知,反正至今还未发现过。

综上所述,《世说新语》注中所引数十家家谱保留下来的残存资

---

① 《世说新语·规箴》。

料，虽然都是片断的，残缺不全的，但是，将其汇集起来研究，就可以为我们揭开蒙在私家之谱头上的神秘面纱，根据这许许多多的条文，我们就可以勾画出当日私家之谱的概貌，看到当日私家家谱的体例和内容，很自然地就会浮现在我们的脑海里，这自然就是刘孝标的所作贡献。

  我们早已讲过，刘孝标《世说新语注》还有一个显著的贡献，就是它为我们研究魏晋南北朝时期地记发展，提供了较为丰富的资料。笔者在《方志学通论》中已经讲了，地记是我国方志发展的第一个阶段，由于西汉以后，地方经济的发展，门第制度的形式，因而为地方经济势力服务的著作也就纷纷产生，地记就是其中主要形式，因为这些著作都是为本地服务，所以刘知几在《史通·杂述》篇早已讲了"郡书者，矜其乡贤，美其邦族，施于本国，颇得流行，置于他方，罕闻爱异"，接着又批评说，这些著作，"人自以为乐土，家自以为名都，竞美所居，谈过其实。"正因如此，在各地都有编著。可是随着隋唐统一局面的形成，中央集权的加强，许多制度产生了改变，也引起了社会风气的变化，这样一来，作为地方著作的功能也相应发生了变化，于是，地记编修的逐渐减少，而图经得到普遍发展。因为地记是适应地方政治、经济势力发展需要而产生、发展的，而图经则是中央集权的产物，它是为巩固中央集权服务的。所以，隋唐以后，地记的编写就逐渐消失了。尽管在魏晋南北朝时期，各地都编过大量的地记。但是到如今，连一部完整的也未流传下来，我们今天要研究，也只有借助于前人在注释各类著作中保留下来残存的片言只语，刘孝标在注《世说新语》时，就曾引用过大量的各地地记，为我们保存了许多非常宝贵的资料，现将该书征引的地记按顺序表列如下：

书名	作者	时代	
襄阳记	习凿齿	晋	36,396
冀州记	荀绰	晋	4,446,279,276
丹阳记		南朝宋	508,5 199,207,336,443
扬州记	刘澄之	南朝宋	71
南徐州记	山谦之	南朝宋	74,320,434
荆州记	盛弘之	南朝宋	79,461
会稽郡记			82
凉州记	张资	南北朝	8,385
吴纪	环济		91,417
吴录			91
东阳记	郑缉之	南朝宋	101
汉南纪			105
兖州记	荀绰	晋	135,278,277
会稽后贤记	钟离岫	晋	180
钱塘县记	刘道真	南朝宋	201
汝南先贤传	周裴	三国魏	227
陈留志	张敞	晋	232,365
会稽记			264
豫章旧志			314
会稽典录	虞豫	晋	318
寻阳记	张僧鉴	南朝宋	359,483
永嘉记	谢灵运	南朝宋	454
隆安记	周祗		485

表中共计抄录了书名各异的地记23部,第一部习凿齿的《襄阳记》,全称应为《襄阳耆旧记》,此书还曾有人作过辑佚,《豫章旧志》曾有过两种,一为三国吴徐整所编写,另一部则为晋时熊默所编写,书中所征引者为哪一部已无法确定,又《会稽记》写过的人就更多了,有晋时孔晔、贺循、南朝宋孔灵符、南朝齐虞愿,书中征引者为何人所作也无从确定。还有《会稽郡记》、《吴录》、《汉南纪》三书的作者不知何人?只好存疑。而在这二十多部地记中,被征引的次数也是多少不等,为了便于读者查找,特将页码注在后面。总的来说,所引内容非常丰富,

现归纳为以下几个方面加以介绍：

1. 表彰本地之人物

记载人物，对于地记来说，在魏晋南北朝时期可以说是它的首要任务，为了标榜自己门第的高贵，势必要把本族做过高官的人一一予以表彰，这是当时政治的需要。这一内容正体现了时代的精神，自然也反映了地方志的时代性。我们上文引了刘知几对这种著作评论的特点就是要"矜其乡贤，美其邦族"，以夸耀其门第。到了后来，凡是本地的名人都一律记载，从古至今，并不局限于某一家族。最典型的莫过于《会稽典录》，《世说新语》注《捷悟》第十一征引《会稽典录》曰："孝女曹娥者，上虞人……"这一故事，流传很广，因为涉及"绝妙好辞"的解释，孝妇女曹娥也就出了名。由于《会稽典录》一书在唐宋时期还在流传，《隋书·经籍志》和两唐书都还著录二十四卷，直到宋代社会上还在流传，以后则慢慢消失。鲁迅先生在《会稽郡故书杂集》中还搜辑逸文，尚得七十二人。最早的一位是范蠡，接着有计倪，东汉时的严光、王充和《吴越春秋》作者赵晔都在其中，因为《会稽典录》作者为虞豫，所以虞姓就有八人之多，还是有一定的倾向性。但是，总的来说，已经跳出了家族范围，做到"矜其乡贤"，为今后地方志编修树立了典范。

2. 记载地理之沿革

地记具有地理书之性质，首先要记载各地的地理沿革，特别是郡县建置的沿革，自秦统一以后，全国推行了郡县制度，但因朝代更替不断，各地郡县大小多少，变化也非常频繁，对于这些变化情况，不仅本地人需要了解，对于地方官吏来说，了解这些自然更加重要，因此，每部地记对这些内容都必须记载。如《扬州记》曰："冶城，吴时鼓铸之所，吴平，犹不废。王茂弘所治也。"①而在山谦之的《丹阳记》所记就更加详细："丹阳冶城，去宫三里，吴时鼓铸之所。吴平，犹不废。"又云："孙权筑冶城，为鼓铸造之所，既立石头大坞，不容近立此小城，当是徙县治，空城而置冶尔。冶城疑是金陵本治，汉高六年，令天下（城）

---

① 《世说新语·言语》篇注。

县邑,秣陵不应独无。"①又如盛弘之《荆州记》曰:"荆州城临汉江,临江王所治。王被征,出城北门而车轴折。父老泣曰:'吾王去,不还矣!'从此不开北门。"②

3. 描绘山水之秀丽

美化家乡之山水,乃是地记之特点,实际上有许多也并非故意夸张,如会稽郡由于有着得天独厚的自然条件,所以长期以来就以山清水秀、风景宜人而著称于世,《会稽郡记》曰"会稽境特多名山水,峰崿隆峻,吐纳云雾,松栝枫柏,擢干竦条,潭壑镜彻,清流写注。王子敬见之,曰:'山水之美,使人应接不暇。'"③又如长江三峡,自古闻名,对这一壮丽奇景,不仅为历代诗人竞相讴歌,而且许多地记也都尽情描绘,盛弘之《荆州记》曰:"峡长七百里,两岸连山。略无绝处,重岩叠嶂,隐天蔽日,常有高猿长啸,属引清远,渔者歌曰:'巴东三峡巫峡长,猿鸣一声泪沾裳。'"④以上两条,应当说都很典型,作为地方志来说,对于自己家乡的风景名胜,理所当然都尽量加以记载。

4. 叙述地名之由来

我国地名之由来,似乎十分复杂,但仔细推求,仍有规律可循。有的因山而得名,如山东、山西、山阴、山阳等;有的因水而得名。如淮阴、淮南、泗洲、泗阳等;有的因长江而得名,如江左、江西、江阴等;有的以黄河而命名,如河内、河南、河东、河西等。更有许多是由地形、物产和神话故事而得名,这些地名往往就无规律可寻,特别是后者,如果不了解典故和神话传说,就无法得知某地名之由来。关于这些,地记就会给你以满意的解释。如关于"乌衣巷"的得名,山谦之在《丹阳记》中说:"乌衣之起,吴时乌衣营处所也,江左初立,琅玡诸王所居。"⑤又如钱塘之得名,《钱唐县记》曰:"县近海,为潮漂没,县诸豪姓敛钱雇

---

① 《世说新语·轻诋》篇注。
②③ 《世说新语·言语》篇注。
④ 《世说新语·黜免》篇注。
⑤ 《世说新语·雅量》篇注。

人,輂土为塘,因以为名也。"①又历史上曾产生过许多地名,亦大多要靠地记为我们保存下来,如:"东府城西有简文为会稽王时第,东则孝文王道子府。道子领扬州,乃住先舍,故俗称东府。"②因为"东府"之名在历史上比较重要,能够知道它的来历便容易了解这个名称的含义,但史书大都没有记载,故后人作《晋书考异》时就进一步作了说明:"此在元帝未即位以前,帝以镇东大将军领扬州刺史,故称东府也。其后以京都所在,刺史不加征东、镇东之号,而东府之名犹存。故扬州治所称东府也。"历史上还有北府之名,故山谦之在《南徐州记》中又说:"旧徐州都督以东为称,晋氏南迁,徐州刺史王舒加北中郎将,'北府'之号,自此起也。"③可见这些地记在记载各地名称及与地名相关问题的名称来历时,无论对研究历史还是历史地理都具有重要的参考价值。

5. 介绍各地之水利交通和风俗

各种地记对于各地水利交通和风俗民情大都有详细记载,因为这些内容都与国计民生有着密切关系,发展生产、物资交流还都关系到官员的政绩,因此,大都注意记载,只不过流传下来还不太多,现列举以下数例:

《襄阳记》曰:"汉侍中习郁,于岘山南,依范蠡养鱼法作鱼池,池边有高堤,种竹及长椒、芙蓉、菱芡覆水,是游燕名处也。山简每临此地,未尝不大醉而还,曰:'此是我高阳池也。'襄阳小儿歌之。"④

《吴兴记》曰:"于潜县东七十里,有印渚,渚旁有白石山,峻壁四十丈,印渚盖众溪之下流也。印渚以上至县,悉石濑恶道,不可行船;印渚以下,水道无险,故行旅集焉。"(《世说新语·言语》篇注)

《南徐州记》曰:"徐州人多劲悍,号精兵,故桓温常曰:'京口酒可

---

① 《世说新语·雅量》篇注。
② 《世说新语·言语》篇注。
③ 《世说新语·排调》篇注。
④ 《世说新语·任诞》篇注。

饮,箕可用,兵可使。'"①又曰:"城西北有别岭入江,三面临水,高数十丈,号曰北固。"②这是一处名胜古迹,指的就是今天镇江市北固山,在魏晋南北朝时还是三面临水,如今就在长江边上,相传刘备曾在此"招亲",南宋爱国词人辛弃疾在镇江任知府期间,曾为此写过两首词:一是"永遇乐"《京口北固亭怀古》,另一首则是"南乡子"《登京口北固亭有怀》。特别是后一首影响比较大,"何处望神州?满眼风光北固楼。天下兴亡多少事,悠悠,不尽长江滚滚流。年少万兜鍪,坐断东南战未休,天下英雄谁敌手?曹刘。生子当如孙仲谋。"很不起眼的"北固"两个字,其实是蕴藏着非常深厚的历史内涵,否则伟大的爱国词人辛弃疾,为什么对其怀有如此深厚的情感而一再前去凭吊,并写下气势豪迈的千古绝唱!这都是当年地记为我们留下的宝贵材料,这又不能不归功于刘孝标所作《世说新语注》,尽管我们今天看到的多为片断的残缺不全的材料,但是拼凑起来,就能看出总的概貌,当年的家谱是什么样?当年的地记又是什么样?笔者通过内容丰富的零星材料,都已经将其勾画出来,所以早在民国年间,潘光旦先生已经提出刘孝标"实间接为谱学一大功臣","刘孝标《世说新语》注非直接为谱学之作品,而为根据谱学之作品,其足证作者为谱学专家则一也。"③笔者以为我们可以用同样理由,说明刘孝标"实间接为地记一大功臣",并且为当时的方志学专家。当然,《世说新语注》所用书籍多达数百种,除家谱、地记而外,还有史书、文集、家传等,而大多亦早已失传,如果要研究,也只有通过这种方法,还得依靠刘孝标当年的注文,就像采矿一样,慢慢开采,总有所得。

2015年初夏写于
浙江大学独乐斋

---

① 《世说新语·捷悟》篇注。
② 《世说新语·言语》篇注。
③ 潘光旦:《中国家谱学史略》,《东方杂志》1929年1月,第26卷第1号。

中国历史上的东西南北中

李 凭

自从中华大地上有了人类,就充满着生机勃勃的景象。在摆脱野蛮进入文明阶段之后,中华先民就一直活跃而发展着。各地先民创造出绚丽的文化,随后从西到东、从南到北地传播,进而汇聚在中原;经过凝结升华之后,又从中原散布到东、西、南、北各个方位。正是这种持续进行的文化交流,推动中华文明不断地丰富,从而在文化上表现为多样性。

区域文化形态的多样性潜移默化地影响着社会的经济与政治,造就经济状态与政治形式的差异,从而酝酿出种种社会矛盾。于是,中国古代历史上就一直存在东西南北中的问题。所谓东西南北中的问题,其实质是经济重心与政治中心的不相一致,系由经济发展不平衡性与政治追求统一性之间的矛盾引起的。

位于中原西部的渭水流域是中华古人类与古文化的发祥地,可作例证的是蓝田猿人及其文化。但是,作为发祥地,它并不是唯一的,也不是最早的,因为人们还可以列举出元谋猿人及其文化、中国猿人北京种及其文化,等等。由此可见,中华大地上的文化,最早并不是在一向被后人视为中心的中原出现与扩散开来的。[①]

距今约一万年左右,中华先民先后进入新石器时代,已被发现的

---

① 李凭:《东方传统》之《古人类学与古文化学》,中国发展出版社1999年版,第9—18页。

新石器时代遗址约有上千处,相应的文化遗存遍及中国的各个省区。其中,闻名于世的有河姆渡文化、良渚文化、仰韶文化、马家窑文化,等等。这些著名的新石器时代遗址,除仰韶文化外,大多并不位于中原。可见,无论旧石器时代还是新石器时代,中华古人类与古文化的发祥地均为多源的,中华古文明的形态是多姿多彩的,中华文化的区域特异性是很早便造就成的。

不过,由于气候、物产相对适宜人类的生活与生产,更由于地理位置的适中,黄河中游成为文化交汇的中间地带。于是,黄河中游的文明程度逐渐突显起来,形成凌驾于其他地区之上的趋势,进而为后世所谓中原文化至尊观念的形成奠定了基础。在这种观念的支配下,黄河中游地区才被视为中华文明最为悠久的发祥地。

其实,在黄河中游地区内,原本也存在多种不同的文化。上古传说中关于黄帝与炎帝、蚩尤、三苗等部落的相互联合与彼此战争,正是不同文化交流与冲突的集中反映。依靠军事胜利的推动与政治管理的成功,黄帝部落的文化在中原占据了上风。于是,以黄帝部落为中心的政治形式出现了。当然,这仅仅是黄河中游政治中心的雏形。然而这样的雏形是具有号召力的,后来从中华地域的中部、东部和西部分别发展起夏、商、周三代王朝,就是统统以中原为根据地向周边拓展而成的。而这些王朝的政权所在地也就成为新的政治中心,这些中心被后世称作国都或首都,它们成为各代王朝的象征。因此,在夏、商、周等王朝的更替过程中,铲除对方的政治中心,以确立自己的政治中心,就成为政权建设的首要任务。

由于统治范围与实力的限制,夏、商、周等王朝的政治中心具有局限性。当中原以外地区发展的势头强劲起来,西周的政治中心地位便日益丧失,春秋争霸与战国争雄的局面就发生了。不过,春秋争霸的实质是政治势力的逐步归并,归并的结果是数百个小国汇合成为战国七雄。战国七雄又明显地分成西方和东方两大势力,于是就有了历史上的东西之争问题。秦国在西方,代表中华大地西部的文化。它的势力向东方推进,陆续消灭六国,从而一统天下。这样的统一,是中华大地西部文明与东部文明碰撞、冲突、融汇的过程。其结果是秦朝建立起中央集权的国家,定都于咸阳。换而言之,此时的咸阳被确立为辽阔中华大地的政治中心。对于中原而言,咸阳是偏西的;但是对于秦朝而言,却是东倾了。

此后,刘邦虽然推翻了秦朝,但是他的政权是建立在秦朝的基础上的,所以西汉的政治中心距离咸阳不远,稍稍东移到长安。东汉虽然也是刘姓王朝,但是统治观念较为注重东部,其政治中心便从长安东移到洛阳。就这样,经过不断的文化交流与融汇、军事冲突与政治集中,于是政治中心逐步从西向东移动,终于占据了中华大地的中央位置,即中原的中心洛阳。

东汉末年局势大乱,洛阳、长安惨遭蹂躏,中华传统的两大国都被破坏殆尽。这样的形势迫使政治中心不得不东移到相对安定的区域,魏晋南北朝时期在太行山东侧不断出现以邺城、中山、信都等城邑为据点或国都的政权便是明证。不过,即便如此,洛阳仍旧不失其中心的地位。比如,曹操政治集团虽然以邺城作为根基,但是曹魏政权却建都在洛阳。这说明统治者的心目中,仍然倾向于以中原之中央为其政治的中心。

不仅汉族如此,入主中原的少数民族统治者居然也具有如此观念。鲜卑拓跋部建立的北魏王朝,在建都平城将近百年之后将国都南迁洛阳,是为中国古代历史上最重大的事件之一。主持迁都的孝文帝选定洛阳作为新都的意义,就在于"洛阳九鼎旧所,七百攸基,地则土中,实均朝贡,惟王建国,莫尚于此。"①。政治中心一定要居于中央的地位才能有力地号令全国。北魏迁都洛阳的宗旨,就在于表明它一定要成为正统的封建王朝。

隋、唐两朝虽然在长安建都,却以洛阳为陪都或东都。隋、唐是中国古代史上的辉煌盛世,二者的政治中心却在长安、洛阳之间徘徊。这也再次反映了中华大地政治中心的位移趋向于洛阳。不过,经过五

---

① 《魏书·李宝传》,中华书局1974年版。

代十国的动乱之后,长安与洛阳最终失却了传统的至尊地位。北宋的政治中心虽然仍旧在中原,但是东移到达开封,这是距离较大的位移。

总体来看,北宋以前列朝,虽然兴起的方位不同,但是政治中心的确立与变迁,大多具有力图居中的趋势。不过,政治中心的确立与变迁,在客观上会受诸如地理、民族、习俗、经济等各种因素的影响。特别在北宋以后,这些客观因素的影响日益显著,它们促使中华大地的政治中心最终东移到北京,元、明、清三朝就均以北京为都城。在此过程中,影响政治中心变迁的诸因素,如地理、民族、习俗等都在发生作用,而最为关键的则是经济的变化。具体而言,就是河北已经发展成为仅次于江南的经济相对发达地区。

一般认为,中华大地的经济重心原先位于中原,隋唐之后南移至江南。也有研究认为,早在南齐之际经济重心就已经移到江南。① 不可否认,在南北朝分裂时期,江南的经济确实具有长足的发展。不过,此时中原的经济虽然因战乱频仍而破败,但是仍然有一块值得重视的经济发展区域,那就是由黄河下游与太行山围拢成的河北地区。

魏晋南北朝时期,由于中原地区持续动荡,形成了大移民的浪潮。移民浪潮的动向虽然不一,但首选的正是距中原最近的河北。河北地处大平原,自然条件良好,适合农作物生长,经过大批移民的开发而成为北方的经济发达地区。东汉以后许多割据势力依赖河北的经济实力而崛起,先是袁绍,继之曹魏,然后是十六国时期的前燕、后赵、冉魏。到北魏、东魏、北齐之时,甚至有"国之资储,惟籍河北"②的说法。如果说,江南经济的发展对中国近代历史的发展具有深远的影响;那么,也可以认为,河北经济的发展则深刻地影响着中国古代历史发展的动向。北京能够成为元、明、清列朝的首都,就与河北的经济发展具有密切关系。

---

① 蒋福亚:《魏晋南北朝社会经济史》第一章第五节之二《新经济重心形成时间蠡测》,天津古籍出版社2004年版,第109页。
② 《北史·常山王元遵传》,中华书局2011年版。

在中国历史上，政治中心与经济重心往往不相一致，尤其是封建统一帝国时期。比如隋、唐时期，经济重心虽然已经东移，但政治中心仍在长安、洛阳一线，既远离江南，也偏离河北。为了解决政治中心与经济重心的分离问题，贯通南北的大运河被凿通了。从历代大运河走势的变化，不难看出政治中心和经济重心之间的紧密关系。在隋、唐、北宋时期，大运河是途经开封的，这种状况有别于后来元、明、清时期的大运河。因为隋、唐的陪都在洛阳，而开封则是北宋的国都，它们都要利用大运河运输物资。大运河就像两支虹吸管一样，把河北和江南的粮食、布帛等物资源源不断地吸纳到洛阳、开封，以解决政治中心与经济重心不一致而造成的首都生计问题。

唐朝以后，中国官僚制度的一大特点，就是围绕大运河而制定了一套职官系统，以此保障将经济重心地区的物资运抵政治中心。政治中心与经济重心的脱离，其弊端在于运输物资要增加巨大成本，会造成财政困难。但是也有其利，那就是迫使政治中心必须与经济重心密切联络，从而有助于对全局的掌控。我们从此后的元、明两朝大运河走势的发展变化，更可见历代统治者力图平衡政治与经济的关系所作的努力。在大运河中流淌着的水流就像人身的血液一样，只有血液不断流淌人身才会充满活力，只有大运河之水不断流淌封建王朝才能整体发展。

中华大地经济的不平衡发展，是引起东西南北中之争的关键。在炎黄时期、夏商周时期、春秋战国时期，主要为东西之争；东汉以后，东西之争转化成南北之争；南北朝以后的隋唐、宋元、明清，都以南北之争为主。随着东西南北中的争斗与演绎，就不断出现政治中心的位移。

古代中华民族的发展，主要面临的是区域经济发展的不平衡性，不平衡的经济会不断引发政治之争，因此就需要寻求政治的平衡、经济的平衡、特别是政治与经济的平衡，而寻求平衡的过程则会耗损巨量的社会成本。两千年中国封建社会发展缓慢，与东西南北中的不平衡状态是密切相关的。

附记：

本文最初是笔者于 2012 年 8 月 24 日在中国社会科学杂志社作的学术演讲，事后择要刊登在《中国社会科学报》2013 年 1 月 18 日版，随后经过修改作为笔者在澳门大学讲授的《中国古代历史》课程的序章。如今适逢朱绍侯先生的九十华诞，先生主编的《中国古代史》为我国高校课本的样板，是笔者曾经拜读的教材，因而呈上这篇小文，以求先生不吝赐教。

北魏统军考略

张鹤泉

北魏统军是孝文帝改革后开始设置的军事职官。当时国家设置统军,是要适应军事征讨和地方镇戍的需要。关于北魏统军的设置,严耕望、俞鹿年先生提及这一问题,①但是,他们都没有做深入的讨论。因此,本文拟对北魏统军的设置、统军选任的条件和方式、统军的任职与将军号诸问题做一些考证,希望能够对北魏统军的特点的认识有所裨益。

一 统军的设置

北魏国家为了适应军事行动的需要,在对军队士兵的统领上,实行设置统军的做法。然而,统军这一职官的设置,并不是在北魏建国后,就开始设置的。细缕《魏书》中的记载,在孝文帝改革前,并没有见到有关统军设置的事例。实际上,在文献中,最早关于统军设置的有三条记载。《魏书》卷四二《韩秀传附韩务传》:

> (韩秀)初为中散,稍迁太子翊军校尉。时高祖南征,行梁州刺史杨灵珍谋叛。以务为统军,受都督李崇节度以讨灵珍。

---

① 俞鹿年:《北魏职官制度考》,社会科学文献出版社2008年版,第161—162页;严耕望:《中国地方行政制度史(乙部)——魏晋南北朝地方行政制度史》,中央研究院历史语言研究所专刊之四十五B,第577—578页。

《魏书》卷一九下《景穆十二王中·南安王桢传附元英传》：

> 高祖南伐，(英)为梁汉别道都将。……英率骑一千，倍道赴救。未至，贼已退还。英恐其入城，别遣统军元拔以随其后，英徼其前，合击之，尽俘其众。

《魏故使持节平北将军恒州刺史行唐伯元使君墓志铭》：

> (元龙)及大军南伐，师指义阳，复假君龙骧将军大将军司马。……及銮驾亲戎，问罪南服，鼓鞞之思，允属伊人，复以安远将军为右军统军，司马如故。①

在这些记载中，都提到在北魏军队中出现统军设置，是在孝文帝率军南征之时。关于孝文帝南征一事，在《魏书》中记载明确。《魏书》卷七下《孝文帝纪下》："(太和十七年)车驾发京师，南伐，步骑百余万。"这就是说，北魏国家开始设置统军的确切时间，应该为太和十七年。而在这一年，由孝文帝实行的一系列改革中，已经涉及官制。正如《魏书》卷七下《孝文帝纪下》："(太和十五年)十有一月丁卯，迁七庙神主于新庙。乙亥，大定官品。"并且，还"远依往籍，近采时宜，作《职员令》二十一卷。"②很显然，孝文帝实行的官制改革，使北魏国家的职官设置得到进一步的完善。由此来看，太和十七年，北魏国家开始在军队中设置统军，应该与孝文帝官制改革有很大的关系。那么，孝文帝为什么要在官制改革时设置统军？应该说，孝文帝是要通过设置统军，而使国家的军事征讨和镇戍体制更为合理。换言之，北魏国家设置统军，实际是与改善军事征讨和镇戍体制联系在一起的。

其实，在孝文帝改革前，也就是北魏前期，北魏国家在军事征讨和镇戍上，已经有严格的规定。从当时的军事征讨来看，不仅有皇帝亲征的制度，还有征讨军统帅和随军将领的设置以及征讨军队的调集制度。就北魏前期征讨军的统帅设置而言，国家的规定是明确的。《魏

---

① 赵超：《汉魏南北朝墓志汇编》，天津古籍出版社2008版，第45页。
② 《魏书·孝文帝纪下》，中华书局1974年版，第174页。

书》卷一九下《景穆十二王下·乐陵王胡儿传》:"(拓跋思誉)高祖初,蠕蠕犯塞,以思誉为镇北大将军、北征大都将。"可见,北魏国家可以设置大都将来统帅征讨军。《魏书》卷五十《尉元传》:"(尉元)征为使持节、侍中、都督南征诸军事、征西大将军、大都将,余官如故,总率诸军以讨之。"这里提到的都督南征诸军事,就是可以总领全军的征讨都督。不过,北魏国家为了加重征讨都督的地位,还要为它加上大都将的官称。在国家征讨军队统帅的设置上,除了大都将、征讨都督之外,设置最多的是都将。例如,闾大肥"神瑞中,为都将,讨越勒部于跋那山,大破之"①。来大千"经略布置,甚得事宜。后吐京胡反,以大千为都将讨平之"②。薛胤"除悬瓠镇将。萧赜遣将寇边,诏胤为都将,与穆亮等拒于淮上"③。寇臻"高祖初,母忧未阕,以恒农大盗张烦等贼害良善,征为都将,与荆州刺史公孙初头等追揃之"④。很明显,北魏国家设置都将统领征讨军队,应该是很经常的做法。北魏国家不仅设置都将直接统领征讨军队,而且,在皇帝亲征时也有都将的设置。例如,长孙石洛"世祖初,为羽林郎,稍迁散骑常侍。从征赫连昌,为都将"⑤。薛瑾"真君元年,征还京师,除内都坐大官。五年,为都将,从驾北讨"⑥。由此可见,虽然在皇帝亲征时,都将不能做征讨军队的统帅,可是,在征讨军队中的地位却是很高的。

北魏国家不仅为征讨军队设置总领全军的统帅,也设置受统帅统领的将领。《魏书》卷四四《薛野䐱传》:"(太和)四年,徐州民桓和等叛逆,屯于五固。诏虎子为南征都副将,与尉元等讨平之。"《魏书》卷五十《尉元传》:"(尉元)元又表曰:……臣欲自出击之,以运粮未接,又恐新民生变,遣子都将于沓干、刘龙驹等步骑五千,将往赴击。"这些记载

---

① 《魏书·闾大肥传》。
② 《魏书·来大千传》。
③⑥ 《魏书·薛辩传》。
④ 《魏书·寇赞传》。
⑤ 《魏书·长孙肥传》。

中所说的都副将、子都将，实际都是能够受征讨军队统帅统领的军事官员。

由上述可见，北魏前期，北魏国家为了适应征讨作战的需要，为征讨军队设置了大都将、征讨都督、都将、都副将、子都将。这些官员都是军事官员。在这些官员中，征讨都督、大都将、都将可以作为征讨军队的统帅；都副将、子都将则是受征讨军统帅统领的军事将领。尽管这些职官在征讨军队所处的地位不同，可是，它们却有一致之处，即都是北魏国家为军事征讨专门设置的职官。这些职官的设置，具有不固定性。因为在征讨作战结束后，这些职官并不能连续任职，其中大多数都转任其他职官。

从北魏前期国家镇戍情况来看，要比征讨军队的职官设置复杂。在北魏国家所设的这类职官中，可以分为两类。一类为军事和行政事务兼管的职官。北魏国家设置的都督诸军事、刺史、镇都大将、太守，都是这种性质的官员。其中镇都大将，正如《魏书》卷一一三《官氏志》称："旧制，缘边皆置镇都大将，统兵备御，与刺史同。"另一类则属专门掌管军事镇戍的职官。这些职官主要有：镇都将、镇都副将。例如，长孙敦"位北镇都将"①。长孙陈"复出为北镇都将"②。穆颛"出为北镇都将"③。见于记载的还有：平原镇都将④、长安镇都将⑤、东阳镇都将⑥、西治都将⑦、统万镇都将⑧、柔玄镇都将⑨。显然，在军镇中设置镇都将是很普遍的，而且，镇都将还在军镇中掌管重要军事事务。镇

---

① 《魏书·长孙嵩传》。
② 《魏书·长孙肥传》。
③ 《魏书·穆崇传》。
④ 《魏书·吕洛拔传》。
⑤ 《魏书·李宝传》。
⑥ 《魏书·陆俟传》。
⑦ 《魏书·源贺传》。
⑧ 《魏书·尉元传》。
⑨ 《魏书·奚康生传》。

都副将也是为军镇设置的军事官员。如王慧龙"真君元年,拜使持节、宁南将军、虎牢镇都副将。"①只是镇都副将的地位要低于镇都将。可以说,北魏前期,国家对掌管军镇镇戍的军事官员的设置是很完备的。

  北魏前期,国家不仅重视军镇军事官员的设置,实际对都督区、州和郡也有专门军事官员的设置。《魏书》卷四五《裴骏传》:"(裴修)以妇父李䜣事,出为张掖子都大将。张掖境接胡夷,前后数致寇掠,修明设烽侯,以方略御之。"北魏前期,张掖不是军镇,而是行政郡。这说明,在当时的郡中也有专管军事行动的官员。至于都督区、行政州中的专管军事的官员设置情况,由于记载缺乏,不易详考。不过,尚有一些线索可寻。《魏书》卷一一三《官氏志》:"诸部落大人之后,而皇始已来官不及前列,而有三世为中散、监已上,外为太守、子都,品登子男者为族。若本非大人,而皇始已来,三世有令已上,外为副将、子都、太守,品登侯已上者,亦为族。"可见,孝文帝改革,为了定族姓,将北魏前期外任的副将、子都将视为与当时郡太守的地位相当。由此可以推断,这些副将、子都将除了可以为征讨军队设置外,似在都督区、行政州中,也应该有设置。由此来看,北魏前期,在国家不同的地方镇戍体制中,都有专门掌管军事的官员的设置。

  北魏前期,国家为军事征讨和镇戍地方设置专门的军事官员的做法,当然要影响孝文帝的改革。从孝文帝改革后的国家军事征讨和镇戍体制来看,可以说,基本承袭了前期的规定,但孝文帝也对这种体制做了一些改变。在改革后的北魏国家组成的征讨军队的统帅中,除了有征讨都督、都将之外,还增加了新的职官。《魏书》卷一九下《景穆十二王下·章武王太洛传附元融传》:"(元融)世宗初,复先爵,除骁骑将军。萧衍遣将寇逼淮阳,梁城陷没。诏融假节、征虏将军、别将南讨,大摧贼众,还复梁城。"又《魏书》卷二一上《献文六王上·赵郡王干传附元谭传》:"(元谭)肃宗初,入为直阁将军。历太仆、宗正少卿,加冠军将军。元法僧外叛,诏谭为持节、假左将军、别将以讨之。"就是说,

---

① 《魏书·王慧龙传》。

北魏国家可以在征讨军队中设置别将总领全军。至北魏后期,在当时国家征讨军队中,又增设了新的统帅。《魏书》卷九《明帝纪》:"(熙平元年)以吏部尚书李平为镇军大将军、兼尚书右仆射,为行台,节度讨硖石诸军。"显然,李平是以行台的身份统率征讨军队的。他所任的行台,应该属于征讨行台。由此可见,孝文帝改革以后,与北魏前期相比,可以担任征讨军队统帅的职官明显增多了。

北魏国家为了适应这种变化,当然要对征讨军队统帅所统领的将领作必要的改变。实际上,孝文帝改革后,在征讨军队中设置统军,正是要适应征讨军队组成的变化状况。《魏书》卷三九《李宝传附李佐传》:"车驾征宛邓,复起(李)佐,假平远将军、统军。"又《魏书》卷三六《李顺传附李焕传》:"(李焕)除辅国将军、梁州刺史。时武兴氏杨集起举兵作逆,令弟集义邀断白马戍。敕假焕平西将军,督别将石长乐、统军王佑等与军司苟金养俱讨之,大破集起军。"很明显,在这些征讨军队中设置的统军,都是受军队统帅指挥的将领。因此,可以说,征讨军队中的统军,正是隶属于军队统帅的僚佐官,因而,表现出明显的隶属性。而且,在征讨军队中,统军的这种隶属性是没有选择的。也就是说,不同的征讨军统帅,都能够使统军成为所属将领。《魏书》卷一九下《景穆十二王中·南安王桢传附元英传》:"寻诏英使持节、假镇南将军、都督征义阳诸军事,率众南讨。……衍将马仙琕率众万余,来掩英营。英命诸军伪北诱之,既至平地,统军傅永等三军击之,贼便奔退。……英勒诸将,随便分击,又破之,复斩贼将陈秀之。统军王买奴别破东岭之阵,斩首五百。"这里提到的统军傅永、王买奴,显然,都受征讨都督元英统辖。在《魏书》中所见受征讨都督统辖的统军还有:韩务、高颢、杨众爱、氾洪雅、刘思祖、叔孙头、慕容拒。这种情况说明,在征讨都督任统帅的军队中,统军不仅是重要的僚佐,而且,在所属僚佐中还占有重要的地位。

北魏后期,在当时国家组成的征讨军队中,以征讨行台任统帅的情况明显增多。在以征讨行台为统帅的军队中,也有统军的设置。如李苗"为统军,与别将淳于诞俱出梁益,隶行台魏子建"①。这些隶属于行台的统军,当然要在行台的统领下领兵作战。可是,这些统军还需要登录征讨军将士的功勋。卢同上奏说:"斩首成一阶已上,即令给券。一纸之上,当中大书,起行台、统军位号,勋人甲乙。"②这就是说,征讨军队将士所立的功勋,需要行台、统军共同签署,才能够被认定。由此可以看出,统军在征讨行台为统帅的军队中,是居于很特殊的位置。

在北魏国家组成的征讨军队中,也可以选派别将担任统帅。别将与统军一样,都是孝文帝改革后,才开始设置的军事官员。《北齐书》卷一九《厍狄回洛传》:"(厍狄回洛)初事尔朱荣为统军,预立庄帝,转为别将。"这说明,别将的地位要高于统军。由于别将与统军在等次上存在差异,所以,在国家组成的征讨军队中,二者所起处的地位也就不相同。《魏书》卷七十《刘藻传》:"太和中,改镇为岐州,以藻为岐州刺史。转秦州刺史。……后车驾南伐,以藻为征虏将军,督统军高聪等四军为东道别将。"可见,刘藻在孝文帝亲征时,任东道别将,正是一路征讨军队的统帅。由刘藻的这种地位所决定,因而,他可以统领统军。也就是说,在以别将为统帅的征讨军队中,统军可以与别将建立隶属关系。不过,需要说明的是,别将与统军具有隶属关系,只有在别将为统帅的征讨军队中,才能够体现出来。而在北魏国家正常设置的别将与统军,实际并没有这种关系。《魏书》卷六五《邢峦传》:"(邢峦)为使持节、都督东讨诸军事、安东将军,尚书如故。……峦遣统军樊鲁讨文玉,别将元恒攻固城……毕祖朽复破念等,兖州悉平。"说明在以征讨都督为统帅的征讨军队中,别将与统军一样,都是军队统帅的僚佐,要接受统帅的指令。这种情况说明,别将与统军设置的明显差别是,别将在需要时,可以被选派为征讨军队的统帅,而统军只能在征讨军队中,作为隶属于军队统帅的僚佐。

---

① 《魏书·李苗传》。
② 《魏书·卢同传》。

孝文帝改革后,北魏国家组成征讨军队还沿袭了改革前的做法,继续选派都将做征讨军队的统帅。如宇文福"寻以高车叛,命加征北将军、北征都将,追讨之"①。作为征讨军队统帅的都将也可以有僚佐的设置。《魏书》卷一九下《景穆十二王中·南安王桢传附元英传》:"高祖南伐,英为梁汉别道都将。……英率骑一千,倍道赴救。未至,贼已退还。英恐其入城,别遣统军元拔以随其后,英徼其前,合击之,尽俘其众。"可见,在孝文帝亲征时,元英以别将的身份被任命为一路征讨军队的统帅。显然,在他所统领的军队中,可以设置统军作为隶属的僚佐。

此外,北魏国家还能够使国家禁卫军的将领直接统帅征讨军队。《魏书》卷七三《杨大眼传》:"世宗以大眼为武卫将军、假平南将军、持节,都督统军曹敬、邴虬、樊鲁等诸军讨茂先等,大破之,斩衍辅国将军王花、龙骧将军申天化,俘馘七千有余。"杨大眼所任武卫将军,正是北魏国家禁卫军将领。显然,在他统帅的征讨军队中,也可以设置受他管辖的统军。

综上可见,孝文帝改革后,北魏国家设置专掌军事的统军,并使这些统军成为国家组成的征讨军队中的重要将领。北魏国家所以为征讨军队设置统军,主要是保证征讨军队统帅对僚佐官的需要。因为孝文帝改革后征讨军队的统帅体制发生了较大的变化,征讨军队的统帅可以是征讨都督、征讨行台、都将、别将以及禁卫军的将领,因而,要保证征讨军队在组成上的稳定,也就需要有比较固定的僚佐官系统。北魏国家为征讨军队设置统军,正是要使僚佐官系统可以有比较稳定的构成。因此,可以说,北魏国家设置统军,也就将征讨军队的僚佐官的设置更为制度化。

孝文帝改革后,北魏国家不仅改进军事征讨制度,而且,还使地方镇戍制度也不断完善。这种镇戍制度包括都督诸军事的设置和刺史领兵制度的完善。北魏国家不仅进一步加强地方长官在镇戍中的主

---

① 《魏书·宇文福传》。

导作用,并且,还设置隶属于地方长官的专门军事属官。在这些专门的军事属官中就有统军。

其实,当时统军的设置与都督诸军事和刺史都有关系。就北魏的都督诸军事的设置而言,在前《职员令》中有都督三州诸军事、都督府州诸军事。他们的职责是掌管三州或一州以上的军事防卫,因此,也就需要有军事僚佐的设置。《北齐书》卷二十《薛循义传》:"(薛循义)正光末,天下兵起,颢为征西将军、都督华、豳、东秦诸军事,兼左仆射、西道行台,以脩义为统军。"薛循义所任统军,当然是受都督诸军事管辖的僚佐。都督诸军事管辖的统军还可以由其他僚佐兼任。《魏书》卷七十《傅竖眼传》:"(傅竖眼)寻假镇军将军、都督梁西益巴三州诸军事。萧衍遣其北梁州长史锡休儒、司马鱼和、上庸太守姜平洛等十军,率众三万,入寇直城。竖眼遣敬绍总众赴之,倍道而进,至直城,而贼袭据直口。敬绍以贼断归路,督兼统军高彻、吴和等与贼决战,大破之。"可见,虽然高彻、吴和都为统军,可是,因为他们还有其他的都督诸军事僚佐官的身份,所以,也就特别称为"兼统军"。应该说,都督诸军事所辖这些统军,是统领都督区军队的重要将领,所以,在负责都督区的防卫上所处的地位是不能忽视的。

从北魏国家所设刺史来看,他们一般都领有将军号。特别是孝文帝改革后,刺史所领将军号的品级序列更明确。实际上,当时刺史加领将军号成为领兵和设置军府和僚佐的标志。由于刺史加领将军号,因此,其僚佐分为州府僚佐和军府僚佐。由于统军为军事官员,所以,应该与军府有关。严耕望先生就将北魏统军划为军府僚属。① 以史实证之,严氏看法不误。《魏书》卷六十《韩麒麟传》:"(太和)二十一年,车驾南伐,显宗为右军府长史,征虏将军、统军。"可见,韩显宗所任统军,正是由右将军府长史兼任的。由于统军为军府僚佐,所以,对刺史管辖的行政州的防卫起到重要作用。例如,元嵩"转安南将军、扬州

---

① 严耕望:《中国地方行政制度史(乙部)——魏晋南北朝地方行政制度史》,第577—578页。

刺史。萧衍湘州刺史杨公则率众二万,屯军洛口,姜庆真领卒五千,据于首陂;又遣其左军将军骞小眼,军主何天祚、张俊兴等率众七千,攻围陆城。嵩乃遣统军封迈、王会等步骑八千讨之"①。李崇"出除散骑常侍、征南将军、扬州刺史。……萧衍霍州司马田休等率众寇建安,崇遣统军李神击走之"②。傅竖眼"为右将军、益州刺史……又遣统军傅昙表等大破衍宁朔将军王光昭于阴平"③。很明显,统军作为刺史军府的僚佐,是协助刺史镇戍州区重要依靠。然而,还要说明的是,孝文帝改革后,将大部分军镇改为行政州。可是,在北部缘边还设置军镇。在军镇长官所统领的僚佐中,还有统军的设置。《周书》卷二七《常善传》:"(常安成)魏正光末,茹茹寇边,以统军从镇将慕容胜与战,大破之。"说明统军也是协助军镇长官负责镇戍的重要军事属官。

总之,北魏统军是在孝文帝改革后开始设置的。在当时国家组成的征讨军队中,要设置统军协助征讨军队统帅统率军队,实际它是隶属这些统帅的重要僚佐官。在由都督诸军事、州刺史、军镇长官构成的镇戍体制中,也有统军的设置。所设的统军,正是这些镇戍长官的僚佐。由于这些统军专门负责军事行动,所以,在地方的镇戍中,自然负有不可忽视的职责。

二 统军选任的条件和方式

1. 选任统军的条件

北魏统军是国家为军事征讨和镇戍地方而设置的军事官员。北魏国家对这种军事官员的选任是有条件的。统计北魏国家选任统军相关记载,可以担任统军者的身份,实际可以分为三种情况:

---

① 《魏书·任城王云传》。
② 《魏书·李崇传》。
③ 《魏书·傅竖眼传》。

一类为担当职官者。《魏书》卷四一《源贺传附源延伯传》："（源延伯）初为司空参军事。时南秦民吴富反叛，诏以河间王琛为都督，延伯叔父子恭为军司。延伯为统军，随子恭西讨，战必先锋。"就是说，在源延伯被选任统军前，曾担任司空参军事。应该说，北魏国家从现任职官中选任统军，并不是特例，而是经常采用的做法。统计《魏书》《北齐书》《周书》中的记载，被选拔为统军的职官有：太子翊军校尉、司徒行参军、尚书郎、员外散骑常侍、录事参军、步兵校尉、治书侍御史、羽林监、建德太守、第一领民酋长、卫府都督、奉朝请。在这些被选任为统军的官员中，其品级是高低不同的。《魏书》卷五五《刘芳传》："（刘思祖）高祖末入朝，历羽林监，梁、沛二郡太守，员外常侍。屡为统军南征，累著功捷。"这里提到的员外常侍，即为员外散骑常侍。后《职员令》规定为五品。这应该是被选为统军的品级最高的现任官员。而被选任统军的品级最低的官员为奉朝请。例如，崔融为"奉朝请。尚书令高肇出讨巴蜀，引为统军"①。侯植"正光中，起家奉朝请。寻而天下丧乱，群盗蜂起，植乃散家财，率募勇敢讨贼。以功拜统军，迁清河郡守"②。奉朝请，在后《职员令》规定为从七品。不过，需要提到的是，出任统军的第一领民酋长、卫府都督，与以上有品级规定的官员不同。《北齐书》卷二十《叱列平传》："（叱列平）袭第一领民酋长，临江伯。孝昌末，拔陵反叛，茹茹余众入寇马邑，平以统军属。"北魏末年，领民酋长之职已经成为虚号。直到北齐时，才被定为比视官。③《周书》卷二九《高琳传》："（高琳）魏正光初，起家卫府都督。从元天将讨邢杲，破梁将军陈庆之，以功转统军。"所谓卫府都督，也就是卫将军府都督。严耕望先生将其划为与统军一类的军府僚佐。④ 因此，以这种

---

① 《魏书·崔挺传》。
② 令狐德棻等：《周书》卷二九《侯植传》，中华书局1971年版，第505页。
③ 俞鹿年：《北魏职官制度考》，社会科学出版社2008年版，第330页。
④ 严耕望：《中国地方行政制度史（乙部）——魏晋南北朝地方行政制度史》，第577—578页。

身份出任统军,也就被视为转任。实际上,这两种职官的共同点,就是都没有列入前、后《职员令》中,因此,是没有品级规定的官员。这些情况说明,北魏国家从现任职官中选任统军,并不注重官员的品级。此外,北魏国家将任职官员以从五品为界限,分为特权官员和一般官员。可是,北魏国家选任的统军既有从五品以上的官员,也有从五品以下的官员。这就是说,北魏国家规定的区分官员层次的从五品界限,在选任统军时,一般是不受这一界限约束的。

二类为曾任职官,但被废黜官职者。《魏书》卷四四《宇文福传》:"(宇文福)寻以高车叛,命加征北将军、北征都将,追讨之。军败被黜。景明初,乃起拜平远将军、南征统军。"就是说,北魏国家对被废黜官职者,可以通过任命为统军而被重新启用。应该说,这种做法并不是特例,《魏书》中记载的这种情况并不少见。例如,李佐"坐徙瀛州为民。车驾征宛邓,复起佐,假平远将军、统军"①。崔游"坐徙秦州,久而得还。大将军高肇西征,引为统军"②。裴仲规"弃官奔赴,以违制免。久之,中山王英征义阳,引为统军,奏复本资"③。由此可见,被废黜官员,也是北魏国家选任统军的重要来源。正因如此,一些被废黜官员重新被叙用,担任统军也就成为他们重返官界的重要途径。

三类为无任官经历者。《魏书》卷四四《伊馛传》:"(伊盆生)初为统军,累有战功,遂为名将。"《魏书》卷五六《郑羲传》:"(尚)壮健有将略。屡为统军,东西征讨。"这两条记载中提到的伊盆生,尚壮都没有担任过职官,可是,他们都被选为统军。这说明,北魏国家并不限制从无任官经历者中实行选任的做法。不过,需要注意的是,伊盆生为代人勋臣之后。孝文帝定族姓之后,当为鲜卑大族。而郑尚则为汉族著名郑氏家族成员。这就是说,北魏国家从无任官经历者中选统军,在开始时,是注意门第的。可是,由于北魏正光、孝昌年间变乱之后,

---

① 《魏书·李宝传》。
② 《魏书·崔挺传》。
③ 《魏书·裴延俊传》。

战事频仍,因此,对统领军队的统军的需求也就随之增多,所以,也就放松了选任统军在门第上的限制。在选任条件上,更看重的是实际作战的能力。例如,胡小虎"少有武气。正光末,为统军于晋寿"①。厍狄回洛"少有武力,仪貌魁伟。初事尔朱荣为统军"②。范舍乐"有武艺,筋力绝人。魏末,从崔暹、李崇等征讨有功,授统军"③。这说明,北魏末年,国家从无任官经历者选任统军,应该是将军事素质置于首位的。当时国家所以采取这种做法,当然是为了适应战争频频发生的形势需要。

上述情况说明,北魏国家在选任统军时,是注意被选任者的身份,所以,也就是需要从现任官员和有任官经历者中选择适合的人员。选任统军的这种做法,正是取决于北魏国家的官本位体制。可是,统军又是专门的军事官员,需要具有统军作战的能力,所以,北魏国家又不对担任统军者的任官经历做严格的限定。也就是说,可以在无任官经历者中选拔统军。这正是由统军为军事僚佐官的特征所决定的。因为统军的这种特征,就使北魏国家将受选者的军事素质置于首位,至于受选者的身份则只是次要因素。

2. 选任统军的方式

北魏国家设置统军,一是要使统军作为征讨军队统帅的僚佐;二是要作为镇戍地方长官的僚佐。由于统军的这种僚佐官的性质,也就决定了国家在任命统军时采取的方式。《魏书》卷四一《源贺传附源延伯传》:"(源)延伯,初为司空参军事。时南秦民吴富反叛,诏以河间王琛为都督,延伯叔父子恭为军司,延伯为统军,随子恭西讨,战必先锋。"这说明,北魏国家任命征讨军的统军与征讨都督一样,都是通过诏令直接任命的。在北魏镇戍体制中的统军也是如此。严耕望先生

---

① 《魏书·节义》。
② 李百药:《北齐书·厍狄回洛传》,中华书局1972年版,第254页。
③ 《北齐书·慕容俨传》。

认为,府佐则须中央任命。① 统军作为地方军府僚佐的一种,自然也是要由中央任命的。所以在《魏书》中有北魏皇帝下诏,以李苗"为统军"②及以傅永"为统军"③的记载。这些情况说明,北魏国家任命统军,采取下诏的方式,正是一种常规的制度。

除此之外,北魏国家在对镇戍军府统军的任命上,并不只限于采取诏令的方式。《魏书》卷二四《崔玄伯传附崔摸传》:"(崔祖螭)粗武有气力。刺史元罗板为兼统军,率众讨海贼。"这里提到的"板",即是板授,也就是不需皇帝敕令,而能够代替皇帝任命。北魏国家以这种方式任命统军,也是重要的做法。《周书》卷二八《权景宣传》:"魏正光末,贼帅宿勤明达围逼豳州,刺史毕晖补(郭)贤统军,与之拒守。"《周书》卷一一《叱罗协传》:"及魏末,六镇骚扰,客于冀州。冀州为葛荣所围,刺史以(叱罗)协为统军,委以守御。"《周书》卷一九《宇文贵传》:"正光末,破六汗拔陵围夏州,刺史源子雍婴城固守,以(赵)贵为统军救之。"这些记载中提到的刺史对统军的任命,实际都是板授。虽然这种板授表现为刺史代表皇帝行事,实际刺史的意志在统军的任命上,所起到的作用却是很重要的。

不过,还需要指出的是,由于统军是军事征讨军队统帅和镇戍地方长官的僚佐,所以,在任命统军上,是需要这些统帅和长官表达他们的意见。《魏书》卷五七《崔挺传》:"(崔)游坐徙秦州,久而得还。大将军高肇西征,引为统军。"这里所说的"引为统军",并不是军事统帅对统军的任命,而是向国家荐举合适的统军人选。对镇戍地方的长官来说,实际也有荐举统军的权力。《魏书》卷五八《扬播传》:"(杨侃)释褐太尉、汝南王悦骑兵参军。扬州刺史长孙稚请为录事参军。萧衍豫州刺史,裴邃治合肥城,规相掩袭。……邃后竟袭寿春,入罗城而退。

---

① 严耕望:《中国地方行政制度史(乙部)——魏晋南北朝地方行政制度史》,第153页。
② 《魏书·李苗传》。
③ 《魏书·傅永传》。

遂列营于黎浆、梁城,日夕钞掠,稚乃奏侃为统军。"这就是说,刺史荐举担任统军的人选,是任命统军的重要环节。就被举荐为统军的身份而言,这些被举荐者大多数是统帅和长官的僚佐。《魏书》卷五七《高祐传》:"(高颢)出为冀州别驾,未之任,属刺史元愉据州反,世宗遣尚书李平为都督,率众讨之。平以颢彼州领袖,乃引为录事参军,仍领统军,军机取舍,多与参决。"可见,高颢被荐举为统军,正是因为他具有录事参军的身份。可以说,当时人对选任统军的举荐环节是很重视的。正如袁翻上书说:"愚谓自今已后,荆、扬、徐、豫、梁、益诸蕃,及所统郡县、府佐、统军至于戍主,皆令朝臣王公已下各举所知,必选其才,不拘阶级。"①因此,可以明确,这种荐举的做法,是北魏国家选任有才能者担任统军的重要保证。

北魏国家除了通过正常的程序选拔统军之外,还实行一些特殊的做法。《魏书》卷七三《杨大眼传》:"时高祖自代将南伐,令尚书李冲典选征官,(杨)大眼征求焉。……未几,迁为统军。"《周书》卷三一《韦孝宽传》:"(韦孝宽)弱冠,属萧宝夤作乱关右,乃诣阙,请为军前驱。朝廷嘉之,即拜统军。"很显然,杨大眼、韦孝宽都是通过自荐而被选为统军的。不过,这种自荐的方式,只是为了应付战争的需要才实行的,因而,并不是固定的规定。

综上所述,尽管统军属于征讨军队统帅和镇戍长官的军事僚佐官,可是,对它最终的任命却是通过皇帝的诏令和皇帝授权的板授实现的。这表明,北魏国家对统军的任命已经形成固定的程序,以此保证统军的任职具有合法性。北魏国家为了保证能够选拔合适的人员担任统军,因此,也赋予征讨军统帅和地方镇戍长官具有荐举统军的权力。但这种荐举权只是选拔统军的一个环节,并不能最后决定统军的任职。由于北魏国家对统军的选拔形成严格、完备的制度,所以,也就使选拔出的统军能够在征讨作战和镇戍防卫上,发挥出积极重要的作用。

---

① 《魏书·袁翻传》。

三　统军的任职与将军号

北魏国家实行的官本位体制,包括将军制度。但是,北魏国家所设的将军已经虚化。因此《魏书》卷七一《淳于诞传》:"(淳于)诞不愿先受荣爵,乃固让实官,止参戎号。"也就是说,将军号只是象征等级地位的戎号。为了体现任职官员的荣誉,北魏国家多为他们加授将军号。但北魏国家为官员加授将军号,主要限于主官,除了特殊情况,很少为僚佐官加授将军号。然而,北魏国家对所设的统军,则与一般的情况既有相同的,也有不同的方面。就相同方面而言,主要表现在为镇戍地方而设置的统军上。实际这类统军都属于军府僚佐。严耕望先生将统军划为都将系统的僚佐。既然如此,所以统军也就与军府诸曹类僚佐一样,一般都不加授将军号。统计《魏书》、《北齐书》和《周书》记载,担任统军没有加授将军号的有:源延伯、韩务、伊盆生、刘思祖、郑尚、高颢、崔融、崔游、杨侃、裴仲规、傅永、傅竖眼、裴承祖、淳于诞、奚康生、杨大眼、尔朱度律、胡小虎、库狄回洛、张保洛、叱列平、牒舍乐、范舍乐、宇文泰、叱罗协、贺拔度拔、侯莫陈顺、梁椿、郭贤、高琳、侯植、韦孝宽、李穆,共33人。在这些无将军号的统军中,大部分都为军府僚佐。如叱罗协"六镇骚扰,客于冀州。冀州为葛荣所围,刺史以协为统军,委以守御"①。当然,其中还有一些统军不属于军府僚佐,而是征讨军队统帅的僚佐。如韩务"为统军,受都督李崇节度以讨灵珍"②,也没有加授将军号。这说明,北魏国家对作为征讨军队统帅的僚佐,也实行不加授将军号的做法。不过,应该指出的是,这只是比较特殊的情况。因为北魏国家对征讨军队中的统军与将军号的关系上,采取了与军府统军不相同的做法。

实际上,北魏国家对大多数征讨军队中的统军实行了加授将军号

---

① 《周书·晋荡公护传》。
② 《魏书·韩秀传》。

的措施。《魏故使持节都督河凉二州诸军事卫大将军河州刺史宁国伯乞伏君墓志》:"君讳宝,字菩萨,金城郡榆中县人也。……蔑尔西戎,蠢焉东向,侵凌关塞,摇荡边居。帝乃赫怒,言思薄罚。便为统军,假号宁朔。"①墓志铭中所说的宁朔,就是宁朔将军。这就是说,因乞伏宝担任了统军,也就为他加授了宁朔将军号。为任统军者加授加授将军号的情况,也见之于文献记载。如《魏书》卷七十《傅永传》:"中山王英之征义阳,(傅)永为宁朔将军、统军,当长围遏其南门。"当然,这些领有将军号的统军,都是征讨军队统帅的僚佐。例如,房敬宝"奉朝请、征北中兵参军、北征统军、宁远将军,每有战功"②。宇文福"景明初,乃起拜平远将军、南征统军"③。而且,在征讨作战中,立有军功而晋升为统军者,也可以加授将军号。如贺拔胜"以功拜统军,加伏波将军"④。这些情况说明,北魏国家为了使参与征讨作战的统军在战争中尽力作战,需要通过为他们加授将军号来加重他们的地位。正因如此,北魏国家为参与征讨作战的统军,不仅可以为他们加授正式的将军号,还可以假授将军号。《魏书》卷三九《李宝传附李佐传》:"车驾征宛邓,复起佐,假平远将军、统军。"《魏书》卷四九《崔鉴传》:"(崔仲哲)常以将略自许。辟司徒行参军。假宁朔将军、统军,从广阳王渊北讨,击柔玄贼,破之。"《魏书》卷五三《李孝伯传》:"(李玚)随萧宝夤西征,以玚为统军,假宁远将军。"《魏书》卷六一《毕众敬传附毕祖朽传》:"以祖朽为统军,假宁朔将军,隶邢峦讨之。"这些记载中提到的"假"就是"假授"。假授的将军号,也称为假将军号。这种将军号与正式的将军号不同,只是临时授予的将军号。北魏国家所以要为参与征讨作战的统军假授将军号,当然与正式加授将军号的目的相同,也是要以此加重他们的地位。因为北魏国家实行正式和假授两种方式,所

---

① 赵超:《汉魏南北朝墓志汇编》,第304页。
② 《魏书·房法寿传》。
③ 《魏书·宇文福传》。
④ 《周书》卷一四《贺拔胜传》,第216页。

以,也就可以保证参与征讨作战的大多数统军都可以领有将军号。由此可见,北魏国家很重视为参与征讨作战的统军加授将军号,因而,这种做法也就成为统军参战的重要特点。

当然,北魏国家为参与征讨作战的统军授予将军号,除了加重他们的地位之外,还有更重要的目的。统计《魏书》、《北齐书》、《周书》和墓志铭中的记载,并以后《职员令》为依据,可以发现,以正式和假授方式授予的将军号及其品级为:征虏将军(从三品)、宁朔将军(从四品)、平远将军(从四品)、宁远将军(五品)、伏波将军(从五品)。尽管这些将军号的品级高低不同,但是,北魏国家为统军所加将军号,显然在品级上是有限定的。因为后《职员令》规定从五品以下的将军号还有:宣威将军、明威将军(以上六品)、襄威将军、厉威将军(以上从六品)、威烈将军、威寇将军、威虏将军、威戎将军、威武将军、武毅将军、武奋将军、积弩将军、积射将军、讨寇将军、讨虏将军、讨难将军、讨夷将军(以上七品)、荡寇将军、荡虏将军、荡难将军、荡逆将军、强弩将军(以上从七品)、殄寇将军、殄虏将军、殄难将军(以上八品)、扫寇将军、扫虏将军、扫难将军、扫逆将军、厉武将军、厉锋将军、虎牙将军、虎奋将军(以上从八品)、旷野将军、横野将军(以上九品)、偏将军、裨将军(以上从九品)。很显然,北魏国家对在征讨军队中设置的统军是不加授这些将军号的。也就是说,为统军所加的将军号品级,是没有低于从五品的。北魏国家所以要对征讨军队中的统军所领将军号的品级加以限定,实际上,这与开府置佐有很大的关系。关于北魏将军开府置佐的情况,见于后《职员令》。后《职员令》记载:"五品正从将军长史司马。""五品正从将军录事、功曹、户曹、仓曹、中兵参军事。""五品正从将军主簿、列曹参军事。""五品正从将军列曹行参军。"这就是说,北魏国家使能够开府置佐的将军号的品级下限规定为从五品。而北魏国家为统军正式和假授的将军号的品级,都在从五品以上,显然,这是与要实现使统军能够开府置佐的目的联系在一起的。由于北魏国家实行了这种做法,自然也就使这些僚佐能够协助征讨军队的统军更有效地管理他们所统领的军队。

余　　论

　　北魏孝文帝改革,对国家军事征讨和镇戍体制也有变动。北魏国家设置的统军正是为了适应这种变动的需要才出现的,因而,与北魏前期的军事官员的设置有很大的差异。然而,需要看到的是,在北魏国家的征讨和镇戍体制中,统军的设置并不是单一的,同时设置的还有别将、军主。实际上,别将、统军、军主三种统领军队的将领存在等次的差别。但更重要的是,别将、统军、军主的差别在于,能够统领军队人数多少的不同。但这些官员的一致性还是明显的,他们都是协助征讨军队统帅和镇戍地方长官掌管军队的官员。

　　从统军的情况来看,北魏国家在军事征讨和镇戍地方设置统军的目的,是要保证更有效地取得征讨作战的优势和提高防卫地方的军事实力。正是出于这种目的,北魏国家使统军作为征讨军队和镇戍地方的僚佐官,并大力选任这一职官。应该说,北魏国家设置统军,对军事征讨和防卫地方所起到的作用是不能忽视的。可是,在孝文帝改革后,制定的前、后《职员令》中,都没有统军的记录,更不要说对统军有品级规定了。所以出现这种情况,主要与统军这一职官的性质有很大的关系。无疑北魏国家设置统军是出于军事行动的需要,然而,这种专为军事行动设置的职官,在任职上,并不具有长期性,特别是,为军事征讨设置的统军,一般在征讨作战结束后,也就撤销了。而北魏国家则依据相应的情况使它转任其他官职。另外,北魏国家设置统军,只是要适应战争的需要,因而,并没有员额的限制。很明显,统军的这种设置情况与国家固定的职官设置是不相同的。正因如此,前、后《职员令》也就不可能将统军列入固定的职官品级序列之中。

　　然而,统军的设置,一方面是为了征讨作战;另一方面则是为了镇戍地方。

　　就征讨作战而言,北魏国家设置统军最多的,是在宣武帝至北魏末年这一时期。而在北齐、北周时期,在国家的征讨军队中,已经不见有统军的设置。这就是说，北齐、北周的军事征讨体制已经与北魏后期不同，发生较大的变化，所以，统军也就从军事征讨体制中被撤销了。与军事征讨的情况不同，北魏国家在镇戍体制中所设的统军却有另外的演变轨迹。诚如严耕望先生所言，在掌管镇戍的军府僚佐中有统军，并将它划为都将僚佐。并以此与诸曹僚佐相区别。原因就在于，诸曹僚佐大部分都见之于后《职员令》，因而，它们是固定的职官设置，属于国家品级序列内的职官。可是，军府的都将僚佐和诸曹僚佐的这种区别却不能长期存在。一则由于镇戍不同于征讨作战，都将僚佐设置不可能只是短期的设置。二则虽然都将僚佐与诸曹僚佐存在差别，但是，都同为军府的僚佐官，因而，在职责上也是可以相互渗透和影响的。统军作为军府僚佐中的重要官员，自然也要随之产生变化。这种变化的最显著的标志，就是至北周时，当时国家开始将统军纳入品级序列中。正如《周书》卷二四《卢辩传》称：统军为正五命官员。在隋代的职官品级序列中，则规定统军为从八品。[①] 显然，与北周的做法有相承的关系。统军的地位所以出现这种变化，当然原因是多方面的。不过，可以明确，北魏后期，统军作为军府的僚佐，应该是从无品级规定的官员，向品级序列内的官员转变的开始。应该说，正是北魏末年动荡局面的出现，凸显了统军的作用，因而，也就为其位置的提升带来了重要的变化契机。

附记：

朱绍侯先生是我尊敬的前辈学者，值先生九十大寿之际，撰此文为先生颂寿。

---

① 《隋书·百官志下》，中华书局1973年版。

历史上的"霾"及其启示

高 凯

"霾"是中国古今一种特殊的天气现象,它的起源很早,从《竹书纪年》就有"帝辛五年,雨土于亳"的记载①;另外,甲骨文中"乙酉卜,争贞:风隹有霾"、"癸卯卜,王占曰:其霾……"、"贞:兹雨隹霾"、"惟霾……有作"②的记录以及《诗经》中"终风且霾,惠然肯来"③的诗句,亦可看出早在殷周时期就有"霾"字的出现和"霾"发生的现象④。以东汉许慎《说文解字》释"霾",称其"风雨土也"⑤;《尔雅·释天》亦有"风而雨土为霾"之说⑥。由汉代注疏家所言,先秦及两汉时期的"霾",显然就是今天人们常说的沙尘现象。

---

① 王国维著,黄永年校:《今本竹书纪年疏证》,辽宁出版社1997年版。
② 姚孝遂主编:《甲骨文合集摹释(合集1—8册)》第5册,《殷墟甲骨刻辞摹释总集》,中华书局影印本1988年版,第311页。
③ 程俊英撰:《诗经译注》,《十三经译注》,上海古籍出版社2004年版,第44页。
④ 先秦楚国诗人屈原《九歌·国殇》中有"霾两轮兮絷四马,援玉枹兮击鸣鼓"之句,其中的"霾"是"埋"通假字,与"风而雨土为霾"显然不同。李山选译:《楚辞选译》,《古典诗词名家》,中华书局2005年版,第48—49页。
⑤ 许慎撰,段玉裁注,许惟贤整理:《说文解字注》,凤凰出版社2007年版,第998页。
⑥ 郭璞注,刑昺疏,王世伟整理:《尔雅注疏》,《十三经注疏》,上海古籍出版社2010年版,第299页。

一 学术回顾及问题的提出

通过网络检索的结果,目前国内学术期刊网上共有论文5538篇、报纸中有17353篇报道以及学位和会议论文360多篇是关于中国"霾"问题的①。然以这些成果看,多是以现当代的"霾"及"雾霾"天气为对象的;至于专门讨论中国古代的"霾"及其产生背景者却为数不多。从近百年来学术界发表讨论"霾"问题文章的时间看,民国时期陈邦福先生的《商代失国霾卜考》一文,应是最早研究商代灭国与"霾"现象关系的文章②;以现代地质知识来认识历史上的"霾"及其背景者,应是王嘉荫先生的《中国地质史料·雨土》③部分和《历史上的黄土问题》一文④。至于近30年来,以竺可桢"仰韶温暖期"后近3000年来分四个温湿期和四个冷干期的历史气候变化理论⑤来研究"霾"问题者,应该是张德二的《历史时期"雨土"现象剖析》⑥和《我国历史时期以来降尘的天气气候学初步分析》等多篇文章⑦;其后还有黄兆华《我国西北地区历史时期的风沙尘暴》一文,认为西北地区自公元前3世纪至1990年共发生沙尘暴140次,其中历史与现代各居其半;且沙尘暴的

---

① 以2013年10月25日检索的结果。
② 陈邦福:《商代失国霾卜考》,国立第一中山大学历史学研究所周刊1928年第30期。
③ 王嘉荫:《中国地质史料》,科学出版社1963年版,第110—119页。
④ 王嘉荫:《历史上的黄土问题》,《中国第四纪研究》1965年第1期。
⑤ 竺可桢:《中国近五千年来气候变迁的初步研究》,《考古学报》1972年第1期。
⑥ 张德二:《历史时期"雨土"现象剖析》,《科学通报》1982年第5期。
⑦ 张德二:《我国历史时期以来降尘的天气气候学初步分析》,《中国科学(B辑)》1984年第3期。

总趋势是13世纪后频率增高,18世纪后大增①;周伟《商代后期殷墟气候探索》一文,从殷墟甲骨文"霾"字出现与占卜及考古地层所反映地下水位的下降相结合,认为殷商后期的气候趋于干燥,有"霾"出现的背景②;王社教《历史时期我国沙尘天气时空分布特点及成因研究》一文,认为自汉代至明清时期有253次沙尘暴,进而认为中国历史上的沙尘暴在16至19世纪次数最多,范围最广,持续时间最长③。刘多森、汪枞生的《中国历史时期尘暴波动的分析》一文,认为自公元300年—1909年共发生尘暴436次,尘暴日数达901天;尘暴频发对应历史时期的寒冷时段,冷干期有利尘暴发生;在涉及的1610年中,每年平均降尘的厚度约为0.54cm,从而说明黄土的风成过程仍在进行中④。邓辉、姜卫峰的《1464—1913年华北地区沙尘暴活动的时空特点》一文,就明清及民国时期可确认的沙尘1180条记录,进行时间分布的对比与分析,认为华北沙尘暴具有明显的波动性⑤。关于中国古代"霾"现象的东扩问题,张德二《中国历史文献中的高分辨率古气候记录》⑥和《中国历史气候文献记录的整理及其最新的应用》⑦两文,将文献中"雨土"等降尘点进行地理标注,认为历史上的沙尘暴范围西起新疆、东至海滨,北起内蒙古,南至华南均有分布,且降尘地的分布与

---

① 黄兆华:《我国西北地区历史时期的风沙尘暴》,方宗义:《中国沙尘暴研究》,气象出版社1997年版,第31—33页。
② 周伟:《商代后期殷墟气候探索》,《中国历史地理论丛》1999年第1期。
③ 王社教:《历史时期我国沙尘天气时空分布特点及成因研究》,《陕西师范大学学报》2001年第3期。
④ 刘多森、汪枞生:《中国历史时期尘暴波动的分析》,《土壤学报》2006年第4期。
⑤ 邓辉、姜卫峰:《1464—1913年华北地区沙尘暴活动的时空特点》,《自然科学进展》2006年第5期。
⑥ 张德二:《中国历史文献中的高分辨率古气候记录》,《第四纪研究》1995年第1期。
⑦ 张德二:《中国历史气候文献记录的整理及其最新的应用》,《科技导报》,2005年第8期。

中国黄土的分布大致相当。宋豫秦、张力小在《历史时期我国沙尘暴东渐的原因分析》文中认为,随着对北方开发的拓展,两汉以后沙尘暴的发生地点由西北逐渐东扩,到元、明、清时代,其范围逐渐影响到整个华北地区①。至于古代政治与"霾"现象发生的关系问题,近有晋文的《汉代靠惩治贪腐应对霾雾》一文认为汉代"霾雾"发生较多,但直接材料很少;与天人感应相联系,汉代的"霾"是以"蒙气"来替代的;与"霾"相关,每次出现都是政治事件,统治者的关注点在如何应对"天"的警告上。②

总之,"霾"作为一种古今都曾经大量出现过的天气现象,在近几十年来越来越受到地理学界、历史学界和农学界的关注与研究。然而,纵观诸多历史时期"霾"问题的研究成果,我们不难发现上述研究在谈到历史气候时都只是利用了竺可桢气候变迁的理论,而忽视了对近三十年来历史气候新成果的吸收与运用,以至于对明清时期的气候变迁与"霾"发生的密切关系没有给予充分的揭示;同时,与近些年来的研究多偏重于对历史时期"霾"的次数、分布地区、分布特点的研究相对应,学术界对"霾"与历史上的干湿规律、与农业发展的态势、与历史人口的规模、与战争及社会动荡的程度等方面之间的联动关系却疏于揭示。有鉴于此,拙文拟简述之。

二 中国历史上的"霾"及与之有联动关系的方面

如前所述,学术界目前的研究已经就历史时期"霾"的次数、分布地区、分布特点以及"霾"与历史气候的变迁做了大量卓有成效的研究。但是,仍然没有对自殷商末年后的3000年,以"霾"和"雨土"为特征的沙尘天气与历史气候中的干湿规律、农业发展、人口规模、战争及

---

① 宋豫秦、张力小:《历史时期我国沙尘暴东渐的原因分析》,《中国沙漠》2002年第6期。
② 晋文:《汉代靠惩治贪腐应对霾雾》,《人民论坛》2013年第5期。

社会动荡的密切的联动关系给予足够的认识。其具体的理由如下:

首先,以"霾"、"雨土"、"黄雾四塞"、"黄雾昼晦"、"风土蔽天"、"雨霾"、"雨沙"、"扬尘蔽空"等为例,我们发现自"仰韶温暖期"结束后的殷商末年开始,经历了西周、春秋战国、秦汉魏晋南北朝、隋、唐时期到宋、辽、金、元、明、清时期的约3000年时间里,共发生沙尘天气约1925次。以500年内发生的沙尘天气为例,都明显地表示出自魏晋南北朝时期开始,沙尘天气在逐渐增多,并在明、清时期达到最高值。

在竺可桢先生在1972年发表的《中国近五千年来气候变迁的初步研究》文章中认为,"仰韶温暖期"结束后的3000年里存在四个温湿期和四个冷干期。但是,以最新的历史气候研究成果表明,"仰韶温暖期"结束后的3000多年里,中国历史气候大约经历了十个变温期,这与竺可桢先生的说法明显不同①;而且,以3000多年中的公元前11世纪起至公元前8世纪、公元前5世纪中叶至公元前2世纪中叶、公元2世纪至6世纪、公元8世纪—10世纪、公元14世纪至清末的5个寒冷期看,1500—1900年是一次世界性气候寒冷期;就中国而言,也是近五千年来5个低温期中持续时间最长、气温最低的时期②。而从文献中我们不难看到,"霾"现象最早即在公元前11世纪起至公元前8世纪的寒冷期中出现,并在其后的寒冷期中逐渐增多,直至1500—1900年达到年年频发的程度!可见"霾"的出现并增多与3000年来5个寒冷期具有高度的吻合性。又据郑斯中等人的《我国东南部地区近两千年来旱涝灾害及其湿润状况的初步研究》一文认为:以公元1000年为分界线,前期干旱的时间短,温暖湿润的时间长;后期干旱的时间长,温暖湿润的时间短;以近500年的情况看,旱灾又多于水灾,以南涝北旱

---

① 邹逸麟:《中国历史地理概述》(修订本),上海教育出版社2013年版,第13—19页。满志敏、张修桂:《中国东部十三世纪温暖期自然带的推移》,《复旦学报》1990年第3期。满志敏、张修桂:《中国东部中世纪温暖期(MWP)的历史依据和基本特点》,张兰生主编:《中国生存环境历史演变规律研究》,海洋出版社1993年版。

② 邹逸麟:《中国历史地理概述》(修订本),第17—18页。

最为常见;黄河流域的旱灾尤为频繁,其中16、17世纪旱多涝少,18、19世纪涝多旱少,20世纪又是旱多涝少。这些情况说明,15世纪下半叶到17世纪末为干旱时期,18世纪到19世纪为湿润时期,而20世纪又进入到干旱时期①。从郑斯中等人的近2000年气候干湿规律的研究,同样也让我们看到:明清时期"霾"现象的大量出现及其东扩特点,与1500—1900年寒冷期的严寒和干旱有着密切的联动关系。

其次,中国古代"霾"现象的逐步高发与历史人口的规模增长有着高度的一致性。因为人口的增多,必然要求更多的土地资源来生产人们必需的物资资料,并满足人们居住愿望的实现。而为了有效地获取土地和建筑材料,不仅使得原来一些可耕可牧的土地或者林地变成了耕地,而且,也逐步使得北方地区的今六盘山、中条山、黄土高原和太行山等地区成为光山秃岭,从而加剧了北方土壤沙化和山林地的水土流失,其结果必然带来干旱事件以及"霾"现象的增多。

众所周知,人是一切社会经济、政治、文化活动的创造者;历史时期环境的变迁,从某种意义上讲,就是人类不断活动与自然界相互作用、相互制约的结果。同样,在中国古代"霾"出现的历史中,也无不反映着这种密切关系。从中国古代人口统计的历史看,《国语·周语》所记载的周宣王四十年(公元前788年)曾"料民于太原"②的举动,应该是最早的人口统计活动。在其他史书中没有更早的全国人口数,连秦朝人口两千万左右也源自推测③。从文献记载可信的角度看,第一个全国的人口数应该是西汉平帝元始二年(公元2年)才有全国性的人口数5767.1401万④,由此我们也看到西汉时期是中国历史上第一个人口总数超过5000万的王朝。此后的东汉国家到永寿三年(公元157

---

① 郑斯中等:《我国东南部地区近两千年来旱涝灾害及其湿润状况的初步研究》,《气候变化和超长期预报会议文集》,科学出版社1977年版。
② 徐元诰撰,王树民,沉长云点校:《国语集解》,中华书局2002年版。
③ 范文澜:《中国通史简编》,人民出版社,1964年版,第18页。
④ 《汉书·地理志》,中华书局1962年版。

年)全国人口达到最盛,有人口5648.6856万,基本相当于西汉人口最多时的水平。三国时期,由于连年战争,瘟疫流行,人口大约下降到3000万①。而到西晋短期统一之时,西晋的人口最多3500万②。西晋灭亡后,大量北人迁往南方,据谭其骧先生推测,当时至少有90万北方人迁到南方③,以致南北方人口分布与增长的态势开始发生变化。南北朝时期由于战争不断、政权更迭频繁,所以,各国的户口材料缺失严重。以后随着公元589年隋朝统一,结束了三百多年的南北分裂局面,全国人口在大业五年(公元609年)时约有5600万左右④。其后的唐代人口到天宝年间达到高峰值,将各种隐匿人口加入进来,唐王朝在公元755年左右的人口峰值应该有7500—8000万人⑤。到北宋时期,虽然有辽、西夏两政权长期与北宋国家对峙,但社会经济还是高度发展的。据学者研究北宋大观年间,人口约过1亿大关⑥;如果加上辽代和西夏的人口,当时中国全境的人口约14000万左右⑦。南宋的人口峰值也大体是14000万的规模。至于元代,由于蒙古铁蹄统一全国的战争持续半个世纪,所以,各方人口的损耗十分严重。据学者研究,元代人口的峰值应该在元朝后期达到8500万左右⑧。到明朝,经过明初的统一战争,到洪武二十六年(公元1393年)全国人口总

---

① ② 葛剑雄:《中国人口发展史》,福建人民出版社1991年版,第132页。

③ 谭其骧:《晋末永嘉丧乱之民迁徙》,《长水集》上册,人民出版社1987年版。

④ 葛剑雄:《中国人口发展史》,第147页。

⑤ 冻国栋:《中国人口史·隋唐五代时期》(第二卷),复旦大学出版社2002年版,第182页。关于唐代最高的全国人口数有几说法:赵文林、谢淑君的《中国人口史》认为有6300多万;王育民《中国历史地理概论》认为唐天宝间人口峰值为8050万;葛剑雄《中国人口发展史》认同王育民先生的说法,认为唐755年前后,人口在8000—9000万之间。

⑥ 吴松弟:《中国人口史·宋辽金元时期》(第三卷),复旦大学出版社2002年版,第340页。

⑦ 同上,第349页。

⑧ 同上,第390页。

数约在7300左右,到明末崇祯(公元1644年)全国人口约1.5亿人①。清代康熙年间全国人口约1.6亿,乾隆四十一年(公元1776年)已达到3.115亿人,嘉庆二十五年(公元1820年)当时人口达到3.8亿,咸丰元年(公元1851年)人口有4.36亿,但经过了15年的太平天国战争以后,至光绪六年(公元1880年)全国人口下降到3.65亿。到1910年(宣统二年)全国人口达4.36亿,达到清朝全国人口的最高值②。

以上是自秦王朝以来至清王朝末年全国人口数大体变化的过程。应该说由西汉时期开始,汉朝国家自汉武帝之后就已经控制了相当于今天的国土面积了,而人口只有不到6000万的规模,所以,我认为当时及其后的很长时间内是不可能在全国范围出现"土狭民众"、引发农民起义等问题的。两宋时期,虽然全国人口高峰值都在1.4亿,但由于寒冷和半干旱地区几乎都在西夏、辽或者金王朝控制当中,而这些王朝基本上是游牧经济为主导的,所以,理论上对包括今蒙古高原、黄土高原以及其他植被条件不好区域的环境破坏作用不大。元朝统治全国不到一百年,人口最盛时也只有8500万,且黄河以北地区基本上被强制实行游牧经济,所以,即使是元朝后期气候再次进入自公元14世纪至清末的中国历史上的第五个寒冷期,不到1亿人的人口规模对地理环境的破坏也不会太大。但是,从明代开始到清朝末年,中国北方环境开始出现很大的压力:一方面,明清王朝的人口峰值在不断提高,由明朝末年的1.5亿到乾隆四十一年(公元1776年)的3.1亿,再到清朝末年全国人口达4.36亿(公元1910年)。众多人口对土地、粮食、建材等生活必需品的要求越来越多,使得明代长城脚下可耕可牧的沙地、今汉中南部林地、鄂西山地以及闽粤赣交界地区山地等被大量地开垦出来。另一方面,元朝以来在今北京建都,明清时期又在今北京不断扩建,北京附近及太行山的森林资源被砍伐殆尽;加之明代

---

① 曹树基:《中国人口史·明时期》(第四卷),复旦大学出版社2000年版,第240、247页。
② 同上,第832页。

边防守军为了廓清视野,每年在长城南北地区都要烧草、伐林,使得明代长城南北地区的地面植被几被破坏殆尽①。所以,明清时期人口规模的急剧扩大,不仅加剧了北方土壤的沙化和南方水土流失的程度,也是明清时代"霾"现象增多、"霾"现象东扩及南扩的重要因素。

再次,明清时期新作物的引进和迅速推广,既为明清时期人口的增长和人口增长后对北方沙地、南方林地的开发提供了很好的外部物资条件,又是明清时代北方地区沙化严重与加速南方水土流失的幕后推手。

中国作为世界性的农业大国,早在新石器时代就已经以种植粮食作为食物的主要来源了。以考古资料和后来的文献资料记载的情况看,粟、黍、麦、稻、菽等是当时最具代表性的人工栽种性粮食品种。以其中的粟、黍和水稻为例,就可以看出粟、黍、稻在中国历史上的重要作用了。作为耐干旱、耐瘠薄土而著称的、适合种植在水利条件缺乏的半干旱地区的粟、黍,是黄河流域分布最广的粮食品种,一直到今天,仍然是当地人民重要的口粮。水稻原是长江流域的作物,以后逐渐北传到中原。夏商时期河南为热带和亚热带气候,温暖而湿润,所以,在殷商甲骨文中多有见"稻"字的出现;另外,在郑州白家庄商代早期遗址和安阳殷墟也都发现有稻壳的遗存②。此后,《诗经·豳风·七月》中亦有"十月获稻,为此春酒"之句,说明水稻在关中地区已经普遍。汉唐时期,国家之所以强盛,其重要的原因是关中平原和黄淮海平原种植着亩产量高的水稻,为当时社会经济的发展提供了坚实的保

---

① 邹逸麟:《中国历史地理概述》(修订本),上海教育出版社 2013 年版,第 26—27 页。

② 彭邦炯:《商代农业初探》,《农业考古》1988 年第 2 期。

证①。以后,随着自魏晋南北朝时期气候的变冷变干,尤其是黄河的频繁改道,黄河中下游天然湖泊的消失和河道的淤塞,稻作农业逐步退出这一地区,而小麦的种植开始占主导地位。明清时代从海外引进了许多适合干旱、贫瘠土壤生长,同时又兼具高产稳产特点的粮油作物。其中最为著名有产自南美洲地区的玉米、红薯、土豆和花生,而且随着这些作物的迅速推广,不仅极大地促进了明清时期农业经济的发展、人口的增加②和人们生活的改善,而且也无意中促进了明清时期对南北方荒地、林地的开发速度,直接促成了中国北方土壤沙化的过程和"霾"现象的南扩。

以玉米的种植为例,明代中期从西亚传入的玉米,至19世纪中后期即推广至全国。玉米耐瘠、耐旱涝,高产稳产,在明清时代平原地区尽行开垦之后,大量人口以各种形式迁往无人沙地、林地,从而将沙地及山林的开垦推向一个又一个高潮③。土豆,作为适合高纬度、寒冷的沙壤生长的农作物,自南亚传入中国后,迅速在中国北方传播开来。今天在山西、陕西、内蒙古、甘肃、宁夏等地仍然是通行的农作物④。至于花生,始见于元末明初贾铭的《饮食须知》一书⑤。花生原产于南美洲中部,主要分布在南纬40度至北纬40度之间广大地区中,既耐

---

① 高敏:《古代豫北地区的水稻生产问题》,《郑州大学学报》1964年第2期;高敏:《历史上冀鲁豫交界地区种稻同改良盐碱地的关系》,《人民日报》1965年12月7日;高敏:《我国古代北方种稻改碱经验的探讨》,《中国社会经济史论丛》(第2辑),山西人民出版社1982年版。邹逸麟:《历史时期黄河流域水稻生产的地域分布和环境制约》,《复旦学报》1985年第3期。

② 高凯:《关于实行超生人口税的建议》,《学术百家》1987年第3期。该文认为:中国历史人口在清代中期的大增长与康熙五十年实行"摊丁入亩",取消沿袭两千多年的人头税政策有着密切的关系,而不完全是新作物引进的结果。

③ 邹逸麟:《中国历史地理概述》(修订本),第265—266页。

④ 启宇:《中国作物栽培史稿》,农业出版社1986年版,第277—279页。

⑤ [元]贾铭著,吴庆峰,张金霞整理:《饮食须知》,山东画报出版社2007年版。

半干旱的气候,又耐贫瘠的沙地。所以,花生传入中国后,迅速在南北地区,尤其是在北方干旱土壤、碱性土壤和沙地中生长起来。直至今天,中国已经成为世界范围内花生产量最高的五个国家之一。之后的红薯(又名甘薯、番薯),在明万历十年(公元 1582 年)从南亚地区传入东南沿海地区,也像玉米、土豆和花生一样,在 19 世纪传遍全国①。总之,明清时代来自南美洲地区的玉米、红薯、土豆和花生等新作物,由于它们独特的耐旱涝、耐贫瘠、耐沙壤的优点被迅速推广至全国广大的区域里,并在中国北方土壤的进一步沙化和南方林地水土流失进程中,起了推波助澜的作用。而随着北方土壤的沙化,明清时期"霾"现象的大增成了无法避免的后果。

最后,中国历史上的"霾"与战争或者社会动荡有着密切地联动关系,其具体的表现在于历史上有一些"霾"现象直接由战争或者战役引起;另一方面,从中国古代农民起义的发生地与发生时间的统计资料看,除了因为统治者的腐朽、政治腐败而引起社会动荡之外,在干旱、贫瘠的地区和气候寒冷期中的偶发事件,往往是引发社会动荡的高发区和多发期。

中国历史上的王朝历来重视祥瑞和灾异与政治的密切关系。从前引《竹书纪年》就有"帝辛五年,雨土于亳"的记载看②,实际上反映的是殷商末年商纣王统治时期因北半球气候由温暖湿润转入为干旱、寒冷期所引发的一次天气异常现象。但是,在史家和以后的统治者眼里,这次事件意义重大,以至于殷商以后的史书仍念念不忘。如《国语·周语上》有言:"昔伊洛竭而夏亡,河竭而商亡"③;《墨子·非攻下》亦言:"至乎夏王桀,天有酷命,日月不时,寒暑杂至,五谷焦化"④,

---

① 杨宝霖:《我国引进番薯的最早之人和引种番薯的最早之地》,《农业考古》1982 年第 2 期。
② 王国维著,黄永年校:《今本竹书纪年疏证》,辽宁出版社 1997 年版。
③ 左丘明著,鲍思陶点校:《国语》,齐鲁书社 2005 年版。
④ 方勇 译注:《墨子—中华经典名著全本全注全译丛书》,中华书局 2011 年版。

即是将自然气候现象与王朝兴亡联系起来的记载。西汉成帝建始元年(公元前32年)四月,曾发生风霾,史称:"大风从西北起,云气赤黄,四塞天下,终日夜下著地者黄土尘也。"①事后朝野震动,最后成帝也不得不以自责:"朕承先帝圣绪,涉道未深,不明事情,是以阴阳错缪,日月无光,赤黄之气,充塞天下,咎在朕躬。"②来平息这件事,可见当时朝野对异常天气变化的警惕与不安。同时,我们还应该看到战争或者动荡就是政治的继续。西汉初年汉楚争霸时就有记载,时项羽在彭城即将合围刘邦,但一场意外的"风霾"救了刘邦。史称"大风从西北而起,折木发屋,扬沙石,窈冥昼晦,逢迎楚军,楚军大乱"③,自此之后,刘邦虽屡败屡战,但最终借此置之死地而后生的机会战胜了项羽,完成了建国大业。从秦末汉初的这场意外的"风霾"和西汉成帝建始元年发生的"霾"看,都是处在公元前5世纪中叶至公元前2世纪中叶的寒冷期中。但汉高祖得意于这场意外的"风霾",显然是与取得"楚汉战争"胜利紧密联系的。此外,通过统计资料,我们也不难发现,黄淮海平原在中国古代是暴发农民起义最多最频繁的区域,其中在寒冷期,这种引发农民暴动的现象尤为严重。以明末李自成起义为例,当明末崇祯末年时,黄河流域连年旱灾。虽有新作物的大量引种,但连年的旱灾,农民只能颗粒无收。所以,当单位面积内土壤的承载力极度下降而无法继续供养更多人口时,北方农民就只能在李自成等人的号召下揭竿而起了。且同样的事例在明清两代皆举不胜举,这里就不赘述了。

三 简短的结论

通过对中国古代3000年来"霾"现象发生的历史背景、发生原因

---

① 《汉书·五行志》
② 《汉书·元后传》。
③ 《史记·项羽本纪》,中华书局1959年版。

以及有密切联动关系对象的简单揭示,我们不难看出,历史上"霾"与历史气候关系密切:从近3000年来十个变温期看,"霾"的发生与五个寒冷、干旱期密切相关;同时,历史上"霾"现象的逐步多发,不仅与历史人口规模的扩大、与新作物的引进与推广和对非农业区的不合理开垦有着密切的联动关系,而且"霾"现象的发生,也与历史上政治危机和社会动荡有着一些联动关系。总之,通过对中国历史3000年"霾"现象的研究,可以带来一些可贵的启示:

其一:从"霾"现象产生的历史看,它首先是北半球自然环境下的产物,是地质时代就已经发生过很久、并且现在正在发生,将来还会继续发展的一种自然现象;它的过去、现在的频繁发生,意味着整个形成黄土区的黄土再造过程仍然还在继续中。所以,我们要用一种公允、达观的态度,去看待我们身边经常发生的"霾"现象。

其二:从"霾"现象产生及逐步频发的角度看,历史上"霾"与历史气候关系密切,与3000年五个寒冷、干旱期的出现高度吻合;尤其是明清时期,是近3000年持续时间最长、气候最寒冷和最干旱的时期,而这一时期,也是"霾"现象的大量出现及其东扩的时期。所以,从近十年"雾霾"天气的急剧增加看,或预示着未来几十年是中国气候频繁波动和干旱的时期。

其三:从"霾"现象产生及逐步频发的过程,与明清时代新作物的引进和农业再开发过程的关系而言,未来中国农业的发展要注意做好前瞻性、适应性的研究,加强水土流失的关注,并密切注意防范再一次出现像明清时期后期因为粮食危机而造成剧烈社会动荡的事件。

其四,从"霾"现象产生及逐步频发的过程与人口规模的密切关系看,中国西部和西北部城市与人口规模要保持合适的规模,要尊重"瑷珲腾冲线"①所体现的中国人口分布规律的制约,来促进中国西部社会经济的合理发展。

其五,中国历史上的"雨霾"与现代社会"雾霾"天气的出现,既有

---

① 胡焕庸:《中国人口之分布》,《地理学报》1935年第2期。

联系，又有本质上的区别。今天"雾霾"天气的出现，与现代工业粗放式发展和汽车业的大发展关系密切，也与中国西部、中国北方以及外蒙古的以原材料为对象的开发密切相关，所以，在充分考虑原材料开采成本的基础上，建议国家调整西部产业规模和产业发展方向。

2013 年 11 月 20 日初稿
2015 年 05 月 12 日修改

附记：

拙文撰写于 2013 年 11 月 20 日，宣读于 2013 年 11 月底在陕西师大召开的"历史学前沿论坛"会上；此后因家中屡遭变故，故拙文一直未发表。朱先生与先父高敏先生作为河南大学与郑州大学两高校中中国古代史的泰斗，是交往几十年的好朋友；他们二人与山东师范大学的安作璋先生，每每开会、出差都在一起；不仅如此，连朱师母、先母和安师母也每每一起出行。他们在学术界一度被传为佳话。1989 年我曾报考河南大学历史系朱先生的研究生，当时因拒绝河大研究生处要求我毕业后留在河大工作五年的美意而未能如愿，后转往郑大攻读学位；1992 年 7 月硕士生毕业时，蒙朱先生不弃，做了我的答辩主席。今逢恩师朱先生九十华诞，特献拙文以贺之。

略论唐宋时期中枢体制变迁

贾玉英

唐宋中枢体制变迁是研究中国古代政治制度的重要问题之一,学术界虽有不少的相关研究成果①,但大多偏重于对唐朝或宋朝断代中枢体制演变的相关考察,很少关注整个唐宋时期中枢体制变迁问题。本文把唐朝、五代及宋朝作为一个历史单元,拟就对唐宋时期中枢体制演变问题作些探讨,希冀对中国古代中央政治制度的研究有所补益。

一 唐朝前期中枢体制及其变迁

唐前期的中枢体制,以开元十一年(723年)为界,分为前、后两个阶段。前段为三省中枢体制,后段为中书门下体制。

---

① 贾宪保:《论中晚唐的中枢体制》,《陕西师范大学学报》1985 年第 4 期;刘后滨:《安史之乱与唐代政治体制的演进》,《中国史研究》1999 年第 2 期;戴显群:《唐后期政治中枢的演变与唐王朝的灭亡》,《福建师范大学学报》1999 年第 3 期;李全德:《晚唐五代时期中枢体制变化的特点及其渊源》,《中国人民大学学报》2005 年第 6 期;张其凡:《三司·台谏·中书事权——宋初中书事权再探》,《暨南学报》1987 年第 3 期;贾玉英:《宋代中央行政体制演变初探》,《中州学刊》1995 年第 4 期等。

1. 三省中枢体制的确立及其变迁

学术界对唐初中枢体制有两种看法。第一种是大多数学者的"三省制度论"。袁刚先生认为:"三省围绕着皇帝的诏敕运转,中书草诏,门下审复,尚书执行,合成一套完整有机的施政体系。另一方面,三省首长既各领本省庶政,又以宰相的身份联袂入朝,在门下内省的政事堂'共议国政',通过政事堂会议将三个不同机构整合为一个统一的中枢体,这样,三省权能配合,既各自发挥自己的职能,又相集发挥整体功效,推动着整个国家机器的正常运转。"①第二种是少数学者的"两省制度论"。他们认为:"与其说'三省制'是唐代的宰相体制,勿宁说唐代实行宰相中书、门下'二省制'更符合历史。"②笔者虽同意大多数学者的意见,但同时也认为唐朝初年的中枢体制是有变化的。

唐朝初年的中枢体制基本因袭隋末之制,"以三省之长中书令、侍中、尚书令共议国政"③。三省是国家最高的权力机构,朝廷政令的下达,由中书省出命,门下省审驳,尚书省执行。

唐太宗即位以后,政治形势错综复杂,为了笼络各派政治势力,他不仅将自己的亲信房玄龄、长孙无忌、杜如晦等人授以三省长官,掌管要职,同时,也把原政敌集团中有才能者吸收到中枢体制中来,使其参预政事。贞观元年(627年)九月,"御史大夫杜淹参豫朝政,他官参豫政事自此始"④。贞观三年(629年)二月,"魏征除秘书监,参议朝政"⑤。"自太宗时,杜淹以吏部尚书参议朝政,魏征以秘书监参预朝政,其后或曰'参议得失'、'参知政事'之类,其名非一,皆宰相职

---

① 袁刚:《隋唐三省体制析论》,《北京大学学报》1994年第1期,第102页。
② 李湜:《论唐代宰相中书门下二省制》,《中国史研究》1996年第1期,第73页。
③ 《新唐书·百官一》,中华书局2002年版。
④ 《资治通鉴》卷一九二,贞观元年九月,中华书局2005年版。
⑤ 《唐会要·名称》,上海古籍出版社2006年版。

也"①。换言之,自杜淹和魏征等人以它官参预朝政以后,打破了唐高祖以来三省长官为宰相的中枢体制,皇帝可以把自己信任的人吸收到宰相集团中来,这一改革有利于加强对政局的控制。

2. 政事堂迁移与中书门下体制的确立

关于政事堂出现的时间问题,史料记载不一,致使学术界有三种说法。第一种说法认为政事堂建于高祖武德年间。第二种说法认为政事堂创设于贞观初年。第三种说法认为政事堂产生于贞观中叶。笔者同意第一种看法,认为唐代政事堂在武德年间已经存在,唐朝人李华对此记载说:"政事堂者,自武德已来,常于门下省议事,谓之政事堂。"②对唐朝初年政事堂设在门下省问题,史料有不少记载,除了上述唐人李华的《中书政事堂记》之外,《通典》和《唐会要》等文献中也载:唐初"旧制,宰相常于门下省议事,谓之政事堂"③。因为"宰相于门下省议事,谓之政事堂",所以参加政事堂会议者要带知门下省事,"故长孙无忌为司空,房玄龄为仆射,魏征为太子太师,皆知门下省事"④。

唐中宗即位以后,政事堂由门下省迁移到了中书省。弘道元年(683年)十二月,裴炎自侍中转中书令,"执朝政"⑤,"始迁政事堂于中书省"⑥。政事堂由门下省迁址到中书省以后,中枢决策的核心也随之由门下省转移到了中书省。

开元十一年(723年),宰相张说奏"改政事堂号'中书门下',列五房于其后:一曰吏房,二曰枢机房,三曰兵房,四曰户房,五曰刑礼房,

---

① 《新唐书·百官一》。
② 李华:《李遐叔文集》卷三《中书政事堂记》,影印文渊阁四库全书。
③ 《通典·宰相》,中华书局1984年版;《唐会要·中书令》。
④⑥ 《资治通鉴》卷二〇三,弘道元年十二月。
⑤ 刘肃撰,许德楠、李鼎霞点校:《大唐新语》卷一〇《厘革第二十二》,中华书局2004年版。

分曹以主众务"①。政事堂改名为中书门下并设置五房机构以后,使中书门下脱离三省演变为宰相的常务办公机关。至此,唐初以来的中枢体制由三省体制演变为中书门下制。

中书门下体制确立之后,中书省的出诏令及门下省的封驳职能正式合一,凡国家的重大决策,先由中书省和门下省于政事堂商议,达成共识后再向皇帝上奏。北宋史学家司马光已经看到了唐前期中枢体制的这一变化及其影响。他说:

> 唐初,始合中书、门下之职,故有同中书门下三品、同中书门下平章事,其后又置政事堂;盖以中书出诏令,门下掌封驳,日有争论,纷纭不决,故使两省先于政事堂议定,然后奏闻;开元中,张说奏改政事堂为中书门下,自是相承,至于国朝莫之能改;非不欲分也,理势不可复分也;故向日所谓中书者,乃中书门下政事堂也。②

自此,唐朝中枢体制发生了重大变化:即中书门下制取代了隋唐以来的三省制。

二 唐后期中枢体制变迁

学术界对唐后期中央中枢体制变迁存在着三种看法。第一种看法认为:唐朝"肃、代之际,宦官专擅大权的状况被扭转后,一个新的中枢体制便逐渐形成,这是翰林承旨学士制、枢密使制、神策中尉制建立的结果。从中唐开始,翰林学士、枢密使和神策中尉相继成为新的中枢成员,与皇帝、宰相构成新的中枢体制。新的中枢体制从代宗朝开始形成,德宗朝初见端倪,宪宗朝大致形成,以后还有发展"③。第二

---

① 《新唐书·百官一》。
② 李焘:《续资治通鉴长编》(以下简称《长编》)卷四三一,元祐四年八月癸卯,中华书局2005年版。
③ 贾宪保:《论中晚唐的中枢体制》,《陕西师范大学学报》1985年第4期。

种看法认为:"中唐以后一个由翰林、枢密、中书门下共同组成的新中枢完全取代了以中书、门下、尚书三省组成的旧中枢,三省虽有名号,却唯剩躯壳,实际上已不发挥作用。"①这种以翰林、枢密、中书门下新中枢取代三省制度的观点,也称"新三头体制论"。第三种看法认为:唐朝开元时期形成的中书门下为决策行政合一的机关、宰相与三省分离的中枢体制,在安史之乱后有了进一步的发展,主要表现在宰相职权的进一步政务化,相权与君权进一步分离,以及所带来的翰林学士和宦官政治地位的上升。中书门下已由过去作为宰相议事之所的政事堂,演化成为一个指挥百官百司处理政务的兼有决策行政职能的机关。"唐代的政治体制逐渐地由前期的三省六部制向后期的中书门下和使职差遣体制过渡,并基本稳固下来"②。

上述三种看法虽不无道理,但无论是"翰林学士、枢密使和神策中尉相继成为新的中枢成员,与皇帝、宰相构成新的中枢体制"论,还是"新三头体制论"和"中书门下和使职差遣体制"论,均不足以反映唐后期政治体制的整体变迁历程,不免伤于不全。笔者认为,唐后期的中枢体制复杂多变,应视各时期而论,经历了五个变化阶段:从代宗永泰二年枢密使的设置到"泾原兵变"为第一阶段(766—783年),逐渐形成了宰相与枢密使掌政体制;从"泾原兵变"到"甘露之变"为第二阶段(783—835年),翰林学士地位提高,宰相与枢密使制演变为宰相、枢密使、翰林学士制;从"甘露之变"到黄巢起义僖宗西逃四川为第三阶段(835—880年),翰林学士地位下降,中枢体制演变为宰相、枢密使制;从僖宗西逃到昭宗天复三年宦官势力消除为第四阶段(880—903年),神策中尉地位凸起,使相左右宰相的进退,中枢体制演变为内、外宰相和"四贵"共同执政;从昭宗天复三年到唐朝灭亡为第五阶段(903—

---

① 黄朴民:《评〈隋唐中枢体制的发展演变〉》,《中国史研究》1995年第3期。

② 刘后滨:《安史之乱与唐代政治体制的演进》,《中国史研究》1999年第2期。

907年),中枢体制演变为内、外宰相共执国政制。

1. 宰相、枢密使中枢体制的确立及其演变

唐玄宗开元天宝之际,尽管"品官黄衣已上三千人"①,但宦官对中枢体制尚无大的影响。"安史之乱"爆发以后,宦官势力膨胀,曾一度夺取了中书门下的决策权。唐肃宗即位灵武,宦官李辅国"侍直帷幄,宣传诏命,四方文奏,宝印符契,晨夕军号,一以委之"。唐肃宗回到长安之后,李辅国把持朝政,"制敕必经(李)辅国押署,然后施行,宰相百司非时奏事,皆因辅国关白、承旨,常于银台门决天下事,事无大小,辅国口为制敕;写付外施行,事毕闻奏。又置察事数十人,潜令于人间、听察细事,即行推按;有所追索,诸司无敢拒者。御史台、大理寺重囚,或推断未毕,辅国追诣银台,一时纵之"。显然,中书门下的决策和执行权力已经被宦官剥夺。李岘为相以后,在肃宗面前"叩头论制敕皆应由中书出,具陈辅国专权乱政之状",肃宗"感悟",不久下诏:"比缘军国务殷,或宣口敕处分,诸色取索及杖配囚徒,自今一切并停;如非正宣,并不得行。中外诸务,各归有司","诸律令除十恶、杀人、奸、盗、造伪外,余烦冗一切删除,仍委中书门下与法官详定闻奏"②,恢复了中书门下的决策权力。

唐肃宗驾崩,宦官李辅国等拥立代宗称帝。唐代宗即位之初,李辅国"恃功益横",明目张胆地对代宗说:"大家但居禁中,外事听老奴处分。"代宗心"内不能平",但李辅国"方握禁兵",不得不"事无大小,皆咨之"。此后,程元振夺取了李辅国的大权。程元振"专权自恣,人畏之甚于李辅国,诸将有大功者,元振皆疾忌欲害之"。唐代宗下诏征诸道兵,李光弼等大将"皆忌元振居中,莫有至者"。为了让李光弼等大将出兵平定"安史之乱",代宗削去了程元振的官爵,将其放归田

---

① 《旧唐书·宦官传序》,中华书局2002年版。
② 《资治通鉴》卷二二一,乾元二年四月,第7073—7074页。

里。① 此时仍为中书门下体制。

"安史之乱"被平定以后,宦官充任的枢密使逐渐成为中枢体制重要成员。唐朝的枢密使也称"内枢密使"②。唐代宗朝的枢密使权任已等同宰相,正如马端临在《文献通考》按语中所说:"枢密之名始于唐代宗宠任宦者,故置内枢密使,使之掌机密文书,如汉之中书谒者令是也,若内中处分,则令内枢密使宣付中书门下施行,则其权任已侔宰相。"③换言之,枢密使在唐代宗永泰二年设置以后,权力等同宰相,已经是中枢体制的实际运作者之一。

唐代宗朝,一些宰相通过枢密使来打听皇帝的旨意。如"宰相元载等见中官传诏命至中书者,引之升政事堂,仍置榻待之"④。枢密使利用职任之便,和宰相勾结,收受贿赂。如"宦官董秀掌枢密,(陈)少游请岁献五万缗",陈少游还纳贿于宰相"元载子仲武"。由于枢密使和宰相"的内外引荐"⑤,陈少游很快改迁为宣歙观察使。大历十二年(777年)三月,宰相元载被杀,枢密使董秀也被诛杀。常衮与杨绾入宰相,"同掌枢务"⑥,枢密使干预朝政现象暂时有所收敛。

2. 宰相、枢密使、翰林学士中枢体制的确立及其演变

开元二十六年(738年),唐玄宗在翰林院之南设置了翰林学士院,自此,翰林学士"专掌内命"⑦。安史之乱爆发后,战争频繁,翰林学士的职能凸起,尤其是唐肃宗至德年间以后,"天下用兵,制诏皆从中出"⑧。然而,肃、代两朝的翰林学士尚不是中枢体制的成员。

---

① 袁枢:《通鉴纪事本末》卷三二上《李辅国用事》,中华书局1986年版。
②③ 《文献通考》卷五八《职官考十二》《枢密院》,中华书局1991年版。
④ 《旧唐书·李岘传附李峴传》。
⑤ 《资治通鉴》卷二二四,大历元年十二月。
⑥ 《旧唐书·常衮传》。
⑦ 李肇:《翰林志》,影印文渊阁四库全书;有关唐代翰林学士的演变,参见杨果:《中国翰林制度研究》,武汉大学出版社1996年版,第3—23页。
⑧ 李上交:《近事会元》卷二《翰林院承旨》,影印文渊阁四库全书。

唐德宗朝的"泾原兵变"是唐后期中枢体制成员演变的重要转折。建中四年(783年),朱泚发动了"泾原兵变",唐德宗流亡奉天,"天下叛乱,机务填委,征发指踪,千端万绪,一日之内,诏书数百",翰林学士陆贽"挥翰起草,思如泉注,初若不经思虑,既成之后,莫不曲尽事情",并竭力规劝德宗下罪己诏,以收揽人心①。按照制度,"虽外有宰相主大议,但实际上,翰林学士陆贽"常居中参裁可否,时号'内相'"②,成为参与中枢体制决策的重要成员。自此,唐后期的中枢体制成员构成由宰相、枢密使制演变为宰相、枢密使和翰林学士共同执政制。

唐顺宗朝,翰林学士在中枢体制中的作用更为重要。如革新派王叔文、王伾、韦执谊、凌准等人,均以本官充翰林学士而参议决策,尤其是王叔文,利用翰林学士身份之便领导永贞革新。由于永贞革新触犯了宦官的实际利益,宦官首领俱文珍恶王叔文专权,永贞元年五月,削去了王叔文的翰林之职。王"叔文见制书,大惊,谓人曰:'叔文日时至此商量公事,若不得此院职事,则无因而至矣。'王伾即为疏请,不从,再疏,乃许三五日一入翰林,去学士名。叔文始惧"③。王叔文所以害怕罢去翰林学士,就是因为翰林学士职位重要,失去它,就意味着失去了和皇帝联系的身份,更意味着参议朝政权力的丧失。

唐宪宗朝,中枢体制仍为宰相、枢密使、翰林学士共同执政。在这一体制中,枢密使虽时而占据上风,但在重大的决策中,宰相和翰林学士不无参与。宪宗初年,知枢密使刘光琦左右朝政,"宰相议事有与(刘)光琦异者",令政事堂主书滑涣传达其意。刘光琦"常得所欲,杜佑、郑絪等皆低意善视之"④。之后,宪宗平定藩镇叛乱依靠的就是宰相、翰林学士和枢密使的决策。例如王士真死后,其子王承宗请求以河北故事,"代父为帅",宪宗出兵讨伐。宰相裴垍"因请密其谋","宪

---

① 《旧唐书·陆贽传》。
② 《新唐书·陆贽传》。
③ 《资治通鉴》卷二三六,永贞元年五月。
④ 《资治通鉴》卷二三七,元和元年八月,第7635页。

宗说:'此唯李绛、梁守谦知之。'时(李)绛承旨翰林,(梁)守谦掌密命"①。

唐穆宗朝,枢密使、翰林学士和宰相结帮拉派,互相利用,中枢体制内部钩心斗角。长庆元年(821年),枢密使魏弘简和翰林学士元稹勾结,阻止宰相裴度的军国计划的实施。同年十月,"翰林学士元稹与知枢密魏弘简深相结,求为宰相,由是有宠于上,每事咨访焉"②。长庆三年(823年)九月,"李逢吉为相,内结知枢密王守澄,势倾朝野","惟翰林学士李绅每承顾问,常排抑之,拟状至内庭,绅多臧否"③。

唐敬宗宝历年间,枢密院的势力大于宰相府,右补阙高允中"常上疏云:'东头势重于南衙,枢密权倾于宰相。'"④这里的东头指的就是枢密院,南衙指的是宰相府。

3. 宰相、枢密使中枢体制的恢复及其演变

唐文宗朝的"甘露之变"是翰林学士地位下降的转折点,也是唐后期中枢体制转折点。"甘露之变"以后,"天下事皆决于北司,宰相行文书而已。宦官气益盛,迫胁天子,下视宰相,陵暴朝士如草芥。每延英议事,(仇)士良等动引(李)训、(郑)注折宰相"⑤,皇权削弱,翰林学士地位下降。伴随翰林学士地位的下降,唐后期的中枢体制又演变为宰相、枢密使制。在宰相、枢密使体制中,宦官充任的枢密使权势很大,一些名相也不得不靠枢密使的权势步入相府,如李德裕开成五年九月从淮南入相,靠的就是原监军杨钦义入朝知枢密院后,在文宗面前竭力引荐的结果,正如司马光说:"德裕柄用,钦义颇有力焉"⑥。胡三省

---

① 《旧唐书·裴垍传》。
② 《资治通鉴》卷二四二,长庆元年十月。
③ 《资治通鉴》卷二四三,长庆三年九月。
④ 《唐会要》卷五六《左右补阙拾遗》。
⑤ 《资治通鉴》卷二四五,大和九年十一月。
⑥ 《资治通鉴》卷二四六,开成五年九月。

也注释说,"史言李德裕亦不免由宦官以入相"①。

需要指出的是,翰林学士在"甘露之变"后退出中枢体制,与皇权的强弱有直接关系。唐顺宗朝的"永贞革新"中,翰林学士王伾、王叔文虽然是主谋,但"永贞革新"失败以后,翰林学士群体依然得到重用,在中枢体制中的地位并没有受到大的影响,其重要的原因是当时皇权相对较强,而文宗朝的"甘露之变"以后,宦官充任的枢密使把持了朝政。

唐武宗朝,枢密使依然把持朝政,杨钦义为枢密使,"武皇一朝之柄用,皆自钦义"②。唐宣宗时,枢密院有时还参与宰相的任命。晚唐人裴庭裕的《东观奏记》云:"上(宣宗)每命相尽出睿旨,人无知者。一日,制诏枢密院:兵部侍郎、判度支萧邺可同中书门下平章事,仰指挥学士院降麻处分。"③

唐宣宗大中年间,枢密使虽然时而参与宰相的任命,但神策中尉和枢密使尚不能参议宰相会议。史载:"大中故事,凡宰相对延英,两中尉先降,枢密使候旨殿西,宰相奏事已毕,枢密使案前受事。"④唐宣宗末年,左神策护军中尉王宗实杀死枢密使王归长和马公儒等人以后,神策中尉在中枢体制中的作用开始显现,唐朝的中枢体制成员的构成也开始发生变化。

4. 内、外宰相与"四贵"共执国政中枢体制及其变迁

内外宰相与"四贵"共执国政的中枢体制确立于唐僖宗广明元年(880年)十二月。这里的内、外宰相分别是指宰相和使相。唐代的使相也称"外宰相",赵绍祖在《新旧唐书互证》中说:"唐中叶以后,节镇

---

① 《资治通鉴》卷二四六,开成五年九月丁丑注释。
② 张固:《幽闲鼓吹》,丛书集成本。
③ 裴庭裕:《东观奏记》卷中,中华书局1994年版。
④ 《资治通鉴》卷二六二,天复元年正月丙午注文。

加宰相衔者极多,谓之使相,亦称外宰相,非真宰相也。"①所谓"四贵"是指两个神策护军中尉和两个枢密使,元朝的胡三省解释说:唐懿宗"时以两中尉、两枢密为四贵"②。

唐代的神策护军中尉制度确立德宗贞元年间。"泾原之变"被平定之后,德宗回到长安,"颇忌宿将,凡握兵多者,悉罢之",将禁军交给宦官"(窦)文场、(霍)仙鸣分统"。贞元十二年(796年)六月,唐德宗"特立护军中尉两员、中护军两员,以帅禁军,乃以文场为左神策护军中尉,仙鸣为右神策护军中尉"③。自此,左右神策护军中尉统领禁军遂成为制度。司马光对此评议说:唐德宗"返自兴元,猜忌诸将,以李晟、浑瑊为不可信,悉夺其兵,而以窦文场、霍仙鸣为中尉,使典宿卫,自是太阿之柄,落其掌握矣"④。自此以后,神策护军中尉掌握了皇宫的宿卫大权。贞元后期,左神策护军中尉窦文场与右神策护军中尉霍仙鸣,权势"振于天下,藩镇节将,多出禁军,台省清要,时出其门"⑤。顺宗、宪宗、穆宗和敬宗诸朝,神策护军中尉虽一直得到皇帝的恩宠,但对中枢体制的影响尚不明显。

唐文宗朝的"甘露之变",神策中尉权力剧增,作用凸出,"数日之间,杀生除拜,皆决于两中尉",而"中书惟有空垣破屋,百物皆阙"⑥,宰相地位一时下降。此后,神策护军中尉仇士良虽拥立武宗有功,但在唐武宗朝"内实嫌之,阳示尊宠",时而"惶惑不自安"⑦,尚不能参与延英殿议事。

唐宣宗朝,神策护军中尉仍不能参与延英殿议事。唐懿宗咸通年间,神策护军中尉开始在延英殿议事时"侍侧、同议政事",并成为此后

---

① (清)赵绍祖:《新旧唐书互证》卷七,丛书集成本。
② 《资治通鉴》卷二五○,咸通二年二月注文。
③⑤ 《旧唐书·窦文场、霍仙鸣传》。
④ 《资治通鉴》卷二六三,天复三年正月。
⑥ 《资治通鉴》卷二四五,太和九年十一月。
⑦ 《新唐书·仇士良传》。

唐昭宗朝左神策护军中尉韩全诲参议政事的援例①。唐僖宗将"政事一委"神策军中尉田令孜。自此,神策军中尉成为中枢体制的重要成员。田令孜"上下相掩匿",宰相卢携"素事令孜,每建白必阿邑倡和"②。广明元年(880年)十二月,黄巢起义军攻占潼关,神策军中尉田令孜把罪责推托于宰相卢携,然后以羽林白马驮着僖宗逃往四川,"专制中外"③。

田令孜的哥哥剑南西川节度使陈"敬瑄,夜召监军梁处厚,号恸奉表",迎接唐僖宗,并"缮治行宫"。唐僖宗逃至绵州,陈敬瑄又"谒于道,进酒"④。中和三年(883年)七月,"陈敬瑄欲立于宰相之上",宰相郑畋"以故事,使相品秩虽高,皆居真相之下,固争之"⑤。他说:"外宰相安得论品乎?"⑥不肯处在使相陈敬瑄之下。陈敬瑄、田令孜等二人令凤翔节度使李昌言上言说:"军情猜忌,不可令(郑)畋扈从过此。"郑畋被罢相。自郑畋罢相以后"朝廷进退宰相,率受制于藩镇矣"⑦,这里的藩镇,是指带有宰相衔的藩镇,即使相,也称外宰相。换言之,自中和三年(883年)七月以后,唐朝的中枢体制构成演变为内、外宰相与"四贵"共执国政。

5. 宰相与将帅共执国政体制的确立及其变迁

宦官势力被消除之后,唐昭宗也自此落入了兵力雄厚的朱全忠及

---

① 《资治通鉴》卷二六二,天复元年十月,第8559页载:"韩全诲等令上(昭宗)入阁召百官,追寝正月丙午敕书,悉如咸通以来近例。是日,开延英,全诲等即侍侧,同议政事"。
② 《新唐书·田令孜传》。
③ 《旧唐书·杨复恭》。
④ 《新唐书·陈敬瑄》。
⑤ 《资治通鉴》卷二五五,僖宗中和三年七月。
⑥ 《新唐书·郑畋》。
⑦ 《资治通鉴》卷二五五,中和三年七月丁卯注文。

宰相崔胤手中。天复三年（903年）正月，宰相崔胤"判六军十二卫事"①，自此，朝政由宰相崔胤和朱全忠控制，唐朝的中枢体制演变为宰相与将帅共执国政。

天祐元年（904年）正月，在朱全忠的操纵下，唐昭宗下诏责授崔胤为太子少傅、分司，贬郑元规循州司户，班溱州司户。不久，朱全忠密令宿卫都指挥使朱友谅以兵围崔胤第，杀崔胤②。同年八月，朱温杀唐昭宗，立13岁的李柷为帝，是为唐昭宣帝，此时距离唐朝的灭亡不足两年。在唐朝灭亡前的最后两年里，表面上虽然宰相仍有人充任，但实际上是朱全忠独揽朝政大权。

为铲除唐昭宗诸子反抗的隐患，天祐二年（905年）二月，朱全忠唆"使蒋玄晖邀昭宗诸子德王裕、棣王祤、虔王禊、沂王禋、遂王祎、景王秘、祁王祺、雅王禛、琼王祥，置酒九曲池，酒酣，悉缢杀之，投尸池中"③。同年三月，独孤损、张文蔚、裴枢"三人皆罢"④相。

天祐二年六月，朱全忠以唐昭宗之名，"敕裴枢、独孤损、崔远、陆扆、王溥、赵崇、王赞等并所在赐自尽"。

同年十一月，朱"全忠为相国，总百揆"⑤，并准备登天子宝座。天祐三年（906年）十二月，宰相柳璨被贬登州刺史，不久，斩于上东门外。宰相柳璨被斩，标志着唐朝宰相与将帅共执国政中枢体制的结束。

三 五代时期中枢体制变迁

1. 后梁中枢体制及其变迁

后梁的中枢体制由中书门下和崇政院构成。中书门下继承唐朝

---

① 《新唐书·昭宗》。
② 《资治通鉴》卷二六四，天祐元年正月，第8624页。
③ 《资治通鉴》卷二六五，天祐二年二月，第8640页。
④ 《资治通鉴》卷二六五，天祐二年三月，第8641页
⑤ 《资治通鉴》卷二六五，天祐二年十一月，第8653页。

开元以来的制度,为宰相府。崇政院由唐后期的枢密院演变而来,但和唐朝后期的枢密院又有很大的差别。唐后期的枢密院以宦官充任,而后梁崇政院"始更用士人"①,是军国大政的参议机构。开平元年(907年)五月,梁太祖下诏:"枢密院宜改为崇政院。"②在人员编制上,崇政院设崇政院使一人。充任崇政院使的敬翔是梁太祖的亲信。后梁的知崇政院使既是皇帝的顾问,参议朝政,同时又是圣旨的传递者。在中枢体制中具有十分重要的地位。

在后梁的中枢体制中,知崇政院使是军国大事的决策者,而宰相开始演变为"受成命"、"治文事"的中央行政长官,正如司马光在《资治通鉴》中所总结的:"梁太祖以来,军国大政,天子多与崇政、枢密使议,宰相受成命,行制敕,讲典故,治文事而已。"③胡三省注释说:"(后)梁与崇政使议,(后)唐与枢密使议,崇政使即枢密使之职也。"④

与唐朝后期相比,后梁的中枢体制发生了两点变化:一是中枢体制演变为崇政院和中书门下制;二是宰相开始向"受成命,行制敕,讲典故,治文事"的中央最高行政长官演变。自此,秦汉以来宰相"一人之下,万人之下"的崇高地位开始下降。

2. 后唐中枢体制及其变迁

后唐的中枢体制的组织形式中书门下、枢密院制。

后唐政权的创立者李存勖自称是"大唐"王朝的延续者。同光元年(923年)四月,唐庄宗李存勖"以豆卢革为门下侍郎,卢程为中书侍郎,并同平章事,郭崇韬、张居翰为枢密使"⑤,组建了中书门下、枢密院中枢体制。

---

① 《新五代史·郭崇韬、安重诲传评》,中华书局1986年版。
② 薛居正等:《旧五代史》卷三《太祖纪三》,中华书局标点本,1986年版。
③ 《资治通鉴》卷二八二,天福四年四月。
④ 《资治通鉴》卷二八二,天福四年四月癸未条注文。
⑤ 《资治通鉴》卷二七二,同光元年四月。

在后唐同光初年的中枢体制中,宰相不是朝政决策的实权者。后唐立国宰相豆卢革和卢程,均是无能之辈,在中枢体制中都没有起多大作用。豆卢革入相后,"事多错乱,至于官阶拟议,前后倒置,屡为省郎萧希甫驳正,革改之无难色"①。更重要的是豆卢"革自作相之后,不以进贤劝能为务,唯事修炼,求长生之术"②,根本不管中枢政务。另一宰相卢程是一个狂妄、被唐庄宗斥为"痴物"的宰相。他与豆卢革被任命宰相的当天,"即乘肩舆,驺导喧沸。庄宗闻呵导之声,询于左右"。左右回答说:"宰相担子入门。"庄宗骇异,登楼视之,笑曰:"所谓似是而非者也。"③豆卢革虽凭门地"朝章典礼,未能深悉",在朝中"但唯唯而已"④。

同光初年的枢密使是中枢体制中的实权者,尤其是位兼将相的枢密使郭崇韬,独揽国家大权,史载:"邦家之务皆出于郭崇韬。"⑤宰相豆卢革、韦说"俯仰,默默无所为,唯诺崇韬而已"⑥。另一个枢密使张居翰是宦官。他虽"与郭崇韬对掌机务",但鉴于唐末宦官被杀的教训,小心翼翼,"每于宣授,不敢有所是非,承颜免过而已,以此脱季年之祸"⑦。当时的宰相韦说,"性谨重,奉职常不造事端,时郭崇韬秉政,(韦)说等承顺而已,政事得失,无所措言"⑧。

后唐的中枢体制出现了两点重要变化。一是自后唐明宗长兴年间以后,三司使开始参与中枢决策。长兴元年(930 年)八月,"始置三司使","国计重事",三司使张延朗"日得商量"⑨,朝廷政务,参议中枢决策。晋阳起兵以后,唐"末帝议亲征,然亦采浮论,不能果决,延朗独

---

①② 《旧五代史·豆卢革》,中华书局 1986 年版。
③ 《旧五代史·卢程》。
④ 《旧五代史·赵光胤》。
⑤⑦ 《旧五代史·张居翰》。
⑥ 《新五代史·豆卢革》。
⑧ 《旧五代史·韦说》。
⑨ 《旧五代史·张延朗》。

排众议,请末帝北行,识者韪之"①。二是后唐的郭崇韬、安重诲相继为枢密使掌握朝政,尤其是枢密使安重诲自"以佐命功臣处机密之任,事无大小皆所参决,其势倾动天下"②。马端临曾总结说:"郭崇韬、安重诲相继领其事,皆腹心大臣,则是宰相之外,复有宰相"③。但同时也必须指出,从唐明宗天成年间以后,宰相已参与中枢机要的决策,其地位已经出现了上升趋势。

3. 后晋中枢体制及其变迁

后晋的中枢体制虽仍由中书门下、枢密院组成,但也曾一度罢枢密院,令宰相分判枢密院事。契丹入侵以后,又复置了枢密使。

后晋初年,石敬瑭以其亲信桑维翰为知枢密院事,不久,桑维翰和李崧以宰相兼任枢密使,职权甚重,引起了刘处让、杨光远等人的不满。天福四年(939年),罢枢密院。枢密院的"庶事并委宰臣分判"④,朝廷政事"一委中书"⑤,后晋的中枢体制演变为中书门下制。晋少帝末年,冯皇后用事时,冯玉独断朝政,"军国大务,一决于(冯)玉,玉尝有疾在告,自刺史已上,宰相不敢除授,以俟玉决"⑥。枢密使在中枢体制中仍处于左右朝政的地位。

4. 后汉中枢体制及其变迁

后汉高祖刘知远即帝位以后,以河东节度判官苏逢吉、观察判官苏禹珪,并为中书侍郎、同平章事;以杨邠为枢密使,郭威为枢密副使,王章为三司使。汉高祖"悉以军旅之事委(枢密使)杨邠、(枢密副使)

---

① 《旧五代史·张延朗》。
② 《新五代史·郭崇韬、安重诲传评》。
③ 《文献通考》卷五八《职官考十二》《枢密院》。
④ 《旧五代史·刘处让》。
⑤ 《旧五代史·少帝纪一》。
⑥ 《新五代史·冯玉》。

郭威，百司庶务委（苏）逢吉及苏禹珪"①，枢密使主军事、宰相主行政的中枢体制已经出现。

后汉高祖朝，中枢体制的另一变化是禁军将领也成为中枢体制的重要成员。天福十二年（947年）十一月，汉高祖以忠武节度使史弘肇领归德节度使、兼侍卫马步都指挥使，义成节度使刘信领忠武节度使、兼侍卫马步副都指挥使，徙（慕容）彦超为天平节度使，"并加同平章事"②。侍卫马步都指挥使史弘肇、侍卫马步副都指挥使刘信和天平节度使慕容彦超等三人，并加同平章事成为使相之后，参与朝政，也成为中枢体制的重要成员。

乾祐元年（948年）正月，后汉高祖刘知远病重，召宰相苏逢吉、枢密使杨邠、侍卫马步都指挥使史弘肇、枢密副使郭威"入受顾命"。刘知远说："余气息微，不能多言，承祐幼弱，后事托在卿辈"③。可见，汉高祖末年，宰相、枢密使、侍卫马步都指挥使等，均为皇帝的心腹和中枢体制的核心成员。

汉隐帝时，枢密使的权力超过了宰相，宰相李涛对此愤愤不平，上疏请出枢密使杨邠等人，"以藩镇授之，枢密之务，宜委（苏）逢吉、（苏）禹珪"④。他在上疏中说："今关西纷扰，外御为急，二枢密皆佐命功臣，官虽贵而家未富，宜授以要害大镇，枢机之务在陛下目前，易以裁决，逢吉、禹珪自先帝时任事，皆可委也。"枢密使杨邠和枢密副使郭威知道李涛上疏的事情以后，到太后处泣诉道："臣等从先帝起艰难中，今天子听人言，欲弃之于外，况关西方有事，臣等何忍自取安逸，不顾社稷，若臣等必不任职，乞留过山陵。"太后听了之后大怒，质问汉隐帝说："国家勋旧之臣，奈何听人言而逐之！"汉隐帝回答道："此宰相所言也。"太后"因诘责宰相"。宰相李涛说："此疏臣独为之，他人无预。"

---

① 《资治通鉴》卷二八七，天福十二年八月。
② 《资治通鉴》卷二八七，天福十二年十一月己卯。
③ 《资治通鉴》卷二八七，乾祐元年正月丁丑。
④ 《旧五代史·汉隐帝纪上》。

乾祐元年三月,罢李"涛政事,勒归私第"①。

乾祐元年(948年)四月,汉隐帝以枢密使杨邠为中书侍郎兼吏部尚书、同平章事,以枢密副使郭威为枢密使,又加三司使王章同平章事,"凡中书除官,诸司奏事,帝皆委(杨)邠斟酌,自是三相拱手"。三相指的是窦贞固、苏逢吉、苏禹珪。朝廷"政事尽决于(杨)邠,事有未更(杨)邠所可否者,莫敢施行,遂成凝滞,三相每进拟用人,苟不出邠意,虽簿、尉亦不之与"②。至此,枢密使杨邠把持了朝政。

杨邠特别不喜欢文人书生,他经常说:"国家府廪实,甲兵强,乃为急务;至于文章、礼乐,何足介意!"杨邠"既恨二苏排己,又以其除官太滥,为众所非,欲矫其弊,由是艰于除拜。士大夫往往有自汉兴至亡不沾一命者;凡门荫及百司入仕者,悉罢之"③。枢密使兼宰相杨邠的所作所为,充分说明了五代后汉武夫独断的中枢体制。

自汉隐帝即位以来,"枢密使、右仆射、同平章事杨邠总机政,枢密使兼侍中郭威主征伐,归德节度使、侍卫亲军都指挥使兼中书令史弘肇典宿卫,三司使、同平章事王章掌财赋",后汉已经形成了行政、军事、财政等分工明确的中枢体制。宰相杨"邠颇公忠,退朝,门无私谒,虽不却四方馈遗,有余辄献之"。都指挥使史弘肇"督察京城,道不拾遗"。三司使王"章捃摭遗利,吝于出纳,以实府库",连年用兵"而供馈不乏,及事平,赐予之外,尚有余积"。此时的后汉出现了"国家粗安"④的局面,但很快汉隐帝与大臣的矛盾就白热化了。

侍卫亲军都指挥使兼中书令史弘肇和枢密使兼宰相杨邠等中枢成员的专横,引起了汉隐帝的不满。汉隐"帝初除三年丧,听乐,赐伶人锦袍、玉带"。伶人到史弘肇处拜谢。弘肇大怒道:"士卒守边苦战,犹未有以赐之,汝曹何功而得此!""皆夺以还官"。汉隐"帝欲立所幸耿夫人为后",杨"邠以为太速"。耿夫人死后,汉隐"帝欲以后礼葬

---

① 《资治通鉴》卷二八八,乾祐元年三月。
②③ 《资治通鉴》卷二八八,乾祐元年四月。
④ 《资治通鉴》卷二八九,乾祐三年十一月。

之",杨"邠复以为不可"。十八岁即位的汉隐"帝年益壮,厌为大臣所制"。杨邠、史弘肇"尝议事于帝前",汉隐帝说:"审图之,勿令人有言!"杨邠立即制止道:"陛下但禁声,有臣等在。"汉隐帝"积不能平",很生气。"左右因乘间谮之于帝说:'(杨)邠等专恣,终当为乱。'"汉隐"帝信之。尝夜闻作坊锻声,疑有急兵,达旦不寐。司空、同平章事苏逢吉既与(史)弘肇有隙,知李业等怨弘肇,屡以言激之"。汉隐"帝遂与(李)业、(聂)文进、匡赞、(郭)允明,谋诛(杨)邠等。议既定,入白太后"。太后说:"兹事何可轻发!更宜与宰相议之。"李业当时在场,并插言道:"先帝尝言,朝廷大事不可谋及书生,懦怯误人。""太后复以为言",汉隐帝十分气愤地说:"国家之事,非闺门所知!"说过话后,"拂衣而出"①。

乾祐三年(950年)十一月,杨"邠等入朝,有甲士数十自广政殿出,杀(杨)邠、(史)弘肇、(王)章于东庑下"②。汉隐帝杀杨邠、史弘肇和王章等人之后,又派人杀郭威,郭威举兵南下。同月,后汉隐帝"为乱兵所弑"③。

汉隐帝被杀之后,李太后始临朝称制,以王峻为枢密使,王殷为侍卫马步军都指挥使,郭崇威为侍卫马军都指挥使,曹威为侍卫步军都指挥使,李谷权判三司。不久,河北诸州驰报契丹入侵,太后敕"枢密使郭威部署大军,早谋掩击,其军国庶事,权委宰臣窦贞固、苏禹珪、枢密使王峻等商量施行"④,将"军事委王殷"⑤。同年十二月初一,郭威率军从大梁出发北征,十二月二十日,郭威在澶州兵变,后汉灭亡。可见,后汉末年的中枢体制,仍然是宰相、枢密使主国事,禁军将领主军事。

后汉中枢体制最大变化是宰相、枢密使掌政体制演变为禁军将领、宰相、枢密使并执国政,且禁军将领都指挥使专横跋扈。正如欧阳修所说:"侍卫亲军者,天子自将之私兵也,推其名号可知矣;天子自为

---

① ② ③ ⑤ 《资治通鉴》卷二八九,乾祐三年十一月。
④ 《旧五代史》卷一○三《汉隐帝纪下》。

将,则都指挥使乃其卒伍之都长耳;然自汉、周以来,其职益重,汉有侍卫司狱,凡朝廷大事皆决侍卫狱;是时,史弘肇为都指挥使,与宰相、枢密使并执国政,而弘肇尤专任"①。

5. 后周中枢体制及其变迁

郭威建立后周之后,对中枢体制进行了调整。广顺元年(951年)六月,宰相窦贞固和苏禹珪并被罢职,"以枢密使王峻为尚书左仆射兼门下侍郎、同平章事、监修国史,充枢密使;以枢密副使、尚书兵部侍郎范质为中书侍郎、同平章事,充集贤殿大学士;以户部侍郎、判三司李谷为中书侍郎、同平章事、判三司;司徒兼侍中窦贞固、司空兼中书侍郎、同平章事苏禹珪,并罢守本官"②。调整后的中枢体制成员仍由宰相和枢密使组成,且以枢密使和枢密副使兼任宰相,宰相兼判三司。显然,在中枢体制中,枢密使兼宰相王峻的职权最重。王峻被贬之后,后周不再以枢密使兼任宰相,从体制上革除了五代后唐以来枢密使兼任宰相职权太大的弊端。后周中枢体制的一个变化是以宰相兼任参知枢密院事。例如周太祖广顺元年六月,"诏宰臣范质参知枢密院事"③。后周以宰相参知枢密院事的主要目的,是为了解决后汉以来枢密使权力太重的问题。

总之,五代时期中枢体制变迁的一个重要特征是枢密使权力太重,正如宋朝人司马光所说:"唐末,诸司使皆内臣领之,枢密使参预朝政,始与宰相分权矣;降及五代,改用士人,枢密使皆天子腹心之臣,日与议军国大事,其权重于宰相。"④自后周开始,统治者已经开始着手解决枢密使权力太重的问题。

---

① 《新五代史·康义诚传赞》。
②③ 《旧五代史·周太祖纪二》。
④ 赵汝愚:《宋朝诸臣奏议》卷四七,司马光《上哲宗乞合两省为一》,上海古籍出版社1999年版。

四　北宋前期中枢体制及其变迁

北宋前期的中枢体制先后经历了中书与枢密院对掌文武大政、财政军三权分立制、三省与枢密院制等复杂的演变过程。

1. 中书、枢密院对掌文武大政体制的确立

北宋立国之初，尚沿袭五代后周之制，以宰相兼任枢密院事。乾德年间（963—967 年）以后，宋太祖改革中枢体制，将民政与军事权力分离开来，建立了中书、枢密院"两司对持大柄"①的中枢体制。中书是中书门下的简称，设在朝堂之西，"为宰相治事之所"②，主管行政事务。枢密院"在中书之北"③，掌"天下兵籍、武官选授及军师卒戍之政令"④等军政事务。北宋中书、枢密院对掌文武大政二府体制的确立，革除了五代以来将帅"与宰相、枢密使并执国政"⑤的混乱体制，从体制上排除了将帅干预朝政的可能，是中国古代中枢体制的一次重大改革与创新。

2. 财、政、军三权分立体制的确立及其演变

宋太宗即位以后，伴随统一战争的继续胜利进行，北宋人口增多，疆域扩大，中央财政机构三司的地位日益重要。淳化元年（990 年）十二月，宋太宗接受右正言谢泌的建议，把中书、枢密院对掌文武大政的中枢体制改为"凡政事送中书，机事送枢密院，财货送三司，覆奏而后

---

① 杨仲良：《续资治通鉴长编纪事本末》卷三二《中书·枢密分合》，北京图书馆出版社影印本，2003 年版。
② 《宋会要辑稿》职官一之一七，中华书局 1997 年版。
③ 《宋史》卷一六二《职官二》，第 3798 页。
④ 《宋会要辑稿》职官一四之一。
⑤ 《新五代史》卷二七《康义诚传论》，第 298 页。

行"的财、政、军三权分立制,且"遂著为定制,中外所上书疏亦如之"①。至此,三权分立体制取代了二府制。宋太宗朝财、政、军三权分立体制的确立,不仅加强了皇帝对中央财政大权的直接控制,而且职掌分明,容易责其成效,对后世的中枢体制产生了深远的影响。

景德元年(1004年)九月,宋真宗"每得边奏,必先送中书"。并对毕士安、寇准说:"军旅之事,虽属枢密院,然中书总文武大政,号令所从出。"②此时中书职权虽然相对较大,但中枢体制的构成形式仍无大的变化。

按照宋初以来的制度,中书一般不参与军务,但由于宋仁宗朝与西夏关系紧张,战争繁多,不少官员上疏请求中书参议边事。例如,宝元二年(1039年)二月,户部判官郭稹言:"近日上封论列边事者甚众,乞差近臣看详,有可采者,委中书、枢密院施行。"③同年十二月,鄜延、环庆副都统刘平上攻守之策,并"请召夏竦、范雍与两府大臣议定攻守之策,令边臣遵守"④。此后,翰林学士丁度也上言说:"古之号令必出于一,今二府分兵民之政,若措置乖异,则天下无适从,非国体也,请军旅重务,二府得通议之。"知谏院富弼也说:"边事系国安危,不当专委枢密院,而宰相不与,乞如国初,令宰相兼枢密使。"宋仁宗"参取其言",于康定二年(1041年)二月下诏:"枢密院自今边事并与宰相张士逊、章得象参议之。"诏令下达之后,宰相张士逊等人以诏书纳于宋仁宗面前说:"恐枢密院谓臣等夺权。"知谏院富弼谴责宰相张士逊等人道:"此宰相避事尔,非畏夺权也。"⑤同年三月,宋仁宗下诏:"中书别置厅与枢密院议边事。遂置厅于枢密院之南"⑥。中书、枢密院议边事厅的设置,使中门门下参与边事决策进一步制度化。

---

① 《长编》卷三一,淳化元年十二月,第708页。
② 《长编》卷五七,景德元年九月丁酉。
③ 《长编》卷一二三,宝元二年二月癸酉。
④ 《长编》卷一二五,宝元二年闰十二月壬子。
⑤ 《长编》卷一二六,康定元年二月丁酉。
⑥ 《长编》卷一二六,康定元年三月癸未。

当然,中书、枢密院共同议边事的制度,也存在着耽误战机的弊病。当时的知杂御史刘述曾说:"风闻每于中书南厅会议,其间多顾避形迹,不务昌言,或各持己见,靡从正论,至有累日而不能决者,夫军国之事,常有缓急,若机会一失,则如奔川逸骥,弗可捄止,今两府大臣依违如是,使之适变而应猝,岂不殆哉!"①然而,开南厅制度毕竟有集思广益和防止决策独断之利,所以,开南厅制度一直沿袭到北宋后期和南宋。曰"常事密院自行,至涉边事,则三省聚议,谓之开南厅"②。

至和年间,一些官员上疏反映三权分立体制的弊端,并请求对其进行改造。至和二年(1055年)四月,知谏院范镇曾上疏说:"今中书主民,枢密主兵,三司主财,各不相知。财已匮,枢密益兵无穷;民已困,三司取财不已,请使二府通知兵民大计,与三司同制国用。"③宋仁宗虽下诏中书:"应台谏言事皆录报枢密院。"④而财政军分立的中枢体制一直到王安石变法之前没有大的变化。

3. 王安石对财、政、军三权分立体制的改造

宋初以来"置三司使,以掌天下利权,宰相不与"⑤的三权分立体制,直接阻碍了王安石经济改革措施的制定和推行。熙宁三年(1070年)十二月,王安石为宰相以后,"自著《周礼义》以符合新法,故持冢宰掌邦计之说,谓宰相当主财计,遂以三司分权"⑥。在宋神宗的支持下,王安石对三权分立的中枢体制进行了改造。

---

① 黄淮、杨士奇编:《历代名臣奏议》卷三二九《御边》,影印文渊阁四库全书本。

② 不著撰人:《锦绣万花谷·后集》卷九《枢府》,影印文渊阁四库全书。

③ 《宋史·范镇传》,中华书局1977年版。

④ 《宋会要辑稿》职官一之五一。

⑤ 李心传撰,徐规点校:《建炎以来朝野杂记·甲集》卷一七《三司户部沿革》,中华书局2000年版。

⑥ 徐自明撰,王瑞来校补:《宋宰辅编年录校补》卷七,熙宁三年十二月,中华书局1986年版。

(1) 削弱三司职权

王安石根据变法的实际需要,采用了一系列削弱三司职权的措施。

第一,创设制置三司条例司,分割三司的职权。熙宁二年(1069年)二月,宋神宗根据王安石的建议,开始筹建新的中央理财机构——制置三司条例司。同年三月,制置三司条例司正式成立,并诏令内外官员,凡知财用者,皆可上疏为改革献计献策。四月,制置三司条例司分遣官员到各地调查情况,"相度农田水利、税赋科率、徭役利害"①。制置三司条例司的创置,使王安石的理财措施,"自条例司直奏行之,无复龃龉"②。自此,三司的大部分职权被制置三司条例司所取代。

第二,罢制置三司条例司归中书。制置三司条例司的存在,遭到了反变法派的激烈反对。王安石为了减少反对派的口实,于熙宁三年(1070年)五月,将置制三司条例司"罢归中书"③。不久,宋神宗诏令将"新法付司农寺,而农田水利、免役保甲等法悉自司农讲行"④,司农寺取代了制置三司条例司的职能,成为主持变法的重要机构。

第三,废除三司胄案,设置军器监。宋初以来,兵器领于三司胄案,而"三司事丛,判案者又数易",直接影响了兵器制造的数量和质量。熙宁六年(1073年)六月,宋神宗下诏废三司胄案,"置军器监,总内外军器之政"⑤。

第四,恢复将作监职能,以取代三司修造案。宋初以来,"凡土木工匠之政、京都缮修隶三司修造案"⑥,而将作监变成了一闲散机构。熙宁四年(1071年)十一月,宋神宗"诏以将作监专领在京修造事"⑦。

---

① 《宋会要辑稿》职官五之二。
② 《宋宰辅编年录校补》卷七,熙宁二年十一月。
③ 《宋会要辑稿》职官五之七。
④ 《文献通考》卷五六《职官考十》。
⑤ 《长编》卷二四五,熙宁六年六月己亥。
⑥ 《宋史·职官五》。
⑦ 《长编》卷二二八,熙宁四年十一月壬午。

军器监的设置和将作监职能的恢复,进一步分割了三司职权,正如御史蔡承禧在熙宁八年(1075年)五月给宋神宗的上疏中所说:"自昔军器惟莅三司胄案一局,近岁遂立军器监以专之;自昔修造之司惟莅三司案,而近岁以将作监专之;故三司之财用,固已多为二局之所糜。"①

此外,熙宁年间,宋神宗还以"推勘公事归大理寺,帐司、理欠司归比部,衙司归都官,坑冶归虞部,而三司之权始分矣"②。

通过以上削弱三司权力措施的实行,不仅使宰相王安石"置旁通簿于御前,尽籍国帑之教"③,以制定改革财政大计,而且打破了宰相不预财政的三权分立体制。

(2)整顿并扩大中书职权

宋初以来,主政机构中书,常被一些繁杂的事务所缠扰。王安石为了把中书改造成为适应变法的决策机构,对中书进行整顿,并扩大其职权。

第一,清理中书政务。熙宁二年(1069年)二月,宋神宗根据王安石的建议,成立了编修中书条例所,以变法派李定、吕惠卿等充任其职,准备清理中书政务。同年十月,王安石又亲自选拔李常、俞充、黄好谦、邓润甫、张琥、曾布、李承之、马玞等八位拥护变法者参加审定中书条例工作,以增加编修中书条例所的力量。熙宁三年(1070年)六月,宋神宗以奖励措施,诏令原中书吏人对条例的修改提出意见,凡"能述见行条例有未便者,许经堂陈述,如委得允当,量大小酬奖"④。同年八月,宋神宗在广泛征求意见的基础上,把原由中书负责的二十二项具体事务,归属有司。如"臣僚举选人转官循资状令银台司直送铨收;使官员身亡,令止申审官院等;内外辟举官并两制及亡没臣僚之

---

① 《长编》卷二六四,熙宁八年五月丁丑。
② 《文献通考》卷五二《职官六》。
③ 《宋宰辅编年录校补》卷七,熙宁三年十二月丁卯。
④ 《宋会要辑稿》职官五之一〇。

家陈乞亲戚差遣","止中书批送所属施行";"差除官员合有支赐,即札下三司依式,其宗室支赐亦依此;见任少卿监以上并分司致仕少卿监,宗室小将军以上身亡孝赠,并札下入内内侍省支赐","在京委三司,在外委所在州军支给"①,等等。通过这些措施的实行,中书事务繁杂的状况略有改变。

第二,把刑狱审察权归中书。宋初以来,有关刑名的事,由审刑院和大理寺作最后审定,中书一般不能过问。熙宁二年(1069年),王安石为参知政事后,对一些重要案件提出了自己的看法。宰相曾公亮"以中书论正刑名为非",坚决反对。王安石反驳说:"有司用刑不当,则审刑、大理当论正;审刑、大理用刑不当,即差官定议;议既不当,即中书自宜论奏,取决人主。此所谓国体。岂有中书不可论正刑名之理。"②王安石的这一主张,得到了宋神宗的坚决支持。自此,中书有了参议刑名的权力。熙宁三年(1070年)八月,中书对刑律提出了五点疑问和修改意见,宋神宗将这些意见提案,"诏付编敕所详议立法"③。同年九月,中书设置了检正刑房公事。翌年正月,根据检正中书刑房公事李承之的建议,宋神宗下令规定,自今"刑部月具已覆过大辟案,逐道申中书季检正官覆详,大限十日,小限七日,如有不当或无故稽留者,取旨责罚"④。此后,大辟刑狱案件的复审权归中书掌握。

王安石通过清理中书政务,扩大中书职权,打破了宋初以来中书不能过问刑名的中央体制。

(3) 设置审官西院,分割枢密院职权

宋初以来,"天下兵籍,武官选授及军师卒戍之政令悉归于枢密院",宰相不能过问军政的中央体制,直接阻碍着王安石军政改革措施的制定和推行。

---

① 《长编》卷二一四,熙宁三年八月甲申。
② 《宋史·刑法三》。
③ 《长编》卷二一四,熙宁三年八月戊寅。
④ 《长编》卷二一九,熙宁四年正月乙未。

熙宁三年五月,宋神宗和王安石以审官院为审官东院,别置审官西院,"专领阁门祗候以上至诸司使磨勘、常程差遣"①。审官西院的设置,分割了枢密院的职权,为王安石改革军政,奠定了基础。

总之,王安石变法通过削弱三司职权,整顿与扩大中书职权,缩小枢密职权,对宋太宗以来三权分立中枢体制进行改造,从而使宰相王安石手中的权力增大,适应了变法的政治需要。

五、北宋后期及南宋时期中枢体制变迁

元丰改制以后,宋朝的中枢体制演变为三省、枢密院体制。南宋时期,中枢体制的组织形式虽仍为三省、枢密院制,但无论枢密院的职权还是三省内部的体制均发生了变化。

1. 北宋后期三省、枢密院体制的确立及其演变

熙宁年间,宋神宗虽对三权分立的中枢体制进行了改造,但尚未改变体制的构成形式。元丰年间,宋神宗对中枢体制进行了以下几项改革。

(1) 罢三司归户部

宋初以来的理财机构三司,在熙宁年间虽然职权范围缩小,但其名尚存。元丰三年(1080年)八月,宋神宗"罢三司归户部左、右曹,而三司之名始泯矣"②。三司被罢除后,中央财政事务又并归了户部。

(2) 保留枢密院

元丰四年(1081年)十一月,改革者议论纷纷,一些官员请求罢枢密院归兵部,这一下可触及了宋代统治者的要害之处,宋神宗坚决不同意。他说:"祖宗不以兵柄归有司,故专命官统之,互相维制,何可废也?"同时,宋神宗"又以枢密联职辅弼,非出使之官,乃定置知院、同知

---

① 《长编》卷二一一,熙宁三年五月丁巳。
② 《文献通考》卷五二,《职官六》。

院二人"①,罢去了枢密使和枢密副使,设置知枢密院和同知枢密院二人。枢密院的保留,完成了唐中期以来兵权从兵部中的分离过程,在中古帝国时代中枢体制发展史上具有重要意义。唐朝之前及唐朝前期,历代统治者虽重视对兵权的控制,但军政皆由丞相或宰相统领。唐中期以后,兵权开始从宰相府中分离出来。宋朝建立后,确立了中书、枢密院对掌文武大政的中央体制。元丰改制中,宋神宗虽以《唐六典》为准,竭力恢复三省制度,但却保留了枢密院,完成了兵权从兵部的分离过程。元明清各朝,尽管掌兵机构的名称千变万化,但始终作为皇帝直接控制的独立机构而存在。

(3) 以三省取代中书门下

元丰三年(1080年)八月,宋神宗下诏恢复三省六部九寺五监制度,"使台、省、寺、监之官,实典职事"②。元丰五年(1082年)四月,宋神宗根据新官制的规定,"以门下、中书三省统领百职,改平章事为尚书左右仆射,以平章事王珪及参知政事蔡确为之;改参知政事为门下、中书侍郎,以知定州章惇、参知政事张璪为之。置左、右丞,以翰林学士蒲宗孟、王安礼为之"③。

在三省制度实行之初,领导改革的官制所,"虽仿旧三省之名,而莫能究其分省设官之意,乃厘中书门下为三",使三省"各得取旨出命",出现了"纷然无统纪"的问题。元丰五年六月,宋神宗下诏规定:"自今事不以大小,并中书省取旨,门下省覆奏,尚书省施行。三省同得旨事,更不带三省字行出"。就在宋神宗下诏的当天,有些大臣提出:"中书省独取旨,事体太重。"宋神宗不以为然地回答道:"三省体均,中书省揆而议之,门下省审而覆之,尚书省承而行之,苟有不当,自

---

① 《长编》卷三二〇,元丰四年十一月甲辰。
② 王偁:《东都事略》卷八,影印文渊阁四库全书。
③ 李埴:《皇宋十朝纲要》卷一〇(下),元丰五年四月癸酉,台湾文海出版社1980年版。

可论奏,不当缘此以乱体统也。"宋神宗一言"遂定体统"①。自此,三省取代了中书门下。

总之,元丰改制中,通过罢三司归户部,保留枢密院,以三省取代中书,使宋太宗以来的三权分立制正式演变为三省、枢密院共同掌政的中枢体制。

宋哲宗即位之初,根据吕公著的意见,"遂诏三省合取旨事及台谏章奏,并同进拟,不专属中书"②。元祐元年(1086年)五月,吕公著为右仆射兼中书侍郎后,又把"执政官每三五日一聚都堂"的惯例改为执政"日聚都堂"③的共议国政的中枢体制。

宋徽宗朝,蔡京、王黼等人相继擅权。他们无不更改宰相称谓,总领三省。"政和初,蔡京自杭州还朝,何执中已任左仆射,难以去之"。蔡京为了夺取何执中的实权,便更改官制,"以公相之号总领三省"。蔡京致仕后,王黼改公相厅为都厅,迁太傅,"自领三省"④。宣和六年(1124年),蔡京复相后,"依前太师领三省事"。翌年四月,蔡京罢政后,宋徽宗才诏令"三公止系阶官,更不总领三省"⑤,此时距北宋灭亡仅有一年之余。

2. 南宋时期三省、枢密院体制的演变

南宋初年,设置了御营司,枢密院的职权被御营司分割,形成了三省、枢密院、御营司中枢体制。

御营使设置于唐昭宗天祐元年(904年)正月。当时,唐昭宗从长安"东迁,扈卫兵士为御营,置使以提举一行事务,御营使之官始

---

① 《长编》卷三二七,元丰五年六月乙卯。
② 《长编》卷三五九,元丰八年九月己巳。
③ 《长编》卷三七七,元祐元年五月丁巳。
④ 《宋会要辑稿》职官一之四三。
⑤ 《宋会要辑稿》职官一之四二。

此"①。五代时,后唐、后晋均设置御营使②。

建炎元年(1127年)五月,南宋政权在南京应天府建立以后,皇帝禁卫兵力寡弱,于是宋高宗设置了御营司。宋高宗设置御营司的目的"本以行幸总齐军中之政",但其后御营司"遂专兵柄,枢密院几无所预"③。御营司的专权,使南宋初年的中枢体制演变为三省、枢密院、御营司制。在这一体制中,御营司的地位高于三省和枢密院。南宋人陆游记载说:"建炎初,按景德幸澶州故事,置御营使,以丞相领之,执政则为副使,上御朝,御营副使先上奏本司事,然后三省、密院相继奏事,其重如此"④。

建炎四年(1130年)六月,宋高宗政权结束了海上的流亡生活,一些官员向皇帝上疏说:今三省、枢密院之外"本朝沿五代之制,政事分为两府,兵权付于枢密,比年又置御营使,是政出于三也,请罢御营使,以兵权付之密院,而以宰相兼知"。宋高宗接受了这一建议,"罢御营使及官属,而以其事归密院为机速房"⑤。御营使被罢去之后,中枢体制又演变为三省、枢密院制。此后一直到南宋灭亡,中枢体制没有发生大的变化。

结　　语

综上所述。唐宋时期中枢体制经历了一个复杂的变迁过程,其中最重要的变化是军权从宰相府中分离出来。在唐朝前期的三省六部制度下,尚书省是国家最高的行政管理机构,中央军权归之于尚书省

---

① 《资治通鉴》卷二六四,天祐元年正月。
② 参见《资治通鉴》卷二七六、二八二、二八三等记载。
③ 李心传:《建炎以来朝野杂记·甲集》卷一○《御营使》,中华书局2007年版。
④ 陆游撰,李剑雄、刘德权点校:《老学庵笔记》卷一,中华书局2005年版。
⑤ 《建炎以来朝野杂记·甲集》卷一0《御营使》。

的兵部。开元十一年政事堂改为中书门下之后,军权仍归之于宰相控制下的兵房。"安史之乱"以后,宦官充任的枢密使及神策中尉逐渐掌握了军权。唐昭宗朝朱全忠消灭了宦官势力,此后又杀死宰相崔胤并解散六军十二卫。五代后汉高祖"悉以军旅之事委枢密使杨邠、枢密副使郭威,百司庶务委宰相苏逢吉及苏禹珪",军事权力开始从宰相府中分离出来,归之于枢密使。北宋乾德年间以后,正式建立了中书、枢密院"两司对持大柄"①的中枢体制,至此完成了军权从兵部中分离出来、直属于皇帝的演变过程。元明清时期尽管掌管军事的机构,名称千变万化,但始终作为直属于皇帝而存在。依次而论,唐宋时期中枢体制变迁,在中古帝国时代中枢体制发展史上具有划时代的意义。

---

① 杨仲良:《续资治通鉴长编纪事本末》卷三二《中书·枢密分合》。

李煜终局:才位错置的悲剧

孟祥才

一

南唐后主李煜(937—978年),是五代十国时期南唐的最后一位国君。他的祖父李昪是原吴国主杨行密部将徐温的养子,随徐温在军中任职。后唐天成二年(927年)徐温死后,他得以执掌吴国政柄,不久逼迫吴国主"禅让"帝位,改国号大齐。再后自认定为唐宗室建王李恪之后,恢复李姓,改国号为唐,史称南唐。李昪在位七年病逝,他的儿子李璟(916—961年)继位,他就是李煜的父亲。建国后的南唐,在十国中虽然是疆域较大的割据王国,但所控地区也仅及今之安徽、江西的大部和江苏、福建、湖北的一部分。其北面以淮河为界,先与控制中原的后周王朝,继而与代周而起的宋王朝对峙;东南方向与据有今之浙江、福建大部分的吴越和闽两个政权为邻;南方与控制今之两广地区的南汉相接;西部则是占据今之湖北沙市和宜昌的南平以及控有今之湖南全部和广西北部、贵州东部的楚国。而对其威胁最大的是后周和北宋。显德二年(955年),周世宗南征,渡过淮河,在正阳(今安徽阜阳东南)大破南唐军,进围寿州(今安徽寿县)。当时的后周禁军统帅赵匡胤指挥周军与南唐军战于涡口(今安徽蚌埠北)和滁州(今属安徽),取得重大胜利。李璟明白难与抗衡,只得派出使者,向周称臣,愿为附庸。接着又献出濠(今安徽蚌埠东)、寿、泗(今江苏盱眙)、楚(今江苏淮安)、光(今河南潢川)、海(今江苏连云港)等六州之地求和,但未获首肯。显德四年(957年),周世宗继续进兵,大破南唐军于紫金山,攻克寿州,当年冬,又克濠、泗二州。第二年春,再克楚州,进围扬州(今属江苏),摆出渡江南下的架势。此时的李景恐慌万分,自动提出割让江北的土地,称臣纳贡,禀周之正朔,"上表称唐国主",将自己降至诸侯王的地位。

建隆元年(960年),赵匡胤取代后周,建立北宋。李景不断纳银输绢,贡献乘舆服御物,不仅庆贺北宋王朝在统一战争中取得的每一个胜利,而且在每一个节日前必定送上一份祝嘏的厚礼。但面对北宋王朝咄咄逼人的统一之势,李景终日处于惶恐不安之中。他一面秘密做些战守的准备,以防不测,同时更小心翼翼地讨赵匡胤的欢心,以延宕宋军征伐的步伐。建隆二年(961年),李景在迁都洪州(今江西南昌)不久病逝,将一个风雨飘摇的割据政权交给了儿子李煜。平心而论,李景实在也不是一个做国君的人选,但却不能不接下父亲留下的基业。当他接手南唐的时候,这个政权正处在最兴旺发达的岁月,"跨据江、淮三十余州,擅鱼盐之利,即山铸钱,物力富盛"。他开始也颇想振作一番,"尝试贡士《高祖入关诗》,颇有窥觎中土之意"①。然而,他这点豪气很快就消失了,因为中原王朝不久即陈兵长江,形成泰山压顶之势,他们咸鱼翻身的希冀已经完全破灭了。他只得在步步退让中打发日子,最后以45岁之年撒手人寰。不过,李景在诗词创作方面表现了过人的才情,他也有意将一批文学家吸引在自己周围,形成了一个以宰相冯延巳为首的创作群体,留下了一批有价值的诗词作品,构成了由唐诗向宋词过渡的桥梁。他本人流传至今的词作只有五首,描绘了重楼、落花、青鸟、绿波、翠叶、细雨、微风、玉笙、鸿雁、鹧鸪,还有柳堤芳草、辘轳金井,抒发着贵族青年男女细腻而凄婉的思绪,完全看不到君王的气势和豪情,但创作技巧已臻成熟,遣词造句颇见功力。例如,他的《浣溪沙》:

---

① 《宋史·世家一·南唐李氏》,中华书局2000年版。

> 菡萏香销翠叶残,西风愁起绿波间。还与韶光共憔悴,不堪看。细雨梦回鸡塞远,小楼吹彻玉笙寒。多少泪珠无限恨,倚阑干。

描写出了深秋时节贵族少妇对远戍边塞丈夫的怀念,墨与泪俱,情深而真切,受到冯延巳、王安石赞誉,王国维在《人间词话》中也给予极高的评价,认为"大有众芳荒芜,美人迟暮之感。"

李景这位南唐中主,政治上毫无建树,但他传给儿子的文学基因却得到了发扬光大。

二

在李煜出场之前,我们之所以比较详细地交代他的祖父和父亲,目的是为了展示他作为一个割据的小国之君是在何种条件下继续自己的生命途程的。

李煜字重光,本名从嘉,是李景的第六个儿子,"少聪悟,喜读书属文,工书画,知音律"。虽然他与五个兄长一起不断被父亲加官进爵,累迁诸卫大将军、副元帅,封郑王,但由于隔着五位兄长,看来他继承君位的可能微乎其微。然而,人算不如天算。他的五位兄长排着队般地一个个走向死亡,继位的历史重任就自然地落到了他的双肩上。当立为太子的李冀寿终正寝,李煜被改封吴王,立为太子监国。建隆二年(961年),代死去的李景做了南唐国主。此时的南唐已经失去江北的大片土地,局促于江南一隅。李煜袭位后,急忙派自己的户部尚书冯谧出使宋朝廷,献上金器二千两、银器两万两、纱罗缯䌽三万匹,同时"奉表陈绍袭之意"。这份表文是这样写的:

> 臣本于诸子,实愧非才,自出胶庠,心疏利禄。被父兄之荫育,乐日月以优游,思追巢、许之余尘,远慕夷、齐之高义。继倾恳悃,上告先君,固匪虚词,人多知者。徒以伯仲继没,次第推迁,先世谓臣克习义方,既长且嫡,俾司国事,遽易年华。及乎暂赴豫

章,留居建业,正储副之位,分监抚之权,惧弗克堪,常深自暂励。不谓掩丁艰罚,遂玷缵承,因顾肯堂,不敢灭性。然念先世君临江表垂二十年,中间务在倦勤,将思释负。臣亡兄文献太子从冀将从内禅,已决宿心,而世宗敦劝既深,议言因息。及陛下显膺帝箓,弥笃睿情,方誓子孙,仰酬临照。则臣向于脱屣,亦匪邀名,既嗣宗枋,敢忘负荷。唯坚臣节,上奉天朝。若曰稍易初心,辄萌异志,岂独不遵于祖祢,实当受谴于神明。方主一国之生灵,遐赖九天之覆焘。况陛下怀柔义广,煦妪仁深,必假清光,更逾曩日。远凭帝力,下抚旧邦,克获晏安,得從康泰。然所虑者,吴越国邻于敝土,近似深仇,犹恐辄向封疆,或生纷扰。臣既自严部曲,终不先有侵渔,免结衅嫌,扰干疏宸。仍虑巧肆如簧之舌,仰成投杼之疑,曲构异端,潜行诡道,愿回鉴烛,显谕是非,庶使远臣得安危恳。①

李煜这个表文,写得词气卑恭,字里行间,充满孤苦哀告之意,冀望宋朝廷承认南唐作为附属国的地位而苟延残喘。此后,李煜在处理与宋朝廷的关系时更是陪着十二分的小心,"煜每闻朝廷出师克捷及嘉庆之事,必遣使犒师修贡。其大庆,即更以买宴为名,别奉珍玩为献。吉凶大礼,皆别修贡助"。乾德元年(963年)他再次放低身段,"上表乞呼名"。三年,"献银二万两、金银龙凤茶酒器数百事"。开宝四年(971年),"又以占城、阇婆、大食国所送礼物来上,又遣弟从谦奉珍宝器用金帛为贡,且买宴,其数倍于前"②。对李煜的示好示尊的行动,赵匡胤也给予相应的回应。然而,随着宋朝廷统一步伐的加速,李煜感受到的威胁却一天天加重,他也以不断地放低身段的行动巩固宋朝廷对自己的信任:

会岭南平,煜惧,上表,遂改唐国主为江南国主,唐国印为江南国印。又上表请所赐诏呼名,许之。煜又贬损制度,下书称教;

---

①② 《宋史·世家一·南唐李氏》。

改中书门下省为左右内史府,尚书省为司会府,御史台为司宪府,翰林为文馆,枢密院为光政院;降封诸王为国公,官号多所改易。五年,长春节,别贡钱三十万,遂以为常。①

李煜这一系列的行动,无非是大幅度减少自己政权的独立色彩,使之愈来愈像宋王朝辖下的一个诸侯国,以便最大限度地消除赵匡胤的疑忌,冀以最大限度地延宕自己政权存在的时日。而赵匡胤尽管表面上对他示以优容,但实际上对他的监视和限制却与日俱增。赵匡胤为了进一步控制他,在开宝五年(972年)任命其弟从善为泰宁军节度,赐第留京师,实际上是作为人质监控起来。这使李煜更加恐慌不安,于是以表面顺从为掩护,暗地里进行军事抵抗的准备,"虽外示畏服,修藩臣之礼,而内实缮甲募兵,潜为战备"。如此一来,他与宋朝廷的军事冲突就是不肯避免的了。

李煜的行动自然逃不过赵匡胤鹰隼般的眼睛。在赵匡胤的统一南唐的谋划中,显然是和平和战争手段的双选。他先选择和平统一的道路,要求李煜来首都汴京,"太祖虑其难制,令从善谕旨于煜,使来朝",打算将其变为阶下囚,以后再以和平手段收复南唐统治区。李煜觉察赵匡胤的企图,"但奉方物为贡",却拒绝赴汴京。他的举动,使赵匡胤明白表面顺从的李煜实际上是首鼠两端,心怀异志,这自然是不可接受的。于是在开宝七年(974年)毅然下诏命令李煜"赴阙",李煜的牛劲也上来了,干脆来了个"称疾不奉诏"。这恰恰给赵匡胤的兴师讨伐制造了借口:试想,一个属下的地方政权的主官怎么能够拒绝皇帝的征召呢?这年冬天,赵匡胤任命的两位节度曹彬、潘美为正副统帅的大军就浩浩荡荡杀奔江南。这时,李煜才明白自己打错了算盘。惶惧之中,赶快派遣其弟从镒和潘慎修急匆匆赶到汴京买宴,并送上绢二十万匹、茶二十万斤以及大量金银器用和乘舆服物,希望缓和关系,使形势有所转环。然而,赵匡胤丝毫不为所动,礼物照收,来使扣留,讨伐大军进兵的步伐依然没有停留。很快攻克池州(今安徽贵

---

① 《宋史·世家一·南唐李氏》。

池),接着在采石矶(今安徽马鞍山西南)大破两万南唐军。其实,赵匡胤对武力征伐南唐早就预作准备,命人在荆湖造作战舰数千艘,这时顺流而下,从西面发动攻势。同时接受南唐进士樊若水的献策,命八作使郝守濬督率工匠兵丁在江上建造浮桥,仅三日,一座浮桥即横卧在采石矶的江面上。此前,当宋军造浮桥的消息传到南唐小朝廷时,李煜问他的宠臣张洎如何看,张洎不屑一顾,回答说:"载籍已来,长江无为梁之事。"李煜同样不屑:"吾亦以为儿戏耳。"

正在李煜君臣以为高枕无忧时,数万宋军如履平地般地从浮桥上渡过长江。李煜如梦初醒,急忙任命皇甫继勋主持军事,陈乔、张洎掌管机事,徐元㮦传达诏书和报告军情。无奈李煜任命的这个战时工作班子低能而又粗梳,极其不负责任,连瞬息万变的军情也不及时报告。开宝八年(975年)春,当宋军进围西都金陵(今南京)的时候,李煜还蒙在鼓里。一日登城,发现"列栅于外,旌旗遍野",始知自己被近习蒙蔽,一怒而诛杀皇甫继勋,继而作困兽之斗,命将军朱令赟连巨筏载甲士数万人自上游顺流而下,希图将浮桥冲断,但还未至浮桥,即被宋军刘遇部击破。气急败坏的李煜,又临时招募五千所谓勇士偷袭宋军,但这些没有经过军事训练的匹夫之勇们在举火突袭宋军营垒时被全部歼灭,这孤注一掷的绝望抵抗注定是要失败的。就在金陵指日可下的时候,赵匡胤命其知制诰李穆送从镒带着自己的手诏返回金陵,晓以大义,促李煜出降。正在这时,宋军又攻克润州(今江苏镇江),彻底断绝了南唐突围的路径。此时的李煜,犹存幻想,急忙派出徐铉、周惟简贡献方物,恳请罢兵。赵匡胤自然加以拒绝。至此,李煜的出路只剩下投诚一途,而他仍然不能立马决断。赵匡胤觉得李煜不可理喻,遂下诏攻城。

开宝八年(975年)冬,金陵被攻破。李煜只得率其近臣迎拜宋军统帅曹彬等于宫门,宣告了南唐小朝廷的覆灭。很快,李煜同他的主要臣子45人作为俘虏押解汴京,在赵匡胤的明德楼前听任惩罚。不过,此时的赵匡胤还是显示了统一帝王的大度,不仅没有对李煜君臣治罪,而且还封赏给他们显赫的官位,实际上是以囚禁的方式放在汴

京养了起来。赵匡胤的诏书是这样写的:

> 上天之德本于好生,为君之心贵乎含垢。自乱离之云瘼,致跨据之相承,谕文告而弗宾,申吊伐而斯在。庆兹混一,加以宠绥。江南伪主李煜,承奕世之遗基,据偏方而窃号。惟乃先父早荷朝恩,当尔袭位之初,未尝禀命。朕方示以宽大,每为含容。虽陈内附之言,罔效骏奔之礼,聚兵峻垒,包蓄日彰。朕欲全彼始终。去其疑间,虽颁召节,亦冀来朝,庶成玉帛之仪,岂愿干戈之役。寨然弗顾,潜蓄阴谋。劳锐旅以徂征,傅孤城而问罪。洎闻危迫,累示招携,何迷复之不悛,果覆亡之自掇。昔者唐尧光宅,非无丹浦之师;夏禹泣辜,不赦防风之罪。稽诸古典,谅有明刑。朕以道在包荒,恩推恶杀。在昔骡车出蜀,青盖辞吴,彼皆闰位之降君,不预中朝之正朔,及颁爵命,方列公侯。尔实为外臣,庚我恩德,比禅与皓,又非其伦。特升拱极之班,赐以列侯之号,式优待遇,尽捨尤违。可光禄大夫、检校太傅、右千牛卫上将军,仍封违命侯。①

在这份诏书中,赵匡胤屡述对李煜的"宽大"与"含容",谴责他"虽陈内附之言,罔效骏奔之礼,聚兵峻垒,包蓄日彰"的"潜蓄阴谋",指出正是因为他的"迷复之不悛",才招致了"覆亡之自掇",所以最后作为俘虏"楼下待罪",实在是咎由自取。以李煜的表现,本应严惩不贷,但还是"式优待遇",给予高官和一个带有侮辱性的"违命侯"的封爵。其他随李煜被俘的高官也都给予相应的官位和封赏。这使他们不仅保存了生命,而且能够在不菲的物质条件下优游岁月。

开宝八年(975年),李煜的政治生命结束了。此前,他在南唐国主的位子上整整待了十五个年头。检视他作为一个小国之君的岁月,他只能算一个平庸之辈,连"中主"的水平也达不到。因为他既在政治、经济、军事等方面毫无作为,致使南唐国势日蹙,又在应对宋朝廷的策

---

① 《宋史·世家一·南唐李氏》。

略上屡屡出现纰漏,错过了归顺的最佳时机。最后只能以俘虏之身在赵匡胤面前自取其辱。不过,实在说来,李煜基本上不应该承担"亡国"的责任,谁放在他的位置上也没有使南唐起死回生的本领。因为当时宋朝统一中国之势已经形成,赵匡胤将南唐纳入自己治下的决策已经底定,无论李煜使出什么招数,在赵匡胤面前表现得如何训顺,赵匡胤也不会允许他保留半独立的封国。下面这段记载似乎可以回答这个问题:

> 铉等至京师,见太祖,言曰:"李煜何罪,而陛下伐之?且煜事陛下如子事父。"其说累数百言。太祖曰:"尔谓父子,为两家可乎?"铉不能对。铉等既还,煜復遣入奏。铉言李煜事大之礼甚恭,以病未任朝谒,非敢拒诏,乞缓兵以全一邦之命。太祖怒,按剑谓铉曰:"不须多言,江南亦有何罪?但天下一家,卧榻之侧岂容他人鼾睡?"铉皇恐而退。①

三

李煜在汴京的俘虏生涯只有短暂的三年,然而,就是这三年,成就了他作为一个文学家和优秀词人的辉煌。本来,李煜就不具备做国君的资质,他之登上南唐小朝廷的宝座,完全是因为父兄辈在短时间内接二连三地离世,他是在几乎没有任何思想准备的情况下于父亲丧礼的哀乐声中被群臣推上君位的。由于他不具备君王的资质和才干,遇到的又是南唐历史上越来越险恶的形势,他也只能在处处被动的情势下接受亡国之君的命运。

作为亡国的小国之君的李煜尽管乏善可陈,但作为一个文学家和艺术家的李煜却有着可圈可点的实绩。五代时期的南唐,地处长江下游的肥田沃野,气候温湿,物产丰富,又基本上未受兵燹之灾,与烽火

---

① 王称:《东都事略》卷二十三,《二十五别史》,齐鲁书社 2000 年版。

遍地的中原相比,实在是不可多得的和平富足的绿洲。南唐君臣以及麇集在他们周围的文士们,在日日饮宴、夜夜笙歌的醉生梦死的奢靡生活中,也不忘追求文学艺术的享受,于是形成了浓烈而高雅的文化氛围。正是在这种条件下,李煜身上的文学艺术潜质得到了充分发展。使他不仅成为一个自成一格的书法家和画家,而且更是一个在诗词方面留下不朽之作的文学家。无论是当时人还是后来者,都对他书画和诗词的成就发出由衷的赞誉。明朝的王世贞就慨叹他的文艺才能成为"君才"之累:"无君才而好文多艺者,李煜也。文艺为累不为益。"①乾隆皇帝也叹息他的"绝艺"难救政治才能的短板:"风虎云龙图霸略,见称所作过常流。可怜绝艺高谈者,无救俘为违命侯。"②显然,李煜是一个政治上的矮子,同时是一个文艺上的巨人。在中国数以百计的帝王中,在文艺上能够与他比肩者,一个也找不出来:精于绘画的宋徽宗在诗词创作上远逊于他,而在乾隆皇帝五万多首诗作中也找不出一句能够与他的词相伯仲的名句。

李煜是一个书法家和画家。他不仅有着高超的鉴赏力,而且更创造了许多可入稀世珍宝之列的书画作品。请看他对历代书法家的评判:

  善法书者,各得右军之一体。若虞世南得其美韵而失其俊迈,欧阳询得其力而失其温秀,褚遂良得其意而失其变化,薛稷得其清而失于拘窘,颜真卿得其筋而失于麤鲁,柳公权得其骨而失于生犷,徐浩得其肉而失于俗,李邕得其气而失于体格,张旭得其法而失于狂。献之俱得而失于惊急,无蕴藉态度。③

如此鉴赏水平,揆诸当时之人,能望其项背者寥寥无几吧!

再看当时之人和后世行家对他书画的评价。宋朝朱长文说他"颇

---

① 王世贞:《弇州四部稿》,文渊阁四库全书影印本。
② 《御制诗·李煜壶中仙客》,文渊阁四库全书影印本。
③ 《御定佩文斋书画谱·南唐后主李煜评书》,文渊阁四库全书影印本。

尚儒雅,工笔札,遗迹甚劲锐"①。宋朝郭若虚赞誉他"才识清赡,书画兼精(书名金错刀)。尝观所画林石飞鸟,远过常流,高出意外。金陵王相家有《杂禽花木》,李忠武家有《竹枝图》,皆希世之玩"②。

《宣和画谱·江南后主李煜书述》更对他的书画进行了全面品评:

> 壮岁书亦壮,犹嫖姚十八从军,初拥千骑,凭陵沙漠,而目全无虏。又如夏云奇峯,畏日烈景,纵横炎炎,不可向迩。其任势也如此。老来笔如诸葛亮董刑,不废敲扑。后兴师日以白羽麾军,不见其风骨,而毫素相敌,笔无全锋。噫,壮老不同,功用则异,唯所能者可以言之。

> 江南伪主李煜,字重光。政事之暇,寓意于丹青……能文善书画,书作颤笔,樛曲之状,遒劲如寒松霜竹,谓之金错刀。画亦清爽不凡,别为一格。

> 李煜金错书有一笔三过之法,虽若甚瘦而风神有余。晚年变而为画,故颤制三过处,书法存焉。喜作荆槚林棘荒野幽寻之趣,气韵萧疎,非画家之绳墨所能拘也。徐铉亦谓羽毛虽未至,而精神过之。其确论欤。

更难能可贵的是李煜的诗词创作,达到了五代时期的顶峰。他的诗词作品,以亡国为分界,分前后两期。前期的词作是对小皇帝温柔乡生活的描绘。如《渔父》写垂钓者的闲适和自由,实际上是作者的自况:

> (一)浪花有意千重雪,桃李无言一对春。一壶酒,一竿身,世上如侬有几人?

> (二)一棹春风一叶舟,一纶茧缕一轻钩。花满渚,酒满瓯,万

---

① 朱长文:《墨池编》卷三,浙江人民美术出版社2012年版。
② 郭若虚:《图画见闻志》,人民美术出版社1963年版。

顷波中得自由。①

《长相思》写长夜绵绵中的深沉思念,美人罗衫,秋风凄雨,重山烟水,芭蕉菊花,枫叶飞雁,哀愁淡淡,构成了一幅唯美的相思画图:

（一）云一緺,玉一梭,澹澹衫儿薄薄罗。轻颦双黛螺。秋风多,雨相和,帘外芭蕉三两窠。夜长人奈何?

（二）一重山,两重山,山远天高烟水寒。相思枫叶丹。菊花开,菊花残,塞雁高飞人未还。一帘风月闲。

此时期更多的词作是写歌舞酒食征逐中的宫廷生活,踏月的马蹄,轻盈的舞步,曼妙的音乐,婉转的歌喉,笑语盈盈的佳人,更有那令人心颤销魂的幽会、偷情……都在李煜的笔端作美的呈现。

《浣溪沙》:

红日已高三长透,金炉次第添香兽。红锦地衣随步皱。佳人舞点金钗溜,酒恶时拈花蕊嗅。别殿遥闻萧鼓奏。

《采桑子》:

（一）亭前春逐红英尽,舞态徘徊。细雨菲微,不放双眉时暂开。绿窗冷芳音断,香印成灰。可奈情怀,欲睡朦胧入梦来。

（二）辘轳金井梧桐晚,几树惊秋。昼雨新愁,百尺虾须在玉钩。琼窗春断双蛾皱,回首边头。欲寄鳞游,九曲寒波不溯流。

《菩萨蛮》:

（一）花落月暗笼轻雾,今宵好向郎边去。刬袜步香阶,手提金缕鞋。画堂南畔见,一向偎人颤,奴为出来难,教郎恣意怜。

（二）蓬莱院闭天台女,画堂昼寝人无语。抛枕翠云光,绣衣闻异香。潜来珠锁动,惊觉银屏梦。脸慢笑盈盈,相看无限情。

---

① 所有李煜词均引自钟叔河主编:《唐宋词百家全集》第一册,广州出版社1994年版。

《玉楼春》：

晚妆初了明肌雪，春殿嫔娥鱼贯列。笙箫吹断水云开，重按霓裳歌遍彻。临风谁更飘香屑，醉拍阑干情味切。归时休放烛花红，待踏马蹄清夜月。

《一斛珠》：

晚妆初过，沉檀轻注些儿个。向人微露丁香颗，一曲清歌，暂引樱桃破。罗袖裛残殷色可，杯深旋被香醪涴。绣床斜凭娇无那，烂嚼红茸，笑向檀郎唾。

《阮郎归》：

东风吹水日衔山，春来长是闲。落花狼藉酒阑珊，笙歌醉梦间。佩声悄，晚妆残，凭谁整翠鬟。留连光景惜朱颜，黄昏独倚阑。

《喜迁莺》：

晓月堕，宿云微，无语枕凭欹。梦回芳草思依依，天远雁声稀。啼莺散，余花乱，寂寞画堂深院。片红休归尽从伊，留待舞人归。

《南歌子》：

云鬓裁新绿，霞衣曳晓红。待歌凝立翠筵中，一朵彩云何事下巫峰。趁拍鸾飞镜，回身燕飏空。莫翻红袖过帘栊，怕被杨花勾引嫁东风。

然而，这种让他无限迷醉、无限留恋的生活在开宝八年（975年）戛然而止。作为一个亡国的小国之君，被迫辞别他熟悉的宫室苑囿和如花似玉的宫娥美女，离开了那颐指气使、予取予求、为所欲为、极端富足、无限惬意的日子，骤然堕入"终日以泪洗面"的囚徒生涯，这个反差实在是太大了。但是，正是这种巨大的冰炭两重天的生活的转化，使他的诗词来了一次质的升华，展现了与前期截然不同的风貌。真是

"文章憎命达,魑魅喜人过"。如果说亡国之前他还有很多国事需要处理,那么,亡国后他唯一可做的事情就是诗词创作了。这样一来,诗词就是他的最爱,诗词就是他的生命的寄托。此后他的诗词越写越好。他不断用自己的笔触描绘囚徒的心境,展示甜蜜而又痛苦的回忆。梦中屡屡再现的昔日繁华,眼前时时困扰的现实窘迫,面对春花秋月、夏雷冬雪的絮语,一一呈现笔端,那么真切细腻,那么思绪万千,那么痛彻心扉,那么情意绵绵,读后不能不令人洒下一掬同情之泪。

他用词状写自己和一群高级俘虏离开金陵的情景:
《破阵子》:

  四十年来家国,三千里地山河。凤阁龙楼连霄汉,玉树琼枝作烟萝,几曾识干戈?一旦归为臣虏,沈腰潘鬓消磨。最是仓皇辞庙日,教坊犹奏别离歌,垂泪对宫娥。

他用诗篇记述他们这个俘虏团队渡过长江北上时的心境:
《归宋渡江作》:

  江南江北旧家乡,三十年来梦一场。吴苑宫闱今冷落,广陵台殿已荒凉。云笼远岫愁千片,雨打归舟泪万行。兄弟四人三百口,不堪闲坐细思量。[1]

他更用诗词不断抒发自己对故国的无限思念和与日俱增的离情别绪:
《清平乐》:

  别来春半,触目柔肠断。砌下落梅如雪乱,拂了一身还满。雁来音信无凭,路遥归梦难成。离恨恰如春草,更行更远还生。

《乌夜啼》:

  昨夜风兼雨,帘帏飒飒秋声。烛残漏滴频欹枕,起坐不能平。世事漫随流水,算来一梦浮生。醉乡路稳宜频到,此外不堪行。

---

[1] 历鹗:《宋诗纪事》,上海古籍出版社1983年版。

《相见欢》：

（一）林花谢了春红，太匆匆。无奈朝来寒雨，晚来风。燕脂泪，留人醉，几时重。自是人生长恨，水长东。

（二）无言独上高楼，月如钩。寂寞梧桐深院，锁深秋。剪不断，理还乱，是离愁。别是一般滋味、在心头。

《浪淘沙》：

（一）往事只堪哀，对景难排。秋风庭院藓侵阶。一任珠帘闲不卷，终日谁来？尽锁巳沉埋，壮气蒿莱。晚凉天净月华开。想得玉楼瑶殿影，空照秦淮。

（二）帘外雨潺潺，春意阑珊。罗衾不耐五更寒。梦里不知身是客，一晌贪欢。独自莫凭阑，无限江山。别时容易见时难。流水落花春去也，天上人间。

《虞美人》：

（一）春花秋叶何时了，往事知多少。小楼昨夜又东风，故国不堪回首月明中。雕阑玉砌应犹在，只是朱颜改。问君能有几多愁，恰似一江春水向东流。

（二）风回小院庭芜绿，柳眼春相续。凭阑半日独无言，依旧竹声新月似当年。笙歌未散尊前在，池面冰初解。烛明香暗画楼深，满鬓清霜残雪思难任。

做了俘虏的李煜，住在赵匡胤指定的由禁卫军严密守护的汴京的庭院里，过着时时被监视的日子。虽然给了高官显爵——光禄大夫、检校太傅、右千牛卫上将军、违命侯，宋太宗赵光义即位后，加特进，以陇西郡公替代违命侯，实际一点权力也没有，并且日常生活所需的物资也没有保证。太平兴国二年(978年)李煜不得不厚着脸皮向赵光义告穷，总算求得赵光义开恩，"诏增给月奉，仍赐钱三百万"①。大概到

---

① 《宋史·世家一·南唐李氏》。

汴京不久,他最小的儿子夭折。李煜悲痛莫名,只能写《悼幼子瑞保》一诗寄托自己的哀思:"永念难消释,孤怀痛自嗟。雨深秋寂寞,愁引病增加。咽绝风前思,昏朦眼上花。空王应念我,穷子正迷家。"丧子的哀痛还没有平息,与他相濡以沫的被赵匡胤封为郑国夫人的周后又莫名其妙地死去,他也只能再以一首《悼周后》的诗抒发自己的悼念之情:

又见桐花发旧枝,一楼烟雨暮凄凄。凭阑惆怅人谁会,不觉潸然泪眼低。层城无复见娇姿,佳节缠哀不自持。空有当年旧烟月,芙蓉池上哭蛾眉。①

接二连三的打击使李煜病倒了,他仍然只能以诗篇记述自己的感怀:

憔悴年来甚,萧条益自伤。风威侵病骨,雨气咽愁肠。夜鼎惟煎药,朝髭半染霜。前缘竟何似,谁与问空王?②

一个刚过40岁、正值盛年的男人,竟然"朝髭半染霜"了,这显然是愁苦病痛催人老呀!然而,宋朝廷却一刻也没有放松对这位俘虏的监视,他的一举一动,说的每一句话,写的每一首诗词都被汇报到皇帝那里。赵匡胤有时也亲自到他的住处,借聊天之机观察他的动向。面对他写的那些才华灼灼、激情泗溢的诗词,不由赞赏"好个翰林学士",但背地里却认为他是将才智用错了地方,慨叹说:"李煜若以作诗工夫治国事,岂为吾虏也?"③《古今说海》讲了这样一个故事:

太祖一日小宴,顾李煜曰:"闻卿能诗,可举一首?"煜思久之,乃举《咏扇诗》云:"揖让月在手,动摇风满怀。"太祖曰:"满怀之风

---

① 《宋诗纪事》卷八十六。
② 《御定渊鉴类函》卷二百六十七。
③ 《诗语总龟》后集卷三十,《中国古典文学理论批评专著选辑丛书》,人民文学出版社1987年版。

何足尚？"侍臣莫不叹服。①

这里赵匡胤显然忌讳李煜的"揖让"，对他做了俘虏还要"风满怀"甚不苟同。不过，他对待李煜总体还算大度。赵光义害死赵匡胤登基以后，同时加紧了对李煜的监视和迫害。他一面假惺惺地为他增奉赐钱，一面暗地里密谋置他于死命的办法。兴国三年（979年）七月，他指使秦王赵延美设计毒死了这位傲世的天才词人。

李煜根本不具备做皇帝的资质和才干，但他又阴差阳错地做了15年南唐小朝廷的皇帝。就他的资质和才干而论，如果他生在宋朝统一天下的岁月，能与欧阳修、苏东坡等同台竞技，他肯定不输于这两大文豪，起码可占鼎足而三的尊位，当个翰林学士，实在是绰绰有余，定能胜任愉快。可惜历史没有给他提供这样一个舞台，而是在他的诗词艺术达到顶峰的时候让他从皇帝变成了比寄人篱下更痛苦百倍的俘虏。他虽然意识到这个转变，却又不适应这个转变，特别不善于保护自己。因为他时时处于监视下，保命的最好办法就是行韬晦之计：低眉顺眼，卑躬屈膝，深藏才情，装憨卖傻，闭门读书，与诗词书画绝缘，绝口不谈昔日故事。每逢节庆，向大宋皇帝送上贺词，颂扬他是空前绝后的伟大圣主。不仅使他确任你不是威胁，而且更要使他认为你是他需要的开心果式的侏儒。这样，他就会逐渐放松对你的警惕和监视，让你淡出所有人的视线，你也就能苟全性命了。然而，这个李煜，无论是做皇帝还是做俘虏，他都保持了一个天才艺术家和诗词巨匠的本色。而正是做俘虏后，他的创作欲望，如大海的波涛汹涌澎湃，他的才情才如乍裂的火山，热石竟飞于天外。如此张扬，正触犯了作为俘虏的大忌，赵光义就只能请他早一天领取进入天国的门票了。

造成一个人人生悲剧的原因多种多样。对于李煜来说，他的悲剧，一半由于他自己无法把握的因素：阴差阳错地做了南唐小朝廷的皇帝，继而做了宋朝的俘虏；一半由于自己可以把控而没有恰到好处地把控：对于宋朝灭亡南唐决心和时间的误判、无望抵抗的拖延、被俘

---

① 《古今说海》，上海文艺出版社1989年版。

后行为处置的失误。这一切,无疑加速了悲剧的到来。然而,作为一个悲剧的主角,李煜又是幸运的:他的文学天才毕竟得到了几乎完美的展示,一个悲剧命运的皇帝定格为一个魅力永存的文学巨星。

试论儒佛的同异及中国化佛教的主要特点和影响

钱宗范

一　前　言

朱绍侯是我国著名史学家,敬贺朱绍侯教授九十华诞。十年前,朱绍侯先生八十华诞,河南大学出版社 2005 年 9 月出版了《史学新论——祝贺朱绍侯先生八十华诞》一书,收入了我写的祝贺文章《我所认识的朱绍侯先生——浅谈朱绍侯先生对〈中国古代史〉教材和广西人才培养的贡献》一文,朱先生的学术、人品、对兄弟院校的帮助,对十院校合作《中国古代史》教材取得巨大成就的贡献,我那篇文章基本上都写到了。我记得十几年前洛阳市编了一本关于丝绸之路起点问题的学术论文集,收入了朱先生一篇文章,认为洛阳是丝绸之路的起点之一,我很赞同。

习近平总书记提出了建设丝绸之路经济带,21 世纪海上丝绸之路的"一带一路"的重大决策,引起了国内外的重大反响。北京大学历史文化资源研究所、北京大学东方研究院、北京华学教育研究中心、世界外交官学会、北京电影学院等首都重要科学教育研究机构承担了考察佛教传布之路的重大学术研究课题,并首期于 2015 年 1 月 19 日至 2 月 7 日对佛教产生和传布的早期国家印度、尼泊尔、斯里兰卡、缅甸四国进行学术考察。我作为北京华学教育研究中心特聘荣誉教授和北京大学优秀校友,也与北京的专家学者一起进行了考察。此文谨就此次考察所见所闻,提出对儒学思想与佛教的异同及中国化佛教的主要特点和影响的一些见解,敬请朱绍侯先生和学界同仁指正。

二 儒学思想与佛教的异同

先说一说中国的儒学思想与佛教的异同。当前儒学热传遍海内外,有不少学者称孔孟思想为孔教或儒教,如香港就有中国孔教学会。我认为称孔子思想为"教",把孔孟思想作为宗教,而与佛教并立,是不科学的。"儒教"两字最早见于《史记·游侠列传》:"鲁人皆以儒教,而朱家用侠闻。"这里"儒教"是指用儒学作为教学内容,"教"是动词,"儒教"不是指宗教,是非常清楚的。《论语》:"子以四教:文、行、忠、信",也是讲用儒学思想作为教学内容。封建社会后期典籍所见的"儒教"两字,常与"道治"并列,也是指以儒学作为教学内容。清末思想家康有为大肆宣传孔教,称孔子为教主,甚至提出按天主教礼拜来定孔教教规,要求定孔教为国教。康有为的主张不仅是不科学的,而且是反潮流的,所以当时就受到社会各界普遍反对,他的主张也随着戊戌变法的失败而消失。新文化运动"打倒孔家店"就是一场反对把孔子思想作为宗教的运动,虽然新文化运动有全盘否定传统文化的缺陷,但总的来说是进步的。孔子倡立儒学,与公元前6世纪释迦牟尼创立佛教,公元7世纪穆罕默德创立伊斯兰教,有其共同性,即当时的中国社会、印度社会、阿拉伯社会处于人民生活痛苦、阶级对立严重,社会面临深重危机之时,人民群众仰望苍天,迫切希望有一种理论,能够解除痛苦、化解矛盾、和谐社会,给人民以生存和幸福的希望。儒学思想以及佛教等宗教的产生,都是特定条件下社会需要的产物。所以它们都有宣传爱人助人、救贫济困、众生平等、互助利他、化解矛盾、稳定社会的积极作用。事实上,佛教对古代印度以及南亚东亚各国、伊斯兰教对阿拉伯社会,确实起到了这样的作用。这有共同性。但儒学思想不是宗教,而是讲求人与人相处的真理。因为:第一,宗教都有教主、教规、经典、特殊的宗教仪式,都把人的希望寄托于来世、天国。这是宗教区别于迷信和一般社会伦理的根本特征,而儒学只是伦理思想,没有教主、教规、经典和特殊的宗教仪式。儒学强调现世,孔子讲"富之"、"教之";孟子讲民贵君轻;这些都是世俗理论,与宗教无关。第二,孔孟思想不是宗教,也是世界有识之士的共识。美国前总统里根1982年8月27日以当时美国总统的身份给旧金山祭孔大典的信中说:"孔子高贵的行谊和伟大的伦理道德思想,不仅影响他的国人,也影响全人类。孔子学说世代相传,提示人类丰富的做人处事原则。"新加坡共和国开国领袖,领导人民以孔孟思想作为治国之道,把一个弹丸小国建设成为世人称道的花园国家的新加坡前总理李光耀说:"儒学思想深深地影响着我们东方人的言行思想,是我们的精神支柱。"已故香港著名爱国人士、原全国政协副主席、原中华总商会名誉会长霍英东说:"孔子和儒家思想到港澳、东南亚以及海外华人圈内,有很大的影响。中国传统文化的伟大精神,形成了一种无比强大的凝聚力、推动力,感染着、熏陶着所有海外赤子,使他们团结互助、自强不息。"中国共产党领袖毛泽东在半个世纪前就指出:"从孔夫子到孙中山,我们应当给以总结,承继这一份珍贵的遗产。这对于指导当前的伟大的运动,是有重要的帮助的。"毛泽东、里根、李光耀、霍英东的观点可以说分别代表了中国共产党领导人、西方资本主义国家领导人、东南亚国家领导人以及炎黄子孙、海外赤子的观点,他们从不同角度出发,一致肯定孔子学说的珍贵性及其在指导社会发展中的伟大作用,没有把孔孟思想理解为宗教。已故北京大学著名哲学家张岱年教授著文说:"美国出版的《世界名人大辞典》和英国一九五八年出版的《人民年鉴手册》列举的世界十大思想家的名单相同,这十大思想家是孔子、柏拉图、亚里斯多德、哥伯尼、牛顿、达尔文、培根、托马斯·阿奎那、伏尔泰、康德……孔子名列十大思想家之首。"孔子等世界十大思想家都不是宗教的创始人,而是思想家、科学家、哲学家。所以,孔孟思想不是宗教,孔孟不是教主,儒家思想是治世的科学理论,已为世界所共识。至于今天海内外经常举行的祭孔仪式,祭孔大典,这是华夏子孙对民族先祖先贤的崇拜,就像今天我们也祭祀崇拜炎、黄、尧、舜一样,不属于宗教的范围。

孔孟倡导的儒学思想究竟是对中国历史和人类历史起了什么作用？我觉得具体表现为四个方面：第一，在中国封建社会初期，为新兴的封建国家提供了能够巩固新兴的封建制度、安邦治国的最理想的思想工具。汉民族得名于汉代。汉代的强盛，无不与儒家思想定于一尊有关。第二，在汉代以后每一王朝的初期，对恢复和发展社会的经济和文化、恢复和巩固封建统一中，均起到了进步作用，唐、宋、明各代汉族王朝且不说，以元代来说，元世祖忽必烈称帝后，废止了成吉思汗、窝阔台对被征服地区人民随意屠杀抢掠的政策，"积极标榜文治，学习汉法，任用刘秉忠、姚枢、许衡、郭守敬等定朝仪、治礼乐、设学校、建官制，奖励农桑，兴修水利，又命令一批蒙古国子生跟从许衡等学习程朱的理学。"结果元代完成了对中国的统一，而且是中国历代疆域最大的朝代。清代的成就更大，中华民族的杰出人物康熙大帝崇儒重道，多次南巡祭祀孔庙，以儒学思想作为统治工具，开办博学鸿儒科选拔汉族人才，优容团结汉族官僚和知识分子，组织大批学者研究儒学典籍，整理传统文化，经济上蠲免赋税，奖励垦荒，兴修水利，推行孔子主张的富民政策，使清代迅速巩固了多民族国家的统一，经济文化发展到了中国封建社会历史上的高峰。第三，在国家动乱、外族入侵时，对加强民族凝聚力，捍卫国家的统一和乡土安全，保卫优秀历史文化和人民生命财产安全的斗争中起了重要作用。祖国历史上的爱国名将和民族英雄，诸如苏武、祖逖、岳飞、文天祥、史可法等等，支配他们思想的核心就是儒学的忠、孝、仁、爱、礼、义、廉、耻、守节卫国、爱国爱乡、"杀身成仁"的思想。第四，对传承中国历史文化起了决定性作用。自西汉以来儒学思想定于一尊，成为学校教育、培养人才的思想核心。我国的经、史、子、集四大部类的书籍，无不以儒学思想为核心。南宋朱熹编的包括《论语》、《孟子》在内的《四书集注》，成为南宋以后 800 年封建社会的蒙学课本。中国传统文化世世不绝，儒学思想起了决定性作用。

孔孟倡导的儒学思想不是宗教。尽管孔孟思想中也有时代的局限性,如轻视生产实践知识、强调等级观念等,但它是2000多年前我们祖先揭示的治世之道和人际关系的理论上的伟大创造。现在西方资本主义国家标榜"民主"、"自由"、"天赋人权",认为这些理论是文艺复兴、资产阶级革命时欧美诸国的独创,动辄以这些理论来指责中国和亚非各国没有民主、自由,侵犯人权。事实正好相反。我们承认西方资本主义文明在发展中强调民主自由、个性解放、个人奋斗、开拓进取,在一定条件下有积极的作用。所以我们要改革开放,向西方世界学习一切先进的有价值的东西。但是,西方社会固有的弊病在近20年来发展得更为突出,干涉别国内政、侵略弱小国家的战争,两次经济和金融危机,以及近年来频频发生的凶杀暴力、黄赌毒、校园枪击事件,使人们对以美国为中心的西方的"民主"、"自由"、"人权"产生了怀疑。当社会主义中国犹如东方太阳光照世界时,当全世界掀起学习中国儒学热时,人们从中国古文化中了解到,不是古希腊的哲学家、思想家,也不是文艺复兴时期的西方启蒙思想家或欧美资产阶级革命的领导者,而正是2500年前的中国的孔子,在全世界第一次提出了"仁"的思想,主张人与人、群体与群体之间,必须建立在和谐、友爱、克己、为人、恭敬、谦让的基础上,把人的尊严和生命放在第一位;正是2300年前的中国的孟子,在全世界第一次提出了"民为贵、社稷次之、君为轻"的民主思想,认为对待暴君可以"诛"、"杀"。原来世界上最早的人文主义、人道主义、人权主义、民主思想,并不来自西方,而是出自中国的孔子和孟子。众所周知,有了人,就有了人类社会,历史就是人类社会发展史。人是社会的主体,是世界万物之灵。人与人,群体与群体,人与自然应如何相处?这是人类从刚产生发展到现在面临的根本问题。是相互争夺、杀伐、战争、侵害、破坏,还是和谐、友善、克己、为人、共存?这是两种根本不同的态度。正是中国的孔子和孟子,在世界历史上最早提出了人与人、群体与群体、人与自然应建立在和谐、友爱、合作、互学、共处的基础上,提出了以人为本,反对专制暴君的思想。孔孟所揭示的正是人类社会从产生至当今如何实现和谐安定、文明共享、科学发展的真谛。儒学不是宗教,不是迷信,而是社会发展、人和群体得以发展的真理。就像自然科学有它的真理一样。

三 中国化佛教的主要特点和表现

中国的儒学不是宗教,不是佛教,但佛教和儒学有共同点,我上面简单地写了。2015年1—2月我与北京一批学者一起去印度、尼泊尔、斯里兰卡、缅甸四国考察佛教古迹,一路上边看边思,边向同行请教,颇觉得这四国的佛教与中国化佛教有很大差异。我觉得中国化佛教的最大特点是佛教适应了中国的国情,逐渐世俗化,与儒、道思想结合,融入中国文化,成为中国文化的一部分,从而对中国社会发展产生了重要影响。

南亚佛教与中国化佛教的共同之处是在化解社会矛盾,增加社会和谐,稳定社会秩序中的作用。在中国古代,当社会动乱、战乱频仍,人民生命财产受到巨大灾害时,佛教的人生皆苦、克制欲望、众生平等、救苦救难,团结互助,把希望寄托于来世的理论给人民带来了安慰和希望,对减少灾害、实现社会稳定和谐起了积极作用,这就是两晋十六国时代为什么洛阳和建业(建康)这两个首都佛教得以空前发展的原因。佛教的这一作用在南亚各国也表现得很明显,试以印度为例。马克思对印度社会有一段经典性的论述:"无论印度过去的政治变化是多么大,它的社会状况却自遥远的古代直到19世纪最初十年一直没有改变。""(印度)居民对整个帝国的崩溃和遭到瓜分毫不关心;只要它们的村庄保留完整无损,他们就不管它是转归哪一国家统治或受哪个君主支配,因为他们内部的经济生活是仍旧没有改变的。"公元18世纪中期印度沦为英国的殖民地,欧洲人对印度的历史很了解,而马克思又长期住在英国,马克思对印度历史的这两段论述是经典性的。情况确是如此。印度5000多年的历史中绝少发生像中国那样的大小数百次农民起义,绝少发生千百万人民群众起来推翻政府或外国占领者的大规模武装斗争,印度古代王朝的频繁更迭可以说都是由于外来征服者统一印度的一部分或全部的结果,从三千多年前来自中亚的雅利安人征服达罗毗荼人继而统一印度次大陆开始,波斯人、希腊马其顿人、阿拉伯人、蒙古人、英国人相继占领和统一了印度,但是印度社会基本结构、印度农村的生活状况改变很少。我和北京的学者在印度考察时,觉得今天印度普通人民的思想和马克思 100 多年前所言还是很类似。今天中印之间有边界问题争端,达赖十四世叛国后一直住在印度,印度政府和中国政府之间有很大争议,但是印度人民对中国人民很友好。当中国的某个长期受中国帮助的邻国忘恩负义发生反华示威,哄抢华人企业商店时,我们不会想象印度人民也会发生这种情况。缅甸、斯里兰卡、尼泊尔也一样。印度导游对我们说:印度是和谐社会。这句话或许是句玩笑,但也确是事实。在印度街道,经常看到牛、猪、狗在街上走动,狗不咬人,因为印度人重视人与动物的和谐相处;印度贫富分化,极少数富人过着花天酒地的生活,绝大多数穷人非常贫穷;印度会发生宗教冲突和强奸等犯罪,却不会发生穷人大规模起义抢劫富人的求平均的斗争。印度人几千年来求人与人的克己和谐,人与生物的共处和谐,贫富之间的共存和谐,与其古代农村公社的生产方式有关,但更与长期的宗教统治有关。婆罗门教、佛教、印度教主宰印度人的思想和生活,宗教伦理中刻苦、忍耐、宽容、友爱、共存的观念深入人心。所以佛教的宗教理论对印度社会起的作用是根深蒂固的。我想,印度人民有这样几千年的和谐共处忍耐刻苦的传统,中国人也有几千年和谐友爱和平共处的传统,这正是中印这两个世界人口最多的文明古国,必将最终解决他们的分歧,共同创造美好未来的基础。当然佛教作为宗教也有消极和惰性,印度近年以来经济发展很快,正是学习外民族先进思想克服惰性的结果。

中国自古以来是非宗教性的国家。所谓非宗教性,不是没有宗教或不准有宗教信仰,而是在中国始终政治第一、皇权第一、世俗生活第一,宗教从未占统治地位。宗教只有服从政治,为国家的统一稳定服务,宗教才能自由宣传。中国人可信教,也可不信教,几种宗教在中国可以兼容并存,但前提必须是要遵纪守法,服从国家的统治。这是中国古代的特点,也是中国历史的优势。正是孔孟思想成为中国封建社会的主导思想,而非宗教思想主宰中国古代的历史,才造成中国古代的辉煌,才出现了世界唯一的中国古代世世不绝的文明。佛教传入中国后,由于势力的扩大,也和皇权发生过矛盾,但总以皇权的胜利而告终。北魏太武帝、北周武帝、唐武宗及后周世宗发生过四次灭佛运动,打击了佛教势力对土地的霸占,但没有动摇中国农民对佛教的信仰。宋代的后佛教与儒、道结合,使儒家思想渗入了佛教的精神,佛教中的禅宗反对繁琐礼仪,主张自行修禅,这种浅易简明、诚信即佛的宗教理论,代替了过去繁文缛节的各种宗教理论。佛教的中国化对中国社会起了更大的影响。以我在南亚四国所见所思,中国化佛教不同于南亚四国佛教有三个方面。

  1. 从佛塔的建筑形式来说,印度、尼泊尔、斯里兰卡、缅甸的佛塔形式与中国有很大不同。这四国的佛塔,或为金色或白色,底部圆形或方形,塔顶圆形高耸,塔表面平滑,四周有塔门,进门即有佛像,四周有廊道。如缅甸仰光的大金塔、蒲甘的金塔、斯里兰卡阿努拉德普勒的白塔等;或为青灰色或土红色,系用红砖或青砖砌造,底方顶尖,似埃及的金字塔,不过外部有较多塔尖,底部有四门,进门后即有佛像和回廊,并有砖砌楼梯可以上二、三层,二、三层可以走出塔外望风景。这两种形式的塔完全为祭奠之用,是神庙,所以进去人不多,只有信教祭拜者才入内。中国的佛塔除较小者像北京北海白塔等外,多数佛塔是可以登临的多层砖木结构建筑,佛塔不仅是拜佛场所,更多地变成游览胜地,如西安大雁塔、杭州六和塔、苏州虎丘塔、河北应县木塔等均如此。中国式的多层砖木结构建筑的塔,在南亚各国是没有的。中国佛塔的出现,正是佛教中国化、世俗化的结果。

  2. 从佛像的塑造来讲,南亚诸国的佛像与中国的佛像大同小异。如斯里兰卡的丹布拉石窟,无论卧佛、站佛都塑金身,与中国诸大佛窟的佛像基本类似。但身体、脸部比例尺寸与人体比较并不完全正确。我们在斯里兰卡丹布拉石窟下面的佛堂中见到,很多佛像是胸部突出丰满的女性塑像,而四国均未见过中国的观音、普贤、文殊、地藏四大菩萨,丹布拉佛堂中陈列的女性佛像不是观世音,那么这些佛像从何而来？当地导游说：明代郑和下西洋时，斯里兰卡是他活动的主要据点，是那时从中国传来的。此说很有道理。可见斯里兰卡的佛教不仅受印度影响，也受中国影响。而中国化佛教在佛像的塑造上更世俗化，与世俗的人体相比塑造得更正确更科学，特别表现在女身观音的出现及受到中国人的普遍崇拜上。观音以端庄、亲和、温柔的美女形态出现，使她宣传的大慈大悲、救苦救难的理论更能为人们所授受。河北正定县城大佛寺的摩尼殿北壁上，一尊高3.4米的泥塑彩色观音像坐在面背正殿的普陀仙山之中。这尊观音头戴宝冠，如纱的披巾自肩下垂，仅以璎珞项饰遮胸部，露背赤足。她面目清秀、丰腴、美丽，柳叶眉下凤目圆睁，面露笑意，俯视众生。鲁迅先生称这尊观音"把神人化"，是具有独特魅力的"东方美神"。梁思成先生也称赞说："她多么富有人情味。"这里我们想到了古希腊"人神同形同性"的社会，古希腊的神就和真人一模一样，都有人情味，都有七情六欲，都要吃喝玩乐，男神就是理想中的健男，女神就是理想中的美女。把神人化是世俗性的最大表现。观世音成为佛教世俗化后理想中的美女，是最受中国人信仰的佛教神灵，正是佛教中国化、世俗化的产物。

从风景名胜、文艺小说、思想习俗来说，南亚各国的佛教古迹主要是信仰宗教的人去祭奠朝拜，一般进去都要脱鞋、跪拜，一般去的人不多。我们到过的地方除仰光大金塔、印度菩提伽耶佛寺等人数较多外，其他地方人均不多，完全去游览者很少。佛教中国化以后，与中国世俗生活结合，对中国风景名胜、文艺小说、思想习俗的发展产生了巨大影响。中国的佛教四大名山普陀山、五台山、峨嵋山、九华山都成为中国的游览胜地，每逢节假日人山人海，游客既有祭奠观音等菩萨的愿望，更多人是游览风景、娱乐身心。以唐僧取经为背景的《西游记》成为中国人最受欢迎的小说，孙悟空成为中国人崇拜的英雄形象。儒佛道合流后，很多地方祭奠先祖神灵常把儒佛道合一，把佛教的崇拜和对中国传统先祖圣贤的崇拜合一。如广西恭城武庙除祭关公外，在后殿同时祭供了孔子、观音和妈祖。多神崇拜和世俗生活和谐相处。

习近平总书记《在联合国教科文组织总部的演讲》中指出："佛教

产生于古代印度,但传入中国后,经过长期演化,佛教同中国儒家文化和道家文化融合发展,最终形成了具有中国特色的佛教文化,给中国人的宗教信仰、哲学观念、文学艺术、礼仪习俗等留下了深刻影响。""历史告诉我们,只有交流互鉴,一种文明才能充满生命力。"今天我们建设中国特色的社会主义,需要学习和传承中国传统文化的核心儒学,但唐宋以后以宣传众生平等、大慈大悲、救苦救难、反对邪恶暴行、主张保护生态、爱国爱家的中国化的佛教,对安定社会秩序中也起了积极作用,今天引导其与社会主义相适应,同样能够发挥其化解社会矛盾,推进社会和谐,维护国家安定统一的积极作用的。

中国犹太人汉化问题略论

陈长琦

题记：1978年，我有幸考入河南大学历史系本科。那时，朱绍侯先生任历史系副主任，给新生做学习辅导讲演，始得以聆听先生教诲，初沐春风。1982年本科毕业，我又与留柱兄一起拜入先生门下读研究生，有幸得以追随先生，仰沾恩泽，在先生的教导下进行系统的学术训练。研究生毕业后，又在先生手把手的引领下，走上河大历史系的讲坛。在河南大学历史系的八年，是我人生难忘的八年，河大有我的恩师与同窗好友，是我经常魂牵梦绕的地方，而我最应该感恩的人，则是先生。是先生将我一步步带上学术研究的道路。1980年，我对开封犹太人问题萌生兴趣，开始收集相关资料，走访开封犹太人后裔，并写了一些文章。本科毕业时，先生指导我写毕业论文，我向先生提出想写研究开封犹太人方面的论文，先生慨然应允，在先生的指导下，我完成了下面这篇论文。值先生九十寿诞之际，谨以此文，怀念先生带我走过的学术道路，感谢先生的教诲，并祝愿先生健康长寿。

中国历史上的犹太人，是在不同时间，由不同的地方与方向分别进入我国的。而在北宋时期移居东京（今河南开封）的犹太人，则在中国历史上产生了深远的影响。在漫长的历史发展过程中，移居中国的犹太人与当地人民，特别是当地的汉族人民和睦相处，其语言文字、婚姻关系逐渐汉化，宗教仪轨逐渐消失，至清末，渐失去其独有的民族特征，融合于汉民族之中。

据河南省开封市民族事务委员会1979年统计，当时中国犹太人后裔,有130户左右。其中现仍居住开封的有70多户,其他散居于河南、河北、山东等省及北京、西安、太原、成都、兰州、武汉、广州等市,有的又从中国移居美国等国。据有关方面1979年对犹太人后裔97人的职业及生活状况统计,其中工人占63%,干部与知识分子(即公务员、事业单位工作人员、企业单位管理人员)占22%。

散居于世界大部分地区的犹太人,一般都保持着自己的民族特征,特别是宗教仪轨。那么,历史上生活在中国的犹太人为什么汉化了呢?笔者不揣冒昧,谈点粗浅的看法,以就教于民族学和历史学界的朋友们。

一

从现存资料分析,犹太人最早进入我国应在汉代。

到明代以前,有史料可考的、犹太人在我国的足迹至少曾达到了今敦煌、宁夏、北京、辽东、洛阳、开封、扬州、广州、宁波、南京等地。明代以后,定居下来的犹太人,主要聚居于开封、宁波、扬州、宁夏等地,并且有逐渐向开封集中的趋势。反映这一趋势的,其中一个突出的现象,就是开封犹太教礼拜寺(俗称挑筋教礼拜寺)所藏经卷的不断增加。

开封的犹太寺,是中国犹太人的宗教中心,是中国犹太人的圣地,因此,它是维系中国犹太人的心灵家园。根据明正德七年(1512年)左唐为开封犹太寺所撰《尊崇道经寺记》碑,开封犹太寺最早建于南宋隆兴元年(1163年),其碑文曰:"原教自汉时入居中国,宋孝隆兴元年癸未,建祠于汴。"在长期的历史过程中,开封犹太寺,都是维系与凝聚中国犹太人的、唯一的核心存在。

明代初年,在开封犹太寺中,原仅藏有经卷一部。到明天顺五年(1461年),寺内经卷增加到两部;明成化年间(1465－1487年),经卷增加到三部;到正德七年(1512年),寺内经卷增加到四部;而到明末崇祯十五年(1642年),开封在经历明末农民战争的战火,受到重创,犹太寺亦被洪水所毁之时,此时,寺内的经卷竟达到了犹太寺所藏经卷的历史最高峰,有十三部之多。中国犹太人的经卷,是用古希伯来文在羊皮上抄写的,这些希伯来文古经,被俗称羊皮经。犹太人在做礼拜时,都要诵读经文,因此,经卷是跟着人迁徙的,即人之所至,经卷亦至。中国犹太人经卷向开封犹太寺的集中,应该是现实中犹太人向开封积聚的反映。开封犹太寺所遗留下来的碑刻之一,明弘治二年(1489)开封犹太人金钟所撰《重建清真寺记》中就有"宁波赵应捧经一部,赍至汴梁归寺"的记述。进入清代以后,中国犹太人的聚居点,主要就是开封,在中国的其他地方,已经找不到犹太人群聚居的史料。

中国犹太人,或者说开封犹太人汉化过程的开始,最晚可能不迟于明代。其汉化渐次深入的过程,大约始于语言文字,次及婚姻关系,最后是宗教习惯。

这批定居于开封的犹太人,根据我的考证,应该是在北宋咸平元年,即公元 998 年,来到开封的。至明朝建立,他们在开封定居已 370 年。因此,他们不仅在语言文字上早已汉化,而且早已融入周围的社会生活环境之中。他们当中的许多人饱读儒家经典,成为当地著名的知识分子。其中有些人甚至通过科举入仕,成为政府官员。如开封犹太人高年,于明宣德年间(1426－1435 年),通过科考,入国子监为贡生,至正统年间(1436－1449 年),就任徽州歙县知县①;开封犹太人艾俊,明初,由举人而任德府长史②;宁夏犹太人金暄,其祖上曾任光禄寺卿③;扬州犹太人左唐,明弘治乙卯科,即弘治八年(1495 年)进士,官至四川布政司右参议④。正如左唐所说:"求观今日,若进取科目而显亲扬名者有之,若布列中外而致君泽民者有之,或折冲御侮而尽忠

---

① 黄舒昺:《新修祥符县志》,清光绪二十年刻本。

②③ 金钟:《重建清真寺记》,见于 1489 年的开封犹太人教会堂遗址上的《重建清真寺记》(明弘治碑)。

④ 盛羲辑:《维扬志》,上海古籍书店,1963 年影印版。

保国者有之,或德修阙躬而善著于一乡者亦有之矣。"①按照左唐所言,明代的中国犹太人已经完全融入了当地社会,他们当中,有的人科举高中,显亲扬名;有的人为官于朝廷或地方州县,或报恩于皇上或惠泽于百姓;有的人驰骋疆场,抗击外敌,尽忠保国;有的人修德行善,名著于乡里。他们已经自视为明朝社会之一员,而不是外来的侨民。

反之,对于自己的民族语言希伯来语,除少数拉比外②,许多人已经陌生了。金钟撰弘治二年碑说:"唯李诚、李实……等正经晓熟,劝人为善,呼为满剌(祭司)。"能够读懂经卷的,只是一些专业的祭司拉比了。值得一提的是,满剌,是开封伊斯兰教对其祭司的称谓。开封犹太人亦称自己的祭司为满剌,称自己的犹太寺为清真寺,可见其受伊斯兰教之影响。

明代中国犹太人的血缘关系也已经或者已经开始汉化。

正德七年(1512年),左唐为开封犹太寺所撰《尊崇道经寺记》,在表彰犹太人贫富相助的社会风尚时说:"贫而娶妻不得娶与葬埋不能葬者,莫不极力相助,凡婚资丧具,无不举焉。及至居丧,禁忌荤酒,殡殓不尚繁文,循有礼制。"在这段话中,我们看左唐一开始是婚娶与丧葬相提并论,但最后却仅说"殡殓不尚繁文,循有礼制"。即丧葬"循有礼制",不言婚娶"循有礼制",这应该是有区别的。左唐所言之礼制,应该是犹太人的礼制,不是汉族的礼制。犹太人的婚制是族内通婚,中国犹太人最初也保持着这一礼制。笔者在调查中得知,开封犹太人后裔见面仍有拱手称"老表",即表兄弟姐妹的习俗,就是其先世族内通婚关系记忆的保持。与婚礼不同的是,丧礼是执对死人之礼,只需要仪式就可以了。所以,犹太人守丧礼"循有礼制",是可以坚守的。而婚礼要约束的是活的人,是活着的人生活。我们知道,从生物学的意义上来讲,一个生物种群的繁衍,需要保持一定种群的数量。而人类的某一个族群的繁衍,也需要保持一定的族群数量。如果一个族群

---

① 左唐:《尊崇道经寺记》,开封市博物馆藏。
② 拉比,犹太语 Rab(Rabbi)的音译,即祭司。

的数量较少,族群内部通婚频繁,必然导致族群的退化,甚至族群的灭失。《左传》僖公二十三年:"男女同姓,其生不蕃。"①说明春秋时代的人已经明白这一道理。当一个族群的数量不能维持自身的繁衍时,族内婚制就必然会被冲破。

到了清代,康熙二年(1663年),刘昌为开封犹太寺撰《重建清真寺记》,在叙述开封犹太人历史时,他就明确的说:犹太人"冠婚死丧,一如夏礼"。这说明,当时犹太人所奉行的成丁礼、婚礼、丧礼已经脱离了犹太人的习惯,而与当地汉族人相同了。开封犹太人赵氏后裔,今存有明末清初间其祖赵映乘的画像,从画像来看,赵映乘的面貌已难以看出犹太人的特征。赵氏后裔曾对笔者言:"太曾祖(赵映乘)以前就与汉人通婚了。"据陈垣先生考证,赵映乘当生于明万历四十七年(1619年)②。

在开封的调查走访中,我还曾看到过更多的犹太人的画像或照片,从照片或画像来看,除个别者外,他们的面貌大多都与汉族人没有区别。

据对清代道光至民国初年间,中国犹太人婚姻状况的调查,他们几乎全部是与当地的汉族或回族人通婚。近代开封犹太人后裔的78例婚姻关系中,有77例是与汉族通婚,一例是与回族通婚③。而犹太人后裔之间的通婚,却已是罕见的了。

随着中国犹太人汉化的加深,清康熙年间以后,中国犹太人的人口数量呈现出递减的趋势。

明崇祯十五年(1642年),开封遭李自成掘河淹没后,犹太人"教众获北渡者仅二百余家",大约千人左右。④

---

① 《左传·僖公二十三年》,杨伯峻:《春秋左传注》,中华书局1981年版。
② 陈垣:《开封一赐乐业教考》,商务印书馆,1923年版。
③ 河南省开封市民族事务委员会统计,近代开封犹太人所嫁出的38个女儿,男方全是汉族;娶进的40个媳妇中,除一人是回族外,其余全是汉族。
④ 金钟:《重建清真寺记》。

公元1704年,葡萄牙耶稣会葛桑尼(Pater Gozani)奉罗马教皇之命,到开封调查犹太人状况。他事后报道说,当时开封犹太人"人数约一千"①。这一数字,与明末因战争逃亡的人数相当。

道光三十年(1850年),上海耶稣教总会派人到开封调查,据说,当时犹太人"人数已减为二百"②。

同治五年(1866年),美国教士丁韪良(W. A. P. martin)到开封,据说当地犹太人告诉他,当时开封犹太人还有"人约四百"③。

光绪二十七年(1901年),开封犹太人李某(笔者按,应为李敬胜)在上海教济会说,当时开封犹太人"人数不足二百"④

宣统二年(1910年),张相文访问开封,有开封犹太人告诉他,"现存六姓,人口约二百"⑤。

1915年,英国人麦克·季理斐参观开封后说:"今开封犹太人,妇孺共计尚有一百二十余人,成丁约三十人。"⑥

1935年,上海天主教司铎徐宗泽访问开封后说:"现在犹太人尚有六十五家,均其贫困,都是工人,已与本地人同化无别,即其教义亦不知之矣。"⑦

开封犹太人自明末以来逐渐减少的原因是多方面的。其中有一个原因是明清以来,开封屡遭水患,多次遭水淹城,人口流失严重。如原来一直世居开封的、七姓犹太人之一的张姓犹太人,就是在清末水

---

① ② 关斌:《开封的犹太人》,《大公报》,1936年8月28日。
③ 丁韪良:《河南犹太人访问记》,皇家亚洲学会北中国支会期刊,1866年版。
④ Berthold Laufer: *A Chinese Hebrew Manuscript—A New Source for the History of the Chinese Jews*,载于1930年 *The American Journal of Semitic Language and Literature*。
⑤ 张相文:《大梁访碑记》,《南园丛稿》卷四,上海书店出版社1996年版。
⑥ 麦克·季理斐:《参观犹太教遗迹记》,转引自陈垣:《开封一赐乐业教考》。
⑦ 徐宗泽:《开封犹太人概论》,《圣教杂志》第25卷,第四期。

患后出走,至今下落不明。还有一些犹太人在与汉族人、回族人同化以后,不愿承认自己的犹太人身份,改为回族或汉族。笔者在访问中,曾接触一位 60 岁左右的开封犹太人后裔,他告诉我,他有一个近亲的叔叔,一直自称是汉族人。而他自己自童年上小学始,就在学籍档案中,添自己的族籍为汉族,直到 1949 年,新中国成立后,才改过来。

中国犹太人的宗教仪轨,也随着犹太教的衰落而在清末消失。

清道光末年,开封犹太人的最后一个满剌逝世。中国犹太人最后一个能够读懂希伯来文经卷的祭司的失去,使开封犹太人失去了一位宗教引路人,开封犹太人的宗教礼拜活动也随之渐渐停止。

咸丰元年(1851 年),开封再次遭受洪水袭击,开封犹太人亦遭受灭顶之灾,犹太寺被完全冲毁。在大灾难下,犹太人与开封人一样纷纷离散,灾后,有些人重返家园,有些人则从此离开了开封,到别处谋生。回归开封的犹太人,在丧失了自己的礼拜寺,没有了拉比之后,有些人开始信奉佛教,有些人皈依伊斯兰教。更有甚者,族中的不肖破败子弟,则擅自拆掉犹太寺中残存的木材砖瓦,变卖一空。寺址变成了荒草丛生的瓦砾场。中国犹太人也在此时完成了自己长期的汉化过程,失去了民族特征。

一位开封犹太人后裔,回忆他的祖父(生卒约在 1850－1932 年),告诉笔者说,其祖父那时已经成为了一个虔诚的佛教徒,并且担任了当地主善局的会首,家中经常烧香拜佛。他唯一保持的宗教习惯,是幼时曾行过割礼。他的母亲与妻子都是汉族人,生活习惯完全与当地汉族人相同,家中不仅不忌食猪肉,而且还养有猪仔,挑筋而食的习惯,更是久远的传说。

清末民初,也仍有一些犹太人后裔保持着自己的宗教习惯。光绪末年,移居上海的开封犹太人李敬胜,就把自己的儿子李树梅送进了一所美国犹太人开办的犹太教会学校。李树梅长大后进入一家英国人开的洋行做职员，李家人在上海生活时，就保持着守安息日①、避难日等习俗②，但日军侵占上海，他们回到开封，这些习俗就又慢慢丢掉了。

开封一位犹太人后裔回忆说，年幼时，家中曾有守逾越节③、麦熟节④的习惯。过逾越节时，会涂羊血于门楣，全家人吃白水煮羊肉及烙饼（即无酵饼），父母都穿起平时珍藏的洁净服装。母亲是汉族人，他和母亲在父亲的同意下，可以用羊肉蘸了酱油来吃。专用的餐具，是一位外国人送的，节日过后就又存放起来。

在犹太教衰落的年代里，天主教、基督教开始在开封犹太人中发展教友，因此，有些人改奉天主教或基督教。一位改奉基督教的开封犹太人后裔对笔者说："犹太族都是耶稣的儿子，信仰耶稣就是不忘本。"

二

中国犹太人汉化的原因是多方面的。

首先，我们认为是由于历史上移居中国的犹太人数量太少。因为人数少，犹太人不能以族群内部通婚的形式维持自身的繁衍，势必与周围的汉族、回族等通婚，通婚所带来的血缘上的融合与文化融合，是瓦解中国犹太人族群的主要原因。

历史上，移居中国的犹太人究竟有多少？这个问题我们今天已经无法搞清楚了。汉唐时代虽然已有犹太人活动的足迹，但尚无发现其

---

① 犹太人每周一次的圣日，在每周星期五日落至星期六日落。该日要停止一切工作，礼拜上帝。

② 避难日，犹太人纪念日，纪念到埃及避难的日子。

③ 犹太人纪念日。《圣经》说摩西带领在埃及为奴的犹太人离开埃及时，上帝命犹太人涂羊血于门楣，天使在击杀埃及人头生的儿子和牲畜时，见有血记的人家即越门而过，逾越节，即纪念此事。

④ 犹太人庆祝初熟谷物的日子，亦称七七节。

移居中国的记载。《宋史·真宗纪》咸平元年(998年):"僧你尾尼等自西天来朝,称七年始达"的记载,应该是迄今为止所发现的犹太人移居中国的、准确的官方文献记录。你尾尼,即"Levi",今《圣经》中译本通译作"利未",明代开封犹太人碑刻译作"列微"。开封犹太人明弘治二年(1489年)碑《重建清真寺记》曾记述:"宋孝隆兴元年癸未,列微五思达领掌其教。"你尾尼、列微、利未,均为"Levi"的音译。利未人是犹太人的一个支派。在古代犹太人中,他们分工主管犹太人的宗教事务,是《圣经》法定的祭司。犹太人祭司长,例有利未人担任。犹太经典《旧约·申命记》在规定犹太人各个支派的职业时说:"祭司利未人和利未全支派,必在以色列中无分无业,他们所吃用的,就是献给耶和华的火祭和一切所捐的,祭司从百姓所得的分乃是这样。"①规定了利未人在犹太人中所居之特殊地位。犹太祖师摩西临终祝福亦说:"耶和华啊! 利未人尊行你的话,谨守你的约。他们要将你的典章教训雅阁(犹太民族),将你的律法教训以色列,他们要把香焚在你面前,把全牲的燔祭献在你坛上。"②利未人是犹太人中掌管祭司活动的特殊的人。五思达即波斯语"Oustad"的音译,意思为"师"。开封犹太人碑刻中所称之"列微五思达",即祭司利未之意。从宋代中国犹太人"列微五思达领掌其教"的话来看,中国犹太人也是一支由利未人领导的集体。直到明代初年,开封犹太人的14位祭司中,仍有9位姓李,李姓祭司世代掌领开封犹太事务,这个李,应该是利未转译而来。

关于宋代移居中国开封犹太人的情况,明弘治二年(1489年)碑《重建清真寺记》曾记述:"噫! 教道相传,授受有自来矣。出自天竺,奉命而来,有李、俺、艾、高、穆、赵、金、周、张、石、黄、李、聂、金、张、左、白七十姓等。"碑言七十,数之有十七。其中,李、金、张三姓重复出现,实姓十四。"七"是犹太人的圣数,犹太人言多,大都用七字。因此,这里的七十,不必鞫实。开封犹太人传说,多年移居中国来的有好几百人,由于路途艰辛,许多人都死掉了。据此估计,宋代移居中国的犹太

---

①② 《新旧约全书》,中华圣经公会,1940年版。

人,大概没有超过一千人。虽然宋代中西方的海路交通业已开辟,但无论从西亚、波斯或印度来,都不是一件容易的事情,大规模的迁徙尚不可能。限于交通条件,当时移居中国的犹太人可能不会太多。

据开封犹太人说,他们的祖先移居开封时,宋代皇帝曾赐给他们一块居住区。这块居住区,在今天开封市的范围,大致相当于北至旧坊街,南至理事厅街,东至草市街,西至土街。相传其面积为五顷四十亩。他们世代生活于此,这里成为开封犹太人的主要聚居区。但后来渐有人迁出,到清末民初,在这里居住的只剩下五家人,至今仍在这一区域居住的就只有一家人了。

其次,是因为犹太人的职业偏好。犹太是一个偏好商业的民族,他们有着非常优秀的经商才能。这在一个农业发达、商业落后,并且以重农抑商为国家政策导向的社会,犹太人有着大显身手的机会。中国犹太人在历史上大多从事商业贸易及手工业生产活动,他们的足迹所至,都是中国的交通要道、通商口岸、商业与经济中心,如宁波、扬州、广州等。

明正德七年(1512年)左唐撰《尊崇道经寺记》谈到经商的犹太人说:犹太人尊崇教义,"一不信于邪术,下至权度斗斛,轻重长短,一无所敢欺于人。"又说:"求观今日……商勤于远而名著于江湖,贾志于守而获利于通方者,又有之矣。"这些不辞辛劳,奔走天下,因而获利于通方,名著于江湖的犹太人就是犹太民族的缩影。

清末,宣统二年(1910年),张相文访问开封时,犹太人还告诉他:"我辈……多操小本营业。"

据有关方面对清道光至民国初年,开封犹太人中39人的职业情况的调查统计,其中从事金融、商业职业的有14人,著名的钱庄、银号、丝绸庄、银器作坊就有6家。

由于移居中国的犹太人数量有限,又因从事商业活动的职业偏好,使原本就数量较少的犹太人散居于幅员广阔的中国大地,这使他们不仅难以保持族内通婚的婚姻关系,而且也难以通过礼拜活动来维持自己的宗教信仰与文化。只有在开封,由于人口数量相对多一些,特别是由于从宋代开始就修建了自己的宗教活动中心礼拜寺,有通晓犹太语言文化的拉比的维系,因此,开封的犹太人及其文化得以长期保留。

再次,中国犹太人移居中国后,与世界犹太人联系极少,长期处于孤立封闭的状态。其原有犹太文化的继承与发展,呈现不断衰减,而异质文化对其之影响则一直在不断增强。此消彼长,推动着中国犹太人及其文化的衰落与汉化的历史走向。

由开封犹太人祭司名称的变化,可以略窥一斑。北宋,犹太人最初进入开封时,其祭司称为"列微五思达",已见前述。到元代,祭司仍称为五思达。前揭明弘治二年碑有"元至元十六年乙卯,五思达重建古刹清真寺"①的记述。但到明代,由于伊斯兰教影响的不断增强,犹太祭司的称谓已由五思达被改为"满剌"。开封的伊斯兰教文化在元代以后,发展迅猛,人口更是大量增加,而开封犹太人居住区与回族居住区又重叠在一起,开封犹太人居住区的周围已完全被回族人及其伊斯兰文化所环绕,形成了在人口数量上及文化上强势的伊斯兰文化对弱势的犹太文化的包围。在强势的伊斯兰文化与汉文化影响下,犹太文化的传承却在不断的减弱,明弘治年间,开封犹太人还有满剌14人,到清代康熙年间,开封犹太人的满剌,除掌教外,只有4人,而到道光末年,能够诵经的犹太人满剌已经找不到了。

中国是一个具有多种宗教信仰并存发展的国家,同时又是一个宗教意识相对薄弱的国家。不像中世纪的西欧那样,政教合一,宗教与政治权力相结合。除个别例外,中国历代政府对外来宗教都采取兼容并包的政策。历代中国政府从来不排斥犹太人,相反,大都给予犹太人优厚的待遇。例如,宋代政府在犹太人移居之初,就在京城赐给他们大面积的居住区,并赐给他们包括皇室姓氏赵氏在内的汉族人姓

---

① 金钟:《重建清真寺记》。

氏。元代皇帝尊重犹太人的节庆,并与他们举行礼庆①。明代皇帝对犹太人"诚一视同仁",驻跸开封的周王曾特别关照犹太人修寺,还因犹太人俺诚修犹太寺有功,赐其官职。"俺诚医士,永乐十九年奉周府定王传令,赐香重修清真寺……以奏闻,有功。钦赐赵姓,授锦衣卫指挥,升浙江都指挥金事。"②清初,犹太人在修复开封犹太寺时,得到了河南、开封地方政府的支持,各衙门批示:"按照古刹清真寺准复修理。"而开封犹太人对明清皇帝也感恩戴德,明代在开封犹太寺礼拜堂上,特意供奉有"大明皇帝万岁牌",清代,还在殿中立有"皇清万万岁龙楼"一座。明弘治二年碑甚至用了相当长一段文字为明代统治者祝福,其中表示:"本教尊崇如是之笃,岂徒求福田利益计哉!受君之恩,食君之禄,唯尽礼拜告天之诚,报国忠君之意。"我们知道,宗教与民族意识是维系一个民族的向心力,而往往在民族、宗教受压迫严重的时候,这种向心力也愈强,它是民族生存的重要力量,属民族的本能。相反,在民族、宗教受外力压迫薄弱的时候,这种向心力却愈弱。中国历代政府对犹太人所给予的优厚待遇和宽松自由的宗教政策,为犹太人与汉民族、回族的融洽相处提供了有利条件。在明清两代,一些犹太人还担任了政府官员。仅据明清碑刻,犹太人担任政府公职的就有:

俺诚,明永乐二十一年(1423年)任锦衣卫指挥,升任浙江都指挥金事。

高年,明正统年间(1436—1449年),任徽州歙县知县。

艾俊,任德府长史。

金喧先祖,任光禄寺卿。

金胜,任金吾前卫千兵。

左唐,任四川布政司右参议。

赵映乘,清顺治丙戌(1646)科进士,任福建漳南道按察使司副使,

---

① 冯承均译:《马可波罗行记》,上海书店出版社2000年版,第79章,大汗对于基督教徒、犹太教徒、回教徒节庆付之以荣誉及其不为基督教徒之理由。

② 金钟:《重建清真寺记》。

转湖广江防按察使。赵承基,清康熙元年(1662年),任大梁中军守备。转陕西固原西路游击。

赵映斗,任云南宜良县知县。

其中有些人还颇有政绩,如赵映乘在福建漳南道,"理滞狱,兴学校",甚得民望。赵映斗在云南宜良,"多惠政,民至今称之。"①

最后,是儒家文化的影响。在中国文化中,儒家文化根深蒂固,它深深地深入中华民族思想意识及社会生活之中,转化为强烈的民族意识。这种意识对内表现为汉民族的向心力,对外则表现为吸引力。犹太人在与汉族人相处,学习汉文化,不能不受到儒家文化的影响,明清中国犹太人中,不仅出现了许多饱读儒家经典的生员,还有国子监的贡生、举人、进士,他们都口诵孔孟,言称诗书,儒家文化修养相当高。开封犹太人的一些史料,也反映了犹太人与儒家文化结合的过程。明弘治二年碑说:"其儒教与本教,虽大同小异,然其立心制行,亦不过敬王道、尊祖宗、重君臣、孝父母、和妻子、序尊卑、交朋友而不外于五伦矣。嘻嘻!人徒知清真寺礼拜敬道,殊不知道之大原出于天,而古今相传不可诬也。"他们强调犹太教与儒家有许多共同的价值观,有共同的伦理观念,特别在敬王道、尊祖宗、重君臣、孝父母、和妻子、序尊卑、交朋友这些方面有共同的认同。开封犹太人明正德七年碑说:"教是经文字,虽与儒学字异,而揆厥其理,亦有常行之道,以其同也。"明确提出,犹太教与儒学只是文字的差别,其道理都是一样的。开封犹太人赵映斗于清康熙九年(1670),为犹太寺所撰楹联更明白的说:

识得天地君亲师,不远道德正路
修在仁义礼智信,便是圣贤源头

直接提出犹太人应该修养儒家的伦理道德,强调犹太人要懂得尊敬天、地、君、亲、师,修养仁、义、礼、智、信。只有如此,才能不离犹太教的正途,才能认识圣贤的本质。

---

① 管竭忠:《开封府志》,清康熙三十四年刻本,河南大学图书馆藏。

在儒家敬天法祖思想的影响下,中国犹太人也象中国人一样祭祖先、拜偶像。明弘治二年碑说:"敬天而不尊祖,非所以礼先也,春秋祭其祖先,事死如事生,事亡如事存,维牛维羊,荐其时食,不以祖先之既往而不敬也。"

清康熙二十七年(1688年),开封犹太人艾复生为犹太寺所撰楹联说:

春祭采生,秋祭报成,不敢忘天地生成之义
尊祖于殿,祀宗于堂,亦亦尽侑享祖宗之恩

从楹联看,这些犹太人已经有深厚的儒家文化修养与儒家价值观认同,丝毫看不出这是出自于犹太人的手笔。

笔者在走访中,还常听犹太人后裔回忆说,过去许多人家中都祀奉有祖先的画像。祀奉祖先、崇拜偶像,这些本是违背犹太教教义的行为。不许拜上帝之外的任何神灵,不许崇拜偶像,这是上帝本人所授,并命摩西颁布的犹太人必须遵守的十条诫命中的前两条。① 儒家文化的影响是中国犹太人汉化的重要客观原因。

最后一个原因,也是开封犹太人经常强调的一个原因,是自然灾害的打击。由于历代河患,寺毁经失,开封犹太人被迫离散,也是原因之一。

开封犹太寺,明代以后称之为"清真寺",一度曾更名为"尊崇道经寺",开封有民众又称其为"挑筋教礼拜寺"。这座最早建于宋隆兴元年(1163年)的犹太寺,到清末被废弃,在开封存在了七百多年。历史上,这座寺曾金碧辉煌,颇为壮观。开封犹太寺,是中国犹太人的宗教中心。左唐曾说:"其寺古刹也,业是教者不止于汴,凡在天下,业是教者,靡不尊是经而崇是道也。"② 在开封犹太人历代修缮该寺的过程中,全国的犹太人,如宁波、宁夏、扬州的犹太人都曾捐献过资财。

---

① 《新旧约全书·出埃及记》,中华圣公会,1940年版。
② 左唐:《尊崇道经寺记》。

明清以来,中国犹太人主要集中于开封,而开封犹太人的宗教活动,又主要围绕着礼拜寺。开封地处黄河中游,地势平坦,黄河在这里流速减缓,从上游带来的泥沙在此大量沉积,淤积河床,暴雨期常易引起水患,加上战乱,攻城者多以决河淹城为手段,加剧了开封的河患。黄河在历史上多次决口,开封屡屡受灾,犹太寺也在河患中多次被水冲毁。明清时期,从永乐到康熙年间(1403—1722年)的300年,是开封犹太人具有较强的政治与经济实力时期,犹太寺被毁之后,马上就能够重新修复。如明永乐十九年到正德七年(1421—1512年),在91年的时间里,开封犹太寺就修缮过6次,平均15年修缮一次。其中因水灾寺毁而修建两次,修寺的时间间隔,最长的一次,时隔24年,最短的时间间隔只有8年。明末以后,中国犹太人的经济实力有所下降,自正德七年(1512年)之后,130年间没有修寺的记录。明崇祯十五年(1642年),李自成攻打开封,决黄河淹城,开封再次遭受灭顶之灾,犹太寺亦顷毁于河水之中。"寺废而经亦荡于洪波巨流之中,教众获北渡者仅二百余家"。洪水退后,经打捞,原寺中所藏经卷13部及方经、散经数十册,只能够"纂成全经一部,方经数部,散经数十册。"①水患对于衰落中的犹太人无疑是雪上加霜。当时的犹太人显然已经无力修缮被毁的寺。因此,在犹太寺被毁的21年之后,直到清康熙二年(1663年),犹太寺才得以重新修建。开封犹太寺是中国犹太人的圣殿,它的存在与否,是中国犹太人兴衰的标志。

然而,对于开封犹太人来说,灾难还没有结束。自康熙二十七年(1688年)之后的180间,犹太寺没有能够再修缮过。道光二十九年(1849年),开封再遭水患,犹太寺受到严重破坏。咸丰二年(1852年),常茂徕注《如梦录》,在书中提到开封犹太寺的情况说:犹太寺"在今曹门内火神庙南,寺渐废"②。给我们描述的是犹太寺的残破景象。这时开封犹太人的数量已大为减少,经济实力缺乏,没有能力修缮这

---

① 刘昌:《重建清真寺记》。
② 常茂徕:《如梦录注》,民国十年冬月,河南省立图书馆重刊本。

座曾经辉煌的古寺。而危难却并没有停止,咸丰十年(1860年),灭顶之灾又一次降临,开封又一次被黄河淹没,原本破败的犹太寺被完全冲毁。犹太寺的毁灭、犹太人的流散,加快了犹太人衰落的步伐。

三

中国犹太人在历史上曾经留下过一些宝贵的文化遗产。其中有家谱、碑刻和经卷等。

关于开封犹太人的家谱,已知留存的有赵氏与石氏家谱。这些家谱都是用希伯来文与汉文两种文字书写的。清末,开封犹太人赵氏家谱被族人赵允中卖给外国传教士,流落国外。据最近国外资料透露,现存于美国犹太教协会——希伯来联合学院的克劳图书馆[①]。石氏家谱,则至今下落不明。

清末,开封犹太人留下来的正经曾有13部。这些经卷大多是经历明崇祯十五年(1642年)的水患之后,在当时的掌教满剌李祯的主持下,由其他四位满剌及一些教徒参与共同修补的。经文用希伯来文写在矩形的羊皮上,皮革两头饰以卷轴,以便卷舒。经卷平时藏于经筒内,存放于犹太寺的殿堂里。这些经卷,其中一部是明代以前保留下来的老经卷,后经修补而成,两部是清康熙年间所修的。

清咸丰以后,随着犹太寺的倾废,犹太寺保存的13部珍贵的经卷也命运坎坷,其中10部,先后被外国传教士买走,运往国外。

咸丰元年(1851),英国伦敦布教会教士买去了原13部经卷中编号为第二、四、五、九、十二的5部经卷,外加一部散经,共计6部经卷。

同治五年(1866年),美国教士丁韪良买去编号为第七的经卷及散经一部,共计两部经卷。

同治九年(1870年),奥地利驻华公使卡尔·温·斯基诺买去编号为第六的经卷一部。

---

① Klau Library of Hebrew Union College—Jewish Institute of Religion.

光绪二十五年(1899年),罗马教士、河南天主教会名誉主教沃兰特瑞买去未知编号的经卷一部。

流出国外的10部经卷,有3部已丢失,现存7部经卷,保存情况如下:①

二号经卷,现存于英国伦敦大英博物馆图书馆。保存情况良好、完整。

四号经卷,现存于英国剑桥大学图书馆,保存情况良好、完整。

五号经卷,现存于英国牛津布德林图书馆,原件稍有破损,保存情况良好、完整。

这3部经卷,都属咸丰元年(1851年),英国伦敦布教会教士所买去6部经卷中的经卷。

六号经卷,现存于维也纳奥地利国家图书馆。保存情况不佳,有破损。这部经卷,就是1870年奥地利驻华公使卡尔·温·斯基诺所买并送回奥地利的那部经卷。

七号经卷,现存于美国纽约犹太神学院。保存情况良好。这部经卷,属1866年美国教士丁韪良买去的两卷中的一卷。

十二号经卷,现存于美国德州达拉斯基督教卫理公会大学布诺德维尔图书馆,保存情况良好。这部经卷属1851年伦敦布教会所买去的6部经卷中的一部。它曾经与同时买去的另外一部散经一起,存放于伦敦布教会图书馆,但不知何时被盗。1955年,这部经卷出现在市场上,并被误认为是从中东来的文物,有人以5000美元将其买走,后来又转入布诺德维尔图书馆。直到1972年,这部经卷才被确认为是属于中国犹太人的文物。

散经一部,现存于美国纽约圣经协会图书馆。保存情况不佳,有破损。这部经卷属1866年美国教士丁韪良所买去的两部经卷中的一

---

① 关于现存开封犹太人经卷的保存情况,美国书商迈克尔·波拉克(Michael Pollak)于1973年曾做过专门调查,本文参考了他的著作:*The Toeah Scrolls of Chinese Jews*,《中国犹太人经文》,达拉斯(Dallas)1975年版。

部。丁韪良曾经将其赠送给一位朋友,1880年,丁的这位朋友又将其转赠给耶鲁大学,最后又转入纽约圣经协会图书馆。

以上为现存7部经卷的情况。流落国外并遗失的3部经卷,情况大致如下:

1. 咸丰元年(1851年),英国伦敦布教会教士买去的六部经卷中的散经一部。如上所述,这部散经曾经与编号为十二号的经卷一起,存放于伦敦布教会图书馆,维多利亚大主教曾经鉴定,这是一部完整的抄本,其受过崇祯十五年(1642年)洪水的浸蚀,是所有中国犹太人经卷中最古老的一本。这部经卷在伦敦布教会保存了至少78年。1929年,曾经有人写信说想买这部经卷,但他的请求未被教会接受。与十二号经卷的情况一样,不知何时丢失。

2. 光绪二十五年(1899年),罗马教士、河南天主教会名誉主教沃兰特瑞买去的未知编号的一部经卷,1900年,在寄往巴黎的途中丢失。

3. 咸丰元年(1851年),英国伦敦布教会教士买去的6部经卷中的编号为第九的经卷,1899年,寄存于香港公共图书馆。1942年,有人还看到过这部经卷,不知何时丢失。

关于开封犹太人所遗存经卷的情况,据关斌先生《开封的犹太人》一文所说,1897年,上海宗教联合会也曾买去过一部,如果属实,那么开封犹太人经卷则有11部曾被卖出,其余则下落不明。

明清时代,开封犹太人曾经留下过4块珍贵的碑刻。这就是:

明弘治二年,金钟撰《重建清真寺记》
明正德七年,左唐撰《尊崇道经寺记》
清康熙二年,刘昌撰《重建清真寺记》
清康熙十八年,赵映乘撰《祠堂述古碑记》

这4块碑原来矗立于开封犹太寺中,咸丰年间,寺被洪水冲毁之后,碑还依然屹立于废墟上,宣统二年(1910年),张相文访碑于开封,还说:"碑在草市后,地名挑筋教胡同。至则低地一区,瓦砾丛杂……东北隅藁席围中乃是碑也。挈席读之,碑固完好,所残缺者不过数十字而已。"①

次年,即宣统三年(1911年),开封圣公会牧师怀会都(Bishop White)将弘治、正德二碑移于圣公会内,1922年后,建亭存放。1932年,《河南中华圣公会碑》有记说:"1922年4月22日,教区会议成立。是年挑筋教碑两块,移置本座堂院宇两旁,此碑原置教经胡同教经寺旧址颓垣瓦砾之间,几乎湮没,嗣经该教人赵允中等愿将两碑移送会内,永久保存。"但是,弘治、正德二碑在圣公会存放期间,却被外国传教士劈剥碑阴,用铁卡镶而为一,图谋运出,未遂。康熙十八年碑,后亦被移于开封圣公会内。但康熙二年碑则下落不明。

被镶嵌合一的弘治、正德二碑及清康熙十八年碑,这三块碑现存于开封市博物馆。但保存情况非常不好。由于自然剥蚀与人为损坏严重,这些宝贵的碑刻至今只残存个别段落字迹,通篇碑文已不可辨识,与张相文1911年看到时所言"碑固完好,所残缺者不过数十字而已",大相径庭,令人痛心。

开封犹太寺旧址,在今开封市北土街路东、开封市公费医疗门诊部院内。1924年,寺址曾被河南中华圣公会收购,圣公会曾将其辟为基督教青年会运动场。1954年,该址被开封市人民政府征用,后建为开封市公费医疗门诊部。

中国犹太人曾是我国少数民族之一,是中华民族大家庭中的一员,他们在中国历史上曾经留下非常宝贵的文化遗产,这些仍值得我们今天去研究与探讨。

---

① 张相文:《大梁访碑记》,转引自陈垣:《开封一赐乐业教考》,商务印书馆1923年版。

读《吾衍年谱》偶识

陈文豪

《渤海大学学报》2015年第1期,刊载陈国成撰《吾衍年谱》一文,使人对吾衍生平及交游情形有较深入的认识,但读后有几个问题,于此提出,供作者及读者参考。

一、在谈及吾衍籍贯时,年谱作者在确定吾衍籍贯为开化县后云:

> 开化县,后魏置,北周废,故治在今湖北郧西县北,南朝宋置,唐省。故治在今安徽霍山县北,宋置开化场,寻升为县,明清皆属浙江衢州县府,民国初属浙江金华道。①

按:开化县前后有三处,顾祖禹在《读史方兴纪要》一书中有明确的叙述。② 年谱作者不明沿革地理,于此将三者一并述及,视同为一处,且在断句上出现差误,反使三开化县关系混淆不清。正确的断句为:

> 开化县,后魏置,北周废,故治在今湖北郧西县北。南朝宋置,唐省,故治在今安徽霍山县北。宋置开化场,寻升为县,明清

---

① 陈国成:《吾衍年谱》,《渤海大学学报》,2015年第1期,第131页。
② 参考顾祖禹:《读史方舆纪要》(北京:中华书局,1955年7月第1版,1954年4月上海第2次印刷),卷26,1211页,江南庐州府六安州开化废条;卷79,3406页,湖广郧阳府上津县开化废县条;卷93,3920页,浙江衢州府开化县条。

皆属浙江衢州县府,民国初属浙江金华道。

如此,北魏所置开化县在湖北郧西县西北,南朝刘宋所置开化县在安徽霍县北,宋朝所置开化场在浙江衢州府,区别即非常清楚。

二、述及吾衍交游程巨夫时,年谱作者云:

> 程巨夫,名文海,号雪楼,又号远斋,元京山人,后家建昌。少与吴澄同学。避武宗讳以字行。世祖时屡迁集贤直学士,奏陈五事,又请与建国学,搜访遗逸,帝嘉纳之,奉诏求贤江南,荐赵孟頫等二十余人,皆擢用。皇庆初累官翰林学士承旨致仕,追封楚国公,卒谥文宪,巨夫闳才博学,被遇四朝,忠亮鲠直,为时名臣。文章舂容大雅,有《雪楼集》。①

按:本段亦因断句不当致文意全失。"奏陈五事,又请与建国学,搜访遗逸,帝嘉纳之"为一事,"奉诏求贤江南,荐赵孟頫等二十余人,皆擢用"为一事,故"帝嘉纳之"下应为句号。又"皇庆初累官翰林学士承旨致仕,追封楚国公,卒谥文宪"为一事,"文宪"下应为句号。同时不了解元代官制,"皇庆初累官翰林学士承旨致仕,追封楚国公",亦有问题,"累官翰林学士承旨"为一事,②"致仕"为一事,二者间应加逗号。全段正确的断句为:

> 程巨夫,名文海,号雪楼,又号远斋,元京山人,后家建昌。少与吴澄同学。避武宗讳以字行。世祖时屡迁集贤直学士,奏陈五事,又请与建国学,搜访遗逸,帝嘉纳之。奉诏求贤江南,荐赵孟頫等二十余人,皆擢用。皇庆初累官翰林学士、承旨,致仕,追封

---

① 陈国成:《吾衍年谱》,《渤海大学学报》2015年第1期,第133页。
② 宋濂等撰,《元史》(北京:中华书局,1976年4月第1版第1次印刷),卷八十七,百官三,第2190—2191页,"蒙古翰林院"条云:"十二年,别立翰林院,置承旨一员、直学士一员、待制二员、修撰一员、应奉四员、写圣旨必阇赤十有一人、令史一人、知印一人。十八年,增承旨一员、学士三员,省汉儿令史,置蒙古必阇赤四人。"

楚国公,卒谥文宪。巨夫闳才博学,被遇四朝,忠亮鲠直,为时名臣。文章舂容大雅,有《雪楼集》。

三、年谱作者论及衍交游张雨云:

张雨(1283—1350),初名泽之,字伯雨,一字天雨,后名雨,号嗣真,又号贞居子、句曲外史等,钱塘(今杭州)人,《甫田集》"题赵松雪千文"中有"石鼎杭州径山僧其云,四明者,本奉化人也"①。

按:本段节引《题赵松雪千文》,致"石鼎杭州径山僧其云,四明者,本奉化人也"语意不明。《甫田集》为文征明撰,《题赵松雪千文》全文为:

永禅师书千文八百本,赵魏公所书当不减此。此卷大德五年为韩定叟书,定叟会稽人,与公厚善。集中赠定叟及留别诗,可考公以大德三年为江浙儒学提举,此当是为提举过会稽时书,是岁公四十有七,正中年书也。者四人,韩性,字明善,定叟诸姪,道德文学,为元中世名儒。宇文公谅,字子贞,元统进士,为史官。张伯雨,茅山隐道士,所谓句曲外史也。三公并有盛名,而祖铭亦禅宗大老,所着有《四会语录》,其字石鼎,杭州径山僧,其云四明者,本奉化人也。②

据此,可知"石鼎杭州径山僧其云,四明者,本奉化人也",系指禅僧祖铭,非指张雨。同时又不知"石鼎"系祖铭字,致断句亦误。

四、年谱作者对赵孟頫《书今古文集注序》的断句为:

《诗》《书》《礼》《乐》《春秋》,皆经孔子删定,笔削后世,尊之以为经,以其为天下之大经也。秦火之后,乐遂无复存。《诗》《书》《礼》《春秋》,由汉以来,诸儒有意复古,殷勤收拾,而作伪者出焉。

---

① 陈国成:《吾衍年谱》,《渤海大学学报》,2015年第1期,第133页。
② 文征明:《题赵松雪千文》,《甫田集》,卷21。文渊阁四库全书本,引自中国基本古籍库。标点为个人所加。

学者不察，尊伪为真，俾得并行以售，其欺书古文是也。嗟夫！书之为书，二帝三王之道，于是乎在不幸而至于亡，于不幸之中幸而有存，忍使伪乱其间耶？又幸而觉其忍无述焉以明之，使天下后世常受其欺耶故分今文古文以为之集注焉，嗟夫。可与知者道，难与俗人言也。余恐是书之作，知之者寡，而不知者之众也。昔子云作法言时无知者曰，后世有子云必爱之矣，庸讵知今之世无与我同志者哉。

按：年谱作者不明此段文义，于该加书名号处亦未加，致使整段文义不明，兹重新断句如后：

《诗》、《书》、《礼》、《乐》、《春秋》，皆经孔子删定笔削，后世尊之以为经，以其为天下之大经也。秦火之后，乐遂无复存。《诗》、《书》、《礼》、《春秋》，由汉以来，诸儒有意复古，殷勤收拾，而作伪者出焉。学者不察，尊伪为真，俾得并行以售，其欺书古文是也。嗟夫！书之为书，二帝三王之道，于是乎在不幸而至于亡，于不幸之中幸而有存，忍使伪乱其间耶？又幸而觉，其忍无述，焉以明之，使天下后世常受其欺耶！故分今文古文以为之集注焉，嗟夫！可与知者道，难与俗人言也。余恐是书之作，知之者寡，而不知者之众也。昔子云作《法言》，时无知者，曰后世有子云必爱之矣，庸讵知今之世无与我同志者哉。

撰写论文，对引用资料应仔细标点断句，方能正确理解文义，提供论文最佳的佐证；同时在撰写论文时，对引文更忌讳断章取义，断章取义不仅对行文无补，反而使论文失去其应有价值。以上为读《吾衍年谱》后的一些看法，敬请批评指正。

两宋"今体画"与"风俗画"嬗变考源

杨 杰

两宋绘画事业自公元960年赵宋政权建立到靖康二年(1126年)灭亡,再从公元1127年赵构登基建立南宋到1279年被元世祖忽必烈灭亡,绵延三百余年,兴亡更迭,如过眼云烟。但究其绘画成就而言,却是异常突兀,无可替代。无论是北宋初期萌发的"今体画",还是南宋盛隆的"风俗画",在中国古代绘画史中,皆占重要地位。成就巅峰事业的背后,离不开两宋宫廷画院。两宋画院的设置无疑为画院画家探索"今体画"和"风俗画"构建了平台、奠定了基石。今天,即便是处于信息爆炸的时代,人们仍能从这些流传下来"国宝级"的"今体画"、"风俗画"中,一览无余地了解两宋时期的经济生活、社会风俗等方面的丰富信息,这些信息日益成为弥足珍贵的"文化记忆",并以无可替代的历史文献价值而蜚声海内外。

北宋建立之初至宋徽宗时期,宫廷"画院"得以积极发展和经营。据《宋会要辑稿》记载:"雍熙元年(984年),置翰林图画院,在内中池东门里,成平元年(998年)移在右掖门外。绍圣二年(1095年)改'院'为'局'。"这里明确说画院是在宋太宗雍熙元年设置,并详细记载画院院址。但是,根据《圣朝名画评》和《图画见闻志》等画史材料,又说在宋太祖时已设置画院。如对画家王霭的记载,《圣朝名画评》中说:"京师人,幼有志节,颇尚静默,留心图画,尤长于写真,追学吴生之笔……朱梁时以为翰林待诏。至石晋末……放霭还国,复为待诏。"《图画见闻志》中说:"……晋末与王仁寿皆为契丹所掠,太祖受禅放还,授图画院祗侯……"虽然,二书在王霭还宋为图画院翰林待诏的时间上略有差异,但对宋太祖之时已设置画院的事实记载却是一致的。另外,《圣朝名画评》中还记载,宋朝灭掉西蜀后,将西蜀宫廷画院的诸多画家都网罗到东京汴梁城,仍安置在画院中任职。赵宋政权建立于公元960年,平蜀是在公元965年,由此可知,平蜀之前北宋王朝已设置画院。不仅如此,《圣朝名画评》中关于王霭的材料中提到,"朱梁时以翰林待诏"。这里虽没有明确说是翰林图画院待诏,因五代时如南唐、西蜀等封建割据政权都设有画院,而地处中原的梁、唐、晋、汉、周,抑或设有画院。赵宋王朝是以兵变夺得政权,基本沿袭旧制,画院亦可能承袭前朝制度。关于这方面论断,尚缺乏充分的论证,有待进一步探究。北宋、南宋的画院经历三百余年,相承不衰,即使"靖康"之变后北宋灭亡,南宋建立之初遂重建画院招致人才。直到南宋于1279年被元朝取而代之,宋代皇家画院的使命才从根本上宣告结束。而为两宋画院画家器重的"今体画"和"风俗画"终成绝响,在中国绘画史舞台上消隐退出。

为理清两宋"今体画"和"风俗画"嬗变路径,现对北宋陶然依乐的"今体画"和南宋醇净平淡的"风俗画"进行分析,以事实论证两宋院体画在中国绘画发展史上成为重要流派,尤以"今体画"和"风俗画"流传于世,并且在渐次递变中实现了"院体画"在绘画史上的巅峰状态。

陶然依乐的"今体画"

作为北宋院体画家绘画的一个重要样式——"今体画",是以社会生活习俗为题材的一种人物画,以表现人们日常经济生活和社会世俗民风为主要内容。因而与当时新兴市民阶层的精神生活和审美需求格外贴近。这类绘画题材真实,内容亲切,生活气息浓郁,并且在一定程度上映射出民族精神或地域文化特征。现今流存最早的有关风俗人物画应是始于三国两晋时期,据唐朝裴孝源《贞观公私画史》记载,三国杨修画过《田家社会图》、东晋明帝画过《杂人风土图》。但是从两晋到五代，这类作品还不是很多。隋唐时期人物画的艺术成就虽然攀至巅峰，但反映的多是贵族王公和统治阶层生活，虽然亦涉及居住区域之外的交游、跋涉等情景，却并未完全写实，对当时经济生活、社会民风的关注并不高。

进入北宋之初，随着文化重心的下移，"崇文抑武"政策的推行，社会逐步走向稳定，农业经济得到发展，带动了商业和手工业的发展。特别是北宋东京汴梁城的繁荣，新兴市民阶层的文化意识得以释放，提出了新的生活与审美理想。在这样的社会背景下，出现了反映当时新兴市民阶层以及社会下层的生活状态的风俗人物画。这些风俗人物画的主题、题材范围和表现手法较之唐代、五代已有明显的变化和拓展。新兴市民阶层对表现自己日常生活的绘画有了明显的消费需求和能力。这就使城市平民、市肆生活以及乡村野趣成为院体画家重要的表现对象，于是"今体画"开始大量涌现，成为北宋人物画中最具有代表性的部分。

作为北宋绘画创作的重要群体，院体画家无疑是北宋"今体画"创作的重要力量。他们的作品整体水平高，精品迭出，题材丰富，存世量也最多，保存现状也最好。

刘道醇的《宋朝名画评》曾记载"今体画"，并指出叶进成（活跃于11世纪）为其代表人物："叶进成，江南人，性通敏，善画今体人物……观其趋向清野，陶然依乐，尤有佳处。其僮仆、鞍乘、树木、服器等略可观焉。"

所谓"今体画"主要特征是人物画的表现风格"趋向清野，陶然依乐。"清野是有文化意味的山乡情调，而"陶然依乐"乃是指画中人物不是那些为脂粉所累、被裙叉羁绊的体面人等。"今体画"是升华了文人品位的乡村山野情调，是表现平民意识，萌生于北宋初期，繁荣于北宋中期的一个绘画门类。

"今体画"的风格与唐代末期到宋代初期中国所经历的一个巨大变化有直接而密切地关连。这个变化标志着唐代贵族的式微和士族的演变。自魏晋南北朝以来，门第观念在士族的推动下根深蒂固。隋唐的建立未能以政治手段真正动摇以门第出身来划分社会权利的状态。在由唐末向五代的转变过程中，由于中央集权的弱化和权利向地方上的分散，市场逐渐由封闭型演变为开放型。在开放型的市场中，平民意识和新兴市民阶层的地位随之提高。尤其是北宋建立之后，伴随着科举制度逐渐深入到社会的各个阶层，丰富了官员的出身背景。从文化的角度看，人物画在唐、五代均占据重要地位，到了盛唐时期，才由李思训杂以金色的青绿山水——所谓"金碧山水"开北派画风。这一画风的核心是写实，崇尚工丽，为五代和北宋初年山水画的主要精神。北宋上半叶的山水画和人物画脱离了唐代旖旎高贵的风貌，而着重于对现实生活的描写。正是这种现实精神，塑造了宋代的文化风貌。

10世纪中末期，出现一新的绘画题材：山水画，其中又以行旅图为常见。在行旅图的下方总是描绘了山村小酒馆、小饭铺和小旅店。因而形成了五代到宋代初期的山水画的共同特征：山水画中活动的人物基本是商旅和脚夫，然后才是行旅。虽然是山水画，但人物的活动占据了前景最受瞩目的位置，而且为整个画面确立了主体。这些山水画中，常见的主题是"行旅图"，通过行旅的概念再现一个新的社会结构。画家关仝（约907—960年）的《关山行旅图》应该是早期的例证。如果我们把关仝的《关山行旅图》和李成（919—1027年）的《晴峦萧山寺图》以及郭熙（1011—1094年）的《早春图》进行对比就会明白：这几件作品的下半部分，即描绘人类生活和活动的部分，有相同之处。这几件作品一致无二地表现了村落、薪锄、旅店、山居、宦官、行客、高阁、盘车、樵夫、背负等对象。虽然整幅作品描绘的是"微观宇宙"，有象征精神意义、耸立而起的山峰，表达生活灵动力的深涧飞泉，但更有精神寄托的山顶寺庙楼阁，在山脚下有驮物的骡队从右方进入观者的视野。李成的《晴峦萧山寺图》也有相同意趣，尤其是右下角对饭店、酒铺的描绘与《清明上河图》中城外的店铺十分相似。郭熙的《早春图》中虽然没有店铺，但是却画了一个普通农人家庭春种晚归的情景。从这几例可以看出，虽然是以雄壮的北方山水为大背景，但作品极其微妙地将唐代以贵胄山水为内容的表述，转化成为对北宋社会经济和物资流通问题以及平民意识的彰显。在莫非王土的普天之下、山河之间,新兴市民阶层的关注焦点得到充分展现。这些雄伟山水下半部分所表现出的是与北宋画论中"今体画"的绘画题材完全相同。据此可知,所谓"今体画"乃是一种体现平民精神的写实描绘,源于北宋初期,兴盛于北宋中期。到了11世纪末,"今体画"走入低迷阶段,且随历史和战争的硝烟而逐渐淡出了绘画舞台。

显而易见,带有平民风俗描绘内容的"今体画"从北宋初期萌发到北宋中期的逐渐壮大,并不是突然出现的现象,也并未达到无出其右的繁荣程度。但是可以称道的是,北宋"今体画"的最重要贡献就是将写实的手法和入世的观念,引入画家创作中。有了这样的手法和观念,便成功导引南宋画家在风俗人物绘画的探索方面进入成熟阶段。从此,"风俗画"真正担当起南宋画坛主角。

醇净平淡的"风俗画"

南宋"风俗画"在不同画家出人意表的营造下,能够妥帖微妙地渗透到各种题材。更重要的是,南宋"风俗画"强调的真实是一种神韵和情感上的本真,而不是形状和外貌上的真。但真正意义上的风俗画仍然是独立于山水背景之外,是对市肆和风情的描述与神会。恰恰是这些普通人的日常活动与舟车树屋结合起来的风俗情趣,构成了一种新型的绘画样式,展现出新兴的民风。体现在不加粉饰的真实描绘中,又带有一些幽默诙谐的情调。当时,很多风俗画都以农家生活和节庆日子为主题,大量对农夫生活正面带有谐戏的描绘,其产生的原因是多样的。这既与当时科举制度下不同社会阶层的人进入高层决策领域而出现的平民思想有关。又与南宋城市化带来的喧嚣和官场人事的日益复杂以及新兴的风俗画逐步占据画坛主角有着密切关联。一方面,南宋社会经济的繁荣孕育了"风俗画"的兴盛。宋室南迁带来了北方人口的大量南移,给南宋带来了充足的劳动力、先进的生产技术和丰富的生产经验,极大地推动了南方经济的发展。农业、手工业乃至商品交易都有了长足发展。南宋的社会稳定、经济发达、城市繁荣导致新兴市民阶层的壮大、市民主体意识的高涨以及价值观念的转换。尤其是南宋临安成为全国经济文化中心。《梦粱录》描写临安商业在汴京之上,行业分工更细,同时,新的文化艺术形式百花齐放。人们的生活理想和审美观念发生着深刻的变化。南宋"风俗画"正是在这样的社会文化背景下发展并得以极大拓展的。不管是宫廷贵族还是庶族地主或新兴市民,对注重生活情趣而又愉悦身心、畅神适意的风俗画都有着极大的需求。另一方面,南宋理学思潮对绘画精神的渗透,激发了南宋"风俗画"的全面发展。南宋儒学复兴,统治者通过恢复儒家道统重建社会秩序,以达到承载儒家道统、醇化社会风气的功能。南宋宫廷画院的首要任务就是传达官方伦理观念尤其是政教意识。因此在这个框架内,画家进行的绘画创作必然是延续前代作为统治者"礼失而求诸野"的采风意图及辅佐皇权"成教化、助人伦"的功用。但是其绘画特质在于精审观物的写实。这种吸收了理学思想的影响是南宋风俗画的一个显著特征。他们不再是像以前那样注重外部世界的阔大和恢弘,更多地关注现实生活世界,在平凡的生活中关照自然界的生命,感悟生活。因而在反映民生民风的风俗画创作题材上涉猎的深度和广度都是前代无法企及的。当然,南宋"风俗画"兴盛的原因还有画院画家的风俗情结。南宋画院复置,入院的画师之中李唐、刘宗古、马公显、马世荣、杨士贤、李迪、苏汉臣等等,皆是原来宣和画院的画师。这些画师在南渡过程中大多是各自奔命,是没有朝廷组织的,可想而知,在当时社会动荡的情况下,这一路有多少艰辛。正是颠沛流离、居无定所的艰苦生活使得他们混迹于乱世,于世情百态有了更深切的实践和体验,这种生存的经历必定会影响他们的创作。

  南宋"风俗画"的产生发展与当时的政治、经济制度息息相关,更与市民生活方式作为审美情调被接受有关。南宋"风俗画"的盛行虽然是当时社会世俗思想、均等思想产生的结果。但是更重要的是,这是一种自上而下对下层生活情景的欣赏,而不是自下而上,由民众意识的觉醒到文化面貌的改变而出现的风俗画。换句话说,南宋"风俗画"的发展与南宋宫廷审美意识的觉醒密切相关,在这一过程中,后者摒弃以往王朝那种富贵华丽的面貌。无论出于何种原因,南宋风俗画的市场之大,使得许多专门画佛道的画家也客串风俗画。尤其是到了南宋后期,反映普通市民阶层和农村现实生活的风俗画不论是题材的广度还是深度,都有了极大的拓展。从都市货郎、茶水小贩到杂剧艺人;从踏歌农夫、渔民樵人到读书士人;从放牧小童、蚕织农女到庭院婴孩……社会百俗,人情世态,应有尽有,皆入画家笔端。绢素之上勾勒描摹、色墨晕染,精致地汇聚成一卷南宋风俗人情的浮世掠影。处于都市物质文明迅猛发展时期的南宋画家视野更加开阔,很多画院的画师本身就是来自民间的艺人,因此描绘自己熟悉的市井生活、农村生活得心应手,由此也诞生了很多风俗画佳作。现存的题材主要有:农耕渔牧题材;盘车题材;婴戏题材;戏剧题材;游归醉归题材;节令题材;市井游艺题材;情感宣泄题材。

综合南宋院体画家代表作品分析考证,"风俗画"的主要特点有如下几点:

1. 不断拓展的题材。南宋时期,绘画艺术得以长足发展,在山水、花鸟、人物各科都取得了显著成就,人物画方面突出的就是"风俗画"的兴盛。相较于北宋的"今体画"而言,南宋"风俗画"除了继承原有创作路径外,在取材上做出了显著拓展。所涉及题材不仅有传统的田园牧歌内容,也有反映市井生活的戏艺、节令、游乐等主题颇为新鲜的作品。另外,在孩童、盘车、行旅这些题材上也硕果丰实。可以说,风俗画就如一面镜子,将社会生活逐一映射。这就是南宋"风俗画"在历史文化价值方面弥足珍贵的原因。

2. 趋于淡化的色彩。应该看到,宋代绘画作品在色彩上发生了一个重要转向:占主导地位的重彩工笔画逐渐让位于淡彩的写意水墨画。对于追求色彩纯度和明度的重视程度有了显著的下降。这一特点在山水画和花鸟画中体现的较为突出,人物画方面相对来说要弱一些,但也在悄然发生着变化。由于受到宫廷绘画性质的束缚以及画师本身对"精工"的着力,南宋"风俗画"中以人物为画面主角的婴戏题材作品，主要表现手法还是工笔重彩。但是汇入山水背景的一些作品往往采用浅设色甚至是纯水墨。从山水画滥觞的皴法，发展到北宋后逐渐走向趣味化，从而大大丰富了人物画的表现手法，最终使得南宋"风俗画"在笔墨情趣上一扫粉黛，而成淡毫轻墨新趋向。

3. 恬静的生活旨趣。平淡、恬静之美是逐渐成熟的一种艺术形式。宋代绘画理论强调构思的审美心胸。创作主题主要是画家的精神状态。对构筑绘画意象，营造绘画意境有至关重要的作用。南宋院体画家在含蓄平淡的审美主题下，以内心的宁静自适、养气涵情的内在充实，笔由心生，画从念起，展现出温良恭让的人文特色。

4. 咫尺乾坤的主题。南宋院体画家将小幅画的艺术表现力发挥到了极致。绘画内容包罗万象，且相互交融。正可谓：乾坤入绢素，世风随笔起。正是这些画面精致而多彩的风俗画给人们带来了大量的宋代生活和时代信息。由此可以进一步认识宋代时期的农耕、渔牧、蚕织、服饰、戏艺、节令、婴孩等方方面面生活图景和时代风貌。

南宋"风俗画"从气势上看尽管没有北宋的"今体画"气势恢宏，但是题材丰富多样，善于构思，笔墨细腻，在两宋人物画成就中占有突出地位，标志着我国古代风俗画进入高峰。当然，作为两宋院体画的重要绘画样式的代表："今体画"、"风俗画"，经过观念的传递和艺术的嬗变以及历史的洗礼，终于在1279年南宋灭亡之际，退出了中国绘画史舞台。北宋"今体画"和南宋"风俗画"这两种绘画样式在长达三百余年的两宋画院绘事中，绵延发展、兴起隆盛，为封建中国绘画艺术走向巅峰作出了贡献，为元、明、清绘画艺术更加完善提供了宝贵经验。同时，两宋院体画家的艺术实践为中国绘画史的发展积累了重要经验，亦给后代画家带来重要启示。这些启示就是：恪守绘画之本的务实精神是任何一位艺术创作者走向成功的不二原则；人物画创作必须建立在现实社会、丰富生活基础之上；人物画创作必须注意精湛技艺能力的培养，尤其是科学而扎实的人物造型能力。

佛教影响下的几个中国古代节日

郭绍林

印度佛教传入中国,历经两千年,对中国社会影响至大。中国的传统节日中,有几个节日便是受佛教的影响或产生或演变的。其中有的节日一直延续下来,但其佛教色彩早已消退,成为世俗娱乐的节日;有的已经不再是节日,被人们遗忘。这就使得人们对这几个节日同佛教的关系及其来龙去脉,变得模糊和昧然。因此,本文论述其间原委,公诸同好,聊佐谈资。

一 上元夜

本文叙述的月日,系古代实行的夏历。夏历以一月为正月。上元即正月十五日,又叫做上元节、元宵节、灯节。《唐会要》卷二十九《节日》,有"寒食、上巳(三月初三)、端午、重阳","中和节(二月初一)","冬至、元正(大年初一)",以及唐玄宗以来皇帝的诞辰纪念日,没有提到上元节。《唐会要》卷四十九《燃灯》提到正月十五前后三天燃灯,这是放在记载佛教事情中说的。但上元夜被民间视为节日,由来已久,国家也参与活动。国家所以没有正式宣布正月十五是节日,可能由于它是春节的延续,又是晚上的活动,官员们平常尚且休旬假,没必要再规定正月十五白天放假。《五代会要》卷五《节日》也没有提到上元节,卷十二《燃灯》也是放在记载佛教事情中说的。

隋朝全国的正月十五夜已经非常热闹。隋文帝时期,治书侍御史柳彧上疏，披露从京师长安到各州，每到正月十五夜，人们成群结队，嬉戏游玩，街衢道路，十分拥挤。鼓吹震天响，火炬照地明，演员或带着兽类假面具，或男扮女装，表演各种杂技，奇形怪状。人们以下流猥亵低俗的内容为赏心悦目的材料，不分男女，挤着观看。富贵人家在街道旁临时搭起棚子，拉上帷幕。他们衣着华丽，刻意打扮，车马排列一片。棚子里陈设着美酒佳肴，自家的歌舞班子不停地吹拉弹唱。人们彼此攀比，不惜倾家荡产。"浸以成俗，实有由来。"①大业六年（610年）正月十五日，隋炀帝因为周边各族酋长都来东都朝见自己，就在洛阳端门街设置周围五千步的戏场，由天下各地的艺人前来表演各种杂技、舞蹈、武术、魔术。演出以音乐伴奏，演奏管弦乐器的人多达一万八千人，声闻数十里。通宵达旦，灯火通明，一直持续半月之久。市井民众往来如梭，达官贵人争相观看，夜深困倦，到棚子中暂作歇息。隋炀帝多次乔装打扮成普通人，混到人群中观赏。洛阳"自是岁以为常"②。隋炀帝当太子时，曾作《正月十五日于通衢建灯夜升南楼》诗描写长安的情况，云："法轮天上转，梵声天上来。灯树千光照，花焰七枝开。月影凝流水，春风含夜梅。幡动黄金地，钟发琉璃台。"③这是佛教性质的燃灯节。

唐高宗调露二年（680年）上元夜，六位作者在洛阳尽情观灯游乐，各作一首五言四韵诗《上元夜效小庾体同用春字》。长孙正隐为汇集在一起的这六首诗作序，介绍人们通宵游乐的盛况说："兹夕何夕，而遨游之多趣乎！""美人竞出，锦障如霞；公子交驰，雕鞍似月。""同游洛浦"，"争渡河桥"。"戒晓严钟，俄宣绮陌（准许清晨开门出行的钟声荡漾在道路上）；分空落宿，已半朱城（黎明之际天空星宿逐渐消隐）。"他作的诗说："薄晚啸游人（傍晚游人即喧嚣出游），车马乱驱尘。月光三

---

① 《隋书·柳彧传》，中华书局1973年版。
② ［北宋］司马光等：《资治通鉴》卷一百八十一，中华书局1976年版。
③ ［唐］释道宣：《广弘明集》卷三十，《碛砂大藏经》102册，线装书局2005年版。

五(十五)夜,灯焰一重春。烟云迷北阙(宫殿),箫管识南邻。洛城终不闭(上元夜洛阳城特许不实行闭门宵禁),更出小平津(在洛阳东北黄河边)。"其余作者的诗都提到通宵观灯的情况。崔知贤诗说:"月下多游骑,灯前饶看人。欢乐无穷已,歌舞达明晨。"韩仲宣诗说:"他乡月夜人,相伴看灯轮(《法苑珠林·燃灯篇》:'七层之灯,一层七灯,灯如车轮')。光随九华出,影共百枝新。……今宵何处好,惟有洛城春。"高瑾诗说:"连镳(骑马连辔而行)出巷口,飞毂(车急速奔驰)下池湄(水边)。灯光恰似月,人面并如春。"①陈子昂诗说:"三五月华新,遨游逐上春。相邀洛城曲,追宴小平津。……芳宵殊未极,随意守灯轮。"②这种以"燃灯"为主要内容的上元夜游乐活动,此后在河南迄未改变。唐人刘肃说:"神龙之际,京城正月望日,盛饰灯影之会。金吾弛禁(金吾卫的将士不再巡街宵禁),特许夜行,贵游戚属及下隶工贾无不夜游,车马骈阗,人不得顾。王主之家,马上作乐以相夸竞。文士皆赋诗一章,以纪其事。作者数百人,惟中书侍郎苏味道、吏部员外郎郭利贞、殿中侍御史崔液三人为绝唱。"③这里说的是神龙元年(705年)唐中宗复位前夕武周神都洛阳的事。苏味道这首《正月十五夜》诗说:"火树银花合,星桥铁锁开。暗尘随马去,明月逐人来。游伎皆秾李,行歌尽《落梅》。金吾不禁夜,玉漏(计时器)莫相催。"④诗中描写神龙元年上元夜,官府取消了夜禁,洛河上天津桥的铁锁也相应打开,听任游人往来。月光下游人乘车骑马,熙熙攘攘,尘土随着车马的行驶奔走而飞扬。女伎们美丽得如同夭桃艳李,一边走,一边唱着歌曲《梅花落》。树枝上挂满彩灯,游人们尽情观赏。希望当夜的时光流逝得再慢一些,以便能够尽兴赏玩,因为洛阳平素实行夜禁,这次的机会实在难得。郭利贞这首《上元》诗说:"九陌(东都的所有街道)连灯

---

① [清]彭定求、曹寅等:《全唐诗》卷七十二,上海古籍出版社1986年版。
② 《全唐诗》卷八十四。
③ [唐]刘肃:《大唐新语·文章》,中华书局1984年版。
④ 《全唐诗》卷六十五。

影,千门度月华。倾城出宝骑,匝路(满路)转香车。烂熳惟愁晓(就担心天亮),周游不问家。更逢清管(管乐器)发,处处《落梅花》。"①崔液《上元夜六首(一作夜游诗)》诗说:"玉漏银(一作铜)壶且莫催,铁关金锁彻明开。谁家见月能闲坐,何处闻(一作逢)灯不看来。/神灯佛火百轮张,刻像图形七宝(金、银、琉璃、玻璃、车渠〈贝壳〉、珍珠、玛瑙)装(装饰)。影里如闻(一作开)金口说,空中似散玉毫光。/今年春色胜常年,此夜风光最可怜。鸂鶒楼前新月满,凤凰台上宝灯燃。/金勒银鞍控紫骝(骏马),玉轮珠幰(车前的帷幔)驾青牛。骖驔(上声字,不合格律,疑为平声字'骠'字之误)始散东城曲(远处),倏忽还来南陌头。/公子王孙意气骄,不论相识也相邀。最怜长袖(长袖善舞)风前弱,更赏新弦(弦乐)暗里调(调理)。/星移汉(银河)转月将微,露洒烟飘灯渐稀。犹惜路傍(旁)歌舞处,踟蹰相顾不能归。"②可见上元夜是全民性的游乐节日,士农工商,男女老少,纷纷出游,通宵达旦。不相识的游人也彼此打着招呼,避免产生摩擦而败兴。都城洛阳有"数百人"作诗歌咏,因而也是文人的诗会。由于武则天倡导佛教,洛阳上元夜的活动,佛教色彩已经相当浓厚。开元年间唐玄宗多次驻守洛阳,上元夜的燃灯游乐活动更推向了高潮。唐人郑处诲说:"上在东都,遇正月望夜,移仗上阳宫,大陈影灯,设庭燎,自禁中至于殿庭皆设蜡炬,连属不绝。"能工巧匠毛顺用绸缎做成"灯楼三千间,高一百五十尺,悬珠玉金银,微风一至,锵然成韵,乃以灯为龙凤虎豹腾跃之状,似非人力"③。孙逖《正月十五日夜应制》诗反映唐玄宗在上阳宫的上元夜活动,说:"洛城三五夜,天子万年春。彩仗移双阙,琼筵会九宾。舞成苍颉字,灯作法王轮。不觉东方日(一作白),遥垂御藻新。"④这是洛阳

---

① 《全唐诗》卷一百零一。
② 《全唐诗》卷五十四。
③ [唐]郑处诲:《明皇杂录》逸文,《开元天宝遗事十种》,上海古籍出版社1985年版。
④ 《全唐诗》卷一百一十八。

禁掖中的上元夜"燃灯"活动。当时洛阳民间的情况,唐人元稹《连昌宫词》自注说:唐玄宗上元夜夹杂在游人中游玩,忽然听见有人在酒楼上用笛子吹奏头天夜里上阳宫刚刚排练的新曲子,不禁惊诧宫中新制曲子怎么泄密流传出去。第二天,这位笛手被访查、拘捕,审问中,他说:"其夕窃于天津桥玩月,闻宫中度曲,遂于桥柱上插谱记之。臣即长安少年善笛者李谟也。"①唐玄宗于是将他释放。

天宝三载(744年),唐玄宗下诏重申:"每载依旧正月十四、十五、十六日开坊市燃灯,永为常式。"②唐玄宗还下过《令正月夜开坊市门诏》,说:"重门夜开,以达阳气,群司朝宴,乐在时和。属此上元,当修斋箓,其于赏会,必备荤膻。比来因循,稍将非便。自今已后,每至正月,改取十七、十八、十九日夜开坊市门,仍永为常式。"③这里宣布上元夜前后数日,长安不实行宵禁,各居民区(坊、里)、市场,都允许敞开大门,一方面听任人们出动游玩,一方面顺应时令,畅达阳气。全国各地当然要参照执行这个政策。

五代时期还是这样。后梁开平三年(909年)正月,梁太祖下敕说:"近年以来,风俗未泰,兵革且繁,正月燃灯,废停已久。今属创开鸿业,初建洛阳,方在上春,务达阳气,宜以正月十四、十五、十六日夜开坊市门,一任公私燃灯祈福。"④但当时并没有认真实行,三年以后又宣布:"上元夜任诸寺及坊市各点彩灯,金吾不用禁夜。"所以重申,是由于"近年以来,以都下(洛阳)聚兵太广,未尝令坊市点灯故也"⑤。后唐清泰三年(936年),"以上元夜京城(洛阳)张灯,帝(唐末帝)微行,置酒于赵延寿之第"⑥。后晋天福三年(938年),"是夜以上元张灯于

---

① 《全唐诗》卷四百一十九。
② [北宋]王溥:《唐会要·燃灯》,上海古籍出版社1991年版。
③ [清]董诰、徐松等:《全唐文》卷三十二,上海古籍出版社1990年版。
④ [北宋]薛居正等:《旧五代史·梁太祖纪四》,中华书局1976年版。
⑤ 《旧五代史·梁太祖纪》。
⑥ 《旧五代史·唐末帝纪》。

京城(开封),纵都人游乐",晋高祖"御大宁宫门楼观之"①。天福七年上元节,开封"六街诸寺燃灯",晋高祖"御乾明门观之,夜半还宫"②。五代时期的上元夜活动,到这时才真正热闹起来。

我国最早的正月十五日的活动是从事祭祀占卜,不仅仅在黑夜举行,还包括白天,而且绝非因佛教做法而来。唐初欧阳询奉敕编纂的大型类书《艺文类聚》,对"正月十五日"的来历讲得很清楚:"《荆楚岁时记》曰:'风俗望日以杨枝插门,随杨枝所指而祭,其夕迎紫姑神以卜。《史记》曰:'汉家以望日祀太一,从昏时到明。'"③然而从隋代起,上元夜变成了燃灯节。金宝祥《和印度佛教寓言有关的两件唐代风俗》一文,认为"元夜燃灯……实渊源于古代印度佛教寓言中的'大神变月'的燃灯礼佛"。"中国历史上以正月十五日即上元为一个特殊的节日而有文献可考者,当始于东汉明帝(引者按:该活动的举办在首都洛阳)。宋高承《事物纪原》卷八引《僧史略》云:'《汉法本传》曰:西域十二月三十日,是此方正月望,谓之大神变。汉明帝令烧灯,表佛法大明也。'"《法苑珠林》卷三八引《西域传》云:'……迦耶城……大菩提寺……有骨舍利,状如人指节,舍利者大如真珠;彼土十二月三十日,当此方正月十五日也,世称大神变月;若至其夕,必放光瑞,天雨奇花,充满寺院。彼土常法,至于此时,道俗千方,竞申供养。'又卷三九引《奘师传》云:'……摩诃菩提寺……有佛舍利,大如指节,光润洁白,通彻内外,肉舍利者大如青珠,形带红色,每年至佛大神变月,出以示人,即印度十二月三十日,于唐国当正月十五,于此之时,放光雨花,大起深信。'《艺文类聚》卷四引《西域传》云:'摩揭陀国正月十五日,僧侣云集,观佛舍利,放光雨花。'……宋马永卿《嬾真子录》(《说郛》卷九)'中国以月晦为一月,而天竺以月满为一月。《唐西域记》云月生至满,谓

---

①② 《旧五代史·晋高祖纪》。

③ [唐]欧阳询等:《艺文类聚·正月十五日》,上海古籍出版社1982年版。今本《艺文类聚》多由后人添加篡改,本条引有苏味道、崔液的诗,是欧阳询去世六十多年后的文献。

之白月,月亏至晦,谓之黑月。……黑月或十四日,或十五日,月有大尽小尽,中国节气,与印度递争半月。……中国之十六日,乃印度之初一日也。'""隋唐元夜燃灯的风气,益复兴盛,但其性质,已不是礼佛求福,而是歌舞升平了。"①

历代相沿成俗,以至于人们沉浸在游乐观灯的欢乐中,忽略了这个节日的佛教内涵。北宋被金朝灭亡后,女词人李清照逃亡到杭州,正值"元宵佳节,融和天气",填《永遇乐》词回忆北宋首都开封的元宵节,下阕有云:"中州盛日,闺门多暇,记得偏重三五。铺翠冠儿(以翠羽装饰的妇女帽子),捻金雪柳(妇女头上的装饰),簇带争济楚(看谁打扮得齐整)。"②也只是说当时妇女们相约看灯,打扮得如何漂亮。辛弃疾《青玉案·元夕》描写南宋的元宵节,着力描写各式各样的灯,却没有"神灯佛火"之类的词汇、典故:"东风夜放花千树(树树皆开灯花)、更吹落、星如雨(灯多如同满天星)。宝马雕车香满路。凤箫声动,玉壶光转(玉雕的灯光影闪动),一夜鱼龙舞(鱼形、龙形的灯在舞动)。// 蛾儿雪柳黄金缕,笑语盈盈暗香去。众里寻他千百度,蓦然回首,那人却在、灯火阑珊处。"③

二 盂兰盆会

在印度,四月十五日至七月十五日这三个月是雨季,僧众游方乞食不方便,于是居住寺院中,专心修道,称为"安居"或"结夏"、"坐腊"。七月十五日安居结束,僧众集合,互相检举违背戒律的言论行为,并认错忏悔,称为"自恣"。从此,僧龄增长一岁,故僧龄称为"僧腊"、"夏腊"。自恣日这天,世俗举行盂兰盆会。盂兰盆是梵文 Ullambana 的

---

① 金宝祥:《唐史论文集》,甘肃人民出版社 1982 年版。
② [宋]李清照著、黄墨谷辑校:《重辑李清照集》卷三,中华书局 2009 年版。
③ [宋]辛弃疾著、邓广铭笺注:《稼轩词编年笺注》卷二,中华书局上海编辑所 1962 年版。

音译,意思是解倒悬,是超度祖先的仪式。

《佛说盂兰盆经》说:佛的大弟子目乾(犍)连用天眼看见自己的先母在饿鬼道受着饥饿的折磨,如处倒悬,瘦得皮包骨头。他立即以钵盛饭,借神通力量送给母亲吃。其母抓饭,刚送到嘴边,就化成火炭,不能食用。目连大哭,向佛请教解救其母的方法。佛说:"汝母罪根深结,非汝一人力所奈何。……当须十方众僧威神之力,乃得解脱。"佛告诉他,施主只要在七月十五日众僧自恣日设盂兰盆,"具饭百味五果,汲灌盆器,香油锭烛,床敷卧具,尽世甘美,以著盆中,供养十方大德众僧";佛即命众僧在受食前"为施主家咒愿",便可藉众僧威神之力,使施主"现在父母寿命百年,无病,无一切苦恼之患,乃至[已故]七世父母离饿鬼[道]苦,得生天、人[道]中,福乐无极"①。

《佛说盂兰盆经》西晋时译成中文,由于和中国的孝道合拍,受到人们的喜爱。我国设盂兰盆会,始于南朝梁武帝大同四年(538年),以后渐成风俗,朝廷和民间都在七月十五日举行活动,成为国事大典和民间的孝亲节,以超度祖宗,报答祖德。

如意元年(692年)七月十五日,大周圣神皇帝武则天在神都洛阳举办盂兰盆会。时人杨炯《盂兰盆赋》记载这次盂兰盆会的情况,首先指出其性质是"天子之孝"。入场开始后,"三公以位,百寮乃入,鸣珮锵锵,高冠岌岌。规矩中,威容翕,无族谈,无错立"。好像是"山中禅定,树下经行,菩萨之权现,如来之化生。莫不汪洋在列,欢喜充庭。天人俨而同会,龙象(僧人)寂而无声"。大典正式开始,武则天头戴通天冠,身佩玉玺,在洛城南门楼上居高临下,主持活动。上公列卿,大夫学士,稽首再拜,说道:"圣人之德,无以加于孝乎!"杨炯下面的议论,极少涉及佛教,而是借题发挥,绕了一个圈子,对政治状况寄托希望,说:"夫孝始于显亲,中于礼神,终于法轮。武尽美矣,周命惟新。圣神皇帝于是乎唯寂唯静,无营无欲,寿命如天,德音如玉。任贤相,惇风俗,远佞人,措刑狱,省游宴,披图箓,捐珠玑,宝菽粟,罢官之无

---

① 《碛砂大藏经》33册,第544页。

事,恤人之不足,鼓天地之化淳,作皇王之轨躅。"①从这些话来看,杨炯对于礼神图箓之类的事情并不赞成,对于这次大典的过度铺张不以为然,而是希望武则天任用贤才,精简机构,实行仁政,减轻刑罚,发展农业,体恤民瘼,节约开支,敦励风俗。这完全是儒家的主张。

唐代宗时期长安举办皇家盂兰盆会,是在七座祖庙中设立神座,从街道上迎请祖宗神灵。唐代长安城民间的盂兰盆会,则是制作花蜡、花饼、假花果树等等,送到佛寺中,陈列在佛殿前作为供养。长安士庶纷纷出动,巡游各寺,随喜施舍。日本僧人圆仁来唐求法,恰值唐武宗取缔佛教、张扬道教。他记载下会昌四年(844年)盂兰盆节的情况,唐武宗"敕令诸寺佛殿供养花药等,尽搬到兴唐观祭天尊"。唐武宗来到兴唐观,召百姓前来观看,百姓抵制不去,纷纷骂道:"夺佛供养祭鬼神,谁肯观看!"②

在北宋都城开封,七月十五日前好几天,街市上便开始出售冥器、靴鞋、头巾、帽子、金犀假带、五彩衣服,以及《目连经》等印本。民间艺人天天上演《目连救母》杂剧,场场观众爆满。十五日当天,人们用三根长竹竿支撑,上端编织成灯窝状,叫做盂兰盆,挂搭衣服、冥钱,予以焚烧。人们纷纷以素食供养祖先,若开封城外有新坟,即前往拜扫。"禁中亦出车马诣道者院谒坟。本院官给祠部十道,设大会,焚钱山,祭军阵亡殁,设孤魂之道场"③。这样,盂兰盆会由孝亲节变为鬼节,施主以钱财募僧人追荐死者。寺院和民间,此日燃灯诵经,以超度幽冥沉沦者。在东南水乡,在湖中燃灯,以防止炙手可热,便于幽冥沉沦者将灯光领走,获得超度。清人赵翼《舟泊圯光看盂兰盆会放湖灯》诗,描写江苏民间盂兰盆会,就属于这种情况,其规模非常庞大壮观。这首诗说:"一灯两灯千百灯,满湖荧煌炳繁星。盂兰盆借佛毫相,放大光明豁沉冥。人灯放入鬼界去,阳火变作阴磷青。是时湖天夜昏

---

① [唐]杨炯:《杨炯集》卷一,《卢照邻集》合刊本,中华书局1980年版。
② [日]圆仁:《入唐求法巡礼记》卷四,上海古籍出版社1986年版。
③ [宋]孟元老:《东京梦华录·中元节》,中华书局1982年版。

黑,黑中更显灯光出。一灯一鬼争来擎,凉焰不愁炙手热。暗飞忙似万点萤,自照羁魂欣解脱。漆天墨地柱死城,今夕朗开觉路彻。夜叉罗刹不敢拦,为有一道红光赫。鱼龙不知徒惊逃,何暇烧汝头额焦!螇蛄有珠恐被掣,老蚌亦复闭口牢。迷津筏渡有如此,万荷花里欢声嚣。斯须灯散了无迹,皎月当空一轮白。"①

三　腊八节

夏历腊月初八是释迦牟尼成道日。在我国古代,人们常在年终以禽兽祭祀天地、神灵、祖宗,称为腊祭,夏历十二月遂称为腊月,以冬至后第三个戌日为腊日,后来确定为十二月初八日。释迦牟尼出家修行之初,认为只有干燥的木头才能摩擦生火,潮湿的木头不能摩擦生火;人经过苦行,清除身体内潮湿的液体,才能悟出真理。他于是开始超常规的苦行生活。他以饥饿折磨自己,每天只吃一粒麻、一粒麦,以鹿皮、树皮遮蔽身体,无论风吹雨打,还是鸟鹊在他的身上筑巢孵卵、排泄粪便,他都一动不动,盘腿打禅,甚至不起身行走,不大小便。他以为这样做便能消除罪孽,获得解脱。六年过去了,他骨瘦如柴,极度虚弱,但对于解脱一无所获。他昏迷不醒,被牧牛女用牛奶和粮食熬制的乳糜救活,恢复了元气。于是,他下尼连禅河洗净污垢,正常进食,断然放弃苦行法。他坐在毕钵罗树下思索七昼夜,总结出一套四谛、十二因缘、八正道的理论,于腊月初八悟道成佛。中国佛教界在腊月初八诵经纪念,熬粥供佛,故腊八粥又叫佛粥。腊八粥通常用五谷杂粮、大枣、花生、栗子、核桃仁、杏仁等等做原料,用微火熬制。民间喝腊八粥渐成风俗,腊八节由佛陀成道节转化为民间节日。

在北宋首都开封,每到腊月初八,街巷中常有僧尼三五成群,排列念佛。他们带着制作考究的盆器,中间安放一尊金铜像或木佛像,用

---

① [清]赵翼著、华夫主编:《赵翼诗编年全集》卷四十五,天津古籍出版社1996年版。

杨枝蘸着香水,洒浴佛像,挨家挨户进行教化。"诸大寺作浴佛会,并送七宝五味粥与门徒,谓之腊八粥。都人是日各家亦以果子杂料煮粥而食也。"① 在南宋首都杭州,"八日,则寺院及人家用胡桃、松子、乳蕈、柿、栗之类作粥,谓之腊八粥。医家亦多合药剂,侑以虎头丹、八神、屠苏,贮以绛囊,馈遗大家,谓之腊药。至于馈岁盘合、酒檐羊腔,充斥道路"。② 由此可见,腊八粥还带动出社会慈善活动,在佛教慈悲精神的感召下,医家向群众馈赠医药,居民向路人馈赠辞旧岁的年货。

四　皇帝诞辰节日

佛教最隆重的节日是佛诞节,又叫浴佛节,纪念释迦牟尼诞生。其日期有多种说法,中国采四月初八说。

关于释迦牟尼的降生,一批中文译本的佛经有具体的描绘,其中重要的有《修行本起经》《过去现在因果经》《普曜经》《佛本行集经》等。这些描绘有共同的说法,但在细节上存在一些差异,加以调和,其情节大抵可以归纳为:迦毗罗卫国净饭王的王后摩耶夫人睡觉时,一位菩萨骑着一头长着六只牙的白象从兜率天降落人间,从夫人的右胁进入其身体,她从而怀孕。十个期满,胎儿已在腹中发育成形。四月初七,夫人带领宫娥彩女来到岚毗尼园。第二天凌晨,明星在天空闪烁,突然,一株无忧树的树枝自动靠近她。她端正站立,举起右手抓树枝,婴儿便从她的右胁出生,并且立即放射广大光明,照遍诸天世间。天上的帝释顿时于现场现身,手中裹着天上精妙的憍尸迦衣,承接着这个孩子。这位新生婴儿起名为悉达多,胸前有七处吉祥海云相——卍,唐释慧琳《一切经音义》卷二十一认为应作卐,古人读为"万"。悉达多太子一出生,不扶自行,向东南西北各走七步,一手指天,一手指地,

---

① [宋]孟元老:《东京梦华录·十二月》。
② [宋]周密《武林旧事·岁晚节物》,西湖书社1981年版。

说:"天上天下,惟我为尊。三界皆苦,吾当安之。"①于是随着他的脚步,涌现出大莲花。这时,天空中出现龙王两兄弟(一说九条龙),各自吐水,一暖一冷,为悉达多洗澡。

为了欢度佛诞节,我国寺院当天举行浴佛法会,在大殿中安放一个一手指天一手指地的童子立像,僧人用香水沐浴童子像,或用湿布擦洗佛像。在北魏首都洛阳,官府出面组织佛教界和社会人士在市区举行庆典活动。各佛寺的金铜佛像提前一天集中到城南的景明寺,佛诞节时依次进城游行,在阊阖宫门前受皇帝散花。世俗制作香花宝幡,举行歌舞百戏(杂技)表演。有时候,请出佛像来到街道上,"辟邪、师子(狮子)导引其前。吞刀吐火,腾骧一面;彩幢上索,诡谲不常。奇伎异服,冠于都市。像停之处,观者如堵"②。有时候,"金花映日,宝盖浮云,幡幢若林,香烟似雾。梵乐法音,聒动天地。百戏腾骧,所在骈比。名僧德众,负锡为群;信徒法侣,持花成薮。车骑填咽,繁衍相倾"③。可见佛诞节不仅仅是佛教界内部的节日,已经成了普天同庆的活动,热闹非同一般。

佛诞节影响世俗,逐渐形成庆生辰民俗。我国关于生辰的确切记载,春秋战国时期即已出现。《左传》记载:鲁桓公六年(公元前706年)九月丁卯,鲁桓公的儿子鲁庄公出生,取名为"同",因为父子生日相同。《史记·孟尝君列传》载孟尝君"以五月五日生"④。《楚辞·离骚》说:"摄提贞于孟陬兮,惟庚寅吾以降。"⑤这是屈原说自己生于寅年寅月庚寅日。尽管那时习俗和节令不少,人们却不曾将庆祝生辰列于其中。这可能与使用天干地支记载日期有关。甲乙丙丁等十个天干,与子丑寅卯等十二个地支相配,六十次才重新循环。阴历月份大

---

① 《修行本起经》卷上《菩萨降神品》,《碛砂大藏经》59册634页。
② [东魏]杨衒之著、周祖谟校释:《洛阳伽蓝记校释·城内》"长秋寺"条,上海书店出版社2000年版。
③ 《洛阳伽蓝记校释·城南》"景明寺"条。
④ 《史记·孟尝君列传》,中华书局1959年版。
⑤ [战国]屈原著、金开诚等注:《屈原集校注》,中华书局1996年版。

尽三十天、小尽二十九天,生日无论是"甲子"还是"乙丑"等等,此后某年这个月份的这一天,不会正好是周年的关系。后来以序数词记日,才构成周年关系。因此,直到千年之后的隋唐时期,才出现了庆生辰活动。

正式记载的庆生辰活动,最早是在隋文帝仁寿三年(603年)。西魏大统七年(541年),隋文帝在冯翊(今陕西大荔县)出生,当即由尼姑智仙抚养,直到十三岁时才回到家中。仁寿三年,六十三岁的隋文帝下诏说:"哀哀父母,生我劬劳,欲报之德,昊天罔极。……六月十三日是朕生日,宜令海内为武元皇帝、元明皇后断屠。"①这和后世的内容不同,其宗旨不在于自己的健康长寿或回顾经历,而在于追念父母。"哀哀父母"四句,出自儒家经典《诗经·小雅·蓼莪》,为儒家崇奉,是孝道的理论基础。隋文帝由生日想到父母,想到生命之不易,为报答生育恩德,诏令全国在这天为他的考妣断屠吃素,以为他们追崇冥福。断屠是佛教精神,佛教最基本的戒条是不杀生。隋文帝提出断屠,与他从小培养起佛教感情有关。因此,这次庆生辰活动体现了儒佛合璧的精神,也为唐代规定出原则。第一个由国家颁布的以当今皇帝的生辰作为普天同庆的节日,是唐玄宗的生日千秋节。唐玄宗生于洛阳。开元十七年(729年)八月初五,他过生日,在长安兴庆宫花萼楼下设素宴招待百官。宴会结束之际,洛阳人尚书右丞相张说以文武百官的名义上《请八月五日为千秋节表》,说:"孟夏有佛生之供","陛下二气合神,九龙浴圣","焉可不以为嘉节乎?""著之甲令,布于天下,咸令宴乐,休假三日。群臣以是日献甘露醇酎,上万岁寿酒,王公戚里,进金镜绶带,士庶以丝结承露囊,更相遗问,村社作寿酒宴乐,名为赛白帝、报田神"。唐玄宗批准,说:"自我作古(先例)","朝野同欢,是为美事"②。唐人顾况《八月五日歌》也说:"四月八日明星出,摩耶夫人降

---

① 《隋书·高祖纪》。
② [宋]王钦若等:《册府元龟·帝王部·诞圣》,凤凰出版社2006年版。

前佛。八月五日佳气新,昭成太后(唐玄宗生母)生圣人。"①都可以看出世俗庆生辰活动的制度渊源是佛教的佛诞节。在佛教不杀生精神的影响下,千秋节作为全国的节日,随着唐玄宗的行踪,或在京师长安的花萼楼下,或在东都洛阳的广达楼下,官府设素宴招待王公大臣,并在各州县赐父老素食宴饮。

唐代后来的皇帝们纷纷效法,各有各的称谓,如唐肃宗的生日叫天成地平节,唐武宗的叫庆阳节,唐宣宗的叫寿昌节,唐懿宗的叫延庆节,唐僖宗的叫应天节,唐昭宗的叫嘉会节,唐哀帝的叫乾和节。

唐德宗的生日是四月十九。他在长安的麟德殿举行儒佛道三教辩论会。一次,儒方代表韦渠牟"枝词游说,捷口水注",德宗"听之意动"②。僧人鉴虚迎合唐德宗的骄侈心理,说:老子是"天下之圣人",孔子是"古今之圣人",佛是"西方之圣人";而"今皇帝陛下是南赡部洲之圣人,臣请讲御制《赐新罗铭》"③。唐德宗见僧人把自己同三教圣人等量齐观,自己的文字被吹捧为经典,十分高兴。这些活动为以后一个阶段内帝王庆生辰定下了调子,所以唐敬宗、唐文宗庆生辰,都仿效唐德宗举行三教讲论。唐文宗大和元年(827年)这一次,儒方代表白居易,"论难锋起,辞辩泉注。上疑宿构,深嗟挹之"④。白居易确实是宿构,他预先草拟了讲稿《三教论衡》,对儒佛进行比附。他认为:《诗经》有风赋比兴雅颂六艺,佛教有十二部经(佛经按体裁分为契经、重颂、讽颂、因缘、本事、本生、阿毗达摩、譬喻、论义、自说、方广、授记十二类);儒家有德行、言语、政事、文学四科,佛教有布施、持戒、忍辱、精进、禅定、智慧六度;孔门有颜渊等十哲,如来有迦叶等十大弟子。因此,"儒门、释教,虽名数则有异同,约义立宗,彼此亦无差别,所谓同

---

① 《全唐诗》卷二百六十五。
② 《旧唐书·韦渠牟传》,中华书局1975年版。
③ [宋]王谠:《唐语林》卷六,上海古籍出版社1985年版。
④ 《旧唐书·白居易传》。

出而异名,殊途而同归者也"①。这时三教合流已成趋势,因而所谓三教辩论,并非真的唇枪舌剑一决雌雄,不过是例行公事而已。到大和七年(833年)这次,唐文宗只听了儒方代表的发言,"至僧道讲论,都不临听"。宰相路随等上奏说:"诞日斋会,诚资景福,本非中国教法。"唐玄宗时以诞日为节,"内外宴乐,以庆昌期,颇为得礼"。因而请立唐文宗生日为庆成节。唐文宗采纳。这样,便否定了自唐德宗以来的诞日内殿三教辩论,恢复以皇帝生日为全国性节日。此后,庆成节的宴会活动都在长安南郊的曲江举行,唐文宗往往不出席曲江宴会,而到十六宅与诸王宴乐。宴会依然吃素,唐文宗解释道:"不欲屠宰,用表好生,非是信尚空门,将希无妄之福。"②在国家行为的影响下,皇族贵戚、公卿大臣、庶民百姓,纷纷举行各自的庆生辰活动,相当长的时期内,贯穿着素食的原则。

五代沿袭了皇帝诞辰设为全国节日的制度和活动内容。后梁开平元年(907年)十月梁太祖大明节,在东京开封举办活动,"内外臣僚各以奇货良马上寿。故事,内殿开宴,召释、道二教对御谈论,宣旨罢之。命阁门使以香合(盒)赐宰臣佛寺行香。[梁太祖]驾幸繁台讲武(举办军事表演)"③。第二年也在开封举办,"诸道节度刺史各进献鞍马、银器、绫帛以祝寿,宰臣百官设斋相国寺"④。第三年在西京洛阳举办,梁太祖在皇宫中的文明殿"设斋僧道,召宰臣、翰林学士预之,诸道节度、刺史及内外诸司使咸有进献"⑤。龙德元年(921年),已登基九年的梁末帝在开封下诏说:"每遇明圣节,两街(京城东西两部分)各许官坛度[僧]七人。诸道如要度僧,亦仰就京官坛,仍令祠部给牒(度牒,僧人的身份证明书)。今后只两街置僧录(佛教领袖),诸道僧正并废。"⑥后唐同光二年(924年)十月甲戌,洛阳地方官河南尹张全义上

---

① [唐]白居易:《白居易集》卷六十八,中华书局1979年版。
② 《旧唐书·文宗纪》。
③④⑤ 《旧五代史·梁太祖纪》。
⑥ 《册府元龟·润位部·崇释老》。

奏唐庄宗说："万寿节日,请于嵩山开琉璃戒坛,度僧百人。"①唐庄宗采纳。天成元年(926)九月癸亥唐明宗应圣节,"百僚于[洛阳]敬爱寺设斋,召缁(僧人)黄(道士)之众于中兴殿讲论"②。次年,宰相任圜上奏说：各地应圣节贡奉,"各进献马";"本朝(唐朝)旧事,虽以献马为名,多将绫绢金银折充马价,盖跋涉之际,护养稍难"。今后"诸州所进马",应"随其土产,折进价值。冀贡输之稍易,又诚敬之获申"③。清泰二年(935年)正月二十三日唐末帝千春节,遇上传统的春节,办公受到影响。中书门下上奏说："遇千春节,凡刑狱公事奏覆,候次月施行。今后请重系者即候次月,轻系者即节前奏覆决遣。"三月,负责管理佛教的功德使上奏说："每年诞节,诸州府奏荐僧道,其僧尼欲立讲论科、讲经科、表白科、文章应制科、持念科、禅科、声赞科,道士欲立经法科、讲论科、文章应制科、表白科、声赞科、焚修科,以试其能否。"④这两项建议都被采纳。后晋天福二年(937年)二月天和节,晋高祖在洛阳长春殿,"召左右街僧录威仪殿内谭(谈)经,循旧式也"⑤。天福六年正月,晋高祖下诏规定："应诸州无属州钱处,今后……天和节……不得进贡。"二月又下诏说："天下郡县,不得以天和节禁屠宰,辄滞刑狱。"⑥看样子这时候庆宴吃素已经开始松动了。后周广顺三年(953年),周太祖下敕说："内外文武臣寮,遇永寿节辰,皆于寺观起置道场,便为斋供。访闻皆是醵金(各自凑钱),所宜减损,以足公私。今后中书门下与文武百官等共设一斋,枢密使与内诸司使、副等共设一斋,侍卫亲军马步督军指挥使已下共设一斋,其余前任官员及诸司职掌,并不得开置道场及设斋。"⑦其中那些冠冕堂皇的规定,恐怕多是说说而已。

①②④⑤⑥ 《旧五代史·唐明宗纪》。
③ [宋]王溥：《五代会要·节日》,上海古籍出版社1978年版。
⑦ 《五代会要·节日》。

建国初期唐河县十八里党乡的土地买卖与农民心理

——以当时一位县政府干部《工作笔记》为重点的考察

黄宛峰

自1950年春到1951年春,一年的时间中,河南省南阳地区的唐河县基本完成土地改革。传统的农业经营机制改变了,而与此同时,土地买卖的现象依然存在,其中折射出农村各阶层微妙复杂的心理。

我的父亲在建国初期先后任河南省唐河县政府秘书、南阳专署行政秘书。徒步下乡、风雨兼程对于当时的干部来说是家常便饭,父亲的工作习惯是随身带笔记本、随时记录。因此县乡的主要工作如土改、镇反、组织生产救灾、军人转业的安置和军烈属优抚等,在他的笔记中均有记录。今天翻阅父亲在七十多年前的会议记录与调查材料,其中关于建国初期唐河乃至南阳地区互助组、土地买卖、农民生产与生活的调查报告与统计数字,尤有重要的史料价值。

1952年春,唐河县政府为了对春耕生产进行摸底,组成两个检查组,每组三人。我父亲一行三人去桐河区,另有三人去龙潭区,每区选择一个乡作为重点乡,进行调查。在桐河区是选择了十八里党乡。我父亲于3月7号到桐河区,8号到十八里党乡,14日回到唐河县城。建国初期,生产救灾一直是各级政府的重要工作内容,唐河县政府组织检查组的目的很明确,是了解春耕生产基本情况。但父亲却关注到了制约春耕生产顺利开展的各种重要因素。他在当时的工作日记中先后写下了《十八里党乡社会调查》(3月8日)、《十八里党乡土改后土地买卖情况》(3月13日)、《十八里党乡一九五二年春耕生产调查》(3

月17日)、《十八里党乡互助组情况》(3月17日)四篇短文。除3月8日是听该乡的乡长、农会主席、党支书等六人的汇报,3月10日下午在乡政府召开有十几人参加的老农座谈会外,其余时间便是挨家挨户调查情况。短短一周内形成的调查数据,是难得的较为系统完整的第一手资料,一定程度上反映了当时豫西南农村的生产生活状况以及各阶层的心理。

一

1952年的唐河县桐河区十八里党乡共有五个村:十八里党、上屯、曹庄、秦集、党湾。有589户,2635人。其中贫农263户,中农264户,富农30户,地主32户。全乡有耕地7894亩。

十八里党乡于1950年春实行土改,1951年春天进行土改复查工作。土改时中农平均占有土地数3亩半;贫雇农和地主,属于贫富的两头,两者占有土地的平均数是2亩。土改后到1951年的两年间,全乡共有71户卖地,其中贫农29户,中农30户,富农3户,地主8户。

十八里党乡1952年3月卖地情况(以户为单位)

村名	贫农	中农	富农	地主	共计
十八里党	4	10	2	5	21
上屯	9	9		3	21
曹庄	9	5	1	1	16
秦集	7	6			13
党湾					
总计	29	30	3	9	71

五个村中,党湾村最小,只有25户人家,村里没有出现土地买卖的现象。其余四个村的土地买卖,并非在十八里党乡的范围之内。有卖地给别乡的,也有人买别乡的地。

四个村共卖出的土地是220.4亩。土地价格很低,每亩地的平均价格只有128斤小麦(全乡卖地220.4亩,卖价折合小麦共为28526斤,每亩平均为128斤)。土地价格低贱的直接原因,是有意向卖地的农户比较多,而买地者经济能力有限,两者的磨合议价导致了地价的下落。最高的每亩卖到200斤小麦,最低的每亩只卖到32斤小麦,尚不如一季庄稼收得多。曹庄村贫农曹清来1952年2月卖了2.3亩地,只卖80市斤小麦。每一家有一家的具体情况,卖地有诸多因素。

卖地原因(单位:户)

成分	为生活	为办丧事	为还账	做生意	买牛	买驴	买弹花机	起业换地	用途不详	共计
贫农	10	5	7	3				4		29
中农	8	8	6					5	3	30
富农						1	1	1		3
地主	6		2		1					9
共计	24	13	15	3	1	1	1	10	3	71

十八里党乡的买地者,共计91户(买地具体数目不详)。其中,贫农52户,中农38户,富农1户。贫农中,有11户是佃农,过去有底子;有6户是从前当雇工的,手中积存一些工资剩余;一户是做小生意的;一户是木匠;一户是竹匠。分村统计,如下表:

村名	贫农	中农	富农	地主	共计
十八里党	15	5	1		21
上屯	11	12			23
曹庄	14	10			24
秦集	12	11			23
党湾					
总计	52	38	1		91

从时间上看,全乡 71 户卖的土地共有 84 宗,时间如下表:

成分	五〇年下半年	五一年上半年	五一年下半年	五二年元二月	共计
贫农	4	6	19	11	40
中农	4	7	17	4	32
富农	2		2		4
地主	5	3			8
共计	15	16	38	15	84

二

从各项调查数据看,十八里党乡各阶层的生活状况有较为明显的差异。土地买卖与此密切相关。

中农,在土改前后是经济比较稳定的农户,多数有一定的家底。在当时的农业生产中,中农较为能干,也比较活跃。例如,曹庄村中的一个官塘,8 分地,由 5 户农民共有。其中 4 户中农,1 户贫农。5 户合作,1952 年春节前淘水四天,把水引干。从大年初一,五家的劳力就开始掀青泥,天天挖泥,一直掀到正月十五,每一家均挖百十车青泥。有的是沤粪,有的就直接拉地里去了。有农户和他们商量,也想挖一点青泥,算买一点也行,但这五家不肯。由此看来,这五户对此塘的使用应属于承包性质,否则别的农户也会理直气壮地使用。十八里党村北河(即桐河)两户中农,有一家在地头做堤扦白拉条,有一家在水滩筑成漫堤几道,改良土质,很有成效。

中农户相对比较殷实,与贫农在放债还债、买卖土地等方面,有时产生一些矛盾。工作组和贫农谈话时,谈到中农某户的时候,贫农就说:"人家得劲(南阳土话中的'得劲',在不同语境中有区别,这里是'舒服'的意思),人家是中农户!"工作组在曹庄一户贫农家吃饭,女主人说:"咱屋里苦,你来了光能吃红薯,但是我心里得劲(这里是'高兴'的意思),因为咱们是一家人。中农户吃得好,但那是人家的。"可见中农与贫农在生活上确实有一定差距。

贫农是土地改革的直接受益者,被称为"翻身户"。土改政策是平均分配土地,而具体到农户,各家有各家的情况。有的劳力多,有的劳力少;有的农具、牲畜齐全,有的甚至没有像样的农具;有的家庭常年有病人,再遇上天灾,日子便很难过。同为贫农,生活状况参差不齐。

有的人家比较宽裕。十八里党村的一户贫农,很会经营生活。夫妻二人,六个小孩(五男一女)。土改时分到二十多亩地,喂一头公驴,是个种畜户。1951年组织互助组时,又贷款100万元,买了一头驴。有了两头驴,他家仅种畜配驹一项,收入便比较可观。1951年底又以八斗麦(480市斤)买了一个独套车,家中生活看起来不困难。

有的人家基本能维持生活。曹庄村的一户贫农曹××,家里3口人,夫妻二人,和母亲。解放前没有土地,仅有两间草房。曹××依靠打短工为生,别人去外地卖纸烟,他担着纸烟挑子,一趟下来,省吃俭用,能剩一石多粮食;或当粮食贩,从桐河到唐河县城卖粮食,每次也能到手60市斤左右的高粱。土改时他家分了9亩地,此后就种地,1951年贷款50万元买个母牛。喂了牲口,不能出去做生意了。其妻徐氏,每年织七八匹布,除去自己穿的,1951年每匹能赚二三斤花,二三万元钱。1952年没赚头,每匹只赚万把元,仍在织布。这一家是典型的男耕女织。春天是青黄不接的时候,他家还过得去,但很节俭,每天只吃两顿饭。

十八里党村贫农党××,六十多岁,夫妻俩,一子一女,儿子16岁,女儿18岁。过去没有土地,靠卖花生、纸烟等过生活。土改时分13亩地,没有牲口,总是借别人牲口用。组织互助组时,因劳动力差,别人不愿意与他互助。1951年地里收入的粮食本来够吃,为还贷款的30万元,卖去一些谷子,春天不够吃了。还卖了一千多斤红薯。不过春天还勉强能过。家里还有一些高粱和一小摺子红薯干。

有的人家则很困难。十八里党村贫农党元明,有眼疾,看不清楚东西。原有地2亩多,又分地11亩。夫妻两人,有四个小孩,二男二女,大男孩才12岁,还是孩子的个头。党元明为治眼疾,花了一些钱。牛又病死了,去要牛的保险费20万元时,费尽周折,最后还是乡书记暂时把钱垫上了。从1951年到1952年春天,每天都是吃两顿饭。孩子们上学回来,饿了只能吃生红薯。到1952年春天,去年秋天留下来的红薯越来越少了,不让小孩吃生红薯了,小孩一个劲地哭。党元明打算卖地,以暂时解决吃饭问题。

贫农中也有一些游手好闲者。曹庄有一户贫农,是军属,六口人,长子参军。原有7亩地,新分7亩地。解放前出去做生意,每次做买卖后便是吃吃喝喝,不赚钱。土改后喂个瞎驴,一家人仍是好吃懒做。收了粮食就吃,没有粮食就说困难。1952年春仍是"一天吃三顿稠饭",这样的人家应当很少。他家打算卖驴。

党元明的例子有一定的代表性。当时已经有不少的人家"晚上不烧汤"(即不做饭),每天只吃两顿饭。不少贫农还没有真正解决吃饭问题。

从表面看来,卖地的原因基本是生活所迫,买地者手中较宽裕,而实际原因则比较复杂。

中农阶层,存在一些差别。有的生活贫困,如曹庄一户中农,母子二人,有6.4亩地,已卖了4亩。1952年春家中无粮,儿子去治淮,混口饭吃;母亲在家,生活无着落。有的家境殷实,曹庄一户中农,7口人,原有地19亩,1952年春又买7.5亩。富裕一些的中农,明显有一定的思想顾虑。考虑自己的土地亩数是不是多了,是否以后还有变数,会被分掉。十八里党村有一户中农,6口人,39亩地,大概觉得他的土地有些多,放心不下,便托词出外做生意,当贩牛客,到唐河附近的赊旗镇去了一趟。赊旗镇是河南闻名的工商业发达的集镇。他回家后对别人说:"钱赔的多,非卖地不可。"1951年5月卖了6亩,到12月又卖了4亩,共卖了1840斤粮食。他家积聚了代食品六千多斤。同村的一户富农,家里有两间草房,暂时住不着,他把草房扒掉,用屋坷垃土作为肥料上地,别人说他是思想有顾虑才扒的。反映的均是疑虑心理。

贫农中卖地者,主要是生活急需,借贷无门,一遇饥荒,只有贱价卖土地一途。曹庄一户贫农,4口人,土改时分到10亩地,已卖出7.3亩。同村一户贫农,两口人,土改时分到4.5亩地,已卖出1.5亩,尚欠外债1.5斗粮食,1952年麦罢连本带利要还3斗;家中牛、驴、猪、羊、农具全无,只喂有两只鸡。

土改前后,人们的心理相应发生变化。土改复查,发了土地证以后,有余粮的人家便不愿再放账,愿意买地,而且有选择的买好地。前边提及的十八里党村贫农党元明,春天粮食不够吃,喂的牛又死了。不买牛,地就春耕不成。借牛借不来,有牛的户卡着不借;借粮也借不到。无奈打算卖地,却有不少买家。有人点明要买他的三亩好地,三亩好地能卖600斤粮。他刚开口说,嫌粮食少,想让买家再添点,人家就说:"我不买地能过!"这句话等于是说:"你不卖地不能过!"党元明的妻子一提起这件事就掉泪。

贫农中的买地者,比较会经营生活。十八里党村的一户贫农,因没有粮食吃,将3亩地卖给同村的一户贫农。买家有个弹花机,几人合股,大约据此有了一些积蓄。曹庄一户贫农,7口人,原分地15.5亩,1952年春又买7.3亩。

也有一些贫农有了一点积蓄,但不敢买地。十八里党乡一位贫农对买地的人家说:"你们买地,将来入社会了,还不是完全归公!"这话在当时应当很有代表性。对"社会"一词的理解比较宽泛,但毫无疑问,农民担心的是辛苦劳作换的地将来是否能够真正归个人。

家禽的数量亦少。农村向来自由畜养家禽,但当时的十八里党乡,农民饲养家禽不多。全乡除牛和驴之外,喂猪仅63头,喂羊59只,喂鸭152只,喂鸡1449只,数目比较少。农民说:"喂猪没有牛多,鸡子没有人多。"当时买个猪娃需要七八万元,对于农户已属一笔开支;喂鸡则怕传鸡瘟。副业生产一般都没有搞。

在当时的十八里党乡,富农不敢明目张胆买地;中农里面,富裕的不敢买,贫苦的自顾不暇;贫农中困难的更多。能够买土地的,主要是大佃户,手工业工人,小商人,以及有强壮劳动力、有车有牛的农户。

三

十八里党乡卖地的人家中,一个潜在的重要原因是养牛难与贷款难。

俗语"三十亩地一头牛,老婆孩子热炕头",这是农民向往的小康生活。铁犁牛耕早在汉代的画像石中即有生动的刻画,但建国初唐河的耕牛价格比较贵,数量较少。十八里党乡1952年共有220头能耕地的牛,100头能耕地曳磨的驴,牛驴合计320头(另有72头小牛,17头小驴未计算在内),有7894亩耕地,每头平均耕地24.6亩,耕畜应该不缺乏。而牛、驴多为贷款购买,耕畜有病或死亡,便影响耕种。该乡有135户出租土地,有76户靠帮工换牲口使;还有34户没有耕畜用,耕种很艰难。有130.2亩春地到三月份尚未耕种,农民说:"那还没划破皮呢!"

如十八里党村贫农党元明的牛死了,牛的保险费是20万元。银行里再三推脱,一直没给钱。牛是阴历正月二十三死的,摆在院里三四天,全村人的反映不好,说银行是捣鬼。后来,牛皮卖了5.5万,还欠14.5万元。为牛事,党元明央人去桐河六次,去唐河县城二次,一共八次,每次给人家拿伙食,共计1万多元。乡书记暂时把14.5万元垫上了。

耕牛对于农户是如此重要,所以政府贷款的最大数额一般是买牛。十八里党乡的互助组,基本以贷款为号召,因此有的农户直接称呼互助组为"贷牛款组"。1951年种麦以前,人民银行贷给该乡3500万元的耕牛农具贷款,对象是互助组。干部就领导着农民赶紧互助起来,三户一组,四户一组,不成组就不能贷款。工作组此次去检查的时候,按着名单逐家访问,还有些互助组的成员并不知道互助组是什么,经说明后,他们才说:"哦!就是贷牛款组了"。因为当初干部们动员建立互助组时,说的是:"组成互助组了,便可以贷款买牛。"既然成立的是贷牛款组,自然是款一贷,牛一买,任务就告完成,以后也就不必再互助下去了。不少农户为赶任务而急急地组织起来,有其名而无其实。上屯村有三户是三弟兄,分家不久,为贷款合拢成一组。组成互助组,很多组在顺利贷款买牛之后,谁喂牛即算谁贷的款,由他归还。也有贷款之后并未买牛,几家将贷款分掉。

由于有诸多复杂情况,当时人民银行的贷款贷物,对农户的信任度亦有限,工作方式较简单粗暴。1951年12月,十八里党村的干部催几户农民去银行还款。其中一户贫农贷肥料6万元(100斤饼),两户贫农是副业贷款,两户中农贷的肥料。还有一户贫农,是军属,贷款数量不多。乡政府通知他们去桐河营业所。他们到的时候,营业所的干部正在吃饭,说:"你们站在门外吧!"等他们吃过饭,所里的三个人开始逐个询问。一通斥责,像问堂一样。问过一个,叫上另一间房子里去想。想了一阵,答复说能还贷款,就叫出来;捺过指押,才能离开营业所。问到一位贫农时,他说:"我没有。"营业所的人就说:"拿牛撇绳来,捆一个给他们看看!"他慌忙说:"那我就想法子弄钱!"才没拿牛绳捆他。这些人们到桐河的时候太阳落山,回到家已经是深夜了。回去以后,有一家卖了牛,一家卖了黑豆,一家卖了高粱。几家都卖的有东西,但均未还够贷款。由此事接受了教训,十八里党村有一家贫农贷到牛款50万元,不敢买牛了;款放在手中,随时准备还款。

政府贷款比较困难,农村的自由借贷亦日渐缩小。1950年春土改时,农民和农民之间仍可自由借贷。1951年春天,私人借贷尚比较活跃。贷粮食的,很多是春天借1斗高粱,麦罢还1斗小麦。1951年下半年,普通开始放账,半年的利息为一斗还一斗多。曹庄村的一户中农和两户贫农,在1950年12月借同村一家贫农的麦,到1951年收麦后还,每借1斗,连本带利须还1.7斗。到1951年底,又有两家贫农向这家农户借麦,同样是半年,到1952年收麦归还,利息已经涨到加倍,借1斗连本带利要还2斗。秦集村一户贫农向碾盘桥村一户中农借了450斤麦,期限3年,每年利息450斤麦。这种民间借贷利率比较高,但因其灵活便捷,不少农户仍赖此暂时缓解生活困难。

四

《工作笔记》中对于十八里党乡的调查数据，局限性主要有两个方面。一是时间短，了解该乡土地与各阶层生活的情况有限，对其历史与发展演变状况缺乏全面了解。二是乡队干部以及农户大概会考虑到县政府生产救灾等款项，强调困难，对于群众生活等方面的反映可能一定程度上影响数据的准确性。但建国初期，处于经济恢复时期，没有后世政治运动的背景，农民相对比较单纯，干部作风比较朴实，工作责任心很强。这些调查数据是县乡干部与农民各阶层在交流中自然获得，因而比较真实。它们既反映了十八里党乡的典型情况，对于唐河县而言，又有普遍性。①

十八里党乡的土地买卖，从时间上看，从1951年下半年起开始增多，且以贫农卖地为多。1951年上半年，有三家地主卖地，都是说为复查归还给农民粮食，没有粮食，只有卖地。可能是托词，主要是心有余悸，思想有顾虑。土改复查以后，地主便不再卖地，又经营起家当来。到1951年下半年，虽还有两家富农卖地，但一家是为买弹花机，一家是换地，卖地的贫农多了起来。

从数量上看，买卖土地在整个土地份额中所占比例不大。全乡有耕地7894亩，卖出220亩，整体而言，土地拥有与使用的情况比较平稳。

而从发展趋势看，买卖土地的数量可能会增加。据统计，即使按每天吃两顿饭计算，当时的十八里党乡还有141户554人只够吃到4月底（农历三月底），有147户571人只够吃到3月底（农历二月底）。

---

① 《工作笔记》另有1952年3月22日、3月29日《唐河县人民政府关于1952年防旱抗旱与春耕生产三月份汇报》，是父亲总结全县情况写成。其中附带提到，桐河区王竹园乡方庄村、大河屯区丁营乡几户贫农的卖地情况，以及一些贫雇农因缺粮而难以度日的事实。

这 288 户度春荒问题,农户自己的打算是:"想卖牛的 21 户,想卖地的 19 户,想卖猪的 8 户,想卖树的 3 户,想揭粮食吃的 66 户,想靠紧缩节省的 3 户,靠纺线织布解决的 37 户,想拾柴的 15 户,想指望剜野菜度荒的 23 户,想做生意的 16 户,想搞副业生产的 50 户,想依靠亲戚的 10 户,想依靠政府救济的 7 户,想要饭的 4 户,想来想去没有办法的 9 户。"

从当时的农业收成与各项政策看,1952 年春天农民生活不容乐观。1951 年十八里党乡收成较好,且当年正在搞土改复查,有斗争果实可分;人民政府又有生产救灾贷粮,1952 年春天这两项全无。工作组调查的情况是:全乡有 104 户负有外债(地主 10 户、富农 7 户、中农 35 户、贫农 52 户),利息都是借一斗还二斗,期限普通是半年。十八里党村贫农党元如,4 口人,13 亩地,1952 年春天借了 1200 斤粮食,麦罢连本带利要还 2400 斤。13 亩地中,他只种了 8 亩麦,不可能收入 2400 斤麦,等待他的极可能只有卖地一途。

值得注意的是,该乡 7 个党员中,有 5 个买地。干部中主任、代表,也有买地的。乡支书家中两口人,原分地 9 亩,后又买过三次地,1952 年春有 19.3 亩地。农会主任也买有 3.2 亩地。这些人家处于优势地位,属于头面人物,对于当时的政策法规了解比较清楚,似乎有恃无恐,不担心土地将来被分掉。他们应代表当时一部分政治地位比较优越的贫农心理。

总之,十八里党乡的土地买卖,原因比较复杂。疾病死亡侵袭,生活逼迫等等,均为不可抗拒的客观现实。而大多数农民深层的心理因素,则是一种不安定感。

本来,政府把土地分给农民,土地便是他们的私有财产,他们有权经营自己的土地,处置自己的财产。土地买卖自战国秦汉以来即是中国农村的常态,而在建国初期全国推行土改以后,农民普遍存在一种怕富、怕冒尖的心理。尽管执政党为发展生产力,亦号召扶植个体经济①,但注重强调的仍是互助合作。1953年3月26日的《人民日报》刊登中共中央1953年2月15日正式通过的《农业生产互助合作决议》,其主旨是强调"两个积极性","照顾个体经济的积极性"。而当时的乡土作家赵树理认为,农民只有一个积极性,就是个体生产的积极性。而在建国初期特殊的政治环境中,如何发挥个体经济的积极性,却是个难题。不少调查数据显示,建国初期,农村中土地买卖的数量并不大。但执政者却把土地买卖看得很严重,往往作为农村"两极分化"的问题一再被强调。农业社会本来具有强大的生存能力与自我调节功能,从上述十八里党乡缺粮户的打算来看,想搞副业以为生活之助者,数量最多。这本是自然而然的事情,但却难以实现。

在中国古代社会,农民与土地,可以说是鱼与水的关系。近现代以来,"打土豪,分田地"、"耕者有其田",是中国共产党发动农民壮大自身力量的有力武器。中华人民共和国建国后,巩固土改成果,发展农村经济,自然是执政党极为关切的事情。当时依然存在的土地买卖,数量有限,且有各种具体因素,而这种现象往往被视为两极分化的重要标志,予以行政干预。从土改,到互助组、合作社、人民公社,传统农业经营体制被彻底颠覆。农业集体化运动对于农村生产力的扼制,教训极其深刻。

---

① 1951年9月中共中央召开全国第一次互助合作会议,会后拟定《中共中央关于农业生产互助合作的决议(草案)》(1951年12月15日)。决议中说:农民在土改有两个生产积极性,一是个体经济的积极性,一是劳动互助的积极性。

陈垣《明季滇黔佛教考》
沾溉中山大学明清之际岭南禅宗史
史料整理与研究

张荣芳

一 陈垣《明季滇黔佛教考》的特色

陈垣一生研究佛教史的论著非常丰硕,1918年的《记大同武州山石窟寺》是他第一篇专门论述佛教史的文章,此后一直没有中断佛教史的研究。据统计,他一生撰写过20多种佛教史论著(包括专著和论文)。1938年出版的《释氏疑年录》,是继承了钱大昕所开创的《疑年录》体例,记载了自晋至清初有年可考的名僧2800人。卞孝萱在《陈垣与〈释氏疑年录〉》一文中说:该书"具有体例完善、选材审慎、考评细密、校勘谨严"的特色①,不仅是工具书之典范,而且是做学问的指南。《释氏疑年录》为陈垣以后研究佛教史打下了坚实的基础。

从陈智超编注的《陈垣来往书信集》(增订本)中可知,陈垣对晚辈汪宗衍,冼玉清等研究广东佛教史多有帮助与指导。汪宗衍编《天然和尚年谱》、《剩人和尚年谱》,冼玉清著《广东释道著述考》都凝聚了陈垣的心血。本人根据这些书信曾写过《陈垣先生与冼玉清〈广东释道著述考〉》一文,②评述过他们的友谊和对广东佛教史研究的贡献。

---

① 卞孝萱:《现代国学大师学记》,中华书局2006年版,第131—148页。
② 《熊铁基八十华诞纪念文集》,华中师范大学出版社2012年版。

1940年陈垣撰《明季滇黔佛教考》①，陈寅恪为之序，序曰："故严格言之，中国乙部之中，几无完善之宗教史，然其有之，实自近岁新会陈援庵先生之著述始。"陈寅恪以"搜罗之勤"、"闻见之博"、"识断之精"、"体制之善"十六字来评价该书。② 该书分六卷，凡18篇，附1篇，15万言，专论明季滇黔佛教之盛。推其致盛之原因有三：一为当时风气使然；二为僧徒拓殖之力；三为中原丧乱之影响。孙楷第写书评云，该书虽为宗教史，也是文化史、地方史、明末政治史，③言之有理。陈垣自己也说："本文之着眼处不在佛教本身，而在佛教与士大夫遗民之关系，及佛教与地方开辟、文化发展之关系。"④综观全书，可以勾勒出如下特色。

（一）把佛教史作为一种社会现象来研究，而非研究佛教教义，既是佛教史专著，也是滇黔文化史、地方开发史和政治史

前三卷分10篇：明以前滇黔佛教第一；明季滇南高僧辈出第二；明季黔南传灯鼎盛第三；滇黔僧多蜀籍第四；法门纷争第五；静室之繁殖及僧徒生活第六；藏经之遍布及僧徒撰述第七；僧徒之外学第八；读书僧寺之风习第九；士大夫之禅悦及出家第十。这10篇分析了明以前滇黔佛教不盛的原因。论述明季滇南高僧辈出，黔南传灯鼎盛，滇黔僧多蜀籍的情况。法门纷争之多，正说明法门之盛。记述滇黔寺庙之多及很有趣致的僧徒生活。搜集了寺庙藏经的情况以及滇黔僧徒撰述和失载的著作。尤其有一节讲述黔僧与《嘉兴藏》之关系，世人从《紫柏集》、《刻藏缘起》及《密藏遗稿》中知道《嘉兴藏经》之刻倡始于紫

---

① 收入陈智超主编：《陈垣全集》第18册，安徽大学出版社2009年版。以下引此著引文，皆见此书。
② 陈寅恪：《金明馆丛稿二编》，上海古籍出版社1980年版，第240页。
③ 孙楷第：《评〈明季滇黔佛教考〉》，《图书季刊》1940年12月新第2卷第4期。
④ 陈智超编注：《陈垣来往书信集》（增订本），三联书店2010年版，第1113页。

柏老人及密藏、幻予,但紫柏生前未竟其业,幻予先紫柏卒,密藏旋亦隐去。则继紫柏完成《嘉兴藏》者是谁?陈垣根据《颛愚衡语录》所载《方册藏经目录序》,知第一次完成《嘉兴藏》之人,实为黔僧利根。其完成在明弘光之时。这一考证具有重大意义。"僧徒之外学",分诗、文、杂学、书、画、辩才几项,对僧徒善于此六道者分项论述。对各僧寺的读书风习,亦有详细记述。禅悦,是明季士大夫之风气,不独滇黔。"士大夫之禅悦及出家"一篇,搜集滇黔禅悦的士大夫数十人,详记他们的禅悦掌故。由此可见前三卷不但说明明季滇黔佛教之盛,也是一部明季滇黔文化史。

卷四,"僧徒拓殖本领第十一"。滇黔开发较晚,学术界皆以为元、明以来由于军事或政治之力,开辟了滇黔边境。陈垣根据《徐霞客游记》诸书,证明滇黔开发,实多由于僧侣拓殖之力。陈垣认为"僧徒何独有此本领?则以刻苦习劳冒险等习惯,为僧徒所恒有,往往一瓢一笠,即可遍行天下。故凡政治势力未到之地,宗教势力恒先达之。"本篇记述了十九个寺、阁、山、洞、庵、浴池、水景、水管的拓殖情况及僧徒之本领。"僧徒开山神话第十二"。记述治水、降龙、伏虎、生泉、辟盗等神话。神话有何价值?陈垣认为"凡一文化之兴,其先必杂有神话,神话者不可以常理解释之奇迹也。""神话既为人群进化中必有之产物,谓神话竟无一顾之价值,则未免轻心相掉矣,近世民俗学者且利用之以解释历史上各问题也。""上古神话多托自神人,而滇黔神话则多出自僧侣,然则滇黔之开辟,有赖于僧侣可知也。""深山之禅迹与僧栖第十三。"本篇述"危绝之崖有寺"、"行必以僧为伴"、"游必以僧为导"、"幽险之处逢僧"、"无人到处惟僧到"、"无人识路惟僧识",皆从《徐霞客游记》中得到证实。所以,陈垣发出"滇黔之开辟,有赖僧侣"的感叹。因为"探险一事,惟僧有此精神;行脚一事,惟僧有此习惯,兼以滇黔新辟,交通梗阻,人迹罕至,舍僧固无引路之人,舍寺更无栖托之地,其不能不以僧为伴,以寺为住者,势也。"因此,卷四所述,实为表彰僧侣开辟滇黔之功绩,以及滇黔风土人情。此为滇黔地方史也。

卷五、卷六,"遗民之逃禅第十四",考证遗民逃禅者27人。"遗民之禅侣第十五",考证遗民之禅侣十余人。"释氏之有教无类第十六",考证释氏11人。"乱世与宗教信仰第十七",考证于乱世中信仰宗教者27人。以上都是明遗民,他们出家之前都是有知识之人,受儒家文化熏染,或为朝廷高官,或为地方小吏。他们的逃禅,促进了滇黔佛教的发展。在"乱世与宗教信仰"一篇中,陈垣说:"人当得意之时,不觉宗教之可贵也,惟当艰难困苦颠沛流离之际,则每思超现境而适乐土,乐土不易得,宗教家乃予以心灵上之安慰,此即乐土也。故凡百事业,丧乱则萧条,而宗教则丧乱皈依者愈众,宗教者人生忧患之伴侣也。六朝五代,号称极乱,然译经莫盛于六朝,五宗即昌于五季,足见世乱与宗教不尽相仿,有时且可扩张其势力。"陈垣此说为不刊之论。陈寅恪在为此书作序时说:"明末永历之世,滇黔实当日之畿辅,而神州正朔之所在也。故值艰危扰攘之际,以边徼一隅之地,犹略能萃集禹域文化之精英者,盖由于此。及明社既屋,其地之学人端士,相率遁逃于禅,以全其志节。今日追述当时政治之变迁,以考其人之出处本末,虽曰宗教史,未尝不可作政治史读也。"①陈垣在1957年此书"重印后记"中说:"此书作于抗日战争时,所言虽系明季滇黔佛教之盛,遗民逃禅之众,及僧徒拓殖本领,其实所欲表彰者明末遗民之爱国精神、民族气节,不徒佛教史迹而已。"所以,此书亦为一部政治史。

"永历时寺院之保护及修建第十八"。此篇主要据《鸡足山志》和《云南阮志》考证永历时保护和修建的28座寺庵。陈垣说:"永历时金瓯已缺,仅守边隅,王臣武夫,对寺院犹加呵护,是可异也。且凡诸建置,皆僧徒自由兴作,非滥用国帑,不惜民力者比,是其好整以暇,未受戎马倥偬之累,又可异也。"实亦为表彰僧徒拓殖之本领也。"附弘光出家之谣",陈垣说,明初建文出家之说,记载较多,遗迹亦有。惟弘光出家之说,言之未详。因此,"论明季滇黔佛教,不得不兼论及之。"

由此可见,《明季滇黔佛教考》,虽是宗教专史,亦是滇黔文化史,地方开发史和政治史。

---

① 陈寅恪:《金明馆丛稿二编》,上海古籍出版社1980年版,第240页。

（二）材料之新发现和对材料之新解释的开创精神

陈垣从事史学研究，一再强调："凡论文必须有新发见，或新解释，方于人有用。"①《明季滇黔佛教考》一书就是对史料的新发现、新解释的范例。陈寅恪在序言中说："寅恪颇喜读内典，又旅居滇地，而于先生是书征引之资料，所未见者殆十之七八，其搜罗之勤，闻见之博若是。"②

陈垣在致长子陈乐素的信中谈到此书所引之材料时说："所引明季书四十余种，滇黔书五十余种，多人间共见之书，而不知其有佛教史料。所引僧家语录六十余种，多人间未见之书，更不料其有明季滇黔史料矣。此三百年沉霾之宝窟，待时而开。"又说："三十年来所著书，以此书为得左右逢源之乐。"又说："顾亭林言著书如铸钱，此书尚是采铜于山，非用旧钱充铸者也。"③1957年在此书"重印后记"中说："本书特出者系资料方面多采自僧家语录，以语录入史，尚是作者初次尝试，为此前所未有。"④这些语录收入《嘉兴藏》中，藏于故宫内，多年无人过问，藏书处阴暗潮湿，蚊子很多。为了打开这座史料宝库，陈垣带领助手，每次事先服用奎宁丸，历时一年，将《嘉兴藏》翻阅一遍，并抄录了多种清初僧人语录，在该书中充分加以利用。

至于对材料的新解释，全书中举不胜举。孙楷第在评论该书的文章中，在解释陈寅恪说该书"识断之精"一节中，列举了若干例子，可作参考。

---

① 陈智超编注：《陈垣来往书信集》（增订本），第1109页。
② 陈寅恪：《金明馆丛稿二编》，第240页。
③ 陈智超编注：《陈垣来往信集》（增订本），第1113，1116页。
④ 陈智超主编：《陈垣全集》第18册，安徽大学出版社2009年版，第295页。

（三）善于与同行进行学术交流，注意听取同行的不同意见并吸取同行的成果

陈垣主张学术研究，一定要与同行相互交流、驳难，真理才能益明。1924年陈垣的《书内学院新校〈慈恩传〉后》①一文，就是与梁启超争辩玄奘开始出游的年份问题。1933年胡适撰《四十二章经考》，将文稿送陈垣征求意见。双方书信来往前后10余日，书信达8封，均收入《陈垣来往书信集》。② 陈垣考《四十二章经》身世，能以缜密傲视胡适之。其周密推证和严谨、科学的方法深深折服胡适，使之甚为敬佩。

抗日战争前，陈垣与胡适、陈寅恪、伦明等均居北平，经常互相交流、讨论学术问题。七七事变以后，胡适、陈寅恪、伦明等离北平南下。陈垣1940年1月7日在致陈乐素的信中说："文成必须有不客气之诤友指摘之，惜胡、陈、伦诸先生均离平，吾文遂无可请教之人矣。非无人也，无不客气之人也。"③他请陈寅恪为《明季滇黔佛教考》作序，并在致陈乐素信中说："此书舍陈公外，无合适作序之人。"④收到陈序之后，他"喜出望外"并叮嘱，《佛教考》稿"陈丈看过后，口头有何批评，至紧告我。"⑤

《明季滇黔佛教考》出版后，陈垣在致陈乐素信中说："欲寄《考》一册与汤用彤先生（字锡予），从前在联大，未知今何在？汤先生专门佛教史，商务出《南北朝佛教史》，甚佳。"⑥总想征求同行专家的意见。

以上三点特色，是陈垣留给我们研究方法上的宝贵财富。

---

① 《陈垣全集》第2册，第672—683页。
② 《陈垣来往书信集》（增订本），第207—216页。
③ 《陈垣来往书信集》（增订本），第1109页。
④ 《陈垣来往书信集》（增订本），第1116页。
⑤ 《陈垣来往书信集》（增订本），第1117页。
⑥ 《陈垣来往书信集》（增订本），第1119页。

二 改革开放以来,中山大学明清之际 岭南禅宗史史料整理与研究

陈寅恪在《王静安先生遗书序》中说,王国维的"著作可以转移一时之风气而示来者以轨则。"① 我认为陈垣的《明季滇黔佛教考》是一部"可以转移一时之风气而示来者以轨则"的学术巨著。

1997年广东高等教育出版社出版中山大学著名教授蔡鸿生《清初岭南佛门事略》一书。该书分8章13万字。该书既是一部岭南明清之际佛教史,也是一部文化史、地方史、政治史。作者把僧侣群和遗民群放在明清易代的大背景下,分析岭南遗民潮形成的原因、名僧"临终偈"的遗民特色。在《佛门儒风》一章中,"略仿陈垣先生论明季滇黔僧徒外学的体例",对岭南名僧在杂学、诗文、书画、辩才四项的成就作了精辟的评论。《明清之际岭南佛门系年要录》一章,"以天然和尚一系为主干,纪事以出家因缘、僧徒著述和寺院修建为重点",可看出受陈垣《佛教考》影响的影子。特别值得指出的是,作者在"后记"中说:"这份书稿,是在冷板凳上草成的。"在引觉浪和尚的语录后说:"坐稳冷板凳,做平常人,持平常心,写平常书,也许就不会有'悖天自负之恨'了。"② 作者颇得陈垣的治史三昧。

1999年学林出版社出版了中山大学著名教授姜伯勤《石濂大汕与澳门禅史——清初岭南禅学史研究初编》一书,总42万余字,分上中下三编,共18章。姜伯勤说:"陈垣先生《明季滇黔佛教考》一书,为研究明清之际的岭南禅学史提供了一种楷模。""陈垣先生在此书所揭出明代滇黔禅僧中之高僧倍(辈)出、传灯鼎盛、法门纷争、静室繁殖、僧徒外学、读书僧寺、士大夫禅悦、遗民逃禅、遗民禅侣等种种情形,亦多

---

① 陈寅恪著:《金明馆丛稿二编》,第219页。
② 上述引文见蔡鸿生著:《清初岭南佛门事略》,广东高等教育出版社1997年版,第167、183、246页。

见于同一时期的岭南僧史。"姜伯勤这部大作,正是以陈垣《佛教考》为"楷模"而作的研究成果。该书以石濂大汕文化对澳门经济、文化禅史的影响为主线,气势磅礴地展示了岭南清初禅宗史,披露了大量珍贵的文物资料如澹归日记,天然、迹删等人字画等,提出了很多精辟的见解。饶宗颐在该书的序中说:"明之亡,志士逃禅者众,就中不少魁奇特立之士,陈援庵先生述滇黔佛教,其尤精辟轶群者也。若乎粤东,天然之于丹霞,大汕之于五羊、澳门,均昭昭在人耳目。天然门下鼎盛,已见汪宗衍之著论,至若大汕其人,久遭讥诃蒙诟,至今仍为问题人物。间尝与姜伯勤教授谈及,以其专心岭表禅学,必有以抉微阐幽,平停众说。"饶先生在序中,对姜伯勤在该书中揭示"澳门普济禅院莲峰庵与鼎湖山灯史之资料,前人所未措意者,赖君揭櫫于世,发扬幽潜,功莫大焉。""姜君此书网罗宏富,立义公正,抉离六之真相,存澳门之信史。"①姜伯勤此著为近年研究岭南清初禅史的重要著述。

最近我比较认真地拜读了仇江先生赠我的长达三四万字的论文——《清初岭南佛门史料整理研究》②,也大体浏览了在著名教授黄国声、陈永正先生指导下,由仇江主持完成的《岭南名寺志·古志系列丛书》、《清初岭南佛门史料丛刊》、《华严丛书·天然和尚专辑》三套丛书,将近一千万字的佛门史料整理资料,也拜读了由广东韶关别传寺和中山大学中国古文献研究所共同主办的三次学术研讨会的部分论文(论文结集成钟东主编的《悲智传响——海云寺与别传寺历史文化研讨会论文集》和杨权主编的《天然之光——纪念函昰禅师诞辰四百周年学术研究会论文集》),以及2012年出版的《广东历代书家研究丛书》中,由杨权编著的《天然函昰》和钟东编著的《澹归今释》。我对中山大学中国古文献研究所,在仇江主持下完成的清初岭南佛门史料整

---

① 上述引文见姜伯勤《石濂大汕与澳门禅史——清初岭南禅学史研究初编》,学林出版社1999年版,第27,28页;饶宗颐序第1,2页。

② 仇江:《清初岭南佛门史料整理研究》,(台北)中央研究院中国文哲研究所暨法鼓佛教学院主办:忏悔书写国际学术研讨会(2008.12.4—6)论文。

理与研究取得的成果感到震惊,也向他们表示祝贺,也为在学风浮躁、物欲横流的环境下,中山大学有一批"坐稳冷板凳,做平常人,持平常心,写平常书",为弘扬中华优秀文化精神而默默耕耘的学人而骄傲。因为我最近几年一直在关注和研究一代史学宗师陈垣,我感到仇江等人从事清初岭南佛门史料整理与研究的路数,基本是沿着陈垣《明季滇黔佛教考》一书的"轨则"而开展的,是受《佛教考》的沾溉而结出的硕果。兹阐述其理由如下。

(一) 研究宗教史,是为了弘扬中国优秀的传统文化

仇江在《清初岭南佛门史料整理研究》的引言中说:"清末以来,岭南的佛教多处于衰落艰难的局面,由于人为及自然的原因,佛门寺庙庵堂大都破败失修,经论语录、诗文杂著等佛教文献遭受极大损失。""要改变这种状况,首要的工作,无疑是搜寻史料,重加整理,出版传世。""幸存至今的有关史料已经不多了,而且因虫蛀、老化等原因还在不断消失,因而对这些文化遗产的保护整理工作,非常急迫。"①

蔡鸿生在《清初岭南佛门史料丛刊总序》中说:"历代的大德上人,继承了'以华情学梵事'(宋释赞宁语)和'以忠孝作佛事'(宋释宗杲语)的优良传统,在人间化的实践中发扬高风亮节,光耀乡邦,垂范后世。""甲申(1644年)以后,男女遗民逃禅成风,逐步形成爱国爱教的三大中心。"岭南的海云寺天然法师,"将弘法护生与忠孝节义结合起来,言传身教,不遗余力,成为十七世纪岭南佛门的精神领袖。""清初岭南佛门的历史地位,是由亦儒亦释的高僧群体奠定的。他们的功业和智量,超越群伦,值得后人景仰和追思。""这项岭南佛、学两界共建的文化工程,堪称盛世胜缘。它的问世,必将促进佛门的人间化和学术的高雅化。"②这项工程,必将在中华民族伟大复兴中发挥应有的作用。

我们从上述两本论文集的文章和陈永正广东佛教书法研究,岭南

---

① 以上引文见仇江:《清初岭南佛门史料整理研究》论文。
② 蔡鸿生:《清初岭南佛门史料丛刊总序》。

佛教诗歌研究的成果和上述《天然函昰》,《澹归今释》传记等论著看,都是遵循弘扬岭南优秀传统文化的宗旨而展开的。

(二)对清初岭南佛门史料资料整理的创新。这种创新,体现在三套系列丛书中

1.《岭南名寺志·古志系列丛书》

《寺志》是记载佛教历史的重要载体之一。岭南的寺志比较系统地记载了有关寺院的历史沿革与当代的情况,包括地理、建置、法位、规约、宗旨、人物、语录、庙产、赋役、艺文、题咏等,是了解佛教在岭南地区传播、发展的珍贵资料,对研究政治、经济、文化、艺术、宗教、民俗问题,具有重大的价值。由于人为及自然原因,岭南至今存世的寺志只有《光孝寺志》、《曹溪通志》、《丹霞山志》、《华峰山志》、《禺峡山志》、《鼎湖山志》、《阴那山志》等七种。而且《丹霞山志》、《阴那山志》只是大体完整的孤本。整理这七种古志的创新在那里,我们从整理凡例中可以看出来:

(1)研究每种文献的内容、价值、作者生平、版本流传情况,理清脉络,写出《前言》;

(2)采用善本作点校底本,参别他本以及有关别集、方志用补遗缺;

(3)加注新式标点;

(4)纠正错字,改正俗体字、自造字,保留古今字、通假字;

(5)有改动处或他本有歧义之异文出校记。①

从凡例可知,整理严谨,工作量大。我翻阅每种志的《前言》,深被整理者认真、负责、敬业精神所感动。需要特别指出的是这七种古志,分别由中华书局,华宝斋古籍书社、香港梦梅馆,以线装形式印制,保持古籍的风貌,尤其值得珍视。

《岭南名寺志·古志系列》为全国高校古籍整理研究工作委员会

---

① 仇江:《清初岭南佛门史料整理研究》论文。

直接资助项目。我们从仇江《岭南名寺志·古志系列丛书》跋中知道，此项工作从1998年开始整理《光孝寺志》，到2008年最后一种《曹溪通志》出书，正好经过十年。"其间几次陷入山穷水尽的困境，幸而因缘际会，柳暗花明，先后得到各方支持，方能完成这个心愿"①。仇江开列的感谢名单中，有学识渊博的大学教授、有佛门众多的大德和尚、有热心做善事的商家、有乐于助人的出版家等等，这里凝聚着丰富多彩的佛缘、世缘、学缘。这套丛书是俗僧共创的一朵奇葩。

2.《清初岭南佛门史料丛刊》

蔡鸿生为《清初岭南佛门史料丛刊》写总序，说明出版这套丛刊的意义，"这批历劫幸存的岭南僧宝，不仅是'桑海换'的历史记录，也是'典型存'的文化象征，非同凡响"。

明末清初是岭南禅宗发展史上一个非常重要的阶段。

在清初顺治、康熙两朝约80年间，在各方面因素影响下，岭南禅宗得到很大的发展，达到了唐朝六祖以来第二个高峰。明清易代之际，岭南一地，"十年王谢半为僧"，许多不甘异族统治的前明官绅士人纷纷进入佛门，大大加强了佛门的力量，提高了僧众的素质，扩大了佛教对社会的影响。有些人原先深受儒家文化熏陶，出家后又受禅宗思想影响，身入佛门而又不能忘情世事，于是以文字寄托情怀，宣泄郁闷，写了大量诗文。这些作品与同时的许多高僧《语录》、《经解》，都是中国佛教文献的组成部分，是岭南文化的宝贵财富。据冼玉清《广东释道著作考》统计，顺治到康熙的清初80年间，留传下来的佛门著作174种（涉及作者57人）②。《清初岭南佛门史料丛刊》选录了重要的18种，分两辑整理出版。第一辑四种：函昰《瞎堂诗集》；今释《徧行堂集》；成鹫《咸陟堂集》；大汕《大汕和尚集》。第二辑十四种：函可《千山诗集》；今无《光宣台集》；二严《啸楼前、后集》；徐作霖等《海云禅藻

---

① 仇江：《岭南名寺志·古志系列丛书》跋，《岭南名寺志系列·古志七·曹溪通志》，香港梦梅馆2008年版。
② 见《冼玉清文集》，中山大学出版社1995年版，第388—757页。

集》;弘赞《木人剩稿》、《观音慈林集》、《六道集》、《兜率龟镜集》;一机《塗鸦集》、《塗鸦集杂录》;开汧《鼎湖外集》;道忞《布水台集》;願光《法性禅院倡和诗》。第一辑四种已经出版,兹作介绍如下。

(1)《瞎堂诗集》,二十卷,清释函昰著,李福标、仇江点校,中山大学出版社2006年版。

函昰,字丽中,别字天然,号丹霞老人,广东番禺人。天然是清初岭南佛门的精神领袖,他兼容文士和高僧双重文化优势,以诗团结、培养僧人。其弟子最为著名的有所谓"十今","今"字辈以下再传弟子及俗家弟子许多是通诗者。天然创立的"海云诗派"是岭南诗坛的重要流派,影响深远。

《瞎堂诗集》收入诗1719首。此次整理者梳理了天然诗集留传至今的过程。天然生前手编《似诗》,有顺治、康熙刻本。《天然老人梅花诗》、《丹霞天老人雪诗》两种有康熙刻本。《天然昰禅师语录》康熙刻本,后入嘉兴藏,今辩编,卷十二附梅、雪诗。《瞎堂诗集》,海云寺康熙刻本。天然示寂后,弟子今毵取天然未刻诗稿及传世单行本《梅花诗》、《雪诗》与《似诗》汇刻一集,更名《瞎堂诗集》,为二十卷。移录天然《似诗》的《自序》为之序,并在序末加注云:"老人生平吟咏之意,已尽于是。读者玩索之,不唯老人之诗可悟,即老人之人亦可得。故全集编定,即录以为序。"乾隆四十年,因丹霞山澹归文字狱案,被奏"集中多狂诞之语",《天然昰禅师语录》和《瞎堂诗集》与澹归《徧行堂集》一道,皆列入禁毁书目,版片被销毁。道光年间海幢寺重刻《瞎堂诗集》,此版刻印精良,书品甚佳。此次整理,以中山大学图书馆藏道光海幢寺刻本为底本,参梅、雪诗单行本及《天然昰禅师语录》点校。①

(2)《徧行堂集》,前集四十九卷,续集十六卷,清澹归和尚著,段晓华点校,广东旅游出版社2008年版。

澹归,俗姓金,名堡,字道隐,浙江仁和(今杭州)人。幼年即颖悟

---

① 参考李福标、仇江:《瞎堂诗集·前言》,《瞎堂诗集》,中山大学出版社2006年版。

绝伦,有神童之称。明崇祯庚辰(1640年)进士,授临清知州,有政声,因得罪上司,被迫引疾去职。清顺治二年(1645年),清兵下杭州,金堡起兵抗清,势孤而败。唐王在福建自立为隆武帝,金堡入闽献策,除兵科给事中,因服母丧,坚辞不受。隆武帝死,桂王在广西自立为永历帝。因瞿式耜推荐,金堡赴肇庆行朝,仍授兵科给事中,司谏职,即上疏抨击时政,弹劾专恣权臣,以"直臣"著称。永历小朝廷内部党争异常激烈险恶,金堡为楚党"五虎"之中坚,自未能幸免,下锦衣狱,备受酷刑,黜戍清浪卫,中途遇清兵至,押解之人逃窜,金堡得瞿式耜之助,留居桂林。因颓局势不可挽,左足创伤而成残疾,遂绝意世事,削发为僧,初取名性因,顺治九年(1652年)投岭南天然和尚门下,始名今释。

澹归今释为天然第四法嗣。顺治十八年(1661年),澹归得李永茂、李光茂兄弟所捐赠之仁化丹霞山,创建别传寺,迎天然和尚为住持,自为监院。别传寺成为岭南名寺,鼎盛时,僧众达二百多人。康熙十年(1671年),天然赴庐山归宗寺,三年后澹归始正式主持别传寺法席。康熙十七年六月,澹归出梅关,走嘉兴请《藏》。十八年四月,遣僧徒将《藏经》奉回丹霞。澹归年衰病重,十九年八月九日示寂于平湖。

澹归著作丰硕,屡遭禁毁,多已不可复见。据清代《禁书总目》著录即有十种之多,除《今释四书义》收在《徧行堂集》外,其余九种皆因禁毁而不存。今存世除《徧行堂集》外,还有三种:

《岭海焚余》三卷,收入《四库禁毁书丛刊补编》。

《丹霞日记》一册,今藏澳门普济禅院。

《元功垂范》二卷,此书为平南王尚可喜年谱,由澹归审订。广州中山图书馆藏1957年针笔重写本。

《徧行堂集》所收诗文,大约起于清顺治九年即明永历六年,迄于康熙十九年作者逝世,实乃澹归佛门生涯的完整记录。据《清代文字狱档案》第三辑,知《徧行堂集》由乾隆钦定为"语多悖谬,必应毁弃"的禁书,甚至连其墨迹碑石亦不容存世,一律"椎碎推仆,不使复留于世间。"①集中的尺牍和记传部分,记载抗清赴死的瞿式耜、何腾蛟、张同敞、李元胤、李永茂等人的事迹,篇篇"叙述沉痛,凛凛有生气,故犯清廷之忌"②。

澹归处于明清鼎革之动荡时代,其生平经历复杂特殊,与岭南明遗民、大德高僧、学界名流、地方官吏多有交往,所以集中内容庞杂丰富,涉及面极为广泛。此书对南明史、思想史、禅宗发展史,乃至文学史、民俗史研究都有重要的学术价值。

此次整理点校,前集用《四库禁毁书丛刊》本为底本,续集用香港佛教志莲图书馆1989年刊本为底本。以广东中山图书馆藏的黄荫普忆江南馆藏二部《徧行堂集》进行参校。③

(3)《咸陟堂集》,分正、二两集。正集,诗十七卷,文二十五卷;二集,诗六卷,文八卷。清释成鹫撰。曹旅宁、蒋文仙、杨权、仇江点校,广东旅游出版社2008年版。

成鹫(1637—1722年),俗姓方,名颛恺,字麟趾,广东番禺人。天性聪慧,有"神童"之称。13岁被南明永历朝录为博士弟子员。清顺治七年(1650年)平南王尚可喜劫屠广州城,方家中落,成鹫只好辍学耕稼。但仍潜心向学,"尽弃制科业,力究濂、洛、关、闽之学","攻苦逾年,经学淹贯"。二十多年的教学生涯,立言设教无不以儒行为务。41岁时,清朝平定三藩之乱,统一南方,恢复明朝已不可能,成鹫自我削发为僧。康熙十八年(1679年)拜临济宗高僧离幻元觉为师,因此成鹫在法脉上属天童系。成鹫曾主广州华林寺法席。曾客居丹霞山别传寺,与曹洞宗泽萌今遇相处十分融合。康熙四十七年(1708年)入主肇庆鼎湖山庆云寺,成为庆云寺第七代方丈,为整顿庆云寺寺务作出贡献,编纂完成《鼎湖山志》。康熙六十一年(1722年)完寂于广州大通寺。

成鹫一生著述甚多,计有《楞严直说》、《金刚直说》、《老子直说》、

---

① 上海书店编:《清代文字狱档案》,上海书店出版社2007年版,第143页。
② 《冼玉清文集·广东释道著述考》,第623页。
③ 参考段晓华:《遍行堂集·前言》,广东旅游出版社2008年版。

《注庄子·内篇》、《鼎湖山志》、《鹿湖草》、《诗通》、《不了吟》、《自听编》、《纪梦编年》等。而分量最大的是诗文集《咸陟堂集》。

《咸陟堂集》收录了成鹫一生不同时期的诗文作品，包括序、跋、志、铭、传、寿文、祭文、题赠、书、启、疏、引、说、尺牍、问答、警语等620篇，还有诗赋1533首。这些作品比较真切地记录了当时政治、军事、经济、文化、艺术、宗教、民生诸方面的情况，具有很高的文献价值和历史价值。时人及后人对成鹫的评价很高。他的挚友、岭南名学者胡方在《跡删和尚传》中说："其才以敏捷雄浩推倒一世，艺苑之士无与抗衡者。"①黄培芳在《重刻咸陟堂集叙》中引《钦定国朝别裁集》小传云：跡删"著述皆古歌诗杂文，无语录偈颂，本朝僧人鲜出其右者。"②可见成鹫在清初的杰出地位。

《咸陟堂集》的版本有二：一为康熙年间耕乐堂刊本，藏首都师范大学图书馆。此版只有正集，而《广东通志》等史籍，多称《咸陟堂集》有《续集》或《二集》。乾隆时文网严密，《咸陟堂集》亦遭禁毁。至道光二十五年，重刊《咸陟堂集》，并在康熙版的基础上，增补了原书出版至成鹫圆寂这段期间的新作，编为《咸陟堂二集》。是为道光重刻本，藏中山大学图书馆和广东省立中山图书馆。

此次整理点校，以康熙耕乐堂本及道光重刊本二集作底本，参校道光重刊本正集以及同版他本以补残缺模糊之处。③

（4）《大汕和尚集》，包括《离六堂集》十二卷，《离六堂二集》三卷，《潮行近草》三卷，《离六堂近稿》一卷，《海外纪事》六卷。清大汕和尚撰。万毅、杜霭华、仇江点校，中山大学出版社2007年版。

大汕（1633－1704年?）字石濂，号厂翁，亦号石头陀。俗姓徐，江西九江（一说南昌）人。曾流寓江南，注籍浙江嘉兴，故亦被称为吴人。大汕生于明崇祯六年（1633年），幼居吴中，家贫寒，十六七岁时皈依高

---

① 《咸陟堂集》序文《跡删和尚传》第4页。
② 《咸陟堂集》序文《重刻咸陟堂集叙》第1页。
③ 参考杨权：《咸陟堂集·前言》，广东旅游出版社2008年版。

僧觉浪道盛禅师，年十九剃度为僧。后云游修学，广历诸方，南度岭表，入住广州平南王尚可喜的家庙大佛寺。曾住持广州长寿寺、清远飞来寺。康熙三十四年（1695年）应聘前往越南顺化弘法，受到当地王公大臣及信士民众的信重。晚年因官司被逐回注籍之地，途中卒于常州，时间应是康熙四十三年（1704年）当年或稍后。

大汕的著述丰硕，据《海外纪事》卷首《本师〈海外纪事〉序》称"（大汕）著书二十余种"。这些著作，可分"佛教"及"文史"两类。佛教类有《语录》十种，《证伪录》、《不敢不言》、《源流就正》、《问五家宗旨》、《客问》、《惜蛾草》等。但这类著作都已失传。文史类有《离六堂集》、《离六堂二集》、《潮行近草》、《海外纪事》、《离六堂近稿》、《厂翁诗集》、《燕游集》、《绘空词》、《叶声集》等。流传至今的只有前五种，后四种已失传。流传至今的著作都已收入《大汕和尚集》中。这是研究清初岭南社会历史文化的珍贵资料。

这次点校，以北京国家图书馆藏的《离六堂集》作底本，以广东省立中山图书馆所藏作参校。北图藏本是早期版本，有屈大均的《序》。中山图所藏则是康熙四十一年（1702年）后的版本。除了以吴寿潜《序》取代屈大均《序》外，还增加了大汕晚年的诗作《离六堂近稿》。该书在早期版本的基础上，加进吴寿潜的《序》及《离六堂近稿》，合成最完整的一本《离六堂集》。

《海外纪事》详尽地记述了大汕赴越弘法的因缘、经过，所见的各类人物，各处的风土人情、制度习俗，旅越华侨的生活，还记录了与越南政要往来书札、议论、禅论，以及当时所写的律、绝诗一百多首。为中越关系史、越南史研究提供宝贵材料。该书至少有三种版本：一为上海图书馆所藏的早期版本；二为日本东洋文库所藏的康熙三十八年至四十二年间的刊本，可称为善本；三为台湾中央图书馆藏劣质本。这次整理点校，以东洋文库藏本为底本，以上海图书馆藏本参校。①

---

① 参考万毅、杜霭华、仇江：《大汕和尚集·前言》，中山大学出版社2007年版。

以上四种集子,就古籍整理点校而言,有下列四个共同的特色:

第一,撰有《前言》,详细介绍著者生平(包括俗世及为僧),著述情况,学界评价。这四位高僧都是明末遗民,具有反清复明的思想,其生平及作品都表现了浓郁的民族气节和爱国精神。《前言》对此都有深刻精辟的分析和解剖。

第二,有关集子的资料如序、跋、像、赞、铭、评等搜集比较完整。例如《大汕和尚集》,先后为大汕著作写序、题词的士人超过三十人,大都是官员、文人、诗家、学者。其中如"岭南三大家"之屈大均、梁佩兰,还有陈维崧、徐金九、曾灿、高层云、毛际可、吴绮、周在浚、方文等,无一不是诗、文、词方面的专家。这些序跋题词,是研究著者及其时代的重要资料。

第三,对集子的流传、版本梳理得比较清晰。因为这几位著者的作品,在清代都遭禁毁,流传至今的作品都是凤毛麟角。对作品的流传、版本梳理尤其重要。例如天然的《瞎堂诗集》,整理者把集子流传至今经过的九个过程,梳理得清清楚楚,使读者一目了然。又例如澹归的《徧行堂集》,整理者对澹归存世的作品进行梳理,又说明为什么《徧行堂集》前集以《四库禁毁书丛刊》本为底本,而续集以香港佛教志莲图书馆1989年刊本为底本的道理。成鹫的《咸陟堂集》,整理者梳理版本情况,然后说明为什么以康熙耕乐堂本及道光重刊本二集作底本的道理。

第四,校勘认真。

总之,这四种集子,是迄今对以上集子整理最完整、水平较高的集子,对研究清初岭南社会历史文化具有较高的学术价值和文献价值。

3.《华严丛书·天然和尚专辑》

《华严丛书》由华严寺编纂出版。华严寺住持僧印觉法师任主编,冯焕珍、仇江任副主编。

已故佛门高僧,中国佛教协会咨询委员会主席,丹霞山别传寺及深圳弘法寺住持本焕老和尚为《华严丛书》撰总序,说:"编者以'华严'命名丛书,盖因华严为佛法界,三乘十二部经乃至山河大地'无不从此法界流,无不还归此法界。""编者期望基于佛法一味、浅深得宜的精神,通过适当的选材、精当的校勘和恰当的编辑,既为广大佛学信众提供一些更为准确可靠的诵读经典,又为众多佛学研究和爱好者贡献一批校勘精审的基础文献。""《丛书》设有《经喻》、《经论注疏》、《语录偈颂》、《高僧年谱》以及《清初岭南佛门史料》等多个系列。""丛书对清初岭南诸家有所侧重,不仅因为岭南这一时期的佛门文献非常重要而难于搜求,还因为编者长期在岭南接受佛法的熏陶,不能遗忘一方法乳养育之恩。"编纂丛书"正是一件功德无量的胜举"①。

《华严丛书》辟《天然和尚专辑》。天然和尚为清初岭南诸家之翘楚,为岭南清初佛门的精神领袖。天然为清代番禺县慕德里司,造径村人,该村位于今日花都区,与华严寺近邻。故特设《天然和尚专辑》。现就已出版的七种略作介绍。

(1)《海云禅藻集·海云文献辑略》。该书含两部分:《海云禅藻集》,清徐作霖、黄蠡等编,黄国声点校;《海云文献辑略》,黄国声辑录。西泠印社2004年版。线装,一函三册。

《海云禅藻集》凡四卷,收录天然函昰的弟子"今"、"古"、"传"三代僧人及同时的居士128位,举凡与天然和尚及海云寺有关之诗作计1010首。其中诗僧60位732首。民国二十四年(1935年)重印时汪兆镛作《序》说:"《海云禅藻集》一书,凡所采录,附著里贯、行义,考岭南明遗老轶事,以此书为最详。"

海云系是清初佛教曹洞宗在广东的一个分支,其核心人物是天然函昰(1608-1685年)。清顺治五年(1648年),天然被门徒今湛迎主番禺雷峰山隆业寺,随改名"海云寺",遂成为海云寺的开山祖师。由此而产生的佛门海云系,在清初岭南的历史舞台上产生广泛而深远的影响。

明清易代之际,清军南下,明遗民纷纷越岭南来,或开展武装抗清

---

① 本焕:《华严丛书·总序》,见汪宗衍著、李福标、仇江点校:《天然和尚天谱》,香港梦梅馆2007年出版。

斗争；或隐迹山林，躲避当道；或以"逃禅"方式遁入佛门，以表达对清朝统治的不满与抗拒。正如邵廷采《遗民所知传》自序所说："明之季年，故臣莊士往往避于浮屠，以贞其志。"而德高望重的天然函昰，便成为众多遗民参礼的对象。诚如汪宗衍《天然和尚年谱序》所说："吾粤佛教，自六祖后，宋世盛于云门，元明寖衰。崇祯壬午间，天然昰和尚应陈文忠诸人之请，开法诃林，宗风大振。顾天然虽处方外，仍以忠孝廉节垂示及门。迨明社既屋，文人学士、搢绅遗老多皈依受具，一时礼足，凡数千人。"在清初风云激荡的时代，海云寺实际上是志节之士托身立命之地和潜通声风之所。天然成为岭南遗民所宗奉的精神领袖。

《海云禅藻集》凡例曰："是集颜曰'禅藻'，《雷峰志》之一尔，禅者既已声尘俱断，宁用文藻标其唾弃。癸甲之秋，天老和尚开法岭表，四方章缝之士望光皈依，于时不二门开，才俊名流翕然趋向。斯集也，志一时之盛，见当日工文翰者皆弃词藻而归枯寂，非入枯寂而又以禅藻名也。观者毋因其名而反议其实焉。"可见此书为当时围绕在天然周围，以海云寺为中心的一批僧俗诗人的选集。这批诗人多为由儒入佛的读书人。他们在诗歌创作方面，多有很高的修养，造诣极深，许多是岭南名家。所以，此书是岭南僧、俗同共探讨诗歌创作的记录，是岭南诗坛盛况空前的反映。

此书乾隆间被列入禁书目，清《禁毁书目补遗一》说："《海云禅藻集》乃雷峰诸僧之诗，中有金堡诗名，其他亦多冗杂不伦，应请销毁。"被禁毁半个多世纪后，至道光十年（1830年）有番禺陶克昌如不来斋刊本，有陶氏之序。民国二十四年（1935年）由逸社同人排字重印，有汪永觉（兆镛）序。

《海云文献辑略》，黄国声编纂。

黄国声在《编例》中说："海云为岭南上刹，而文献记载，恒苦不足，仅存《海云禅藻集》一书，稍资考镜，诚为憾事。兹所采录散见于僧、俗诸家著述之资料，或可略补阙亡。凡有所录。分别介绍作者生平，标明卷数，庶便稽考。""凡有关涉海云文献史跡之文字，不论诗、文、词、书启、禅颂、概予采集。"共辑得天然、剩人、今释、今无、成鹫等三十六人诗文近三百篇。此《辑略》与《海云禅藻集》相辉映,更完整地反映了海云诗派的全貌。黄国声之功大矣。

(2)《天然和尚年谱》,汪宗衍著。李福标、仇江点校,香港梦梅馆2007年版。线装一函一册。

汪宗衍编《天然和尚年谱》,除因敬重谱主之外,还受陈垣、陈寅恪之影响。他在序中说:"壬午(1942年)初春,新会陈援庵先生自北平寄示《明季滇黔佛教考》,陈寅恪先生序之,谓政治与宗教,虽不同物,而不能无所关涉。又岂独滇黔为然哉?爰辑次《天然和尚年谱》一卷,附《著述考》一卷,《弟子考》五卷。""此篇限于天然一派,非以概当时之佛教,而天然实为大众所依归,法门之砥柱。知人论世,因以见世衰法盛之由,其亦谈宗门掌故者所乐闻矣。"此书的出版,亦得陈垣之力不小。有一本即是陈援庵题写书名的。

李福标在《校点前言》中说:"汪宗衍与陈垣同为粤产,其究心乡邦文献,无疑是陈氏深相许者。"汪宗衍还撰有剩人和尚、屈翁山、陈东塾年谱等,这些撰述,"皆可见其用心耿耿,正在弘扬岭南一地及我民族文化的精神。于此可见,其得二陈感发之因缘。《天然和尚年谱》乃为时、为事、为地而作,非泛泛空言学术者"。

此书附《天然和尚著述考》,录著作10种,遗作11种。

《年谱》最初有民国三十二年(1943年)铅印本。书名为岭南著名学者黄佛颐题写。此次整理是就此铅印本加以点校。

(3)《天然昰禅师语录》,清释函昰撰,陶乃韩点校,香港梦梅馆2007年版。线装一函三册。

陶乃韩《天然昰禅师语录跋》云:"康熙乙丑禅师于岭南示寂后,弟子今辩应西粤永宁之请,奉三世语录入嘉藏。师之入藏语录题有《庐山天然和尚语录》。实则禅师固粤中硕德也,其住持梵刹率皆地处岭南。第以庐山金轮宿愿,乃住庐山栖贤祖庭,遂有此谓。"其目录下有"嗣法门人今辩重编"字样。所谓"重编",是天然讲经问答多有记录刊布,先后有《诃林语录》(崇祯十年)、《雷峰语录》(顺治十五年)、《丹霞语录》(康熙九年)、《栖贤语录》等面世。天然圆寂后,今辩收集和尚在诸刹出版之语录,补充整理,再加日常积累的各种文字资料,编纂成《天然昰禅师语录》十二卷,即刊载于《嘉兴藏》者。前八卷分别为"上堂"、"小参"、"普说"、"茶话"、"垂示"、"举古"、"问答"、"颂古",俱为"语录"之内容。而九至十二卷,则为"赞"、"偈"、"铭"、"书问"、"杂著"(包括"论"、"文"、"疏"、"序"、"跋"、"寿文"、"塔铭")。这四卷的内容很明显是属于"文"的范畴。天然有《瞎堂诗集》传世,"文集"则付阙如。想今辩为本师重编《语录》,也可看做是天然的文集。

乾隆时,此书因澹归《徧行堂集》文字狱案牵连,被列入禁书。清《禁毁书目补遗一》称:"《天然和尚语录》一本,释函昰撰。函昰行状,系金堡所作(按:此说错误,金堡澹归先天然圆寂,实为今辩所作),语句亦有干犯处,应请销毁。"此书流传很少,汪宗衍编《天然和尚年谱》附《天然和尚著述考》,说《天然昰禅师语录》"故宫藏《嘉兴续藏》本。励耘书屋钞本。""此书乾隆间列入《禁书目》,传本极罕。故宫藏有一部,承陈援庵先生假钞一本寄赠。"可见此书之珍贵。

此次整理以嘉兴藏《庐山天然禅师语录》(台湾新文丰影印本)为底本,取天然一脉师弟之著作《宗宝道独禅师语录》(卍续藏本)、《千山诗集》(道光广州海幢寺本)、《徧行堂集》(乾隆丹霞别传寺本)等参校。收入同门弟子函修序、同门弟子今转梁殿华序、当湖弟子陆世楷今互序,释今辩《本师天然昰和尚行状》、汤来贺《天然昰和尚塔誌铭》等有关资料。

本书对研究天然禅师有重要价值,正如陶乃韩在《天然昰师语录》跋中所说:"其苦节励志,举唱宗乘,锻炼学者事,大端见于师之语录。其与师友往还酬答,激扬古今,感慨平生事,亦得见于此中。"从此书可知禅师之文、之道、生平,"读其书,知其人,论其世",意义大矣。

(4)《天然禅墨》,朱万章编纂,华宝斋书社2004年出版,线装一函一册。

该书汇集了广东省博物馆、广州艺术博物院、香港中文大学文物馆、香港何氏至乐楼、台湾何创时书法艺术基金会等处收藏的天然和尚墨宝原件和拓本、法帖十六幅,让世人一睹天然传世遗墨,本书的出版,是佛门和书法界的盛事。

该书正文排列:一、图版目录:行书和梅影诗七律;行书栖贤山居诗(一)(二);行书惜暗夜笼月;行书五绝诗;行书议建殿宇卷;行草浴日亭诗;行草书;行草诗扇面;行书今无唱各法偈卷;行草五言诗;行书七言联;行书竹简(拓本);行书梅花诗;行书栖贤山居诗(法贴);行书至道无难四言偈(法帖)。二、释文。三、朱万章撰《天然和尚及其书艺论略》。四、朱万章辑《天然和尚艺术活动年表》。五、《各家评论摘录》。六、主要参考文献。七、编后记。

编者对天然墨宝作了注释,对天然的书法艺术及"海云书派"做了介绍和评价。书首有著名书家陈永正的《清初岭南禅墨序》一文,高瞻远瞩地对清初岭南禅墨作了概论。书末摘录了古今名书家对天然书法的评论。该书可以说是对天然书法艺术研究成果的汇集。对研究天然书法艺术及清初岭南书法史,都有极重要的参考价值。

(5)《瞎堂诗集》二十卷,清天然和尚著。李福标、仇江点校。香港梦梅馆2007年版。线装一函四册。内容在前《清初岭南佛门史料丛刊》平装本中已作介绍。

(6)《楞伽经心印》四卷,清释函昰著,冯焕珍点校,西泠印社2011年版。线装一函八册。

《楞伽经》是对中国佛教有着深远影响的经典。《楞伽经心印》是函昰对该经的讲解、注疏,是函昰佛学思想的重要著作。点校者冯焕珍写有《前言》和《跋》。《前言》对《楞伽经》的成立情况、汉译情况、历代对该经的注释、函昰对该经的注疏、刊刻情况以及这次校勘义例作了说明。《跋》对整理点校的艰辛作了描述。这篇《前言》和《跋》是冯焕珍研究《楞伽经心印》很有分量的心得体会。

(7)《首楞严经直指》十卷,清释函昰著,释普明、冯焕珍点校,西泠印社2011年版,线装一函十册。

《楞严经》中的赞颂和咒语,是汉传佛教僧众的日课,可见其对中国佛教影响之深。《首楞严直指》是函昰对《楞严经》的解释。是函昰佛学思想的重要著作。点校者释普明、冯焕珍写《前言》。《前言》对历史上对《楞严经》的争论情况,对历代注疏《楞严经》情况以及函昰《首楞严经直指》的疏旨作了论述,对整理点校义例作了说明。

从以上《华严丛书·天然和尚专辑》七种著作,我们可以看出学者们作出的创造性贡献。

第一,为研究天然及清初岭南禅宗史奠定了坚实的资料基础。

我们知道,天然是曹洞宗的第 34 代传人,他曾在岭南及江西地区大力弘扬佛法,住持过多座名刹,撰写过《楞伽经心印》等多部著作,道声远播,培养了众多弟子,使曹洞宗在岭南开花散叶,使岭南禅宗史达到了自唐朝六祖以来的第二个高峰。他所主法的各寺,实际上成为抗清志士的安身立命之地。他是一位被清初的明遗民奉为精神领袖的高僧。

天然又是一位在岭南文学史和艺术史上具有典范意义的人物。他所创立的"海云诗派",具有深远影响。他有《瞎堂诗集》存世。《海云禅藻集》,集众多僧俗诗人的作品,开创了僧俗共唱的局面,极盛一时,蔚为大观。他又是一位著名书家,在清初书坛上,继承传统,推陈出新,创立了独树一帜的"海云书派"。陈永正说"天然大师及其门下弟子'十今'皆善书,后世称为'海云书派'。"麦华三说:"吾粤高僧之能书者,以函昰为最有名。"[①]因此,天然入选广东省哲学社会科学"十一五"规划地方历史文化特色项目"广东历代书家研究丛书"。

这样一位重要人物,过去研究不够。这七种著作的出版,为研究天然及岭南禅宗史奠定了资料基础,必然有利于推动该领域的研究深入发展。

第二,每种古籍的整理者所写《前言》,是一篇较高质量的论文。这些《前言》比较详细地介绍了作者生平(包括俗、僧部分)、学术成就及学界的评价。这是整理者长期研究天然及岭南禅宗史的结晶。尤其最近拜读杨权撰写的"广东历代书家研究丛书"中的《天然函昰》,他比较广泛地吸收了学界的研究成果,梳理了天然一生及其所作出的重

---

① 见朱万章编纂:《天然禅墨》中的"各家评论摘录"。

要贡献。该书资料丰富,观点鲜明,论证严谨,文字流畅,富有文采。我认为这七部书及杨权所写的天然传记,是迄今岭南研究天然的比较高水平的学术著作。

第三,这七种书,整理者梳理了版本源流,选择了最好的版本作为校勘底本,《楞伽经心印》还利用了敦煌卷子作校勘。标点规范,校勘认真。特别是用线装出版,使人有古色古香之感。把资料整理提高到一个新的水平。

(三) 进行学术交流,在学术争鸣中追求真理。

中山大学的清初岭南禅宗史研究群体,继承陈垣的治学方法,贵在有诤友。召开学术研讨会,是进行学术交流的好方法。据我所知,中山大学中国古文献研究所与广东韶关丹霞山别传寺联合召开过几次学术研讨会。2002年在别传寺召开"别传寺开山三百四十周年研讨会";2005年在别传寺又召开了"海云寺历史文化研讨会"。这两次研讨会收到论文数十篇,最后汇集成钟东主编的《悲智传响——海云寺与别传寺历史文化研讨会论文集》(中国海关出版社2007年版)。2008年又召开了"纪念函昰禅师诞辰四百周年学术研讨会",又收到数十篇论文,汇集成杨权主编的《天然之光——纪念函昰禅师诞辰四百周年学术研讨会论文集》(中山大学出版社2010年版)。2012年又召开"纪念别传寺开山三百五十周年学术研讨会",收到论文数十篇。这都是进行学术交流,开展学术争鸣,探讨真理的传统好方法。

复刻"熹平石经"的历史价值与现实意义

陈忠海　李　旭

一　经书为什么刻在石头上

经书,通常指儒家经典或佛经,这是说的是前一种。

提起儒家的经典,想到的肯定是十三经,儒家的这 13 部经书分别是:《易经》、《尚书》、《诗经》、《周礼》、《仪礼》、《礼记》、《春秋左传》、《春秋公羊传》、《春秋谷梁传》、《论语》、《孝经》、《尔雅》、《孟子》。

有个词叫"皓首穷经",指的就是这个"经"。中国古代读书人经常一头扎进上面这堆经书里,穷毕生精力都难以走出来,治国平天下的外在压力、富贵门庭的内在驱动都以读懂、弄通这些经书为基础,如果不先走完这段路程,其他都免谈。

这 13 部经书加在一起有多少字? 有人数过。

据清人钱吉泰统计,除去篇名,正文共计 64.75 万余字。

清人陈弘谋在《养正逸归补编》也有统计,根据它的记载,十三经中的《孝经》等 9 部经书字数分别如下:

《孝经》1903 字;

《论语》11705 字;

《孟子》34685 字;

《周易》24107 字;

《尚书》25700 字;

《诗经》39234 字；
《礼记》99010 字；
《周礼》45806 字；
《春秋左传》196845 字。

其他四经，也有人统计过，分别如下：
《仪礼》约 57114 字；
《公羊传》约 44302 字；
《谷梁传》约 40927 字；
《尔雅》约 10809 字。

字数加在一块也差不多，接近 65 万字。

放在现在，这些字数也许不算多。四大名著里《红楼梦》73 万字，《三国演义》80 万字，《西游记》86 万字，《水浒传》96 万字，都比十三经字数总和多。但那是小说，是看着玩的，十三经每一部都是浓缩的精华，每一句几乎都能拆开讲半天，以《孝经》为例，不到 2000 字，历代以来多少人在做研究？又出了多少本、多少篇研究著作？

所以，65 万字不少了，全写在书简上那不得了，刻成线装书，体量也很大。

但是，有人却把它们一篇一篇、一个字一个字地刻在了石碑上，这就是石经，说起它的起源，在东汉熹平年间。

汉武帝刘彻采纳董仲舒"罢黜百家，独尊儒术"的建议，儒家典籍被法定为教科书，设立专门博士官讲授。但是，在没有印刷术的年代，制定标准版教材成为一个问题，各家手里的教材都是上一代传下来的或者抄来的，时间久了难免有误，造成版本上的混乱。

汉代的读书人喜欢文斗，动不动搞辩论，辩急了大家都去找依据，结果你拿来的和我拿来的不一样，越辩越混乱。有人说，国家图书馆（兰台）里所藏的应该是标准版，可以找来对照吧。结果，兰台经常就被这些无聊的人打扰，输了的人也有招，那就是想办法改兰台里的权威版本，改成与自己一样的，于是兰台收藏的经籍被改得面目全非。

到汉灵帝时，大学者蔡邕实在看不下去，向汉灵帝建议给这几部书考订出一个权威版本,刻在石头上,让谁都不能改。汉灵帝是出了名的混账皇帝,也是个抠门皇帝,但他居然批准了这个建议,让蔡邕负责这项工程并亲自书撰碑文,这是蔡先生的强项,因为他是当时最著名的书法家之一。

在蔡邕主持、一批当时最顶尖的学者参与下,这项工程后来真干成了,成为东汉帝国在文化教育方面的一座丰碑。经文一共刻了46块,立在洛阳太学门外,作为读书人学习和考试的范本,由于建设在汉灵帝熹平年间,故称"熹平石经"。

所以,在古代把经书刻在石头上,可以理解为印刷术发明前的一种图书编辑出版活动,最重要的考虑是保存经典,统一版本。

二 历代著名石经及流传情况

"熹平石经"是第一部著名石经,在它之后至少还有6部这样的石经,分别是曹魏正始石经、唐朝开成石经、五代蜀石经、北宋汴学石经、南宋临安石经、清乾隆石经。

1. 正始石经

三国曹魏时期刊刻的碑石经书,又名"魏石经","三体石经"。初刻于正始二年(241年),原立于魏都洛阳南郊太学讲堂,遗址在河南偃师佃户乡。

正始石经用篆文、古文、隶书等3种文字刻成,这是它最有特色的地方,因此又称为"三体石经",但碑文仅有《尚书》、《春秋》2种,从左向右刻写,碑文每面约33行,每行60字,共有28碑。该石碑后毁,现存残石共2576字。

2. 开成石经

唐文宗(李昂)大和四年(公元833年)由艾居晦、陈玠等人用楷书分写,约用了7年时间刻成的一部石经。

唐初诏命经学大师贾公彦、孔颖达订正经籍,至文宗大和年间,在郑覃、唐玄度的建议下,依汉故事镌石太学,计有《周易》等 12 种经书。共刻 114 块碑石,每石两面刻,共刻经文 650252 字。每碑经石高约 1.8 米,面宽 0.8 米。下设方座,中插经碑,上置碑额,通高约 3 米。1949 年以前"碑林管理会"将碑石去额平列,成现存的形状。开成石经的版面格式与汉魏石经不同,每碑上下分列 8 段,每段约刻 37 行,每行刻 10 字,均自右至左,从上而下,先表后里雕刻碑文。每一经篇的标题为隶书,经文为正书,刻字端正清晰,按经篇次序一气衔接,卷首篇题俱在其中,一石衔接一石,故不易凌乱。可见当年刻石是颇费一番构思的。

开成石经当时立于长安国子监太学,今存西安碑林,是国宝中的国宝。

3. 蜀石经

镌刻于后蜀广政初年,由后蜀宰相毋昭裔主持领导这项工作。后蜀时完成了《孝经》《论语》《尔雅》《周易》《毛诗》《尚书》以及"三礼"(《周礼》《仪礼》《礼记》)。"春秋三传"(《公羊传》《穀梁传》《左传》)则到北宋皇祐元年(1099 年)才最后完工。因为《孟子》一书在北宋中期才作为官方教材、上升到"经"的地位,所以宋徽宗宣和五年(1123)年,由蜀师席贡等人将其刻石。南宋时,晁公武镇蜀,又补刻了《古文尚书》。

也就是说,蜀石经全部完工,用了 187 年。

蜀石经本来"石逾千数",安放在后蜀的太学——宋代的府学(今成都石室中学内),专门设石经堂保存。但这笔珍贵的文化遗产却在宋末元初的兵火中毁了。到 1938 年,才在一次偶然的施工中发现了数十块残片。

4. 汴学石经

北宋庆历元年至嘉祐六年(1041-1061 年)用篆、楷二体刻成

《易》、《书》、《诗》、《周礼》、《礼记》、《春秋》、《论语》、《孝经》、《孟子》等九经。又称"二体石经"、"汴学石经"。今仅存残石数枚,有宋、元、明、清各朝的拓片残本。

5. 临安石经

南宋绍兴十三年(1143年)在临安开始镌刻,成《易》、《书》、《诗》、《春秋左传》、《论语》、《孟子》、《礼记》(仅5篇)等七经。除《论语》、《孟子》为行书外,其余均为楷书。因是宋高宗御书,又称"绍兴御书石经"今杭州尚存44枚残石。有残拓本流传。

6. 乾隆石经

始刻于清乾隆五十六年(1791年),毕工于五十九年(1794年),故称"乾隆石经"或"清石经"。书经人蒋衡,一体真书,始写于雍正四年(1726年),写成于乾隆二年(1737年),乾隆五年时呈献高宗皇帝,贮于懋勤殿中,过50年始命刊刻。

该经内容为《周易》、《尚书》、《诗经》、《周礼》、《仪礼》、《礼记》、《春秋左传》、《公羊传》、《谷梁传》、《论语》、《孝经》、《尔雅》、《孟子》等十三种,加乾隆五十六年谕和六十年和坤表,共190石。分竖式、卧式两种形制,刻石既高大,石材又精良。

经石刻就后,立于太学(国子监)两庑,东西各半。现已移至孔庙与国子监之间的一块称为"埋垣"之地集中保存。

以上合称"七大石经",其中熹平石经、正始石经、开成石经又称"三大石经"。

从保存情况看,只有开成石经现存于西安碑林、乾隆石经现存于北京孔庙,其他石经都已毁,只留下一些残碑片石或拓本。

三 复刻"熹平石经"的重大价值

"熹平石经"的内容是蔡邕参校诸体文字而确定的,镌刻了46通碑石,每碑石"高一丈许,广四尺",共209011字。

为什么不是65万字呢?因为它刻的不是十三经,而是七经。

十三经的概念到宋朝才形成,汉朝立《诗》、《书》、《易》、《礼》、《春秋》于学官,称为五经;唐朝加《周礼》、《仪礼》、《公羊》、《谷梁》为九经,开成年间刻石经于国子学时,又加《孝经》、《论语》、《尔雅》为十二经;宋朝增加了《孟子》,才有十三经之说。

所以,在蔡邕的时代儒学经典只有《诗经》、《尚书》、《周易》、《礼记》、《春秋》五经,刻碑时加了《孝经》、《公羊传》合为七经,所以只有20万字多一点儿。

蔡邕主持刻制"熹平石经"的意义至少有三个方面:一是订误正伪,平息纷争,为读书人提供了儒家经典教材的范本。二是开创了历代石经的先河,用刻石的方法向天下人公布经文范本的做法,后来佛、道等诸家也学习这种方法,刻制石经,构成我国独有的石刻书籍林。三是启发了捶拓方法的发明。捶拓技术是雕版印刷术的先驱,因此石经对印刷术的发明也有间接影响。

可惜,"熹平石经"的寿命很短,汉献帝初平元年(公元190年),董卓烧毁洛阳宫庙,太学荒废,石经始遭破坏。北齐高澄时将石碑从洛阳迁往邺都,石碑在半路上掉到水里,运到邺都的已不到一半。隋朝开皇年间,又从邺都运往长安,但营造司竟用石碑做柱子的基石。至唐贞观年间魏征去收集残存石经时,已几乎毁坏殆尽。

自宋代以来偶尔有"熹平石经"的残石出土,后又陆续在河南洛阳、陕西西安两地发现一些零碎残石,民国之前残石出土共有数百余块之多,据统计共8275字。新中国成立后又发掘和收集了600余字,总计共有8800多字。自宋代洪适在《隶释》中著录石经拓本以来,历代文人学者收集、传拓石经残字以校勘经文、研究书法。现这些极为珍贵的残石分别收藏于西安碑林、中国社会科学院考古研究所、中国国家图书馆等,还有的已流散到国外,如日本中村不折氏书道博物馆就收藏残石数块。

西安碑林保存的一块"熹平石经"残石存字最多,最为珍贵,里面还有一段曲折的故事。

这块残石 1925 年出土于洛阳原汉魏时期的太学遗址上,此石两面各刻《周易》一段,是"熹平石经"的开篇刻石,非常珍贵,但出土后被分裂为二。1931 年,民国元老、近代大书法家于右任从洛阳古董商手中买到其中一块,两面存字 450 字,非常珍贵,当时商定的价格是 4000 大洋。

于右任当时只付了半价,因为没法带走,后于右任委托杨虎城借去南京公干之机,路过洛阳补给古董商 2000 元价款,取走了残石,带到南京交给于右任,1936 年又运抵西安暂存于文庙。当时日本人已逼近潼关,并开始对西安空袭。受命保存"熹平石经"的陕西省考古会委员张鹏一先将其埋藏于碑林东院,1939 年 10 月又挖出,乘骡车冒险出城,历尽千辛万苦,将石经运回家乡富平县董南堡村,吊挂在家中一口枯井内,并要求家人不准随便开启井盖,不准走漏消息。

1943 年 10 月,张鹏一病逝于家中,临终前一再嘱咐家人要悉心保护石经,一定要完璧送归于右任。抗战胜利后,张鹏一之子张午中唯恐石经发生不测,写信给于右任一位好友张文生,希望其将残石尽快设法运走,后来这位故友将"熹平石经"残石运至陕西三原县民治学校,不久又转运到于右任之侄于期家中。1952 年,陕西文管会派人从三原运回残石,安置在碑林。

这块残石目前放置于西安碑林博物馆第三展室,也是我每次去必看的一个展室,因为除了这块残石,这个展室里还有一块我最常关注的《曹全碑》。

上面这个故事说明了什么呢?说明"熹平石经"是多么珍贵。

1931 年的 4000 块大洋能买什么?翻翻《鲁迅全集》就知道,位于阜成门内的鲁迅故居(现鲁迅博物馆)是他花 800 块大洋买的,这里我去过好几次,因为比八道湾的那个故居好找,坐地铁从阜成门站出来朝白塔寺方向走不一会儿就到了,繁华地段、闹中取静,一个四合院,3 间南房、3 间正房,东西还各有 1 间小厢房,正房后面有一口井,几棵树,一个小花园。

鲁迅购置这处房产的时间比于右任买石经早了几年，但那几年是物价涨幅还不算大的时期，于右任不买石经，拿4000大洋可以买5个"鲁迅故居"。阜成门内大街宫门口二条一个四合院，按现在的价值来看，1个亿肯定有吧？

也就是说，西安碑林所藏的这块残石，不说历史价值、文物价值、学术研究价值，单说资金价值，至少也有几个亿。所以，大家再去碑林，一定要到这块残碑前驻足片刻。

说这么多，是想说明"熹平石经"的珍贵，一片残石，还是在乱世之中，于公都肯付出这么大的代价，说明它的确太重要、太有价值了。

如果有朝一日，几十块"熹平石经""集体复活"了，那将是一个什么场景呢？说它是第二个秦始皇兵马俑，我看也不过分。

但复活是不可能的，唯一能做的就是复建它，如果能按照它当初的模样再建一部"熹平石经"，那也足以惊世骇俗，引来众人的礼赞和景仰吧？

四　复刻"熹平石经"的可行性及方案选择

"熹平石经"已经不存在了，复刻它的确实有难度，主要在书法、形制、版本、项目投资等几个方面。但是，由于现在科技手段的进步，加上从政府到民间对传统文化的不断重视，复刻"熹平石经"是完全可行的、现实的，时机正在到来。

1. 书法问题

"熹平石经"只剩下了零星片段，过去20多万字都是蔡邕体的隶书，谁能重写一遍？即使书法界有这样的高人，写一遍需要多少年？

这是第一个方案，摹写，不容易办到。

第二个方案是另写，不考虑字体，请一位或多位书法家用他擅长的书体写就行，这个相对容易，时间周期也可以缩短。

但是，第二个方案效果就大打折扣了，给人一种"人造景点"的感觉。

其实,还有第三种选择,复原。

"熹平石经"残石被陆续发现后,有许多学者投入了研究,取得了丰硕成果,形成了《汉石经考异补正》《汉石经集存》《汉石经集存续编》《汉石经集成》等一批著作,其中马衡所著《汉石经集成》收录 8800 多字,剔除重复,当可以建立一个"熹平石经字库"。对于一些没有的字,可以利用计算机复原手段借助偏旁部首进行重造。这样,就能得到一个完整的字库。

字库有了,利用计算机排版技术就可以轻松排出《熹平七经》的全文,排列格式可以参照西安碑林那块较大残石进行,以最大程度的还原"熹平石经"的原貌。

有人或许会说这样做还不够严谨,我们认为不然。如果复原的是蔡邕的一幅书法作品,这样做就不可行,因为书法除字体外还讲究章法布局,打乱重排破坏了整体美感。但"熹平石经"本身不是书法作品,它是教材,整齐、清晰是它要突出的,所以上述复原方法不会影响复刻"熹平石经"的真实性和价值。

这种"集字法"也早有先例。西安碑林现藏《大唐三藏圣教序》(简称《圣教序》)原来由唐太宗撰写,唐初四大书法家之一的褚遂良所书。后来,僧人怀仁从王羲之书法中一个一个集字,用"王羲之的字"重新完成了一篇碑文,也刻了一块碑,称《唐集右军圣教序并记》或《怀仁集王羲之书圣教序》,与前一块碑都是西安碑林的镇馆之宝。

2. 形制问题

史书有明确记载,"熹平石经"共 46 块,平均下来每块合 4500 多字,从西安碑林所藏残石看,当初和开成石经一样,是两面刻字的,相当于每面 2200 多字。

现在没有留下一块完整的石碑,只能根据史料来判断"熹平石经"的碑制了。史书记载,"熹平石经"每碑高 1 丈、宽 4 尺,如果按现在的尺寸,这就有些太大了,尤其是太高,1 丈合 3.3 米,我们住的房子现在通常3米左右,换个天花板上的灯管还得搭梯子,再向上延几十公分,得把头仰得多高才能看到?而上面是那么小的、密密麻麻的字,根本没法看清了。

所以,我们认为所说的1丈高并不是今制,而是古制,如果是汉制的话,1尺约相当于今23.5厘米,1丈相当于2.35米,还是挺高的,如果像开成石经那样有碑额的话,减去碑额,就差不多了,适合观摩学习。

所以,石碑的形制关键在于考订清楚是哪一种尺寸,尺寸定下来,然后按照现存的汉碑外形去设计,之后用计算机排版复原。

这样,46块碑的设计就出来了。

3. 版本问题

字体、形制问题解决了,还有一个大问题,经文的版本问题。这个问题最麻烦,因为蔡邕书写的那个版本,现在已经不在了。

汉代经学存在今文经学和古文经学之争,问题相当复杂,这里不详述了。总之,经文在当时就有不同版本,所以不久后曹魏时期又刻了一部"正始石经",因为蔡邕用的是今文,古文不干,"正始石经"就用古文经学刻了一版。

当然,这个问题还在争论,有人认为其实版本都一样,大家争的不是版本,而是治学精神、态度。但不管怎么说,这为复刻"熹平石经"带来一个巨大挑战。

如何解决这个问题?我有一个大胆的建议,那就是不妨抛弃版本之争,把"熹平石经"和"开成石经"结合起来,用"熹平石经"形式(字体、形制)、"开成石经"的内容(经文)来完成新的石经的复建。

"熹平石经"是汉代文化的高峰,"开成石经"是唐代文化的高峰,二者结合,不就是"汉唐高峰"吗?

如果有人认为这不是原汁原味的"熹平石经",那不妨我们给它另起一个名字好了。豫人策划曾提出一个"近平石经"的概念,第一次看到时觉得眼前一亮,但又觉得由于众所周知的原因,真正落实下来恐怕很难。不过,如果按照上面的方法复刻"熹平石经"的话,我觉得用"近平石经"这个名字最恰当不过了。

不是附庸风雅,更不是攀龙附凤,我们理解的"近平石经"意思是"我们能最接近的'熹平石经',至于其他,属于巧合。

盛世修史,盛世才能带来文化的繁荣。一部《四库全书》,让我们更加理解了什么是康乾盛世,如果没有这部书,康乾盛世岂不有些许缺憾。当然,复刻一部"熹平石经"远不能与《四库全书》相媲美,但这是发扬传统文化的一项具体工程,如果它真的能建成于"熹平石经"原"工程总监"、书写者蔡邕的故里圉城,那应该不仅是圉城的自豪,而是杞县、开封乃至河南的自豪!

4. 项目问题

在豫人策划孜孜不倦的努力下,蔡邕故里圉城的古城复建已有了蓝图构想,部分项目已开始启动,在这些项目里,豫人策划对建设"蔡邕碑林"情有独钟。复刻"熹平石经"正好可以作为"蔡邕碑林"的启动项目,以此为带动,迅速扩大"蔡邕碑林"的规模。

西安碑林中外驰名,是我国的第一大碑林,它建于北宋哲宗元祐二年(1087年),当初就是为保护"开成石经"而修建的,以后归集的石碑越来越多,有了名气,成为权威,有些地方新发现了前代石碑,为了保护自然想到要送到碑林来,我们格外关注的《曹全碑》就是这样的例子,还有上面谈到的反复接到的于右任所购"熹平石经"残石,之所以这些无比珍贵的碑石"主动"来到碑林,就这是文化聚集效应的结果。

相信复刻"熹平石经"项目完成后,也可以产生同样的聚集效应,吸引大批各代石碑前来"安家落户",也吸引当代各路名家、名作向这里汇集。所以,豫人策划把建设一个高品质碑林作为圉城复建的重点项目之一,眼光十分高远。

具体到项目落实上,我们有以下建议:

(1)政府参与,引导项目建设。鉴于复刻"熹平石经"(或者称"近平石经")项目有着重大的历史意义和现实价值,地方政府应给予高度重视,在豫人策划已提出的圉城复建"1＋1＋N"模式的基础上,广泛吸引投资者参与,尽快启动这一项目。项目选址和投资方落实后,聘请一家水平较高的计算机设计公司,开始"熹平石经"字库建设,尽快完成复刻石碑的设计工作。或者以上两步同时进行,节省时间。

（2）组织广泛的宣传活动。如召开"熹平石经"专题研讨会、组织专家学者写文章在报刊网站发表、在新闻媒体发消息等,使社会更加了解"熹平石经",形成一个热潮,必要时由地方政府出面召开新闻发布会。

（3）为了进一步引起关注,可以联合有关影视公司,以"熹平石经"的诞生与毁灭、于右任所购"熹平石经"残石这一国宝的艰险历程等为背景创作影视、小说等作品。

（4）豫人策划曾提出过一个很好的思路,就是采取众筹的办法扩大碑林建设,一边复刻"熹平石经",一边吸引更多投资者和个人参与"蔡邕碑林"的建设。

（5）待"蔡邕碑林"初具规模后,启动"蔡邕书法学校"等项目的建设,把圉城打造成中国的书法之乡,并逐步向产业化发展。

武陟县妙乐寺文化献疑

刘坤太

位于今河南省武陟县虹桥乡张村附近的妙乐寺，曾经是一座驰名海内的千年古寺。虽历经沧桑，佛寺初创之时日已无实物可证，但仅从史籍所载，若证其历史久远，还是毋庸置疑的。在初唐名僧释道世所著《法苑珠林》卷五十一中，记载了中国佛教史上著名的"分佛祖真身舍利置于中土十九塔"盛事，其中就明载第十五份舍利安放于"隋怀州妙乐寺塔"中。足可见早在隋朝，妙乐寺在佛教界已经具有举足轻重的重要地位。

自隋以降，官私史籍中有关妙乐寺的记载绵绵不绝。特别是自后周显德间重建妙乐寺塔之后，妙乐寺更是因塔而显，成为中原佛界名胜。一度曾发展到"六院分列、形势甚阔，回廊绕榭、磬磬囷囷。"惜近世几历水患，妙乐寺圮废荒没，仅有古塔一柱及残碣数枚，隐约还在向世人透露着往日辉煌。

如今欣逢盛世，焦作市委市府及武陟县各级领导，把弘扬地方优秀传统文化当做重要工作任务。采取了一系列有效措施，努力发掘本地厚重的历史文化资源，为提高本地的精神文明环境、构建新型和谐社会营造良好的文化氛围，同时也为发展当地文化产业和旅游产业服务。在此背景下，武陟妙乐寺文化研究，也被提上日程。荒废百年的千年古刹妙乐寺，越来越多地受到宗教界、学术界、文化界、旅游产业等各界的关注，相继取得了一大批可喜的研究成果。

然而，由于种种原因，特别是史籍阙如与实物湮灭，使我们难以准确地全面揭示妙乐寺文化的真实风貌。为了尽可能深入地进行研究,我们借本次妙乐寺文化专题讨论会之良机,谨以学术献疑的方式,把我们的一些学术猜想梳理公布,以期抛砖引玉,向学界请教,为妙乐寺文化研究贡献绵力。

一 寺名献疑:"妙乐(lè)"还是"妙乐(yuè)"?

本寺之名,现有两种读法。一种是读为"妙乐(lè)",另一种是读为"妙乐(yuè)"。如现在寺内的导游解说员,给游客讲解时就是念做"妙乐(yuè)"寺。

"乐"字多音,二读现象很是自然。想千百年来,士庶官民,一定各从其便,必不能全然统一。所以,寺名两读,并不是今日才有的现象。若从俗讲,二读均为嘉言,并无深究之需。然从学术角度考察,二者在文化意蕴等方面颇有差异。为了更有利于阐发本寺的文化取向,我们还是应该对此稍作釐定,以为文化导向之意。于是,我们要向各位大家请教:本寺之名,乐(lè)、乐(yuè)孰是?

目前我们见到有关寺名读为"妙乐(yuè)"的所有说法,均不见于史籍,只是当地有传说此地未建寺之前常能听到美妙的乐声,有好事者拟作仙乐,因而在此修寺并以"妙乐(yuè)"为寺名。这种传说当然很美,也为当地某些士人津津乐道,因而至今寺内的讲解员仍沿用此读,首先要向游客介绍这种传说,以图正视听。

由于本寺创建的相关史料全然无存,这个传说是否真实当前是实在无法确证。不过,即使是这种传说流传千年,其不确定性,却也是非常明显的。按常理来说,本地在未建寺之前常能听到"仙乐",本身是违背自然规律的。偶然一次尚有可能,经常有之则不近情理,细究起来,世上并不能找到这样的地点。因而由此而建寺并由此而称寺名为"妙乐(yuè)",是很不靠谱的事情。倒是在建寺之后特别是建起现存这座十三级密檐宝塔之后,因塔身对远处声音的反射或会聚功能,可以在塔前听到远处乐声,恍然如在塔中,才足以引起"妙乐(yuè)"之类联想。所以,"妙乐(yuè)"之说,只能是在建塔之后才会有之。据史籍考据,本寺初建时并无此塔。此塔虽有前身,但根据中国传统,并无先有寺塔后建寺院之理,不难想像,本寺创建之时,一定不会因塔音美妙而以"妙乐(yuè)"为名的。

再考武陟方言,民间根本没有"音乐(yuè)"、"乐(yuè)曲"、"乐(yuè)声"、"乐(yuè)队"之类口语词汇,当地人绝不会很自然地把"乐"念作"yuè"。众所周知,现在的武陟方言中保留着较多的中原古音。特别有趣的是:现在武陟方言中仍然把与"乐"的另一音"yào"相同的"药(藥)"字读作"yè",居然是与"乐(lè)"(樂)同韵。由此可以想知,即使是千年前的当地士绅,把"樂"字错看成"藥"字,也是绝不会把寺名"雅读"作"妙乐(yuè)"的。

另外一读为"妙乐(lè)",其实更符合中国佛教文化。在中国传统佛教文化中,"妙乐(lè)"是一个专有词,有以下几种特定含义:

1. 佛教以"世尊"之首座为"妙乐(lè)"

据明人徐应秋撰《玉芝堂谈荟》卷十五《古佛名号》载:

> 六祖云:古佛应世已无数量……释迦牟尼佛则贤劫第四尊也,人寿百岁时出……世尊始妙乐(lè)上德,终须弥山王,凡十有二;如来始宝莲华步,终宝生德,凡六千七十有六。

2. 佛教以西方"极乐世界"为"妙乐(lè)国土"

《法苑珠林》卷四十七载:

> ……世尊掷衣塔上……塔放光,遍照百亿国土。一切苦辄蒙光皆除,犹如天树妙乐(lè)国土。如来发声,普告诸佛:我欲涅槃……

《广弘明集》卷二十四载梁刘之遴吊震法师亡书:

> 弟子刘之遴顿首……泡电倏忽,三相不停,苦空无我,五阴宁

住。尊师僧正,舍寿阎浮,迁神妙乐(lè)。虽乘此宿殖,必登善地……

《法苑珠林》卷一百十七又载:

……问天人持钵因缘,天人答曰:如来成道已至第三十八年,于祇洹精舍重阁讲堂上,佛告文殊师利菩萨:汝往戒坛所鸣钟,召十方天龙及比丘、诸大菩萨众等,普集祇洹。文殊依教召集,皆来祇洹。世尊以神通力,化祇洹精舍如妙乐(lè)国。眉间放光,徧照十方,地皆六种震动。有百亿释迦,同来集会。十亿妙光佛,亦集祇洹。世尊跏趺坐,入金刚三昧。地又大动,从三昧起出大音声,普告三千界一切诸来大众……

不仅佛界如是说,长期以来,我国古代民间也是以"妙乐"为世外理想胜境的。如著名的《颜氏家训》卷下中,颜之推就曾企望:"若能偕化黔首,悉入道场,如妙乐(lè)之世、穰佉之国,则有自然稻米、无尽宝藏,安求田蚕之利乎!"

《闽中陈氏猗文阁原拓珍藏》中有北魏延昌三年(514年)七月九日刘归安造像拓片称:"愿使未来世中直生西方妙乐(lè)国土,见佛闻法,自识宿命。"

出土于山东高青县的北齐天统四年(568年)二月廿三日谢思祖造像铭则称:希望亡子"托生西方妙洛(乐)国土,苓花(龙华)树下,恒与佛会"。此处以"洛"讹"乐",更说明古人以读"妙乐(lè)"为是。

其实,从来不会有人把"极乐世界"读作"极乐(yuè)世界",也没有人会把"西方乐土"读作"西方乐(yuè)土"。"托生西方妙洛(乐)国土"、"愿使未来世中直生西方妙乐(lè)国土"之类铭记,显然都是佛门"妙乐(lè)"正音的确证。

3. 佛界以"妙乐(lè)"为持戒修炼觉悟之后的"种种欢乐"

《法苑珠林》卷一百五载:

譬如有人厌患贫穷,供养诸天满十二年,求索富贵。天愍此人,自现其身而问之曰:'汝求何等?'贫人答言:'我求富贵,欲令心中所愿皆得。'天与一器,名曰"得瓶"。而语之言:'所须之物,从此瓶出。'其人得已应意,所欲无所不得。得如意已,具作好舍、象马车乘、七宝具足。供给宾客,事事无乏。客问之言:'汝先贫穷,今日何由得如此富?'彼人答言:'我得天瓶,瓶能出此种种众物,故富如是。'客语之言:'出瓶见示并所出物。'彼人闻已,即为出瓶,瓶中引出种种众物。其人憍泆,立瓶上舞,瓶即破坏。一切众物,一时失灭。持戒之人亦复如是。若能持戒,种种妙乐(lè),无愿不得。若人破戒,憍泆自恣,亦如彼人破瓶失利也。

《广弘明集》卷十三又载:

> 夫妙乐(lè)资三德乃成,法身为五分所立,是以生灭顿遣,圆觉之性乃彰。

小结:如从以上分析,本寺寺名之读,不当读为"妙乐(yuè)",或当如"妙乐(lè)"为是哉?想本寺欲重新海宇,前程之辉煌,指日可睹。为免日后因寺名之歧义而抱憾于佛界、学界,不如从今即为更正为是。

二 宗派献疑:本寺之佛文化属何宗何派?

我国佛教古寺,非常注重宗派传承,这是中国佛文化之一大特色。寺院文化之属,莫如宗派之辩。各大佛教祖廷,自然不必多言,即使小寺兰若,也皆有宗派之属。虽宋、明之后有百宗归禅之说,中原亦有汉藏和融之举,但并不影响大小各寺明标流派,彰显传统。如今我们要想弘扬妙乐寺承载的佛教文化,那么必然要先确定本寺的佛教宗派,然后才可循系而为,确立本寺佛文化的特色及其在佛教界的地位。

从现有史籍记载,并没有关于本寺文化宗属的确证。由是我们无法确知其文化属性,从大处说,是密宗?是禅宗?抑或其他;从小处看,是禅宗之临济、曹洞宗之属抑或其他?是华严宗之"五教十宗"之属抑或其他?如此等等,不一而足。如不解决这一问题,势必影响我们以后的文化构建任务。于是,我们要再向各位大家请教:未来本寺开发之时,本寺之佛文化按何宗、何派定位?

考诸史籍及地上文物遗存,历史上的妙乐寺,至少具有三种佛教宗派文化特征:

1. 净土宗文化

净土信仰源于古印度。古印度盛行有关人生是苦的基本观念,从而寄希望于脱离现实的娑婆世界,往生超越尘世的净土世界。佛教传入中国之后,把"往生极乐净土"观念作为与中国传统文化相融的桥梁,迎合了社会各界对来世幸福的向往,从而迅速得到社会各界的认同。净土崇拜,也成为佛教中国化的重要特色。早在魏晋之时,净土即成佛教各派争相宣扬的基本教义之一。此后,有昙鸾于北方专修净业,立难行、易行二道之说,主张以弥陀如来本愿力为根本,为建立净土宗奠定了基础。

隋唐之际,由名僧善导完备了净土宗的教义和行仪。此后历经唐、五代、宋、元至明、清,净土宗一直很盛行,净土信仰深入民间,也成为中国佛教的基本信仰。大乘各宗多以净土为归,曾经盛极一时的天台、禅、律诸宗,都把净土理念纳入本宗。五代末杭州永明寺(净慈寺)僧延寿著《万善同归集》,特别倡导禅、净兼修,从而使净土崇拜成为中国佛教寺院最为常见的文化特征。

从现存的相关史籍和文化遗存来看,本寺至少在建寺早期应是一座净土宗寺院。其最明显的证据,是本寺寺名。当初建寺者以"妙乐(lè)"为寺名,绝不是随意而为,而是为了彰显本寺的净土宗文化特色。

何以言之?如前所述,所谓"妙乐(lè)"者,虽有多义,其实指为"西方极乐净土",则为僧俗各界之共识,因而"妙乐"与"净土"互为依存。如宋人葛胜仲《丹阳集》卷十三称:

>……西方妙乐,以净为缘。净、业相应,报土现前。不历僧祇,得大解脱。铭以着之,用警来哲……

再如《书画题跋记》卷九中，记有元初著名书画家赵孟頫（松雪）"书中峰怀净土偈诗后系赞"，其中称：

> 净土偈者，中峰和上（尚）之所作也……悯群生之迷涂，道佛境之极乐。或驱而纳之，或诱而进之，及其至焉一也。

由此可以想见：在中国佛文化传统中，"妙乐"与"净土"是同一内涵。无论本寺初建于两晋抑或南北朝，都是处于"净土"理念传播或风行之时。当本寺初创之时，既取名"妙乐"，必欲引人向往极乐净土者也，必欲张扬本寺以修净土为归宿者也，必欲彰显本寺以净土妙乐普度众生之胜境者也。因此，我们是否可以如此猜想：本寺初建时，其文化宗派应属于佛教中的净土宗。

2. 密宗文化

佛教密宗，兴起于7世纪东印度的波罗王朝时期，以《大日经》等经典的形成为代表，以那烂陀寺、欧丹多富梨寺、超岩寺等寺院为中心，各自活动发展。唐朝中期，通过开元三大士等人传入中国，形成了唐密。其特色是充满神秘色彩，重视咒语，讲究神通与及神秘体验，可通过道场作法驱使鬼神，直接为信众驱凶祛灾，因而广受信众们的重视。唐宋以降，密宗虽然也曾受到几次打击，但因其具有很强的现实性和实用性，对于慌不择路、饥不择食的信众们来说，总是为了"心诚则灵"的美好祈望，而对密宗寄予更多的崇拜。密宗文化，也就成为中国佛教文化流派中非常重要的一个分支。因此，我们在现存妙乐寺的相关史籍和遗存中，可以看到很鲜明的密宗文化等号，例如：

（1）武陟县社邑降魔大随求经幢

在妙乐寺塔旁边，曾经树立有一座北宋兴国六年（981年）八月建造的"降魔大随求经幢"，幢凡八面，每面八行，行六十字不等，现存于寺内。经过笔者与佛经比对，确认所刻为密宗佛经中的《大随求陀罗尼》汉字梵音原咒。可以想见，在北宋时期，武陟社邑信众要在妙乐寺中建造这样一座密宗经幢，绝不会是一件小事。它一方面说明当时密宗文化在当地具有强大势力,另一方面也说明地处武陟的妙乐寺,当时一定是具有鲜明的密宗特色。否则,这座经幢是不可能建造在寺中的。

(2) 准提观音

妙乐寺何时开始供奉准提观音,史籍和现存文物都无明载。妙乐寺清乾隆二十九年(1755年)《重修白衣殿并创建东禅堂碑记》载:"妙乐塔顶花棕(?)日,蹬道盘空,武邑之一大观也。接正殿之西,有白衣殿二楹,与东殿准提相为左右辅弼。"可见,至迟在清朝中期,密宗六观音中的准提观音,曾经是妙乐寺的首席陪侍菩萨。

在中国佛教文化中,密宗认为,观世音菩萨度化六道众生时有六种变化身:

● 圣观音:主救度饿鬼道众生;
● 千手观音:主救度地狱道众生;
● 马头观音:主救度畜生道众生;
● 十一面观音:主救度阿修罗道众生;
● 准提观音:主救度人间道众生;
● 如意轮观音:主救度天道众生。

在密宗的六大观音中,由于准提观音是救度人间道众生时的观音化身,所以她救度信众的愿力最大。她特别注重人间的净化,能摧破一切人间道众生之各种惑业;她也非常关怀人间道众生的各种福报改善等人间现世生活,能成就人们现实中如祈财、祈寿、祈子、祈官、祈福、祈学、祈美以及求聪明智慧、求狱讼公平、求夫妇敬爱、求亲邻和睦、求戒除恶嗜、求灭除罪孽、求远离恶鬼恶贼等等,是佛教僧侣用以彰显佛法的重要载体。信众们在准提观音前表达的种种祈愿,都可以得到满足。另外,在中国佛教的其他宗派文化中,都以"来世报"作为最终愿景,唯有密宗宣扬"现世报"。密宗经典特别强调:崇拜准提观音,能改变人现世的命运,能立即为困顿苦厄的众生排忧解难,不管信众身在何处、心有何求,都有适合对应的方法。信众们不再只是寄望于来世报,而是在重视现世的前提下,达到福智双成,直至圆满菩提。

所以,准提法门跟其他佛法的法门相比,更容易为广大信众所接受。

正因为准提观音有如此法力,在密宗中的地位也很高。《大教王经》云:"七俱胝如来三身赞,说准提菩萨真言,能度一切贤圣。若人持诵,一切所求,悉得成就,不久证得,大准提果。是知准提真言,密藏之中,最为第一,是真言之母,神咒之王也。"

当然,观音崇拜,并不是密宗独有。至迟在元明时期,佛教各宗派都程度不同地接受了观音文化。不过,虽然众多汉地佛教寺院中一般都供奉观世音菩萨,却是以供奉千手观音或水月观音者居多,供奉准提观音并且建殿为首席陪侍的却不常见,而将准提殿与供奉白衣观音(汉地三十三观音之一)的白衣殿相对而设者更为少见。限于史料,我们无法确定妙乐寺的准提殿始建于何时,或是受清朝藏密东传的影响,或是本寺宋元以来早已如此。无论如何,妙乐寺既供奉白衣观音,又将准提观音置于如此地位,足可见本寺密宗文化色彩之浓烈。

3. 禅宗文化

在现存与妙乐寺相关的史籍和文化遗存中,没有任何关于本寺与禅宗"一花五叶"、"五家七宗"流派相延相承的确证。作为海内十九真身舍利宝塔之一的妙乐寺,居然与中国佛界长期占据统治地位的禅宗毫无牵连,这本身似乎是不可思议的。也许是受"禅无定形"之影响,"无禅即为禅",目前还不敢妄下雌黄。但是,本寺地处中原要冲,在"百宗归禅"的大浪潮之下,决然不受禅宗文化影响,却是不可能的。至少在当地人对妙乐寺的记忆中,我们还是可以看到禅宗文化的零星符号,例如:

清嘉庆二十四年《重修妙乐塔记》碑载:……又于塔后,创建禅院四楹……

再如清人安昌的《夏日杂咏》中唱道:

妙乐浮图插远天,残碑断画散荒烟;

禅情诗意频难著,日及花开朝可怜。

当然,妙乐寺历代文化遗存中如此缺乏禅宗文化元素,并不代表其完全与禅宗隔绝。在中原地区几乎以禅代佛的大背景下,妙乐寺必然也会受到重大影响。只是本寺近代湮灭,禅宗文化中更具禅宗特征的寺院生活细节已不可考,给我们的猜想增加了难度。以上两条,只是作管而窥其一斑者也。

小结:根据以上分析,是否我们可以这样猜度:虽然妙乐寺存有多种宗派文化内涵,若究其本源,似乎还是应归属于净土宗。若述及本寺文化受其他宗派之影响,则显然以受汉地唐密文化影响最为突出。需要特别提及的是:虽然后代有"显密圆融"、"百宗归禅"和"禅净合一"之说,都是佛教在中国文化背景下不断演变的表现,并不是妙乐寺的必然。尽管在这样的大趋势之下,妙乐寺仍然没有被其他佛教宗派所取代,其他宗派文化始终没有在妙乐寺中占据上风,更可反证其净土宗派的文化归属之坚定。

余　　言

仅从对妙乐寺的以上两则文化猜想,已足可说明本寺文化蕴含之厚重。在中国古代传统社会中,佛寺并不仅仅是宗教活动中心,还承担着地方文化中心、艺术中心、伦理教育中心、心理救赎中心、慈善救济中心等社会功能。因此,妙乐寺这样在当地首屈一指的著名寺院,对于当地社会经济政治生活产生着重大影响,也对当地居民的文化生活发挥着巨大影响。如今我们对妙乐寺文化的研究,其实是揭示当地传统文化发展脉络的重要途径。例如,在妙乐寺的现存碑刻中,还有不少关于本寺受儒、释、道"三教圆融"影响的记载,为本寺的佛教文化增加了不少历史特色。其中民国三年(1914年)《重修妙乐塔并金妆神像碑记》中,记载当年维修妙乐寺塔之后,"又于塔之东偏,添修广生殿三间"。"广生殿"是道教崇拜药王广生帝君的神殿,居然堂而皇之地坐落于佛寺之中,显然反映着当时社会佛教文化对道教文化的高度包容。其他值得引起我们注意的文化亮点还有不少,在今后妙乐寺文化旅游开发之中,都可通过深入研究,揭示其与众不同的文化特色,为弘扬地方优秀传统文化,提供有益的借鉴。

恭祝朱绍侯教授九十高龄华诞

朱 寰 赵德贵

2015年11月,朱绍侯教授欣逢九十高龄华诞,我们作为老同学、老朋友感到由衷的高兴,谨向绍侯学友及其亲属表示由衷的祝贺!似水流年,转瞬即逝!回想起20世纪40年代末和50年代初,即中华人民共和国建国前后,我们青年学子,齐济一堂,在中国共产党新建的东北师范大学接受教育,实在是一件幸事。我们东北青年,刚摆脱了日本军国主义的奴化欺凌,开始接受马克思主义理论和专业教育,实在感到亲切幸运,看到了希望,并且逐渐认识到中国共产党是我们青年的再生父母。我们每个人都深切地体会到,东北师范大学的几年教育,决定了我们的终生。东北师范大学的前身是解放区东北大学。1945年日寇投降后,党中央从延安大学抽调部分干部和教授,到东北解放区创建东北大学。他们于1946年2月在本溪正式建立东北第一所综合性大学,首任校长为张学良将军的胞弟张学思。1946年6月校址迁到佳木斯。随着东北解放战争形势的发展,1948年7月校址又从佳木斯迁到吉林市,与原吉林大学合并;1949年7月,东北大学校址最终确定在长春。1950年根据国家教育事业发展的需要,学校易名为东北师范大学。

朱绍侯教授与赵德贵在历史系本科学习期间为同班同学,后来又一同在研究部学习和研究中国古代史,只是朱绍侯重点研究中国古代史上段,赵德贵重点研究下段。朱寰比他们高一个年级,并在1951年开始担任助教。朱绍侯在学期间,是一位品学兼优的大学生和研究生,学习勤奋刻苦,善于提出问题和解决问题。在本科班同学之间,经常提出问题和同学们研究讨论,赵德贵说,朱绍侯不仅在学习上很愿意帮助同学,而且在生活上也非常关心同学。朱绍侯对我的帮助,直到今天还记忆犹新,满怀感激。我们二人是沈阳同乡,1949年我哥哥在沈阳车辆厂当工人,由于内战的关系,车辆厂发不出工资,家中经济困难,暑假期满后我没有钱买火车票回长春。我为此着急发愁,泪流满面。就在此时朱绍侯到我家串门,看到我正在哭泣,他问我母亲为什么?我母亲说:"她因为没有钱买车票回学校,急得流泪!"朱绍侯同学听到后忙说:"你别着急,我借钱给你买票回学校。"赵德贵一听,有了贵人的帮助,赶忙表示多谢!朱绍侯同学的帮助,使我终生难忘!由此我们联想到,沈阳长春之间200多公里路程的火车费我家都感到极大的困难,如果东北师范大学需要交学费和伙食费,那我就不能上大学。恐怕不只我一个,可能当时的同学中十之八九都得退出大学。所幸在1949年当时的东北师范大学不收学费和伙食费,共产党和人民政府全部供养和培育这批大学生。所以我们对党和人民政府的大恩大德,铭刻在心,永世不忘!

朱绍侯同学1954年在东北师范大学研究生部毕业后,被分配到河南大学任教,迄今已经60年有余。我们前后期同学在大学毕业后开始工作的年代,是一个崭新的历史时代。我们伟大的祖国刚取得了反抗日本军国主义侵略的伟大胜利,不仅洗刷了甲午战争以来遭受日本侵略的耻辱,而且还打败了日本帝国主义灭亡中国的野心;并且在紧接着的中国内战中,我国人民团结一致,坚决奋战,终于彻底战胜了国内反动派,取得了全国解放的伟大胜利,建立起共产党领导的社会主义新中国。这个伟大的时代要求我们青年学子,为新中国的文化教育建设事业贡献自己的全部力量。朱绍侯同学是我们同学中的先进者,他全心全意为祖国古代史的教学和研究服务,做出了突出贡献。真可谓爱国敬业,一心为公,学为人师,行为世范,终于成为国务院有突出贡献的专家。时代赋予我们这一代青年学子的历史任务,我们认为主要表现在以下三个方面。

第一，必须正确运用马克思主义辩证唯物史观，重新研究祖国五千年的历史。朱绍侯同学认为，过去的历史学工作者不管你愿意还是不愿意、自觉还是不自觉，研究历史总要体现某种理论观点：或者是唯心论形而上学观点的英雄史观、历史循环论、历史虚无主义；或者是机械唯物论的经济决定论、地理环境决定论；或者是信仰宗教的神仙决定论等等。旧史学在理论观点方面是五花八门，难求统一。但是旧时代的种种理论观点和方法都是错误的，是非科学的。只有马克思主义辩证唯物史观，才是真理，才是唯一科学的历史理论。学会运用马克思主义理论研究中国古代史，是20世纪50年代我国青年学子所面临的时代任务。朱绍侯同学在这一方面起了带头作用。他先后研究和发表了《秦汉土地制度与阶级关系》和《魏晋南北朝土地制度与阶级关系》等著作。他研究中国古代史，首先是从生产力和生产关系的矛盾运动出发，从生产方式的演变看阶级关系的变化。他认为在原始社会末期，大约在新石器时代出现的原始农业，后来在阶级社会发展成犁耕田野农业生产，土地是主要生产资料。在阶级社会里，占有土地的阶级不劳动，劳动的阶级没有土地。劳动生产成果被地主阶级所占有，这就形成了阶级剥削。剥削阶级成为统治阶级，劳动阶级处于被剥削被统治的地位。封建生产方式的本质是封建大土地所有制与个体性小生产相结合。这就是说，封建社会的生产力水平比较低，虽然有了铁制工具，也只是锹、镐、锄、犁之类的个体工具。封建主占有大片土地，只能分成小块租给个体农民来耕种，产品的绝大部分是作为地租交给封建主。中国古代社会的土地制度是阶级产生和阶级关系的根本。这些文章的命题就体现了马克思主义历史观。把中国古代社会生产方式研究明白了，就是弄清了当时社会的经济基础。恩格斯1883年3月17日在伦敦海格特公墓安葬马克思时发表的讲话说："直接的物质的生活资料的生产，从而一个民族或一个时代的一定的经济发展阶段，便构成基础，人们的国家设施、法的观点、艺术以至宗教观念，就是从这个基础上发展起来的，因而，也必须由这个基础来解释，而不是像过去那样做得相反。"①这就是说,一定社会物质生活资料的生产是这个社会的经济基础,其他政治、法律设施、文化艺术、道德宗教等,都是这个经济基础的上层建筑,是由经济基础决定的。而上层建筑对经济基础也有反作用,它促进或阻碍经济基础的发展。朱绍侯同学集中精力把中国古代社会经济基础研究清楚了,在这个基础上产生的上层建筑,也就比较容易说明了。朱绍侯同学的秦汉时期的《军功爵制研究》《军功爵制考论》等,就是研究中国古代最初的军制,以后扩及政治、司法等社会领域。这种军功爵制显然是在封建制的经济基础上所产生的上层建筑,它显然是为巩固封建经济基础服务的。

第二,必须运用现代科学技术成果,全面搜集和整理过去的和新发现的古代历史资料。对新旧历史资料进行科学整理和精确分析,得出新的结论。第二次世界大战后,新中国诞生了,整个世界科学技术的发展进入一个新时代。电脑技术和电子手机,在世界各国广泛运用。历史资料的搜集和保存进入一个新时代。朱绍侯同学认为,电脑技术的发展及其被用于历史研究,仅就中国古代史领域而言,新成果将会比20世纪更加精彩,更加辉煌,这是可以预期的。随着文物考古新发现的不断积累,不断增多,中国古代历史会有许多新的资料补充进来,再结合中国各少数民族古代历史研究的新成果,对中国古代历史一定阶段的更新和改写是可以预见的。这样,一部部呈现崭新面貌的中国古代断代史、专门史著作将会陆续面世;一部部具有崭新面貌的中国古代通史著作也将陆续面世。朱绍侯同学对祖国文化教育事业发展大好形势的预言是比较科学和正确的,新中国科学教育事业确实在蓬勃发展,不断向前。除了大家都知道的《今注本二十四史》和《夏商周断代工程》等大工程项目之外,还有许多各单位、各学者自定的新项目,即使中国古代史研究这一个侧面,发表的新著作和新成果也是难以列举的。朱绍侯同学本人不仅自己长期从事中国古代史的教学和研究工作,而且在教育部的领导下,主持全国十所大学的中国

---

① 《马克思恩格斯选集》第3卷,人民出版社1995年版,第776页。

古代史学者,发挥各自所长,共同编写一部努力运用马克思主义、毛泽东思想,掌握充实而可靠的历史资料,力图正确反映中国古代史的真实面貌,揭示出中国古代历史的发展规律的《中国古代史》(共三册)大学教材,促进了新中国古代史的教学和研究工作的发展。①

第三,必须在为人、为学和为师方面做学生的楷模。朱绍侯同学在爱国敬业和勤奋治学方面确实堪为当时青年学生的楷模。他有一首谦虚和自我勉励的诗篇:"天资愚钝凭勤奋,事倍功半终有成。聪明才智荒学业,虚度年华空一生"。就是说少壮不努力,老大徒伤悲。因此,他本人治学和教导学生们学习,都特别强调勤苦努力,这是非常正确的。常言道:"宁坐板凳十年冷,不写文章一句空";"书山有路勤为径,学海无涯苦作舟"。教书和学习都是脑力劳动的过程,既需要动脑学习、记忆,又需要动脑分析、思考。"黑发不知勤学早,白首方悔读书迟"。孔子在《论语·为政》篇中云:"学而不思则罔,思而不学则殆。"孔夫子理论的深意在于,如果对学过的东西不进行分析思考,使其转变成学人的聪明才智和实际能力,那就等于白学了;如果不进行认真学习,只是没有根据地胡思乱想,那是很危险的。朱绍侯同学教导学生要眼、脑、口、耳、手、足等五官和四肢都要勤,调动一切积极因素,促进青年学子学习成才,报效祖国,服务人民,推动人类的彻底解放。一片丹心,昭然若揭。

朱绍侯教授今年即将面临九十高龄,仍然奋斗在祖国教学和科学研究第一线,其为国为民的精神可嘉,是吾辈老同学中的佼佼者。我们代表留在东北师范大学的老同学,热烈地恭祝朱绍侯同学身体健康,长命百岁!

2015 年 1 月 10 日于长春

---

① 朱绍侯主编:高等院校文科教材《中国古代史》(上、中、下三册),福建人民出版社,1985 年版。

忠厚慈祥的朱绍侯先生

——我与朱先生的交往

熊铁基

朱绍侯先生九十大寿,我与先生相识已43年。我们共同从壮年走到了老年,值得庆幸。朱先生长我8岁,但我们有一些相同和共同的经历。我们都是20世纪50年代新中国入列和成长起来的学人,学术人生的经历是基本相同的,时代是相同的,学术发展的大小环境是相同的,中国古代史专业是相同的,在高等学校工作是相同的,在许多相同的情况下我们有不少的交往。

20世纪50年代到70年代,学术界的学术活动不多,学者之间的交往以师生和同学关系为主。我1972年到河南、陕西参观考察,就是朱先生的同学当时我的同事吴量恺同志介绍找的朱先生,朱先生带我们一行三人挤公共汽车四处参观。当时朱先生好像手臂受伤,缠有绷带,这样的情景年轻人恐怕难以想象了。也许因为这种关系,后来朱先生主持十院校编《中国古代史》教材时,就邀请我参加了,我不是编写组的成员(我校未参加十院校的联盟),但我几乎是每次全组讨论会议的参加者,我戏称是第十一院校的代表,不知除朱先生之外全部参加的还有没有其他人?我校也一直使用《中国古代史》教材。众所周知,这个教材所起的作用是很大的,20多年中许多院校使用它,培养了一批又一批的学历史专业的学生,包括一些史学专业工作者。朱先生作为主编有高度的凝聚力,忠厚可亲,团结了当时史学界一批相当有水平的老年和中青年的史学工作者,大家共同努力,使这个教材充分反映了一个历史时期的研究水平,为中国古代史研究的发展作出了一定的贡献。朱先生作为主编,从组织工作到内容的规划、审查,事必躬亲,付出了大量的努力和精力,《中国古代史》教材是朱先生一生中最重要的贡献之一。承蒙不弃,朱先生在后来新版《中国古代史》中把我列为顾问,这是朱先生对我的奖励,也是我们数十年友谊的一个见证。新版教材又增列张海鹏、齐涛两位主编,这是朱先生的谦虚、厚道。新世纪开始后,考虑到学术界的发展,朱先生又主持《中国古代史教程》的编写,邀约了一批年富力强的学者,我校赵国华、吴琦两教授参加了,他们分别专攻秦汉史和明清史。这部"教程"已于2008年出版,也必将发挥其历史的作用。

除开参加编教材大纲这些活动之外,朱先生和我交往更多的是在秦汉史学会和相关的活动之中。1979年在重庆召开的全国史学规划工作会议上产生了秦汉史学会的五人筹备组,朱先生是成员之一,会后五人小组邀请安作璋、张荣芳和我参加筹备组,从此我和朱先生有了更多的交往。因为我比朱先生小,往往被他推到前台,我们共同主持会议或其他活动,他有时候是说"听铁基的",实际是他在掌舵。彼此配合十分默契。

在我们的交往中,更多的是朱先生对我的关照和鼓励。我长期形成的一个对朱先生的印象是一位忠厚慈祥的长者。我们的交往以及他对我的关照和鼓励,我想选几封信件来说明。

1980年元月5日信:

铁基同志:

来函及大作均已拜读,您对《吕氏春秋》的高见,对我很有启发。我在给研究生讲课时,特别向研究生介绍了您对《吕氏春秋》的意见,我的教学由于您的科研成果而得到丰富,也使学生开了眼界。

您最近已成了多产作家,您在科研方面所取得的成果,已引起同志们的注意,因此去年六月间我们在西安开秦汉史研究会筹备会时,大家一致提出希望您能参加筹备工作,现在知道您已慨允,无限欣慰。您的参加给秦汉史研究会增添新的力量。咱们的研究会大有希望。

现寄上学报一本，内有拙稿一篇，敬请教正！

敬礼

绍侯
80年元月5日

1980年9月9日信：

铁基同志：

华函大作已收到，谢谢！

邓鸿光同学来开封，我们一起谈到您，她对您非常敬重，足见您在教学、科研方面均取得很大成就。

按原计划，今年十月或十一月应该开秦汉史研究会筹备组扩大会议，但至今不见消息，不久前林剑鸣同志寄来一份简报，说明年春天在西安召开秦汉史研究会成立大会，看样子筹备组扩大会议，今年可能不开了。

小书《军功爵制研究试探》已由上海人民出版社出版，寄来二十本样书，已被人索要一空，我手里还有一本，寄上请指正。

敬礼

朱绍侯
80.9.9

1981年11月13日信：

铁基同志：

在武汉蒙您热情接待，十分感激。返校后即忙于上课及系务杂事，未能及时致谢，特表歉意！

《中国古代史大纲》及开会通知书均已收到。经过研究，系里决定我和千志参加会议，十九日准时报到，届时又将给您增添麻烦。

为了筹备这次会议，您付出了很大精力，我们也将以您那样的热情参加会议，共同制定一个切合实用的《中国古代史大纲》。

即颂

撰安

　　　　　　　　　　　　朱绍侯
　　　　　　　　　　　　1981.11.13

1981年12月17日信：

　　铁基同志：

　　《中国古代史教学大纲》已收到，并遵嘱交给我系中国古代史老师分段审阅，争取按您指定的日期，将修改稿或意见寄信张海鹏同志，请勿念！

　　这次在武汉开会，再一次受到您的热情接待，十分感谢。为了《中国古代史教学大纲》，您确实花费很多心血，在这次大纲讨论会上，再一次显示出您的卓越组织才能和活动能力，令人非常敬佩。

　　请向吴量恺、邹贤俊等同志致意！
　　　　顺颂
　　撰安

　　　　　　　　　　　　朱绍侯
　　　　　　　　　　　　81.12.17

　　每收到我寄赠的书籍必有几句鼓励的话，如《秦汉新道家》的出版，他鼓励说："已成一家之言。"纸信交往时代，我们有各方面的通信，现复制朱先生的手迹，以为纪念（见插页）。

　　我们相交40多年，从壮年、中年到老年，有学术的交流，也有共同的欢乐，记得1984年在成都开会，会前去峨眉山，朱先生和高敏先生在行路之中竞走，林甘泉先生当裁判，我和其他几位当拉拉队，其乐融融，不逊色于年轻人。老年之后，无论见面不见面也总是互相关照的。朱先生宽厚、大度的生活态度，学术上精进不已的精神，都是我学习的榜样。2015年第1期《军事历史研究》发表了朱先生的《军功爵制探源》（据编辑告诉我还有关于军功爵制"结束"的文章），我真是高兴、敬佩。

　　朱先生始终是我学习的榜样。朱先生一直身体健康，今后也会很健康的。

心中的恩师 学习的楷模
——记朱绍侯老师与河南文物工作

张家泰

  时光过得真快，转眼间我们从当年的开封师范学院历史系毕业，已经过去了半个多世纪。遥想 1956—1960 年我们在校学习期间，朱老师和几位任课老师，正是风华正茂、三十多岁的中青年教师；我们同学中也多为二十多岁的学生。那时历史系的办公、教务、教室都在 10 号楼内；我们上课读的《中国古代及中世纪史》等讲义，都是本系老师自己编写、学校函授教育处排版铅印的，内容十分丰富，却没有任何插图，有的讲义及地图还是刻腊纸版油印成的，如《中国历史要籍介绍及选读》等。直到 1979 年前后由朱绍侯先生主编，山东大学、山西大学、广西师院、河南师大、西北大学等十所院校合编的《中国古代史》上、中、下三册，由福建人民出版社出版，我们才看到一部正式出版的《中国古代史》，可以想见为筹编这部大书，从纲目设置、学校分工、统稿校稿等等具体细微的工作，朱老师要费多大的辛劳！可此书一出，对至少 10 所以上的大学历史课程提高教学水平有帮助，这又是多么重大的成绩啊！这部 30 年前的《中国古代史》以及我们历史系铅印、油印的教材，我都当做特定时代意义的文物加以保存。

  我于 1962 年调入河南省文化局文物工作队（今河南省文物考古研究院），做古建石刻文物调查保护与研究工作，1970 年文物队合并到河南省博物馆，1981 年 10 月至今调河南省古代建筑保护研究所（今河南省文物建筑保护研究院）。在这几个不同单位工作期间和朱老师及其他老师都保持了良好的往来关系，继续得到老师们的指导和帮助。

一　心中的恩师　谆谆的教诲

朱绍侯老师对我们学生们的恩情,不仅表现在上学期间的传授知识、培养品德,而且在我们参加工作以后,也不忘严格要求,促人奋进,珍惜光阴,有所作为。首先,老师是以身作则,为学生们树立了可敬可学的好榜样。我永远不会忘记在我们大学毕业50年后师生聚会时朱老师语重心长的一段讲话。

那是2010年9月8日,在河南大学明伦校区校办公楼一楼会议室,来自郑、汴两地的60届同学和历史文化学院的领导、老师们欢聚一堂,会场里还特意挂了一条醒目的大红会标:"热烈欢迎历史系60届同学荣归母校"。历史文化学院的苗书梅院长在百忙中,挤出时间参加这一活动,朱绍侯教授、魏千志教授等老师出席了聚会。苗院长代表院领导、教师对回校的校友表示欢迎。她说,现在的历史系已经建成了历史文化学院,其中有历史系、文博系、旅游学系、世界史系、文化遗产保护系,本院的在校本科生已有1100多人,她还高兴地指出本学院的"四大品牌":朱绍侯教授讲座、教育部人文社科重点研究基地、黄河文明与可持续发展研究中心和中国古代史研究中心。苗院长的讲话,使我们听后很受鼓舞,非常感动,很难想到原来的一个历史系会发展为这么大的历史文化学院。

接着朱绍侯先生讲话。老师带着深厚的感情,一下子把话题拉回到我们这批老学生入校时的1956年。朱老师说:"当年我为你们讲课时,还是讲师,是第二届为本科生上课。当年学校规定教授才能为本科生上课,副教授为专科生上课,而讲师只能上外系的课。我当时是讲师,但我是研究生毕业,想上课,我要求上课……后来替一位生病的教授上课,这才教了我们60届的学生。"另外朱老师还讲了如何过好老年生活的话题。他说:"老有所乐,自己有这个经验,一天不看书、不干事,心中难受得很……没事干很难受,要有事干,不要天天看电视,打牌。打牌要钩心斗角的,愿意打牌,要少打。《光明日报》肖黎说:

'你别写了,再写也赶不上郭沫若。'这当然是玩笑话,我已84岁了,没什么病,有人问是不是为了名利? 我不为名利,就是想有所为,老有所乐,最怕没有事干……"朱老师这番语重心长的话,是告诫他的老学生们,应珍惜大好时光,不可虚度年华,要老有所为,老有所乐。老师的话我十分爱听,深有同感。我们在郑州的几个"退而不休"的好朋友,一起参加编辑《河南省文物志》,参加朱先生主编的《中国地域文化通览·河南卷》或者主编一个刊物,当忙碌、辛劳过后,书刊拿在手中的时候,心中确有说不出的高兴,感到虽然退休了、老了,但还能干自己乐意做的事,感到有意义、有价值,心情自然好。所以,朱老师的看法,很有道理。在这个事上,朱老师还一再开导我们,是对学生的关心与爱护,是我们人生的导师。

二 在中国古代史的研究中要密切关注文物考古领域的新发现

朱老师在中国古代史的研究过程中,十分关注文物考古工作的动态和新发现,他早已是全国著名的历史学家,但他的思维一直站在学术研究的前沿,从来没有满足于自己已有的成就而有丝毫的停滞。所以,朱老师经常在第一时间获取一些文物考古新发现的信息。由于朱老师平易近人,从不保守,在文物考古工作现场,热情帮助文物工作人员对历史遗迹、出土文物加以探讨分析,所以不少文物、考古工地上遇到需要研讨的问题时,总会请他前往,朱老师早已成为文物部门的良师益友。其中有两件事,给我留下很深的印象。

一是20世纪70年代,省文物研究所在登封告成遗址进行大规模考古调查与发掘,发现龙山文化晚期的城堡遗址,该城堡有东、西并列两座,面积约为2万平方米。为此重要发现,1977年11月国家文物局在登封召开了告成遗址发掘现场会。中央及各地专家学者在会上发表了各自的观点。当时在河南省博物馆馆刊《河南文博通讯》(1981年改名《中原文物》)上,开辟了"探索夏文化"专栏,把专家学者在会上论述的各种学术观点发表出来,在国内开展了探索研究夏文化的高潮。

朱老师也参与了这一重大课题的讨论，在《河南文博通讯》1978年第4期发表了《谁是夏王朝的创始人》一文。在这篇文章中，引用了重要的古文献资料外，还引用了马克思《摩尔根〈古代社会〉一书摘要》等内容，之后指出：

> 在古书记载中，关于禹的历史传说共有两组资料。一组是尧舜禹禅让的传说；一组是禹汤文武三代的传说。在尧舜禹禅让的传说中，禹是以'身执耒臿，以为民先'（《韩非子·五蠹篇》）的面目出现，证明禹是一位没有脱离劳动的部落联盟大酋长。在禹汤文武三代的一组传说中，又把禹说成是像商汤和周文王、周武王一样，是夏朝国家的创始人，是具有统治权威的国王。其实这两组传说并不矛盾，恰恰说明禹是承前启后的历史人物。说明了禹既是原始社会最后的一个部落联盟大酋长，又是夏朝奴隶制国家的创始人。也正是因为禹在治水中建立了赫赫功勋，才使他具有令人不可抗拒的权威，把王位传给他的儿子启，建立了家天下。历史上关于"禹都阳城"（《世本》），"禹穴之时，以铜为兵"（《越绝书》卷二一），"夏有乱政，而作禹刑"（《左传·昭公六年》），"自禹夏时，贡赋备矣"（《史记·夏本纪》）以及禹会诸侯于会稽而诛防风氏的记载，反映出在禹的时候，已经有了保卫自己的都城，有了镇压人民的军队和刑罚，有了剥削人民的贡赋制度，对于部下有了生杀予夺的大权，这些都是社会出现阶级对立、出现国家以后的特征。文章的结尾，明确指出："到了禹的时候，有了刑罚，人民还不服从管制，原始社会一心为公的道德，从此开始衰落，以后一切阶级社会的乱事，都从这开始了。难道这些资料还不足以证明，在禹的时代已经进入了阶级社会吗？说禹是夏朝的创始人，是有据可查的。"

这是一篇在探索夏文化讨论中，观点鲜明、论据充分的重要论文。

近年来，朱老师还对一些文物考古发掘现场进行考察指导，如对内黄县三杨庄汉代聚落遗址（西汉晚期，2003年6月23日发现，

2003～2008年进行了持续的考古发掘），在河南省文物局主持召开的"河南内黄县三杨庄遗址专家论证会"上，朱绍侯老师说："最早的消息得之报纸。这是一次很了不起的发现，从建筑史看，秦汉时期是中国古代建筑的第一次发展高峰。该遗址现已清理出的瓦顶结构清楚，从现在研究秦汉史的情况，以前还没有发现。该建筑遗址的发现，使得汉代瓦顶建筑的复原可行。这一建筑是否与田庄经济有关？当时的田庄经济具有多种经济形式，是一种综合的经济。农、林、牧、副、渔等各业较为齐备，这之中也包含各种手工业，如制陶、冶铁、冶铜等。从现已清理的迹象分析，这应是一处民间建筑，所有者至少是中小地主。建筑物不是单一的，是一个院，有铁器，是否是田庄主？应有一群建筑，不可能是零星的。田庄建筑的范围都比较大，即使能发现一个小规模的田庄或四合院的建筑群，也是很了不起的贡献。不仅是对考古学界，对历史学界也很重要。田庄经济的实物，有的只是明器，淮阳出土的陶院落模型明器。"

这是朱老师面对建筑考古遗址的现场，从历史学的角度又一深入的分析。从而为考古工作者进一步对该汉代瓦顶建筑，展开一个时空的、古代农业社会经济的思考。对考古出土的文物实体和汉代社会的田庄经济、房屋主人的社会地位等加以联系认识，对考古成果的研究有重要的指导意义。

除了考古工地之外，朱老师对于地上文物古迹遗存的考察也非常关心、支持。如前几年和朱老师共同参加登封市的一个会议，会后当地组织到东金店乡箕山顶上的许由庙考察，山上还有一座石砌的寨墙，朱老师听了一定要同大家一齐登山访古，山路难行，走走歇歇，最终登上了山顶，考察了石头寨、许由庙、许由墓等古迹。这件事让我又一次看到了朱老师对文物建筑、历史古迹的实地考察工作是极为重视的，同时也反映出朱老师非常健康的精神面貌。

在老师九十华诞之际，学生谨以此文表示热烈的恭贺，并祝恩师身心安康、永葆年轻的好心情。

我心目中的朱绍侯先生

宋应离

"书籍是人类进步的阶梯",是改造社会的良药,也是哺育人们生命人不竭的强大动力。我喜欢读书,因为我从书中吸取了营养和智慧。我景仰良师,因为良师是引导我成长的引路人,是我学习的楷模。在我一生众多良师中,朱绍侯先生是我所尊敬的良师之一。

初识朱先生是上世纪50年代。1955年我考入河南师范学院(现河南大学)中文系。当时的系领导在新生入学教育时常给我们讲"文、史不分家",意思是学中文的要有历史知识的根底,学历史的要学点语言文学知识,二者互补,才有利于将来学业上的发展。出于这样的考虑,学校为我们开设了一门必修课——中国通史。当时担任历史系中国通史课的朱绍侯先生为我们讲授这门课。刚入大学,听讲这门课感到很新鲜,也饶有兴趣。我今天仅有的一点历史知识就是从那时学到的。1959年我大学毕业留中文系教学,和朱先生不在一个系,接触就不多了。

和朱先生接触较多的是在1990年后。1985年河南大学出版社创建,朱先生担当首任总编辑,我于1990年到出版社担任社长,从此与朱先生朝夕相处,晨昏相见,在以后长期相处的日子里,朱先生的为人治学、工作作风给我留下了深刻难忘的印象,对我后半生学习工作产生了积极影响。

勇于担当的使命感是朱先生工作中的一个突出特点。作为出版社的总编辑,面临各种关系和种种矛盾。其中一个突出问题是如何坚持出版工作为人民服务、为社会主义服务的方向,正确处理好社会效益和经济效益的关系。出版社成立不久,在市场经济的大潮中,在经济和社会舆论的压力下,一股不健康的潮流风靡一时,一些出版社一度出现了不顾社会效益,片面单纯追求经济效益,见利忘义,一切向钱看的不良倾向,"不管书稿质量深与浅,给钱就出版",一些平庸书、格调不高的书,甚至政治内容有错误的书,一时泛滥成灾,扰乱了图书市场。由于出版导向出了问题,个别出版社的社长、总编犯了错误,受到了法律制裁。面对如此严峻形势,作为总编辑的朱先生常常和我在一起议论,他常提醒我们,做领导要保持清醒头脑,要守土有责,出版社要讲经济效益,但要在坚持社会效益第一的前提下,重视经济效益,如两者发生矛盾时,经济效益应服从社会效益。他以某个出版社在出书方向上出了问题为例说:平时我们衡量评价一个单位工作总是说工作成绩是主要的,错误缺点是次要的,常拿九个指头和一个指头的关系作比喻,来评价工作中的成绩与失误,但作为文化出版单位就不好这样讲。一个出版社出了很多好书,但是出了一本坏书,政治上有问题的书,出版社的工作就会前功尽弃。他的这一番警示之言常在我耳边响起。他不但是这样说的,而且在实践中,在选题出书中也是这样做的。有一次一个作者带着一部书稿找到他,声称这本书只要出版要钱多少好商量。后来书稿经他初看之后,认为内容有问题,就婉言不予出版,表现了一个出版者见利不举、见害不容的高尚原则品格。正因为他在出版工作中始终保持清醒头脑,才使得河南大学出版社在长期的出版工作中没有"踩高压线""误闯红灯",出版工作一直沿着正确方向健康发展,可以说在这方面朱先生功不可没。

  强烈的责任感是朱先生的一贯作风。一个出版社的总编辑是一个出版社出书的总设计师、决策人和图书质量的守门人,是指挥一个社编辑人员的将军,特别是在制定选题规划、提高图书质量等方面起着关键性的作用。总编辑的工作职能具体说就是出好书,传播、积累先进文化。根据这一任务,作为总编辑,要带领编辑一班人作好图书选题,特别是抓好重点选题,出版高品位的重点图书。在他主持下,河南大学出版社在建社不久即出版了许多有特色的精品图书,如"宋代研究丛书"、"元典文化丛书"等,深受社会好评。除抓好选题外,总编辑的另一任务是严把图书质量关,切实履行出版工作的"三审制"。"三审制"即对书稿实行责任编辑初审、编辑室主任复审、总编辑终审的审稿制度。实践证明,这是新中国建立以来保证图书质量行之有效的制度。为了执行这一制度,朱先生身体力行。对责编、编辑室主任审读过的书稿,总是认真负责地把关,因书稿太多,不可能对所出的每一本书稿全部终审,他尽量抽出时间,静下心,至少对每本书稿审读三分之一。在审读中发现责编对某些书稿价值判断不准或粗心失误的地方,就退回编辑重新审查,并帮助责编说服作者修改书稿。这就从源头上堵塞了不合格品进入出版流程,拒绝了平庸书和格调不高有问题的图书,保证了精品图书的出版。在这个过程中,朱先生是切实履行了总编辑职责的。既坚持原则,又不盲目附和,随波逐流。

　　勤于治学的紧迫感贯穿朱先生的一生。朱先生从 1954 年执教于河南大学历史系,不论他担任历史系主任期间还是担任出版社总编辑期间,在工作十分繁忙的情况下从不放松学术研究。他通熟中国历史,尤其精通秦汉史,他主编的《中国古代史》作为高校历史专业教材,自 1981 出版后 5 次再版,数十次印刷,发行 140 余万册;他撰写的有关军功爵制的研究著作,成为这一领域的权威著作。他把读书、教书、编书、著书看做一生最大的乐趣。有人说,人生最大的不幸是找不到自己最酷爱的领域,人最大的价值很大程度上是通过自己在最热爱的领域发挥潜能来实现的。朱先生就是在这个看似平凡的史学领域中眷恋学术,结出丰盛的果实。朱先生虽已迈入耄耋之年,但在治学上仍是"情思未减壮年时",至今仍活力四射,脑健笔挺耕作不止。每当和他交谈时总是谈及研究的话题。他常说做学问贵在坚持,越做越有兴趣,一旦放下停止研究,再拾起来就很困难。他真正做到了天天坐,天天作,从不歇脚。他积累丰厚,厚积薄发,有一股坚持不懈,永不休止,锲而不舍,金石可镂的恒心、韧劲。在他身上洋溢着一股醇厚浓烈的文化气息和对传统文化的温情与敬意,在他身上看到了人愈年长,治学之情愈浓的富有紧迫感的辛勤学者的崇高形象。

和朱先生长年接触中,我从他身上学到了许多书本上学不到的东西。他作风朴实,为人正派、谦和、低调、内敛、掩而不露。有的人做学问是少做多说;有的是亦做亦说;而朱先生则是做而不说。他虽已著作等身,声誉鹊起,但从不沾沾自喜,而是光而不耀,沉下去,耐得住寂寞。

功夫不负有心人,功到成处喜自来。朱先生在六十余年学术生涯中取得了不凡学术成果,得到社会广泛认可与高度评价,2012年他与诺贝尔文学奖获得者莫言等九位学界、文艺界优秀人物被评为中华文化名人,在颁奖典礼上,评奖主席团对朱先生做如下评价:"在历史研究领域尤其是在今注本二十四史编纂期间,朱先生表现出令人敬佩的学术精神,并做出了珍贵的史学贡献。"凤凰卫视在朱先生的专题报道中写道:"他,秉烛先行,耄耋之年,仍奋斗在开拓性研究第一线;他,桃李天下,三尺讲台将传统文化代代相传;他,研究历史,着眼未来,胸怀天下,以历史为镜,照亮未来。"这一殊荣的获得是对朱先生的褒奖,也是河南大学的光荣。这一喜讯传来,出版社特为他举办一个小型的庆贺会,但朱先生殊而不惊,只是脸上露出甜蜜的微笑,表现了他的大度谦和。时至今日,朱先生虽年事已高,身患疾病,本应颐养天年,享受桑榆之乐,但他的读书、著书、写作活动仍在路上。德国著名科学家爱因斯坦曾说过:"一个人的价值应当看他贡献了什么,而不应当看他取得什么";"人只有献身于社会才能找出那短暂而有风险的生命意义。"在我心目中朱先生是一位在工作和学术研究事业上只知奉献,淡泊名利,不求索取的无私的人、高尚的人和学习楷模。喜看今日,他犹如丛林中的一棵常青树,耸立参天,愈老愈苍劲,我预祝他健康长寿,晚年欢乐。最后我以四句话作为本文的结束语。

> 教书编书著书伴一生,
> 研史成果卓著天下名。
> 耄耋之年脑健笔更勤,
> 青春永驻昭示后来人。

2015年3月23日

仁者绍侯

——谈谈我同绍侯先生的交往

瞿林东

我同绍侯先生的交往不是很多,但对我来说,曾经有过的几次交往却是重要的和难忘的。今年,欣逢绍侯先生九十华诞,回忆往事,倍感亲切。我以感激的心情来写这篇小文,怀着真诚之意为绍侯先生寿!

一

记得是 1977 年的秋冬之际,我和通辽师范学院(今内蒙古民族大学)的一些同事来到吉林省长春市,住在省委党校,参加吉林省全省理论干部会议(自 1969 年起至 1979 年,通辽市所在的哲里木盟划归吉林省管辖)。会议由省委宣传部召开,按十个学科划分,约有 800 人与会,主题是深入批判"四人帮"。会议听取省委宣传部宋振庭部长作报告,然后分组讨论。在小组讨论、发言的基础上,组织大会发言,各学科进行交流。在小组发言、大会交流的基础上,写成正式的理论性文章,由新华印刷厂及时排印出来。东北师大的詹子庆先生是我所在的历史组的召集人之一。我在小组会上作了"剖析反动的影射史学"的发言,后被推举代表历史组到大会进行交流。其后,《理论战线》(《吉林大学学报》当时的刊名)发表了《剖析反动的影射史学》,《长春日报》也摘要刊登此文,吉林省人民广播电台还连续几天播送此文。所有这些,对我是很大的教育和鼓励。

省委宣传部召集的这次理论干部会会期约一个月。会议期间,东北师大历史系接到了开封师院(今河南大学)历史系的邀请函,请他们派两位教师参加由开封师院举办的"全国历史科学讨论会"。东北师大历史系商定由徐凤晨、高振铎两位先生赴开封参加讨论会。这时,历史组的召集人之一詹子庆先生建议我带着《剖析反动的影射史学》一文也去开封师院参加讨论会。詹先生的建议使我很尴尬,我说没有接到邀请,怎么好意思去参加这样重要的会议。詹先生说,我们历史系推荐你去参加讨论会,并征得你们学校带队领导同志的同意,他们也希望你去参加这样全国性的学术会议。

就这样,我提前离开吉林省理论干部会议,来到开封师院,经徐凤晨、高振铎二位先生的介绍,认识了朱绍侯先生。绍侯先生是讨论会的组织者之一,安排我在大会上作《剖析反动的影射史学》的发言。按会议要求,每位发言者在正式发言之前,都要作一个简单的自我介绍。我注意到,当我说自己来自通辽师院时,大家神情多少有些茫然。我当即意识到,大概许多同行都不知道这个学校。于是我随口说了一句:通辽位于科尔沁草原,大家记住我是来自"草原大学"就可以了。大家听了,报以畅然一笑(几年以后,我在北京见到陕西师大的斯维至先生,他说,你不是"草原大学"的瞿林东吗!),大会发言后,绍侯先生还把我的发言稿要去,经工作人员加班打印出来,赶在散会前分发给每一位与会者。

在这次会上,我认识了河北大学的漆侠先生、北京师大的王思治先生(当时,中国人民大学清史研究所由北京师大代管)、安徽师大的张海鹏先生、郑州大学的高敏先生,以及同我年龄相仿的王宇信、孟祥才先生等。由于詹子庆先生的推荐和绍侯先生的真诚相待,使我从一个比较偏僻的地方走出来,并走上了学术前沿,这对我后来的教学与研究,尤其是同学术界的交往、沟通,是一个极有力的推动。许多年来,在我内心深处,始终保留着对詹、朱二位先生的感激之情。

由于认识了高敏先生,所以高敏先生邀请我参加1978年郑州大学历史系举办的全国历史科学讨论会,并在大会上作了"评'四人帮'

的'历史研究法'"的发言。会议期间,我又结识了张文彬先生等一些年龄相仿的学术朋友。

1979年,安徽师大张海鹏先生主持举办全国性的"历史发展动力研讨会暨安徽省历史学会第三届年会",海鹏先生盛情邀请我与会。作为一个安徽人,这是我第一次参加在家乡举办的研讨会,心情格外激动。这次研讨会会址安排在铜陵市华侨旅行社,会议讨论得很热烈:阶级斗争动力说,生产力是最终动力说,生产力与生产关系矛盾运动和经济基础与上层建筑矛盾运动动力说,阐发恩格斯提出的平行四边形所形成的合力动力说等等。人们的发言,都是引用马克思主义理论为根据,对全面理解马克思主义有很大启发。

1977、1978、1979连续三年,我从科尔沁草原先后到开封、郑州、铜陵参与了三次全国性的学术研讨会。这几次学术会议,为我打开了走向史学界的大门,使我有机会在学术前辈、师友同行的熏陶下不断有所进步。三十多年过去了,每念及此事,我总是从内心深处感谢詹子庆、朱绍侯、高敏、张海鹏等几位先生。又因乡梓之情,后来张海鹏先生同我成为挚友,这种友情一直延续到我同海鹏先生的学生们之间。

二

在1979年铜陵史学研讨会期间,我见到绍侯先生,我们像老朋友般地热烈交谈。当时,《史学月刊》正筹备复刊,绍侯先生热情地向与会的朋友约稿,其中也包括向我约稿。后来我把一篇题为《〈南史〉〈北史〉散论》的文稿寄给绍侯先生。一年后,此文发表在《史学月刊》1981年第1期。这是自1978年以来我所发表的七八篇中国史学史研究文章中的一篇,对我起步研究中国史学史是一个鼓舞。

从《〈南史〉〈北史〉散论》开始,我渐渐喜爱上这个史学刊物,以其为师,以其为友。尽管近三十多年来,我在《史学月刊》发表的文章并不多,平均三年一篇,总共十一二篇,但我对它的关注却未曾中断过。其中有两个原因:一是它从《新史学通讯》发展到今天成为一家有较大学术影响的大刊,是经过几代人的努力才达到的;二是它的成长和发展,在显示新中国史学面貌方面,具有一定的代表性。

1987年或1988年,绍侯先生写信给我,说他准备结合研究生的中国历史教学与研究,要编一本《中国古代史研究入门》的书,要我写一篇介绍白寿彝先生主编的《中国通史纲要》。我欣然应命,一来是绍侯先生之约,二来又是介绍白先生主编的书,没有任何推辞的理由。

早在1983年,我曾和朱尔澄同志合作,写了一篇评论《中国通史纲要》的文章,发表在《历史教学》(天津)1983年第2期,并经《新华文摘》转载,文章的题目是《通俗性和科学性的统一——评白寿彝主编〈中国通史纲要〉》。由于白先生编写这本书的初衷,是写给外国读者阅读的,所以有关中国历史上的一些专用名词、概念及相关原始材料,都尽可能按其本意用现代汉语表述出来,而这种表述确是经过反复推敲、不断修改才定下来的;加之本书的历史分期的脉络清晰,重点突出,又有比较独特的文字表述风格,所以书评的标题用了"通俗性和科学性的统一"。这篇书评所讲到的有些提法和认识,是吸收了朱尔澄同志以其在中学历史教学中的实际感受和收获而写成的。文中用了这样三个小标题:一、注重轮廓、体系、线索;二、讲清重点、观点、特点;三、力求明白、准确、凝练。我们认为,对《中国通史纲要》作这样几个方面的评论,是恰当的。

正是因为有了这样的基础,我应绍侯先生所约而写的《白寿彝〈中国通史纲要〉简介》也就按时完成了。此文收在绍侯先生主编的《中国古代史研究入门》一书(河南人民出版社1989年版)。白先生对此十分满意,认为绍侯先生所做的工作,对推进中国古代史的教学和研究是有意义的,同时,让更多的读者了解《中国通史纲要》是一本怎样的书,也是有意义的。

三

2001年,我想到把20世纪80年代以来所写的有关于白寿彝先生的学术思想、史学成就和治学风格方面的一些介绍性文字,编成一个小册子,作为对白先生逝世周年的纪念。当时,我想到这个小册子如能在白先生的家乡或他的母校出版,比较恰当。经李振宏教授的推荐,河南大学出版社同意出版这本小册子《白寿彝史学的理论风格》。我之所以对这本小册子作这样的题名,是受到白先生观察历史和史学的特点及器识的启发,他往往以高屋建瓴之势从理论上提出问题或从宏观上作出概括,既有整体上的把握又有重点所在,故常使人听后、读后感到豁然开朗。我是这样想的,但我写的这些介绍性以及评论性的文字,实在难以达到自己所想象的那种境地。因此,出版这本小册子,它的纪念意义与缅怀之情是第一位的。

尽管如此,这本小册子毕竟是在介绍白先生的思想与学术,于是想到请朱绍侯先生为之作序。承绍侯先生俯允赐序,了了我的这桩心愿。我想,白先生在天之灵,是会感到欣慰的!

绍侯先生在序中写道:

> 白寿彝先生是新中国史学的一代宗师,在史学研究领域有多方面的学术建树,并在70年的史学生涯中,培养出了自己独特的学术风格和理论个性。瞿林东教授的大作《白寿彝史学的理论风格》,就是一本介绍白寿彝先生史学成就及学术风格的评论集。
>
> ……
>
> 对于白寿彝先生史学研究的理论风格,林东教授总结为:"在马克思主义唯物史观基本原则指导下,结合具体的研究领域或具体的研究对象,根据充分的可靠的历史资料,以辩证的和发展的视野综合各种问题,提出新的认识和新的理论概括。"白先生正是由于树立了这种马克思主义的史学理论风格,勇于探索,勇于创新,才在中国民族史、中国思想史、中国史学史、中国通史和史学

理论，尤其是在中国通史和中国史学史的研究方面，作出了重大的建树。

绍侯先生的这篇序，使我深受感动，他对白先生的诚挚的敬仰之情，洋溢在字里行间；他对我所做的这一点点工作给予肯定和鼓励，都使我难以忘怀。尤其是在序文的最后，绍侯先生以儒雅、谦逊的笔触深情地写道："可能是出于学术方面及地缘方面的双重考虑，林东教授邀我为本书作序。由于与林东教授有近 30 年的友谊，也由于想借此机会向白寿彝先生表示崇敬怀念之情，虽自知不敏，也欣然受命，遂写了以上一些粗浅体会。"从这些平实、真挚的语言中，使人感受到学术友谊的沉甸甸的分量和弥足珍贵。

值此绍侯先生九十华诞之际，回忆往事，浮想联翩，写了这些心中的话，以寄情怀，并借以遥祝绍侯先生健康长寿！

写于 2015 年 5 月 4 日

难忘的教诲

——敬贺朱绍侯先生九十华诞

刘韵叶

我的导师朱绍侯教授今年适逢九十华诞,作为先生首届研究生之一的我自然欣喜万分。抚今思昔,遥想当年师从先生门下授业的情景及我在河南大学12年的历程以迄于今,脑海中留下了许多美好的记忆,仍历历在目,记忆犹新。特撰此文,一则向朱师的九十大寿由衷表达敬意和祝贺,二则难忘先生对我的教诲之情。

一

我报考研究生之前,在"春风不度玉门关"以西的新疆军区生产建设兵团农7师125团一校任中学教师,且有近10年的工作经历。1978年初,改革开放的春风初度祖国大地,教育界随之解冻,全国高校也恢复了招生。当我在广播里听到招考研究生的消息后兴奋不已,心想要抓住这次难逢的机会试试看,便与同伴一道乘车去离团75公里的师部所在地奎屯市询问报考事宜,师部虽设有招生办公室但不管报名之事,结果我们就去了离师部30公里的乌苏县招办报名,我仔细看过各项简介后毫不犹豫地填报了离我老家山东菏泽市约85公里的开封师范学院①的中国古代史(上段)专业,指导教师是孙作云和朱绍

---

① 该院于1979年改名为河南师范大学,1984年恢复河南大学原名,校名题字由时任中共中央总书记的胡耀邦手书。

侯,当时我就觉得似乎在什么刊物上见过他们的名字,既感陌生又熟悉却没有想起来。

报名回来后,我便利用课余有针对性地进行复习和备考,由于专业书籍匮乏,差点动摇了我前去应试的决心。在接到初试通知后,我仍抱着碰碰运气的心态去奎屯赴考,全师10多个团场参考者约30余人,其中我团占4人,在当年五一节前的两天上、下午,在一间临时作考场的大办公室里,我完成了4科考试,试题早由各校(单位)密封寄来,并当场启封,试卷则由师招办发给。我对各科试题感觉是:政治考题冷僻,难度大,不太切合实际,好像有意要为难考生;外语试题难度、题量均适中,准查字典,我选的是英文卷,两种题型即汉译英和英译汉,记得后者内容是一段批判苏联现代修正主义的文章,涉及一些百分比数据,难度不大,翻译不太费力;中国历史文献试卷,分释词和文言译白话两类题型,其中最头痛的一题是让列出《尚书》中有关殷、周史料的10篇篇名,共15分,我可能只列出一篇。文言译白话选自《左传》僖公三十三年,照录如下:

> 文嬴请三帅,曰:"彼实构吾二君,寡君若得而食之,不厌,君何辱讨焉?使归就戮于秦,以逞寡君之志,若何?"公许之。先轸朝,问秦囚,公曰:"夫人请之,吾舍之矣。"先轸怒曰:"武夫力而拘诸原,妇人暂而免诸国。堕军实而长寇仇,亡无日矣!"不顾而唾。公使阳处父追之,及诸河,则在舟中矣。释左骖,以公命赠孟明。孟明稽首曰:"君之惠,不以累臣衅鼓,使归就戮于秦,寡君之以为戮,死且不朽。若从君惠而免之,三年将拜君赐。"

这段古文,我在大学上《中国历史文选》课时熟读过,而这道题是50分,便成了我的"救命稻草",翻译白话比较顺手。中国史上段专业试题亦为两种类型,名词解释和问答题,难易参半,前者如"士(世)族",比较容易,至于"土断"、"盖吴"却让我留下空白,但两道问答题帮了忙,举其大意一曰:范文澜和郭沫若对中国古史分期有何不同?你赞成那一种?理由如何?其二,魏孝文帝改革的原因是什么?主要内容有哪些？意义如何？由于都有所准备，答得虽不完善，但还算过得去。

　　初试完毕后，我放松了几天，但心里总是难得平静，万一要去开封参加复试，笔试外还得口试，将如何应对呢？万全之策是有备无患，便不敢懈怠，又抽空读起书来。等候消息的日子是最漫长的，叫人说不出有多难受，一个月过去了，没有任何消息传来，又一个月熬过来了，仍然杳无音信，而自己也不好意思去打听，眼看时间逼近七月，兴许没有希望了吧，心神更加不宁。就在7月5日这一天突然接到参加复试通知，真乃喜从天降，让我喜不自禁。担心夜长梦多我就毅然决定第二天动身去开封赴考，不致误了12日的考试期限。匆匆赶到乌鲁木齐火车站后有消息传来，因连日暴雨造成兰州至宝鸡段铁路塌方，正在抢修中，通车尚无时日。这可是我必经之路出了问题，该怎么办呢？我在惊吓之余意识到时间刻不容缓，先到兰州再作计较，不料到达兰州之后仍未通车，是在此等车坐失良机或是绕道而行争取主动？我选择了后者，于是我从兰州转行北路先到银川，后又途经包头和呼和浩特到了首都北京，再从北京南下郑州东转至开封，一路上马不停蹄，真真让我体验到了当年木兰"万里赴戎机 关山度若飞"那种使命感和紧迫感，历时5天4夜。由于道路不通造成多路列车特别拥挤，车上人满为患，且不说找座位，甚至连站的地方也没有，重现了"文革"时期大串联车上拥挤不堪混乱异常的情景。不得已只好在两节车厢之间容身，大部分时间站着，总算咬着牙挺过来了，终于在7月10日黄昏到达开封，然后我就去开封师院报到点西二斋找刘老师（女）报到，她告诉我的初试成绩若4科合计则总分第一①，但这次不算外语考分，只合计3科成绩故名列第三。我外语得了72.8分，据说除外语专业和世界史考生外，成绩位次前列。分数细化到0.1分，判分之严格和精确于此可见一斑。刘老师同时还告诉我一个不幸的消息：导师孙作云于上月初因脑溢血去世，导师有变动，问我转不转专业，我听后为孙教

---

① 据说参考者共计54名。

授逝世感到难过,也就没有心情考虑改换门庭之事了。报完到后我到了安排在3楼住宿的一间屋里,同从东北来的数学系考生梁德友和从甘肃来的政教系考生陆立军住在一起。此时黑夜降临,天气十分闷热,旅途的疲惫已让我睁不开眼,连晚饭也顾不上吃便倒头昏睡了。

到了第二天下午傍晚时分,天气依然很热,我没有心思看书,仍在犯困。此时令我意料不到的一幕发生了,我忽然听见有人在房间门口问:哪位是从新疆过来的考生?只见一个个头较高,长得胖乎乎而皮肤白皙、年约50出头的长者手摇着扇子,边问边走边喘气就进来了,我连忙迎接赶紧说:我就是。刹那间我忽然意识到莫不是朱绍侯先生来了,便用试探的口气问:您是朱老师?他点了点头,示意认可。然后问我:怎样来到开封的,我把一路经过作了简要回答。接着他又说:你来得不容易,一路很辛苦。今晚注意休息,明天到十号楼参加复试,叫我不必紧张并希望我能考好。说完就告辞了,我随后送他下楼,望着先生渐渐消失的背影,心里充满了感激,第一次见面时间虽然有限,却初受教益而印象深刻,至今不忘。

朱老师看望考生的佳话很快就在部分考生中传开了,因为这种师生反向互动寥若晨星,而能参加复试者的心态又很复杂,既高兴自己有复试的机会,又担心名额的限制而惨遭淘汰,在他们眼里导师来看望考生,似乎传递出一种该生录取有望的信息,而为此津津乐道。这种猜测有一定道理我是乐于接受的,但毕竟不是现实,故我不敢掉以轻心,还是按朱老师的吩咐,放松心态一门心思地作好应对复试的准备。

7月12日上午,六位复试生早早来到十号楼二楼两间教室,听从主考教师按次传呼姓名单个接受口试,到我进去后一眼就看见了朱老师,还有郭人民及蔡行发先生,朱、郭是导师,主持口试,蔡老师是中国古代史教研室主任兼系总支委员会成员。朱老师提问的是一道理论题,即恩格斯对奴隶制社会有何评论?之前我读过恩格斯《反杜林论》部分章节,接触过关于这方面的论述,便将大意回答出来,得到肯定。接着郭老师问我:战国七雄各自都城名称及今所在地,这是一道历史地理题,我作了比较准确的回答。我仿佛记得只问了我这两题,至于其他题目我就印象不深了。口试结束后,立即进行笔试,每人题单上刻印出《汉书·郦陆朱刘叔孙传》中一段文字,其文曰:

> 郦食其,陈留高阳人也。好读书,家贫落魄,无衣食业。为里监门,然吏县中贤豪不敢役,皆谓之狂生。及陈胜、项梁等起,诸将徇地过高阳者数十人,食其闻其将皆握齱好荷礼自用,不能听大度之言,食其乃自匿。后闻沛公略地陈留郊,沛公麾下骑士适食其里中子,沛公时时问邑中贤豪。骑士归,食其见,谓曰:"吾闻沛公嫚易人,有大略,此真我所愿从游,莫为我先。若见沛公,谓曰'臣里中有郦生,年六十余,长八尺,人皆谓之狂生',自谓我非狂。"骑士曰:"沛公不喜儒,诸客冠儒冠来者,沛公辄解其冠,溺其中。与人言,常大骂。未可以儒生说也。"食其曰:"第言之。"骑士从容言食其所戒者。沛公至高阳传舍,使人召食其。食其至,入谒,沛公方踞床令两女子洗,而见食其。食其入,即长揖不拜,曰:"足下欲助秦攻诸侯乎?欲率诸侯[破]秦乎?"沛公骂曰:"竖儒!夫天下同苦秦久矣,故诸侯相率攻秦,何谓助秦?"食其曰:"必欲聚徒合义兵诛无道秦,不宜踞见长者。"于是沛公辍洗,起衣,延食其上坐,谢之。食其因言六国纵衡时。沛公喜,赐食其食,问曰:"计安出?"食其曰:"足下起瓦合之卒,收散乱之兵,不满万人,欲以径入强秦,此所谓探虎口者也。夫陈留,天下之冲,四通五达之郊也,今其城中又多积粟。臣知其令,今请使,令下足下。即不听,足下举兵攻之,臣为内应。"于是遣食其往,沛公引[兵]随之,遂下陈留。号食其为广野君。

我按题目要求先将此段文言译成白话,然后谈了自己的几点认识和看法,自我感觉还不错,心想兴许能过关吧。

复试完毕,我告别三位师长及学友,回老家山东菏泽市探望父母及亲属,几天后离去。在返回新疆的途中顺便到师院打探消息,我不好意思去拜见两位导师,径往十号楼打探消息却意外认识了历史系青年教师赵世超,他知道我的名字,虽然对录取情况不甚了解,但听说参加复试的几个考生都有希望,这使我感到格外高兴。同时他还告诉我,本来他也打算报名参考,但系上作了规定不让在职人员报考,以免挤占对外录取的名额,不得不弃权,说到这里,使我对学院和历史系又多了一层好感。和赵老师告别后,我满怀希望愉快地回了新疆。

二

与等待复试通知时的感受差不多,我总觉得时间特别漫长,心里老是空荡荡的,让我心神不宁。从7月下旬我就翘首以望录取通知,熬过暑假直到开学仍无任何消息。从9月中旬开始,北疆兵团各团场进入收棉花季节,为赶在11月下雪前让棉花入库,各连、队男女老幼齐动员,在井田式或五百亩或一千亩大块大块的棉田中抢收棉花,学校师生亦不例外,初高中生是业余拾花能手和主力,从早到晚于棉田中奋战不已。10月6日下午,我带着文科班学生在离学校10多里的地中收摘棉花,突然田边有学生叫我回校取挂号信,我意识到可能与录取通知书有关,立即骑自行车赶回学校,直到拆开信看见录取通知书,惴惴不安之心方才平静下来,我终于如愿以偿实现了读研的梦想。

经过两天多准备,妻子为我打点好行李之后,10月9日我出发前往开封师范学院报到,那时交通困难远不如现在方便,从团场到师部奎屯市,再从奎屯往乌鲁木齐每天各只有一班汽车,不先预约很难买到当天的车票,在熟人和学生帮助下,我于10日傍晚抵达乌市,就拿到了第二天去开封的火车票,也没有听到沿线某处有塌方受阻的消息,这次我比较顺利地历时三昼夜于10月14日上午到了开封师院,在负责研究生管理工作的苗春德和刘老师处报过到,领了校徽(后来发了学生证)成了学校中年龄最大的一批学生(时年35岁),我为自己能再次获得读书深造的机会,心里由衷感到高兴。

报到和办完相关手续后,我们被安排在靠近铁塔公园旁边的学生区平房内居住,本专业6名学友同住一间大房子,杨天宇、程有为先已住进来了，我入住后不久，郑慧生、周士龙和张诚也陆续到达了。住在我们周边的有宋史专业和世界史专业的七名同学，此外还有数学系6名、政教系6名、外语系3名、中文系10名共计38名研究生所住地都相距不远，大家虽然来自不同省市地区，但因奋斗目标相同而有缘相聚，彼此相处关系和谐融洽。

就在我报到后的第二天，由朱绍侯、郭人民两导师制订的《中国古代史研究生培养方案（草案）》下达了，杨天宇、程有为各自抄毕转至我手，我意识到到此《方案》的重要性，即手录一份存留，事实证明，后来三年的研究生培养，基本上是照此《方案》进行的。现转录如下：

一、培养目标：

具有较高的社会主义觉悟，比较熟悉和应用马克思主义的基本原理，努力树立辩证唯物主义和历史唯物主义的世界观，具有系统而坚实的理论和中国古代史（上段）专业知识，能够独立进行科学研究和相应的教学工作，懂得一门外国语，身体健康，毕业后能胜任中国古代史科学研究工作和高等学校的中国古代史教学任务。

二、学制：三年。

三、学习课程：中国古代及中世纪史（上段）；政治理论；外语。

四、培养方式：

中国古代及中世纪史以自学为主，由教师指定参考书目。在每段学习前，由教师作启发报告或在学习中作专题报告。必要时可聘请校外专家作学术报告。

研究生自学必须写读书笔记或读书心得，由指导教师进行审阅批改。对学习中遇到的重要问题，可展开学术讨论。

政治理论学习：由导师指定参考书，以自学为主；每本书读后，进行一次讨论，必要时可请政教系教师进行辅导。

外语：自学或听课。毕业时至少能熟悉掌握一门外国语。

五、学习安排

一、二年为业务、政治理论、外语的学习时间,第三学年为教育实习、写毕业论文和参观时间,具体安排如下:

第一学年:

1. 中国古代史由原始社会至战国。

原始社会:两个月;

夏商西周:三个月;

春秋:两个月;

战国:两个月。

2. 政治理论学习:每周四小时。

必读马列主义原著有:

马克思《莫尔根〈古代社会〉一书摘要》;

恩格斯《家庭、私有制和国家的起源》;

列宁《论国家》《国家与革命》;

斯大林《历史唯物主义与辩证唯物主义》《马克思主义与语言学问题》。

毛泽东《中国革命与中国共产党》。

3. 外语:每周八小时,英语、日语任选一门,上课与自学结合进行。

第二学年:

1. 中国古代史:秦汉到隋。

秦:一个月;

两汉:三个月;

魏晋南北朝:四个月;

隋:一个月。

2. 政治理论:

马克思《前资本主义社会诸形态》;

恩格斯《反杜林论》(思想体系);

马克思恩格斯《德意志意识形态》;

列宁《社会主义宗教》;

斯大林《苏联社会主义经济问题》；

毛泽东《实践论》《矛盾论》。

3. 外语：与第一年同。

第三学年：

1. 毕业论文：题目自定；写作时间二十周。

2. 教育实习：在本系或到外校；实习包括两项内容：试教；辅导。时间共八周：二周准备；三周试教；三周辅导。

3. 参观：五周。到北京、陕西、湖南、湖北等地参观文物古迹和历史博物馆，以增加历史的感性知识。

六、考试：

第一学年、第二学年：中国古代史、政治理论、外语每年各考一次。口试与笔试结合进行。

第三学年以教育实习、毕业论文代替考试。教育实习按实际效果记分。毕业论文按论文答辩评分。

七、劳动：

第一、第二学年各劳动半个月，到洛阳、安阳参加考古发掘或去农场参加麦收。

第三学年以教育实习代替劳动。

说明：除本培养方案外，每学期还要订具体培养计划；研究生自己还要订学习计划。研究生学习计划在不违反本培养方案的情况下，可以灵活掌握，不要强求一致。①

1978 年 10 月 15 日

除《培养方案》外，朱绍侯老师及郭人民先生还给我们开列了阅读书目和补充书目各一份，阅读书目有：《资本主义生产以前各形态》《政治经济学批判序言·导言》《共产党宣言》《社会主义从空想到科学的发展》《家庭、私有制和国家的起源·野蛮与文明》《德国的历史和语言》附《马克〈德意志意识形态〉》《摩尔根〈古代社会〉一书摘要》《资本

---

① 此系转抄，可能有误，请读者明鉴。

论》商业资本一章第三卷、《马克思主义经典作家论历史科学》。

《资治通鉴》外纪注,《周季编略》,《今本竹书纪年统笺》,《战国纪年》,《虞夏史三论》,《新殷本纪》,《史记》中的夏本纪、殷本纪、周本纪、齐太公世家、田完世家、鲁世家、卫世家、燕世家、管蔡世家、宋世家、吴太伯世家、晋世家、越世家、楚世家、赵世家、魏世家、韩世家、秦本纪、郑世家、孔子世家、仲尼弟子列传、老庄申韩列传、刺客列传、苏秦列传、张仪列传、范雎蔡泽列传、孟尝君列传、平原君列传、信陵君列传、春申君列传、商君列传、孙武列传、白起王翦列传、廉颇蔺相如列传、赵奢李牧列传、田单列传、乐毅列传。

陈梦家《殷墟卜辞综述》、李泰棻《西周史征》、马骕《绎史》、崔述《崔东壁遗书》、纪岑编译《古代社会》、顾栋高《春秋大事表》、杜国庠《先秦诸子概要》、冯友兰《中国哲学史新编》、《汉书·艺文志》、《七略·诸子略》①。

顾颉刚《禹贡》,孙诒让《周礼职方注》,蒙文通《古史甄微》,《周秦民族研究》,徐炳昶《中国古史的传说时代》,李剑农《先秦两汉经济史》,《说文解字部首》,《甲骨文编》,《金文编》,段玉裁、王念孙古韵十七部或二十一部,于省吾《双剑誃金文文选》,郭沫若《两周金文辞大系考释》、《铜器铭文二十篇》,于省吾《双剑誃吉金文选》。

《殷墟发掘》,《中国考古学报》1—4册,陈梦家《青铜器断代》、《新中国的考古收获》、《考古学基础》、《后汉书·舆服志》、《石器时代考古讲义》、《商周考古讲义》、《古文字学讲义》。

《东方杂志》《学原》《禹贡》《古史辨》《中央历史语言研究所集刊》《国学季刊》《清华学报》《新中华》《金陵学报》《岭南学报》《辅仁学报》《燕京学报》《制言半月刊》《食货》。

补充书目如下:郭沫若《青铜时代》《奴隶制时代》《中国古代社会研究》《十批判书》《中国史稿》,王国维《观堂集林》,范文澜《中国通史简编》,郭宝钧《中国青铜器时代》,杨宽《战国史》,任继愈《中国哲学

---

① 此处似有误。

史》,翦伯赞《中国史纲要》《中国史稿》,尹达《中国新石器时代》,李亚农《殷代社会生活》①。

朱老师和郭老师给我们所列两种阅读书目主要内容涵盖历史和考古方面,也涉及政治、哲学、经济等内容,丰富多彩,美不胜收。为使我们能找到和读到这些书,历史系资料室对我们大开"绿灯",允许入库选书,还让我们享受在职人员的借书待遇,在开学头一个星期朱老师专门请姚瀛艇老师,带着我们参观资料室的各类藏书,讲解有关图书版本和目录学知识,资料室刘先修、康佩荣老师热情周到的服务为我们日后读书提供了极大的方便。

在上专业课之前某个晚上,我们都去了朱老师家中,向他请教治史方法,他强调札记之功必不可少,除课堂上认真做好笔记外,课余须阅读相关史籍,要坐得住"冷板凳",把自己认为对某个问题的重要史料,包括涉及的理论与学者的论述,用卡片一张张记录下来,以备后用。当时我们备有卡片者寥寥,在听了朱老师一席话之后,才意识到此学习方法的重要性。事后学友程有为主动提出为大家解决卡片问题,寒假返校后,他给每人都带了一两千张卡片,而且价廉物美,非常适用,我至今仍保存着。

接着郭人民老师给我们讲授中国原始社会至西周的历史,郭老师自幼饱读诗书,是个文献通,尤精于《左传》和《诗经》,许多段落能随口诵读。后来他还组织青年教师赵世超等成立读书小组研读《左传》,这对我们读书同样帮助很大。朱老师为了让我们接受高品位学者的熏陶,专门从北京请来了中科院院士贾兰坡来校为我们讲了几天课,他讲了自己发现三个北京猿人头盖骨的经过,②重点讲了新、旧石器的

---

① 阅读书目及补充书目均系转抄,可能个别有误,仍须读者明鉴。另外,经典书籍与《培养方案》所列,稍有重复。

② 贾兰坡发现的这三个北京猿人头盖骨连同裴文中发现的第一个北京猿人头盖骨及另一个头盖骨共计五个,均在太平洋战争爆发前神秘失踪,至今不明下落。

制作方法。和他同来的一个研究生，把一个沉甸甸的袋子放在课桌上，贾老从中拿出几种类型的旧石器，给我们示范如何打制，并风趣地说这几件石器是我教学用的，我舍不得送给你们，今后若有空可来北京做客，我可以另挑几件送给你们的博物馆。他颇有风趣的话把我们都逗乐了。后来我讲授《考古学》，不能说没有受到贾老师的影响。继贾老之后，朱老师又陆续请来一些知名专家和学者给我们上相关课程，关于这方面学友程有为在朱老师八十寿辰纪念集中记载颇详，故不赘述，不过还应作点补充，著名甲骨学专家胡厚宣教授也曾来过开封，我们亦聆听其教诲。

朱老师的观察力极强，开学不久就对每名学生了如指掌，且知人善任。学友郑慧生年龄最大，为人正直正派，处事公道很孚众望，朱老师就让"老郑"当"头"带领我们（若舍其人，其余五人则年龄大致相当又各有所长，互不服气而难以服众）。每次导师授课之前我们都会把教室打扫干净，老郑总是公平分配人员让谁也不会"吃亏"。每个周末老郑从系上领回大家购买的电影票座位总有好坏，他亦公平分配不会让任何人老看差座，大家口服心服无话可说。我和老郑私交极好，尊其为"郑兄"。但有时我也很调皮故意不听"使唤"，每当此时老郑便会犯急，径直对我大声呼叫：小刘，你老实点！我见他真要动怒了，便乖乖就范不再耍闹。老郑考研时年龄已超过40岁（报考规定不得超过40岁），潜心钻研甲骨文已有十多个年头，曾翻坏过几本字（辞）典，真有孔子读《易经》韦编三绝的刻苦劲头。他进校前已是半个甲骨文专家，受到朱绍侯和郭人民先生的青睐，故被破格录取。为了充分用其所长，两位导师竟给他"排课"，为我们讲授了几次关于甲骨文的基础知识，他待人真诚，备课认真，讲解通俗易懂，让我们获益匪浅。

在第一学年，朱绍侯老师虽然没有给我们上课，但他无时无刻不在关心我们，除以上所写外，另有几件事也须提及，一是《资治通鉴·外纪》是我们必读之书，一时难以找到，朱师得知后便从家里找出借给我们传阅，我是最后一个读者，自然也成了还书者，可是书传到我手中封面已破损得"惨不忍睹"，读后我不好意思就此"容颜"还给朱老师，为了"完璧归赵"便买了一张牛皮纸及一瓶胶水,将封面内外全都粘贴好后,就送还给了朱老师,这只是权宜之举,好在朱老师很大度并没有说什么。第二件事是,我们进校不久,上海人民出版社急催朱老师的《军功爵制初探》交稿,不得已,朱老师来到我们宿舍请杨天宇和程有为帮忙,他俩齐动手大约花了五个整天时间抄完手稿。后来出了书,我们也沾光,朱老师送给每人一本,大家都高兴。第三件事是,学友杨天宇毕业于北京大学中文系,文史功底深厚。进校前曾在《开封师范学院学报》上发表过史学论文,在郭人民老师讲原始社会史时,他对"正在形成中的人"颇有自己的看法,就撰成一文被《学报》看中,朱老师得知情况后召集我们开会,一方面为"杨文"感到高兴,一方面又担心大家初读研究生却把过多精力花在写作上,会影响打基础和今后发展,他告诫我们要学韩信用兵那样,多多读书,多多积累,厚积薄发,才有后劲。并建议天宇学友收回此文,以后再发,天宇照办不误。以后三年他埋头苦干,积累了丰厚的经学史料,再后成为此学术领域的专家,博士生导师,这与朱老师的教导密切相关。第四是朱老师对我也很关心,录取前我父亲是"摘帽右派"。当时左毒未尽,据说某些高校仍很看重考生的"成分",故有考生成了牺牲品,我很幸运被录取了,这与朱老师正确贯彻执行党的政策是分不开的。记得第一学年下期,我父亲"右派"问题平反后,途经开封回西南师范学院复职,朱老师对我说:何不叫你父亲就来我校工作?我回答说:西师给他平了反,故不好意思"跳槽"。朱老师听后表示理解。

从1978年秋到1979年夏,郭人民与郭豫才先生为我们授完了先秦史课程,从第二学年起由朱老师指导我们学习秦汉史和魏晋南北朝史,学友程有为的记述颇为精当:"他定期给我们上课。每一朝代的学习,他都先做启发报告,重点讲授一些知识,又介绍一些史学动态,同行的学术观点,然后提出一些思考题,让我们自己看书学习,深入思考。"①对朱老师的讲授内容,我和有为一样都认真做了笔记,但因两次搬家,一时找不出来,不然真可引出几段"奇文共欣赏"。

记得第一学年之后,全校研究生集体搬家,从学生宿舍撤离,迁往原招待所居住。三人一间,居住条件较前有所改善,离图书馆和教工食堂比原先近得多,生活、学习也明显方便。这时我们的"前四史"读书任务,已从《史记》进至《汉书》《后汉书》和《三国志》。通过一个学期的读书,我对"六国封建贵族"发生了兴趣,认为他们在推翻秦朝暴政的革命中斗争最英勇功劳也最大,尤其是项羽歼灭了秦军主力才使刘邦轻易入关推翻了秦朝,而胜利果实也为刘邦所享用,便为以项羽为代表的六国贵族感到不平,我按朱老师要求写文章的规定写了题为《略论秦朝残存的六国封建贵族》一文,交给朱老师过目,经他认真阅后作了三点批示,大意是:其一,写文章最好"开门见山",不要兜圈子,好比吃包子,咬了几口还不见馅,这不好;其二,做史学研究,别人已说过的话不必再说,得有自己的见解才有新意;其三,研究历史要凭史料说话,避免主观感情色彩,方才不失公允。朱老师的批示指出了我的弊端,当时我感觉很没面子,又怕被其他学友看见,悄悄把批示撕下来夹藏在一本书里,时间一长就找不着了,以致到现在都未找到,但朱师的教诲却记得比较清楚,庶几无误。

到了第二学期,我们继续读书、听课和写学习心得,大家对史学界热门话题之一的王莽代汉及其改制的讨论相当关注,朱老师就指导我们对这一课题进行初步研讨,要每人各写一篇文章,我针对一些学者把王莽说得一无是处的论点,对王莽代汉作了较为实事求是的评价。文章交给朱老师阅后,评语比上一次要好些,但仍有许多不足,尚须进一步完善,而学友张诚的文章受到朱老师和郭豫才教授的欣赏,后来发表在正式刊物上。

以上是关于朱老师指导我学业的情况,此外,还有两事须提及,一

---

① 程有为:《跟随朱先生学治史》,河南大学历史文化学院编:《史学新论》,河南大学出版社2005年版,第660页。

是,朱师母也是东北人,在本校财务处工作,每次我们叩门找朱老师,她总是热情加以接待,使人感到亲切和温暖,从而更加促进了师生之间的情谊。不幸的是(可能是在我们读研的第二年),朱师母因患乳腺癌动了手术,消息一传出,我们立刻赶往朱师家看望,此时朱师母尚未出院,朱师详细介绍了病情及手术情况后,我们想安慰他,他却反过来劝导我们,说师母术后情况良好,他感谢大家的看望,又叫我们不要为此事分心而耽误自己的学业,这使我们感动得不知说什么话好。后来朱师母康复出院了,我们方才放下心来。在师母患病期间,朱师忙内忙外,没有耽误工作,这种精神令人钦佩。

二是朱师招研究生时,科研成果颇多且教学也很优秀,但因处在非常时期,职称本该晋升而长期不能遂愿。大约在我们读研的第二年,学校破格提升朱师和胡思庸先生为教授。任教授之后,朱师的压力和担子更加沉重,不仅在省、市社联和史学会担任重要职务,还是十院校《中国古代史》教材的主编,而且在本校和历史系也担负许多工作,他家里几乎每天都是宾客盈门,外地来客、本校同事、研究生及本科生轮着"上阵",有时竟忙得饭都顾不上吃。我记得有次晚饭后,我们去朱师家向他讨教,师母说他在系上还未回来,朱师刚一回来又有学生来找,忙碌之况由此可见一斑。由于长期劳累,以致积劳成疾,突然一天,朱师面部"中风",不得不去看医生,医生劝他多注意休息以利养病,但朱师哪能顾上休息,竟然带病给我们上课,我们为此都很感动同时也为他感到担心,后来他坚持一边工作一边治疗,病情方得到缓解而逐渐好转起来。

在我读研的最后一年,依据前面提到的《研究生培养方案》,须完成三项学习任务,第一是外出一月参观考察古迹。这是大家企盼已久的,因为经过两年的艰苦学习,我们的体力和精力均消耗很大,亟待放松及调养以利恢复。朱老师对这次外出活动相当重视也非常关心,特别担心安全问题,他和郭豫才及郭人民老师商量后,决定由郭人民老师指导我们去陕西参观,历史系总支委员陈兆荣老师全程陪同。为了让我们能在西安参观畅通无阻,除了学校开具了介绍信外,朱老师还叫我们带上他给林剑鸣和韩养民老师的亲笔信,请他们予以关照。万事俱备之后,我们一行八人于1980年9月下旬出发,略在郑州稍事停留后便登上了西去的列车。同月24日到达宝鸡市,下午在该市文化局文物科科长尹盛平陪同下参观了宝鸡市博物馆,在以后几天我们步行去了古大散关遗址,目睹了秦景公大墓发掘现场,踏察了周族兴盛之地周原,观看了周原出土的甲骨文和西周大型建筑遗址。回到西安后,我们凭朱老师的亲笔信,见到了林、韩两位老师,他们对我们都十分热情,韩养民老师于百忙中亲自引领我们参观了大雁塔和小雁塔,若不靠他的私人友谊,那天我们是不可能登顶小雁塔的,韩老师待人至诚,给我们留下了非常深刻的印象,这与朱老师的关照是分不开的。

在西安参观之前,按事先的安排,郑慧生便陪郭人民老师回学校去了。我们六人则继续北行到了山西,先后参观了晋祠和云冈石窟,陈兆荣老师有一亲属在当地部队任职,他为我们参观提供了相当多的便利。后来我们又去了北京和天津,参观的地点就更多了,从天津返回北京后,不愉快的一幕发生了,事因由我引起,学友周士龙家住天津于是向陈兆荣老师请假顺便回了家,我因平时对周有些意见,就借题发挥无端向陈老师大发脾气,我不知道当时那来这样大的火气,让陈老师受了很大的委屈,实在不应该。10月24日我们从北京返回学校后,我对自己的过失深感后悔,大概朱老师已了解到我有悔意之后,竟没有责难我,经过很长时间我忐忑不安的心情才有所平复。不过我仍然愿意借此机会向陈兆荣老师深致歉意,我相信她会原谅的。这次外出参观虽然不尽完美但收获多多,不仅让人大开眼界,而且使我学了许多有关文物方面的知识,更加激发我对文物的利用、保护和热爱,也使我对"读万卷书,行万里路"的学习实践有了更深的感受和体会,并为我后来讲授《考古学》奠定了基础。

第二是教学实习。我们六位同窗承担了中国古代史上段部分课程的教学任务,朱老师和郭豫才教授是指导教师。分给我讲的内容是秦统一封建国家的建立和秦末农民大起义,我先写好近三万字讲稿后,分别由两位老师审阅,他们或用铅笔或用钢笔对讲稿提了不少意见或作了批示,并对少量错别字也做了订正,例如在关于陈胜、吴广领导的第一次农民大起义一节中,朱老师作了如下批示:1.等死,同样是死。2.鄿音挫,不读占。3.秦末农民起义主要是由暴政和苛重赋役引发,对此要特别强调之。4.吴广为假王是西征时事,因为陈胜不能亲征,故派吴广代理指挥,吴广为假王不是为了帮助陈胜处理各种军事事务。5.农民起义的战争过程讲得太细,可简单一些。项梁起兵事也讲得太细。6.刘邦为汉王,非汉中王,其地在汉中、巴蜀。7.雍王、翟王、塞王,号称"三秦王"。刘胜项败原因可分四点讲,但不要首先、其次、再次、最后,而用1、2、3、4。此外,朱老师还对我第一节讲稿中的"巿"字订正为"市"字。最初我"冥顽不灵",没有意识到这是不同的两个字,直到第二次朱师再次改正我才认识到自己错了。由此可见朱师对我的指导是多么细致和耐心。我按照两位导师的意见对讲稿认真进行了订正,直到他们满意为止。接着安排我进行试讲,除两位导师听课外,陈昌远先生及中国古代史教研室主任蔡行发先生以及五名学友均前来听我试讲。虽然我有在中学"久经沙场"的讲课经历,但头一遭面对众多的师友讲课,仍难免心情紧张,又担心万一讲不好怎么收场,结果没有把握好讲课节奏,越讲越快,效果自然不佳,师友们为此提了不少意见和建议,两位导师则一针见血指出:问题出在心态上,要我稳定情绪,消除杂念,高度集中注意力,按章节顺序把一个个问题讲清楚,避免背书式上课。经过师友的点拨,我重新作了准备,第二次试讲竟然"一炮打响",有了明显的进步,被批准可以正式上课了。然后我在一周内分两次共七节课给本科生授完了应讲的课程,并在学友中教学成绩名列第二,这与朱、郭二师的悉心指导是密不可分的。

第三是完成毕业论文和答辩。就在教学实习期间,每位学友在导师指导下各自定下了撰写毕业论文的题目,朱老师同意我的命题为《论王莽代汉及其改制》,他认为我过去有基础,目前参考资料也比较多,是可行的,但要写出新意来。还建议我除认真读录相关史籍和文章外,最好把五位学友做过作业的文章搜集起来一并做参考。此外郭豫才教授和陈昌远老师也曾进行指点和提供帮助。在导师及学友鼎力相助下,自己也颇为用功,大约花费了半年的时间完成了近三万字的论文初稿,经朱、郭、陈三位老师认真审读后提出了许多修改意见,几经修订后论文终于打印出来了。接着朱老师请来郑州大学著名秦汉史专家高敏教授来校主持我的论文答辩会,朱、郭、陈三师等均担任委员。答辩中我认为自己论文价值点在于:其一,破除了封建正统论,指出了王莽代汉的历史必然性并为其"正名";其二,王莽能针对时弊提出一些改革措施,有一定进步性,不同意全盘否定王莽代汉及其改制的偏颇看法。故这篇论文具有一定新意,得以全票通过,我也顺利过了论文关。由于学校当年未能获得硕士学位授予权,故我们的历史学硕士学位是在翌年经重新申请被批准之后才补授的。

三

毕业即意味着取得了分配工作的资格,因为我们是改革开放后首届毕业的研究生,人数较少,比较紧俏,出路自然宽广。答辩后有消息说我将去郑州大学历史系任教,为此我还做好了动身的准备。就在等待分配的期间,从 1981 年 10 月末至 11 月底,我还参加了带领 10 多个 1978 级学生在开封市八中的教育实习工作。此项工作结束后,不料分配方案发生变化,当我参加研究生毕业分配会议时,历史系副系主任韩承文却宣布我留校工作,而学友张诚则去了郑州大学。对于这一意外变动,我实不知缘由,也未作深究。转念一想与其到一个人生地不熟的学校工作,还不如今后能与自己的导师和诸多的学友共事,相互有所关照,这又何尝不是一件好事! 也就心安理得了。

我留校工作的第一年,可能因资历太浅,还轮不上给本科生上基础课,于是便在外系"打游击",先后在政教系和教育系给一二年级学生讲《中国简史》。经过一年多时间的教学"洗礼",直到 1983 年秋天我才开始给本科生上专业基础课。系上对新手上课历来十分重视,担心授课质量不能达标,遂于 1983 年 12 月 20 日以教研室名义组织开展了一次听课活动,听课阵容相当强大,原导师朱绍侯、郭豫才、陈昌远全部参加,教研室主任蔡行发(我在外系上课时曾多次不打招呼就来听)及学友杨天宇也到场,地点在十号楼312教室,我讲的内容是"战国时期的文化"。两节课授完后大家又聚在一起进行座谈,每位老师都发了言,这里只表述朱老师的意见,他对我讲这堂课的总体印象感到"不错",能以书本内容为主,自己有所增减,讲解"总的说来较好,也比较精炼,但对'阴阳五行'的解释缺乏深度,有些话也讲得不太活"。朱师一席话画龙点睛式地指出了我浮泛浅薄,说话刻板的弊病,这对我今后的提高鞭策颇大。

就在这次教学活动的半个月前,有消息说距开封市约90华里的尉氏县南巢公社东岗附近,农民在取砖土时发现了一些石器及其他物品,朱老师很感兴趣,就与市文物管委会同志一道乘车前去考察,并叫他的研究生陈长琦通知我一同前往,到后我们发现现场很凌乱,只有一些红陶残片和个别小型石器尚存,大家初步推断为新石器时代的遗址,并建议保护现场,待进一步发掘之。这一事例表明朱老师对文物的保护及利用十分重视,在他一系列科研著作中善于运用最新出土资料以解决某些历史问题,我想这或许也是朱老师史学研究的一大亮点。

大约在1983年的某天上午,朱师派陈长琦来东二斋宿舍找我,手拿一本十院校编著的《中国古代史》(上册)教材,并对我说:朱老师请我帮忙把这本书从头到尾一字不漏通读一遍,并将所有引用的史料用原书校对一次。接受任务后,我不敢怠慢,大约用了20多天时间认真校核了此书,把自己认为有"问题"之处一一列出交给朱师以供参考。不久我遇见了朱老师,他高兴地对我说:你校一遍是有好处的,果然还有小误,例如《诗经·商颂·殷武》中的"深入其阻"原文中"深"字就无水旁,还向我表示谢意。以今思之,当时我的学识和水平均有限,且校书如扫落叶,难以尽净,肯定有讹误,甚至以是为非,朱老师不但没有责怪,反而谢我。想到朱老师多年来对我关爱有加,教诲良多,我这点忙真乃微不足道哉!

众所周知,从1982年起经校、系同意我开始担任我大学时代的老师及读研时期的导师、先秦史专家郭豫才教授的助手,在他的精心指导下,我成功地由一名中学老师转型为合格的高校教师,专业也由秦汉史逐渐改学为先秦史,面临挑战和考验我终于闯过来了,五年间我陆续整理出郭师的研究生教材《先秦史讲授提纲》从中国原始社会至春秋五个部分的初稿,共约 25 万字,各个部分或全文刊登于内刊或打印成稿,并投入使用,我也从中受益,公开发表了三篇文章。但因种种原因我未能一鼓作气完成全稿,功亏一篑令郭师遗憾终身,也使我愧疚至今。

朱老师为了推动先秦史及秦汉史研究工作,与郭豫才先生倡导成立一个专门的研究机构,通过不懈努力,1984 年 5 月先秦、秦汉史研究室经学校批准终于正式诞生了,先生身为历史系领导之一,自然功不可没。

三年后,在先秦、秦汉史研究室基础上,又专门成立了一个先秦文化研究中心,郭豫才先生因年事已高又体弱多病,主动"让贤",仅担任"中心顾问",由于大权旁落加之有人在某位校领导面前播弄是非,我的处境变得困难起来。"六四"风波之后,有人三番五次提出要处分我,郭、陈二师根据当时党的相关政策认为毫无道理,予以峻拒,但又怕我受到伤害,提醒我另谋生路。在父亲召唤下,我成功调回西南师范大学(现西南大学)历史系任教,从此离开了培育我的河南大学,也从此告别了众多的师友和朱绍侯先生,记得当我挈妇将雏离开河大之时,众多师友前来送行,我无法一一列出他们的姓名,但当时一步一回头的场景仍历历在目,令我无限感动。

我离开河大整整 25 个春秋,虽然没有重回,但联系从未断绝过,几乎年年我不会忘记给朱老师及其他师友寄去贺年卡致意,也曾收阅过一些回信,其中我难以忘怀的是朱老师的两封信,邀我参加"今注本二十四史"工程之一而由他任主编的《宋书》今注工作。接到朱老师头封信,内心感到十分温暖且又非常高兴,很想加入却又担心自己学识谫陋、能力有限,怕做不好工作有负师望,心中犹豫没有及时回信。后来情况发生变化朱师又来信说,已找到合适人选,不要失望,以后总是有机会的。此事尽管未能成功,但朱师对我的情谊却是忱挚的,我已铭刻在心。

恰逢朱师九十寿诞,昔者孔子有言:智者乐,仁者寿。朱师既智且仁,自当乐而且寿。弟子我衷心祝愿朱绍侯师健康长寿,在史学研究及教书育人的崇高事业中再创佳绩,再铸辉煌!

源头活水　师恩浩荡

——记半个多世纪朱绍侯老师对我的关怀培养

郭胜强

朱绍侯先生学富五车，满腹经纶，教书育人，为人师表，奖掖后进，不遗余力，可谓才德兼备，德高望重，是新中国培养的第一代知识分子的光辉典范。我是朱绍侯老师早年的学生，从20世纪60年代初至今已经五十多年，无论是在校学习时还是毕业工作后，朱老师对我的关心爱护和指导帮助都使我如沐春风，终身受益，永远难以忘怀。

1963年我考入河南大学历史学系，当时朱老师担任我们的中国古代史课程教学，宋泽生老师教我们世界古代史，孙作云老师教我们中国历史要籍文选。几位老师上课各有特色，孙老师来上课常常是抱一大摞参考书带一只马蹄表，讲课时引经据典，旁征博引，神采飞扬，海阔天空，引导我们在知识的海洋里荡漾。有时候一句话甚至几个字几乎能讲一堂，一看表快到时间了，几分钟时间就能讲一大段课文。宋泽生老师讲课则慢条斯理，从容不迫，条分缕析，娓娓道来，使我们沉浸在汲取知识的涓涓细流之中。朱老师的讲课介乎于二者之间，既讲授清楚了基本基础知识，也开阔丰富了大家的视野，对于我们刚开始学习历史的同学来说比较更容易接受。

当时我是班上世界历史课代表，一位南阳籍的同学是中国历史课代表，我们常常互相陪着交作业找老师，和朱老师接触也就多起来了。一次朱老师知道我是安阳人，问到我安阳殷墟的情况。我一听脸红了，殷墟我还真没有到过。朱老师语重心长地对我说，殷墟举世闻名，我们学历史的同学对家乡的历史和文物古迹应当更多了解一些。当年假期我就一人跑到殷墟，可惜洹水岸畔空空荡荡，连一个文物标志牌都没有。好不容易找到考古所安阳工作站，也是大门紧闭，谢绝参观。

在校时对朱绍侯老师印象最深的一件事，就是组织我们班同学召开了一次"学术讨论会"。60年代农民运动是史学界的一个热门话题，在讲到东汉建立者刘秀时，朱老师就指导同学们写文章对刘秀展开评价。结果形成了两种意见，一种认为刘秀是农民起义的领袖，在中国历史上功不可没；一种认为刘秀是农民起义的叛徒，无功可言。朱老师就不同意见选择了几篇比较好的文章在班上宣读，引起大家热烈讨论。同学们竞相发言，扩大了眼界，巩固了所学知识。

可惜60年代是一个运动的年代，从下乡搞四清到"文化大革命"，运动一个接着一个，刚刚恢复的正常教学秩序又被打乱了。即使在这样的情况下，朱绍侯老师还是抓住一切机会启发引导我们学习专业知识。在巩县回郭镇搞四清运动的时候，朱老师和赵宝俊、周宝珠几个老师在驻地一户农家后院厕所墙头上发现了一个陶鸭子，当时是农民用的尿盆。老师们如获至宝，和农户协商后抱回学校（据说可能没花钱，那时四清工作队是很有权威的，更主要的是当时一般人还不知道文物的珍贵价值）。朱老师给我们讲，这就是闻名于世的唐三彩，代表了唐代陶瓷器生产的最高水平，这是我第一次见到唐三彩真品。它以后就存放在历史系文物陈列室里，"文化大革命"中无论哪一部分同学们进驻十号楼，对文物陈列室都十分注意保护，大家体会到文物来之不易是一个重要因素。在巩县朱绍侯老师还组织我们参观了伊洛汇流处和石窟寺，为我们讲解河洛文化和佛教在我国传播的历史及佛教艺术。

巩县四清结束返校路过郑州等火车时，朱老师不顾旅途的疲劳带领我们到河南省博物馆参观。那时参观博物馆还需要买门票，也就是五分钱或者一毛钱，但那个时代对于我们学生来说也感到囊中羞涩。朱老师找了在省博物馆工作的以前毕业的学生，免费让大家参观。同学们高兴极了，享受了一场中原历史文化的盛宴。

毕业后我分配到安阳工作，20世纪70年代末科学的春天到来的时候，也想搞点科研。但是消息闭塞，资料缺乏，想搞科研不知从何处入手。于是给朱绍侯老师写信谈了自己的想法，不久收到了朱先生的回信，指出"中国历史悠久，古代文化光辉灿烂，各地都有自己辉煌的地方，中原地区尤其丰富多彩。在地方基层工作的同志搞科研，应当根据地方的特色来开展。安阳的殷墟、甲骨文举世闻名，大有研究的空间。甲骨文享誉海内外，有不少人倾心研究并取得卓越成就。这是一个很好的方向，只要克服困难，长期坚持下去，一定会取得成绩。同时，安阳的历史人物韩琦、岳飞、刘青霞等也值得研究。"随信还给我寄来了一套新出版的他主编的教材《中国古代史》。

1985年，河南人民出版社出版了我的学习心得《殷墟漫话》，介绍了殷都的建立、兴盛和衰亡，殷墟湮没和发现以及甲骨文的发现、发掘和研究的历史概况。我马上送给了朱老师一本，朱老师看后鼓励我说不错，要继续努力，同时还指出了书中的不足。

1997年河南大学在85周年校庆活动中，历史文化学院召开了商文化学术讨论会。时任河南大学历史系主任、河南大学出版社总编辑的朱绍侯先生在会上作了《河南大学与中国甲骨学研究》的专题学术报告。朱老师如数家珍，列举了从20世纪20年代以来，河大学人对殷墟发掘和殷商文化研究的贡献。也许是偶然的巧合，更是植根于中原沃土的河南大学的必然，甲骨学一代宗师、殷墟发掘的开创人董作宾，殷墟发掘的主将、新中国考古事业的奠基人郭宝钧，殷墟发掘的"活档案"、终身从事殷墟发掘和研究的石璋如，殷墟发掘的主将、新中国史学工作的领军人尹达等，竟然都与河南大学有缘，或曾在河大任教，或曾在河大就学。

这给我以很大鼓舞，下决心要研究河大的几位老"学友"，总结他们的学术活动和成就。我写信给朱绍侯先生汇报了自己的想法，得到先生的支持和鼓励。他在回信中说："自你工作后，一直没有忘怀母校。你对母校的火热感情，我深有体会。你在甲骨文研究方面所取得的成就，我非常自豪。知你正在研究河大几位老专家的学术史，非常高兴,这也是你对母校的一种贡献,既能为母校争光,也能提高你的甲骨文研究水平,我很赞赏你这个项目,祝你早日成功。"以后,我相继写出了《董作宾先生对甲骨学的贡献》《郭宝钧先生对殷墟科学发掘的贡献》《石璋如先生对殷墟发掘和研究的贡献》《河南大学对殷墟科学发掘的贡献》等多篇文章。还应江苏文艺出版社邀请,撰写了"大家传记"丛书之一,海峡两岸第一部董作宾传记著作《董作宾传》。

2002年是河南大学建校90周年。为迎接校庆,关爱和校长在1999年秋天提出了编写出版一本河南大学与甲骨文发掘和商文化研究专书的计划。这不仅突出了中原文化特色,也突出了河南大学建校90年来在历史学研究方面所取得的重要成果。在朱绍侯老师和郑慧生老师的大力支持推荐下,我有幸承担了这一任务。2001年下半学期,我专门住到河南大学撰写《河南大学与甲骨学》,朱老师、郑老师和当时河南大学出版社总编马小泉等就该书的内容体例、章节层次提出许多宝贵意见,并为我提供资料。

当时我住在学校青年公寓,我来的时候天气还热带的衣服少,一天忽然风雨交加气候转冷,一大早朱老师给我送来一件棉衣后匆匆离去。后来我才知道朱师母病重正在医院抢救,我热泪盈眶,异常感动。不久《河南大学与甲骨学》出版,所写人物既有德高望重的老一代专家学者董作宾、郭宝钧、尹达、石璋如、朱芳圃、孙海波等,也有后起之秀李民、郑慧生、范毓周、王蕴智等。

2012年,已年近九十高龄的朱绍侯先生应河南省文史研究馆的多次邀请,担任了《中国地域文化通览·河南卷》的主编。《中国地域文化通览》是中央文史研究馆组织编撰的大型历史文化丛书,全国每省编著一卷。各地都十分重视,聘请一流的专家担任主编。朱绍侯先生受任河南卷主编后,邀请王兴亚、程有为、王永宽等著名文史学者组成编委会,着手开展工作。选题内容、拟写大纲、篇章结构、物色撰稿人、审稿定稿等事项,先生都亲自过问。他不顾年老体弱,多次往返于郑州、开封之间。《河南卷》世界文化遗产殷墟部分写出来后,编委们感到不尽如人意,几经修改仍不理想,商量决定换人重写,朱绍侯老师推荐我担任此项任务。受命后不敢怠慢，马上收集资料精心撰写。初稿写出后，几经修改，编委们还是比较满意的。在审稿过程中，朱先生逐句逐字予以修订，连标点符号都不放过，令人感动。

也就在这前后，中国社会科学院名誉学部委员、原历史研究所研究员王宇信先生主持编撰《殷墟文化大典》。大典分甲骨学、商史和殷墟考古三卷，邀请我担任商史卷的主编。我犹豫再三，恐怕完不成任务。在郑州开会的时候，我向朱老师谈了自己的顾虑。朱先生对我说你搞甲骨学殷商史研究已经取得不少成绩，这是你全面学习总结的一次机会，相信你是可以很好完成的。这就坚定了我的信心。2014年秋季，一百余万字的《商史卷》全部完成送交出版社。该书被列入国家出版基金项目，即将由安徽出版集团出版。

退休后闲暇时间较多，遵照朱老师早年的教导，我扩大了选题范围，相继与同事合作撰写出版了《韩琦传略》《宋庆龄祖籍在安阳》等书，又完成了《相州韩氏的族风和传承》书稿。2013年秋我到开封参加古都开封研究和中国古都学会年会见到了朱绍侯先生，我想请他为《相州韩氏的族风和传承》写序，但看到先生年岁已高又犹豫了。当老师得知我的想法后马上爽快地答应，让我将书稿交给他，不久就收到了老师亲笔签名的序言。

恩师益友永不忘

——敬贺朱绍侯先生九十华诞

余鹏飞

值此一代史学大师朱绍侯先生九十华诞之际,远隔千里之外的晚辈遥望天空,谨祝大师福如东海、寿比南山!

虽我比先生只年少十一岁,在求学期间又未聆听过朱先生的讲课和教诲,但朱先生却是我的恩师,因为他老在我工作期间对我无微不至的关怀和支持,使我永远铭记在心,终生不忘。先生虽年事已高,但精神矍铄,精力旺盛。他为人真诚、豁达、平易近人,谦虚严谨,学问精深,知识广博,对学生要求严格、对朋友推心置腹,做学问一丝不苟,在史学界德高望重,泽被学林,享有盛誉。我和先生虽交往不多,但他老给我留下的深刻印象,至今不能忘怀。我们之间的情谊正如人们所常说的"是形影相随的那份充实,是远隔千里却如潮的思念,是深夜长坐的那杯清茶,是悠闲时最想见的身影,是最忙碌时也不忘怀的牵挂!"值此先生九十华诞之际,回顾先生教诲助益之往事,历历在目,感慨万分,决定写些文字,以示纪念。

我和朱先生第一次接触是1989年受命邀请他和高敏先生一同赴北京参加由中国社科院历史所召开的有关诸葛亮躬耕地学术研讨会。朱先生在会上作了《李兴与〈诸葛亮故宅铭〉》的发言,受到与会者的称赞。正如梁满仓先生所说的,朱先生是"河南学者,如果站在维护地方利益立场上,河南人应该为河南南阳说话;如果站在科学学术立场,就会摆脱地方利益的苑围,实事求是地追求历史真实。显然朱先生属于后者。作为河南人,他绝对对家乡怀有深厚的感情,吾爱河南,但吾更爱历史真实,是朱先生科学精神的写照"(《诸葛亮躬耕地与隆中对》序言)。从此我对朱先生更加敬重。之后又多次陪同朱先生夫妇畅游武当山,彼此间结下了深厚的情谊。

  我是唐长孺先生的学生,受老师的影响对魏晋南北朝史尤其是三国史特感兴趣,力求在这方面有所研究和建树,但深感这段历史资料不足,难以实现宿愿。长期以来史学界学者对三国时期的政治史、军事史、重要历史人物以及经济方面的屯田制、租调制、士家制等问题所发表的论著、论文很多,可谓汗牛充栋。但却没有一部三国经济史,虽陈啸江先生曾撰写过《三国经济史》,但那是20世纪30年代的事,更何况陈先生只是将所搜集到的资料进行分类整理,对这些资料并未进行详细分析、概括和总结,它只是属于资料性的东西,而且现在又未重新出版,一般读者难以见到。我在研究三国经济的过程中,深感到三国间其所以能鼎峙达四五十年之久,这除了政治与外交的因素以外,三个独立的经济区域的存在是其根本的原因。我将这一想法向朱先生汇报以后,他很赞成这一想法,并嘱咐我去好好研究一下,又说三国经济领域中有很多问题反复被人研究过,要进行深入研究,其中的难度很大,需花很大的精力去探究。在朱先生的鼓励和支持下,我便开始了工作。经过一年多的努力完成初稿后便送交朱先生审核。朱先生对书稿内容一字一字地进行核对,最后他建议我交出版社公开出版。在正式出版时,朱先生又为我的这部习作写了序言。在序言中对我的努力作了充分的肯定。我读后深受感动。他在序言中说:

> 三国是秦汉封建统一中央集权制国家建立后,出现的第一个分裂时期,也是中国历史发生急骤变化时期。从国家的外部形态讲,从一个统一的国家,分裂为三个鼎足而立的政权,而这三个政权又都各有其突出的建树,当然也各有其值得警戒的失误和教训。因此对三国史的研究,也就成为中国古代史研究中的热门课题之一。对三国的政治、经济、文化的研究,都有很多的论文公布于世,其中尤以对三国的人物研究论文最多,如对曹操、诸葛亮的研究,其论著之多,在中国古代史的人物研究中实属少见。但是,尽管三国史是中国古代史研究中的热门课题,而研究三国史的学术专著并不多见。特别是全面研究三国经济史的专著更属凤毛

麟角,除陈啸江先生在解放前出版过一本约八万字的《三国经济史》之外,至今不见有其他《三国经济史》问世。陈啸江先生的《三国经济史》印数不多,流传不广,现在很少有人能见到,所以全面研究三国经济史的学术专著,实为当前所急需。

全面研究三国经济史专著如此难产,是不是由于三国的经济史没有研究价值呢？不是,绝对不是。三国时期的经济变化情况,是中国古代其他时期所少见的。从经济区域变化情况讲,从秦汉时期黄河流域一个发达的经济中心区,演变为黄河流域、四川、长沙中下游三个发达的经济区。原来的北方经济区,即黄河流域经济区,由于遭到东汉末年的战火摧残,走的是从破坏到恢复、发展的道路；南方新兴起的两个经济区,即四川、长江中下游经济区,走的则是开发、发展直线上升的道路。三国时期,国家虽然处于分裂状态,但从经济领域的全局观察,却处于发展之中,中国的经济中心已开始逐渐南移。从土地制度的变化情况讲,这一时期土地私有制受到抑制,由于国家力量的强烈干预,土地国有制出现暂时的回潮。以土地国有制为前提的屯田制（包括军屯和民屯）,已成为魏、蜀、吴三国普遍推行的正规土地制度。当然魏、蜀、吴三国施行屯田制的成效各有不同。曹魏最为成功,屯田制对于促进北方农业的恢复和发展,对于保障军粮供应起了巨大作用。东吴其次,屯田对江东农业的开发,对于保障军粮供应起了一定作用。蜀汉最次,屯田仅是为了保证部分军事需要。三国除施行屯田制外,小农土地私有制、地主大土地私有制仍然普遍存在,只是土地兼并并不甚激烈,土地私有制的发展受到抑制。从生产关系讲,封建租佃制已被政府所确认,并有了新的发展。租佃制早在战国时期就已存在,西汉时期有了一定的发展,但在三国以前,政府并不承认地主有占有佃客的合法权利。曹魏政府所颁布的"赐公卿以下租牛客户制"及东吴政府的"赐客制",都承认了地主占有佃客的合法权利,而屯田制的生产关系,实际是国家租佃制。租佃制的合法化,从社会发展规律的角度考察,是进步的表现,对促进社会生产的发展有积极作用。不过,由于战乱的原因,三国时期奴隶制残余也出现暂时的回潮。在战乱中,有大批贫苦人民被掠卖甚至是自卖为奴,特别在蜀汉统治地区,"奴执耕稼,婢典炊爨"还是较为普遍的现象。从赋税制度讲,三国时期也有明显的变化,秦汉时期对编户齐民推行田租口赋制,其特点是田租轻,人头税重,并且是田租按产量征实物,人头税按人口数征钱,人民增加产量,增加人口,就多交租税,曹操平定河北后,颁布了田租户调制,规定"收田租亩四升,户出绢二匹、绵二斤",其特点是按亩出租,按户出调,皆有定额,增产增人,不增租调,而且皆交实物,这在当时具体历史条件下,对促进生产、促进人口增殖有一定积极作用,这也是两晋南北朝时期所普遍采用的租调制度。从生产力水平讲,三国时期也有明显提高。如耧犁耧车及区田法的推广,双季水稻的种植,水排冶铁的发明,火井煮盐的出现,八蚕之绵的培养,蜀锦织作技术的提高,五层战船的创建,木牛流马的使用,十矢连弩的改进,充分反映出三国时期的农业、手工业生产都有相应的发展,水陆交通运输工具都有很大的改进,特别是服务于战争的军事工业,更有突出的发展。在商业方面,吴国最为活跃,其对内外贸易规模均超过两汉水平。蜀国的商业始终处于平稳发展状态,只有北方的魏国曾一度废除货币,而实行以物易物,商业呈现萎缩,但到明帝以后就走上正常发展轨道。总之,三国的经济各有千秋,很值得作一番比较研究,找出其各自发展的轨迹。

话又说回来,三国经济史既然如此值得研究,那么又为什么很少有人去全面研究三国经济史呢?这大概是由于三国经济史的大课题,已被人反复研究过,而小课题资料少、零碎而又分散,用力多而成果甚微,而全面研究三国经济史,既避不开被人反复研究过的大课题,又必须涉及资料零碎分散的小课题,故很少有人肯于问津。余鹏飞副教授则是知难而进,在吸收前人研究成果的基础上,广泛搜集三国经济史有关文献资料和文物考古资料,对三国经济进行了全面、深入、系统、细致的研究。如对汉末人口迁移的方向和迁徙的原因,对屯田制实行的背景、时间和组织系统,对三国商业发展状况和货币使用等问题,均作了清楚、详细的阐述,尤其对曹操、诸葛亮、孙权的经济思想的分析,对曹魏军屯四种类型的区分,对刘表在荆州的评价,均有独到见解。当然所谓独到见解,不一定是百分之百的正确见解,但是,任何一本有价值的学术专著,都不应该是人云亦云,鹦鹉学舌,而必须有与众不同的见解,因为经过对问题的独立钻研、独立思考,而提出来的独到见解,可以给人以启迪,可以给研究者打开思路,可以使人对问题的研究向更深层次开展,因此功不可没。我相信余鹏飞副教授的《三国经济史》问世,必将对中国古代经济史研究,特别是对三国史的研究,起到推动作用,甚至可以这样说:对现在的社会主义经济建设,也会有某种借鉴意义。

篇末朱先生签上名并注明"1992年2月于开封"。

《三国经济史》问世以后,没过几年,我因撰写此书而被评为教授。与此同时该书还受到一致好评。中国社科院历史研究所研究员、中国魏晋南北朝史学会会长朱大渭先生在《中国史研究动态》1994年第9期上发表《评〈三国经济史〉》一文,该文说:"三国风云际会,人才辈出,是一个很有特点的时代。仅就经济领域来说,人口的流劫与增减、土地制度、赋役制度、劳动者在生产中的地位、社会生产发展的水平等,都有鲜明的时代特色,因而,三国时期的历史历来引起治史者们极大的研究兴趣,成百上千的论文屡屡见诸报刊。令人感到不足的就是研究三国史的学术专著太少了,尤其是全面研究三国经济的著作更是寥若晨星。余鹏飞副教授的近著《三国经济史》,在弥补上述不足方面开了一个好头。1936年陈啸江先生曾写过一本约8万字的《三国经济史》。半个多世纪后,余鹏飞副教授推出了一部32万字的《三国经济史》。显而易见,这是一部研究范围更加广泛而全面的三国经济史。……由此可见,作者在这部著作中,从人物的经济思想到政府的经济政策,从各生产部门的生产技术到当时所达到的水平,从被人反复研究过的大课题到还未被人们充分注意的小课题,都进行了全面的论述。""详细地占有资料,是该书的又一个特点。……观余氏《三国经济史》参考引用的有关专著和论文,从民国时至本世纪九十年代初达数十种之多。可见作者注意广泛搜集研究信息,吸收前人研究成果,从而使该书内容极为丰富,观点更为新颖。""在这里特别需要指出的是,该书所用材料虽广,但却无生搬堆砌之嫌,在许多地方都体现了作者对材料的分析和鉴别的功夫。""最为难得的是该书所用的材料,虽都是极容易看得到的,然而作者却能从普通材料中,提出新的见解,研究出新的成果。……总之,三国经济史中很多问题,作者既充分吸收前人的研究成果,又不一味盲从,而能提出新的看法。还应值得一提的是余氏《三国经济史》的写法和其他断代经济史的写法有所不同。他在各章节中大量采用历史比较研究的方法。如屯田制度,作者将魏、蜀、吴三国实行屯田制的不同社会背景,不同的实行时间,不同的屯田区域和不同的组织系统,屯田制所起的不同历史作用,屯田制废除的不同原因,分专题进行了详尽的比较对照,从而判明其异同,分析其缘由,总结其特点,这样从共性中揭示矛盾的普遍性,找出了共同的规律,从差异性中阐明矛盾的特殊性,看出了不同的特征,使其具有极大的鲜明性,因而通过比较所得出的结论具有较强的说服力。由此也看出比较研究的方法有助于发现事物之间的同异,促使新观点的产生,从而扩展了历史研究的视野和范围,加深了对事物的深刻认识。最后应当指出,《三国经济史》是一部坚持以马克思主义为指导思想的学术著作。作者对马克思主义的坚持,不仅体现在对马恩著作观点的引用上,更主要的体现在对社会发展的认识方法上。作者试图从研究经济入手,揭示'三国鼎立'局面维持的原因,通过经济发展的变化,揭示三国走向统一的必然性。当今社会,物欲横流,百态皆现。在学术思想文化界,各种思想流派层出不穷,令人目不暇接。而《三国经济史》作者坚持以马克思主义指导自己的学术研究,不以所谓新哗众,异取宠,这是弥足称道的。"

朱大渭先生在评述中对该书所肯定的几处优点,回想起来,都是朱绍侯先生在指导我撰写该书时强调的几个问题。可以说,如果没有朱先生的指导我是写不出来的,就是写出来,也是层次较低的,或者说是不合格的。所以我对朱先生是很感激的,我称他老是吾的恩师是得当的,也是完全应该的,朱先生对我的关心和爱护,我将永记心中!

生 5月15日于古隆中

恭祝朱绍侯教授九秩华诞

赵世超

朱绍侯教授是著名的历史学家,终日潜心探索,孜孜不倦,老而弥坚。他在学术上的贡献不胜枚举。其中最突出的成就应为军功爵制研究和秦汉魏晋南北朝土地制度及阶级关系研究。正是他,首先确定了军功爵制这一名称,总结了军功爵制产生、发展和衰亡的规律,解决了军功爵制中的许多疑难问题,提出名田制就是有授无还的土地长期占有制,并将其视为军功爵制的经济基础。他的这些观点影响深远,实际已成为研究中国上古史的一条纲。对此,学者久成共识,不必赘言。今天恭祝朱先生九秩华诞,我想以自己的亲历亲闻,谈谈这位可敬的老者对新时期河南大学历史学科所起的奠基作用。

一 队伍

河南大学创建于1912年,是我国屈指可数的百年老校。历史学科作为主干学科,始终为世所重。远的不说,1949年以后在此担任过教职的即有嵇文甫、赵纪彬、孙海波、朱芳圃、刘尧庭、孙作云、赵丰田、张秉仁、黄元起、鞠秀熙、毛健予、赵希鼎等等,堪称名师荟萃。然而,"文化大革命"的暴风骤雨顿使花木凋零,硕果仅存的老先生也已步入暮年,于是,复兴本学科的责任便历史地落到了朱老师这辈人的肩上。

我于1970年从北京大学历史系毕业,被安置到河北省定县接受贫下中农"再教育",后又"就地消化",在县革命委员会宣传组当了一名干事,而爱人却远在河南省开封市教中学。1975年孩子出生后,倍感两地分居苦不堪言。我岳父、岳母与朱老师同校不同系,抱着试试看的态度去找他打听,问历史系是否需要补充教师。朱老师见我是"文革"前考上大学的,又在定县协助河北省文物工作队挖过几年汉墓,遂一口答应下来,表示欢迎我来校工作。但那时他只是中国古代史教研室主任,说了并不算数。所幸中文系刘彦杰先生被"结合"到院革命委员会当副主任(那时河大还叫开封师范学院),是年龄略小一点的同辈人,容易沟通,朱老师便三番五次地向他说明解决队伍青黄不接问题的重要性,最终竟出乎意料地办成了。1976年5月,我正式报到,整个调动的过程仅用了不到一年的时间,这在当时是十分少见的。全院情况如何,不敢妄断,但起码可以肯定,我是"四人帮"垮台前系里引进的第一人。

朱老师调我来,当然是想让我跟他搞中国古代史,谁知系里主抓业务的副主任韩承文先生坚决不同意。他的理由是:世界近代史的课只有赵克毅老师一个人在上,已经拉不开栓了,好容易来了个年轻人,就得放到最需要的地方去。朱老师很生气,抗议了几次,也不管用。因为他与韩先生是东北师大的老同学,韩先生硬要这么做,他也没办法,只好忍痛割爱,同意我去听赵克毅老师的课,准备世界近代史的讲稿。

不过,朱老师并没有死心。稍后,1973年通过考试招收的那届工农兵大学生毕业了,他立刻去找韩先生商量,说:"这个年级有个阎照祥,人好,学习好,又喜欢英语,把照祥留到世界史教研室,把赵世超换回来,你保证不会吃亏。"韩先生自己是搞世界史的,也早耳闻照祥是个好苗子,两人一拍即合,立刻达成交换协议,蹉跎半年之后,我又回到了中国古代史教研室。事实证明,这是一个相当英明的决定,不仅照顾了我的专业兴趣,使我很快安下心来,而且更为照祥提供了一个适合他纵横驰骋的专业舞台。后来,照祥较早地被派往美国作交换教师,在那里迅速提升了外语水平,并搜集到许多新材料,于1993年就在中国社会科学出版社出版了《英国政党政治史》,接着又在人民出版社先后出版了《英国贵族史》《英国史》《英国近代贵族体制研究》《英国政治思想史》及《英国政治制度史》,由此奠定了自己的学术地位,当选为中国历史学会理事、中国世界近代史研究会会长、中国英国史学会副会长等等。在他担任河南大学历史文化学院院长期间,更为历史学科的发展作出了卓越贡献。

1978年,河南大学开始招收研究生。我在北大虽然住满了五年,但正好赶上"文化大革命",系统的专业学习中断了,常感腹内空空,底气不足,便也跃跃欲试,想通过攻读学位的方式充实自己。不料刚要报名,就被朱老师劝止。他苦口婆心地对我说:"现在调人多难呀!招研究生,不过是把散在社会上的人才巧妙地弄过来,解决高校师资不足问题。你已经进来了,何不省出一个指标让系上多招点人呢?"情知朱老师是为全局着想,我遂断了念头,继续安心教书。结果,这一届单中国古代史就招了郑慧生、杨天宇、程有为、刘韵叶、张诚、周士龙、刘坤太、魏千安、贾玉英等九人,加上世界史和中国近现代史,总数不下十五六人。那时候,研究生都随各教研室活动,来了这么多年轻人,系上的气氛空前活跃起来。三年后,首批研究生毕业,郑慧生、杨天宇、刘韵叶、刘坤太、贾玉英,还有世界史的杨麦龙等三人及中国近代史的郑永福,都留在学校任教,程有为、魏千安、张诚去了省社科院和郑大,只有马生祥、周士龙回了河北。

不久,藏龙卧虎的七七、七八级本科生也要毕业了。朱老师紧抓机遇,一下子选留了李振宏、王宏彬、安庆征、王广兴等人,都是"文革"前的老高中生。龚留柱则在跟他当了几年研究生之后,留到学校。同时又接收了我在北大时的同学、陕西师大史念海教授的研究生郭绍林,调来了郑永福的爱人、北师大毕业的才女吕美颐。至此,河南大学历史系不仅在教师队伍的年龄结构和学源结构上得到了调整和完善,而且一下子变得人才济济,堪称一时之盛。这中间的许多人,后来都成为本专业领域的知名学者,以突出的成绩为河大赢得了声誉。当然,建设这样一支队伍,并非一人之力,时常参与谋划的,起码还有韩承文、郭人民、胡思庸、周宝珠诸先生。但他们或者过早病逝,或者被省上调出,另有任用,真正长期发挥"主心骨"作用的,实应首推朱先生。所以,在我的心目中,朱先生就是新时期河大史学队伍的创建者。

二 教学

朱老师长期担任中国古代史教研室主任,他对教学的重视已经习惯成自然,体现在一言一行、一举一动中。他在青年教师的培养和管理方面有三项得力举措。一是必须指定导师带;二是必须试讲通过;三是常常听课检查。我一入校,朱老师就宣布:"孙作云教授是你的指导教师。"因而,我每次上课的讲稿都要先送给孙先生修改把关,一周起码要去家里拜会三次。而为孙先生服务的工作,也由我承担,以便随侍左右,聆听教诲。后来,即使在青年教师较快增加的情况下,教研室的这一做法也仍然坚持。记得杨天宇的导师是郭人民先生,刘韵叶的导师是郭豫才先生等等。导师制的好处首先是有利于青年教师的成长,有利于保证教学质量,有利于学术传承;其次也能使对老年教师的照顾和协助落到实处,真是一举数得的好办法。每人都有名师指点,自然感到欣慰和踏实,但一轮到试讲,却不免胆怯和犯愁。试想,台下坐的是同教研室的全体教师,单是这十几双挑剔的眼睛,就把你吓住了。所以,我们总是脸红、心跳、手足无措地放不开,讲一遍不行,还得再来一遍,胆子越来越小。但朱老师从不高抬贵手,还举出学校里曾经发生过的实际例子警告大家说:"第一次上课讲不好,被学生轰下台来,会留下心理疾患,一辈子都过不了教学关。"典型的例子其实就出在历史系,流传甚广,我们也听到过。经朱老师一提醒,不由惊出一身冷汗,以破釜沉舟的态度再试,反而比较轻松自如,居然通过了,这才算取得了正式授课的资格。至于听课检查,同样有些吓人。朱老师、郭老师,还有一些系领导,总是不打招呼,自己搬个凳子就来了。当你突然发现他们坐在教室后边时,内心的慌乱往往掩饰不住,只有在经历数次之后,才能做到安之若素。如今想来,我当时没有被多数与自己年龄相仿的七七、七八级学生难倒,后来遇到各种不同的讲台也都能应付,既是得益于孙先生的耐心指导,更是得益于朱老师的正确安排和严格要求。我估计和我同时在系上工作过的朋友也都会有同样的感受。在新时期里,河大历史系的优良教风能够迅速地恢复和确立,朱老师可谓功莫大焉。

在朱老师看来,教学不单是指课堂讲授,还应包括实践环节。他认为,随着地下材料的不断出土,上古史研究已无法离开考古学而独立进行了,要正确利用考古材料,最好是到工地挖一挖,起码也应多走走,多看看。所以,他就利用一切名义把学生的实践活动往参与考古和参观考察的路上引。由我兼任辅导员的七六级,就参与了洛阳定鼎路玻璃厂工地的发掘工作。事先,朱老师给他在洛阳博物馆的老学生黄明兰、徐金星打了招呼,再让我跑去打前站,其他安排都很顺利,只是师生的住宿难以解决。朱老师只好亲自出马,带着我二下洛阳,落脚在车站旁边的旅馆里。经过打听,得知工地附近第八中学的校长也是河大毕业生,赶紧找上去,人却不在,几经周折,才在教育局集中办学习班的地方碰了面。对方见朱老师如此不辞辛苦地对待工作,十分感动,不仅答应借给两个教室,还留我们在会上吃了一顿牛肉汤泡火烧。也许是跑路跑饿了,也许是事情办成后,心里一块石头落了地,直到今天我还觉得那是我吃的最好的一顿洛阳饭,比现在所谓的水席可要强多了。实习正式开始后,我领着学生,朱老师带着古代史上段的五六个老师,一起进入工地,其中,年龄最长的就是孙作云教授。开始时,师生一起打通铺。后来,学部考古所洛阳工作站的赵芝荃、徐殿魁先生看不下去,专门打扫出一间房子,请孙先生、朱老师等人住到他们那里。休息条件改善了,路却远了,每天到工地上工,到八中吃饭,全靠步行。朱老师关节有毛病,也一直忍着,可没少吃苦。平时在工地实习,在洛阳附近参观,遇到雨天,朱老师就请当地学者给学生开讲座,记得讲过课的专家除赵芝荃、徐殿魁外,还有洛阳考古工作队的许顺湛、蒋若士,龙门文物保管所的温玉成、宫大中等等,一位退了休的郭老先生也系统讲了洛阳史,可惜名字忘掉了。相应地,孙先生和朱老师也为洛阳考古文物干部做了学术报告。孙先生结合卜千秋壁画墓讲升仙和打鬼,我在旁边记录,会场的热烈气氛至今印象深刻。实际上,朱老师坚持的这种教学实践才是真正有用的实践活动。它不仅可以使学生获得书本以外的知识,提高动手能力和对实物材料的辨别能力,而且融洽了高校与考古界的关系,有利于学术交流和双方的知识更新。

我跟着朱老师学教书的时候,还没有网络,没有多媒体教室,能利用的手段无非是图表和实物,顶多做点幻灯片。所以朱老师就特别强调要重视资料室、绘图室和文物陈列室建设,并常常亲履其事。当他发现汝窑、钧窑都在河南,而系里却未藏汝瓷、钧瓷时,就想通过原籍临汝的地理系总支书记尚世英设法购入。不久,尚世英的亲戚捎过话来,说已经找到了几位手里有货的村民,可以买几件,朱老师就派我赶紧去。谁知消息漏出去的早了,卖主相互沟通,把价码扳得很死,超出了系里的预算,使我无功而返。朱老师二话没说,又开始联系临汝县文化馆负责文物管理的张馆长。得到许可后,他还不放心,这次和我一起来到临汝,看见文化馆院子里停着一副由农民挖出来的古代雕花石棺尚未启盖,朱老师就让我帮忙,主动作了开棺、清理、绘图、照相工作。张馆长很高兴,第二天就派人带我去他所熟悉的村子,顺利买到了想要的东西,还见到一套商代早期的瓡、爵、斝,因与县里有过只买瓷器的约定,便劝说同去的干部以奖励农民的方式替文化馆收购回来。这更让张馆长喜出望外,视为镇库之宝(那时临汝还没有博物馆),又安排人陪朱老师和我去看了在严和店及大峪店的汝窑窑址,上风穴山看了塔林。在严和店捡了不少瓷片和窑具,在风穴寺则发现了写在柱头上的有关捻军在豫西活动情况的墨书题记。那时县城和乡镇间很少通汽车,出门就是骑馆长借来的自行车。虽然很累,但想到系文物陈列室的空白可以得到填补,就又精神百倍,朱老师蹬车行进在崎岖的乡村土路上,速度不亚于我们年轻人。

要搞好教学,必须得有好的教材。"文革"结束后,《中国史稿》阶级斗争的味道太重,不便再用。翦伯赞主编的《中国史纲要》又过于简略。于是,1978年底,山东大学、西北大学、陕西师大、河南大学(当时叫河南师大)、安徽师大、山西师大、南充师院、广西师院、福建师大的教师代表迎着漫天飞雪来到了西子湖畔的杭州大学,共商重编《中国古代史》大计。会议期间,大家公推早期研究生毕业、既学术造诣深厚、又能严于律己、宽以待人的朱老师担任主编,负责编写计划的实施。朱老师先是出乎意料,后则盛情难却,不得已,遂迎难而上,提出了"跳出史学为无产阶级政治服务的缰索,不追时尚,吸收最新考古资料,本着为学校、学生、社会负责的精神,介绍基本历史线索,传授稳定知识"的主导思想,并就体例、文字及篇幅都做出相应规定。由于朱老师在把好质量关的同时,又非常善于处理、协调各校之间的关系,所以编写工作进展十分顺利,全书约100万字,分上、中、下三册,经过在开封、桂林两地的修改、定稿,1979年5月即由福建人民出版社出版,先被十院校使用。1980年11月,由山东大学主办,在烟台召开了新编《中国古代史》的审稿会,经再次修订,于1982年成为教育部推荐教材。该书以博采众长、内容丰富、图文并茂为特征,又能反映当代科研成果,受到各界普遍欢迎。1982年后,重印20多次,修订改版4次,发行量达百余万册。20世纪末,教育部在广州召开的史学教材研究会上公布,全国的综合大学和师范大学采用十院校教材者占53%。这一骄人的成绩固然由多人共创,但在制定大纲、统一体例和观点、修改文字等方面,朱老师所付出的心血最多。另外,在他的组织领导下,十院校又多次在一起召开会议,研讨教学及学术问题,变成了一个和谐、融洽、友好的稳固合作群体。毫不夸张地说,朱老师对新时期全国高校历史教学的改进与发展都有十分突出的特殊贡献。

三 科研

朱老师当教研室主任,并非只抓教学,同时也抓科研。他自己订有长远规划,围绕一两个中心,带着问题广泛收集材料,成熟一个,解决一个,写成一篇文章。日积月累,到完全融会贯通,烂熟于胸,再补充整理,系统成著作。所以,他的每一部书都有强烈的个人印记,都有独到的学术见解,都有里程碑的性质。我每次到他家去,都能看到他伏案的身影。他像一头辛勤耕耘的老黄牛,不疾不速,但永不停歇。

朱老师挤出时间,争分夺秒地搞科研,既是志存高远,有献身学术的理想,也还有以身作则、带动全室同仁的意图。他常在教研室的会上说:"教学与科研是相辅相成、互为促进的。不搞教学就不容易发现问题,科研会无的放矢;不搞科研则会使对许多问题的认识浮在表层,人云亦云。教学光凭口才远远不够,如果没有坚实的科学研究做基础,绝不可能把课讲得深入浅出,引人入胜,也就谈不上什么教学效果,弄不好就成了留声机和说书人。"他的经验之谈不仅使我终身受益无穷,也成为我走上领导岗位后坚定推行的管理理念。他并不像一些老先生那样,总是告诫年轻人,不要急于发文章,反而,隔一段就提醒我们一下:"有什么想法赶快写下来。不然,手生了,就再也下不了手了。"

"文化大革命"前,"左"的风气已很厉害,"以论带史"或"史论结合"终于都演化为"以论代史",把所谓的无产阶级观点到处套,这就叫做贴标签。"文化大革命"中,又大搞影射史学,历史变为"四人帮"篡党夺权的工具,中国古代史只剩下了儒法斗争和农民战争两条主线。朱老师虽也被迫搞过评法批儒,参与编写过《中国农民起义领袖小传》,但内心是非常抵触的,时刻期盼着历史研究能由一件被动的工具变为公开坚持理性的利器。1976年,"四人帮"垮台了,在大地复苏的1977年初春,他立刻和孙作云、郭人民、胡思庸诸先生一起,在河南大学(当时还叫开封师院)召开了全国第一个批判影射史学的研讨会,为史学界的拨乱反正开了头炮。我当时是系上唯一的青年教师,一直在会上服务,记得外来的名家即有杨志玖、漆侠、王思治、高敏、黎虎等二十多位,瞿林东似乎尚未回北师大,是以通辽师院教师的身份参加的。在大会发言中,漆侠谈的是中国古代的小农,杨志玖谈的是唐代政治制度,孙作云谈的是商代甲骨和从《天问》看夏史,高敏谈的是云梦秦简,朱老师则讲摒弃阶级斗争学说、重写中国通史的意义;都为史学研究提供了新范例,开了新风气。这次会议实应以其所起的开创和推动作用而载入史册。

20世纪70年代末、80年代初,真是一段足可令人永远回味的好时光,有人称之为"科学的春天",一点也不为过。高考制度和研究生制度恢复了,无数被耽误了十年的青年才俊荟萃到学校,改革开放引进了许多新理论、新思想、新方法,宣传部门的态度是宽松、宽容、宽厚,各种思考和观点都可以得到自由表达。在中国古代史领域,社会发展的根本动力、亚细亚生产方式、封建专制主义、历史人物评价、周代社会性质,甚至依次递进的五种生产方式是否存在于中国等问题,纷纷成为争鸣的焦点。振宏他们在班级里组织的讨论会、报告会活跃异常,研究生也个个摩拳擦掌。朱老师这时已经升任系里分管科研的副主任,他从年轻人身上看到本学科的无限生机,一边通过到会点评,给学生以鼓励,一边在家里送往迎来,解答求教者提出的各种疑难,忙得不可开交。为了提升研究的水平,他联合中文、政教两系,一起组织了全校文科学术交流会。师生同堂论道,事后编成论文集,哪怕是学生写的稿子,只要好,一律予以收录,现在还记得,程有为的《西周分封制度与宗法关系》,就是其中的一篇。七七、七八级的不少人,后来成了专业领域的健将,可以说正是起步于此时;而河南大学研究风气的形成,也与这一学术繁荣期有关。不久,程有为的另一篇文章《西周宗法制度的几个问题》在《河南师大学报》发表,又被《史学情报》摘要、《中国人民大学报刊复印资料》全文复印转载,朱老师见自己的学生尚未毕业即已崭露头角,掩饰不住内心的喜悦,到处宣传和表扬,给我们这些同辈人带来了不小的压力和鞭策。

当年虽然没有一分钱奖金,朱老师还是要亲自统计每个老师的科研成果,在年终的总结会上分出优、良、中、差。逼得我没办法,也在那几年发表了《夏代奴隶制国家形成标志复议》《西周的公社是农村公社,还是家长制家庭公社?》《殷周大量使用青铜农具说质疑》等若干篇文章,前两篇被复印,还上了史学年鉴,让朱老师感到引进提携之功没有白费,同样是乐不可支地到处夸赞。1982年,我为参加在成都举行的中国先秦史学会成立大会暨第一届学术年会,特撰写了《周代家长制家庭公社简论》用作"入场券",信马由缰,收不住尾,居然搞了三万多字。那时候,系里经费少得可怜,生怕朱老师舍不得在打印上花那么多钱,忐忑不安地送上门。谁料朱老师用两天功夫仔细看完,不仅顺利地批准打印,还鼓励我沿着探寻先秦基层社会结构演变的路子继续做。这篇文章的主要部分在《民族论丛》上发表,我也当选为学会最年轻的理事,并萌生了去四川大学跟会长徐中舒教授攻读博士学位的念头。朱老师觉得,起初未让我考研,是为了广揽人才,现在系里的队伍建设问题已经解决,不妨让我抽身离开几年,以免成为终生遗憾,就愉快地支持了我的选择。于是,39岁的我,又一次负笈远行,成了川大一名"老童生"。我的博士论文题目是《周代国野制度研究》,能在三年内顺利完成,并很快出版,实仰赖于在朱老师的督促下早已写过不少相关文章。

四　园地

朱老师常说:"要搞好科学研究,促进学术繁荣,就得有园地。就像菜农种菜,花农栽花,没有园圃,种子再好,也产不出好的菜和花来。"他又扳着指头举例,历数各名家的成长经历,用以突显刊物在培育人才方面所起的巨大作用。给我的感觉是:如果没有诸如《史语所集刊》《禹贡》《食货》《燕京学报》《清华学报》这些专业杂志,就没有新中国成立后仍很雄壮的史学队伍和堪称雄厚的史学基础。

河南大学对办刊物的认识相当到位。一解放就恢复了《河南大学学报》,并于1951年创办了《新史学通讯》,后更名为《史学月刊》。"文化大革命"前,专属于历史学科的杂志并不多,如果我没有记错的话,可能只有北京的《历史研究》、天津的《中学历史教学》和开封的《史学月刊》,可谓之三足鼎立,其重要性自不待言。但随着历史的发展,《史学月刊》的隶属关系却变得复杂起来。20世纪60年代初,河南省要仿照中央的做法,成立省里的哲学社会科学部,先把河大因招生规模缩小而精简下来的老师归拢到一起,组建了历史所,归省委宣传部和河大党委双重领导。人未动,办公地点仍在同一个大院里,编制却划开了。《史学月刊》也放在所内,上边有两个婆婆。不久,"文化大革命"的洪流开始涤荡一切,学生停课,招生中断,研究无法进行,编辑部被封,杂志也就没了。那时候,大家连大学还要不要办都不知道,有谁还会关心《史学月刊》的归属呢?

灾难终于过去,春草自生,春水自绿,人们在春风的吹拂下醒来,开始步入"科学的春天"。各省的社会科学院如雨后春笋,纷纷成立,一向喜欢争先的河南省也不甘落后。然而,白手起家,终非易事。于是,有人就想到了弃置在河大院内的历史所,说它本来就是省上的一个单位,整体搬迁到郑州,建院岂不就有了基础?上边很快便做了决定,号令一下达,呼啦啦,一队研究人员奔向了他们心仪已久的省城。

省委任命的社科院院长就是河大历史系近代史教研室的胡思庸教授。以其本意,是想让刚在酝酿复刊的《史学月刊》随着历史所一起走,到郑州办公。朱老师、郭老师等人坚决不同意,认为这份杂志是河南大学办起来的,归了社会科学院,根就断了,老作者找不到地方投稿,以后也不好进行历史定位。他们到处找人,反复讲道理,争到最后,只好由省里出面和稀泥:主办单位算上河南大学、省社会科学院和郑州大学,编辑部地址仍然不动。但三家、两地、若干编委来回跑着开会、通稿太不现实,省历史学会恢复活动后,经过协商,就明确为由河南大学主管、河南大学及河南省历史学会主办。学会涵盖了省内所有的史学工作者,但同时基本上是个虚体,人、财、物及编辑出版权重新统一,又一起归了河大。

把《史学月刊》留在开封,是朱老师等人的功劳,这对河南大学的发展具有重要意义。如今,经过孙心一、李振宏、郭常英等教授的持续努力,这份有着悠久历史的老刊物青春焕发,再度辉煌。曾两次入选"国家期刊奖——百强期刊",荣获"新中国60年最有影响力期刊"称号,成为教育部"名刊工程"建设的"名牌期刊"。2012年6月,国家社科基金第一批学术期刊资助名单公布,《史学月刊》作为河南省唯一一家受资助期刊名列其中。《史学月刊》虽然还不是权威期刊,但不少单位都把它当做权威期刊看待,它的卓越成就提升了河大的地位,增强了河大的学术影响力。而更应该强调的是,它实际上成了为河南培育史学人才的最佳园地。虽不能说"近水楼台先得月",但毕竟就近了解编辑意图、就近听取修改意见、就近校对纠错要方便得多。试问,河大历史系哪一位中青年教师没有得到过《史学月刊》的帮助呢?我就曾在上边发过六篇文章,其中,包括一篇近两万字的长篇论文。"吃水不忘挖井人",每当想起《史学月刊》在自己成长过程中的作用,我就不能不感念可敬的朱老师。

1985年春天,河南大学获准成立出版社,朱老师被任命为总编辑。于是,他又发扬老黄牛精神,去为大家开辟新的园地。记得首批出了三本书。其中,高文教授的《汉碑集释》由朱老师亲自担任责编,出版后,很快售罄,只好重印第二版。该书先后荣获河南大学科研成果一等奖,河南省社会科学联合会优秀成果一等奖,国家教委首届高校出版社学术著作优秀奖。如果把它看作河大出版社的第一块基石,那么,我们也应该牢记,这块基石正是由朱老师亲手安放的。

人生如白驹过隙,斗转星移,不知不觉之间,朱老师已九十岁了。徒辈诸友中,除慧生、天宇英年早逝外,也多半到了"随心所欲不逾矩"的年龄。孔子曰:"五十而知天命",我的新解是:五十而知有命。年纪大了,才知道珍惜,才懂得命中有无贵人相助多么重要。朱老师就是我的贵人。然而,相比较而言,从朱老师那里获益最多的不是个人,而是学校。他组建队伍,编写教材,创建园地,抓教学科研,促进良好教风、学风的养成。我认为,朱绍侯教授就是新时期河南大学历史学科的奠基人。在他九十寿辰之际,我衷心祝愿他健康长寿。

忠厚长者　大家风范
——写在朱绍侯老师九十华诞前

郑永福

明年是恩师朱绍侯先生九十华诞。前些天见到振宏同志，他告诉我，先生身体很好，除走远路困难外，精神矍铄，思路敏捷，笔耕不辍，伏案工作或与弟子聊天，几个小时也没问题，如今先生还在陆续撰写长达一两万字的大文章。振宏对我说，准备明年适当时机，弟子们与先生欢聚一堂，共叙师生情谊，并希望我能写点什么，我十分高兴。恰好昨天晚上书梅同志来电话，让我说说我心目中的朱先生。于是我浮想联翩，失眠了，连夜写下了如下这些记忆中的片断。

先生明年八十九周岁。按照中国的传统礼节，生日是男过虚，女过实。先生九十华诞的生日聚会安排在明年，太合适不过了。

我1979年9月到河南大学读研究生，1982年6月毕业留河大历史系任教，1991年调离河大，其间度过了13个年头。我常对人说，我的根在河大，河南大学历史系是我的精神家园。其中一个重要原因，就是在那里，我得到了许多像朱先生那样的老师的关爱与培养，初步摸到治史门径，留下了许多美好的记忆和令人难以割舍的情节。

谈起尊敬的朱先生，我自然有很多的话想说。这不仅是因为我曾经做过几年先生的助手，期间和先生来往较多，更主要的是我自入河大求学起，就在多方面得到先生的关怀、提携与帮助，直到今天。

先生在我的心目中，首先是一位忠厚长者。先生对后学的提携，不遗余力，细致入微。我1963年入北京师范大学历史系读书，1965年参加"四清"工作队，去山西一年，1968年毕业分配到大庆油田当工人，

"文革"前后耽误了十几年,读研究生时已经35岁。入学后,一位同寝室的师弟笑话我是个"准研究生",我着实有点自卑。先生系东北人,而我在东北工作了11年,自认是半个老乡,说话时透着亲切感,也就自然随意些。一次在闲聊时,我向先生流露出这种自卑情绪。时任历史系副主任的朱先生语重心长地对我说:要说"耽误",谁没"耽误"?我们这一代人,赶上了"反右""大跃进""文化大革命","耽误"得还少吗?关键是从现在做起,抓紧时间,持之以恒地努力去做。先生的话虽然不多,但对我的激励作用非常大。读研三年,我几乎每天看书到半夜一点,星期天也不休息。2013年秋在河大见到先生,我对先生说,我记住了您当初的话,一直在努力,不敢偷懒。先生笑了,表示满意。

先生对我的关心,许多是我事后才悟到的。1981年底,读研究生期间,我正在湖南长沙开学术讨论会。忽然接到系里转来的电话,让我立即去大庆搬家。原来系里已经决定调我妻子吕美颐来河大历史系任教。这是我做梦都不敢想的。原来朱先生及系里其他领导,已经暗地里做了许多工作,办好了一切商调手续,而我因研究生未毕业,此前从来也没有向系领导透露过这近乎奢望的想法。更令人感动的是,先生从来没有向我谈起此事操作过程以"表功"。"爱才如命",有的人说了,未必做,或未必尽力去做。朱先生口头上没说,却下大气力做了,而且做了也不说,尤其令人钦佩——虽然我也真算不上个什么人才,当时只是个在读的研究生而已。

1982年研究生毕业,我的派遣证上写的是河南省社会科学院。我和导师胡思庸先生一起来到朱先生家,明确向朱先生表示,我哪儿也不去,就留在河大历史系!我说,校系领导和老师对我这么好,我要走,那还是人吗!

留校后,朱先生处处关心我。1985年,组织上任命我为历史系副主任。胡先生对我说,你是当老师的,如果有了行政职务就荒废了学业,将来"狗屁不是"。朱先生则对我语重心长地说,承担了部分行政工作,肯定会占去不少时间,只能是更加勤奋。先生以他自己的经历告诉我,没有好办法,就是晚上少睡点,周六周日、节假日,当作"黄金"

时间，抽出一大部分时间看书，思考，写作。我把两位先生的话当做"箴言"，在长达六年的兼任行政职务期间，不敢须臾忘却。

1987年，时已任河南大学出版社总编辑有年的朱先生又兼任历史系主任，按组织安排，在朱先生领导下我以副系主任名义主持历史系日常工作。以我德我能，担任这么重的任务，心中惴惴不安，生怕干不好。先生看出了我的心事，两次对我说："永福，不要怕，大胆工作。干好了是你们的成绩，出了差错你就往我身上推，就说是我让你们这样做的。"听了这句话，我几乎流出了眼泪。先生忠厚长者的风范，在我的心目中打下了深深的烙印。有朱先生的支持和宽容，在系行政工作中，我和同为副主任的马小泉同志、龚留柱同志齐心协力，很少患得患失。

此后数年，作为助手，与先生的合作非常愉快。说是"合作"，那真是"大言不惭"，实际上是先生带着我及留柱、小泉等同志一步步前行，有批评，极少，更多的是循循善诱，指导鼓励。比如先生说，科研能力强的又潜心研究的，你不让他搞研究他也照样做。讲课负责任又讲得好受学生欢迎的，他自然会珍惜自己的声誉，不用你多说。系里的工作总体思路是"无为而治"。"无为而治"不是说无所作为，是有所不为，是无为而无不为。我们的工作是在可能的条件下，尽量想办法为老师们创造点条件，让他们更安心教书，安心做研究。不要今天一个"点子"，明天一个"章程"，弄得人家心里烦烦的。如今看来，先生的这一"施政方针"，不就是后来党中央领导同志明确提倡的"不折腾"吗？

先生爱惜人才，从另一件事也可以反映出来。一位本科毕业生，当年考上海一所高校的世界史专业的研究生，因分数未达到该校要求，不能录取。一天，我知悉此事，便向先生做了汇报。先生问，他的成绩达到咱学校的要求了吗？我说，达到了，但两校考试科目不一样，怕不好办。先生说，你把学生找来，我们尽量想办法录取到咱们系。当时该生已经打好行李，到相国寺去玩了，准备从相国寺回来后即返回老家找工作。我派学生找回该生，面见先生，经过朱先生的斡旋，该生终于被河大历史系世界史专业录取了。如今该生已经成了河大历史系的骨干,想他一定永远铭记朱先生的恩德。

先生廉洁奉公,决不以权谋私,历史系尽人皆知,不用我多说。有件小事一直记在我心里。一次省里主管部门两位同志来系检查工作,我向先生汇报说,是不是略表心意。先生沉思片刻,说,好吧,但不能从系里公款出钱。这样吧,我有点科研项目费,其中有一项支出是请人抄稿劳务费,你们以此名义从我的经费中支出一百元。于是我们用这一百元,给那位领导同志买了一条"良友"牌的香烟,给另一位年青同志买了几袋奶粉(其妻刚生过小孩不久)。这种作法合适不合适,姑且不论,先生的"安分守己"(忠于职守,严守自己做人的底线),让人印象深刻,也给我们做出了表率。

在河大历史系与朱先生相处的日子里,由于我的鲁莽,有些事做得不一定妥当,有时还使先生处于被动地位,甚至可能会给先生带来负面影响,但先生从来没怪罪于我,这是我至今还心存感激,同时也为此深感不安。

1991年夏,我正式调到郑州大学。因郑大方面我的住房一时尚未安置好,我还没有搬家。一天中午,有人敲门,我和吕美颐开门一看,是朱先生。先生满头大汗,气喘吁吁,口中连说,不好了,不好了。进屋喘了几口气先生才说出了原委。原来,当年我儿子考大学,分数还可以。但他报考的北京某大学录取者拿走档案后,过了三天又退档了,理由是视力不合他们学校的规定。这一下不要紧,又错过了郑州大学招生时间,郑州大学录取也有困难。郑州大学历史系在辉县百泉招生的史建群同志(先生弟子,时任郑州大学历史系党总支副书记)急忙打电话到朱先生家里(那时系里只有先生家有电话),让朱先生转告我此事。从河大南门外家属院,走到我居住的苹果园教师宿舍,这么长的距离,大夏天,晴天,中午,六十四五岁的朱先生,为了我孩子的事竟然跑到我家——当时我家住五楼,没有电梯,其情其景,怎能不令人感动! 其实先生完全可以找个人到我家来通知我的。但先生认为事关重大,一定要亲自告诉我。好在后来事情有惊无险,因孩子高考分数超过了郑州大学计算机系的录取线,补录到了郑州大学。我,吕美颐,我的孩子,一辈子感谢朱先生!

1991年我调离河南大学后,先生一如既往地关心我们。一次河南省史学会理事会在某地召开,有位与会头头借机"讨伐"我,欲将我从学会理事候选人中除名,又是朱先生和高敏先生仗义执言,保留了我的候选人资格。当然,这件事我当时并不在场,是过了两年后别人告诉我的。朱先生也从未和我谈起此事。

朱先生对我们的关爱、鼓励、保护,我和吕美颐心中有数,不敢忘恩负义。为数不多的两三次与朱先生一同参加学术会议(如陈星聚学术研讨会、官渡之战与中原文化研讨会等),我们毕恭毕敬执弟子礼,予以可能的关照。2013年在开封开会,我将近几年和吕美颐出版的三本书送给与会的朱先生和魏千志老师。朱先生动情地说:"要是胡(思庸)先生能看到你们这些成果,该多么高兴啊!"沉默片刻,又似开玩笑似认真地说:"要是当年我还当系主任,就不会让你们走,因为我要有人给我干事呀!"接着又是沉默。浓浓的师生之情,一切均在不言中。

值先生九十大寿,弟子谨送上真诚的祝福。

        2014年4月22日1时草,6时半增补
        2014年11月21日晨修定

朱先生与河洛文化研究
——庆贺朱绍侯教授九十华诞

徐金星

　　30 多年前,也即 20 世纪 80 年代初,洛阳学术界提出了"河洛文化"这一命题,并主要在洛阳学术界引起了关注和进行研究。在今天看来,"河洛文化"这一命题的提出,无疑是一个具有重大现实意义和深远历史意义的学术命题。经过了 30 多年的发展,目前关注和研究河洛文化的地区,已由初期的主要在洛阳市而逐步扩展到河南省、全国乃至世界上的若干地区;研究队伍也已由初期的洛阳学术界为主体而发展到全省、全国和国际上的众多学者,形成了相当庞大的研究群体;研究的内容更由初期较浅、较单纯的层面发展为更加深入、更加全面的研究,有许多重要研究成果面世。可以说,在这不寻常的 30 多年中,虽然也发生过一些波动和曲折,但由于河洛文化本身的独特地位和重大价值,有关方面和学术界的坚持不懈地努力,如今河洛文化的研究已经呈现出了相当繁荣的局面,而这种繁荣局面和其他地域文化研究相比是很少见的。回眸这 30 多年来河洛文化研究发展的历程,深感和朱先生的指导、支持并亲自参与研究是紧紧联系在一起的。

一

　　1983 年,由洛阳市历史学会、洛阳历史文物考古研究所创办的内部刊物《河洛春秋》,其主要任务就是整理、研究、宣传洛阳历史与洛阳文化,是当时讨论、酝酿并准备推出"河洛文化"这一命题的主要平台之一。作为《河洛春秋》的学术顾问之一,朱先生对该刊物的指导作用是不言而喻的。

具有开创意义的第一届"河洛文化国际研讨会",由洛阳历史学会、洛阳市海外联谊会联合举办,1989年9月14日(中秋节)至17日在洛阳市召开。会议收到了各地学术界、海外侨胞的贺信或贺电,来自郑州、开封、北京、西安、台湾、香港等省市以及日本、苏联、美国等国家的专家学者共110余名参加了会议。会后,由河南大学出版社于1990年8月出版了本次研讨会的论文集《河洛文化论丛》(第一辑)。《人民日报》(海外版)、《华声报》、《星岛日报》(美国)对此次研讨会作了报导。

朱先生是此次研讨会的特邀贵宾之一。他在全体会议上就河洛文化研究所作的发言,深刻、精彩,受到全体与会人员的一致好评。当时我曾作了纪录,遗憾的是,由于数次搬迁,那一份纪录现已难以找到了;值得庆幸的是,那次研讨会的"论文集",就是在朱先生的指导、参与之下编辑出版的。尤其是1990年4月,他亲自为"论文集"所写的"序",在我看来,这篇序文显然不同于一般的书序,因为它是对河洛文化这个重大学术命题首次研讨会的总结,是对河洛文化研究若干个核心议题的总结,是对其后河洛文化研究的展望。从一定的意义上说,它对其后河洛文化的研讨具有方向性、指导性的意义和作用。

他在"序"文中说:"到会学者对中国古代文明的渊源,河洛文化在整个中国古代文明发展中的地位,河洛人向全国各地及海外迁徙流动的历史及影响,河洛饮食文化(包括酒文化),传统医学等问题进行了热烈、深入的讨论","《河洛文化论丛》是从这次会议收到的47篇论文中、以后陆续收到的论文中,筛选出质量校高的文章汇编而成。这些文章从各个方面,各个角度探讨了河洛文化对中华民族文化、对世界文化的影响,论证了河洛文化在中华民族文化中的摇篮、源头地位","我认为这次会议开得好,非常成功,它既有学术价值,又有政治意义,对于加强海内外炎黄子孙的联系,有很强的凝聚力。据说这样的会议以后每年都要举行一次,我表示热烈拥护。"

"序"文中涉及中国文明的渊源、河洛文化在整个中华文明发展中的地位、河洛文化在中华民族文化中的摇篮、源头地位、河洛文化对世界文化的影响、河洛人的迁徙及历史影响等,都是河洛文化的核心议题。

在此次研讨会与会人员中,我是在读大学期间直接受教于朱先生的学生之一,大学毕业后,又曾多次拜会或通过电话,就有关问题请教朱先生。他和我很熟悉。在研讨会圆满完成各项议程、朱先生即将返回河南大学之前,他曾和我谈及几篇论文的不足之处和修改意见,并嘱我转达给有关作者。在以后的多年里,我常常想起这件事,想到朱先生对学术研究的严肃与负责,对作者的真诚与关怀。

在接下来的1990年10月3日(中秋节),由洛阳市历史学会、洛阳市海外联谊会联合举办的第二届河洛文化国际研讨会在洛阳召开,会后河南大学出版社于1991年7月出版了本次研讨会的论文集《河洛文化论丛》(第二辑)。朱先生应邀全程参加了本次研讨会。在研讨会举行的过程中,尤其在会后出版"论文集"的过程中,都受到了朱先生多方面的指导和关怀。

第三届河洛文化国际研讨会,1991年9月22日(中秋节)在洛阳市召开,朱先生应邀参加了本次研讨会。由于种种原因,此次会议没有以河洛文化研究为主题,会后也未能出版以河洛文化研究为主要内容的《河洛文化论丛》第三辑,而且由洛阳市发起的一年一度的"河洛文化国际研讨会"从此中断,直到13年后才由全国政协港澳台侨委员会、河南省政协重新发起再次召开(第四届河洛文化国际研讨会)。

二

1994年3月,由洛阳市地方史志编纂委员会办公室组织、中华书局编辑的《文史知识》"河洛文化专号"出版。"专号"中收入了朱先生所撰的《河洛文化与河洛人、客家人》一文。文中对河洛文化研究中的一些基本概念、基本议题,如河洛地区范围、河洛文化内涵、什么是河洛人等,进行了总结、规范、界定和阐述。由于这篇论文发表在河洛文化研究的初期阶段,所以它对其后河洛文化的进一步深入研究,起到了一种"打基础"的作用。

首先是对"河洛地区"与"河洛文化圈"的界定,对"狭义中原文化""广义中原文化"两个概念的论述。朱先生的论文指出:经过最近几年的研究,学术界对河洛区域的范围,几乎取得了一致的共识。"即指以洛阳为中心,西至潼关、华阴,东至荥阳、郑州,南至汝颍,北跨黄河而至晋南、济源一带地区"。"作为河洛文化圈,实际要超过河洛区域范围","河洛文化圈应该涵盖目前河南省全部地区,东与齐鲁文化圈相衔接,南与楚文化圈相衔接,西与秦晋文化圈相衔接,北与燕赵文化圈相衔接","河洛文化就是狭义的中原文化。广义中原文化应包括齐鲁、秦晋、燕赵等文化。"

其次是对河洛文化概念、内涵及历史文化地位的阐述。论文指出:"简言之,河洛文化应是产生于河洛地区的,包括原始社会的彩陶文化(仰韶文化)和河南黑陶文化以及神秘而代表河洛人智慧的《河图》《洛书》;应包括夏商周三代的史官文化,及集夏商周文化大成的周公制礼作乐的礼乐制度;还应包括综合儒、道、法、兵、农、阴阳五行各家学说而形成的汉代经学、魏晋玄学、宋明理学以及与儒、道思想互相融合的佛教文化等等,以上各种文化的总合就是河洛文化。""如此博大精深的河洛文化,就构成了华夏文化、汉族文化、中华民族文化的重要的、核心的组成部分。"

论文进一步就河洛文化之所以处于领先地位的时段和原因论述说:河洛文化在原始社会时期,与长江流域的河姆渡文化,东北地区的红山文化,四川地区的巴蜀文化相比,并不处于领先地位,而是并驾齐驱;只是由于河洛地区最早进入阶级社会,最早出现国家机构,才促使河洛地区的文化出现了突飞猛进的发展,成为中国境内最先进的文化区域。洛阳地区凝聚着三代文化的精华,是夏商周政治、经济、文化的中心,从此河洛区域的文化远远超过江南与塞北,摆脱了原始社会时期与各地文化并驾齐驱的格局,而居于领先地位。

其三是关于"河洛人""客家人"以及两者之间关系的界定和论述。关于河洛人,论文指出:"河洛人,顾名思义就是指居住在河洛区域内,或指居住在河洛文化圈范围内的人";"河洛人是由台湾传回来的称谓。台湾人对由福建迁居台湾,而其祖籍在河南的人,称为'河洛人'或'河洛郎'","台湾人所说的河洛人,是指广义的河洛,即凡是居住河洛文化圈范围内的河南人,皆称为河洛人。"

关于客家人,论文指出:"客家人,是指北方人迁居南方(闽、浙、湘、赣、两广)后,没有和当地土著人融合、通婚,而保存汉族血统、文化和习俗的人","客家人是汉族中的一个分支,一个民系","客家人与北方汉人的不同点是:北方汉人经过魏晋南北朝、宋辽金元与五胡、契丹、女真、蒙古等族在血缘与文化方面都有过大融合,而客家人在南方则保持了独立的存在,所以客家人曾很自豪地认为自己保存了'纯汉人'的语音、习俗和文化。"

关于河洛人与客家人的关系,论文指出:"他们的共同点:都是北方汉人移居者。但河洛人并不全是客家人,只有没有与南方土著居民融合、通婚,而保持汉族血统及汉族文化传统的河洛人,才是客家人。现在的北方汉人迁居到南方,更不是客家人","从另一个角度讲,客家人也不全是河洛人。凡是在历史上由山东、山西、河北、陕西及北方其他地区迁居南方,而没与土著居民融合、通婚,而保持汉族血统及文化传统的人,都是客家人"。

在接下来的文字中,朱先生指出:"客家人是历史上形成的群体,由于河洛区域在历史上所处的特殊地位,在每一次北方人南迁的潮流中,河洛人都占绝大多数,所以河洛人就成为客家人的重要组成部分,通常所说的'客家人根在河洛',其原因也在此。"

值得注意的是,在这段文字中,朱先生作出的每次北方人南迁潮流中"河洛人都占绝大多数"的重要论断,再次进一步肯定了客家人"根在河洛"这一历史结论的正确性。

其四是概述了北方人先后几次南迁的经过、客家人形成的时间、客家人在各地的分布等。特别是朱先生把河洛人、客家人的南迁和

"河洛文化"南播（而不是前此许多同类文章中习用的"中原文化"南播）联系在一起，这就和这篇论文中"河洛人""河洛郎"的称谓有机地联结在了一起。"河洛人、客家人带着汉族优秀的文化传统（其核心是河洛文化），迁徙到祖国南方和世界各地"，"河洛人、客家人养成了热爱祖国、热爱家乡、勤劳导教、艰苦奋斗的精神"，"他们迁徙到那里，这种伟大的精神就带到那里，河洛文化就在那里传播并弘扬光大"。

我们知道：河洛地区的范围，河洛文化的概念与内涵、河洛人、客家人的称谓与二者之间的关系、河洛文化南播等，都是河洛文化、客家文化研究中最基本的、不可或缺的内容，是深入研究河洛文化的基础。朱先生的观点和论述，为后来众多河洛文化研究者所接受或基本上接受，产生了相当广泛的影响。

三

2006 年 8 月，由直接受教于朱先生的吴少珉女士与我合作主编，由洛阳市教育界、文史界 20 余位研究者合作完成的《河洛文化通论》一书，由光明日报出版社出版。该书从组织启动、分工撰稿、通编成书，大约经历了一年时间。朱先生曾先后多次就撰稿和编纂方面提出具体意见和注意事项，这对提高本书撰稿、通编水平，丰富我们历史文化的知识，保证本书的质量等，都至关重要，使我们这个团队深有"受益匪浅"之感。书稿付梓之前，年届八旬的朱先生还亲为本写"序"，不仅为本书大大增色，而且这篇"序"文本身，其实就可视为一篇论文，很值得学习和参考。

第一，《河洛文化通论》一书的主要内容或初衷之一，就是通过对儒家学说、道家学说、法家学说、佛学、玄学、理学"起源于河洛地区"的阐述，进而探索和阐明"河洛文化在中国传统文化中的源头和核心地位"。朱先生在"序"文中不但肯定了道、法、佛、玄、理"起源于河洛"的结论，而且更重要的，"序"文中通过严肃、认真的论述，肯定了本书中关于"儒家学说的源头在河洛"、"儒学传播的中心也在河洛"的结论和论述。

"序"文指出:"《河洛文化通论》对儒学源头的探讨是从夏商礼乐说起,认为'夏商礼乐是儒家思想核心内容',然后又联系到周公在洛阳制礼作乐,认为周公'制礼作乐奠定了儒家的礼乐制度',最后又说明'六经渊源于河洛文化',认为六经'主要是尧、舜、禹、汤、文、武、周公代表的上古河洛文化为主体',并引证颜渊问孔子治理邦国之道,孔子答'行夏之时,乘殷之辂,服周之冕,乐则韶舞'加以证明。以上对儒家源头起于河洛的论证是有说服力的。"

接下来,朱先生进一步论证说:过去儒家有"四圣"之说,即元圣周公,至圣孔子,亚圣孟子,复圣颜回。周公列"四圣"之首,是孔子崇拜的偶像,孔子也自认为"是文武周公唯一的继承者"(吕振羽语)。孔子所谓的德治,就是礼治,孔子所谓的仁,其标准就是礼乐,孔子说"人而不仁,如礼何?人而不仁,如乐何?"孔子所谓的正名,其标准也是礼乐,孔子说"名不正,言不顺","礼乐不兴,民无所措手足"。孔子的理想政治是周政,所谓"周监于二代,郁郁乎文哉,吾从周",孔子闻韶乐,"三月而不知肉味",其着迷的程度实非一般人所能想象。"根据以上所论,说儒学的源头在河洛,即源于周公制礼作乐是顺理成章的,不应该有什么疑义。"

"序"文又指出:"本书不仅论证了儒学的源头在河洛,而且也论证了儒学的传播中心也在河洛"。"自从汉武帝定儒家为一尊之后,五经就成为国家施教的教科书。东汉时在洛阳设太学,培育天下英才。东汉太学生最多时曾经达到三万余人。""在东汉熹平年间,为使儒学传播能有一个正确而标准的课本,大书法家蔡邕等人亲自书丹,将五经刻于石碑之上,立于太学之前,称为熹平石经,又名隶书一体石经,供天下儒生使用。""以后的魏晋政权也建都于洛阳,在中央仍设太学。在曹魏正始年间,为了进一步统一儒学课本,又在太学前刻立古文、小篆、汉隶三体石经,又称正始石经(五经未刻全),供各级学校使用。""在汉、魏、晋的太学中,不仅有中国学生,而且也有朝鲜、日本和西域的学生,说明儒学已传播到中国境外。"

最后，朱先生十分肯定地论断说："儒学是中国传统文化中的主流，仅从儒学的创始和传播中，就足以确立河洛文化在中国传统文化中的源头和核心地位。"

在中国传统文化的研究中，研究者都知道，关于儒家学说的起源，本来就是一个重大的学术课题，因为"人所共知儒学的创始人是孔子"。我们在本书中通过论述作出"儒家学说起源于河洛"的结论，得到了朱先生的肯定，这对我们这些晚辈，无疑是极大的鼓舞，也是极大的鞭策。

第二，朱先生在"序"文中也对《河洛文化通论》一书的不足、不当、可以商榷之处，如"五大学说学派"的提法、"制度文化"的提法、"国都文化"的提法，表示了中肯的、值得作者认真思索的意见。

我长期在洛阳工作，德高望重的朱先生常常应邀参加洛阳学界的各种有关活动。我深深体会到朱先生对洛阳、河洛、洛阳历史与洛阳文化、河洛文化、丝绸之路起点、客家文化、姓氏文化等等的关注和热爱。他另有诸多精彩之作与精辟之论，这里就不再一一介绍了。

时间过得真快！自我们这一届学生1968年离校，至今已有将近半个世纪了！当年课堂上朱老师（以及其他各位老师）授课时的音容笑貌，时不时地会被我们同窗学友谈及，也曾浮现在我的脑际。朱老师校内、校外对我的谆谆教诲，常使我有"终生受用"之感！师恩如山！师爱如海！师恩永存！师爱永在！我谨奉上这篇小文，恭祝敬爱的朱老师九十华诞快乐，健康长寿！

我学术路上的朱绍侯先生

李玉洁

朱绍侯教授是我读大学、读硕士研究生时代的先生,时光荏苒,斗转星移,朱老师即将过九十华诞了。自师从朱先生读书至今已经三十多年、近四十年了。在我学术前进的道路上,先生当年许多教书育人、特别是对我诚恳帮助和支持的往事常常重现在我的眼前,深深地藏在我从未忘却的记忆中。今在朱老师九十华诞之际,仅以二三事谈朱老师在学术路上对我的帮助、鼓励和支持,并在此对朱绍侯教授表示深深的感谢,献上学生的诚挚祝福。

一

记得我读大学二年级时,有一次学校召开学术研讨会(大概是对学生)。凡是撰写文章的同学把文章交给朱绍侯先生。朱老师当时是历史系主管科研的副主任。朱老师的眼睛很大而且很威严,严肃而认真,又是领导;很多同学都很怕朱老师,我也如此。

是时,我写有一篇文章《宋神宗在十一世纪政治变革中的作用》。我自己认为还是有些新的观点。当时我们上课所用的教材上,把 11 世纪宋朝的那次变革基本说成是"王安石变法"。我认为,中国古代是一个专制皇权为主的社会,王安石的变法如果没有宋神宗的支持是无法进行的。在 11 世纪的政治变革中,宋神宗的作用是主要的、不可忽视的。我就把我的观点跟当时历史系郭人民教授和周宝珠教授谈了,他们都认为我的观点有一定的道理。我这篇文章主要是在他们的指导下写成的。

记得很清楚,在限定交稿日期最后一天的下午五点左右,我才怯生生地拿着我的论文到系办公室去交给朱老师。朱老师当时也不认识我,接过我的论文说:"你是77级的学生吧,你交得有点晚,现在论文已经够了。"我站在那里不知如何是好,很是尴尬。但朱老师又说:"这样吧,我拿回去看看再说。"

回到家之后,我越想越不放心,吃过饭就去找周宝珠老师(因当时郭人民老师去武汉开会),对周老师说:"朱老师可能认为我文章写得不行,您去给我要回来吧!"周宝珠老师说:"朱先生没有说你写的不好,刚才朱先生见我还夸你的文章写得好呢!你去找他吧,他家在学校南门外。"于是我一颗悬着的心才放下来,就很高兴地去找朱老师。见到朱老师后,朱老师说我文章写得不错,不像一个本科生写的;又把我着实夸奖了一顿。我当时很高兴,心想:原来朱老师这么平易近人,并不像同学们传说的那样令人害怕。之后我的文章登在《河南大学科研论文选集》上,我生平第一次拿到12元的稿费;再之后,我这篇文章发表在《中学历史教学》杂志上。这一篇文章的发表,现在看来没有什么,但对于当年的我来说,那是我写得第一篇文章。我从未发表过文章,能够得到历史系领导朱老师的肯定,心里是多么的激动,对我是一个多么大的鼓励。当我撰写第一篇文章时,当我尝试进入学术研究的领域时,当我初次胆怯的、徘徊在学术研究的大门口、并希望走上学术道路时,能够得到朱老师的支持和鼓励,真是大大增强了我对学术研究的信心。朱老师的支持和鼓励,使我终生难忘。

二

1982年2月,77级的本科同学已经毕业,这年我考取了河南大学历史系中国古代史的硕士研究生。是时,一些大型的楚墓,如信阳长台关楚墓、蔡侯墓、曾侯墓、淅川下寺楚墓群、江陵望山楚墓、包山楚墓、马山楚墓、随县曾侯乙墓等重要的楚文化遗存相继被发现。我国学术界出现了"楚文化热"。因此,我在攻读硕士研究生时期,就开始了对楚史的学习和研究,并把我的硕士论文定在楚文化的研究上。这个研究题目得到朱老师的支持和帮助。朱老师不仅关心课题的进展情况,而且尽量找机会扩大我的学术研究的视野和领域。

朱老师认为,学术研究不仅仅在书本中,而且还要出来走一走、看一看,像司马迁那样读万卷书,走万里路;而参加学术研讨会也是一个重要的学习机会。朱先生作为教授和学者,当然有很多与学术界交流的机会;而我作为一个尚未踏入学界的学生,是根本没有这种机会的;当然也不懂什么是学术界、学术会议。

有一次,朱老师到北京开会,见到时在湖北社科院《江汉论坛》的程涛平先生。那时湖北是楚史、楚文化研究的中心地区,大概每年都要召开楚文化学术研讨会。朱老师就对程涛平先生说:"我们学校有一个研究生也是搞楚史的,你们召开学术会议能否邀请她参加、让她也去学习学习?"当人家同意之后,朱老师又把我的名字与联系地址写给程先生。后来湖北举行楚文化研讨会,就给我发了邀请函。我当时真是又高兴、又感动。临去参加会议之前,朱老师叮咛说:"开会时要尊重专家学者,多听人家的发言,记笔记,多看多听。不要不懂装懂,说外行话让人家笑话。"我一一记下了朱老师的话。那是我第一次出外参加学术会议,在会议上我接触了一些学界的学者,了解许多楚文化研究的最新动态,对我的硕士论文的研究和撰写确实起到了很大的帮助。

以后朱老师不断地找机会让我们几个硕士研究生出外参加学术会、出外考察等。湖北会议之后,我又到湖南长沙、河南信阳参加楚文化研讨会。

河南是夏商周三代文明的发祥地。在朱老师的支持下,我和我的同学们曾在河南省的登封王城岗、安阳殷墟、洛阳东周王城、新郑郑韩故城、商丘宋国故地、淮阳平粮台、太昊陵等地参观考察。时任中国社科院历史所的所长李学勤先生(李先生是夏商周断代工程专家组组长、首席科学家,现为清华大学的终身教授)到河大讲学。之后,李学勤先生前往商丘进行考察，朱老师不失时机的让我们几个研究生随同李学勤先生前往进行考察。朱老师说："你们跟着专家出来考察，要多问、多请教，将会有许多平时得不到的收获。"的确，我们那次出去，跟李学勤先生学到了很多东西，不仅看了商丘、淮阳地区的一些遗址，还学会对各个时代铜器形状的甄别等。

在朱老师的安排下，我们研究生先后到湖南、湖北考察楚文化；到陕西考察了半坡的仰韶文化、周原的周文化、秦文化等；沿着河西走廊到甘肃的武威、张掖、酒泉、敦煌河西四镇，考察汉文化；见到那广大浩瀚的沙漠，感受祖国的伟大。我想当年汉武帝远征匈奴，需要多么大的魄力；张骞通西域、苏武留胡是多么的艰难。从武威我们折而到宁夏银川考察西夏文化，在内蒙古呼和浩特考察蒙古族文化，在山西大同、侯马考察晋文化等。那次的考察大大地增加了我的学术阅历和眼界，对书本上的东西第一次有了实感。

三

我攻读硕士研究生时期，把论文题目定在楚文化的研究方面。当年的我确实还有点年轻，不知天高地厚。在我写硕士论文时，就想写成一本关于楚国历史研究的书，于是就拼命地收集楚史、楚文化的材料。当我硕士研究生毕业，经过答辩获得学位之后，就开始整理材料，准备写书。

还是我读硕士研究生时，朱老师介绍我到湖北开会，已经与湖北学术界有些熟悉。湖北举办学术会议，也经常邀请我去。有一次，我到湖北参加学术会议时，知道一些学者也要写楚史，而且据说是一个团队要搞。这个信息对于我来说太重要了。当时的我，是一个也想写楚史，但又未出茅庐、尚未长出羽翼的学生。面对那些学术水平很高的学者，我无疑是非常非常胆怯害怕。我当时已经有点灰心，甚至打算放弃，但是又不完全死心；于是我就又去找朱老师。是时，朱老师已经从历史系调到河南大学出版社，担任总编。见到朱老师，我就一股脑的把我的担心、苦恼全部告诉朱老师。

我说:"现在我正在写楚史,外省的先生也要写楚史,人家可能还是一个团队搞。"

朱老师说:"楚史又不是让某一个人、或几个人搞的。人家搞人家的,你写你的嘛,各人写各人的。你有什么紧张的?!"

我又说:"如果人家先我写好,先出版了,那我怎么办?您还给我出版吗?"

朱老师说:"大家都写,只要不互相看,肯定写得不一样,大家的思路和关注点也绝对不会一样。你只管写吧,到时我们还给你出!"

我仍不无担心地说:"朱老师,那我要是没有人家写得好呢?!"

朱老师笑着说:"那你不会下工夫写嘛!去写吧,如果将来书稿真是有问题的话,老师给你提出来,你再改嘛!"

朱老师的话包含着一个老师对学生的极大关怀、鼓励和爱护。得到朱老师的这个承诺和支持,我真是太高兴了。回到家里,我就开始写。那时还没有电脑,写书还是很辛苦的。但我真是信心百倍、劲头十足、夜以继日的伏在案头查资料,撰写书稿。终于我写好了《楚史稿》一书。1988年,朱老师如期把我的处女作付梓出版了。啊,没想到我也出书了!这对于我来说,是多么大的鼓舞和鞭策。这是我平生的第一本书,也是全国第一本研究性的楚史专著。从此,我一步步地走上学术研究的殿堂。

如今的我,自从事史学研究至今已经近四十年了,也可以说小有收获和体会。在我学术前进的道路上,我的第一篇文章、第一本学术著作,都是在朱老师的支持鼓励下写成的。我第一次参加的学术会议也是朱老师支持下去参加的。如果没有朱老师的支持和帮助,我不会去参加湖北的楚史与楚文化会议,也不会与国内楚史学界有那么密切的关系;如果没有朱老师的支持,我的第一本书就可能搁浅,不会写成,更不会问世。在这里让我深深地向朱老师道一声感谢,感谢您在学术道路上对我的支持和栽培。

在朱老师九十华诞之际,祝福朱绍侯先生福如东海、寿比南山!

做人以德　勤谨学问

——忆先生教诲二三事

周作明

光阴似箭，日月如梭。回想1982年到河南大学跟随朱绍侯先生研修秦汉史，一晃就三十余年过去了。可以说，是朱先生引领我从一个初涉史学的懵懂青年走上学术研究的道路，渐渐成长为一位探求知识奥秘的学者。

酌水知源，敢忘衔结。三十余年来，先生一直在关心和支持我的学术进步。记得在离开开封，回到广西师范大学工作之初，正遇1983年至1984年江陵张家山247号、249号、258号三座西汉前期墓出土了大量汉简，先生就嘱咐我要做好研究江陵张家山汉简的准备。然而，江陵张家山出土汉简资料迟迟没有发布，加上广西师范大学地处百越之广西，除了桂林兴安灵渠等少数几处的秦汉遗址和有限的历史文献之外，没有其他史迹史料以资拓展秦汉学术的研究，而广西的少数民族民俗文化却异常丰富多彩。于是，回到广西的几年后，就逐渐由秦汉史研究转向以广西少数民族为基本对象的民俗学研究。由于有背先生期望，多年没敢与先生联系，后来先生知道后，不但没有责问对史学的背离，还鼓励我的民俗研究，对取得的成果也给予了肯定。之后，由于系科专业的拓展，我又从民俗学转到旅游规划研究，并建立广西师范大学旅游系。在2003年，又由广西桂林来到福建武夷山，主持武夷学院旅游管理专业的升本与建设发展工作，完全离开了史学领域，专门从事旅游研究，也都得到先生的认同和鼓励。至今回想，三十余年来，我的学术探索都是在先生的鼓励下进行的，而且所有专业转向的研究都得益于先生当年给我打下的史学基础,使用的也都是从先生那里学到的史学研究方法。是史学的看家工夫,帮助我成功地实现了跨专业的发展。

学然后知不足,多见者博,多闻者智,虚己者进德之基。记得在学校的一次作业中,我在副标题上写了"与某某先生商榷",先生看后说,做学问要先学后问,多学多思,不可浅学辄止,不可一知半解,望文生义,不求甚解,妄加评论。某某先生对你所论的议题已有系统的研究,写成多部著作,尚未认真读完其著述,怎么就敢与之"商榷"。先生的这一番教诲一直深深地印在我的脑海里。学然后知不足,教然后知困,逐渐使我体会到了学术的严谨性,去掉急于求成的浮躁心态,养成力求全面占有研究资料的学术习惯。大凡思考问题,都力争做到研究资料的完整性,在梳理繁杂的资料中寻找事物的内在联系,在资料的细致识读中获得对事物内涵的认识,在资料多维视角的分析中提出关于事物本质的判断,从对资料内在的辩证思维与逻辑推理中得出研究的结论。

我国高校的史学同仁都公认河南大学、山东大学等十院校合著的《中国古代史》教材是高校团结合作的典范,这都得益于先生作为主编的博学、包容、谦逊和团结的人格魅力,打造了一个友好团结的写作团队。参加编撰的作者,不论是先学,还是后进,都感受到温暖和快乐,得到提高和进步。记得在1998年的安徽芜湖修编会议上,我曾就《中国古代史》补充历史民俗文化内容做了一个发言,作为人微言轻的学生,认为发了言就完成会议的任务,没有想到先生采纳了建议,在教材中按史学分段"增加了各时代社会生活和习俗内容",给了我以及与会年轻学者极大的鞭策。在教材编撰中,我是接替卢启勋老师担当第八章的写作任务。2009年,十院校《中国古代史》教材团队在山东大学召开修订工作会议,决定由原作者对教材做补充性修改。会后,广西师范大学提出我已调离学校,第八章作者需要添加新作者。先生为此事专门给我写了一封信,信中说,十院校合著《中国古代史》教材之所以三十年不散,没有发生纠纷,是因为大家像兄弟一样,为了一个事业,不图名利,不计较得失。读了先生的来信,深受教育。我十分理解广西师范大学的要求,在后来虽然说是"共同完成",也署了新作者名,实际仍是由我个人修改完成。"不图名利,不计较得失",这是十院校《中国古代史》教材团队的学术道德精神,深深地感染了我们后一辈学者,实实在在地体会到,做学问的根本实质是在做人。

英国著名物理学家艾萨克·牛顿有一句名言:"如果我看得远,那是因为我站在巨人的肩上。"可以说,三十余年来,我有所进步和发展,都离不开先生的教诲,都是先生的指引和鼓励。做人以德,谦和天下,勤谨学问,专心日进,这是我从先生的言传身教中得到的感悟。

令人留恋的年代
——祝贺朱绍侯先生九秩华诞

马小泉

我上大学期间,朱绍侯先生是我们年级的主要任课老师,为我们讲授秦汉魏晋南北朝土地制度与阶级关系、军功爵制等中国古代史专业课程。那时的老师除授课外,还指导学生参与考古发掘和社会调查等各种专业实践活动。当年朱先生年富力强,与同学们联系较多,其学问与风度,令人印象深刻。

我大学毕业后留校任教,有幸与朱先生建立了直接的工作联系。这种工作联系分两个阶段,一个是在历史系时期,一个是在出版社时期。

70年代末80年代初的河南大学(时为开封师范学院)历史系,学术传统渊源深厚,教授群体阵容强大,在全国高校历史学科中很有影响。那个年代,正是经历了多年的政治磨难之后,思想上和学术上开始复苏的年代。

我留校任教之后,被安排到中国近代史教研室工作。虽然和朱先生不属于同一专业,但朱先生在学术上和工作上对我的影响很大。他在担任历史系副主任、系主任期间,对青年教师的培养十分用心,给我们创造了一个非常适宜的成长环境。系里制定有领导和教师的听课制度,以及教师的评教制度,我们青年教师有机会聆听一些老教师的示范课程,同时自己的备课授课工作也要接受系室领导和老教师的指导。毛建予先生指导我的备课教学工作,我的教案笔记就是他逐字改定的;胡思庸先生指导我读书做研究,留校第一学期他让我完整背诵《古文观止》,并手把手指导我搜集史料、撰写文章。

当时的学术环境,还未完全摆脱"文革"的"左"倾影响,但教师们的主要精力已经开始转移到教学与科研上来。系里的学术活动逐渐增多,老师们的思想也日趋活跃。白天系资料室是老师们读书看报、切磋交流的一道风景。每周还有一个晚上,由郭人民先生带领青年教师研读《左传纪事本末》、《纲鉴易知录》等典籍,以提高历史文献的阅读能力,年长一些的赵世超老师还为我们年轻一些的教师作引领示范。那时,历史系的前辈先贤们,不仅学养深厚,而且和蔼可亲。他们不仅教人读书治学,也教人处事做人。朱先生虽身为历史系主任,同样让人可亲可敬,与他在一起,没有对领导的疏离感,只有对学术的敬畏心。那样一种机制,那样一种氛围,至今想来令人怀念。

当时与教学科研并重的是师资队伍建设。在朱先生等人主导下,历史系招收了第一届和第二届研究生,又有七七级、七八级一批毕业生留校,同时又从其他单位引进专业人才。在老一代教授群体相继离退的时期,河南大学历史学科的学脉得以接续,这与朱先生的主政能力和学术眼光有着密切的关系。

80年代中期,学校创建出版社,朱先生成为第一任总编辑。这是我与朱先生在工作上发生联系的第二阶段。因为我曾参与过《史学月刊》的复刊工作,有一定的编辑工作经验,90年代后期也来到了出版社。可惜我到出版社时,朱先生已经退出总编辑岗位,但他退而不休,始终以出版社的创业元老身份继续支持出版社的工作,参与选题策划与市场经营活动。

朱先生不仅是一位造诣极深的学者,也是一位有胆有识的出版家。我从同事那里,了解到很多出版社的艰辛创业历程和感人故事。朱先生也在政治上和方向上给我很多启发与指导。他一再强调,出版工作是一票否决制,一定要把握好选题方向,坚持书稿审读把关;同时,出版工作又以经济效益为基础,必须面向市场,创造利润。朱先生等社领导在任时,积极与省教育主管部门和业务部门联系,当时开发的基础教育读物,至今仍是出版社的主要利润来源。朱先生作为一位资深学者,在经营管理方面所具有的意识和能力,是大多数人想象不到的。

我从切身感受出发,自然对朱先生的才智和谋略多了一层敬意。

朱先生对河南大学历史学科的建设和发展做出了重大贡献,对河南大学的编辑出版事业也做出了重大贡献。特别值得我们晚辈学习的是,直至今天,朱先生已届九旬高龄,仍然笔耕不辍,每年都有新作问世。他从未停止自己的思考和探索,始终保持着旺盛的学术活力,诠释着学问人生的意义。

时间过得很快,如今我也到了退休的年龄。回想这几十年的工作经历和思想阅历,自始至终有朱先生为代表的那一代老师那一代学人的精神陪伴着自己,朱先生的学问与修为,已深深扎根于我的心中。朱先生是一位平凡而伟大的老师,因为平凡,所以伟大。作为学生,我向朱先生深鞠一躬,一是祝贺朱先生九十华诞,二是感激多年来朱先生对我的影响和感染。

我有幸经历过那样一个令人留恋的年代!

玉壶存冰心

——恭祝朱绍侯先生九十华诞

刘小敏

在每个人成长的过程中,每一个阶段,都会得到不少老师或前辈的谆谆教诲和耳提面命。我就是这样,每走一步,都有老师的扶持,每个关键时刻,都有老师的指点,这其中,给我帮助最大的就是可敬可爱的朱绍侯先生。

相　　识

我认识朱先生是在进入河南大学(开封师范学院)历史系读书之后。我们是恢复高考后的第一届学生,给我们授课的都是系里最好的老师。那时"文化大革命"刚刚结束,老师们靠边站了十年,一朝有机会重上讲台,真是焕发了革命青春,想尽办法,使出浑身解数上好课。朱先生是历史系副系主任,因为工作比较忙,没有给我们开通史课,只给我们开设了"秦汉土地制度"讲座。朱先生是东北沈阳人,高高的身材,方方的脸庞,浓眉大眼,不苟言笑,操着一口纯正的东北话,给人一种不怒而威的感觉。

1980年,学校落实知识分子政策,给教授盖起了连体别墅,俗称"教授楼",是当时学校最好的房子。由于朱先生学术成果丰硕,是"文革"后历史系破格提升的最年轻的正教授之一,所以,按照政策就搬进了这个院子。我们家和朱先生家是前后排,隔路相望,可我从未和他讲过话。一是我对先生有一种敬畏感,不敢和他说话;二是觉得我们年级一百多号学生,朱先生可能不认识我。

这年初冬的一天夜里,一场纷纷扬扬的大雪,把整个世界银装素裹。我早上起来拿着扫帚在路上扫雪,突然,一个浑厚的男中音在我身后响起:"小敏,你的毕业论文由我指导。"我吃了一惊,急忙回过身来,啊,是朱先生!我一时语塞,不知怎么回答先生的话,只是"哦哦"两声。朱先生微笑着从我身边匆匆走过,我的心里却翻江倒海,不是滋味。朱先生认识我,还知道我的名字!我却从没主动和老师讲过话,这可是大不敬啊!课间,我把这事讲给要好的同学听,她们边笑边戏谑我说:"这回你可遇到了一位严格的老师!"那时,写毕业论文是系里统一出许多题目供同学们参考申报,然后确定指导教师,朱先生是先把信息透给了我,等系里一公布,和我开玩笑的同学的论文也是由朱先生为其指导,她也傻了眼。

为了写好毕业论文,我真是下了一番工夫。猫在图书馆查材料,列大纲,写初稿,反复修改,折腾了几个月,眼看到了交稿时间,却迟迟不敢呈送先生审阅。但是,丑媳妇终究要见公婆,实在不能再拖下去了,我才在一天傍晚,硬着头皮把稿子送到朱先生家。谁知第二天晚上,朱先生就拿着论文到我们家来了。我的心一下子提到了嗓子眼儿,心想肯定是不合格被打回来了。我忐忑不安的请朱先生落座,眼睛盯着他手里的论文。朱先生看出了我的心思,笑着把我的论文夸奖了几句,然后拿出一份刚出版的考古杂志,让我把新发现的描写汉代杂技表演的画像石的考古资料用在论文里。听着先生的指教,我心里不由得升腾起对先生治学的严谨、扎实,眼光的敏锐、高远,工作的务实、高效由衷的敬仰。在先生的悉心指导下,我的论文忝列优等。

提　　携

大学毕业后,我被分配到二十五中教书。1985年春的一天,朱先生来到我们家,问我愿不愿意回到河大出版社工作。我一听喜出望外,连声答应愿意。因为这时我们家上有八十多岁的外祖父,下有一岁多的儿子,这一老一小都需要照顾,能回母校工作,临近照顾家中的老人和孩子,是我梦寐以求的事。在朱先生的帮助下,没过多久,我就调回了学校,在朱先生任总编辑的出版社工作,由此开始了与先生的不解之缘。

记得刚到出版社时,社里连领导只有8个员工。我们什么活都干,参加校对稿子、负责邮购书款的领取以及管理资料室的书报等。一年以后,人员增多,朱先生把我调入文史编辑室做编辑工作。从此,我走上了专业人员的道路。

朱先生安排我做的第一本书是《唐代士大夫与佛教》,是北京大学历史系毕业的郭绍林先生的硕士论文。作者八易其稿才交给我们出版。那时候都是手写稿,整个文稿字迹清楚,娟秀,无一处涂改,可谓齐、清、定。更难能可贵的是,作者还把容易混淆的字都在旁边标出,以提醒编校排版人员注意。这部书稿我认真地审读了两遍,并核对了引文,竟然挑不出什么毛病,实属上乘之作。这是朱老师为照顾我这个初出茅庐的小编辑而特意安排的。随着时光的流逝,工作上的接触越来越多,对朱先生由陌生而熟悉,而敬仰,而爱戴。朱先生的言传身教,耳提面命,使我在工作中如坐春风,如沐春雨,慢慢地成长起来。

朱先生审稿从来不用红笔改稿子,都是用铅笔。他常说,作者对于编辑来说永远都是专家,编辑改稿子用铅笔,如果改错了可以随时擦掉,如用红笔,改错了不易更改,把作者的稿子画的满篇皆红,作者会不乐意,也是有不尊重作者劳动。

1993年春,我的一位在河南大学历史文化学院长期从事中国思想文化的研究的同学李振宏萌生了编写一套"元典文化丛书"(30本)的设想。当他把他的想法跟我谈了之后,凭编辑的敏感使我感到这是一个很有意义、很有价值、市场上尚缺的选题。于是就邀请他和我一起向管金麟总编(那时朱先生已退居二线)作了汇报。管总编听后非常认同,让我们起草选题策划报告,提交社里讨论。我们又一起请教了朱先生,先生对这个选题大为赞赏,并就丛书的规模提出了一些建设性意见。在社里的选题论证会上,朱先生就此选题的价值、意义、出版规模做了鞭辟入里的讲述,使选题顺利通过论证,并被省局列为重点选题。为了这套丛书能够按计划出版,朱先生不顾教学和科研工作繁忙,还主动承担了部分书稿的责编和终审任务。

　　1995年6月,在出版社成立10周年即将到来之际,丛书第一批10本问世了。由于丛书对社会主义精神文明建设有积极的意义和价值,所以一经出版,就受到《人民日报》《光明日报》《中国出版》等多家报刊的高度重视,相继发表书评、书讯20余篇,一致认为丛书"旨趣高远,而行文切实,为一雅俗共赏佳品。"《光明日报》"史林"版还以丛书为依托,开辟了"传统文化经典笔谈"专栏,进行了为期3个月,延续14期的专题讨论。为了扩大丛书的影响,1996年5月7日,出版社又与光明日报社理论部联合在京举办了"中华经典与现代文化建设"学术讨论会,朱先生和张岱年、季羡林、戴逸、何兹全、等著名学者一起参加了会议。此次学术讨论会在学术界、文化界、出版界产生广泛影响。丛书曾一举获得了"第十届中国图书奖"、河南省"五个一工程"奖和河南省"优秀图书一等奖"等奖项。

　　1995年,是中国抗日战争暨世界反法西斯战争胜利50周年。1994年初,我想策划一套适合广大青少年阅读的、描写抗日战争中中国人民英勇抗击日寇的著名战事的纪实丛书,以弘扬爱国主义和革命英雄主义精神,讴歌广大爱国将士为维护祖国和民族的独立而以身许国、视死如归的崇高民族精神和民族气节,让广大青少年记住那一个个闪光的名字和一段段可歌可泣的英勇事迹。当时,有同志认为我是在"赶热闹",让我很是踌躇不决。这时,又是朱先生高瞻远瞩,审时度势,果断的肯定了我的策划报告,坚定了我做下去的信心,他还在百忙中抽出时间和我一起参加编写会议,帮我把握方向,调整作者思路,解决写作中出现的问题,有时与作者沟通商榷直到晚上八九点钟,错过了吃晚饭时间,而朱先生始终不急不躁,耐心与作者商量,最终和作者达成了共识。他还挤出时间终审书稿,使丛书的编辑出版工作得以顺利进行。

　　丛书出版后,受到省委领导和省委宣传部的高度重视,一位省领导同志曾在省电视台"新闻联播"节目中介绍我省有关抗日战争图书出版情况时,重点介绍了这套丛书,时任省委宣传部副部长的葛纪谦同志还为丛书写了序言。《河南日报》《河南新闻出版报》《民国档案》《东南文化》等报刊也相继发表了书评、书讯,称丛书是一套"实施爱国主义教育的好教材"。丛书也由此获得省"五个一工程"奖和省优秀图书二等奖。可以说,没有朱先生的鼎力相助,就没有这套丛书的问世。

大学出版社承担着为高校教学和科研服务的重任。为了满足教学需要,出版社决定邀请著名专家学者组织编写一套高校中国史通史教材。拟请华中师大的章开沅先生领衔主编《中国近代史》教材,请朱先生挂帅组织编写《中国古代史》教材。朱先生虽然主编过一套颇受欢迎、连年重印的十院校本《中国古代史》,是几十年来历史学界公认最成功的高校文科教材,但为了方便教学、为了出版社的出版计划,他还是从大局出发,不顾年近耄耋,毅然承接了编写任务,和我们一起北上长春、北京,南下广州、韶关,召开编写会议,拟定编写大纲,分配编写任务,实地解决编写中的问题,最终按时高质量的完成了编写任务,有力地支持了出版社的工作。这套《中国古代史教程》抛弃社会形态概念体系,摒弃阶级斗争思维,用本土语言叙述中国历史的发展进程,是一个可喜的尝试,对今后的中国古代史教材编写将会产生重要的示范性效应。

朱先生不仅仅是对自己的学生尽力帮助、提携,对所有的同志也都是如此。众所周知,职称评定是对专业技术人员业务水平和工作能力的一种评判和认可,也是专业技术人员努力追求的目标。因评审条件时有变化,我们出版社的一位老同志行将退休,尚未晋升正高职称。就在评审日期临近之时,他突然决定退出申报。听到这个消息,朱先生很是着急,他不愿看到这位条件具备的老同志辛辛苦苦工作一辈子就这样错失良机。他约同社长赵帆声先生一起来到这位老同志家,苦口婆心的分析劝导。看到这两位年近七十的老领导,不顾天黑路滑,冒雨前来劝说,这位老同志感激之情无以言表,同意继续申报。就在这次申报后,他如愿以偿,顺利晋升正高职称。

我的副高、正高职称也都是在朱先生的提携帮助下得以顺利通过的。朱先生学术地位高，人品厚重，每年出版局评职称都聘请他为高评委的评审组长。记得1996年冬，朱先生从省里评职称回来，把我叫到他的办公室，拿出一份评审文件对我说："仔细看看文件，对照一下，如果符合破格晋升正高的条件，就复习考外语，争取明年破格申报，不要在那儿等时间。"那时我副高职称刚满四年，按规定要间隔五年才能申报正高职称。我半信半疑地接过文件，按照先生的话认真做了对照，没想到，我真的已经符合破格晋升正高的条件。我就开始加紧备考外语，1997年夏天通过了职称外语考试。在这年冬天的职称评审时，就试着破格申报正高职称。当时，我的《申报表》和《业务自传》都是在朱先生和宋应离先生指导下撰写的，他们充分肯定了我的编辑业绩，又逐字逐句的帮我修改，给我当"责任编辑"。以致后来高评委的刘健老师夸奖说我提交的材料可以作为职称申报的范本，孰不知，这都是先生们的功劳。在朱先生提携帮助下，我顺利地破格晋升了正高职称。

教　　诲

孔子曰："默而识之，学而不厌，诲人不倦，有何于我哉？"朱先生不仅自己勤奋治学，硕果累累，为后学的榜样。他还不遗余力的谆谆教诲身边的每一个人，这使我受益多多。

那是"元典文化丛书"刚刚启动阶段，有的同志对做这样的大型套书心存疑虑，唯恐投入大而收益小，造成亏损。当我听到议论后，心中也很纠结，觉得社里盈利非常艰难，如果此书造成亏损，挺对不起大家的，因此就想打退堂鼓。朱先生看出了我的心思，语重心长地告诫我说："任劳任怨大家都知道，也都能做到任劳，但是任怨做起来就比较难了。你工作不怕任劳，但也要学会任怨啊！"朱先生的话消除了我的困惑，坚定了我出好书的信心，于是排除杂念，全心全意地投入到丛书的编辑出版工作中。功夫不负有心人，几经寒暑，终于修成了正果。

从此以后,我牢记朱先生的教诲,秉承着任劳还要任怨的信念去做事,去做人。真是"经师易获,人师难得",先生的金玉良言,让我终生难忘。

还有一次,一位同志出差因派车的事与办公室负责此事的同志发生了口角,后来社长知道了此事,亲自为该同志派了车。但那位同志却赌气不出差了。当我把此事告诉朱先生时,他微笑着说:"你转告那位同志,不要得理不让人。社长已给你派车了,就应该去,要懂得得理也要让人。"当我把先生的话转述给那位同志后,那位同志很愧疚,连声说:"朱先生说得对,朱先生说得对!"朱先生的这些话,虽然并不深奥,但却道出了同志之间要团结共事、谦和礼让的做人道理,也是先生为人处世大度为怀、宽厚待人的真实写照,我一直将它铭记在心。

我的毕业论文是朱先生指导的,他还鼓励我投出去发表。大学毕业后,我就试着投了出去,还真被《历史知识》采用了。当我把这个消息告诉朱先生时,他笑眯眯地说:"很好!我让其他几位同学将文章投出去,也都发表了。"先生那副欣慰的表情,比他自己发表了文章还要高兴。从那以后,处于对朱先生的敬仰和信赖,我每写一篇文章,都要拿给朱先生请他"初审",听他提意见。他不管多忙,都是欣然应诺,而且很快就审阅完毕,立马把意见反馈给我。他的意见都是高屋建瓴,一针见血,让我非常受益。以后,为了心中有底,没有经过朱先生过目并且认可的文章,我就不敢拿给别人看或者是去投稿。

另外,我在工作中遇到什么难以释怀的事情或者有解不开的疙瘩,也爱跑去向朱先生唠叨唠叨,诉说一番。朱先生总是放下手头正在做事情,耐心地听我讲述,然后客观地进行分析,理智地做出判断,热心地给予指点。有时仅短短的几句话,犹如醍醐灌顶,顿时让我茅塞顿开,心里豁然开朗。可以说,我取得的每一点成绩,都有老师付出汗水和心血;我前进的每一步,都有老师的扶持和教诲。

正像振宏在本书序言中所说:"朱绍侯先生八十华诞庆典的情景还历历在目,如今又迎来了先生的九十岁诞辰。子曰:'父母之年不可不知也,一则以喜,一则以惧。'作为先生的弟子,十年间,我们差不多就是以这样的心情,陪伴着先生走过来的。"这样的心情我也体会颇深。我觉得,这十年来,朱先生一直在努力地爬坡,一是在爬年龄的坡,一是在爬学术的坡。他勇敢地越过一道又一道障碍,不断地在与年龄竞争,不断地在超越自己,实在是不容易!所以,在朱先生九十华诞来临之际,我也写出了自己的一些感受,以感谢先生这么多年对我的培养、关爱、提携和教诲,并在此向先生深深地鞠躬,恭祝先生学术青春永驻,福寿绵长,吉祥安康!

浮一大白为朱先生寿

程民生

2004年初,我写了本《中国北方经济史》,想来想去,决意请朱绍侯先生写序。先生尽管很忙而且年迈,仍不推辞,写出了有褒奖、有建议、有批评的序言。我看了以后很感动、很兴奋,但对最后一段的开头无法接受:"民生教授曾是我教过的学生,但现在已是……"我立即向先生表示不满:"什么叫'曾是'?我现在就不是您的学生了吗?这句要改,必须改!"先生很认真地给我解释,我根本不听,擅自将"曾"字删去了。

如果从专业和学问堂奥而言,我确实够不上朱先生的学生;但也真不是高攀,我确实是朱先生的学生。1977年考入开封师范学院历史系后,朱先生不但给我们开过"中国古代土地制度"的课,后来还担任历史系副主任、主任。先生的意思大概是我没跟过他上研究生,后来的专业与其不同,是一种很狭义的师生关系,说到底,这是先生的谦虚、客气。

或许正是因为如此,我和朱先生有一种比较特殊的师生关系,体现在两个方面:一是互相开玩笑,二是灌我喝酒。

先说第一。我敢和朱先生开玩笑?朱先生开我的玩笑?说起来没人相信:简直是开玩笑!朱先生体貌庄严,不苟言笑,德高望重,不怒自威,没人敢在其面前随便。据说有一次,系里有两位脾气最大的中年教师在办公室下象棋,朱先生看见了,走过去二话不说,一把将棋盘掀翻,转身而去。围观的人吓得鸦雀无声,那两位大怒,正待发火,抬头一看是朱先生,顷刻没了脾气。他们后来笑着对人说:上班时间下棋,错么! 我能证实他们确实并无半点怨言。

其实,以我的观察和经历,朱先生实在是个很大度、随和的人,什么饭菜都能吃,什么话都能听,从来不争待遇,提要求,挑礼节。一次在外地开会,安排参观名胜,我不愿去,先生问我为什么? 我说去过一次了。先生笑道:我去过四次了,还去。我和先生交谈毫无思想压力,该说什么说什么,想笑就笑,开开无伤大雅的玩笑,甚至提出意见。先生从不介意,只是笑。

有次伺先生在广州出差——其实是我们跑关系拉先生的大旗作虎皮,在宾馆房间我给想拜访的要人打电话约见,由于是求人的工作,所以十分谨慎,相当客气,比较得体。放下电话后,旁听的朱先生吃惊地说:"你还会这样说话啊?"倒让我很不好意思:没给先生严肃地说过话啊? 顺便说一句,那位大家原本是我们要前往府上拜访的,听说朱先生来了,立即来宾馆拜见客人了。

有时先生反过来也和我开玩笑。又一次陪先生出差,四处奔波。先生喜欢走路,不喜欢乘车,我们只好跟着走,一天下来,我们年轻人脚腿都是酸痛的,那时年近八十的先生却轻松自如,笑着对我说:"民生啊,你回去可以对校长说,为了给学校省钱,你坚决不让我们坐出租车!"我揉着脚,只有苦笑而已。从此以后,到外地开会每逢有人问起朱先生,我总是说:"朱先生身体比我好!"口气显得作为学生的自豪,也透出作为自己的自卑,也不知道人家从我那响亮的声音中听没听出酸酸的味道。

再说第二。朱先生虽然是东北人,但一直不喝酒。听说有一年系里的老师们在一起吃饭,有人可劲儿劝酒,先生被纠缠不已,实在驳不了同事的面子,心想无非是一醉,拼上了。结果喝凉水一样地喝了很多,大家都醉了,先生却没事人一样,这才知道自己酒量大。尽管如此,先生并不好酒,更不与人斗酒。只是,每逢和先生在一个饭桌上,总是一个劲地让我喝酒,动辄就叫:"民生喝! 民生喝!"我无奈地自嘲:我就是朱先生喝酒的一道菜啊! 而且,我从来没有见过他劝其他

654

人喝酒——只对我一个人！我跟李振宏兄、龚留柱兄说："朱先生两大功夫:学问和喝酒,把学问传给你两个了,把酒传给我了。"我的血压比较高,曾以此为由少喝酒,给先生解释道:喝酒的当场,血管扩张,血压是下降的;但到第二天就高升了。先生随即笑眯眯地面授机宜："那就一直喝。"

每年的大年初一上午,我和留柱兄、振宏兄都会去先生家拜年。唯有一年的大年初一,我中午家宴喝酒后兴奋地、晕晕乎乎地去拜年了。先生见我有醉意,也兴奋起来,居然顺手拿起桌上的酒瓶,倒了一口杯要我喝！没办法,先生喜欢看我喝酒,就喝。边喝边聊,海阔天空,什么话都敢说,也不知是否冲撞了先生。但我敢肯定,即便是冲撞了,先生也毫不介意。那天真是喝多了,回去时连自行车也不敢骑了,推着走,竟不知怎么回的家。

先生还曾在家中专门请一帮青年教师喝酒,我有幸忝陪末座。前一天就请专人到他家作烹饪准备工作,十分认真、正式。那天喝的是花雕,先生事先提醒:这个酒喝起来顺口,但容易喝多,后劲很大。大家多是第一次被敬仰的老师请到家里吃饭,受宠若惊,自是喝的热闹,不知不觉就醉倒了几位。现在想起来,心里还是暖洋洋的。

当今之世,做学问有三种境界:一是为职称,当了教授便立即停止;二是为职业,一退休便弃若敝屣;三是视学问为生命,生命不息,治学不已。人各有志,前两种也是一种潇洒的活法,但从做学问的角度我们不能不由衷敬佩最后那个最高境界者,只有这种对学术的真诚热爱,才能真有成就,朱先生就是其中不多的典型代表。孔子曰："三十而立,四十而不惑,五十而知天命,六十而耳顺,七十而从心所欲,不逾矩。"这是圣人对人生不同阶段所应达到的生活理想状态的提示,遗憾的是,他老人家只说到了七十,七十以后应当是个什么状态呢？他也不知道,因为他只活到七十三岁,因为"人生七十古来稀"。古稀之年到当代早已寻常,但年届九十仍孜孜不倦,愈老弥笃,仍时有长篇高论发表。朱先生去年花了半年多的时间写了篇关于两汉时期西域方面的文章,7万多字,如此这般,恐怕孔老夫子也会叹为观止！这岂止是活到老学到老的典范,更是活到老发光到老的典范。

生活美妙,生命短暂,所以人人都想健康长寿。我想,要向朱先生学习,只有像他那样一直追求学问,便能像他那样健康长寿。先生除了学术成就、教育成就外,还有普世价值可以概括为:享智者之乐,有仁者之寿,是养生的最高方式。

念及思及,不禁豪情万丈,遂浮一大白为先生寿,并不揣简陋,自撰寿联云:

孜孜汲汲,享智者大乐,著作早已等身;
赫赫巍巍,得仁者长寿,福寿冀衍齐天。

百岁为人瑞,是一个国家,一个时代的祥瑞。先生已至鲐背之年的九十,那就是人瑞的蓓蕾了,有智为水,有仁为肥,有学术为阳光,舒朵吐蕊,芬艳呈瑞,实乃顺理成章的事,实在是令人激动的期待。非但如此,我衷心祝愿先生花甲重开、古稀双庆、作为不老松长青于世!

2015 年 4 月 9 日

朱师绍侯先生二三事

——恭贺朱绍侯先生九十大寿

晋 文

我最早知道朱绍侯先生是拜读他主编的《中国古代史》(福建人民出版社1982年版)。该书是"文革"结束后第一部教育部统编教材,由于其内容比较全面,采用了许多最新的研究成果和考古资料,因而曾作为我考研复习的最重要的参考书。在我从事中国古代史的教学科研工作后,这部《中国古代史》也始终是我使用或推荐的主要教材。孟子曾自称孔门"私淑"弟子(《孟子·离娄上》),朱熹《四书章句集注》解:"私,窃也。淑,善也。艾,治也。人或不能及门受业,但闻君子之道于人,而窃以善治其身,是亦君子教诲之所及。"我于朱先生,亦可谓"私淑艾者"。

我第一次见到朱绍侯先生是在1984年秋。当时我陪同导师安作璋先生到徐州师范学院(今江苏师范大学)参加汤其领兄的硕士论文答辩,在宾馆里我第一次见到并认识了朱先生和高敏先生。那是一个下午,朱先生和高先生相约来到安老师的房间,我在给两位先生行礼后便静静地坐在一边。三位先生谈笑风生,互相开着玩笑。我印象特别深的是,安先生和高先生一再向朱先生提出,过段时间到开封时,朱先生应该再请他们吃一次鲤鱼焙面。而朱先生则故意逗他们说:"那可不行!好吃的东西可不能经常吃,要让你们有个念想,那样你们就还会来开封了。"并一边摇头,一边情不自禁地笑了起来。但玩笑归玩笑,三位先生很快便说起了正事。他们都分别谈了对汤兄论文的看法,并对一些问题展开讨论。具体内容我今天已很难回忆,但依稀记得,三位先生都肯定汤兄的论文达到了硕士学位论文的水平,尽管其文中还存在一些问题,需要进一步修改和完善。

第二天下午答辩在文史楼举行。答辩委员会由朱先生、高先生、安先生、臧云浦先生和王云度先生组成,朱先生担任答辩委员会主席。整个答辩两个小时左右,我作为旁听者深受教益。首先,这是我第一次完整地旁听历史学硕士研究生的答辩,对导师介绍、答辩人的论文陈述、答辩委员提问、答辩人准备和答辩、答辩委员追问、答辩人再答、答辩委员会决议等等环节都留下了极其深刻的记忆。除了钦佩各位师长的学识,我初步了解了研究生论文经常出现的问题,对敬畏学问有了更切身的体会,也使我更加理解了安师带我旁听汤兄论文答辩的用意。若干年后,当我也成为研究生导师后,只要是时间允许,我都会安排低年级研究生来旁听高年级研究生的答辩。其次,我对朱先生高超的答辩主持艺术印象特别深刻。和高先生、安先生讲家乡话不同,朱先生说的是非常标准的普通话。他的语音柔和、悦耳,虽然声调不高,但从答辩开始便让我感受到一种强大的气场,也让我意识到其实学养和谦和才是朱先生的魅力所在。特别是对答辩过程的把握,我对朱先生更是敬佩不已。我从事学术研究已三十余年,期间经历过自己的硕士和博士论文答辩,也参加过许多人的硕士和博士论文答辩。尽管这些答辩的主持人也大多是学养深厚的名师,其主持的风格也各有特点,但印象最深的,却还是朱先生的张弛有度。可以毫不夸张地说,朱先生的答辩主持也就是我心目中的楷模。此次旁听还认识了陪同朱先生的研究生龚留柱兄,并从此成为相互挂念的同行和好友。

我第二次见到朱先生,是在1985年5月陪同安老师再次到徐师答辩。此后,我与朱先生见面的机会越来越多,所聆听的教诲也越来越多。最让我感动的,就是朱先生对我晋升职称的提携和勉励。那是在1993年秋冬,我在中国矿业大学(徐州)申报副教授。一个偶然的机会,我听说我的申报材料有一份可能被送到河南大学评审。因为我大学已经毕业11个年头,研究生也毕业6年多了,但由于种种原因,却达不到正常申报的条件,而只能破格申报,又听说有些老先生会抱怨年轻人上得太快。所以情急之下,我向安老师求援,希望他能给朱先生推荐一下。过了几天,安老师便给我打电话说,他已经把我的情况给朱先生讲了。朱先生表示,我的情况应该达到了破格申报副教授的水平,如果材料被送到河大,他一定会秉公评审。这使我的心情一下子轻松了许多。不久,评审结果公布,我如愿评上了副教授。尽管其事后得知,我的两份评审材料实际是送到了北大和南大,但朱先生及安老师对我的提携和关怀却终生难忘。

几个月后,朱先生又到徐州讲学,住在徐州市政府第二招待所。我闻讯立即到二招去看望他。朱先生还记着我评职称的事,我刚坐下,他就解释说:"我了解了一下,你的材料没有送到河大。"当听说我已经晋升了副教授,朱先生特别高兴,连声说好,并勉励我说:"你的情况在河南也能够评上副教授。"当然记忆最深的,还是朱先生对我的谆谆教诲。朱先生说:"评上了副教授,就进入了高级知识分子的行列。今后应该更加努力,潜心治学,争取写出高水平的著作,也希望你早日晋升教授。"又说:"评上副教授后,尤其不能骄傲,要始终看到自己的不足,这样才能不断取得进步。"朱先生还谦虚地自我评价说:"和前辈学者相比,像郭沫若先生、范文澜先生,我能达到当时的副教授水平也就很不错了。"这些都让我强烈感受到先生的期盼和厚爱,也更加钦佩先生的谦虚和朴实。如今时光过去了21年,尽管我早已当上教授,并成为南京师范大学中国古代史学科的带头人,但我却一直记着朱先生的教诲,时常告诫自己:"千万不能骄傲,其实能达到前辈学者的副教授水平也就很不错了。"

随着年龄越来越大,朱先生参加的学术会议逐渐少了。我最近一次见到朱先生,是在2012年5月9日。那天下午,我在主持河南大学中国古代史专业博士论文答辩后,和程有为先生一起去看望先生。朱先生很热情地接待了我们。令我特别敬佩的是,先生已86岁的高龄,却仍然语音亲切,思维敏捷。我看到茶几上放着一摞书稿,好奇地问了一下内容。朱先生说是由他主编的一部关于河南地方史的书稿,并随手拿了一沓给我。我翻看了几页,上面都有着朱先生的修改和批注,便不由地赞叹先生。朱先生却淡然地摇头说:"没办法。现在有些年轻学者参加集体著作不太认真,甚至不讲学术规范,我作为主编就必须为书的质量把关。"这也使我对朱先生等老一辈学者的治学严谨有了更深的认识。

为了留下记忆,我在告别朱先生的时候恳请与先生合影。朱先生欣然同意,于是在朱宅门口便有了一张师生二人的合影(程有为拍摄),并在次日配文发到了我的新浪微博——"2012年5月9日下午,在主持河南大学中国古代史专业博士论文答辩后,去看望著名历史学家朱绍侯先生。先生已86岁,但思维敏捷,谈笑风生,还在审阅书稿。祝福先生和所有老一辈学者健康长寿!"

听朱先生讲秦汉土地制度史

臧知非

我对秦汉土地、赋役制度的认识,始于听朱先生讲授秦汉土地制度与阶级关系,朱先生的授课,使我受益终生。这不是客套话,而是我的切身感受。这要从我的成长经历说起。

我是1978年考入徐州师范学院(现在江苏师范大学)历史系的。现在人们每每提及77、78级时,多有赞美之词,认为那确实是百里挑一的天之骄子。但是,对于我来说,并没感到有什么特殊之处,在我内心里,许多落榜生的学习经历和成绩都比我好,我能考取实在是幸运的结果。因为我的小学、初中、高中都是在"文革"中完成,实在谈不上学业。1974年初中毕业以后,因为是"右派"子女,没有资格上高中(其时高中入学按照家庭成分推荐入学,地、富、反、坏、右是黑五类,黑五类子女没有推荐资格),在生产队务农半年后,在先父学生的帮助下以走后门的方式到农河中学读完高中。当时实行"开门办学",在农业学大寨的旗帜之下,面向农村,我们大部分时间是干农活,农业机械(当时主要是三机一泵:柴油机、电动机、发电机、水泵)倒是学了一些,其他文化课除了因"评法批儒"需要读一些大批判文章和《毛泽东选集》以外,基本上是空白。1976年毕业不久,"文革"结束。先父意识到恢复高考在即,即督促我等复习应考。但是,十年动乱,家中藏书包括"文革"前的中学教材都在"破四旧"时被付之一炬,没有任何复习资料,好在家兄是66届高中毕业生,从初中到高中,都是淮阴地区中学生数学、物理竞赛第三名;而先父博闻强记、知识渊博,虽然是中文出身，但熟悉数学、历史、地理，时常是一个人教几门课，通英、俄、日几种语言，一直是我心目中的英雄，我就是在先父和家兄的辅导下参加高考的。我考了两次，第一次是1977年冬，我和家兄双双落榜。我本来参加高考的底气就不足，落榜以后，不想再考。而家兄和先父则认为，落榜不是成绩原因，而是政审，于是坚持再考，遂于次年再次应考，我取在徐州师院，家兄取在淮阴师专（现淮阴师范学院）。不过，这并非我的成绩好，家兄成绩远在我之上。家兄考了413分，是淮阴地区第三名（后查明，77年也是淮阴地区第三名），我只考了379分。这个分数用现在标准衡量，早已过了国家重点线，但在当时，影响录取的因素是多方面的。家兄未能读本科，是因为年龄和其他因素。

78级学生是"十代同堂"——从"老三届"、"新三届"到应届高中生同在一个班级，同学年龄平均相差近十岁，越是地方院校，这种差别越大。① 同学之间的人生经历，思想观念，千差万别，有的是社员，有的是军人，有的是工人，有的曾经是"反革命分子"，有的是革命干部。那些参加过"文攻武卫"、又经历了"上山下乡"的"知识青年"们饱经风霜，历练干达；那些刚刚毕业的高中生还懵懵懂懂。理解能力，知识结构，相去甚远。但是，同学们的共同点是关心国家命运，追求事业和理想，积极进取，勤奋好学，如饥似渴，所以当时的大学校园里春意盎然，一片风华。我虽然以较高的分数被录取，但是，经历有限，无论是知识基础，还是理解力、处事力，都无法和那些"老三届""新三届"的同学相比，至于讨论当时的思想热点，只能当个观众或者听众，无从置喙，只有听课、记笔记、读书，希望尽快缩小差距。至于读书内容，则是信马由缰，谈不上选择。尽管老师在讲课时曾开出书目，但当时图书馆藏

---

① 1977年刚恢复高考时对考生年龄和政治条件限制严格，1978年放宽了年龄和政审限制，但不同学校执行的标准并不相同，部属高校、名校，对年龄和政审要求仍较严格，大龄考生分数虽高但录取数量有限，故地方院校学生年龄差异大于重点高校，政治背景也更加复杂。笔者全班54人，年龄最大的是1945年出生的65届高中生，最小的是1962年出生的78届高中生。这种情况并非个别，而有普遍性。

书有限,同学们抢着借书,时常是有目无书,只能是逮着什么就看什么,没有什么专业方向,也没想过以后做什么研究。当时的想法很简单,离开农门,考进大学,不能虚度光阴。这种状况直到三年级才稍有改变。

大约是三年级第二学期,臧云浦先生和王云度先生给我们开设秦汉史专题课,我的读书范围开始集中,着手系统阅读学术著作。臧云浦先生是徐师历史系的实际创办人,曾任中央政治大学教授,在1949年以后因政治原因一度任教于中学,调入江苏师专(徐州师院前身)时只能以教员身份执教,但在江苏社科界德高望重,我们入学时领取的唯一完整的教学参考书就是臧云浦先生主编的《中国历史大事纪年》和《中国历代官制兵制科举制表释》①,尽管直到我们入学,臧先生还是教员身份(我们入学之后,臧先生任副教授、教授),没有任何职称,但是在学生心目中,其地位极为崇高,后来给我们讲授中国古代史的隋唐、明清部分,是最受欢迎和尊敬的老师。所以,听说臧先生和王云度先生开秦汉史选修课,大家自然是欣喜不已,历史专业自不必说,中文系的同学也来蹭课,教室是堂堂爆满。

历史教学有个矛盾现象:刚入学时基础最差,而教学内容却最为艰深难懂。先秦秦汉史都是一年级学的,那时一点基础也没有,掌握的就是个基本框架。听了秦汉史选修课以后,才知道什么是研究课,什么是学术,开始把读书范围缩小在战国诸子和秦汉史范围,大约就是在这个时候,我读到了朱先生发表在《中国古代史论丛》1981年第一辑的《"名田"浅论》一文,不久又读到朱先生的《军功爵制试探》一书。大约在我们刚入学之后不久,臧先生曾给我们讲授读书方法,介绍过赵翼、钱大晰、王鸣盛等清朝朴学大家的读书方法,那时对什么是朴学,我是一窍不通,但倒是记住了随手记笔记这句话。读书虽然漫无

---

① 这是1949年以后大陆最早的中国历史大事纪年和职官制度专著,当时已经以内部铅印本的形式在各个学校用作教学参考书,几经修订之后,后来分别由山东教育出版社和江苏古籍出版社出版,多次印刷。

目的,随手记的笔记倒是不少。初读朱先生的《"名田"浅论》迄今已经三十五六年,就是因为有了笔记,又是第一次接触"名田"这个词,才印象深刻,至今不忘。现在看来,当时的所谓读书笔记,基本上是流水账和资料摘抄,也有几句读书体会,有时对看过的论文观点也会提出质疑,但是水平实在不敢恭维,资料摘抄并没有多少典型价值,所谓评论实在幼稚,没有抓住问题实质。但是,笔记记述了自己的读书经历,加深了印象,这也正应了"好记性不如烂笔头"这句话。初读朱先生的著作,所作笔记自然是难以示人的,但是我对商鞅变法的土地、爵制有了粗浅的了解,引起相应的好奇。

1982年,我考取研究生,随臧云浦先生和王云度先生学习秦汉史。当时研究生课程没有后来的统一要求,课程设置、培养方案,由导师确定。第一学年,除了系统讲读资料之外,臧先生给我们讲授思想史和职官制度,王先生则讲秦史研究;另外我们和汉语专业的研究生一起听廖序东先生的古文字学、王进珊先生的《论语》研究等。经过一年的授课,我们有了一定的知识基础以后,1983年9月初,为了扩大学术视野、交流学术信息,臧先生和王先生带领我和师兄汤其领、王健,开始了第一次游学,沿陇海线西上,开封是第一站,向河南大学的各位名师请教。当时在朱先生的安排下,拜访郭豫才先生、郭人民先生。郭豫才先生给我们谈的是农村公社问题,只是郭先生年纪较大,谈的比较简单。郭人民先生给我们讲的是《左传》,用了一个下午的时间。朱先生给我们讲课最多,整整两天,讲授《秦汉土地制度与阶级关系》,陪同我们听课的是龚留柱师兄,并且把朱先生的《秦汉土地制度与阶级关系》书稿油印本送给我们作为教材。其间朱先生宴请臧先生、王先生品尝开封名菜,我和汤其领、王健师兄都是第一次吃到"鲤鱼焙面",并第一次游览开封胜迹,领略文化古都的风采和底蕴,至今历历在目。

朱先生是"文革"后十院校本《中国古代史》教材的主编,在我们心目中,是学术大家;读研以后,陆续读过朱先生的其他论文,崇敬之心,可以想见。尽管在读大学时,臧先生和系上不时邀请名校学者做报告,但从未近距离接触过大家。所以,起码是我,对拜见朱先生,是期待加忐忑，内心有些紧张、拘谨，担心自己学无根底，露乖出丑。但是，见到朱先生之后，原来的不安迅速化解于朱先生的温和之中：并没有问我们对秦汉史有无研究，而是鼓励我们，教育我们，说臧先生是学界前辈，德高望重，知识渊博，能跟随臧先生读书，是我们的幸运，应该好好珍惜，随后系统授课。

朱先生讲课内容有二：一是土地制度演变。从商鞅变法施行的名田制讲起，从西汉前期到东汉的三次土地兼并高潮的过程和原因。二是对东汉田庄的形成与历史作用分析。关于土地制度，王云度先生在讲商鞅变法和云梦秦简时曾经有过分析，在其他论著中也有过接触，只是我们掌握的不够系统，经朱先生讲授以后，历史线索清楚，对相关文献理解的争议心里有了基本的判断，如秦汉土地关系的继承与演变、土地所有制性质是国有还是私有、董仲舒对商鞅变法以后土地制度评论的理解，印象最深的是关于西汉后期地主、官僚、工商业主三位一体的分析。至于"田庄"一词则是第一次接触（以往只知道欧洲中世纪存在"庄园"），对"田庄"历史作用，则是眼界大开。因为无论是当时的通史著作还是经济史著作，凡是涉及这一问题的都是持否定态度，都是以阶级分析为基础的批判，认为东汉是大土地所有制发达的时代，是地主兼并农民最为严重的时期，是地主阶级压榨农民的典型体现，是东汉末年农民起义的直接原因。朱先生不仅第一次使用"田庄"，而且第一次从正面分析其历史作用，认为田庄的形成虽然是土地兼并的结果，但是，在当时历史条件下，这是一个无法避免的历史过程，从生产组织和技术进步、劳动力与劳动资料结合的层面来看，对历史发展的作用是积极的，是东汉农业发展的重要原因，同时有利于基层社会秩序的稳定。这对我来说，不仅新鲜，而且有些开窍：这不正是对经典作家关于小农经济生产局限性的反面论证吗？遗憾的是，因为工作原因，辗转搬家多次，当时的听课笔记丢失，听课的详细过程无从核对，现在回忆的只能是大概情况。

朱先生讲课的方式是先举出有代表性的资料，包括传世文献、简牍、碑刻，而后释读，比较各种看法，说明哪些更有说服力，还存在哪些问题,而后得出自己的判断。这和朱先生书稿《秦汉土地制度与阶级关系》的写法正好相反。书稿是先提出问题,做一个简明的判断,而后展开论证。当时朱先生已经把书稿发给我们,如果换一个授课方式,指出书稿中的相关内容、告诉我们如何理解,可以省去很多劳动。但是,朱先生没有这样做,而是选择了一个费力的方式,把自己对史料的分析和学界观点的差别,层层递进地展现在我们面前,使我们不仅明白史料的内涵,而且明白理解史料的方法,目的就是培养我们发现问题的方式,体现了朱先生教书育人的风范。不过,说实话,当时我没有体会到这一点,这是后来研习过程中逐步体悟出来的。我基础不好,悟性更差,是典型的后知后觉者,在当时,我还没有这个体悟能力。不要说对朱先生培养方式、学术方法的领悟,就是土地制度中的许多问题,也大都是后来才逐步明白的。

  朱先生关于秦汉土地制度与阶级关系的授课对我学术成长的影响是十分明确的,我毕业论文的选题就是因为听了朱先生的课。我和汤其领、王健师兄入学时,分为三个方向:汤其领重点是汉代经学和思想,王健是秦汉经济。我因为本科论文写的是汉代察举制度,方向就定为秦汉职官制度。后来因为臧先生为中国大百科全书军事卷写武官词条,我跟着读军事史,对兵制感兴趣,就缩小范围为兵制。但是,兵制范围依然甚广,具体选题没有确定,这也是我们游学的目的之一。离开开封以后,我们又先后到西安、兰州、上海、北京等地,查资料、访时哲,思考论文选题,返校之后,把论文确定为秦汉兵役制度。这和朱先生的授课有着直接关系。因为听了朱先生的土地制度课,对秦汉赋役有了初步认识,这个认识在当时尽管很粗浅,对我来说,则产生了兴趣。出于兴趣的读书,其效果是不一样的。以往虽读过秦汉土地赋役方面的论文和专著,其中也曾有过根据简牍碑刻资料研究秦汉土地、赋役和农民负担问题的内容,但大都是就事论事,没有像朱先生这样以土地制度演变为基础,系统分析秦汉田税、人口税、徭役制度的变迁,线索清楚,观点鲜明,要而不繁。兵役是徭役的一部分,朱先生做了简明扼要的说明。但是,沿着朱先生的思路,进一步追问下去,还有众多未解之谜。于是着眼于从农民实际负担,思考兵役制度问题,把兵役制度确定为学位论文题目。后来我从事战国秦汉土地、赋役研究也是从这里起步的,我的博士学位论文《春秋战国社会结构演变》即得益于此。

1988年,我考入山东大学历史系,随田昌五先生攻读博士学位。先秦史是史学界精耕细作的学术领域,大家如云,要想有所突破,除了一般意义上的史学功底外,起码要在古文字学、考古学、史学理论的某一方面有良好的基础。对我来说,除了文献有一定基础外,古文字只是皮毛,考古学、史学理论完全是外行。而田先生是极为重视史学理论和考古学的,所以,虽然考上了田先生的博士研究生,但是究竟如何确定研究方向,如何突破,实在踟蹰。一般说来,以硕士论文为基础是博士论文的大多数选择,但是对于我来说,原来的硕士论文很难有大的突破,就兵役论兵役,即使向上追溯、向下延伸,即使是写出来,其学术意义也有限,所以要打破原来的思维定势,扩大视野,探讨社会演变的内在逻辑。这也是我报考田先生博士研究生的原因。但是,考上以后,才知道原来的想法太过天真。最后是几经思量,在田先生的指导之下,决定从春秋战国社会结构演变入手,打通春秋战国与秦汉研究的断代藩篱,从中找出统一帝国形成及演变的历史之路,遂以《春秋战国社会结构演变》为论文选题。具体思路就是以商鞅变法为切入点、通过纵横比较各国变法异同及其历史基础,说明春秋战国社会结构变迁的历史过程和内在关联,把土地、赋役、户籍作为统一体分析,而以土地制度作为变迁的关键。这个题目应该说是比较大的,既要有宏观视野,也要有微观基础。我之所以敢于碰这样一个大题目,就是因为我听过朱先生的秦汉土地制度与阶级关系的课,深入阅读朱先生著作《秦汉土地制度与阶级关系》以及其他一系列论文,对秦国和秦朝的土地制度有着比较清晰的认识,对土地制度、赋役制度、阶级关系有一定的理解,特别是把三者作为一个统一体,予以系统考察,朱先生给我作出了先例,而这,正是田先生对我的要求。因此,最终以《春秋战国社会结构演变》为题。而我的考察过程,就是以商鞅变法为切入点,先从土地问题入手,再逐步展开,正是学了朱先生的方法。

  我之为学,先天不足,后天营养不良,全然没有前辈学者的知识基础和学术训练。上大学之前,既没有受过任何的蒙学教育,传统文史知识基本是零,也没有系统学习现代文化知识,充其量在"评法批儒"过程中接触过所谓儒家法家的只言片语,另外就是受到先父影响,读过几篇《史记》《汉书》,当然也是沾了"评法批儒"的光。进入大学读书虽然是如饥似渴,但是饥不择食,生吞活剥,一肚子夹生饭,并没有消化,既没能使不同学科知识融会贯通,也没能沿着某一个方向深入下去,读书效率甚差。好在我们这一辈因为时代原因,有着强烈的社会责任意识和历史使命感,还有一些独立思考精神,一旦认准了方向能够不为外界所动,持之以恒。但是,方向选择,如何研究,是离不开老师指引的。而作为老师,也许并没有刻意指导学生如何如何,但是,作为学生,往往因为老师的一项研究成果、一节课、甚至是不经意的几句话而影响未来的选择。我是幸运的,遇到了许多好老师,都受益匪浅。如果说我还算一个学人,还有一点成绩的话,和老师们的指点是离不开的。

  我虽然未能成为朱先生的入室弟子,但是我们的硕士学位是河南大学授予的,朱先生是我们学位答辩委员会主席,是我们的授课老师,这不仅仅是本文所述的1983年这一次授课,在后来的论文指导和其他学术活动之中,朱先生对我是有求必应,我的成长是离不开朱先生的辛勤培养的。这在朱先生看来,可能没有什么特别之处,不过是一个老师、一个学者的本分而已,但是,朱先生给我的教益使我受益终生,是值得永远铭记的。也正是有了朱先生这个榜样,朱先生的弟子们也是我的师兄们,一直以来,对我是关照有加,这也是我难以忘怀的。

史学大家朱绍侯先生访谈录

康香阁

做学问要从实际出发

康香阁：朱先生，在上世纪 80 年代中期，我就常常查阅您主编的《中外历史名人传略》，直到现在还保留这本工具书。确实没想到，在 25 年之后还能够有机会面对面采访您，这真是一种缘分。当然，这要感谢华中师范大学历史系赵国华教授从中牵线搭桥，《史学月刊》主编李振宏教授的精心安排。作为史学大家，您从事学术研究近 60 年，在军功爵制度、户籍制度、治安制度、名田制度等研究领域均有筚路蓝缕之功。上世纪 70 年代末，您主编的《中国古代史》被教育部列为全国高校文科教材，至今已发行 120 多万套，长盛不衰。今天，想请您结合自己数十年的治学经历，谈谈您的治学经验、治学方向、治学方法，给我们青年人以启迪。每一位学术名家都有自己的治学特点，您是如何根据自己的条件做学问的？

朱绍侯：首先说明，我不是名家，只是一个一般的历史工作者，搞了几十年的历史研究，也可以谈谈自己的治学体会。1948 年我考入东北大学教育系，就是张学良当校长的那所东北大学。1949 年东北解放，我又转入东北师范大学历史系，1954 年 8 月份研究生毕业，分配到中原古都开封，在河南大学任教，到现在已 56 年了。我治学开始还是从研究生毕业以后。我的研究生导师是陈连庆先生，我跟他主攻魏晋南北朝史。上研究生期间,陈先生不主张我们发表文章。他说,读研究生主要是训练研究方法、积累资料,不要急于发表文章。他那意思是说,你在研究生期间发表文章恐怕还不成熟,等你把资料搜集好了,自己观点思路都考虑好了,毕业以后再发表文章。我们按老师的教导,在研究生时也就没有发文章。

陈先生有个观点,他认为你要搞哪个专题研究,就要把那个专题的资料一网打尽。比如,你研究秦汉土地制度,就要把秦汉土地制度的资料全部搜集起来。实际上,我毕业以后才知道,我做不到这一点,一网打尽,谈何容易!任何一个学校、一个研究单位,不可能所有的书都有。我老师的目录学功夫很到家,哪部书在哪个图书馆他都知道。对我来说,即使我知道,也不能到全国去跑,我还要教学,还有经费等条件的限制,这一条我没有按我老师的意见办,因为我搜集不全,不可能一网打尽。所以,我在毕业以后做研究,就是根据我手头、学校的材料,在我涉及的范围,搜集的资料够写文章了,我就写。我老师认为这个办法是靠不住的,他说你不收集齐全,你根据你掌握的资料提出一个观点,恰好你没掌握的那条资料和你的观点相反,那你怎么办?老师说的是有道理的,但如果按老师这个办法来,我就写不出文章了。所以,这一条我没有按老师的意见办。现在青年人搞研究差不多可以做到,我培养研究生时就讲,你们现在有电脑了,通过电脑查阅资料非常方便。像《四库全书》里边的内容都能检索出来,这样的话,你要说一网打尽,尽量多搜集资料,要比我们那时候的条件好得多。我头两天写了篇文章,这篇文章要是让我自己查资料写,需要三个月的时间。我让振宏的一个博士生帮我查资料,我告诉他要查什么书,要什么内容,他通过电脑一搜索很快就查出来了。我拿到资料,结果7天就写出这篇文章。我要是自己查资料,还要一页一页翻,还要有这本书才行,没有这本书,根本就做不到。我觉得做学问要从实际出发。在你条件不完全具备的时候,也要做研究,你能掌握多少就写多少,只有不停地写,反复训练自己,才能提高研究水平。当然,给学生讲的时候,还是鼓励学生要尽量把搜集资料齐全,这样对学生是有好处的。毕业以后,我就按照我自己路子,能看到多少材料就写多少文章。

搞科研首先要在教学上站住脚

康香阁:现在高校的教师既要教学又要搞科研,而且科研部分所占的比重好像越来越重,您是如何处理好教学与科研关系的?

朱绍侯:教学与科研是相辅相成互相促进的。不搞教学就不容易发现问题,科研会无的放矢;不搞科研会使人对许多问题的认识就浮在表层,人云亦云。① 对于两者的关系,我自己的体会是:搞科研首先要在教学上站住脚,这一点我是拿定主意的。我大学毕业以后前三年就发了一篇文章,我主要觉得是在教学上要先站住脚。当时的情况不像现在,现在大家都不愿意上课,都愿意搞科研。当时的教师都是抢着讲课,而且河南大学有一个不成文的规定:教授上本科,副教授上专科,讲师上外系,助教不让讲课,只能给教授服务,它这一条很严格,恐怕各校当时也都是如此。

我们当时的系主任叫黄元起,中国现代史专家。我报到后,他给我谈话,我急着说,下学期能不能让我上课?他可作难了,因为研究生毕业还只是个助教,他也不好说你没有资格上课。他说,你刚来报到,是否往后推一推,再说你还要写讲稿,时间也来不及。我说我写好讲稿了,把他给堵住了。他说课程已经安排好了,现在不能再调了。他看我也很急,也不好驳我的积极性,就说,这样吧,有个老师身体不太好,下学期你替他讲几周,实际上是试讲的意思,我也不懂,我说,好好,我替他讲几周。

当时的孙海波老先生,是搞甲骨文研究的,在全国很有名气,他愿意搞他的甲骨文研究,不大愿意上课。他讲中国古代史,也不大备课,学生听得不系统,他是老牌子专家,学生也不敢反对他。我有时候晚

---

① 龚留柱:《治学不为媚时语 为寻真知启后人——朱绍侯先生访谈录》,《史学月刊》2005 年第 10 期。

上替他给学生上辅导课,疏通疏通学生不清楚的地方。这样一来,他看我愿意上课,他就说,绍侯你替我讲吧。我说,那行吗?征求学生的意见,结果学生也愿意让我上课,学生觉得我讲得还比较系统,这样我就上课了。我这个上课不是到教授再给本科生上课,是我自己硬挣上去的。后来,我知道这个情况后,我说,哎呀!自己真是不懂事,抢着要上课。就这样,在前三年,我主要是把精力时间用在讲课上。我在课堂上站住脚了,又有文章,以后在职称晋升方面我始终占便宜。我1954年秋天毕业,1956年就升任讲师了,就一年多一点的时间。我从讲师直接破格晋升教授,是新中国成立后国内最先培养的一批教授。那时候参加会议,我是最年轻的教授,现在就不同了,前几天,我到襄樊开会,我是年纪最老的,没有再比我岁数大的。我觉得作为教师,首先要在教学上站住脚,这是你基本的工作,在教学上站住脚了,不管你以后搞科研还是从事其他工作,都打下一个好的基础。

科研创新要另辟蹊径

康香阁: 就目前我国高校的教学科研体制来讲,搞科研是每一个教学人员必须承担的一项工作,很多人出版了著作,发表了文章,完成了学校规定的科研数量的要求,应付了考核的需要,但创新成果甚少。学术界一再惊呼:学术垃圾满天飞,抄袭文章满天飞。您在历史研究中如何做到创新呢?

朱绍侯: 在科研方面,我一开始就是搞我上研究生时的那些选题,以后就是跟大流。所谓跟大流就是说,学术界搞什么我就搞什么,学术界什么地方热闹,我就往那儿去。像上世纪50年代学术界开展的封建土地所有制形式、汉民族形成、农民战争、古史分期等热点问题,我都写过文章,这叫随大流。

跟了一段之后,我觉得这样搞,不会搞出有特色的成绩,为什么?你搞得再好,学术界也顶多说你是属于那一派的成员,你不会有更新的创建性成果。比如说,封建社会历史分期就有八种学术观点,哪一段学说都有代表人物,西周封建说的代表人物有范文澜先生,春秋封建说的代表人物有李亚农先生,战国封建说的代表人物有郭沫若先生,秦统一封建说的代表人物有金景芳先生等等。你在后边跟着他们的说法,顶多是补充补充他们的观点,完全搞个新的也很难。所以,在跟过一段之后,我就想干脆另起炉灶,研究别人没有研究过的课题。后来,我到外边讲学、作报告,人家在介绍我时就说,朱绍侯先生有几个专题是国内最早的研究者。我提出的专题有这么几个:

第一个选题是军功爵制研究。军功爵制研究我坚持了40多年,出版了三本书,一本是《军功爵制初探》,一本是《军功爵制研究》,一本是《军功爵制考论》。这个选题是我在读《史记》《汉书》时发现的。我在读《史记》《汉书》时经常会看到军功赐爵的问题,特别是在涉及秦的历史事例时,好像爵位比官位还重要,这不能不引起我的注意。于是,我下决心搞清楚这种爵制的来龙去脉和它产生的历史背景、演变缘由及其作用价值。但是《史记》《汉书》里记载得非常零碎,你很难拼成一个系统,你非得利用简牍或者是诸子百家著作里的零星记录,才能把它拼凑起来,从中找出一个脉络,这样的话,你才能把军功爵制前后发展的脉络系统搞清楚。我钻到这个领域里,每发表一篇文章,都是我自己的成果,不管别人怎么说,都是我自己的意见,因为别人不搞这个东西。到现在为止,都知道秦军功制爵位是二十级,其实,在商鞅变法的时候才十七级,那时候没有列侯、关内侯、驷车庶长。因为当时的国君本身就是侯,所以,他不能再封侯。秦统一以后,才增加了列侯、关内侯、驷车庶长三级,构成军功爵二十级。但是学术界不知道这个情况,因为他不搞这个东西,虽然在《商君书》里边有这些说法,他也不认真考虑。我是专门搞这个题目的,我利用《商君书》《墨子》《史记》和《汉书》等各种史书、子书和简牍等文献,详细搜集资料,梳理军功爵制发展的脉络,对它的产生、发展、衰亡进行了论述。我认为,军功爵制的历史发展过程是:萌芽在春秋、形成在战国、发展在秦汉,东汉以后就逐渐衰落下来,但一直延续到唐初。像赐民爵八级制度就一直延续到唐初。赐民爵八级是我在研究二十级军功爵制中发现的,二十级军功爵制最低的一级叫公士,我从公士爵位以上又细分出八级,这八级是授给老百姓的爵位,故称为赐民爵八级。就全世界来讲,老百姓能有爵位的只有中国,外国没有这个制度,而且中国的这个制度起源很早,在汉代就出现了,一直延续到唐初。我搞这样的研究,不管怎么说是我自己的,这样的搞法也不可能抄别人的,这是我的一个选题。

康香阁:您的第二个重要选题应该就是户籍制度研究了。

朱绍侯:对,我的第二个选题是户籍制度研究。户籍制度在简牍里边记得还比较清楚,但史书里边不那么清楚,上有功名,下有田宅,这样的记载很笼统。按户籍人名分田宅大家是知道的,但具体分多少,怎么分,根本不清楚。我觉得户籍制度很值得研究,别人都不搞,我可以搞。我原本想写一本《中国户籍制度史》,这个目标没有达到,但是我把户籍制度内容都搜集到了。我主要是搞秦汉和魏晋南北朝史,我就把这一段的户籍制度都融入到我的两本书里边去了,一本是《秦汉土地制度和阶级关系》,一本是《魏晋南北朝土地制度和阶级关系》,在我搞的土地制度和阶级关系里边含有户籍制度,这个也算是新的。山东大学郑佩欣给我讲,搞户籍制度研究,大家还是要看你这两本书。因为别人不搞,你搞了总算是个新的,成绩算你自己的,人家不会说你是抄袭,你也没处可抄,我觉得这是有创建的。

康香阁:您撰写的《秦汉土地制度和阶级关系》和《魏晋南北朝土地制度和阶级关系》这两部著作花费了多长时间,从整体上看,这两部著作主要是想解决什么问题?

朱绍侯:这两部著作花费了20多年的时间,主要目的是想通过对秦汉至魏晋南北朝时期的土地制度与阶级关系的研究,搞清楚中国古代土地所有制的演变情况、中国古代剥削关系的演变情况以及土地制度对剥削关系的作用,并由此解决中国古代历史分期问题。

康香阁:您第三个创新性研究是治安制度史研究?

朱绍侯:是的,我的第三个选题是治安制度史。实际上,中国古代没有治安制度,中国古代治安制度是和军事制度混合在一起的。你自己要想出这个名称叫治安制度,你就要符合现在治安制度的要求。比如，在古代，防火就是治安制度，地方上都有管防火的，但它不叫治安制度这个名称，你把这些制度都抽出来。另外是中央的保卫制度，中央的保卫制度一般都是分皇帝、宫城、首都三级保护，这就叫做治安制度。我就把古代从中央到地方，从现在这个角度看，凡是属于治安制度这个范围的，我都把它提炼出来，称之为治安制度。所以，治安制度史这个名称跟古代时候的名称是不符合的，古代的好多治安制度是列入军事制度里边的。比如像都尉、乡、亭，虽然都属于军事组织，但治安制度都包含在里边，我把这个东西都编纂到治安制度里去了，这样一组合，我写出来的总是个新东西。我虽然自己没有写出治安制度史，但我把我的学生组织起来了，由我任主编，撰写了一本《中国古代治安制度史》，很厚，有65万多字。这本书从先秦一直写到明清，它对中国古代历朝历代的治安制度进行了较为全面的总结，不仅填补了该领域的一项空白，而且对今天的社会现实也有一定的借鉴意义。搞历史研究的学者一看就说，你这是个新东西，所以有人介绍我说，搞治安制度史也是你最早研究的项目。

康香阁： 名田制度研究也是您首先提出来并加以研究的？

朱绍侯： 对，名田制度研究是我的第四个选题。名田制度属于土地制度的范畴。我对名田制度的研究，观点前后变化很大。我把名田作为一个制度提出来，有人不赞成，复旦大学杨宽先生赞成，杨先生说，朱绍侯说的那个名田制度，确实是存在的。实际上，政府并没有颁布名田制度，它都是在行文中说，以名占田，名田多少。我把各种名田的提法，总结到一块儿研究，叫名田制度。刚开始研究名田制度的时候，我是把它作为一个独立的制度进行研究，随着研究的深入，我发现了它与军功爵制之间的关系，即军功爵制和名田制是同时兴起、同步发展，而且同步衰亡的。于是我得出如下结论：如果说井田制是西周世卿世禄制和五等世袭爵制的经济基础的话，那么战国之后的名田制度就是军功爵制的经济基础。到后来，好多人写文章，编教材就开始用名田制度这个词儿了。

随大流研究，一般来讲也可以，大家研究得热火朝天你不理不碰，什么都不知道也不对,但随大流研究没有意思,你搞不出自己独特的东西,应该自己另辟蹊径,找出一个研究的方向,有一种寄托,这样的研究也容易出成果。这是我选题方面的一个经验。

研究计划的长短期结合

康香阁:在学术研究方面,有些大的课题需要撰写成著作才能说清楚,才能形成学术系统,而撰写一部著作有时需要花费数年的时间。在目前教学科研评价体制下,作为教师和科研人员,每年还必须有一定数量的论文发表,以完成所谓的工作量考核。在这一点上您积累了哪些好的经验?

朱绍侯:做学术研究,既要有长期打算,也要有短期打算,尤其是建构学术体系,没有长期打算是建不成的。在这一点上,我采取的是长短期结合的方法。我的这个方法就是把一个长期计划给分开,比如,我撰写《秦汉土地制度和阶级关系》《魏晋南北朝土地制度和阶级关系》这两部著作,从历史长度来讲,从秦汉一直到魏晋南北朝,时间跨度很长,需要很长的时间才能完成。但我在写两部著作的时候,我是按一个专题一个专题写,这样有什么好处呢?就是在我写大部头著作的时候,我也可以发表短期文章,而短期文章集中起来就是一本书。我的导师陈连庆先生很赞成我这个方法,他给学生说,朱绍侯这个办法对,要不然你搞一个长期计划,中间几年你就不能发文章,多少年不发表文章,你在学术界就没有影响。在学术界的影响,主要看你能发什么文章,出什么书。如果你长期不发表文章,最后这本书能不能出版,还不知道,最后变成无效劳动,那不是很糟糕?当然,你也不可能把这本书的内容全部发表,你发表了一部分,在学术界有影响了,你再出一本书,人家也不觉得突然。另外,对军功爵制度我是这样搞的,秦汉土地制度我也是这样搞的,我都是先一篇一篇文章写,这些文章都是我总计划中的一部分,不是东一榔头,西一榔头乱写。我有前期成果了,最后我再集中起来成一本书。我这样的做法对于出书找出版社也容易,你像我的《秦汉土地制度与阶级关系》和《魏晋南北朝土地制度和阶级关系》都是中州古籍出版社给我出的。我们在一起开会,他们也知道我发过这方面的文章,对我的著作有信心,我给他们一说,他们说,好好,我们给你出版。

康香阁:您在军功爵制度研究方面出了三本书,这三者之间是什么关系?

朱绍侯:这三者是从文章变成小书,从小书变成大书,不断补充、改进的关系,这还是按我长短期相结合的计划,一步一步实现的。最初,我发表了几篇军功爵制研究的文章,上海人民出版社给我出版了《军功爵制初探》,是一个小薄本,后来我又发表了若干篇文章,上海人民出版社又给我出版了增订本《军功爵制研究》,过了几年,我又写了几篇文章,2008年商务印书馆给我出版了《军功爵制考论》。

康香阁:华中师范大学历史系赵国华教授就说,朱绍侯先生的《军功爵制研究》,在世界上都很有影响,国内独此一家。

朱绍侯:在国内没有第二本《军功爵制研究》。关于军功爵制度这个名称,国内也有争议,有的叫赐爵制度,有的叫二十等爵制度,我叫军功爵制度,因为我在简牍上找到证明,简牍上就有"军爵制"这个词儿,实际上就是军功爵制。但在《史记》《汉书》里边用赐爵这个词的地方也很多,郑州大学的高敏先生就用赐爵制这个词儿,日本学者就用二十级爵制这个词儿。我虽然定名叫军功爵制,但我在论证时也是用赐爵和二十爵这个名称,因为军功爵就是二十级,自然要用到它。对军功爵制从发生、发展、形成到衰亡进行全过程系统研究的,在国内确实就我一个人,我写的东西,他不同意也没办法。当然也有些不一致的地方,有的学者认为,爵位不分民爵和官爵,这个提法是不对的,还是分官爵民爵的。我也给人辩论,意见不同还是要辩论的,当然,我也有提错的,人家说得对我就改。但系统的这样搞,从小到大,到出书,全国就我一个人。这是关于从单篇文章到出书这样的想法。

资料分类和写作工序

康香阁：资料是撰写论文和著作的基本材料，传统的积累资料方法也是多种多样，有的是写卡片，有的是写笔记，有的是剪贴，您采取的是哪种方法，有什么经验？

朱绍侯：在搜集资料方面，各人有各人的习惯，要根据具体情况，采取不同的方法，不必一致。我那时候的做法是在读书后做些卡片，不像你们现在用电脑一查就查出来了，不用做卡片了。我做研究的时候，我写的卡片觉得够一个专题了，我就写一篇文章。我的写作提纲，是根据卡片来的，不是从脑子里想出来的。我把积累的卡片分成组，按问题的产生、形成、发展、改进等专题分开，每一组都是一个具体的专题。分开以后，我把卡片相同的一类放到一起，分成一摞儿一摞儿的。然后再考虑把哪一摞儿放到最前，哪一摞儿放到最后。我的整个提纲就是根据卡片的排列顺序提炼出来的。我觉得这个办法还是很成功的，要不然你搞了一大片，乱哄哄的无从下手。我们系里有一个学生，卡片写了一大堆，就是写不出文章，因为他不能处理这些卡片，他不能归类，不能形成系列。根据卡片分类以后，就形成一个文章的提纲，在你写第一个问题时，就用第一组卡片，写完了，收起来，其他组的卡片不扰乱你。写第二组时，用第二组卡片；写第三组时，用第三组卡片；卡片用完了，文章也写出来了。如果写的时候发现有些卡片排的思路不对，再调整一下。我觉得用这个办法写文章，至少从逻辑系统上不乱，我给我的学生讲，把卡片和文章能够结合起来是个好办法。现在不行了，现在年轻人根本不写卡片，他在网上摘录。如果写文章从网上摘录，把网上摘录的东西能分出一组二组三组，然后再写也比较通顺。过去我们写卡片存在的最大一个问题要注意，就是抄录材料本身就有错。我写的《魏晋南北朝土地制度》出版以后，我也对原书，发现有些字就写错了，有的写的就是意思，其实不是原文。后来我一对卡片，原来卡片就是那样写的，卡片本身就抄错了，有的卡片写的就是大概意思,不是原文。现在你从网上摘录,一般不出现这个问题,你整个都给他复制下来了(康香阁:从网上复制资料也要核实原文,因为有些繁体字或冷僻字网上不显示,或变成了错字),现在年轻人搜集资料比我们那个时候的条件要好得多。

主编《中国古代史》

康香阁:除了学术专著外,您还主编过《中国古代史》《中国古代史研究入门》《中国历代宰相传略》《后汉书精言妙语》等多部著作,其中在1979年主编出版的《中国古代史》被教育部列为高校文科教材,至今已使用了32年,改版5次,总发行量超过120万册。它已成为改革开放30多年来使用面最广、影响最大、学术性最强、发行量最高的一套古代史教材。请您谈谈《中国古代史》这部教材的编撰情况。

朱绍侯:《中国古代史》这部教材刚开始不是教育部组织的,是我们十院校自己组织编写的,而且我不是发起人,我加入编写组后,让我当主编。当时为什么要编这部教材,因为"文化大革命"期间各高校把教材都烧了,"文革"结束后,各高校没有教材可用。西北大学韩养民和杭州大学徐明德作为发起人,联系几所大学要编一个教材。我在沈阳辽宁大学开会的时候见到韩养民了,他说,我们正在组织编写《中国古代史》教材,听说你编过教材,你也参加我们编写组吧。等到杭州开筹备会时才有7家,开会中间又来了三家要求参加,所以叫十院校,是我们自发组织的。我参加会时带去两个人,一个是张嘉沧,一个是魏千志。我带他们去就是直接让他们参加执笔,我会后就想退出来,我在系里编过教材,不想再参加了。编写教材首先要推荐一个主编,开始推荐的是西北大学的林剑鸣,当过秦汉史学会会长,他坚决不干,推荐另一位也坚决不干。有位专家想干,大家意见又不一致。西北大学的韩养民和陕西师大的牛致公说让朱绍侯当吧,他编过教材。我要再不干,编教材这个事可能就要散伙。能干的坚决不干,想干的不让干,最终,就推选我当了主编。我和林剑鸣的关系很好,我特别问他,你既然来参加会了,大家推荐你,你为什么坚决不干呢?他说,你不知道,我们教研室编一个《中国古代史》意见都统一不了,各人坚持个人的观点,谁也不听谁的,你想10所院校谁也不认识谁,怎么能统一了,没法干。大家让我当主编,我首先要制定出一个教材编写大纲,当时带到会上有三个提纲:安徽大学一个、我们学校一个、山东大学一个。大家说就以这三个大纲为基础,先整理出一个新的大纲,讨论了两天根本就没有结果,谁也不放弃自己的观点。但一部教材又不可能容纳五花八门的观点,自相矛盾。这下我明白了,怪不得林剑鸣不干。这怎么办呢?我抬出了范文澜先生说服大家。我说,我参加过1959年郭沫若主编的《中国史稿》那个编写会,你看郭沫若那么大的名望也统一不了大家的意见,统一不了怎么办?范文澜先生说话了,他说:这个统一不了是正常的事儿,我在延安编写《中国通史简编》也遇到这个问题,根本统一不了,大家各提各的意见。后来,我提出意见,谁当主编,谁拿主意,尊重主编的意见,要不然根本统一不了嘛。现在《中国史稿》郭老是主编,以郭老意见为主,郭老怎么说就怎么办,这个不能讨论。我说范文澜先生在《中国史稿》会上提出主编拿主意,现在大家意见统一不了,我现在是主编,应该我说了算,我要是说了不算,我就不当主编了。大家说这个办法好,朱绍侯说了算,以你为主。当然这个讨论中间还是吸收大家的意见。比如,当时我认为门阀士族和庄园经济是有进步性的,现在学术界对此已经没有疑问了,大家都同意它有进步性。但在当时却不是一件小事。包括在编写工作中一直支持我的安徽师大张海鹏先生,在这一点上也反对我。他说,你的胆子太大了,门阀士族和庄园经济都说是腐朽势力,你敢说他有进步性。我说,你想一想,士族并不都是那么腐朽,王导和谢安不都是士族吗?都是一流门阀,但是这些人在东晋确实是起了作用的呀!从田庄经济发展来看,他比汉代时的单一经营要好,田庄经济是综合经营,农林牧副渔都有,又有组织,又有效率,你不承认它,那它是怎么发展起来的。他还是不同意,我说这样吧,我综合一下大家的意见,我不很明确提它有进步性,我意思说它是顺应了历史发展,所以《中国古代史》在这一方面不是我的意见,是大家一个互相迁就的意见,你一点也不迁就人家,人家也不干哪,不能一个人说了算。但整个《中国古代史》的大纲是我主导的,具体意见还是吸收了各家的意见,最后这个书还是编成了。1979年由福建人民出版社正式出版试用本,1980年经教育部组织专家鉴定,被确定为全国高校文科教材,现在已经用了30多年,很多高校仍在使用,总数已经印到120多万册。根据教育部历史教学委员会2000年的一项调查,这部教材的使用率曾经占被调查高校的50%以上,影响还是蛮大的。

康香阁:在当时的情况下,您主编的这部教材和过去的教材相比有哪些特点?

朱绍侯:在当时来看,这个教材的出版确实有几个方面比较新。这部书最大的优点就是吸收了当时学术界研究的最新成果,特别是吸收了文物考古学方面的最新成果。利用文物考古的一些成果,把好多历史文献记载的东西突破了,比如,关于冶炼的问题、关于纺织的问题、关于瓷器的问题等。过去认为中国瓷器发现的年代是很晚的,后来的考古证明,我国在商和周都发现了原始瓷器,我们把这些新内容都补充进去了。还有体现了好多新技术,比如我国的冶炼技术,经考古证明,要比世界冶炼技术先进一千多年,我们把这些新的成果都补充进去了。另外,对原始社会的一些提法也是比较新的。这部书出来以后,大家感到还是面目一新。在当时,全国很多高校都用这部教材,为什么受欢迎?就是它的内容体系新,直到现在许多高校还在使用它。

康香阁:您主编的《中国古代史》这部教材,从1979年出版试用本开始,到今已修订6次,改版5次,印刷30多次。改版主要改哪些内容?

朱绍侯:这部教材从出版到现在已经32年了,先后修订6次,改版5次,修订主要是改错字,是改一些比较小的问题,改版都是变动比较大的。比如说,我们在编写教材当初,我就提出一个口号:我们的教材是讲历史,历史原来是个什么面貌就是什么面貌,不要联系现实。

历史事实证明,联系现实越近,寿命越短,这一点,我们的教材编写按我的意见办了。虽然我们那时说不跟时代跑,可是你有意无意中还是跟时代跑,比如写农民战争,第一版就强调得过分,占的分量过多,过了一段时间就发现不合适了。所以,我们改版首先就要改写农民战争部分,第一版写农民战争不提缺点,第二版也开始提缺点。另外,对农民战争的叙述过程尽量简化,小的农民战争就不提了,这样的话就删减了很多,节约了篇幅,然后增加了一些新的内容,比如增加了制度方面的内容。第二次改版就增加了文化方面的内容。有一段时间文化很时兴,我们就增加突出了文化方面的内容,比如像节气的问题,我们就写得很详细,把文化抬得很高。但现在来看文化内容突出的也不一定合适,因为这不是历史教材的任务,再改版时我们就作了删改。最新的修订版有一个大的改动,就是关于历史分期问题。我们那个时候认为,社会发展要经过五种社会形态,即原始社会、奴隶社会、封建社会、资本主义社会和社会主义社会。现在的中青年学者一般都不赞成,他们主张连封建社会都不要,这个我反对,我说封建社会还是要提,为什么要提封建社会？因为我们党的革命目标就是反帝反封,你把封建社会去掉了,共产党连革命的目标都没有了,那它怎么成功的呀？你要照顾社会影响,你仅从纯学术的角度认为封建社会不成立是不行的。所以在这本书里,封建社会还提,其他如奴隶制社会都不提了,奴隶制还提,奴隶制度是存在的,就是把奴隶存在的具体情况摆出来,不讲它是奴隶社会,反正有奴隶。以后进入了封建社会,也不说什么时候进入了封建社会,从秦汉以后都称为封建统治。修改以后,就是淡化了五种社会形态,但隐隐约约也能看出还有奴隶,以后进入封建社会,到明清时候出现新的因素,不再用资本主义萌芽这个提法。新版主要是改这方面内容。教材也还是要根据学术界一些大的方向来考虑修订,但这跟政治没关系,这是学术上的问题,和"文革"时期不一样,那时候都是和政治挂钩的。

康香阁:通过您在这部教材所体现的思想体系,我想再深入地请教一下历史研究中的指导思想问题。我先后采访过历史学家李学勤先生、林甘泉先生、熊铁基先生和哲学家汤一介先生等,他们几位和您一样都是在上世纪50年代进入学术领域的,您这一代的学者有个共同特点,就是从研究方法上都接受过马克思主义理论的基本训练。60年过去了,特别是改革开放30多年以来,随着中外学术交流的日益扩大,西方的各种理论体系逐渐传入中国,人们对马克思主义理论的认识也有了多元化的理解。一些学者,尤其是一些中青年学者开始运用西方的一些新理论开展学术研究,甚至有人认为马克思主义的史学理论已经过时了,比如,对中国历史分期的判断等。林甘泉先生仍然坚定地认为,历史研究仍要以马克思主义为指导;有些学者认为,历史研究不能用马克思主义包办一切。朱先生,您是这60年历史研究的见证人,您认为,在当前情况下,我们应如何理解马克思主义和史学的关系?

朱绍侯:编教材和搞研究需要有指导思想,这是个客观事实,不管你是否承认,你的研究都会受一种或几种理论观点的支配。有些人尽管口头上不承认,实际上他的研究思路和得出的结论,正是某种观点的体现。像我们这个年龄段的人,还是坚信马克思主义的,我主编的教材还是以马克思主义为指导的。马克思主义认为,人类历史的发展要经过五种社会形态,我们认为是存在的,至于中国是否存在这五种形态,是否符合这个规律,是否有中国的特殊性,学术界确实还没有解决。因为什么时候是奴隶社会,什么时候是封建社会,我们争论了这么多年还没有搞清楚,实际上界限很难划。有奴隶制不错,什么时候进入封建制的?有人定在西周,有人定在战国,有人定在秦汉等,这都是人为定的,这并不是马克思定的。马克思只是给出人类社会历史发展的基本规律,这没有错。我们没有解决好中国历史发展的分期问题,是我们的水平问题,我们不能把这个问题怪到马克思身上。西方的一些理论有其特点,这是我们应该承认的,好的理论我们应该吸收过来,但总的来讲,马克思主义理论体系与其他各种西方理论相比,仍具有巨大的优越性,是其他理论无法比拟的。

康香阁:通过阅读您的著作,我发现在封建社会历史分期方面,您的观点是坚持战国封建说。

朱绍侯:对,我现在采用的是战国封建说,还是郭沫若的意见。从我自己的经历来说,我读本科时,学的是西周封建说,那时候听老师讲井田制度,什么公田、私田,听得可有道理了。后来我跟导师陈连庆念研究生,他是主张魏晋封建说。他讲奴隶制的发展,从殷商一直讲到汉代,奴隶越来越多,他材料摆得可多,我可信呢。我到河南大学教书时教的是战国封建说,这时候郭沫若的《中国史稿》出版,战国封建说成为主流。我的观点为什么最后定在战国封建说呢,我是在研究军功爵制时发现解决的。商鞅在所建的军功爵制里边有一个制度叫"乞庶子"制度①,就是他打仗立了军功,当了官,朝廷要配给他多少庶子。庶子是什么意思呢?庶子就是打仗时跟着主人去打仗,不打仗回家后,庶子一个月要给他的主人服6天劳役。我认为庶子与主人之间这是一种典型的封建依附关系。不搞军功爵制的人不知道这个问题。从这个角度看,战国进入封建社会还是有道理的。因为从政府上下都承认这个制度,而且这里边也包括土地,就是名田制度。我认为,名田制度是一种长期占有制,好多人认为是土地所有制。土地制度发展应该是从公有,到长期占有,再到私有。但中国很奇怪,就是从公有直接到私有,我觉得中间有一个长期占有制,而名田制度就是长期占有制,长期占有发展下去一定变成私有制。因为长期占有没人管了,他就在地下偷着买卖,政府也管不着,政府目的是收租税,他不管你谁所有,长期以后就变成了私有制。从这些土地形态、人身依附关系看,确实从战国开始发生一个大的变化。我定战国为封建社会的开始,不完全是按郭老怎么说我怎么听,我是根据自己研究得出的结论。

康香阁:您在军功爵制研究中,发现了"乞庶子"制度,通过对庶子制度的研究,您认为战国应该是中国封建社会的开始。按道理说,从战国进入封建社会后,奴隶应该逐渐减少,而实际情况是,奴隶不仅没减少,到秦汉反而增多了,这怎么解释呢?这也正是持魏晋封建说,包

---

① 朱绍侯:《军功爵制考论》,商务印书馆2008年版,第35—37页。

括您的老师陈连庆先生反对战国封建说的主要依据。

朱绍侯：在发现"乞庶子"制度之前，我相信我老师讲的魏晋封建说。发现"乞庶子"制度之后，我相信自己得出的战国封建说。对于战国后奴隶增多的问题，应该这样理解，就是说奴隶社会里也有封建因素，封建社会里也有奴隶制度的形态。由于奴隶社会和封建社会界限不明确，我们更应该辩证地把它处理好，不能见到奴隶就是奴隶社会，见到有封建依附关系就是封建社会，关键是，这种关系是否已成为一个广泛的社会制度被认可。后来我这样表达我的观点，从剥削制度来看，越早期越残酷，越发展起来以后越宽松。奴隶社会非常残酷，奴隶制社会奴隶都不是人，在封建社会，他还是依附关系，他还承认有人格，到资本主义社会人就比较自由一些了嘛。从这个角度，我觉得研究历史还是得用马克思主义的历史唯物主义和辩证唯物主义，因为它能从实际出发，追踪历史的全过程，它能整个联系起来。而西方一些新提法，都是就事论事，不搞前因后果。这一点它比西方任何一个理论都高明。我编的这部《中国古代史》当初就是以五种社会形态的观点来编写，提得很明确。后来几次修改，逐渐把五种社会形态淡化一下，但核心还是五种形态。

康香阁：今年8月份，河南大学出版社出版了您主编的另一套古代史教材《中国古代史教程》，它和福建人民出版社出版的《中国古代史》在体系上是否有区别？

朱绍侯：河大出版社出版的这套教材和福建人民出版社出版的那套教材在体系上完全不一样，它完全打破了五种社会形态体系，是一种全新体系的中国古代史教材。这种全新的体系是编写人员一起讨论的意见，我只是起到掌舵的作用。比如说，编写人员提出要把五种社会形态全部取消，我说我就只保留一条，就是封建制、封建政权这一点还要提。"封建"二字不能去掉。我还是坚持说，共产党革命的目标就是反帝反封建，你给他去掉一个"封建"社会，他还怎么反封建，无论如何也要保留这一条。到秦汉以后，你可以把国家的政权都说成是封建政权，你按照中国的封建制度来理解可以，你按马克思主义五种社会形态理解封建政权也可以。但总是有封建,而且证明我们党的革命目标没错,不然,将来是成问题的,因为它不符合历史事实。

康香阁:共产党的目标是反帝反封建,共产党取得政权了,历史证明它的目标是正确的,教材就应该反映历史的真面貌,您把共产党革命的目标都去掉了一条,那就不是真实的历史了。

朱绍侯:对呀!共产党连目标都搞错了,她怎么能成功呢?你要考虑这个问题。我给编写组成员一说,大家同意保留"封建",这样我就都给它改过来。

河大出版的这部《中国古代史教程》也等于是我还了河大出版社的一笔账。1985年河大出版社成立,我担任总编辑,我们出版社好多人对我有意见,他们说,你有一本畅销书(《中国古代史》)让人家福建人民出版社出,不让咱们出,你这算啥?我说,那时候咱们出版社还没有成立呢。他们说,现在咱们成立了,你给他要回来吗?你是主编,你不让谁出,谁能出吗。我说,交朋友还要讲信用嘞,那时候急着出版,人家给出了,你现在成立出版社了,给人家要回来,这咋说嘞。他们说,那你也给我们编一本《中国古代史》,始终催着我编,一直说了多少年。

现在河大出版社的社长也是我学生,无论与公与私我都不好推。另外,他找华中师大的章开沅先生编《中国近现代史》,章先生是他的博士生导师。他找他的两个老师,一个编古代史,一个编近现代史。在这种情况下,我作为出版社的创办人,也必须接受出版社交给我当主编的任务。在教材大纲讨论会上,提出不再采用五种社会形态说,我接受编写人员的意见。但我不同意的事,我要提出来,因为我是主编,还是要负责任的。而我们十院校的《中国古代史》在修订时,后进来参加编写的人也有主张要去掉五种社会形态说,我说那不行,这本书原来参加的人还在、主编没变,你把他的观点变了,就等于隔断了前后之间的联系性,你可以淡化它,但你不要改变它。河大出版社的这一套教材是另起炉灶,体系可以改变,但我一定要求保留封建说。

康香阁:听了您刚才的讲述,我觉得要深刻理解您的学术专著,首先要理解您的史学思想,要理解您的学术思想,就要理解马克思主义与史学的关系,因为您的史学思想根源来自于马克思主义史学理论。

朱绍侯:对,像我出版的《军功爵制研究》《秦汉土地制度和阶级关系》《魏晋南北朝土地制度和阶级关系》等专著,实际上也都是利用马克思主义理论做指导的结果。

康香阁:您再进一步解释一下,马克思主义指导历史研究的方法您是如何具体体现的?

朱绍侯:就是用历史发展的观点,找出事物发生、发展、演变的脉络,就是要把事物的前因后果搞清楚,要完整地理解它,发现它的规律所在,这就是马克思主义指导历史研究的具体体现。而资产阶级理论的各种研究方法,它都是就事论事,不讲历史发展规律。我搞的军功爵制研究是讲发展规律的,这个规律就是马克思主义基本原理指导的结果,但我并没有说我的这个观点就是马克思主义,我是说我的这个观点是按照马克思主义和历史唯物主义的观点得出来的。日本学者西嶋定生先生写有一部《中国古代帝国的形成与构造》(二十级等爵制研究),在世界上很有名的著作。他研究的方法就是就事论事,对一个具体问题研究得很精细、很深刻,但他不重视对军功爵制发展规律的研究,他对这种制度的来龙去脉及其历史作用没有说清楚。可以说在具体细节问题上,我不如他,但是从把握军功爵制发展的规律及其历史作用的认识上,我却超过了他。这样说,虽有"王婆卖瓜"之嫌,但确实是实话。①

国学应该研究,但不能让国学压倒一切

康香阁:刚才我们谈了您的学术研究情况,下面我再谈一点社会热点问题,近几年来,国学是一个很热门的话题。很多高校成立了国

---

① 龚留柱:《治学不为媚时语 为寻真知启后人——朱绍侯先生访谈录》,《史学月刊》2005 年第 1 期。

学院、孔子学院、儒学院等,但有的学者对这种现象不以为然。我采访林甘泉先生时,林先生说,我们搞历史研究的人并不感到国学有多热,我们搞历史研究本身就是国学。朱先生,您也是搞历史研究的,您对当前的国学热有什么看法?

朱绍侯:国学是我们的国粹,还是应该研究的,但你不能让国学压倒一切。国学总有它的时代性,它不可能适合任何时代。你恢复国学的本来面貌,保留精华,剔除糟粕,那肯定对现实是有好处的。但你把国学说得特别好,比马克思主义还好,也不能那样说。马克思主义也在与时俱进,你说现在的马克思主义和毛泽东时代的马克思主义一样吗,它不一样。但我们说的时候,还得说是它延续下来的,你不这样说,不就是割断历史吗?它一个时代有一个时代的认识、有一个时代的关系,回头看,它错了,但是历史地看,它又必须要经过那个阶段。对"文化大革命"的认识,我就有一个观点:"文化大革命"当然很坏,这是没有问题的;正因为它那么坏,邓小平一下子就把它彻底否定了,另起灶炉,提出一个全新的观点,中国迅速发展起来了,不然的话,中国不会像现在发展得那么快,这还是马克思主义的观点。

学术研究与国家利益

康香阁:今年6月29日北京大学成立了儒学研究院,哲学大家汤一介先生任院长。在5月份,我给汤一介先生做过一次访谈,在谈到北大即将成立的儒学研究院时,汤先生说:上世纪90年代他就提出来要建立一个儒学研究基地,但北京大学的人文思想也是各种各样的,有学者提出,北大是五四运动的发源地,是当时批判儒学的地方,您在北大建立一个儒学研究院与北大的传统不相吻合。其实不然,五四时期是想把中国传统中糟粕的东西去掉,并不是要抛弃整个传统。朱先生,我认为这实际上反映的是马克思主义与儒学的关系问题。我们应该如何理解这一表面上看起来似乎是对立的,但实际上它又是统一的问题?

朱绍侯：我觉得学历史有一个好处，就是能够历史地、灵活地看问题。你提到的五四运动，我们现在对它还是纪念的，肯定五四运动是爱国主义运动。但五四运动是打倒孔家店的，那你现在还打倒吗？现在到处在建孔子学院、捧孔子学院。你要说捧孔子学院就反对五四运动，那行吗？不行。五四有五四时期的历史背景，那时候，封建的礼教阻碍了中国的历史发展，在那样的情况下，你就要矫枉过正，有些事情你不矫枉，就不能过正。矫枉过正后才能达到你的目的，达到目的以后，你又得退回去，但你又不能说那个时候的过正是错的，所以你要用一个历史的观点来处理问题。另一个是要灵活地看问题，你得看时代的发展。现在那么捧孔子学院，显然在五四时期是办不到的，而且明显是和五四对着干的，但是这两个你都得肯定，站在什么立场上肯定，要站在对国家有利的立场上说，这也是马克思主义的历史观。在当时情况下，必须打倒孔家店，你不打倒，科学就不能发展。反过来说，你把中国的国学国粹都否定了，那能行吗？中国都没有自己的东西了，那你以后还怎么发展！但这个发展不是明清时候的那个发展，而是吸收先进思想以后的发展。学术思想从来都不是单一的、孤立的，都是要互相吸收的。你刚才说了，有些人用西方的观点进行学术研究，也允许呀，把它好的东西吸收到马克思主义里边，也还是马克思主义呀，你把它吸收到我们的国学里边，也还是国学，它不是对立的。作为一个独立的民族国家，它一定有自己的东西，它也绝不排斥外来的东西。你看，我们国家从理论上讲，我们说还是坚持马克思主义，这个绝对没有问题，但从我们的外交上看，我们说的话哪一句是马克思的话，从两边看，既要肯定，又不要否定，这是历史唯物主义的观点。再具体说，你今天肯定孔子学院，孔子学院不就是宣传中国的文化吗？这是在给世界介绍中国自己的东西呀，你在五四时期能行得通吗？当时肯定是有当时的背景，现在肯定是有现在的背景。你现在到法国开一个马克思主义学院能行吗？你办孔子学院行呀，这是中国的文化，这反映出中国是大国、强国。我觉得真正把历史学好，就能够正确地处理好政治问题、外交问题、人际关系问题，等等。

朱绍侯先生与中国古代土地制度研究

龚留柱

一

朱绍侯先生是名动学界的历史学家。他学术视野广阔,研究领域涉及中国古代史的许多方面。但几十年来,他始终关注并且深拓不辍的一个重要课题,却是对中国古代土地制度的研究,于此可以说是用心特精用力特勤。

朱先生 1954 年由东北师大历史系的研究生班毕业后,来到中原,任教于河南大学。在工作后的前 3 年,他把主要精力放在教学上,然后就开始搞科研。前些年他在自己某部著作的《前言》中说:"我从一九五六年开始研究秦汉土地制度和阶级关系","在一九五八年写了一篇《秦汉土地制度和生产关系》"。① 后来他又说"我研究秦汉至魏晋南北朝土地制度与阶级关系……用了四十多年时间,直到现在仍没有停止。"②信然。典型如 2001 年 11 月张家山汉墓竹简中《二年律令》的内容公布之后,朱先生在以前研究的基础上,又连续发表系列文章,结

---

① 朱绍侯:《秦汉土地制度与阶级关系》,中州古籍出版社 1985 年版,第 2 页。

② 龚留柱:《治学不为媚时语 为寻真知启后人——朱绍侯先生访谈录》,《史学月刊》2005 年第 11 期。

合新出土的考古资料不断深化自己对中国古代土地制度问题的认识，或论析，或辩难，或争鸣，与学术界的同仁一起，将此一领域的研究水准大大推向前进。

朱先生为什么如此重视对中国古代土地制度问题的研究呢？

他在1985年曾说："土地所有制的发展和变化，是揭示封建社会历史发展规律的一条根本线索……是打开封建社会历史发展规律奥秘的钥匙之一。它对于研究中国古史分期，确定秦汉时代的社会性质问题，也是大有裨益的。"①

他在2005年又说："我研究秦汉至魏晋南北朝土地制度与阶级关系的目的，是想搞清中国古代土地所有制的演变情况、中国古代剥削关系的演变情况以及土地制度对剥削关系演变的作用，并由此最终通过这些研究解决中国古代社会的历史分期问题。"②

朱先生将自己的学术研究与中国古代社会的历史分期问题联系在一起，一方面，它说明朱先生不是那种致力于钉铆堆砌的象牙塔中之人，而是一个有强烈社会责任感的学者；另一方面，他的这种选择也并非全是个人兴趣的原因，而是有着深刻的社会背景。

20世纪30年代，学术界有一场"社会史大论战"，起因是1927年大革命失败后，为总结经验教训，共产国际和国内曾经就中国革命的性质问题展开激烈争论。1928年中共"六大"通过决议，确定当时中国社会的性质是"半殖民地半封建社会"，提出要由无产阶级领导进行反帝反封建的资产阶级民主革命（新民主主义革命）。这引起其他政治派别的反弹。同年10月，陶希圣发表《中国社会到底是什么社会》的文章，提出中国的封建社会在战国时已经崩坏，秦以后已经是商业资本主义社会。③ 言下之意是当时中国社会的性质已经是资本主义社

---

① 朱绍侯：《秦汉土地制度与阶级关系》，第1页。
② 龚留柱：《治学不为媚时语　为寻真知启后人——朱绍侯先生访谈录》，《史学月刊》2005年第11期。
③ 陶希圣：《中国社会到底是什么社会》，《新生命》1928年第2期。

会,但尚不具备进行社会主义革命的条件,所以中共应该全力支持国民党发展资本主义。这就挑起了"中国社会性质大论战",并且把这一争论从现实扩展到历史领域。

"社会史论战"的中心议题主要是两个:一是秦朝以后的中国社会的性质,是封建社会、亚细亚社会、商业资本主义社会(前资本主义社会)或是专制主义社会? 二是中国历史上是否存在奴隶社会? 如果存在,它又存在于哪一个时代? 并且由此引申出中国古史的分期问题。

1930年郭沫若出版的《中国古代社会研究》一书,揭开了中国古史分期讨论的序幕。由于政治立场、理论方法和对史料理解的不同,人们对于中国古代社会形态的演进阶段曾提出各种不同的意见,即使在马克思主义史学家阵营内部,也有不同的分期主张。但大体上说,参加论战的大多数学者都采用了马克思主义社会形态理论的概念、范畴来诠释中国历史,而且又主要是列宁、斯大林的五种社会形态的线形发展模式,对这时一部分学者(如陈邦国、李季、王礼锡等)提出的中国历史特殊性(否认中国存在一个奴隶社会的阶段)的观点,人们在很长时间里则有意无意地加以漠视。①

古史分期的讨论从20世纪30年代到80年代末,历时60余年,大致可划分为三个阶段。第一个阶段是30年代,主要是围绕中国社会史的论战展开,争论的中心内容是马克思主义理论是否适用于中国社会,以及中国社会的性质问题。第二个阶段是40年代,讨论主要是在马克思主义史学家内部展开,大家都是按五种社会形态说来划分中国历史的不同阶段,但郭沫若、范文澜、吕振羽、侯外庐、翦伯赞等人之间也形成了不同的分期说,其中比较突出的是西周封建说和战国封建说。第三个阶段是1949年以后,作为历史研究"五朵金花"之一的古史分期的讨论进入新时期,并且在1955—1956年形成高潮。这时除西周封建说和战国封建说的争论依旧外,魏晋封建说异军突起,进而

---

① 王彦辉,薛洪波:《古史体系的建构与重塑——古史分期与社会形态理论研究》,河南大学出版社2010年版,第17—23页。

出现"三论五说八种意见"竞起的局面,争鸣更趋激烈。

历史分期的问题既重要又复杂,之所以久议不决,既有人们不顾史实拿一种理论来硬套不同文明地区的历史、以至于方枘圆凿的原因,也有中国古代史料不足而且大家对文献理解歧异的原因,其出路只能是俯下身来,力戒浮躁,由具体问题入手,踏实缜密地对史料进行分析研究,让结论自然浮现出来,即"论从史出"。陈其泰先生指出,由古史分期讨论引发的一些相关问题,如封建社会土地所有制形式和经济结构问题,其实也应该包括在广义的古史分期讨论中,不应该简单地理解成分期只是为奴隶社会和封建社会来划线。① 古史分期与古代土地制度的问题关系密切,朱先生的初衷当然是为古史分期而研究中国古代土地制度问题,但从今天看来,其意义早已溢出了这个框限。

有人说,史学的本质就是写出一种器物一种生活方式一种人群组织的演变轨迹来。在中国古代,不管是政治制度还是社会面貌的种种方面,都与其他文明区域如中东如印度如西欧呈现出非常不同的特点,其文化影响甚至一直延续到今天。其原因是什么?这是无数人苦苦求索但至今尚无正解的一个问题。马克思在《〈政治经济学批判〉序言》一文中的经典陈述是:"人们在自己生活的社会生产中发生一定的、必然的、不以他们的意志为转移的关系,即同他们的物质生产力的一定发展阶段相适合的生产关系。这些生产关系的总和构成社会的经济结构,即有法律的和政治的上层建筑竖立其上并有一定的社会意识形式与之相适应的现实基础。"② 也就是说,要研究中国古代社会的特点和演变轨迹,必须要从它的经济结构入手,才能切入本质原因。作为一个典型的农业社会,中国古代最重要的生产资料就是土地。土地为谁所掌握?土地通过什么媒介与劳动者相结合?土地的收益如何分配?只有解答好这些问题,才能找到理解中国特色的"钥匙"。这

---

① 陈其泰:《中国马克思主义史学的理论成就》,国家国书馆出版社2008年版,第99页。
② 《马克思恩格斯选集》第2卷,人民出版社1972年版,第82页。

就是朱先生几十年深入研究这个问题的意义所在。

当然,朱先生并不是对中国古代的土地制度进行全面的研究,他所重点解剖的只是其中一段的秦汉魏晋南北朝时期,特别是从战国中期到东汉末年的时期。为什么？因为这是中国历史上的一个大转折的时期,而历史演变的规律常常在新旧交替时才能更清楚地显现出来。这些变化有一个长期酝酿积聚过渡的过程,不是在一夜之间发生的。历史的研究非细微而不能严密,必须建立在实证的基础上,尽可能准确地将隐晦的细节把握住,才能敲开历史真相之门。朱先生摒弃过去那种轻视疏离原始史料的考证,从而将高层理论完全建立在纯粹的推论和假设之上的形而上的方法,而是由材料的考证出发,经过一个反复分析比较和论证的过程,从而让自己的结论更加使人信服。这是历史研究的正确道路。

二

朱先生第一篇研究中国古代土地制度的论文《秦汉土地制度和生产关系》完成于 1958 年,发表于《开封师院学报》1960 年第 1 期上。由于这时的《开封师院学报》是内部发行,再加上由于其他文章的问题该期刊物被追废,故这篇文章未能广泛传播,知道的人很少。这篇文章从商鞅变法所建立的土地制度开始分析,涉及井田制、辕田制、名田制等问题；接着又分析土地私有制的发展和两汉三次土地兼并的高潮；然后是朱先生借助史料分析田庄经济和假田制的问题；最后是作者对秦汉时期阶级关系问题的分析。由于只能借助于有限的文献材料,许多后来才出土和发表的考古学材料此时还无法被利用,故朱先生有关土地制度的一些观点尚未定型,如他在总体上还倾向于认为秦汉的社会性质是奴隶社会。但不管怎样,这篇文章奠定了朱先生以后几十年学术研究的基本格局。

以后,朱先生继续对这些问题进行深入的思索,并且对所有已发表的考古资料都十分积极地充分利用,以不断校正自己的认识,甚至还会有让自己的观点回还往复的情况出现。他在1985年说：

> 我在研究汉代的田庄和假田制时，发现秦汉时期的封建租佃关系，在私有土地和国有土地上都占了很大的比重；在研究军功爵制中，发现军功地主从春秋时期已开始出现，到战国时代即取代奴隶主贵族而掌握政权。基于上述认识，我（从认为秦汉的社会性质是奴隶社会）又改从郭老的春秋战国之际封建说。对于名田制，我又根据历史资料经常见到买卖××所名有土地的记载，而认为是土地私有制。发表在《中国史论丛》一九八一年第一期上的《名田浅释》就持这种观点。但是，后来在给研究生讲课中，我进一步研究了名田制资料，特别是《睡虎地秦墓竹简》及青川木牍《田律》的发现，使我认识到，商鞅变法所建立的名田制、辕田制，都不是土地私有制，准确地说是土地长期占有制。①

20世纪80年代及其以前朱先生的秦汉土地制度研究成果，都融汇于1985年出版的《秦汉土地制度与阶级关系》（中州古籍出版社）一书中。此书分为七章，第一章是《辕田制和名田制》，第二章是《名田制破坏与土地私有制的发展》，第三章是《秦汉时期三次土地兼并高潮》，第四章是《汉代的田庄经济》，第五章是《两汉的假田制与假税制》，第六章是《秦汉时期的自耕农、依附农民、奴隶和其他劳动者》，第七章是《从户籍制度看秦汉时期的阶级关系》，最后是《附录》。

表面上看，此书格局似乎是《秦汉土地制度和生产关系》一文规模的扩大和内容的细化，其实不然。首先是对秦汉社会性质的认识，朱先生由过去的奴隶社会说变成了封建社会说。但作者并不否认秦汉时代有大量奴隶的存在，也不否认奴隶参加社会生产的广泛性。这就体现了作者实事求是的精神，因为任何社会的阶级状况都是复杂的，而不可能是纯而又纯。其次作者摆脱了过去孤立地研究土地制度的做法，而是有联系地研究多个历史问题，将它们看成一个有机的系统。

---

① 朱绍侯：《秦汉土地制度与阶级关系》第3页。

比如关于名田制与军功爵制的关系,在本书中被联系起来进行研究,得出的结论是:"如果说井田制是奴隶主贵族的五等爵制的经济基础的话,那么名田制就是封建地主的军功爵制的经济基础。"[①]这样使得人们对二者的认识都得以深化,有一种眼前一亮的感觉。再次是作者大量使用考古文物资料,旁征博引,这样就突破了文献资料的局限,真正做到发前人之所未发。比如用青川木牍和睡虎地秦简证明秦"受田制"的存在,用居延汉简和汉碑、买地券材料证明汉代的土地私有,用简牍材料研究秦汉的户籍制度和阶级关系等等。最后是朱先生对史学界长期争论的问题,都能摆脱那种非黑即白的成见,只根据自己的研究实事求是地拿出结论,显示出了一种治学上的大家气度。例如对秦汉土地制度的性质,"主张秦汉土地国有制的人,就极力否认秦汉时代土地私有制的存在和不断发展的事实……主张秦汉土地私有制的人,就极力否认国家在某种程度上可以干预私有制的事实……我认为这两种意见都有一定的片面性。事实上,在秦汉时代土地国有制和土地私有制是并存的。秦在商鞅变法中建立了名田制、辕田制,这就是土地长期占有制,以后才演变为私有制"[②]。另外如对田庄经济的看法也是这样,他都能摒弃成见,实事求是。

三年以后,即1988年,朱先生又出版了《魏晋南北朝土地制度与阶级关系》(中州古籍出版社)一书。此书是《秦汉土地制度与阶级关系》一书的姊妹篇,它对魏晋时期的屯田制、占田制、均田制等土地制度以及门阀士族、佃客、兵户、吏户、百工杂户、僧侣户、奴隶等社会等级的发生原因及演变规律进行了深入细致的分析和论述,在魏晋南北朝史的研究上自有其不可替代的学术价值。

从中国古代土地制度研究的角度来看,研究秦汉的土地制度之后,再清理魏晋南北朝的土地制度,不仅顺理成章,而且有深意在焉。中国古代的土地制度,夏商周三代并延及春秋前期,都是稳定地实行

---

① 朱绍侯:《秦汉土地制度与阶级关系》,第16页。
② 朱绍侯:《秦汉土地制度与阶级关系》,第6页。

被称为"井田制"的土地国有制,绵延一千多年,应该是没有问题的。从唐朝中期"均田制"彻底瓦解之后,民间的土地买卖被彻底放开,所谓"任民所耕,不限多少"、"田无常主,民无常居",一直延续到近代,土地私有制也被稳定地实行了一千多年,这也是没有问题的。而在此二者中间的一千多年,从春秋后期到六朝结束,是中国古代田制最纷乱多变的一个时期。其间,土地的国有制、私人的长期占有制以及国家对民众土地占有数量的干预政策迟迟不愿退出历史舞台,主要体现在授田、名田、屯田、占田、均田等土地制度上。另一方面,以土地的自由买卖为标志的土地私有制因为其在发展经济方面的高效率性而充满活力,因而代表了历史前进的方向,不断向束缚自己的行政权力发起冲击,并最终取得了胜利。这样,在对战国秦汉的土地制度进行了深入的研究之后,厘清同为过渡期的魏晋南北朝土地制度的发生和演变规律,同样是很有意义的。

这部书以时间为经,以政权为纬,并适当归类综合,可分为四大组。全书12章,前四章分别叙述曹魏、孙吴和蜀汉的土地制度与阶级关系,重点在屯田制。第五章研究西晋的占田制、课田制以及户调式、荫客制,重点在分析占田制的性质。第六、七、八章研究北魏的均田制、租调制、三长制及户籍制度,重点在分析均田制的历史作用和局限性。最后四章关注的是东晋南朝,除对江南田庄的精到分析外,这时的阶级关系状况为研究历史上著名的士族门阀制度提供了难得的样本。当然,从某种意义上说,写作这本书比研究秦汉时期的土地制度还要有难度。作者自述道:

> 在三国分立至隋统一的三百四十多年的时间里,先后建立了三十几个政权,国家分裂,头绪杂乱,史料分散,仅正史从《后汉书》到《隋书》就涉及十三部之多,占二十四史的一半以上。如果再加上《十六国春秋》以及"三通"、"会要"、"补食货志"等典章制度一类书,就更为浩繁。在这样分散浩瀚的史料中,来研究这一

时期的土地制度与阶级关系,其难度要比秦汉时期大得多。①

但是,朱先生克服了种种困难,在两年左右的时间里,就完成了这部著作,并且以其丰富的内容和精辟的分析,使本书受到学术界的普遍好评,此亦足以彰显他在学术耕耘上勤奋踏实的一贯作风。

不断创新是朱先生学术研究的鲜明特点。2001年11月文物出版社出版《张家山汉墓竹简》以后,学术界很快形成研究张家山汉简的热潮。由于其中的《二年律令》对研究秦汉土地制度具有难得的重要价值,朱先生立刻全身心地扑到上面,连续发表多篇关于秦汉土地制度研究的论文。

朱先生在《史学月刊》2002年第12期上,发表《吕后二年赐田宅制度初探》一文。通过对《二年律令·户律》相关条文的分析,朱先生认为这里的授田宅制度,实际上就是他过去提到的名田制。这种授田的对象是全国合法民众,但重点是有军功爵者:"从《二年律令》中得知,汉初所培养的军功地主集团的实力,比原来估计要强盛得多。""由于田宅是按不同等级由政府授予的,故在法律上名田制是土地长期占有制,而不是土地私有制,所以土地买卖是要受法律约束的,《二年律令》也反映了这方面的问题。"朱先生还分析了《二年律令》与商鞅时军功赐田宅的关系、与刘邦"汉五年诏令"赐田宅的关系、与汉武帝时军功爵赏赐的关系,认为其内在精神显然有某种联系,但在具体规定上却不尽一致,故《二年律令》只是吕后当政时期制定的制度。

接着,朱先生在《河南大学学报》2003年第2期发表了《从〈二年律令〉看汉初二十级军功爵制的价值》一文。此文的主旨虽是研究军功爵制问题,但其中对名田制的分析也很值得注意。作者认为,刘邦汉五年诏书说"法以军功行田宅",但没有提到赐予田宅的具体数量,《二年律令》却补上了这一空白。从《户律》条文看,授田宅的对象,既有有爵者,也有庶人等平民,还有司寇等轻刑犯,只是社会阶层上下之间授

---

① 朱绍侯:《魏晋南北朝土地制度与阶级关系》,中州古籍出版社1988年版,第346页。

田宅的数量悬殊。这说明汉政权在培养一批军功地主的同时,也培养了大量的自耕农作为稳定社会的基础。这也验证了作者过去曾经提出的一个观点,即"以名占田,实际是一种有授无还的土地长期占有制","它刚建立时,是按军功爵制的级别,由国家赐给不同数量的土地。因此,我们说名田制是军功爵制的经济基础"。①

在 2004 年第 1 期《河南大学学报》上,朱先生又发表《论汉代的名田(受田)制及其破坏》一文。作者首先指出,看到吕后二年授田宅的材料后,没有想到侯爵、卿爵、大夫爵三个级别所受田宅的数量是如此之高,这证明过去说名田(受田)制是军功爵制的经济基础、汉初是军功地主的天下的论断是正确的。这种有授无还的土地长期占有制,虽然在吕后时还有一些规定,限制人们"贸卖田宅",并且政府对授出的田宅进行着严密的管理,但它的一个不以人的意志为转移的规律就是必然迅速演变为土地私有制。所以,汉武帝时期出现了第一次土地兼并的高潮,其所兼并的就是原来名田制下的土地,从而使名田制退出了历史舞台,连带着军功地主也退出了历史舞台,接替他们掌权的是豪强地主。

在 2004 年第 5 期《零陵学院学报》上,朱先生还发表《商鞅变法与秦国早期军功爵制》的文章,其中有一部分,谈到秦早期"可以不受限制地逐级晋升爵位受赐田宅"的问题,并且将之与吕后二年的情况进行比较。其中谈到,秦早期军功爵制从一级公士到十七级大良造之间可以逐级晋升,畅通无阻;而其待遇"赏爵一级,益田一顷,益宅九亩"也是可以逐级累计的。而到了汉初,从《二年律令》的授田宅数字来看,其所划分的六个层次之间占有田宅的数量非常悬殊,说明军功爵制在发展中越来越向高爵方面倾斜,低爵者已经不可能逐级晋升至高爵,也不可能得到更多的田宅。

总之,关注新材料,把握新动态,发现新问题,提出新观点,这是耄耋之年的朱先生能够在学术上永葆青春的唯一原因。

---

① 朱绍侯:《军功爵制研究》,上海人民出版社 1990 年版,第 141、159 页。

三

朱先生用几十年的时间进行中国古代土地制度尤其是战国秦汉土地制度的研究,精益求精,与时俱进,做出了多方面的贡献。举其荦荦大者,可见以下数端。

一是确立了"名田制"的概念

自从张家山汉简《二年律令》中的受田宅制度发表后,学术界进行了热烈的讨论。首先是朱先生发表《吕后二年赐田宅制度初探》一文,认为这里的赐田宅制,实际上就是他过去提到的名田制。这种授田的对象是全国的合法国民,但重点是有军功爵者。那么什么是"名田制"? 朱先生在《论汉代的名田(受田)制及其破坏》一文中对此进行了清楚的表达:"名田就是'以名占田'之意,也就是'受田'。就是在军功爵制盛行时,按户籍上的人名和军功爵高低及其他身份不同,各有不同数量的田宅制度。"按朱先生的意见,这里的名田制,是包括了原来对庶人进行普遍授田的辕田制在内的,只不过在此基础上,再依照军功"益"田"益"宅。这两种田制是一个有机的系统,所以后来一般只提名田而不再提辕田或授田。

但其他学者对此的意见并不太一致。臧知非先生主张将吕后时期的土地制度定性为授田制,认为是西汉继承了秦朝的土地制度,以名籍为准,每夫一顷,有军功爵者依次增加。① 高敏先生也反对将这套制度定性为"赐田宅",认为是"授田制"而不是"名田制",并且认为这两种制度的性质截然不同。② 杨振红先生认为历史上存在过各种

---

① 臧知非:《西汉授田制度与田税征收方式新论——对张家山汉简的初步研究》,《江海学刊》2003 年第 3 期。

② 高敏:《从张家山汉简〈二年律令〉看西汉前期的土地制度——读张家山汉墓竹简百札记之三》,《中国经济史研究》2003 年第 3 期。

形式的授田,从井田制到北魏隋唐,都实行授田,授田的外延如此宽泛,历史时段如此之长,所以将商鞅至吕后时期的基本土地制度称为"授田制"并不合适,不如用当时人自己的说法"名田宅"。她将之正式定名为"以爵位名田宅制"。①

杨振红先生认为,国内较早提出名田制概念的是朱先生,20世纪四五十年代,日本学者西嶋定生等人讨论秦汉土地制度问题,也主要围绕"名田""占田"等概念。所以,在土地制度的命名上,还是名田制比较确切。

二是确立了"名田制"的性质

关于战国秦汉时期土地所有制的性质问题,学术界曾经进行过长期的争论,至今也没有完全解决。朱先生在长期研究的过程中,起初认为名田制是土地长期占有制,后来又认为是土地私有制,最后又恢复为土地长期占有制的认识。但是,朱先生又认为土地的长期占有并不稳定,商鞅既然废除了土地公有制的井田制,由此必然导致土地私有制的发生和发展。这个时间的节点,朱先生认为是秦始皇"使黔首自实田",它标志着土地私有制在全国范围内正式得到确认。但是对刘邦汉五年诏令"复故爵田宅"和吕后二年的"赐田宅"如何解释?朱先生认为这种对名田制的"恢复"只是一种特殊形势下的政策,并未能阻止土地私有和土地买卖的历史趋势,到汉武帝时名田制就正式退出了历史舞台。

当代学者对这个问题也是仁智互见,有各种各样的认识。臧知非先生虽然认为秦的授田还是土地国有制,但从秦始皇三十一年"使黔首自实田"后,国家放弃了对土地的严格控制,农民可以自由垦田了,授田制度退出了历史的舞台。西汉授田以名籍为准,土地一经授予即

---

① 杨振红:《出土简牍与秦汉社会》,广西师大出版社 2009 年版,第 159—159 页。

归私有,可以在法定的范围内买卖、赠予、世袭。① 高敏先生认为授田制和名田制是两种不同性质的土地制度,授田制是国有土地,所授田宅地,其最终所有权还是属于国家。他认为另外一种土地制度即商鞅所说的"名田宅臣妾衣服以家次",就是把田宅等置于私人名号之下,这种"名田制"就是私有土地制度的时代名称,"名田"就是私田。② 但多数学者不同意高先生的看法,认为授田制度本身就是以名占田,二者是一回事。另外曹旅宁和李恒全先生比高先生更进一步,径直认为《二年律令》所反映的就是一种土地私有制。③ 张金光先生则持另一种不同观点。他认为,《二年律令》中的土地制度是传统庶人普遍授田制的延续,其性质是土地国有制。自秦始皇三十一年"使黔首自实田"前后,土地买卖便日渐公开化。至汉文帝即位废止国家普遍授田制,也就标志着土地私有权制度的确立。④ 杨振红先生对秦汉时期的土地制度进行了深入的思索,并没有简单回答其性质是国有还是私有的问题,而是通过对法学"物权"概念的解释,认为继承、转让和买卖都不能视为所有权的标志,所有权必须具有明确的法律权属界定,但是战国秦汉时的法律不可能明示"名田宅制"的所有权性质。无论如何,汉文帝使这套制度名存实亡,脱缰的土地兼并引发了严重的社会危机。⑤

---

① 臧知非:《西汉授田罐与田税征收方式新论——对张家山汉简的初步研究》,《江海学刊》2003 年第 3 期。

② 高敏:《从张家山汉简〈二年律令〉看西汉前期的土地制度——读张家山汉墓竹简百札记之三》,《中国经济史研究》2003 年第 3 期。

③ 曹旅宁:《张家山汉律名田宅的性质及实施问题》,《张家山汉律研究》,中华书局 2006 年版,第 112 页;李恒全:《现代限田制说》,《史学月刊》2007 年第 9 期。

④ 张金光:《普遍授田制的终结与私有地权的形成——张家山汉简与秦简比较研究之一》,《历史研究》2007 年第 5 期。

⑤ 杨振红:《出土简牍与秦汉社会》,第 160—162 页。

三是厘清了名田制与军功爵制的关系

名田制是军功爵制的经济基础,这是朱先生一再强调的观点。他专门发表有《试论军功爵制与名田制的关系》一文①,提出"名田制与军功爵制是在井田制、五等爵制破坏的基础上,同时产生和发展起来的;在历史演变的过程中,两者又是同时遭到破坏,同时走向衰亡的"。战国时期,各国都有了根据爵位高低占有相应数量田宅的制度,商鞅更是在秦国"明尊卑爵秩各以差次,名田宅臣妾衣服以家次",正式确立了军功爵制和名田制。名田就是"以名占田",即根据户籍上的人名和爵位占有不等量的田宅。汉高五年诏令的"法以功劳行田宅"和吕后《二年律令》中的"授田宅"规定,都是这种精神的延续。同样,文景之后,由于军功爵的轻滥和和土地兼并的盛行,它们两败俱伤,于是一同走向衰亡。

杨振红先生与朱先生持有相同或相近的观点。她把汉文帝以前的土地制度命名为"以爵位名田宅制",明确提出,二十等爵制是《二年律令》田宅制度的基础,田宅占有的数量要根据户主的爵位确定,同时还要有爵位继承制配套实行。以爵位名田宅的制度是以国家拥有和收授田宅的权力为前提的,文帝废止这一制度的因素一是赐爵的溢滥,二是土地兼并的迅速发展。② 而张金光先生却不以为然。他认为,《二年律令》的授田制度,尽管"爵户占了二十级,却并不能说是以二十等爵制为基石构建起来的。恰恰相反,它其实是以广大庶人的普遍份地授田制为基础构建起来的"。"秦军功授田,原本是在庶人普遍授田制基础上设计出来的制度……军功授田制,在实质上可称之为庶

---

① 朱绍侯:《试论名田制与军功爵制的关系》,《许昌学院学报》1985年第1期。
② 杨振红:《出土简牍与秦汉社会》,第127—156页。

人份地益田制"。①

　　由于材料的不够充分,人们在古代土地制度的研究上,对有些问题因看法不一致而产生争鸣,这是非常正常的,而且它还是促进学术繁荣的不二法门。在中国古代土地制度尤其是秦汉土地制度的研究中,虽然朱先生的意见经常被作为主流观点来对待,但朱先生并不以权威自居。不管是同辈还是后学,在与朱先生讨论问题时,他都能以平常之心,宽容温厚地对待不同意见。人们在获益知识的同时,也从朱先生那里学到了治学的方法和为人的道理,可谓现代版的"问一得三"。

---

　　① 张金光:《普遍授田制的终结与私有地权的形成——张家山汉简与秦简比较研究之一》,《历史研究》2007年第5期。

朱绍侯先生与军功爵制研究

陈长琦

朱绍侯先生是我国学术界享有盛名的历史学家。

长期以来,朱先生专注于中国古代史,特别是秦汉魏晋南北朝史的研究。在秦汉魏晋南北朝史研究领域,先生耕耘辛勤,建树颇丰。其中对土地制度、阶级关系、军功爵制的研究所花力气最多,取得成果也最多。尤其是他的军功爵制研究,在当代中国古代史研究领域占有重要的地位。

军功爵制度是中国古代,特别是战国秦汉时代十分重要的一种制度。它产生于春秋,确立于战国,在秦和西汉初期达到了鼎盛,它最初是一种军制,其后作用于政治、司法、经济等社会各个领域,成为一种十分重要的社会等级制度。西汉中期以后,军功爵制逐渐走向衰落,其制度之精神消亡于东汉,其形式之余韵则绵响于六朝。在军功爵制消亡之后,人们对其记忆亦逐渐淡化,以至于长期以来,学者对其已不甚了了。甚至包括在学术上颇有成就的宋儒和清乾嘉一代的考据大师,对军功爵制研究都没有留下多少弥可称道的文字。

朱先生自20世纪50年代涉足于军功爵制研究领域,迄今50多年来,已发表有关军功爵制研究的论文30多篇,出版著作有《军功爵制试探》(上海人民出版社1980年版)、《军功爵制研究》(上海人民出版社1990年版)、《军功爵制考论》(商务印书馆2008年版)等三部。他系统研究了军功爵制产生、发展、衰亡的历程,细致探讨了军功爵制施行中的许多具体问题,实事求是地评价军功爵制的历史作用,深刻揭示了军功爵制与中国早期封建社会等级结构的内在联系,取得了许多开创性的成果。很多凿空之论,填补了军功爵制研究方面的空白,也填补了秦汉史研究方面的空白。先生多年之心血倾注于斯,其用力之勤,用力之深,罕有学者匹敌。在先生自己的学术生涯中,军功爵制研究所下的功力也应该是其他研究难以相比的。概括先生在军功爵制研究领域的成就,主要集中在以下方面。

一 确定了军功爵制的概念

对于军功爵制的概念,长期以来,学者存在着不同的认识,也有一些误解。正如朱先生所言:"有人甚至把春秋、战国时代出现的军功爵制,和西周的'选建明德,以藩屏周'的诸侯分封制混为一谈。"①前言也有学者把军功爵制与汉代的王侯二级爵制、武功爵制混淆在一起。因此,在研究过程中,人们对军功爵制缺乏一致的定义。概念的分歧,影响了人们对军功爵制发展与演化过程的把握,影响了人们对军功爵制性质的认识,也影响了研究的拓展和深入。

一些学者把这一爵制称之为"二十等爵制"。这在我国学者和日本学者中都相当普遍。例如日本著名学者西嶋定生采用的就是这一概念。西嶋定生先生的成名之作《中国古代帝国の形成と构造》,其副标题就是《二十等爵制の研究》。回想起 20 多年前,我在河南大学跟随先生读研究生,当时开放不久,西嶋定生先生的大作虽然是 20 世纪 60 年代出版的,但还不易找到。我是在朱先生的支持下,用研究生的外汇额,到北京的中国图书进出口公司,定购了一部。书买回后,我草草翻了一遍,就去送给先生,先生如获至宝,边翻着书,就边和我讨论起爵制的概念。朱先生不停地赞赏西嶋定生先生的功力,但认为把这一爵制称之为"二十等爵制"不妥,因为这一爵制在春秋时期产生的时候,乃至到战国时期都没有达到 20 个等级,把它定名为"二十等爵

---

① 朱绍侯:《军功爵制研究》前言,人民出版社 1990 年版。

制",不能完全概括它的发展、演变过程,容易使人产生误解。朱先生在他的论文与书中,也多次谈到这一观点。

有学者把这一爵制称之为"赐爵制度",如高敏先生。高敏先生在《郑州大学学报》1977 年第 3 期发表有《汉代的赐爵制度》一文,提出了自己的观点。也有学者将把这一爵制概称之为"爵位制度",如廖伯源先生。廖先生在香港《新亚学报》1973 年 7 期,发表有《汉代爵位制度试释》一文。朱先生认为,这些概念没有清晰地界定研究的内容,如"赐爵",没有讲明是赐什么爵?先生认为,"二十等爵制"、"赐爵制度"、"爵位制度"这些概念,大都抓住了军功爵制某个发展阶段或某个方面的特征,但都难以概括、界定军功爵制的内涵与外延。即在内涵上,将秦统一以前的军功爵制与秦统一以后的二十等军功爵制包容起来,在外延上,将军功爵制与周代的五等爵制、汉代的王侯二等爵制以及武功爵制区别开来。因此这些概念都是欠精确的。在长期的研究探索中,朱先生认为,准确地讲,应该将这一爵位制度定名为"军功爵制"。

朱先生给军功爵制所下的定义是:"所谓军功爵制,就是因军功(实际也包括事功)而赐给爵位、田宅、食邑、封国的爵禄制度。""这种制度是春秋战国时代,奴隶制社会向封建社会过渡时期,新兴地主阶级向没落的奴隶主阶级夺取政权、巩固政权斗争中的产物。"

这一定义准确界定与表达了军功爵制的含义。可以从三个方面来理解。(1)定义准确表达了军功爵制创立的基本精神,即其"以爵赏战功"的原则①。军功爵制一创立,就与周代原来存在的爵制有着根本的区别,它不再是以宗法制为基础,以"亲亲"为原则,而是以赏军功为原则。以宗法制为基础,以"亲亲"为原则的五等爵制,虽然不排除个别的赏军功的案例,但其基本精神是贵族化的,其授予对象基本是与周王关系亲密的贵族。而军功爵制所授爵,虽然也不排除授予贵族的个案,但其基本精神应该是平民化的,其授予对象基本是来自于非

---

① 朱师辙:《商君书解诂定本》,北京古籍出版社 1956 年版。

贵族阶层的立功者。(2)定义尊重历史和关照了古籍沿用习惯。而事实上秦人自己正是把这一爵制称之为"军爵"的。湖北云梦考古所发现的秦律之中,就有《军爵律》①,可以充分说明这一点。(3)揭示了军功爵制的本质及其历史作用。产生于春秋战国时代的军功爵制,其本质正是为新兴地主阶级服务的,它打破了旧的权力格局,冲破了旧的统治阶级垄断政治的局面,为新兴地主阶级由军功的途径走上政治舞台提供了机遇。因此,把这种随着时代的需要而产生,为新兴地主阶级服务,以赏军功为原则而建立起来的爵制定名之为军功爵制,是十分恰当的。朱先生为军功爵制正名所做的努力,正在被越来越多的学者所理解,同时"军功爵制"这一概念,也正在被越来越多的学者所接受。

二 总结了军功爵制产生、发展、衰亡的规律

众所周知,政治制度史研究是一件非常困难的工作。这不仅是由于在研究的过程中要下许多考证的功夫,而且要探索、总结隐藏制度背后的历史规律,更是一件不容易的事情。朱先生不畏艰辛,在军功爵制研究领域坚持长期艰苦跋涉和探索,为了搞清楚军功爵制的来龙去脉,他通检先秦、秦汉文献,旁及后人的研究成果。从经、史、诸子着手,到清人的笔记、文集,进行了大量的翻阅、搜讨。同时,他又广泛收集秦汉简牍等考古材料,与文献相互比勘,从中钩沉索隐,求证探微,终于理清了军功爵制的原有眉目,把握了其产生、发展、演变的规律。

朱先生认为,军功爵制首先是时代的产物,它是适应春秋战国时代新兴地主阶级政治、经济等方面的需要而诞生的一种封建等级制度。它区别于西周奴隶主阶级所建立的五等爵制,也区别于汉代王、侯二级爵制及武功爵制,是新兴地主阶级扩展势力,登上政治舞台和

---

① 睡虎地秦墓竹简整理小组:《睡虎地秦墓竹简》,文物出版社1978年版,第92页。

向奴隶主阶级贵族夺权的工具。

朱先生考证,春秋时期的齐国,是萌生新爵制最早的国家。先生认为,《左传》襄公二十一年"(齐)庄公为勇爵"的材料,当是春秋时期的齐国已建立因军功而赐爵制的明证。而《太平御览》卷一九八《封建部》的注文说:齐庄公建立"勇爵"的目的,是"设爵位以命勇士"。则为《左传》的记载做了准确的注解。勇爵之"设爵位以命勇士"的原则与军功爵制"以爵赏战功"的原则,可谓同曲同工。春秋时期除了齐国之外,在晋国、秦国、楚国、宋国也先后出现了区别于旧爵制的新爵制。齐、晋、秦、楚、宋等国所出现的新爵制,是军功爵制的雏形。

朱先生认为,战国时期是军功爵制的确立时期。先生运用大量文献材料和考古材料,考证了战国时期各国普遍建立军功爵制的史实。论证了军功爵制在当时政治、经济生活中所发挥的重要作用。他指出:当然,在战国时期,"把军功爵制发展到完备程度的还是秦国"①。先生认为,秦国的商鞅变法吸收了其他各国的经验,结合秦国的情况,颁布了"有军功者,各以率受上爵"的法令,从而在秦国确立了军功爵制。建立了"明尊卑爵秩等级各以差次,名田宅臣妾衣服以家次"的新的封建等级制度。这一新的制度,对于巩固新兴地主阶级的统治,打击奴隶主旧贵族的势力,鼓舞军队士气,都起了一定积极作用,同时,一般人民也有获得爵位的机会和可能。有些人可以通过军功爵制来摆脱被奴役的地位,并获得一定数量的土地,甚至可以充当小吏,可以获得自耕农的身份。军功爵制在战国政治生活中,有不可忽视的作用。

朱先生的研究,从一个非常重要的侧面,至少是从秦国历史的角度,揭示了军功爵制与封建中、小地主诞生过程的联系,支持和补充了战国封建论的观点。

在朱先生的军功爵制研究系统中,秦和西汉初期被视之为军功爵制发展的鼎盛时期。从朱先生的一系列研究中可以概括出这样一些

---

① 朱绍侯:《军功爵制研究》,第20页。

观点：一、军功爵制的二十等爵位制度，是在秦统一前后完善定型的。二、军功爵制的赐爵手续和程式即劳、论、赐等制度臻于完备。三、军功爵制度在秦和西汉初，成为当时社会政治权力、经济权力再分配的一种基本形式。如在秦代，有爵者可以当官为吏、乞庶子、可以用爵位赎罪免刑、可以用爵位赎取自己或父母的奴隶身份；在汉初，有爵者可以依其爵位之高低食邑、名田、复其身、复其家等等。"秦汉时代，通过军功爵制培养了一大批军功贵族和军功地主，也培养了大量的自耕农"①。

  朱先生认为，西汉中期以后到东汉，是军功爵制由轻滥走向衰亡的时期。而这个源头则可以追溯到西汉初的文帝、景帝时期。西汉初年，政府为了解决财政困难，开始卖爵和经济原因赐爵，从而破坏了军功爵制的严肃性和以爵赏功劳的原则。晁错甚至说："爵者，上之所擅，出于口而亡穷。"②鼓吹国家利用卖爵作为扩大财政收入的手段。如当时规定，百姓贡献粮食于国家，并且运送到边防所在地，即"入粟于边"者，可以根据其入粟的数量多少，分别授予不同的爵位。授爵高者可以达到五大夫爵。五大夫爵是军功爵制二十等爵位中的第九等爵位。这对于一般百姓而言，应该是一个相当高的爵位。从当时来说，卖爵确实为国库带来了一时丰厚的收入，确实舒缓了国家粮食储备匮乏的困境。为西汉初年社会的稳定与经济的恢复发展，为国防的加强和巩固作出了贡献。但是，从军功爵制施行的角度来看，爵位一旦变成商品，它就开始失去了原有的价值和荣誉。特别是汉武帝以后，甚至皇帝即位、立皇后、立太子都普赐天下民爵一级或二级，赐爵变成了君主欢庆自己喜日的点缀。爵位，这一原来靠血与汗、靠战场上拼命才能够得来的东西，现在，只要君主高兴、只要付出一定的财物，就可轻易获取，那么其价值自然就不可与往昔同日而语。滥赐和轻取是造成爵位贬值和军功爵制走向衰亡的重要原因。

---

  ① 朱绍侯：《军功爵制研究》，第99页。
  ② 《汉书·食货志》，中华书局1962年版。

朱先生指出,东汉时期军功爵制衰亡的原因,主要还有两点。一是从社会着眼,东汉时期豪强地主势力的发展和膨胀,使仕途已为豪强地主所垄断,军功爵制失去了参政阶梯的作用。二是从军功爵作为一种军队激励机制来看,由于更戍制的废止和募兵制的兴起,使军功爵失去了其原有作用。军功爵与减役、免役以及士兵的地位已无必然联系。军功爵原有的优待条件和特殊权力也已不复存在。因此,军功爵渐渐已不为国家和人民所重视,所谓"赐爵不喜","夺爵不惧",真实反映了东汉时期人们对爵位的麻木与无所谓的心态。

归根结底,军功爵制的衰亡,是历史的必然。军功爵制诞生于社会新旧交替的时代,是新兴地主阶级夺取政权、巩固政权的工具。随着汉代社会的稳定,大规模战事的结束,经济的恢复与发展,地主阶级政权的日益巩固、统一的封建国家的建立,以及这一过渡时代的结束,军功爵制也就完成了自己的历史使命,其走向衰亡,就是历史必然。

三 解决了军功爵制研究中的许多重要问题

这些成果散见于朱先生的多篇论文及三部著作中。我想主要举几个例子。

1. 订正了军功爵制的二十等爵制的形成问题

过去,传统的看法认为,汉代所施行的二十等爵制是商鞅变法所确立的。例如《续汉书·百官志》注引刘劭的《爵制》即持这一观点。朱先生通过缜密和可以信赖的考证,纠正了这一观点。朱先生精辟地指出,商鞅变法时所建立起来的爵位只有17个等级,其最高爵位是"大良造",大良造之上没有后来所看到的侯爵。而一级爵位公士之下,则有校、徒、操三个等级。汉代所奉行的军功爵制的20个等级,则是在秦统一前、后确立的。其时间上,最早不超过秦惠王时期,先生所提出的令人信服的证据之一是秦自惠王改元称王,以前国君尚自称公(侯),显然不可能在军功爵制中设置与自身相同的爵位。这确实是学者都了解的常识问题,但又往往是许多人都忽略了的问题。

2. 辨别了军功爵制中的贵族爵、官爵、民爵的划分问题

军功爵制中的高级爵位与低级爵位之间,是存在着贵贱之分的。这就是特权享有与非特权享有的区别。统治者为了发挥军功爵制对下层人民的激励作用,同时又为了阻止具有低级爵位的下层人士通过不断的晋爵,(特别是在汉代滥赐爵位的情况下)由低级爵位而晋升入高爵。汉代设置了民爵与官爵的分界线,据朱先生考证,汉代民爵的最高级别是军功爵制中的第八级"公乘"爵位。公乘爵是一般百姓不可逾越的爵位。九级以上的爵位则是官爵,而侯爵则是贵族的爵位。官爵、民爵以及贵族爵的辨别,对于我们认识军功爵制的实质,把握军功爵制的规律具有重要的帮助。

3. 科学地解释了军功爵制与秦汉重要的土地制度——"名田制"的关系

"名田制"在秦汉时期的社会生活中具有重要的地位。"名田",即以个人之名领有田地。朱先生对秦汉土地制度与阶级关系素有研究,这些成果主要集中在他的《秦汉土地制度与阶级关系》一书中,把军功爵制与秦汉的名田制联系起来考察,进而得出名田制是军功爵制的经济基础的结论,是朱先生在秦汉史研究领域里的重要发明。先生考证,军功爵制与名田制联系在一起,并作为相互关联的制度确定下来,是从商鞅变法开始的。二者的结合,使爵位的高低与名有土地数量的多少有机联系起来,爵位越高,名有土地数量越多;爵位越低,则名有土地数量越少。名田制实质上是一种地主等级土地占有制。这种政策导向,不仅把整个秦国的国民纳入了战争的轨道,也为中、小地主的产生,铺平一条大道。

这一研究成果,不仅揭示了军功爵制在中国封建社会初期所起的重要作用,同时也揭示了中国封建社会所具有的一个重要特点,即在中国封建社会中,政治地位具有决定的因素,政治往往决定着经济,因为政治是经济的集中表现。封建政治权力是一切权力的集中。

四 实事求是地评价了军功爵制的历史作用

站在俯瞰中国古代社会发展全程的高度,朱先生对军功爵制的历史作用进行了认真的考察及实事求是地评价。

在对战国时期军功爵制确立过程的研究中,朱先生发表过《战国时期各国变法与军功爵制的确立》、《商鞅变法与秦国早期军功爵制》等论文,在这些论文中,朱先生实事求是地肯定了军功爵制的积极作用。朱先生认为,军功爵制在确立的过程中,不仅对新兴地主阶级夺取政权起过作用,就是对受奴役的人民摆脱枷锁,获得一小块土地也带来了希望。同时,他又成为新兴地主阶级巩固政权,反对奴隶主旧贵族复辟的工具。

在《统一后秦帝国的二十级军功爵制》、《军功爵制在秦人政治生活中的地位》以及《吕后二年赐田宅制度试探》、《从〈二年律令〉看汉初二十级军功爵的价值》等一系列论及秦及西汉初年军功爵制的论文中,朱先生利用丰富的文献材料与秦汉简牍材料,认真细致地考察了军功爵制与秦及西汉初期所施行的一系列政治、经济、司法等制度、政策之间的关系。朱先生认为,军功爵制在秦汉王朝建立封建统一中央集权国家的过程中,也发挥了积极作用。它是秦始皇、汉高祖在实现统一的战争中,奖励臣下,鼓舞士气,提高军队战斗力的工具。通过历史考察,我们可以发现,当时有许多在统一战争中立有战功的人物,通过军功爵制爬上了社会高层,甚至有许多一般的士卒,也能通过军功爵制而获得若干田亩,或获得一些法律及赋役方面的优待。

朱先生进一步指出,在秦汉时代,通过军功爵制培养了一大批军功贵族和军功地主,也培养了大量的自耕农。这些在军功爵制下培植起来的封建地主阶级和自耕农之间,虽然存在着阶级矛盾,但在当时的历史条件下,在封建社会处于上升的历史时期,他们之间的关系与生产力发展水平是基本适应的,因此,在秦汉时代,中国封建社会出现了一个新的发展时期。这些研究与评价,抛弃了在过去文革时期所形成的僵化的"左"倾思维,无疑对处于鼎盛时期的军功爵制的历史作用作出了实事求是的判断。

作为一种社会激励机制的军功爵制,其制度的基本精神或者其基本操作原则应该是功、爵对等,也就是说,应该根据立功者的功之大、小或多、少,授予其相对等的爵位,简言之,应该是有功者爵之,无功者不爵。然而,根据朱先生的研究,作为激励机制的军功爵制,其制度之精神,从秦末开始,已受到亵渎。而亵渎这一制度的,却正是极力推行军功爵制并从军功爵制的推行中获得莫大好处的秦始皇帝。朱先生从1979年至1980年秦始皇陵秦俑坑考古队在秦始皇陵西侧赵背户村出土的一批瓦文中,先是找到了一批具有爵位的"居赀"者,揭示了军功爵制开始受到轻视的信息,而后,又从《史记》中找到了秦始皇徙民,"迁北河、榆中三万家,拜爵一级"等史料,①指出秦已有非功赐爵的史实。这说明,军功爵制的基本精神与操作原则,即功、爵对等原则,自秦末已开始受到破坏。朱先生指出,汉自文帝、景帝以后,军功爵制逐渐趋于轻滥,由于大量赐爵、卖爵使军功爵制与奖励军功失去必然联系,成为政府增加财政收入的廉价商品,成为欢庆节日的点缀,军功爵制失去了原有的价值与荣誉,已不被人们所重视。东汉以后,军功爵制已名存实亡。朱先生对军功爵制在不同历史阶段所起之不同历史作用,有区别地进行了客观的实事求是的分析与评价,这种历史唯物主义的认识,为我们了解和深入认识军功爵制的历史地位,分析军功爵制的历史价值与意义,提供了明确的向导与正确的指引。

五　深刻揭示了军功爵制与中国早期封建社会等级结构的内在联系

中国早期封建社会,是建立在等级结构基础之上的社会。然而,一些学者对此并不赞同。特别是一些对中国古代社会了解不深的西方学者,甚至认为中国古代社会没有等级。例如,著名的美国学者本

---

① 《史记·秦始皇本纪》,中华书局1959年版。

尼迪克特,在她的著作中,就曾反复提出"无等级的中国","中国那种无等级的社会组织"等概念①。

秦汉社会其实是有等级的社会。这种等级及其结构与军功爵制有密切的关系。朱先生在其《关于汉代的吏爵与民爵问题》、《关内侯在汉代爵制中的地位》、《西汉初年军功爵制的等级划分——〈二年律令〉与军功爵制研究之一》等一系列论文中,深入论述了军功爵制的自身等级划分与社会等级的关系,朱先生指出,军功爵制中的一到四级爵位,即从公士到不更这四级属于小爵,也就是传统上所讲的士爵;从第五级爵大夫到第九级爵五大夫属于大夫爵;自第十级爵左庶长,到第十八级爵大庶长,属于卿爵;十九级关内侯、二十级彻侯属于侯爵。爵制的四个等级与社会等级密切配合。侯爵属于贵族爵,它具有特殊的社会政治、经济地位,具有许多社会特权。卿爵基本属于吏爵,是许多官僚者的爵位,而五大夫以下,即从公士到公乘爵,则属于民爵。

从张家山汉简《二年律令》所载《户律》条文来看,军功爵制与土地的占有具有严格的对应关系。从公士一顷半,到关内侯95顷,每个爵位等级应该占有的土地数量规定得清清楚楚,说明爵位的等级与社会等级、与社会的政治、经济地位密切相关。西嶋定生先生在他的大作中曾说:"这个田宅赐与应认为不是与爵制相伴行的本质特权。"②如果西嶋定生先生看到张家山汉简《二年律令》,相信他会改变这一看法。

朱先生学问博深,治学严谨。能够娴熟的运用辩证唯物主义理论和多种研究方法,因而能够在军功爵制研究领域取得丰硕成果。如他能够熟练的运用唯物辩证法和阶级分析方法,始终把军功爵制度放在一宽阔的社会历史背景中去考察,把军功爵制的演变与社会、阶级的

---

① [美]鲁思·本尼迪克特著,吕万和,等译:《菊与刀》,商务印书馆1990年版,第41页。
② [日]西嶋定生著,武尚清译:《二十等爵制》,国际文化出版公司1992年版,第404页。

变化和变动联系起来,不仅深刻地揭示了军功爵制变化的原因,而且有力地解说了其发展的规律。

在考证军功爵制的具体问题中,先生把归纳法与二重证据法有机结合起来,尽可能全面、无遗漏地收集有关文献材料,同时,也尽可能全面、无遗漏地收集考古材料,特别是秦汉简牍材料。从中分析问题,归纳问题,使得出的结论更具科学性、更具说服力。先生治学严谨,一贯信守"以经解经"的原则,强调从材料中归纳问题,解说问题。从材料中找出本证,决不为有利于自己的立论而"改字解经"、"增字解经"。因此,先生的军功爵制研究成果和其他的一系列研究成果都是可靠的、经得起检验的。

先生为人与为学都非常谦虚和低调。在军功爵制研究问题上,学术界向来就有不同的观点与看法。不管是前辈还是后学,与先生讨论问题的时候,先生都能以平常之心,平等对待,心平气和地与之讨论,宽容的对待不同的声音,从不盛气凌人。从先生的军功爵制研究中,我不仅学到了知识,也学到了做人的榜样和为学的方法。

朱绍侯先生与中国古代史教材建设

李振宏

一

研究改革开放以来的中国当代史学,研究朱绍侯先生的史学贡献和史学思想,人们都会注意到在高校历史系盛行30余年的十院校本《中国古代史》。这是中国当代高校教材建设史上一颗耀眼的明珠,也是一个学科建设的奇迹。

十院校本《中国古代史》教材的编写,最初的动议并不是朱先生,他甚至并不是发起人之一,而他最终则成为教材的主编,成为十院校编写组的核心,并不负众望、团结十院校的教师们创造出独享盛名的教材杰作,这是值得研究的一个史学现象。

根据韩养民先生的回忆,十院校本《中国古代史》编写的最初动议,是1978年3月杭州大学历史系教师魏得良等先生在访问西北大学期间,和西北大学的林剑鸣、韩养民几位先生聊天时提出来的,后来在同年秋天辽宁大学召开的首届全国古代史学术研讨会上,联合河南师大(今河南大学)、安徽师大、山东大学、陕西师大等院校,做出集体编写教材的决定。① 1978年底,在杭州西子湖畔召开第一次编写会

---

① 韩养民:《美好的回忆——记十院校合编〈中国古代史〉》,河南大学历史学院编:《史学新论》,河南大学出版社2005年版。

议。最初的参加者并没有十个院校,河南大学的朱绍侯先生到会时,已经是第七个与会学校的代表,后来到会的学校达到象征圆满的十院校。当十院校的老师们集聚在一起,兴奋地谈论一部新教材的诞生,对之充满向往的时候,一个令今天学者不可思议的问题却严峻地摆在人们的面前——谁来当这个教材的主编?

理解这个问题是需要有点历史感的。一个即将诞生的十院校本教材,是一个可能会行之久远的教本;这样一个教本的主编,在今天是个炙手可热的位置;然而,在刚刚粉碎"四人帮"、"左"的威胁显然还没有结束的时代,当这个教材的主编,则是需要一些魄力、智慧和勇气的。或许那时候的人们还不像今天的学界这样看重名利或功利,也或许那时的人们对刚刚过去的大批判时代还心有余悸,当时对于这个主编的位置,多数人都采取回避的态度,几乎没有人愿意来担当这个重任,甚至还有先生说,宁可退出编写组也不能当这个主编。教材的主要参与人之一、西北大学教授韩养民先生回忆说:

> 当此之时,群龙无首。我向我们系党总支书记李怀真、古代史教研室主任林剑鸣先生建议:河南师大朱绍侯先生毕业于东北师大研究生班,学术造诣很深,是宽以待人、严于律己的学者,可当主编。林剑鸣先生当时忙于撰写《秦史稿》,无暇顾及教材,他们当即表态支持我的建议,让我会下游说。有了尚方宝剑,我便到陕西师大牛致功、何清谷、杨育坤,安徽师大夏至贤、陈怀荃,广西师大何应忠、卢启勋等先生处游说,他们纷纷表示同意。之后杭州大学历史系总支杨书记(后任杭州市委副书记),山东大学历史系主任陈之安(山大党委书记)、郑培欣,福建师大刘学沛、唐文基,山西大学师道刚,南充师院刘静夫先生等纷纷支持我们的建议。于是,在大家支持下,朱绍侯先生当了十院校《中国古代史》教材的主编。①

---

① 韩养民:《美好的回忆——记十院校合编〈中国古代史〉》,河南大学历史文化学院编:《史学新论》,第1页。

十院校本《中国古代史》的主编就是这样产生的。朱先生当这个主编,其实也可以用临危受命这个词来形容,因为在当时是有些风险的。在主编的问题解决之后,对于编教材来说,第一个要解决的问题,就是编写大纲的确定,根据一个什么样的指导思想制定一个教材大纲,这也是最困难的一步。当时,到会的十院校老师们,几乎都带去了他们各自学校使用的自编教材,都有自己对新教材的一些设想,而这些不同的教材设想是五花八门、很难统一的。最初是在大纲问题上争执激烈,各不相让。朱先生在会上讲了"文革"前他参加郭老主编《中国史稿》会议的情况,当时也是在教材大纲问题上争执不休,最后范老一句话一锤定音,谁当主编就按谁的意见办。集体编书要集思广益,但也必须体现主编的思想,没有统一的思想是无法成稿的。这是一个明确的也是合乎情理的唯一可行的解决办法,于是大家统一了思想,按朱先生的意见办,以朱先生带去的河南大学中国古代史教研室集体编写的曾经试用过的教材大纲为基础,讨论确定新的教材大纲。

据朱先生回忆,他当时在编写会议上讲了几点编写原则,以统一大家的思想:

第一点,不联系现实。

这在当时是一个极其大胆而充满智慧的提法。当时的现实是什么?"文革"中,"四人帮"出于自身的阴谋和野心,大讲儒法斗争,将一部中国古代史篡改成一部儒法斗争的历史,所有历史书都必须贯穿儒法斗争的主线,严重地扭曲了中国古代历史的真实面貌。粉碎"四人帮"之后,批评"儒法斗争"论,是中国史学界的一项重大历史任务。这就是现实。于是,当时有些学校编写中国古代史教材,就是贯彻批判儒法斗争的指导思想。朱先生提出我们的教材不联系现实,就是不要贯彻这样的指导思想,不要紧紧跟着政治的需要走。所谓历史上的儒法斗争是"四人帮"伪造出来的,批判儒法斗争的问题,本身就不是一个历史上的问题,我们写历史为什么要把这个不是历史问题的问题写进去呢?况且我们编写的是教材,就是要交给学生纯粹的历史知识,告诉学生真实的历史面貌。不联系现实,无疑是正确的,而在仍然坚持学术为无产阶级政治服务的时代,这是需要胆识和勇气的。后来的事实证明,正是"不联系现实"这个指导思想,是十院校本《中国古代史》能够行之久远的秘诀。有些坚持贯彻批判儒法斗争思想的教材,虽然也下了很大工夫,但在短暂的几年批判结束之后,教材本身也失去了生命力,无法在学界推广开来。

第二点,抛弃农民战争推动历史发展的历史观,尽可能真实地展现历史发展的基本线索。

从1958年大跃进中的"史学革命"开始,中国历史都被写成了一部农民战争的历史。毛泽东说,"阶级斗争,一些阶级胜利了,一些阶级消灭了,这就是历史,这就是几千年来的文明史。用这个观点解释历史的,就是历史的唯物主义,站在这个观点反面的,就是历史的唯心主义",这就是"文革"前17年中国历史研究的基本指导思想。而在中国古代,最能反映阶级斗争,或者说阶级斗争的最高表现,就是农民战争。于是,在相当长的历史时期内,农民战争被看做是中国古代历史的最重大最直接的推动力量。反映在中国古代史教科书中,就是农民战争开道,把农民战争放在每一章的开头去写,是一场农民战争开辟了一个新的王朝,新的时代。这样的处理,非常不符合历史的逻辑。在十院校本开始编写的时候,学术界刚刚有人提出历史动力问题的讨论,要求打破阶级斗争动力论,提出生产力动力说,但讨论远没有展开。① 动力说的讨论刚刚露头,朱先生就敏锐地抓住这个问题,在教材编写中排除阶级斗争动力说的干扰,以经济的发展为历史主线,充

---

① 1979年初,开始有人对阶级斗争动力说提出质疑。该时期发表的相关文章有:林章:《生产力发展是社会前进的根本动力》,《解放日报》1979年2月13日;邢贲思:《生产斗争比阶级斗争更根本——兼谈夸大社会主义时期阶级斗争的教训》,《中国青年》1979年第2期;刘泽华、王连升:《关于历史发展的动力问题》,《教学与研究》1979年第2期;戴逸:《关于历史研究中阶级斗争理论问题的几点看法》,《社会科学研究》1979年第2期;戎笙:《只有农民战争才是封建社会发展的真正动力吗?》,《历史研究》1979年第4期;董楚平:《生产力是历史发展的根本动力》,《光明日报》1979年10月23日。

分体现唯物史观的历史观点。这在当时,无疑是需要勇气和魄力的。

第三点,重视少数民族的历史,要写出一个多民族共同创造历史的中国史进程。

这是学术界已经形成的历史观念,是从中国历史实际出发、而又具有现实感的一个指导思想,当然不是朱先生的创见,但却是一个在编写教材时需要强调的问题。因为,这样的认识,摒弃传习千年的大汉族主义恶习,把多民族共同创造历史的思想真正贯彻到教材的行文中去,并不是一个很容易做到或者说能够做得很好的问题,强调这一点是非常必要的。

第四点,要充分反映考古学发展的最新成果。

这是一个在当时来说非常聪明的主张。新中国的考古,并没有因为"文化大革命"而中断,相对于其他学科来说,考古学是受破坏相对较小的学科,即使在"文化大革命"中,重大的考古发现依然在进行,并举世瞩目。"文化大革命"前的教材对考古学成就的利用比较薄弱,又加上"文革"期间新的考古发现,对中国历史进程的阐述,提供了许多可资利用的新资料。对考古学成就或资料的自觉利用,充分吸纳,一方面会增强历史学知识的科学性,另一方面可以改变传统古代史教材的呆板面貌,使历史知识显得真实生动,增强其可感知性。后来的事实证明,这一点,成为了十院校本《中国古代史》的一个鲜明特征。

第五点,吸收史学研究的先进成果。

教材要反映学术研究的新成果、新进展,这是朱先生提出来的一个重要的编纂思想。教材编写之初,虽然是刚刚粉碎"四人帮","文化大革命"结束不久,但学术界已经迎来了科学的春天,在中国古代史研究的不少领域,都提出了一些新的学术思想,史学理论方面的研究也非常活跃。吸收新成果,是教材科学性和先进性的重要保障。

朱先生提出的这些编纂思想,在教材编写中得到了很好的贯彻。教材的试用本于1979年出版,1982年被作为教育部推荐教材正式出版,立即风靡了高校的历史学科,被多数学校所采用,并有不少报刊做了报道和评论。对教材基本内容和它的主要建树,早在20世纪80年

代,就有人系统评述。本文不愿赘述,仅将当时学界的一篇评论转述如下:

李瑞良先生在80年代末发文指出,十院校本《中国古代史》有三条主线和三个特点。其三条主线,一是社会经济的发展情况。全书根据生产力决定生产关系、经济基础决定上层建筑的原理,充分重视社会生产力状况及其与生产关系的交互作用,并作为历史发展的基本线索,贯串全书。书中对中国古代社会经济的发展状况作了比较系统的描述,对各个历史时期的经济发展水平作了比较明确的概括。二是政治斗争和政治制度的演变。作者注意清除"左"的思想影响,纠正长期以来在高校历史教学中忽视政治制度的倾向,比较重视典章制度的演化和统治阶级内部的矛盾斗争及其影响。三是科学文化的发展。从全书来看,科学文化部分的叙述比较详细,比同类教材占的篇幅较大,比较系统地向读者提供了中国古代科学文化发展史的基本知识。其三大特点,一是体现地区平衡原则。内地和边疆并重,特别注意历代边疆的开发。二是体现民族平等原则,全面反映我国境内各族人民的斗争,对少数民族的历史给以充分注意。从西汉以下,中央王朝和周边民族的政治经济文化联系,均有一定的反映。在论述民族关系时,既介绍了少数民族的反压迫斗争,又强调了民族大融合的历史趋势;既说明汉族文化的先进作用,又重视少数民族的重要贡献。书中用大量事实说明,中国历史是各族人民共同创造的。三是体现内外联系原则,重视中外往来,注意介绍中外经济文化交流的历史,真实反映中国历史各重要发展时期对外开放的规模和程度。①

应该说,李瑞良先生总结的三条主线和三大特点,基本上反映了朱先生关于中国古代史教材编写的基本思路和教材的基本状况。正是这三条主线和三大特点,奠定了教材的科学性和系统性,为当时中国古代史教材建设搭起了基本框架,并由此奠定了该教材在当时高校

---

① 李瑞良:《十院校合编的〈中国古代史〉简评》,《河南大学学报》1988年第1期。

中国古代史教材中的主导地位。教材发行至今已经有30余年了,期间重大的修订四次,发行量达到一百多万册,创造了建国以来高校文科教材的奇迹,教材在框架体系方面的开拓,也为诸多同类教材所仿效。可以说,朱绍侯先生在中国古代史学科建设方面,其功甚伟!

二

2005年底,河南大学出版社提出了编写一套新的高校中国史教材的设想。关于中国近现代史,他们已经委托了著名历史学家章开沅先生来主持其事;中国古代史教材的主编,他们自然想到了本社创办人、老总编、而又有十院校本成功经验的朱绍侯先生。先生接手此事,最初十分犹豫,因为他主编的十院校本发行正盛,誉满天下,如果另起炉灶,势必引起不少误解。社里的恳请不好推脱,十院校本的出版方也需要沟通,能不能写出超越十院校本的更好的教材体系一时也没有把握,此事真的使先生颇费思索。经过一段时间的思考,先生还是决定接手此事,想以80岁高龄,再来尝试一下学科建设方面的重大突破。

虽然有本社恳请这个人情的因素存在,而促使朱先生接手此事的,首先还是出于学术方面的考虑,是先生考虑到经过改革开放30年来古代史研究的发展,有必要对古代史教材体例做出重大改造的尝试。

2005年12月,命名为《中国古代史教程》的新教材编写会议在广州华南师大召开,参与教材编写的有吉林大学、东北师范大学、武汉大学、华中师范大学、湖北大学、华南师范大学、暨南大学、河南大学等八所高校的老师。时代真的是发展了。十院校本编写时,由于中国20年没有评职称的缘故,参与编写者多是讲师和助教,主编朱先生也还是个讲师职称;而现在,参与编写的教师多数都已经是博士生导师,是享誉学界的知名学者。由于朱先生的亲自挂帅,这支教材编写队伍可谓豪华和奢侈,与闻其事者都对这本新的教材寄予厚望。

既然是教材,在系统性上无论如何是无法摆脱的,基本的历史线条、历史过程是必须描述的,所以,中国古代史教材在基本内容方面是无法突破的。教材建设的突破只能在两方面做文章。一是指导思想的突破,用什么样的历史观点去观察中国的历史进程,用什么样的语言体系去表述这个进程,同样的历史内容,用以解读的理论体系不同,教材会呈现出不同的面貌;二是编写体例方面的突破,即表现形式上的突破,同样的内容,如何组织更适合于大学生的历史教学,更能激发或调动学生学习的主动性,更能反映历史进程的主要内容以体现教科书的科学性,不同的编写体例会有截然不同的效果,如同传统历史典籍中的体例问题一样,编年体与纪传体,对历史的反映与表述是大异其趣的。

朱先生主持的广州会议,在这两个问题上做了认真讨论,确立了基本的框架体系,统一了编纂思想和编写体例,进行了明确的责任分工。

当时,在基本的指导思想上,面对的主要问题是是否继续沿用五种社会形态理论作为描述中国历史的理论框架。这在当代中国仍然是一根理论红线,是一般人不愿意去冒险踩踏的。但是,史学理论界已经讨论有年了,编写新的历史教科书不能不面对,不管怎么处理,毕竟需要有一个回答。

朱先生是思想敏锐的人,尽管年事已高,还仍然对史学理论界的热点保持着兴趣和敏感。早在70年代末那个阶级斗争观念仍然统治森严的时代,先生就提出了对汉代田庄经济、魏晋时期的士族门阀的积极评价问题,在当时的学术圈子中引起哗然。90年代末,在修订十院校本《中国古代史》教材时,他就认真了解了史学理论界讨论五种社会形态的情况,考虑是否将其反映到教材的修订中。笔者当时致力于史学理论研究,至今清晰地记得先生就此问题和自己讨论的情景。后来考虑到十院校本是教育部推荐的教材,需要特别慎重,最后仍然沿袭了五种社会形态的解释框架。而这一次,情况不同了,是编写一本新的教材,如何在理论上有所突破,如何使教材反映史学理论研究的最新成果,如何使教材体系真正地更加沉稳和科学,先生反复考虑如何对待五种社会形态理论的问题,并就此在广州会议上征询大家的意见。

当时,朱先生在这个问题上的基本态度是,不赞成继续贯彻五种社会形态这个解释框架,但也不想去纠缠这个问题,教材中可以在绕不过去的地方,一般的使用诸如"奴隶制"和"封建制"的提法,而不在这些概念上多做文章,就全书来说对之做淡化处理。朱先生的态度引起了与会者的兴趣。在会议讨论中,笔者简单介绍了在史学理论界五种社会形态理论被多数学者所抛弃、并提出了五花八门的中国社会形态解读体系的基本事实。诸如田昌五先生将中国历史的发展进程划分为三个大的时段,即:洪荒时代,族邦时代,封建帝制时代或帝国时代。① 何兹全先生把中国古代社会形态的演变分为五个阶段:先秦时代——君权、贵族权、平民权三权鼎立时代;秦汉时代——君权渐强,贵族、平民权衰而力图挣扎的时代;魏晋南北朝时代——君权、贵族权保持平衡时代;隋唐宋时代——君权恢复、贵族权削弱的时代;明清时代——专制主义时代。② 曹大为将中国古代社会形态划分为:夏商至战国,宗法集耕型家国同构农耕社会;秦汉至清,专制个体型家国同构农耕社会。③ 这样的中国社会形态划分五花八门,不一而足,都没有在学术界得到认可,甚至每个人的理论体系都没有得到第二个人的认可,呈现出理论解放之初百花争奇、莫衷一是的局面。鉴于这种状况,笔者建议这本新教材应该按照历史的真实发展进程进行描述,既不采用五种社会形态概念,也不采用学术界已经提出的那些五花八门的新的概念体系,尽可能用中国人的本土概念来叙述中国古代的历史进程。华中师大的赵国华教授也发表意见说,五种社会形态理论造成了一些历史误解,用一朝一代式的写法较为妥当,原原本本地反映历史,那种打破王朝体系的做法不会有生命力。在经过一番讨论之后,朱先生对这个问题定了调子,不再采用五种社会形态的解释框架,也不在

---

① 田昌五:《破除长期封建社会说建立中华帝国史发展体系》,《史学理论研究》2001年第1期。

② 何兹全:《中国社会形态演变——从三权鼎立走向专制》,《中国文化研究》1999年冬之卷。

③ 曹大为:《关于新编〈中国大通史〉的几点理论思考》,《史学理论研究》1998年第3期。

教材中讨论这个问题的是与非,采取回避的办法,尽量使用中国历史中已有的词汇来叙述中国的历史发展。这样简单的一种办法,实际上则意味着中国古代历史叙述体系的一个重大突破。

在关于中国社会形态问题的讨论中,有些人担心如果不使用五种形态的概念体系,古代中国的历史就会无法叙述,中国历史的叙述已经对之形成了严重的概念依赖。譬如,如果不把秦至清两千多年的中国历史称作"封建社会",那么如何称呼它呢?回避这个概念,历史能说清楚吗?朱先生主编的《中国古代史教程》面临着这样一个理论转折的考验。

现在,这本教材已经出版了。通读全书,的确是没有再使用"奴隶社会"、"封建社会"等传统的一套意识形态极浓的概念,而是使用本土语言,平实地叙述了中国历史的发展进程。这是一个创造新的中国历史体系的极好尝试,对没有社会形态问题的中国历史叙述,达到了令人满意的效果。我们看到,不出现"奴隶社会"和"封建社会"概念的中国历史进程叙述,显得更流畅更平实,更能反映中国历史进程的真实面貌。譬如,在一般的中国古代史教材中,关于秦统一后巩固统一的措施,在全国确认土地私有制度,多是使用"封建土地私有制是地主阶级统治的经济基础",秦统一六国后,"令黔首自实田",这就意味着私有土地受到统一的封建政权的保护,意味着"封建土地所有制在全国范围内正式得到确认","这也使地主阶级利用土地剥削人民成为合法,压在农民身上的地租、赋税以及各种徭役也愈来愈重"等等一类语言、概念来表述。

同样的内容,在《中国古代史教程》中则叙述为:

> 秦始皇三十一年(前216),下令"使黔首自实田",即命令土地拥有者向官府呈报占有土地的情况,然后官府根据其呈报的数额征收租税。这意味着秦在全国范围内承认土地私有权,中国古代的土地私有制正式确立。为了征收租税的便利,秦颁布了统一货币、度量衡的法规……这些措施,对建立新的经济秩序、促进社会

经济发展以及帝国赋税职能的实现,都起到了积极的作用。①

和一般教材中的说法相对照,教程在科学性方面的进展是极其鲜明的。"封建土地私有制"变成了"土地私有制";"地主阶级利用土地剥削人民"的表述不再出现,代之以"官府……征收租税";"剥削人民成为合法,压在农民身上的地租、赋税以及各种徭役也愈来愈重",代之以"对建立新的经济秩序、促进社会经济发展以及帝国赋税职能的实现,都起到了积极的作用"。

关于清中期以后社会矛盾和社会危机的叙述,也是很好的例证。一般教材在谈到清中期以后的社会危机时,大体是强调这样几个因素:土地高度集中,清代封建地主阶级对农民剥削的加强,他们对土地的大量掠夺;高额地租的残酷剥削,农民一旦沦为佃户,就要承受地主阶级高额地租的剥削;繁重的赋役,清朝封建政府对农民进行的赋役剥削,也越来越重;吏治的腐败,清代封建官僚统治机构日益腐朽,大小官僚结党营私,互相倾轧,贪污腐化,贿赂公行,等等。这样的形势下,清中期,川楚陕甘豫五省土地兼并、封建剥削都比较严重,大批农民失去土地,到处流浪,过着贫困不堪的生活。他们在白莲教的组织领导下,掀起了轰轰烈烈的反抗斗争,给了满、汉地主阶级以沉重打击,使得清朝开始了由盛到衰的转折。

而同样的历史内容和问题诠释,在《中国古代史教程》中是这样叙述的:

"尽管除掉了乾隆时代腐败的象征和珅集团,但嘉庆并没有摆脱政治困境,也无法从根本上改变乾隆以来国运衰退、社会危机不时爆发的趋势。""嘉庆帝的政治困境首先是其本人的保守性格所造成。乾隆帝虽然通过传位、训政顺利地实现了权力交接,但却塑造了嘉庆帝墨守成规、不思变革的性格,使得嘉庆年间的

---

① 朱绍侯,龚留柱:《中国古代史教程》(上),河南大学出版社2010年版,第207页。

社会更趋于停滞后退。嘉庆表面上反对官场效率低下,但他自己也助长了这种风气。""其次是乾隆以降形成官场因循守旧、官吏饱食终日、相互推诿的风气积重难返。""再次是官场贪污腐败成风。曾有直隶官吏,上下串通,共同贪污,不仅州县司书、银匠私下侵吞,而且幕友、长随也参与分赃。""政治困境难以摆脱,社会危机便接踵而至。就在颙琰即位的当年,即嘉庆元年(1796),震惊全国的川、楚、陕三省白莲教大起义爆发了……他们对以前所赖以生存的组织机构已经失去信心,清朝官方的社会组织机构正趋于涣散和瓦解……虽然嘉庆朝镇压了几次大规模的农民起义,但社会危机并没有从根本上缓解……到咸丰朝发展为大规模的捻军,与太平军北南呼应,极大地动摇了清朝的统治基础。"①

关于清中期以后社会矛盾的叙述,是一个很重大的理论转变。以往的教科书一般都将其归于阶级矛盾的激化而造成农民阶级反抗地主阶级的阶级斗争,阶级斗争理论是解释这一重大社会现象的唯一理论。现在不同了,在《中国古代史教程》中,阶级斗争理论不见了,社会矛盾作为一种常见的社会危机问题去处理。造成这一社会危机的主要因素,教材分析有嘉庆帝本人的保守性格,乾隆以降形成的官场之上因循守旧、相互推诿之风气,以及官场贪污腐败成风等等方面,几乎可以视为带有普遍性的社会政治问题。将农民战争归入社会危机的社会问题范畴,分析造成社会危机的原因,寻找解决社会危机的途径和方法,在任何时代都是必要的,有意义的。这样的历史解读,比起把一切社会问题都归之于两大阶级的对抗和斗争,不仅更符合历史的实际,更平实可信,也更具有普遍的历史借鉴意义。我们相信,由这样的教材培育成长起来的新一代青年,就不会再形成可怕的阶级斗争思维。

《中国古代史教程》抛弃社会形态概念体系,摒弃阶级斗争思维,用本土语言叙述中国历史的发展进程,是一个可喜的尝试,对今后的中国古代史教材编写将会产生重要的示范性效应。

---

① 朱绍侯,龚留柱:《中国古代史教程》(下),第832—836页。

现在我们来看看《中国古代史教程》在编写体例上的突破。

传统的中国古代史教材,都是按照一般的章节体,按王朝分章,按政治、经济、文化、民族等等几大块分节,构造一个平面的叙述结构。虽然人们也是尽可能地将该时期的重大历史面相作全面的铺叙,但因为是一个平面的叙述结构,也就很难挖掘历史的深度。在《中国古代史教程》中,这样的叙述结构发生了根本的改变。在朱先生的指导下,创造出一个立体的教材结构,一个带有研究性的非叙述性的结构。譬如《教程》关于明代历史的叙述结构如下:

第九章　明王朝
　　导读
　　第一节　明朝的建立与明初制度的建构
　　第二节　明中期内外交困与国力趋势
　　第三节　明后期的统治危机与明朝覆亡
　　第四节　明代君主集权的强化与政治格局的调整
　　第五节　明代的赋役制度与经济发展
　　第六节　明代社会的新动向
　　第七节　明代的边疆政策与对外交往
　　第八节　明代的思想文化

《教程》各章的基本结构是分为三部分:导读、基本历史过程、专题分析。如上边的目录所示,第一至三节即是基本历史过程的描述,第四至八节是专题分析。编者的意图是:

"导读"是全章的点睛之笔,又分三个部分。一是"××时期的历史特点",通过揭示一个时代的特点及其历史地位,展现历史发展的线索或路径,使学生能用宏观的整体的眼光来关照本章内容。二是"传统文献与参考资料",是给学生介绍必要的史料,使他们在学习中重视原始材料,知道历史研究的基本方法是实证基础上的史论结合。三是"对××史的研究",是对某一断代史的学术史、特点、研究趋向和前景的一般揭示、评述,这不仅对准备报考研究生的学生,也为准备到中学任教者将来进行研究性教学,提供必要的基础和准备。

"历史演变过程"的叙述,是每章重要的有机组成部分,要以简洁准确的语言,给学生提供本历史时期完整、系统、连贯的事实过程。它的篇幅不是很大,既不能对历史细节进行非常具体的描述,也不能面面俱到。它主要是以不断的历史事件来做粗线条连接,以平实的讲述为主,基本上不做深度分析。但它也不是枯燥乏味的历史骨架,还要丰富多彩,有一定的可读性。

"专题分析"部分是各章的重心所在,主要是对某一历史时期从政治、经济、思想文化等方面以专题的形式进行较有深度的分析。其意义除使学生对一个时代的社会风貌有较深刻的认识和把握外,还要引导学生进行研究性学习,并带有示范作用。①

"导读"解决学生对某一历史时期历史认知的总体把握,既有对该时期历史特点的简要介绍,又概述学习该时期历史应该注意和利用的历史文献,并概述学术界的研究状况,将学生的学习直接连接到学术前沿,引导学生的学习活动于学术研究的氛围之中。"历史演变过程"解决的是历史发展线索问题,使学生对该时期的基本历史过程有一个完整的清晰的把握,这无疑是历史学习的基础性知识,使学生认知历史的基石。"专题分析"就是对历史时期重大历史断面的深度开掘,引导学生深入思考一个历史时期应该关注的重大问题。这样通过"导读"——整体的历史、"历史演变过程"——纵向的历史、"专题分析"——断面的历史这三个面相的揭示或描述,一个时期的历史面貌就在学生的头脑中鲜活地站立起来了。

导读、历史演变过程、专题分析这个"三结合教材结构",是《中国古代史教程》在编写体例方面的重大突破,可以为将来的中国古代史教材建设提供示范。

---

① 朱绍侯,龚留柱:《中国古代史教程》(上),第2页。

三

编教材不同于学术研究的著书立说。学术研究是个性化的活动,研究成果的深刻性,在很大程度上依赖于学术研究的个性化。而教材要传播最稳妥的学术研究成果,要把学术研究中比较成熟的部分化作知识性的东西,那就需要尽可能地避免个性化。诚然,个性化的教材也是有的,也不应该完全拒绝,但作为要行之久远而广泛普及、力求具有最大限度的普适性的教材,避免个性化则是一个重要的要求。于是,教材的集体编写则是一种最普遍的形式。集体编写就增加了一个组织问题,一个如何凝聚众人智慧而成一书的问题。在这方面,朱绍侯先生前后两次主编中国古代史教材,为我们创造了宝贵的经验。

集体编书,把众人的智慧凝聚起来,不是一件容易的事情。十院校本编写之初之所以没有人愿意当主编,除了政治上人们还心有余悸之外,另一方面的原因也在于统一思想的难度。有先生说,一个教研室的老师思想都统一不起来,编一本讲义异常困难,现在要统一十个院校老师的思想谈何容易!朱先生接受主编也不是不担心这个问题,但由于他有虚怀若谷的品格,平等待人的作风,以及善于听取不同意见的学术操守,使得他的组织工作取得了良好的效果,不仅成功地完成了教材的编写任务,而且通过教材编写,还造就了一个在长达30余年的时间里团结合作的学术群体。十院校合作单位之一广西师范大学的钱宗范先生,在这方面有很深刻的感受,他在几年前写道:

> 这部教材历经十几年、二十几年,常用常新,长盛不衰,发行量数十万册,创作了改革开放以来多院校合编教材历史上的一个奇迹;而当时戏称为"第三世界"的十院校的教师,原来互不认识,思想、学术、习惯、观点各不相同,在长达二十多年的时间内,能够求同存异,平等相待,互相学习,取长补短,团结合作,非但编好了教材,而且结下了深情厚谊,同样创造了改革开放以来我国高等院校历史系关系史上的奇迹。朱绍侯先生作为十院校公认的深

孚众望的主编,他不仅以自己的品德和学术,影响和教育了他人;而且他一贯善于听取不同意见,尊重他人,谦虚谨慎,发扬每一位编者的长处,调解编写中的不同矛盾和意见,做出正确的公正的决断,因而取得大家一致的拥护。朱绍侯先生对十院校合编《中国古代史》教材所取得的成功,对十院校友谊的建立和发展,起了核心的作用。①

第一点,朱先生自己体会,对于主编教材这样大的集体项目,主编的胸怀是非常重要的。就教材的框架体系说,自己要有主见,要善于用经过充分酝酿讨论而确立的编纂思想去统一大家的认识;而在一些具体的学术观点上,则不能一味地按自己的观点去要求编者,某些时候要学会妥协和让步。集体合作,主编与编者之间,也需要有相互尊重、互谅互让的精神。朱先生在回忆十院校本的编写过程时,谈到了这方面的问题。

>令人欣慰的是,"十院校"同志间的关系非常好,包括几位老先生都欣然接受我的修改意见,这就有了很好的合作基础。但是,等到在桂林开全书定稿会时,与会者还是提出很多不同意见,主要是对我肯定田庄经济、门阀士族也有积极的历史作用的表述不同意。安徽师范大学的张海鹏先生,在编书过程中我们两人的意见经常是一致的,但对这一问题他绝不让步,他说主要是怕犯原则性、阶级性的立场错误。我对他说,"文革"后学术界开放许多,肯定统治阶级及其制度也有一定的历史积极性,这种观点是会被接受的。他说,不,门阀士族的反动性腐朽性太明显了,田庄是豪强、门阀的经济基础,剥削太残酷,不能肯定。我说,东晋的王导、谢安都是高级门阀的代表人物,他们不都是很有作为的宰相吗?田庄和坞壁在战乱时对社会生产不也很有保护作用吗?

---

① 钱宗范:《我所认识的朱绍侯先生——浅谈朱绍侯先生对〈中国古代史〉教材和广西人才培养的贡献》,河南大学历史文化学院编:《史学新论》,第639页。

> 海鹏先生还是不肯接受我的意见,没办法我也只好把门阀和田庄的积极作用改得模糊一些。
>
> 在编写教材的过程中,并不是一切都由我主编说了算,有些问题我也要向执笔人让步,妥协是必要的。如我认为名田制是土地长期占有制,而多数人都主张是土地私有制,我也就只好按大家的意见办。既然是合作就要有互谅互让的精神。①

从以上文字,我们看到的是作为一个主编,朱先生的胸怀和气度。大胸怀和大气度,是一个主编首先所需要的。

第二点,根据朱先生两次主编教材的经验,统一思想是编写高质量教材、保障教材具有内在思想逻辑的首要环节。

一部中国古代史教材,反映几千年文明史的发展,要写出统一的思想逻辑,反映历史发展的内在线索,在大的历史观点方面前后贯通,必须靠各个编写人员拥有共同的指导思想来保障,所以,前后两次教材编写,朱先生都重视召集教材编写会议,在统一思想上下工夫。十院校本编写之初,朱先生提出的四个方面的指导思想,就是在编写会议上经过大家讨论认同,贯彻到具体的编写中去的。教材出版至今,已经修订了四版,出到了第五版,每一次修订都召开专门的编写会议以统一思想。最近几年,为编写出版《中国古代史教程》,就召开了一次策划会议,一次编写讨论会,两次小范围的通稿座谈会。时下有些集体编书,主编只提出写作要求和负责分工,作者之间并不见面和沟通,要想写出观点一致、逻辑统一、风格一致的作品是不可能的。

第三点,关于书稿修改中如何发挥主编的作用和处理主编与作者的关系问题,朱先生也有不少好的做法和体会。

大型教材的编写,参加者众多,尽管有统一思想在前,写出的初稿仍会是五花八门。十院校本最初定的规模是 80 万字,而初稿字数有 160 万字之多;《教程》初稿也出现类似情况,有一章规定的字数是 10

---

① 龚留柱:《治学不为媚时语　为寻真知启后人——朱绍侯先生访谈录》,《史学月刊》2005 年第 10 期。

万字,而作者提交的初稿是 22 万字,压缩修改的任务是相当繁重的。主编修改是保障教材质量的最终环节。朱先生从来不做那种空头主编,所有稿子都经他逐字逐句地改过。他的做法是,第一次修改是提修改建议,由作者根据主编的意见自己处理;第二次修改,是在作者竭尽所能之后还不尽如人意,这就需要主编亲自操刀。十院校本教材初稿修改中,有些部分就是他重新写过的。

朱先生说,主编修改稿子是天经地义的,修改稿子要注意尊重作者的劳动和声誉。尊重作者的劳动,就是尽可能的少改,不是必须的改动就不要改动。尊重作者的声誉,就是在修改了稿子之后,不要对他人乱说你改了谁的稿子,谁的稿子如何不好。无论如何,参编者都是尽心尽力的。改动大的部分,要征得原作者的同意,还要保守秘密。朱先生回忆,十院校本的初稿中,有一位老先生写西周部分,自己持西周封建说,而教材的基本历史观点是春秋战国封建说,这位先生主观上想按西周奴隶社会说去写,用的也是奴隶社会的概念,而写出来的稿子无论如何都摆脱不了西周封建说的痕迹,最后受原作者委托,朱先生将这一部分又重新写过。这件事朱先生至今都未对外人说过,只是为成全笔者的此次写作才在 30 年后第一次谈起。主编要改稿,还要注意处理与编写者的关系,这对于集体编书是非常重要的。

第四点,追随学术发展不断提出教材的修订问题。

教材要有稳定性,又要有可持续性。编写一部教材不容易,要尽量能使其行之久远,具有尽可能长的生命力。但是,学术研究永远是鲜活的,发展的;教材要保持其科学性、先进性,就必须不断从发展的学术中汲取新的学术思想和学术成果,不断对教材的内容和材料做出修订和调整。

在十院校本《中国古代史》出版之后,为了能不断依据新的学术成果修订教材,朱先生发起、组织以十院校教师为基础的中国古代史研究学术讨论会,十院校轮流做东,每年召开一次。每一次会议都安排一个关于教材讨论的专题,认真研究教师们在教学中提出的问题,以备下一次修订教材时参考。这样的学术讨论会一直坚持了十年。

从 1978 年底讨论十院校本《中国古代史》的编写至今,30 多年来,朱绍侯先生把他的大部分精力都用到了中国古代史学科的建设方面,两部教材的成功编写、广泛发行,已经使他誉满天下。回顾总结先生在教材编写方面的历史经历和编纂经验,已经成为研究中国当代史学的一个重要课题,以本文之粗疏,也只能是在这个课题的研究中起到一个抛砖引玉的作用,谨望后续之探讨能从中发掘更加夺目的瑰宝!

朱绍侯先生与中国古代史教材建设①

臧知非

从 20 世纪初期新史学诞生以来,从事中国古代史或者中国通史教材编撰的史家不乏其人。1949 年以后,中国大陆的古代史教材建设备受重视,成就卓著。比较而言,朱绍侯先生无疑是对当代中国古代史教材建设贡献最大的史学家,这不仅仅因为他主编的十院校本《中国古代史》是新中国成立以来发行量最大、使用最为广泛的教材,更主要的是因为朱绍侯先生在教材建设指导思想上的科学性,同时体现在他勇于自我超越、不断创新的价值追求上:在十院校本《中国古代史》教材使用如日中天的时候,又主编了和十院校本思想有别、体系迥异的《中国古代史教程》。从思想与实践层面分析朱绍侯先生的中国古代史教材建设,不仅是了解朱绍侯先生学术贡献的一个方面,也是了解现代中国史学研究与史学教育的组成部分。

一

现代意义上的史学和史学教育发轫于 20 世纪初叶。其时随着包括马克思主义理论和方法在内的近代西方历史学、哲学以及社会学等

---

① 本文原标题为《回归本然:朱绍侯先生对中国古代史教材建设的思考与实践——以〈中国古代史教程〉为中心》,原刊《史学月刊》2011 年 11 期。现作压缩修订,改为本题,以更直观地体现朱先生编纂中国古代史教材的贡献。

学科的理论和方法的传入，人们开始用近代西方的眼光来认识中国传统社会，或以民族为本位，或以欧洲为中心，阐释中国历史的特点和原因。现代意义上的历史学和历史教育因此而发展起来，教材编撰随之展开。但是，20世纪上半叶的中国古代史教材多是个人撰著，其内容因作者的价值观念、学术兴趣、知识结构而各不相同，不仅指导思想相去甚远，内容选择更是五花八门，或取一断代，或选几个专题，或侧重于某一方面，而名之为"通史""史纲"等等。在当时的历史条件下，面对浩瀚的历史典籍，以个人之力，能够对中国历史发展的某一方面或者某一断代有着现代史学意义上的认识已经难能可贵了，其贡献是不容忽视的。但是，对于一门学科来说，这些论著只能是教材建设的探索阶段，所要表达的是作者的思想，而不是对历史过程的叙述和内在变动的逻辑分析，可以作为个人讲义使用，还不具有现代意义上的教材属性。1949年以后，面对旷古未有的历史大变局，大陆史学界以空前的热情展开了学习辩证唯物主义和历史唯物主义热潮，实际上主要是学习《联共（布）党史简明教程》。而这在当时是被看做马克思主义理论精华而全盘接受的，作为史学研究的指导，把自己的立场、观点自觉地统一到这个马克思主义体系中来。高校历史系课程结构、教学内容均按照苏式历史唯物主义理论框架安排，其典型体现就是按照原始社会、奴隶社会、封建社会的逻辑进程和理论体系划分中国古代历史阶段、安排教学内容。随着学习的深入，对马克思、恩格斯理论理解的深入，加上中西历史道路差异巨大，人们对中国原始社会、奴隶社会、封建社会特点的把握分歧日益明显，究竟什么时候进入奴隶社会，什么时候进入封建社会，封建社会本质特征是什么，歧见纷呈。各种观点均按照苏式社会形态理论为依据，都引用经典作家或者革命领袖的论述，解释中国历史现象，各成其说，一时之间，也出现了马克思主义史学理论系统内部"百家争鸣"的繁荣局面。各高校的中国古代史教学也根据自己的学术特点讲授各自的学术体系，编写教材，最具有代表性的是主张魏晋封建论的尚钺先生的《中国历史纲要》和主张西周封建论的翦伯赞先生的《中国史纲要》。与此同时，教育部于1956年颁布了《中国史教学大纲》，采用郭老的战国封建论。因为战国封建说被教育部制定的教学大纲所采用，等于是钦定化了，各个高校特别是地方高校基本上都采用战国封建论。

为了使中国古代史教学符合马克思主义历史学的要求，在教材一时难以完成的条件下，为中国古代史教学提供必要的历史资料，教育部先组织相关高校编纂《中国通史参考资料》，其古代部分即远古至1840年之前共有八册，由翦伯赞、郑天挺任总主编，各册主编分别为何兹全、唐长孺、董家遵、邓广铭、韩儒林、傅衣凌、郑天挺等担任，参考资料把古代史分为三个历史时段：远古至禹为原始社会，夏朝至春秋为奴隶社会，战国至鸦片战争为封建社会。每一册的资料编排，除原始社会以外，均按照教育部颁布的教学大纲的章节，分为政治、经济、思想文化以及民族关系等几大板块，具体内容则根据各个时代特点而有详略。

从思想史的层面看，无论是《中国史纲要》《中国历史纲要》还是《中国通史参考资料》(古代部分)的编著，或者是教育部《中国史教学大纲》的颁布，意义都不限于中国古代史教材建设，而有着强烈的意识形态目的，既是学者自觉把自己的历史观统一于斯大林式马克思主义体系之内的体现，也是为了进一步用马克思主义理论统一学术与思想的体现。其目的是为了说明当时的中国社会处在什么样的历史阶段，在这个历史阶段之下，中国未来应该走什么样的道路。若从学术史层面看，新中国成立以后，马克思主义史学迅速普及给学术发展带来的推动作用是不容否定的，其学术价值远非以往所能比拟：从此以后，中国史学不再是传统的治乱兴衰之学，也不是为了满足个人追求的各种专门之学，而是从社会关系的总体变动之中探寻社会发展规律之学，把社会经济、劳动民众纳入了史学研究的视野并充分肯定其作用。但是，毋庸置疑的是，其时之研究都有着强烈的意识形态色彩，都是为了说明现实社会变革以及各项制度的合理性。

因为这种马克思主义统一指导之下的"百家争鸣"有着强烈的意识形态属性，不具有学术独立性，必然随着现实政治形势的变化而变化,其学术属性也因为政治需要而变异。所以,自1958年"史学革命"口号提出之后,"古为今用,厚今薄古"思潮对史学研究和历史教学的冲击越来越大,史学研究完全政治化。因为现实政治的核心是阶级斗争,阶级斗争也就成为历史研究的核心,丰富多彩的中国历史被简化为阶级斗争发展史,教材建设难以深入。"文化大革命"开始以后,高校停止招生,高校古代史教材建设随之中断。

"文革"结束后,高考制度恢复。由于十年"文革"之祸,高校不仅师资匮乏,教材更是奇缺。各高校为解决教材问题,一方面继续使用翦伯赞的《中国史纲要》和尚钺的《中国历史纲要》,同时也将郭沫若《中国史稿》(第一、二卷,其他几卷当时还没有出版)、范文澜《中国通史简编》作为教材或主要参考书,另一方面则在可能的条件下组织本单位师资编写教材,其总的特点是恢复50年代的教材建设思路,所谓"拨乱反正",就教材建设而言就是回到"文革"前的轨道上去。但是对于大多数高校来说,绝大多数教师刚刚从工厂、农村回到教学第一线,一边备课一边讲课,无法自行编写教材,上述几种著作根本满足不了需要,学生用书严重缺乏。这种缺乏有两个方面的原因:一是仓促之间,无处采购,限于当时计划经济,出版社无法安排出版计划。二是该书观点性太强,翦书持西周封建论,尚书持魏晋封建论,而史学界流行和中学历史教科书普遍采用的是战国封建论。就学术发展来说,曾饱尝极"左"之苦的史学界在反思极"左"思想对史学危害的时候,对"文革"前的"五朵金花"特别是古史分期和农民战争问题,从方法到观点予以系统分析,提出了一系列新认识,上述几种著作与现实学术发展有着相当的距离,显然不适合作为普遍推行的教材。而恢复高考以后的77级和78级学生有着强烈的历史使命感和社会责任感,社会阅历丰富,求知欲望强烈,知识面宽广,对各种问题有着强烈的探索欲望,又逢思想解放的时代,这就急需新的教材和参考书满足教学和研究的需要,中国古代史教材就成为各高校教材建设的重中之重。

"文革"结束以来的高校中国古代史教材建设可以用繁若秋茶来形容。就笔者的不完全统计,自1979年以来至2009年三十年间,出版的各种《中国古代史》教材不下50种。教材的分量或多或少,质量有高有低,使用范围或者限于编写单位,或者仅仅在本校使用,有的仅仅昙花一现,用做全国高校教材者长期使用的只有少数几种,而自1979年以来一直作为高校历史系本科教材使用的则只有朱绍侯先生主编的十院校本《中国古代史》。这需要对"文革"结束以来三十年的古代史教材建设情况做一个鸟瞰式的回顾。

自"文革"结束,中国古代史教材建设若以10年为一个单元,大体上可以分为80年代、90年代和21世纪第一个10年三个阶段。第一阶段基本上是延续传统架构和理论体系。从1978年开始,拨乱反正、解放思想成为中国政治的核心,史学界迎来了科学的春天,恢复了因为"文革"而中断的各项学术讨论,主要任务是清理学术讨论中的政治谬误,恢复学术讨论的原貌。史学理论领域经过争鸣而有了诸多新的认识,如历史发展动力问题、五种生产方式的科学性问题、历史创造者问题等等,但是要把这些成果写入教材还需要相当时间的沉淀,所以,在拨乱反正思维指导之下编写的教材只能是继续50年代和60年代初期的路子。

第二阶段则以求变为特色。这体现在三个方面:一是在历史阶段划分上呈现多样性,或按传统的社会形态,或另寻他途。二是在内容上试图改变政治、经济、文化、民族关系的板块结构,在简述朝代兴亡过程以后以专题形式叙述各项制度或者思想文化,不追求面面俱到,减少政治事件的叙述。三是减少字数,70年代末和80年代出版的教材分量普遍较大,大都在百万字左右,新编教材字数有所减少,有的将整个古代史压缩为一册四十余万字。

这由其特定的时代背景所决定。20世纪的最后十年,是中国社会结构深刻变迁的时代,体现在思想意识领域,传统价值体系破碎,已有价值理念无法解释现实的变动,一切都处于消解与重构的过程中。在史学研究中的表现就是理论焦渴,不满足于苏式历史唯物主义的理论和方法,又缺少本土的理论和方法可资替代,遂生吞活剥式地吸收欧美的各种理论重新诠释中国历史,心理史学、计量史学、经济史学、"三论史学"(包括"老三论"、"新三论")、政治史学、社会史学以及文化分析、哲学分析等理论和方法的引入与实践,可以说是"理论焦渴"的典型体现,体现了当时史学界的新探索,一切都在"求变"的跃动中摸索。

此外,这一时段也是中国高校教学变化最大的10年,课程体系的变更、课时数量的削减、培养目标的变化、教学手段的多样化,社会对历史学认识的变化,都在要求着中国古代史从教学内容到教材编写改变传统模式,以适应新要求。各高校和教育管理部门都在不同的层面以不同的方式要求突破传统,或者打破王朝体系,或者避免意识形态的影响,或者加强新的理论和方法的运用,或者变动内容,等等。

第三阶段教材编写的特点是走向深入。这主要体现在内容结构的调整和理论分析的提高。内容结构的调整主要是增加社会生活、思想文化,减少政治史——主要是农民战争史;理论分析的提高主要表现在对不同时代社会结构的解析方面,试图以新的理论框架——或者突出国家结构,或者突出经济特色等,从新的视角揭示中国古代历史的特点。这个过程实际上从20世纪90年代下半叶也就是"九五"期间已经开始,到本世纪初以教材的形式表现出来。

在这一阶段,教育部起到了不可忽视的推动作用。20世纪末,教育界展开了面向21世纪高校教育改革的思考。1998年,教育部筹措专项资金,启动了高等师范教育面向21世纪教学内容和课程体系改革计划,内容包括教育思想和教育观念、培养目标和培养规格,教学计划和课程结构、基础课和主干课的教学内容等方方面面,历史学科有13个项目被立为教育部课题,内容涉及了历史专业课程体系、人才培养规格、主干课程教学结构、世界史、中学历史教材教法、专门史、中国古代史教学内容等方方面面,而以中国古代史教学内容、教材、教学体系为研究重点的,总计13项①。所有这些研究的最终结果都要体现

---

① 教育部师范教育司组织编写,王斯德、郑师渠主编:《高等师范教育面向21世纪教学内容和课程体系改革成果丛书》第七卷历史学分卷,北京师范大学出版社,2002年版。

在教材建设中,才能有效地转化为教学实践。

二

简要回顾中国古代史教材建设的历史之后,我们就可以把握朱绍侯先生30年来对中国古代史教材建设的贡献了。

纵观30年来中国古代史教材编撰之路,经历了由回复到突破的蝶变历程。所谓回复是指"文革"结束之后拨乱反正、对五六十年代教育思想和教学内容的延续;突破则是80年代后期开始的打破斯大林式历史唯物主义理论模式、采用新的理论和方法的探索,结果是在新的起点上逐步地按照中国历史"本然状态"建构中国古代史教材体系。如果用思想史语言概括这一否定之否定的过程,可以称之为"回归本然"。而在这个"回归本然"的过程中,朱绍侯先生始终走在时代的前列,居功至伟!这不仅仅因为朱先生早在百废待兴的1978年主持编写十院校本《中国古代史》教材时就独具卓识地提出编写教材"不联系现实"的指导原则,也不仅仅是在以后修订过程中始终思考着如何使教材摆脱时事政治的羁绊,而是因为在其年逾八旬、几经修订已成为教材经典的十院校本《中国古代史》发行使用如日中天的时候,又主持编写了《中国古代史教程》,实现了其教材建设及其学术研究"回归本然"的新飞跃。

现在先谈十院校本《中国古代史》教材的编写情况。

十院校本《中国古代史》编写开始于1978年,本来是高校教师之间的民间行为。1978年3月,杭州大学历史系魏德良先生一行三人访问西北大学,西北大学历史系韩养民先生、林剑鸣先生负责接待。闲聊之间,魏德良先生一行首先提出组织几个院校编写《中国古代史》教材,与韩养民、林剑鸣先生一拍即合,而后分头联络相关院校,于是年年底在杭州大学召开首次编写会议,有山东大学、西北大学、杭州大学(现并入浙江大学)、广西师范学院(现广西师范大学)、山西大学、安徽师范大学、陕西师范大学、南充师范学院(现四川师范大学)、福建师范大学、开封师范学院(现河南大学)十所院校教师参加。其时思想界是乍暖还寒,政治形势依然左右人们的思维和观念,经典作家、革命领袖的论述在理论领域依然主导着人们的认识,理论禁区所在多有。在史学界,虽然经过对"文革"中间"影射史学"的批判,真正的学术讨论已经开始,但是,由于政治思维的惯性,对诸多历史问题的认识还没有完全回到学术轨道上,谈不上摆脱意识形态的束缚,而这些是编纂教材首先要解决的问题。显然,在这个背景之下,对于主编一部教材来说,难免要承担政治和学术的双重风险。就政治而言,有一个无法回避的事实是:中国历史道路的特点和史学研究的学术传统,决定了史学研究和现实政治有着千丝万缕的关系,如何处理历史教科书与现实意识形态的关系,是个十分棘手的问题,由于长期"革命史学"的影响,许多不符合历史真实的认识在人们的脑海中已经成为思维定势,成为了无需证明的公理,要恢复历史真相,改变既定观念需要相应的过程和智慧,稍有不慎,就有可能招致政治棒子的打击。在这个历史背景之下,担任肩负拨乱反正历史重任的《中国古代史》教材的主编,无疑要冒相当的风险。

就教材编写的学术要求而言,高校十年停止招生,所有教学与研究全部停止。而恢复高考以后77、78级学生构成复杂,理解能力、知识结构、价值观念相去甚远,共同点是思想活跃,关心国家命运,追求事业和理想,风华正茂,积极进取,勤奋好学,如饥似渴。而当时大多数教师大都是刚回到教学一线,即使那些一直在高校的教师也长期脱离教学。面对这样的学生如何上课,对于大多数教师来说,心中没底,只能是"摸着石头过河"。就技术层面来看,各高校之间,"文革"十年,学术交流中断,单位之间、作者之间的协调也是一件繁杂耗神的差事。

编写教材必须统一观点、统一体例、统一文风。这既需要对中国古代历史发展有通识性把握,才能宏观上抓住历史变迁的内在理路,使得教材以一根主线贯而通之,还要对当时学界各种争议问题有全面适当的认识,才能择善而从;同时还要求主编有宽容的气度,有甘于奉献的精神,乐意为大家奔走。显然,如果有一位德高望重、识见过人的老先生担任教材主编才说得过去，而当时参与其事者没有一位是"德高望重、识见过人"的老先生。因为各位作者都是名不见经传的小人物，最高职称是讲师，有的只是个助教。因为自1958年"大跃进"到"文革"结束，对知识分子的改造逐步升级，最后是知识分子劳动化，中国高校二十年没评职称，尽管这些作者在高校工作有年，即使是在"文革"动乱年代也并没有放弃对学术的执著，属于"文革"结束以后学术的先觉者，有着不俗的学术建树，但毕竟只是个讲师或助教。尽管职称不等于学术水平，但在人们的观念中，编写大学教材起码要有高级职称的人担任主编，"文革"前出版的几部教材和参考资料的主编可都是大名鼎鼎的大学者，所以大家都没有信心或者勇气挑起主编这个担子。据教材编写发起人之一、西北大学教授韩养民先生回忆，在1978年年底于杭州召开第一次编写会议时，"提起编教材，人人兴奋得眼里放光，脸上带笑，嘴上滔滔不绝，激动得如同八月钱塘江之潮。可是，谁当主编？触及这一角色，许多人低头不语，会场上一片寂静，静得好似平湖秋月，浪平如镜，主持人紧锁愁眉，急得一筹莫展，无奈，只得休会再议"。与会先生们的"低头不语"绝非后来的心口不一——心里想当而不好意思说出来，而是不愿意或者不敢当。在当时，并没有后来的名利观念，人们考虑的是如何把事情做好，不愿当主编，担心的是负不起主编的责任，影响教材的质量，希望有更合适的人选。在这相互推脱、群龙无首之际，韩养民先生首先向西北大学历史系党总支书记李怀真先生、古代史教研室主任林剑鸣先生建议由朱先生任主编，因为朱先生"毕业于东北师大研究生班，学术造诣很深，是宽以待人、严于律己的学者"。李怀真先生、林剑鸣先生欣然支持，随之得到编写人员的一致赞同。面对着"始料未及"的局面，朱先生感到"盛情难却，便迎难而上"，颇似临危受命，担起主编的重任①。

---

① 关于十院校本《中国古代史》的编写过程，参见韩养民：《美好的回忆——记十院校合编〈中国古代史〉》，载河南大学历史文化学院编：《史学新论》，河南大学出版社2005年版，第643—647页。

朱先生担任主编以后,面对五花八门的观点分歧,首先确定工作思路和指导思想,即总结"文革"前教材编写的成果与经验,提出吸收考古新材料、重视少数民族历史、注意吸收新成果,突破"史学为无产阶级政治服务"的藩篱,明确"不联系现实"。这既有继承,更有创新,而且是大胆的创新。吸收考古学成就、重视少数民族历史以突出多民族国家的演变过程,在"文革"前部分高校编写的中国古代史讲义和教材中已经有所体现,翦伯赞、郑天挺主编的《中国通史参考资料》就贯彻了这一学术思想,其第一册的原始社会、奴隶社会资料就选编了诸多考古资料和当时最新研究成果,朱先生强调新编教材要充分吸收考古学成就和研究成果[①],是在新的起点上对传统思路的继承,或者说是某种意义上的"回复"。至于明确提出"不联系现实"以摆脱"史学为无产阶级政治服务"的藩篱则是一个勇敢的创新,这既是对历史传统的突破,更是对现实政治的突破。

众所周知,在中国历代史家中,除了司马迁写《史记》是为了"究天人之际,通古今之变"有着某些探索社会变迁内在逻辑的目的之外(当然这只是当时条件下的"内在逻辑"———天人关系系统内的社会变迁,和现在的"历史逻辑"性质有别),其余历代学者研究历史、编写历史的目的都是围绕着总结以往成败得失、为现实政权提供借鉴,这是中国传统史学的宗旨,"以史为镜"、《资治通鉴》是最为经典的概括。正是因为这个历史传统,新中国成立以后,"史学为无产阶级政治服务"才迅速地被广大史学工作者所接受,到了"文革"时代,历史学完全成为现实政治的婢女。"文革"结束,人们大力涤荡极"左"的阴霾,但是,人们的思维依然沿着"史学研究为无产阶级政治服务"的定式滑行。此时的朱先生提出编写教材"不联系现实",显然需要有敏锐的学术眼光和过人的政治勇气。要知道,在1978年年底,史学界关于历史动力大讨论还处于酝酿阶段,还没有对阶级斗争唯一动力论发出公开

---

① "文革"十年,各项学术研究停止,但是,因为基础建设的开展,考古发现与研究则取得前所未有的丰硕成果。

质疑①。而朱先生明确把"不联系现实"、"不为无产阶级政治服务"作为《中国古代史》教材的编写原则,不能不令人钦佩!

三

十院校本《中国古代史》1979年5月出版,1982年被定为部颁教材,到2000年出版第3版,有过两次大规模的修订。第一次修订始于1987年。当时鉴于学术研究的进展和教学过程中总结的经验与不足,各位作者于1987年利用在桂林召开民族关系史讨论会的机会讨论教材修订问题。大家认为"这部教材与国家教委(教育部)颁布的《中国古代史教学大纲》在章节体系上基本一致,分量也适当。为了保持高等院校文科教材的相对稳定性与连续性,决定原则上只做小的改动,即在章节体系不变、总字数不变的前提下,着重纠正讹误,注重吸收文物考古的新成果",经过两年的修订于1990年定稿出版。

修改内容有如下几个方面:第一,改正旧版在印刷、校对及其他方面的失误;第二,删除繁杂,减少不必要的议论,使文句与内容更加精练,更符合教材的要求;第三吸收文物考古和中国古代史研究的最新成果,做必要的增补,调整局部结构,使教材能够反映当前的学术水平,结构更加合理。如第一章,旧版的优点是资料丰富,且有特色,然

---

① 历史发展动力问题讨论开始于1979年年初。首先提出这一问题的是林章《生产力发展是社会前进的根本动力》(《解放日报》1979年2月13日)、邢贲思《生产斗争比阶级斗争更根本——兼谈社会主义时期夸大阶级斗争的教训》(《中国青年》1979年第2期)两篇文章。史学界的讨论则由戴逸开其端绪,1979年3月中国社会科学院在成都召开史学规划会议,戴逸作《关于历史研究中阶级斗争理论问题的几点看法》报告,明确提出生产斗争动力说,刊于《社会科学研究》1979年第2期。同时发表论文质疑阶级斗争动力说的有刘泽华、王连升的《关于历史发展动力问题》一文,见《教学与研究》,1979年第2期。详情参见肖黎《近年来关于历史发展动力的讨论》一文,载《历史研究》编辑部编:《建国以来史学理论问题讨论举要》,齐鲁书社1983年版。

而头绪较为纷杂,不太适合教学需要,根据读者意见,予以改写:减少母系社会分量,增加父系社会内容,使原始社会的结构趋于合理,层次更加分明,更适合教学需要。又如第六章的阶级关系部分,原来是节下的一个小标题,修订后扩充为一节,使读者更能把握秦代的阶级结构①。

  第二次大规模修订始于1998年。1998年,教育部启动《高师面向21世纪课程体系和教学内容改革研究》工程,安徽师范大学、河南大学、华中师范大学都以《中国古代史》教材修订作为研究核心内容,分别立项,十院校相关人员于1998年4月28~29日在安徽师范大学召开教材修订会议,讨论修订原则和内容,而后分别撰写。2000年1月6~12日在山东大学召开定稿会,仍由福建人民出版社出版新版《中国古代史》,将原来的上中下三册,改为两册。鉴于该教材从1979年出版以来,历时二十年,发行百余万册,编写人员大多数已经退休、有四位已经逝世的现实,1998年的教材修订首先是调整成员和分工,增加张海鹏、齐涛两位教授为主编;已经退休的原编写人员或因为身体原因、或因为其他条件限制不便参加具体内容的修订,改为顾问;吸收部分中年学者到作者队伍中来。本次修订的原则是:"坚持以马克思主义理论为指导,注意吸收中国古代史领域及文物考古方面的最新成就,继承原版的优点,改正其缺点,进一步加强教材的科学性,全面提高质量,更好地适应教学的需要。在此原则下,全书框架结构作了必要的调整,章的设置仍按时代和朝代先后,节、目以下变动较大。各章内容都有所变动,不少地方都重新改写。比较明显的是增加了各时代的社会生活和习俗方面的内容,适当压缩农民起义方面的分量,特别是简化战争过程,避免铺叙过细;对农民起义和其他重大历史事件的分析力求更实事求是,评价更全面,提法更科学,文字体例方面也做了规范化处理。总字数仍保持90万字的总量,教学所需的资料力求丰富。这样做的目的是加强全书的科学性和内容的先进性,保持教材的

---

  ① 朱绍侯主编:《中国古代史》第一册《前言》,福建人民出版社1990年版。

适用性和稳定性。"①

　　这两次修订,反映了中国史学变迁的两个时代。80年代的中国史学在走出了公式化的马克思主义史学语境和"以阶级斗争为纲"的思想泥淖以后,人们关注的焦点,一是在新的历史条件下恢复"文革"前的学术讨论,如亚细亚生产形态、古史分期问题、农民战争问题等继续展开,并一度形成热潮。二是引进西方史学理论和方法,诸如上已提到的心理史学、计量史学、生态史学、"三论"史学等等,使得史学界呈多元状态。但教材建设的特点是知识的系统性、科学性,对新知识的吸收以实事求是、学界共识为原则,而不是一味地追求创新。就以各种新方法新理论的引进和运用而言,80年代可谓是百花争艳,但是具体运用到中国历史研究中来,对某些具体问题、现象的解释确有新意、可以引发人们思考的内容还不多,这些新的史学理论、史学方法均以西方历史的解释为基础,用以解释中国历史变迁,总有隔靴搔痒之嫌,难得肯綮。所以,第2版《中国古代史》吸收的是具体的研究成果,使得某些内容叙述得更加合理。而2000年版的《中国古代史》就不同了,可以称得上是十足的新版教材。

　　说2000年版《中国古代史》是新版教材,主要基于两个方面的理由:一是较多地吸收新成果,二是改变了叙事方式和知识结构,在教材的编写理念上体现了20世纪90年代以降中国史学的新进展。就吸收新成果来说,如关于南朝阶级关系和政局,原版用了较多的篇幅叙述阶级关系的变动,如士族、庶族、门生义故、部曲、典客、奴隶等;新版则从中央集权强化的角度叙述中央权力机构设置、寒人地位上升的历史过程,从而说明士族衰落的必然性。又如唐代后期政治,旧版集中叙述的是藩镇割据、宦官专权、朋党之争的交替过程,给学生的印象就是皇权一蹶不振、无所作为,也无从说明宦官专权、朋党之争与君主专制政体之间的逻辑联系;新版则增加了"中枢政制的演变",叙述中枢权力由唐朝前期的三省宰相向翰林学士和枢密使转移的历史过程和

---

① 朱绍侯主编:《中国古代史》第一册《前言》。

内在机理,为学生认识宦官专权与君主专制政体的关系提供了支撑,为了解宋代中央政制由来奠定基础。如此等等,不一而足。所有这些都是90年代学界重视制度史研究的体现。

就教材的编写理念来说,主要体现在农民战争比重的进一步减少和社会生活史内容的补入,这需要对90年代中国社会形势变迁及其对史学研究的影响稍作回顾。1989年的"政治风波"以后,人们的政治热情普遍淡化,社会话语主题不再是政治改革而是经济发展,学者们的政治关怀既受到时事政治的排挤,又不被社会公众所接受,史学研究逐步疏离政治,不再关注以社会结构、历史规律为核心的理论探讨,更罕言与现实的联系,而是转向于具体历史问题的描述,根据现实经济发展和社会变迁中所出现的问题,以"叙事"的方式研究社会史、慈善史、风俗史、环境史、文化史等等,也就是说根据现实关注的热点话题,确定个人的研究方向。如,现实出现了环境问题,就研究古代环境保护;现实要改善民生,就提倡眼光向下,关注芸芸众生的日常生活,提倡民本主义;现实面临着道德伦理的裂变,就研究传统伦理道德,以弘扬传统文化,等等。这些看上去是研究者个人的兴趣,实际上是学术观念的转变,也是时代需求的反应,既是学者个人选择,也是社会政治使然。高校培养学生最终是要走向社会的,无论最终职业如何总是要面向公众、负有传播历史知识的责任,在高校教学过程中自然有所反应,否则就脱离社会,使历史教学成为无源之水。尤其重要的,是中学历史教学内容变革巨大,有的省份把历史教学内容改成了朝代、文化成就加社会生活三大板块,朝代兴替交代的是王朝线索,目的是说明中国历史悠久;文化成就则是几个思想家和自然科技成就,目的是为了增强中学生的民族自豪感和陶冶爱国主义情操;社会生活讲的是衣食住行,目的是说明古代劳动人民对生活质量的追求。

因此之故,进入90年代后期,为了适应社会需求特别是中学教学需求,高校历史系课程体系和教学内容就处于不断的变革中,总的趋势是增加社会史、文化史、风俗史专业选修课。而中国古代史是历史系本科生的主干课,其教学内容必须要适应这一需要,否则即失去其专业基础课程的价值,只有在古代史的教学过程中,将社会生活、风俗文化与政治、经济、民族兴衰统一考察,才能把握古代社会生活、民俗文化的历史意义,避免就生活论生活、就文化论文化、就风俗论风俗的孤立破碎之弊,才能透过社会生活、民俗文化把握古代人民大众的生存状况。正是在这一背景之下,朱先生和他的同仁们才对教材做了较大规模的修订,增加了社会生活和文化习俗的内容,以期全面反映古代社会面貌。这一修订是顺应时代需求的,所以新版《中国古代史》一经推出,立即得到各高校的欢迎。尽管因为教育部推动的课程体系和教学内容改革成果已在这个时候推出,与新版十院校本同时出版的有近十种相同性质的教材,但是绝大多数高校使用的仍然是十院校本。原因就在于该教材结构合理、内容科学,既有鲜明的特色,又能兼容其他;既能跟踪学术发展,又能适应教学需要;既能抓住时代脉搏,又不为社会风气所左右。

但是,所有这一切,在进入21世纪之后即处于新的变动之中。

四

教材的编写和更新既取决于教师之"教",同时也取决于学生之"学",在一定意义上,学生之"学"尤其重要,因为使用教材的最终目的就是提高学生的学习效率,所以教材的更新,不仅因学术发展而变,还要根据教学对象而变。

21世纪的中国教育制度变革巨大,集中体现在高考制度的变革上。高考决定了中等教育的教学内容和方式,也直接影响着高等教育的教学内容和方式。21世纪的中国高考方式和内容处于由一元向多元发展的态势,由全国统考迅速地向各省单独命题发展,各省根据自身社会经济和教育发展特点决定考试科目、评分标准,总的趋向是灵活多变、独立思考,拓宽学生知识结构,引导中学教学培养学生的分析理解能力,在中学历史教学方面则是注重对历史现象的理解、强化历史材料分析,不再像以往那样一味追求基本知识的系统性,而是趋向于专题讨论。与此同步的则是从20世纪90年代后期开始的高等教育大跃进仍然继续,高等教育招生规模继续扩大。尽管历史专业人数增加幅度小于其他应用性专业,但绝对数字远非昔日可比。

扩招以后的历史本科新生与以往在知识结构方面有着明显的不同,这就是历史知识系统性欠缺,对某些历史问题、现象的了解则比较深入,观点性明确。这一方面决定于中学教学内容的专题化,另一方面则是历史知识传播途径多样化所致。众所周知,进入21世纪以后,随着经济发展、国家经济实力增强,在意识形态领域则是民族主义抬头,所谓"历史热""国学热"并非学术的推动,而是诸多非学术因素共同作用的结果。媒体以各种方式传播所谓的历史、文化知识,有的演绎,有的戏说,学术研究和说书卖艺结亲,"历史"成为大众化快餐,使人莫辨真伪。在这个社会环境中成长起来的大一新生的许多"历史知识"特别是对那些热点人物、热点现象的认识,大都来自于这些"快餐"。这就为大学中国古代史教学提出了新的任务:即新生入学伊始,不仅要系统传授历史知识,更要修正学生的史学观念,才能使之沿着科学轨道前进,不被似是而非的史学观念、历史立场所左右。

与招生规模扩大的同时,是高校升格,高等教育以行政命令的方式迅速地完成了由精英教育向大众教育的转变。随之而来的是高校师资和图书建设严重滞后,许多高校教师工作量急剧增加,根本不可能像五六十年代那样先随资深教授听课进修、学有心得之后再走上讲台,只能是急就章式地匆匆上阵。教师如此,而学生又缺少必要的课外参考书,经过学术积淀、被大家公认的学术著作尤其缺乏,学生想通过课外自修以弥补课堂教学之不足也难以有效实现,更不用说面临着严峻的就业压力,在毕业即待业的现实面前,无不想以最有效的方式修完必要的学分,想方设法实现有效就业。面对这个现实,要保证基本的教学质量,高水平的教师、高质量的讲授固然重要,高质量的教材则是基本保障。中国古代史课程尤其如此。因为新生入学的第一节专业课就是中国古代史,而此时的学生知识最少,理解能力最低,所学的内容恰恰是理论要求最高、资料理解最难的内容。此时,无论是教师之"教"还是学生之"学",内容科学、切实可用的教材都有着非凡的意义。

就学术研究来说,进入21世纪以后,中国古代史研究在史学理论和方法上,既突破了教条式马克思主义史学理论的束缚,也走出了20世纪80年代大规模引进的以"三论"为代表的西方史学理论的包围圈,不再以中国历史事实诠释既定理论,真正意义上的实事求是的研究走向纵深。而目不暇接的考古新发现,也大大地开拓了人们的视野,使中国古代史研究一日千里,不断地更新着人们的认识,增强着人们的历史自信,中国古代史教学从理念到内容都在不断地改变。编写新的中国古代史教材既成为时代任务,也具备了新的学术基础。正是在这一时代背景之下,朱先生老骥伏枥,主持了《中国古代史教程》的编撰。

《中国古代史教程》的编写开始是由河南大学出版社于2005年向朱先生提出的,该计划是出版大学系列文科教材,《中国古代史教程》是其中的一种。动议的初衷,不无市场因素。朱先生主编的《中国古代史》由福建人民出版社出版以来,印刷20多次,发行量以百万计,给出版社带来了丰厚的利益。如果朱先生主编新版教材,无疑会有蝴蝶效应,会给河南大学出版社带来社会和经济的双重效益。而朱先生对河南大学出版社的请求是矛盾的:一方面自己担任过河南大学出版社总编,自然关心河大出版社的发展;另一方面,新版《中国古代史》发行使用如日中天,加之自己年事已高,主持编写新教材既有些力不从心,又担心对《中国古代史》的使用形成冲击——那毕竟是里程碑式的倾心之作。此外,如果编写《中国古代史教程》,是否意味着对自己以往教材建设的否定? 十院校《中国古代史》早已被学术界、教育界认可,新编的《教程》命运会如何? 如果不能被普遍接受,其学术价值、社会效益、经济效益都难以实现。这是个客观的现实问题,熟稔出版业的朱先生,不能不有所顾虑。

经过再三考虑,朱先生最终接受了河南大学出版社的请求,毅然承担了主编《中国古代史教程》的任务。这倒不是因为河南大学出版社的盛情难却,而是因为朱先生对新世纪以来中国古代史学术发展和高校古代史教学中存在问题的思考:从理论上说,教材应该吸纳最新的研究成果,但是在实践上,教材建设有着相应的滞后性;最新的学术成果只能依靠教师在课堂教学过程中传授,但是,这在相当一部分高校难以实现。这固然是因为各个高校学术层次差异所致,更主要的是各个高校普遍采用的学术考评机制导致教师把教学放在一个完成任务的位置上而不愿意花力气,新的研究成果、新的学术思想在课堂教学过程中难以得到体现。人人都认为大学是培养人才的地方,讲课、高质量的讲课是教师的天职,但是,现实教育管理体制恰恰使人们把教学视为程序性任务,因为教学质量不能在各种考评表格上反映出学校学术水平,对学校排名发生不了影响,不能提升学校知名度,只有论文和项目才能提高学校的影响力,因而学校实际关心的是教师发表论文和获得项目的数量与档次,而不是教学水平、教学效果;无论什么样的高校,职称晋升、奖励评定都是以论文和项目为依据,所谓的教学实际上被边缘化了。所以,教师无法、也不可能、更不愿意把精力放在课堂教学上,为了生存,只好把主要精力放在撰写论文、争取项目方面,根本谈不上吸收学术成果于教学之中。更主要的是,目前多数高校站在教学第一线的主要是年轻教师,他们工作伊始,往往承担多门专业课程,而他们又面临着生存压力,必须在最短的时间里发表足够数量的文章,解决职称问题,所以上课大都是现炒现卖,谈不上严格意义的备课,更不要说吸收学术成果了。在这个生存环境下,教学质量可以想见,上乘者找几本教材拼凑讲稿,其下者则按照教材随方就圆式地照本宣科,最多是在课堂上多加几张几张图片,突出视觉效果而已。

在这一状况面前,教材内容和质量就显得尤其重要:教材越来越成为学生专业知识的主要来源,教材对新知识的吸纳程度与效率,直接影响着学生的知识结构和专业基础。十院校本《中国古代史》曾经很好地承担了这一角色,但是在新的历史条件下已经很难进一步满足这一现实需求了。因为该书系十所院校教师联合撰写,作者队伍变动很大,有的学校已经并入别的学校,各个学校办学特色日趋分途,教学理念差异扩大，统一修订教材面临着学术的、技术的多重困难，修订周期要长得多，即使能够组织起来，其结果限于思维惯性，在总体框架体系上也难以实现大的突破，因为修订毕竟不同于新编。朱先生虽然离开本科教学第一线多年，但是，始终关注着本科教学的变动，因而对新世纪高校历史系中国古代史课程建设和教学内容的改革及实践情况有着比较清楚的了解。这是朱先生决定主编《中国古代史教程》的深层动因，也是一次勇敢的自我超越。

但朱先生毕竟年逾八旬，和现代教学第一线的教师之间无疑存在着代沟，担心自己对现代教学发展趋势与学术进展把握不准，于是命河南大学的龚留柱教授作为执行主编，其他作者来自于河南大学、吉林大学、东北师范大学、华中师范大学、华南师范大学、暨南师范大学、杭州师范大学、湖北师范学院、武汉大学等九所院校，均为年富力强的学术精英，同时长期在教学第一线，对各自领域的学术进展有着精准的把握，都在思考着教学内容的更新，为提高教学质量、培养高质量人才而殚精竭虑，对如何把最新研究成果运用于教学过程有着丰富的经验。只此之故，大家走到一起，经过近四年的反复讨论修改，《中国古代史教程》2010年8月由河南大学出版社出版。

五

朱先生在《中国古代史教程》（以下简称《教程》）的《前言》中阐述其指导思想的总原则是，在"'通'的前提下除了基本知识和发展线索之完整连贯，更应该用长时段的眼光去观察历史，从而体现出观念上的通达和通识"。要求从四个方面实现这一目标。第一，培养学生的问题意识，"要使大学教材更能促进学生问题意识的培养，更具有深层次的启发性，而不仅仅是平面知识的描绘甚至堆砌"。第二，尽量而又慎重地吸收新成果，教材必须与学术研究同步才能保持生命力，所以要"尽量吸收史学研究和文物考古的最新成果。但如果有的'新说'尚未经过时间的沉淀和检验，还不是学术界主流普遍认可的'成说'，作为教材就不能一味猎奇,盲目将其纳入,在这方面应该掌握一个合理的分寸"。第三,因材施教,根据"90后"大学生"较早与电视、网络等媒体密切接触,知识面宽,思维活跃"的特点,力求在"语言上简洁明快,内容上突出重点,而且要有启发性,避免晦涩沉闷"。第四,分量适中,"一部成功的教材,是让学生使用后主动去找更多的参考书来读,而不是一本在手,别无所求,所以篇幅不是越大越好。但中国古代史头绪繁多,篇幅太小就会变成压缩饼干,也影响实质内容的明确表达"。在这个编写理念指导之下,《教程》按照两学期教学量设计,分为上下两册,计90万字,从远古至1840年,以时代为序,上册包括远古时代、夏商周、春秋战国、秦汉、三国两晋南北朝五章,下册包括隋唐五代、宋辽西夏金、元、明、清五章。

每章由导读、社会演变过程、专题分析三部分构成。导读是本章的点睛之笔,也由三部分构成:一是该时期的历史特点,"通过揭示一个时代的特点及其历史地位,展现历史发展的线索或路径,使学生能用宏观的整体的眼光来关照本章的内容"。二是传统文献与参考资料,"给学生介绍必要的史料,使他们在学习中重视原始材料,知道历史研究的基本方法是实证基础上的史论结合"。三是对某段历史的学术史、研究前景的一般揭示、评述。"这不仅对准备报考研究生的学生,也为准备到中学任教者将来进行研究性教学提供必要的历史基础。"

对社会演变过程"以简洁准确的语言,给学生提供本历史时期完整系统连贯的事实过程","主要是以不间断的历史事件做粗线条的连接,以平实的讲述为主,基本不做深度分析"。但并不是枯燥乏味的历史骨架,而是有一定的可读性。

专题分析是各章重心,主要是对该时期政治、经济、思想文化等方面的内容以专题的形式进行较有深度的分析,目的是使学生对一个时代的社会特点有较深刻认识和把握之外,还能够引导他们进行研究性学习,并有着一定的示范作用。因而每一个专题都经过精心设计。专题的选择是在基本内容平衡的基础上,选择"在一个时期比较突出、对后来有长远影响甚至至今仍是学术热点被大家经常讨论的问题,如上古的文明起源、春秋战国的百家争鸣、隋唐的科举制、宋代的理学、明清的西学东渐等"。但同时关注各时代政治、经济、文化等重大事项,如中国古代历史特点是以政治史为主脉,就要对各个时代的政治体制进行精到分析,才能对该时期社会变迁的其他领域有比较深入的认识。无论是政治制度,还是思想专题,在分析时"适当征引一些原始文献,以引导学生学会发现和正确使用史料。但是,其重点是在行文中恰到好处地分析议论史实,它既具有启发性,又要言不烦,不拖泥带水"①。

  总览《教程》内容,可以说,上述编写思想得到了很好的贯彻,而对中国古代社会变迁认识的最大特点是"回归本然",也就是不再使用大家习以为常的按照社会形态划分历史阶段的方法,而是按照历史发展的本来面目叙述、分析历史进程,其分析问题的方法不是按照生产力、生产关系,经济基础、上层建筑的依次变动叙述、分析社会变迁,而是根据人们对社会的认识过程由表及里式地展开,真正地按照马克思主义的方法分析社会现象,让"历史"回归历史。

  上已指出,1949年以后,大陆史学界掀起了学习马克思主义理论的热潮,史学研究为无产阶级政治服务深入人心,体现在教材编写和通史著述上一方面是按照原始社会、奴隶社会、封建社会划分中国古代历史发展阶段,另一方面为了凸显不同阶段的历史特点,在拟定章节标题时加上相应的判断语。如以战国封建说为例,夏、商是奴隶制社会的形成和发展时期,西周是奴隶制社会发达时期,春秋是奴隶制社会瓦解时期,战国为"封建制度的确立"时期,秦朝是"封建统一多民族国家"实现时期,西汉为"统一多民族国家的发展"时期,东汉是"中央集权国家由统一走向分裂"的演变时期,魏晋南北朝是"民族大融合"时期,隋唐是"统一多民族国家的繁荣"时期,宋辽金夏是"各民族

---

① 朱绍侯主编,龚留柱执行主编:《中国古代史教程》上册《前言》,河南大学出版社2010年版。

联系加强和经济文化重心南移"时期,元朝是空前"大一统"时期,明朝是"君主专制的加强和资本主义萌芽"时期,清朝(1840年之前)是"统一多民族国家的发展"时期。稍加比勘,就不难发现,这种叙述方式并没有一以贯之的主线,时而突出民族关系,时而突出大一统,时而突出经济发展,时而突出君主专制政体,而这和历史实际是有距离的。如君主专制政体自形成以来始终处于发展强化之中,明朝固然是君权高度集中的时代,清代君权的集中丝毫不逊于明王朝。至于多民族统一国家,自秦朝形成以来,就一直处于融汇、冲突、整合、裂变最终实现新的统一这个循环往复的发展过程之中,并非到了元朝才是大一统,也非到了清朝才有新的发展。至于商品经济、城乡关系,从战国以来,就是一个多姿多彩的变动过程。而人们之所以时而强调大一统,时而突出多民族,就是为了说明中国古代不同时期有不同的辉煌,是现实的政治体制、民族关系、国家形式的历史基础。既表明中国社会发展符合人类历史的普遍规律,经历过完整的原始社会、奴隶社会、封建社会,本来是可以进入资本主义社会的——已经出现了资本主义生产关系的萌芽,是西方列强打断了中国资本主义化进程,把中华民族推进了苦难的深渊;也进而说明,中国共产党领导劳苦大众,推翻了帝国主义、封建主义、官僚资本主义三座大山,建设社会主义是历史的必然。也就是说,所有这些都是史学研究为现实政治服务的体现。

"文革"结束以后,人们逐步明白,原来奉为圭臬的五种社会形态理论并非历史使然,所谓五种社会形态说只是欧洲中心论的历史和政治的产物,是先验式的预设,根本不能据以解释中国历史过程,尽管在用五种生产方式理论解释中国历史过程中取得了辉煌的学术成就,促进了中国历史学成为科学的进程,但是不能因此把中国装进五种社会形态的框子里。科学的方法,是按照马克思、恩格斯分析欧洲历史和现实的方法研究中国的历史和现实,得出符合中国历史实际的理论,建立中国的马克思主义历史学。尽管这在理论上似乎成为共识,但远未实践于学术研究中,更没有贯穿于教学过程之中、体现在教材编写上。21世纪以来出版的各种中国古代史教材并没有从总体上突破社会形态理论的束缚就说明了这一点。这可能是出于意识形态方面的原因,也可能是思维惯性使然,个别教材主观上虽然试图跳出五种社会形态的框架,以王朝更替为序,但在叙述历代社会结构、社会关系时依然沿用了五种社会形态下的话语体系①。而朱先生则彻底地突破了社会形态理论体系,其典型体现就是使用"远古时代"代替原始社会,其余则以朝代为序。

用"远古时代"概括中国的史前文明,按照朝代顺序叙述文明社会历史变迁,在20世纪40年代已经有学者使用过。从表面上看,《教程》叙事从"远古时代"开始,继以王朝兴替,似乎是在向传统叙述方式回归。但是,其实质远非过去可比:以"远古时代"而言,《教程》以现代考古学资料为依据,叙述的是前文明时代以及文明社会产生的时空演变。以三代以后的历史来说,既不是传统帝王家世兴衰的政治记录及其治民之术成败得失的总结,也不是现当代通行的政治、经济、文化、民族、国际交往几个板块的集合,而是立足于"社会关系"这一核心,从国家形态、政治变革、社会制度、社会结构、思想文化等不同方面,按照历史的本来相状、用本土语言叙述历史进程。这是真正的历史唯物主义指导下的回归本然。也就是说,《教程》不再使用原始社会、奴隶社会、封社会的概念,并不等于无视中国古史历史阶段的区分,而是以新的更加科学的标准进行区分,比如把夏、商、西周合为一章,原因就在其社会关系、国家形态、行政组织虽然有因有革但本质相同,是同一社会的不同阶段,把三代合为一章,不仅有效地节省篇幅,而且更有助于读者把握三代的一致性,这是基于科学层面的历史分析的结果,而不是简单的旧话重提,更不能将其与"道不过三代,法不二后王"之"三

---

① 在20世纪90年代,有的教材已经不再使用奴隶社会、封建社会的概念,开始脱离社会形态理论的羁绊,但这只是部分摆脱,使用"原始社会"指称夏朝以前的历史就是其体现。"原始社会"是五种社会形态进程的开端,使用"原始社会"也就意味着承认人类历史是由生产资料公有制的无阶级社会发展到阶级社会,这实际上还在五种社会形态理论里面打转转。

代"等量齐观。其余各章的设计,如秦汉、三国两晋南北朝、隋唐五代、宋辽西夏金,都是着眼于该时段社会矛盾、社会结构的共性,体现的是编者对中国古代史进程不同阶段的认识。

历史唯物主义的本质是历史哲学,是方法论和世界观,其核心是"社会关系",并不存在放之四海而皆准的理论,也不存在一成不变的认知次序。长期以来,人们一直认为先进的生产力一定会导致先进的生产关系,先进的生产关系必然导致上层建筑的改变。因此人们总是习惯于按照生产力、生产关系、经济基础、上层建筑的逻辑顺序叙述社会变迁的过程。其实,作为社会变迁原因的分析路径,这是有其科学性的,但是历史变迁的过程并非完全如此,不区分具体历史条件,把社会发展归结为生产力的提高,实际上滑进了经济宿命论泥淖,对历史和现实,都有着诸多的滞碍难通之处。照此逻辑,势必会导致这样一个结论:只有生产力进步、经济发展才能实现社会变革,否则,任何社会变革都是缺少生产力支撑、缺少经济基础的,因而也是不可能成功的。这显然不符合马克思主义历史辩证法和历史实际。但是,由于长期形成的思维定势,人们无论是编写教材,还是其他通史,在叙述社会变迁特别是社会结构重大转变时总是直接或间接地从生产力、生产水平入手,和历史实际总有距离。如从20世纪上半叶开始的众多中国古代史论著在叙述春秋战国社会变动时,无论对这一变迁的性质持何种观点,在叙述顺序上有一个共同点,就是从生产力进步说起,从铁器和牛耕的使用说起,说明春秋战国时代的社会变迁的根源是生产力的进步:因为生产力进步使个体农业生产成为可能,在"大田"上从事集体耕作的奴隶或者农奴能够逃离奴隶主或者农奴主的控制自行垦荒,中国历史上第一代个体农民就是这样产生的,上层建筑的一系列变化都建立在这个基础之上。而历史实际并非如此简单,出土文献和其他考古材料都说明,春秋时代社会关系变化并非因为生产力进步、农民能够自行垦荒的结果,战国时代的小农是国家为了富国强兵实行授田制的结果。正是在这一认识的基础上,在叙述春秋战国历史时,《教程》先说春秋霸政,后说国家形态,然后是经济与社会,在叙述经济与社会时并没有从生产力变化说起,而是从国家授田制开始。这并不是作者故意标新立异,而是因为历史本来就是这个样子,中国历史特点是国家力量决定社会、支配人身,从制度层面说明制度变革对经济发展的巨大作用,才能客观地揭示国家力量与社会变革的关系。

六

从 20 世纪 90 年代下半叶开始,随着我国经济的崛起和政治变革进程的变化,民族意识、大国意识兴起,对中国传统政治和文化由过去的学术分析变为欣赏,其优秀部分固然被现代所提倡和接受,其糟粕也被当做了遗产。作为大学教材当然要担负起匡谬正俗、正本清源的历史责任,用科学成果揭去伪学术的面纱,揭示历史和现实发展的关系。这是朱先生的一贯原则,而贯穿于《教程》的编撰之中。这集中地体现在对制度史与思想史的重视和内容的选择方面。众所周知,从政体上说,中国的文明社会经历了宗族贵族政体和君主专制政体两个历史阶段①,有着发达的国家机器,极为重视制度建设,有着精密的思想理论系统,共同铸就了中国的民族心理,是中国文化心理和行为方式的历史基础,是分析当代社会转型过程中人们价值观念和行为特点的前提,有着极为重要的理论和实践意义。在时下复兴传统文化、提倡

---

① 关于中国古代社会政体,学界有两种不同看法。传统观点一直认为,中国自进入文明时代起即从大禹建立夏朝开始就是君主专制政体,所谓"禹传子,家天下"就标志着君主专制政体的开始,此后一直处于不断发展之中,到西周已经成熟,秦朝以后进入新的历史阶段。第二种观点认为夏商西周是宗族贵族政体时代。笔者赞同第二种看法,因为夏商西周社会结构的本质特点是宗族城邦,其时君权处于族权的制约之下;战国时代随着中央集权领土国家的建立、君权突破族权的传统制约而形成君主专制政体,这一观点体系由田昌五先生首先提出,现在已经成为共识。参见田昌五:《古代社会形态研究》,天津人民出版社 1980 年版;《古代社会断代新论》,人民出版社 1982 年版;《中国古代社会发展史论》,齐鲁书社 1992 年版;田昌五、臧知非:《周秦社会结构研究》,西北大学出版社 1996 年版。

国学、从历史文化中寻找现实社会秩序合理性情况下,学术界或者出于社会责任,或者因为学术为现实政治服务的历史惯性,或者基于价值追求,多以六经注我的方式阐释文化典籍,绑架古人为自己说话,非历史主义大行其道,导致历史真相的迷失。更有所谓的"学者"打着文化建设的旗号,为了商业利益,运用各种媒体,戏说历史、曲解文化,影响对中华民族精神的科学把握,青年人对历史的理解更是处于迷茫状态。而历史系学生身负传播历史知识的责任,对中国历史文化内涵必须有准确把握,同时要有科学的解读方法和正确的价值观,教材内容准确与否、分析方法是否科学就极为重要,特别是对于那些普通高校的本科生来说,尤其如此。因为对许多普通高校来说,很少购买纯学术性的历史文化专著,历史系学生专业知识主要来源于教材和课堂①。

《教程》针对当代社会转型过程中文化迷茫的现象,自觉地承担了正本清源、匡谬正俗的社会责任和历史使命,充分注意到了当代高校特别是地方高校历史系本科生学习过程中存在的实际问题,在教材内容设置方面,格外重视政治制度和思想文化——特别是儒家文化内容的叙述与分析。这是因为儒家思想是中国传统文化的主干,是传统政治运作和制度设计的指导思想,同时具有极大涵容性,兼收并蓄其他各种思想学说、技术手段作为其核心政治理念、价值体系的补充,其学说内容因时而异又万变不离其宗,历时性与共时性相统一,这就要求学生在历时性和共时性相统一的基础上把握儒家思想特质和内涵,才

---

① 笔者曾经利用不同机会对13所综合性大学和4所师范院校、3所招收历史学硕士(专门史、中国古代史)和中国哲学硕士研究生的工科高校近十年图书建设情况做过非正式调查。在学校图书建设中用于购买中国古代史、中国哲学史或中国思想史学术专著和原始文献的资金仅仅是全部图书经费的百分一,其中5所高校4年没有购进1册中国古代史学术专著,14所高校取消了院系资料室的编制,把院系自行购买图书资料的经费收归学校,原来就很少的历史专业图书经费被完全收回,而在历史专业图书购买过程中,多集中在中国近现代史、中国革命史,中国古代史图书少得可怜。

能科学地把握儒家思想与社会发展的关系,不被时俗所左右。正是基于这一理解,《教程》对思想文化和政治制度给与了充分的关注。需要指出的是,这种关注不是分量的增加或减少,而是从思想生成的层面叙述其流变,将艰深的研究成果变作浅近的文化语言,使得学生掌握最前沿的学术成果。比如在春秋战国部分的思想史专题中,第一次从学术史的角度叙述诸子百家的生成与流变,首先叙述学在官府传统的崩解和士阶层与百家争鸣的兴起,而后介绍儒家的"五经"与"三传",先使读者了解春秋战国时代学术之大势,而后再以人物为中心纵向叙述诸子思想的流变。这是一个为现代学者精耕细作的学术园地,也是一个歧见纷呈的学术领域,《教程》在内容的选择上,一方面根据本科学生的接受能力和认知特点,对各家学说进行必要的学术过滤,另一方面有着自己的学术判断,又寓判断于叙述之中,简明扼要而不失全面。

中国自进入文明时代以后,虽然有着世界上最为发达的国家机器,由于以往在观念上偏重于政治形势、王朝兴衰,加上在课程结构中有制度史选修课,作为通史教材对制度史叙述比较薄弱,这不利于学生把握国家制度与社会发展的关系。《教程》增加了制度史的分量。以西周史而论,系统地讲述了井田制、宗法制、分封制、国野制,同时详细讲授了中央职官制度,使得读者对西周社会特点、国家机器发展程度有着充分了解,为以后的制度史、思想史学习奠定必要的基础①。其余各个时代都有专门章节叙述政治、经济、军事以及文化教育制度。而在叙述过程中,有的内容并不局限于章节的时间限制,而是根据制度形成过程采用倒叙的方式追叙其起源。如谈到魏晋南北朝时代的九品中正制时,则从东汉末年的"月旦评"说起,说明九品中正制起源及其在当时条件下的合理性,从而有助于读者对后来九品中正制演变为门阀政制工具的认识,深化对制度设计的初衷与实践结果背离原因的分析。又如府兵制,始行于北周,发展于隋唐,是隋朝和唐代前期军

---

① 朱绍侯主编、龚留柱执行主编:《中国古代史教程》,第83—93页。

事制度的核心，《教程》把府兵制度放在隋唐，但在叙述时，则从其源头北周说起。这样处理无疑是科学的，既避免了制度的遗漏，又减少了文字、避免了重复，同时突出了不同时代的特点。对那些影响广泛的新制度，《教程》尤其注重其历史作用的分析。如对唐朝科举制度的作用，《教程》指出该制度的实行，清除门阀政治的藩篱、公平地选拔人才、平民可以改变其地位、扩大统治阶级基础；虽然考试内容是死记硬背的多，但是通过检验其知识掌握情况可以了解应试者的资质，而资质的优劣是为官良否的前提①。又如宋代改进科举制度以后，具有皇帝总揽科举大权、不重门第、考试公平、取士宽厚的特点，为宋王朝网罗了大批英俊，奠定了文官政治基础，刺激了文化教育事业的发展，等等②。不仅吸收了学界最新研究成果，丰富学生历史知识，同时有助于学生建立正确的历史观念，掌握科学的方法。无论将《教程》和十院校本《中国古代史》相比还是和众多同类教材相比，无论是内容还是体例，其创新性是十分明显的，本文仅举一二说明朱先生对教材建设的不断思考与实践，详细内容，读者稍加比较就不难明白，这里不再赘述。

朱先生是史学家，对中国古代历史发展有着贯通式的把握，而尤长于秦汉魏晋南北朝史研究，在学术上，朱先生探索不止，既能发前人所未发，又能不断地在探索中修正自己的认识，使自己的认识不断地接近历史真实而更具有科学性。朱先生对中国古代史教材建设的思考与实践就是以学术上的自我超越为基础的。

这是一个不断"回归本然"的过程，我们衷心期望朱绍侯先生在"回归本然"的道路上引领学界继续前行。

---

① 朱绍侯主编、龚留柱执行主编：《中国古代史教程》，第476—477页。
② 朱绍侯主编、龚留柱执行主编：《中国古代史教程》，第596—598页。

诗二首
恭贺朱绍侯先生九十华诞

王云度

酬汴梁田父

我校（原名徐州师范学院）初始三届秦汉史研究生，均系由河南大学授予学位，朱绍侯先生鼎助之功不可没。

悠悠汴水流，沃我彭城土。
助我育青苗，丰收酬田父。

赞史学大佬

朱翁九旬，治史优异，令名寿考兼得，可喜可贺可赞。

史坛巨匠秦汉霸，领修教材冠神州。
门下桃李红大地，美名福寿不胜收。

朱绍侯先生九旬寿辞

郭绍林

史坛伏枥老骅骝，
岁月峥嵘九十秋。
学识一身浑济世，
生徒万户足封侯。
桑榆未许馀霞染，
志向先携逸兴酬。
东望夷门遥介寿，
欣知海屋又添筹。